Neurobiologische Aspekte
der Bildungsprozesse im Kleinkindalter

Katrin Walbach

Neurobiologische Aspekte der Bildungsprozesse im Kleinkindalter

Umsetzung wissenschaftlicher Erkenntnisse in Kinderkrippen

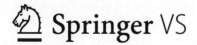 Springer VS

RESEARCH

Katrin Walbach
Erfurt, Deutschland

Dissertation Martin-Luther-Universität Halle-Wittenberg, 2008

ISBN 978-3-531-19219-2   ISBN 978-3-531-19220-8 (eBook)
DOI 10.1007/978-3-531-19220-8

Die Deutsche Nationalbibliothek verzeichnet diese Publikation in der Deutschen National-
bibliografie; detaillierte bibliografische Daten sind im Internet über http://dnb.d-nb.de
abrufbar.

Springer VS
© VS Verlag für Sozialwissenschaften | Springer Fachmedien Wiesbaden 2012

Einbandentwurf: KünkelLopka GmbH, Heidelberg

Gedruckt auf säurefreiem und chlorfrei gebleichtem Papier

Springer VS ist eine Marke von Springer DE. Springer DE ist Teil der Fachverlagsgruppe
Springer Science+Business Media
www.springer-vs.de

Geleitwort

Seit Jahren wird über den Ausbau von Tageseinrichtungen für Kinder unter drei Jahren diskutiert. Dabei gilt die hauptsächliche Aufmerksamkeit der quantitativen Versorgung der berufstätigen Eltern mit Plätzen für ihre Kinder, weniger der Schaffung von Orten für kleine Kinder, die Anregungen und Begleitung bei den frühkindlichen Erkundungen, Erfahrungen und Erlebnissen – kurz bei den Bildungsprozessen bieten.

Wir kennen eine Reihe von vorbildlichen Krippen, was aber geschieht eigentlich in der Krippe an der nächsten Ecke? Für die Eltern, aber auch für die Erziehungswissenschaften sind die Krippen oder andere Einrichtungen für kleine Kinder unbekannte und unerforschte Kontinente. Wir setzen darauf, dass schon alles gut gehen wird. Aber können wir das wirklich?

Die hier vorgelegte Untersuchung geht von genau dieser Fragestellung aus und setzt die alltägliche Praxis in Kinderkrippen ins Verhältnis zu neurobiologischen und erziehungswissenschaftlichen Erkenntnissen über frühkindliche Bildungsprozesse. Sie fragt, ob und in welcher Weise diese Erkenntnisse im Wissen und Handeln von Erzieherinnen verankert sind. Eine Forschung, die so fragt, bringt nicht nur einen Zuwachs an wissenschaftlicher Erkenntnis, sondern auch – und vor allem – einen aktuellen Beitrag zu dringend notwendigen Reformschritten in der Praxis.

Die Autorin hat in Krippen neben zeitaufwändigen und ausführlichen Beobachtungen, ad-hoc-Gesprächen, intensiven Interviews mit Leiterinnen, Erzieherinnen und Eltern, insbesondere auch die Methode der Videographie eingesetzt. Diese in der einschlägigen Forschung noch relativ neue Methode bietet – richtig eingesetzt – eine Fülle von Material und Erkenntnissen. Zudem können die Clips zugleich wieder dazu genutzt werden, um die Fachkräfte wie die Eltern damit zu konfrontieren und sie zur Reflexion über eigenes Denken und Handeln zu veranlassen.

Die komplexe Untersuchung wurden in drei Krippen durchgeführt, die nach dem Kontrastprinzip ausgewählt wurden: in einer Krippe, die sozusagen im Windschatten der Bildungsreformbewegung verharrt, in einer Krippe, die sich nach ihrem eigenen Bekunden „auf den Weg gemacht hat", und in einer Krippe, die vor einiger Zeit an einem neurobiologisch beeinflussten Modellversuch teilgenommen hat. Es wird sich zeigen, dass die zu erwartenden großen Unterschiede zwar wahrzunehmen waren, dass aber auch Gemeinsamkeiten bei den Problemen festzustellen sind, die sich auf die professionelle und pädagogische Umsetzung der neurobiologisch begründeten Forderungen an Bildungsprozesse der Kinder beziehen.

Die vorliegende Veröffentlichung stellt nicht nur deshalb einen Fortschritt in den wissenschaftlichen Erkenntnissen über die Realität elementarer Bildung dar, weil die Autorin sich *überhaupt* forschend diesem Bereich genähert hat, sondern auch, weil sie wichtige Erkenntnisse über die Bandbreite der Qualität der pädagogischen Arbeit in den Einrichtungen und bei den Kompetenzen der Fachkräfte aufgezeigt hat. Dabei hat sie es aber nicht belassen, vielmehr hat sie auch Ideen für die dringende erforderliche Veränderung der angetroffenen Defizite aufgezeigt.

Mit dieser Arbeit wird demnach ein wichtiger Schritt für die Erforschung wie für die Professionalisierung der pädagogischen Arbeit mit Kindern in einer der wichtigsten Bildungsphasen ihres Lebens getan – nämlich in den ersten Jahren.

Prof. Dr. Ursula Rabe-Kleberg

Vorwort

Die vorliegende Studie wurde 2008 als Dissertation vom Fach Erziehungswissenschaften der Philosophischen Fakultät III an der Martin-Luther-Universität Halle-Wittenberg angenommen. Sie beruht auf den Erhebungen in drei Kindertagesstätten. Es wird darauf hingewiesen, dass die erhobenen Daten anonymisiert wurden.

Die Anfertigung dieser Dissertation konnte nur durch die Unterstützung von verschiedenen Personen erfolgen. Deshalb möchte ich denen, die entscheidend zum Gelingen dieser Arbeit beigetragen haben, meinen besonderen Dank aussprechen. In erster Linie handelt es sich um die Erzieherinnen und Kinder bzw. deren Eltern, die mir den Zugang zu den Einrichtungen ermöglichten. An dieser Stelle denke ich auch an die jeweiligen Träger der Kindertagesstätten, welche ihr Interesse für die Erhebungen bekundeten und ihr Einverständnis zur Durchführung gaben.

Mein besonderer Dank gilt meiner Doktormutter Frau Prof. Dr. Ursula Rabe-Kleberg, die bereitwillig die Betreuung der Arbeit übernahm. Meine Begeisterung für Erkenntnisse der Neurowissenschaften hinsichtlich der frühkindlichen Bildungsprozesse griff sie auf und sehr schnell entstand dieses für uns beide sehr attraktiv erscheinende Forschungsprojekt. Ihre Anregungen und Ideen motivierten mich über die gesamte Zeit. Auch den Teilnehmerinnen der von ihr geleiteten Forschungswerkstatt danke ich für die Anregungen und Diskussionen zu meinem Projekt.

Herrn Prof. Dr. Gerald Hüther gegenüber zeige ich mich hiermit ebenfalls erkenntlich; so hat er umgehend meiner Anfrage auf die Zweitbetreuung der Arbeit zugesagt und mir von neurobiologischer Seite aus wertvolle Tipps gegeben.

Mein besonderer Dank gilt der Friedrich-Ebert-Stiftung, die mich über die gesamte Projektzeit hinweg förderte. Ohne diese finanzielle Unterstützung hätte ich mein Vorhaben keineswegs umsetzen können und diese berufliche Qualifikation nicht erreicht.

Schließlich geht mein Dank an all diejenigen Personen, die während meiner forschungsbedingten Abwesenheit die Betreuung meines kleinen Sohnes übernommen haben. Hier möchte ich mich vor allem direkt bei meinem Sohn Luis bedanken, der trotz seines jungen Alters sehr viel Verständnis für den Aufwand, den ein solches Projekt mit sich bringt, zeigte.

In tiefer Dankbarkeit gedenke ich meiner erst kürzlich verstorbenen Mutter Karin Walbach, die meine Persönlichkeit *von Anfang an* entscheidend geprägt hat. Ihr und meinem Sohn Luis widme ich diese Arbeit.

Katrin Walbach

Inhalt

Einleitung

Die aktuelle politische Debatte zur frühkindlichen Bildung in Deutschland

Mit dem Bekanntwerden der Hauptbefunde der PISA-Studie im Dezember 2001 und nachfolgender Ergebnisse von Iglu 2006 und PISA III (vgl. Wernstedt 2008) wurde eine heftige Bildungsdebatte ins Leben gerufen, durch welche sich im Bereich der frühkindlichen Bildung ein Paradigmenwechsel vollzog. Eine Studie der Bertelsmann-Stiftung (2008 b) konnte den direkten Zusammenhang zwischen der sozialen Stellung der deutschen Familien und dem Schulerfolg der Kinder dieser Familien belegen. In Deutschland bleibt für viele Kinder das Aufwachsen risikobehaftet.[1] Gesellschaftliche und soziale Prozesse haben die Lebensweisen von Familien und Kindern verändert, was am Geburtenrückgang, der zunehmenden Scheidungsrate und dem Anstieg der mütterlichen Erwerbsquote sichtbar wird. Der Trend, wonach immer mehr Kleinfamilien entstehen bringt es mit sich, dass Kinder überwiegend alleine spielen und ihnen dadurch wichtige vielschichtige Beziehungen zu anderen Kindern und Erwachsenen vorenthalten bleiben. Der Aufenthalt in Kinderkrippen kann diesem Defizit entgegenwirken. Über die zur Bewältigung ihrer Lebensaufgaben erforderlichen psychischen, sozialen und materiellen Ressourcen verfügen die Familien in sehr unterschiedlichem Maße. Viele Familien sind einem überdurchschnittlichen Armutsrisiko ausgesetzt, welches wiederum gesundheitliche und psychische Beeinträchtigungen zur Folge haben kann. Die Wahrnehmung dieser Belastungen und die gestiegenen Anforderungen an die Familie führen zu der Erkenntnis, dass Eltern und Familien nicht die alleinige Verantwortung für die gedeihliche Entwicklung und umfassende Förderung ihrer Kinder zukommen kann (vgl. Viernickel 2008). Bereits der 10. Kinder- und Jugendbericht der Bundesregierung mahnte 1998 die gesellschaftliche Verantwortung an. Spätestens seit Veröffentlichung des 12.

---

1 Die UNICEF-Studie (vgl. UNICEF 2005) zeigt in ihrem Vergleich zur Kinderarmut enorme Unterschiede zwischen den reichen Ländern auf. Am niedrigsten ist die Kinder-armut in Dänemark und Finnland (unter drei %). Deutschland liegt im Mittelfeld auf Platz 12. Besonders betroffen sind hier Kinder mit Migrationshintergrund und Kinder Alleiner-ziehender; 40 % der Kinder Alleinerziehender gelten als arm.

Kinder- und Jugendberichtes wird die Bedeutung informeller Bildungsprozesse in non-formalen oder semi-formalen Settings und die Potentiale des Lernens in der frühen Kindheit betont und die Kindertagesstätte als Bildungseinrichtung akzeptiert. Im internationalen Vergleich nimmt Deutschland nur einen mittelmäßigen Platz ein, wenn es darum geht, verlässliche Lebensumwelten für Kinder zu schaffen und den Ausschluss von benachteiligten Kindern zu verhindern (vgl. Hurrelmann/Andresen 2007). Die Distanz zwischen gesunden, abgesicherten und gefördert aufwachsenden Kindern und solchen Kindern, deren Leben durch Hoffnungslosigkeit, Mangel und Ausgrenzung geprägt ist, wächst gravierend. Auch dass der Schulerfolg stark vom Schulabschluss der Eltern abhängt, gilt als empirisch gesichert.

Betreuungsqualität in Kinderkrippen

Dass die Qualität und Zielgenauigkeit bestehender Förder- und Bildungsangebote maßgeblich über die Zukunftschancen der Kinder entscheidet, förderte der „UNICEF-Bericht zur Lage der Kinder in Deutschland" (vgl. Bertram 2008) zutage. Die von Tietze (Tietze 1998; Tietze et al. 2005 a) durchgeführte empirische Untersuchung „Wie gut sind unsere Kindergärten?" ergab große Unterschiede und teilweise starke Mängel in der pädagogischen Prozessqualität, also bei der Gestaltung von pädagogischen Interaktionen, der Bereitstellung entwicklungsgerechter Materialien und Räumlichkeiten und dem Ausmaß und der Qualität der pädagogischen Anregungen. Diese alarmierenden Befunde verdeutlichten, dass mit dem quantitativen Ausbau auch Überlegungen zur Sicherung und Weiterentwicklung der pädagogischen Qualität einhergehen müssen. Im Zuge der Krippendebatte wurde eine weitere Studie (NUBBEK)[2] ins Leben gerufen. Im Tagesbetreuungsausbaugesetz (vgl. BMFSFJ 2004, § 22a, Satz 1) ist erstmals die Pflicht zur Qualitätsentwicklung und Evaluation formuliert (vgl. Viernickel 2008). Studien zur Auswirkung der Tagesbetreuung von Kindern unter drei Jahren haben belegt, dass sich eine qualitativ gute Versorgung auf die Entwicklung aller Kinder auswirkt, wobei vor allem risikobehaftete und sozial benachteiligte bzw. Kinder aus bildungsfernen Schichten durch eine entsprechende Betreuungsqualität besonders profitieren.[3] Kinder aus anregungsarmen Familien scheinen in Bezug auf ihre Sprachentwicklung von guter Betreuung zu profitieren[4].

---

2 Seit Februar 2010 wird eine Studie zur Untersuchung der Qualität der Bildung, Betreuung und Erziehung von Kindern im Vorschulalter (2-4 Jahre) durchgeführt (NUBBEK 2010).
3 Hierzu auch: Burchinal et al. 2000 a; Davis & Thornburg, 1994; NICHD 2000, Bertelsmann-Stiftung 2008 b, Campell et al. 2001; Schweinhart/Weikart/Larner 1986
4 hierzu auch: Burchinal et al. 2000; Howes et al. 1995

Auch Studien von Lamb (1998) und Scarr (1997) haben gezeigt, dass es Zusammenhänge zwischen der Betreuungsqualität und der kindlichen Entwicklung gibt. Auch wenn diese Zusammenhänge eher schwach sind, gibt es keine Studien, die das Gegenteil beweisen. Scarr kam zu dem Schluss, dass die intellektuelle und sprachliche Kompetenzentwicklung eines Kindes nicht unbedingt nur das Ergebnis exzellenter Tagesbetreuung in einer Kita darstellt, sondern dieses Ergebnis vielmehr im Kontext von allen Lebensbedingungen (Eltern, Familie, bewusst ausgewählte Kita) zu bewerten ist. Den kompensatorischen Effekt exzellenter Betreuungsqualität für schüchterne Kinder haben Volling und Feagans (1995) herausgestellt. Peer-Kontakte können hier so positiv ausgerichtet werden, dass diese Kinder ihre Verhaltenshemmungen verlieren (vgl. Lamb & Ahnert 1998). Dennoch gilt die Familie nach wie vor als primäre Sozialisationsinstanz des Kindes. Amerikanische Studien[5] konnten nachweisen, dass die Familie die Entwicklung und die Schulleistungen des Kindes stärker prägt als eine ganztägige Kindertagesbetreuung. Deshalb werden zunehmend Forderungen laut, auch die Familienerziehung in die pädagogische Arbeit mit einzubeziehen (z. B. Gestaltung der Eingewöhnung, Schaffung von Familienzentren).

Das Thema der vorliegenden Arbeit wendet sich der zentralen Forderung „Bildung als Menschenrecht" zu. Die Bundesrepublik Deutschland hat sich als Wissensgesellschaft definiert, um in einer globalisierten Welt eine herausragende Stellung einzunehmen. Die seit Jahren geführte Diskussion um den Fachkräftemangel offeriert ein ernstzunehmendes Defizit an Bildung und Ausbildung erwerbstätiger Menschen in unserer Gesellschaft. Laut Meldungen des Deutschen Wirtschaftsdienstes können drei von zehn Unternehmen in Deutschland den Bedarf nach hochqualifizierten Arbeitskräften schon heute nicht mehr decken, hat doch der konjunkturelle Aufschwung in der Bundesrepublik Deutschland zu einer verstärkten Nachfrage nach Fachkräften geführt (vgl. Erziehungsdirektion des Kanton Bern 2008). Eine Optimierung von Bildung im Kleinkindbereich bedeutet gerade auch aus Sicht der Neurobiologie die frühe Weichenstellung für eine beschäftigungs- und arbeitsplatzorientierende Wissensgesellschaft.

Neurobiologische Erkenntnisse bezüglich der Bildung im Kleinkindalter

Im Zuge der Bildungsdebatte zur frühkindlichen Bildung erhält die Neurobiologie immer mehr Aufmerksamkeit. Dem frühkindlichen Lernen kommt durch die naturwissenschaftliche Belegung eine besondere Bedeutung zu, was insgesamt grundsteinlegend ist für eine Verbesserung der Entwicklungs- und Lernchancen.

---

5 hierzu auch: Fraser 1987; Marjoribanks 2005; Peisner-Feinberg et al. 2001

Während Neurobiologen das Gehirn als „ein Produkt von Erziehung" betrachten (Singer 2003 a, S. 97), wird von kritischen Seiten allerdings auch Skepsis geäußert, da aus den neurobiologischen Ergebnissen lediglich eher allgemeine Schlussfolgerungen gezogen werden können (vgl. Stern 2004 b). Für die in der vorliegenden Arbeit durchgeführten Untersuchungen in den drei ausgewählten Kindertagesstätten wurde ein normatives Muster zugrunde gelegt, welches auf spezifischen Erkenntnissen der Neurobiologie basiert. Auf der Grundlage dieser ausgewählten Kriterien erfolgt die Überprüfung der aktuellen (qualitativen) Bildungsarbeit in Kinderkrippen. Welche Aspekte im Besonderen berücksichtigt wurden, soll nachfolgend argumentativ skizziert werden:

Selbstbildung des Kindes – Eigenaktivität:

Aus Sicht der Hirnforschung kommt es darauf an, frühzeitig zu lernen, sowohl eigene Meinungen zu vertreten und Entscheidungen zu treffen, als auch auf andere Rücksicht zu nehmen. Die Rolle der Erwachsenen besteht darin, den Kindern eine verlässliche Beziehung und ein förderliches Umfeld zu bieten, das sie zu Eigenaktivitäten und Weiterentwicklung anregt. Die Welt sich durch Versuch und Irrtum zu erschließen befähigt Kinder zum selbstständigen Problemlösen. Die dabei entstehenden Erfolgserlebnisse stärken Selbstvertrauen, Mut und Sicherheit der Kinder. Hüther (2004 b) betont, dass Kinder am besten dann lernen, wenn sie Gelegenheiten bekommen, sich aktiv an der Gestaltung der Welt zu beteiligen bzw. ihre Aktivitäten aus ihren eigenen Bedürfnissen und Interessen heraus selbst zu suchen und den Lernstoff selbst bestimmen können.

Individualität des Kindes:

Nach Singer (2003 a, S. 112) gilt es heute als erwiesen, dass jedes menschliche Wesen mit seinem „Paket" an Entwicklungsmöglichkeiten geboren wird. Dieser genetisch fixierte Bauplan gibt Rahmenbedingungen vor, innerhalb derer weitere Erfahrungen gemacht werden können („erfahrungsabhängige Weiterbildung"). In diesem Zuge postuliert Singer, ein Kind genau zu beobachten, um festzustellen, welche Fragen es äußert und diese dann möglichst erschöpfend und altersgerecht zu beantworten. So kann es gelingen, individuelle Ressourcen zu erschließen. Werden diese Interessen und Neigungen nicht erkannt, sondern dem Kind von den Erwachsenen andere Vorstellungen oktroyiert, können bestimmte Prozesse in andere Bahnen gelenkt werden. Motivationsverlust und letztendlich verlangsamte Lernfortschritte können die Folge daraus sein. Aufgrund der relativ breit ausgelegten Entwicklungsfenster ist für die pädagogische Förderung die Abstimmung der Angebote auf die individuellen Gegebenheiten des jeweiligen Kindes indiziert. Hierbei sei es wichtig, darauf zu achten, was das einzelne Kind interessiert und wonach es verlangt und dann entsprechende Angebote zu machen, die es freudig stimmt und seine Entwicklung voranbringt.

Das Gehirn als soziales Organ:

Die Neurobiologie lehrt uns, dass das Gehirn zum Problemlösen optimiert ist und nicht zum Auswendiglernen von Sachverhalten (vgl. Hüther 2004 c). Ein Kind oder auch ein Erwachsener wird vor allem von den Erfahrungen geprägt, die in lebendigen Beziehungen mit anderen Menschen gemacht werden (vgl. Hüther 2004 b). Das Gehirn wird in erster Linie nicht als Denk- sondern als Sozialorgan gesehen, weil alles, was ein Mensch innerhalb seines jeweiligen Kulturkreises lernen kann, in einem sozialen Gefüge geschieht. In aktiver Auseinandersetzung mit anderen Kindern und in der verlässlichen Beziehung zu Erzieherinnen werden wesentliche Grundlagen für das Sozialverhalten und für die kognitive Entwicklung geschaffen. Ein Heranwachsender kann nur das aufnehmen, was er innerhalb dieses sozialen Gefüges und des jeweiligen Kulturkreises direkt oder indirekt von anderen Menschen bezieht und was der Gestaltung der Beziehungen zu anderen Menschen dient (vgl. Hüther 2004 c; vgl. Bauer 2007, S. 34). Der aus pädagogischer Sicht ablaufende dialogische Bezug zwischen zwei Menschen und die Wirkung der Empathie liegt in biologischen Grundlagen verankert; eine bedeutende Rolle spielen dabei die Spiegelneuronen. Im Umgang mit Kleinkindern nimmt die Vorbildrolle der erwachsenen Bezugspersonen eine außerordentliche Rolle ein. Für die Kleinkinder sind ihre Bezugspersonen umso bedeutsamer, je sympathischer sie ihnen sind. Diese sympathische Ausstrahlung erhält der Erwachsene vor allem durch eine authentische Darstellung seiner Person, d. h. wenn das an ihm beobachtete Verhalten auch mit seiner inneren Stimmung konform geht. Das Kleinkind benötigt lebendige Vorbilder als Spielakteure, um das Spielen selbst zu erlernen. Ebenso übernimmt es die optisch erkennbaren Wertungen seiner Bezugspersonen bei bestimmten Ereignissen, z. B. beim Empfinden von Ekel, Schmerz, Freude, Angst etc. (vgl. Speck 2008).

Sensorische Integration:

Lernen in der frühen Kindheit bedeutet in erster Linie ganzheitliches Lernen unter Einbeziehung aller Sinne. Alle Sinnessysteme sind von der Geburt an grundsätzlich funktionsfähig; vervollkommnen sich und reifen jedoch mit der weiteren Entwicklung in den nächsten Lebensmonaten. „Das Zusammenspiel aller Sinne ermöglicht umfassende Erfahrungen" (Bodenburg und Grimm 1993, S. 42). In ganzheitlichen Lernprozessen steht das Erfahren, Entdecken und Erforschen im Vordergrund; es handelt sich aber auch um Prozesse, die die Bewegung, Sinneswahrnehmung und Erkenntnisse effektiv verknüpfen. Durch ein anregendes Umfeld bilden sich stimulierende Strukturen im Gehirn, was durch multisensorische Eingangssignale noch verstärkt wird. Nach Spitzer (2005 a, S. 4) findet Lernen automatisch immer dann statt, wenn das Gehirn Informationen verarbeitet, also immer wenn es wahrnimmt, denkt oder fühlt.

Emotionales Aufladen von Lernsituationen:

In der Darstellung des Forschungsstandes der neurobiologischen Erkenntnisse wird u. a. die Bedeutung der sensiblen Phasen herausgestellt. In diesem Kontext sind ausführliche Darlegungen zur Bedeutung des emotionalen Lernens zu erwarten. Dieser (fünfte) Aspekt wird das der Forschung zugrunde gelegte normative Grundmuster vervollständigen. Die Musterbildung kann durch Emotionen entscheidend gehemmt und gestärkt werden. Lernstoff wird langfristig beherrscht, wenn er in einem positiven Kontext erlernt wurde. Deshalb ist eine positive, vertrauensvolle Beziehung zur Erzieherin für Lernprozesse des Kindes von besonderer Bedeutung.

Eine der neuesten Erkenntnisse der Hirnforschung besteht auch darin, dass das Erlernen von Fremdsprachen im Kleinkindalter mit einer im Vergleich zum Erwachsenenalter erheblicheren Leichtigkeit erfolgen kann. Daraus könnte geschlussfolgert werden, dass Fremdsprachen-"Unterricht" in die Kinderkrippe Einzug halten müsste. In vorliegender Arbeit wurde dieser Gesichtspunkt nicht berücksichtigt, und zwar weil das Erlernen der Fremdsprache aus neurobiologischer Sicht nur dann sinnvoll ist, wenn die Zweitsprache im gesamten Alltag des Kindes ebenso zur Anwendung käme wie die Muttersprache. Im Allgemeinen wird die Freude des Kindes am Lernen vor allem durch die liebevolle Interaktion zwischen Erwachsenen und Kindern befördert. Für das Erlernen einer Zweitsprache würde dies bedeuten, dass die gewählte Sprache (z. B. Englisch) dann in Interaktionen während des gesamten Alltages, z. B. beim gemeinsamen Singen, Sprechen und Vorlesen von Büchern oder bei Theaterstücken etc. zum Einsatz kommen müsste. Spitzer (2005 b) betont, dass das Erlernen von Fremdsprachen vor allem dann gut funktioniert, wenn diesbezüglich bereits Vorerfahrungen vorhanden sind. Im theoretischen Rahmen wird im Kapitel der Neurobiologie darauf eingegangen, dass Kinder nur dann effektiv lernen, wenn die angebotenen Inhalte emotional positiv aufgeladen werden und somit „unter die Haut gehen". Bei der derzeitigen Situation in Kindertagesstätten kann eher davon ausgegangen werden, dass die Voraussetzungen für eine adäquate Umsetzung im Regelfall nicht gegeben sind. Vielleicht wird es irgendwann möglich sein, eine Fremdsprache so zu integrieren, dass das Erlernen aus neurobiologischer Sicht auch entsprechend gelingen kann. In der vorliegenden Untersuchung wurden deshalb andere Aspekte als primär bedeutsamer erachtet.

Fragestellung und Ziel der Untersuchung

Im Zuge der frühkindlichen Bildungsdebatte werden zunehmend Forderungen laut, auch aktuelle neurobiologische und entwicklungspsychologische Forschungsergebnisse in der Frühpädagogik zu berücksichtigen. Dabei sollen quantitative und qualitative Voraussetzungen geschaffen werden, die adäquate politische und finanzielle Bedingungen erfordern. Das Anliegen der Arbeit besteht darin, eine Ist-Stand-Analyse vorzunehmen, in der in erster Linie geprüft wird, inwieweit aktuelle Erkenntnisse der Neurobiologie in der Krippenpraxis bereits Einzug gehalten haben bzw. welche Defizite diesbezüglich zu beklagen sind. Neben der Aufarbeitung der Ansätze und Ergebnisse der Hirnforschung und ihrer Überprüfung hinsichtlich der Relevanz bezüglich der Kleinkindpädagogik in Kindertagesstätten ging es in der empirischen Untersuchung um Fallanalysen aus drei gezielt ausgewählten Einrichtungen. Im Fokus der vorliegenden Studie stehen daher Kindertagesstätten, die ihre pädagogische Arbeit verschiedenartig gestalten, aber weitgehend unter den gleichen (vor allem personellen) Rahmenbedingungen arbeiten:

- eine Kindertagesstätte, die traditionelle Krippenpraxis betreibt;
- eine Kindertagesstätte, welche sich mit den aktuellen neurobiologischen Erkenntnissen auseinandergesetzt und ihr Einrichtungsprofil bereits danach ausgerichtet hat und
- eine Kindertagesstätte, die sich seit einiger Zeit im Reformprozess befindet und darauf hinarbeitet, Inhalte aktueller Bildungsdiskussionen in ihrer Konzeption zu verankern.

Im Ergebnis wurden die untersuchten Einrichtungen als Fälle dargestellt und miteinander verglichen. Im Anschluss wurde ein Modell erstellt, welches Aufschluss darüber gibt, unter welchen Bedingungen eine qualitativ hochwertige Bildungsarbeit in Kinderkrippen aus neurobiologischer Sicht gelingen kann bzw. nicht gelingt. Letzten Endes wurden Konsequenzen für eine künftig qualitativ angemessene Bildungsarbeit in Kinderkrippen und für die Professionalisierung bzw. Qualifikation von Fachpersonal der Frühpädagogik abgeleitet und weiterer relevanter Forschungsbedarf auf dem Gebiet der Frühpädagogik ermittelt. Die Ergebnisse der Untersuchung sollen weichenstellend sein für die Weiterentwicklung im Rahmen pädagogischer Richtlinien für die Bildung und Erziehung im Kleinkindbereich.

Ausgehend von den neurobiologischen Erkenntnissen wird in der vorliegenden Arbeit folgende Kernfrage beantwortet:

Wie gelingt es aus neurobiologischer Sicht in Kindertageseinrichtungen, dass sich bei Kindern im Alter von 0-3 Jahren adäquate Bildungsprozesse entfalten?

Dabei waren folgende Aspekte von zentraler Bedeutung:
- Individualität – jedes Kind (Gehirn) ist einzigartig!
- Lernen in der frühen Kindheit bedeutet Ganzheitliches Lernen bzw. Erfahrungslernen (Sensorische Integration);
- Selbstbildung des Kindes – Eigenaktivität (Aufgaben, an denen Kinder wachsen können);
- emotionale positives Aufladen von Lernsituationen;
- Das Gehirn ist ein soziales Organ, d. h. Lernen erfolgt durch Beziehungen (Potentialentfaltung durch Wohlbefinden in der Gemeinschaft und Vertrauen/Bindung zur Bezugsperson, Lernen durch gemeinschaftliche Werke, Lernen durch Beobachtung und Imitation).

Aus der Hauptfragestellung wurden weitere untersuchungsrelevante Detailfragen abgeleitet:
1. Wie stellt sich das Denken und Handeln der Pädagoginnen im Krippenalltag dar?
2. Welche Teamsituation herrscht vor?
3. Welche Rolle spielt das Leitungsmanagement als möglicher Einflussfaktor auf die Bildungsqualität?
4. Welche bildungsrelevanten Strukturmerkmale wie Bildungsorganisation oder personelle und materielle Ausstattung werden erörtert?
5. Wie gestaltet sich die Erziehungspartnerschaft im Hinblick auf die Bildungsprozesse in der Krippe bzw. auf die Reformprozesse der Institution?
6. Welche Bedeutung erhält die Videographie als Methode zur Professionalisierung und Qualifizierung von pädagogischen Fachkräften und für die Forcierung von Erziehungspartnerschaften?

Es wird darauf hingewiesen, dass in vorliegender Arbeit die Benennung von Personen vorwiegend in der weiblichen Form (Erzieherin, Pädagogin etc.) erfolgt, da dies in der aktuellen Fachliteratur ebenso der Fall ist. Allerdings sollen sich in allen Ausführungen selbstverständlich auch männliche Frühpädagogen angesprochen fühlen.

Teil I: Theoretischer Rahmen

1. Pädagogische Aspekte der frühkindlichen Bildungsprozesse

1.1 Der Bildungsbegriff – Frühkindliche Bildung und Bildungsprozesse

> „Hören wir doch auf mit der Vorstellung das Kind sei ein defizitäres Wesen. Es ist in seiner Weise fabelhaft vollkommen. In keinem Abschnitt unseres Lebens lernen wir so viel wie in der Kindheit." (Hartmut von Hentig 2008)

Der Bildungsbegriff geht in seiner neuzeitlichen Bedeutung auf Wilhelm von Humboldt zurück und ist eine Schöpfung des frühen 19. Jahrhunderts. Hartmut von Hentig greift Humboldts Ansätze auf und fasst diese folgendermaßen zusammen:

> „Bildung ist die Anregung aller Kräfte eines Menschen, damit diese sich über die Aneignung der Welt in wechselseitiger Ver- und Beschränkung harmonisch-proportionierlich entfalten und zu einer sich selbst bestimmenden Individualität oder Persönlichkeit führen, die in ihrer Identität und Einzigartigkeit die Menschheit bereichere." (von Hentig 2007, S. 38)

Dabei betrachtet er das Kleinkind als seinen eigenen Lehrmeister, welcher sich seine Fähigkeiten sowohl durch „Entdecken und Üben" als auch durch „eigentümliches Gestalten" selbst erschafft (ebd., S. 37). Des Weiteren werden die anderen Kinder (Peers) als Lehrer und Lernende zugleich gesehen, aber auch der Raum und das zur Verfügung stehende Material sowie die Erzieherin sind weitere „Pädagogen" des Kindes (Mienert/Vorholz 2009, S. 92 f.).

Aktuell werden Forderungen aus Wirtschaftswissenschaft und Neurobiologie laut, in denen die erziehungswissenschaftlichen Postulate bestärkt werden, indem darauf hingewiesen wird, dass Bildung so früh wie möglich beginnen müsse. „Falsches oder fehlendes Verständnis von Lernprozessen in frühen Lebensphasen kann zu Versäumnissen in der Erziehung führen, die später kaum mehr durch Bildungssysteme, wie optimiert sie auch immer sein mögen, wett-

gemacht werden können" (Singer 2003 b, S. 67). Das Kind verfügt von Geburt
an über Selbstbildungspotentiale, auf deren Grundlage frühkindliche Bildungsprozesse entstehen (vgl. Laewen 2002, Laewen 2007, S. 50 f., Dieken 2008,
S.45f.). Um diese Potentiale optimal nutzen und weiterentwickeln zu können,
benötigen kleine Kinder sensibel wahrnehmende Bezugspersonen, die Entwicklungsmöglichkeiten erkennen und entsprechende Entwicklungsräume bereitstel-
len. Kinder benötigen eine anregungsreiche und herausfordernde Umwelt, die sie
anspornt, schrittweise die eigenen Möglichkeiten zu erweitern. Fthenakis verweist auf postmoderne Curricula, in denen Bildung als „sozialer Prozess" kon-
zeptualisiert wird, der in einem Kontext stattfindet, in welchem neben den Kindern und Fachkräften auch Eltern und andere Erwachsene aktiv beteiligt sind.
Hierbei betont er die besondere Qualität der Interaktionen zwischen Erwachsenen und Kindern, aber auch der Peers untereinander (vgl. Fthenakis 2000, S. 27
f.).[6] Fthenakis betont des Weiteren, dass es vordergründig nicht mehr um die
reine Wissensvermittlung geht, sondern um die Aneignung von Lernkompetenzen (BMFSFJ 2003, S. 66 ff.) bzw. individuellen kindlichen Kompetenzen wie
die Stärkung des Selbstkonzeptes, des Selbstwertgefühls, der Selbstregulations-
fähigkeit, der Entwicklung einer sicheren Bindung zu den Bezugspersonen, der
Herausbildung von Konfliktlösungsstrategien, der Herausbildung von Selbstvertrauen und Selbstwirksamkeit, von interkultureller und sprachlicher Kompetenz
usw.

Beek et al. (2005) gehen von folgenden Selbstbildungspotentialen aus:
Die Strukturierung der Wirklichkeit erfolgt durch Wahrnehmungsprozesse, wobei Fernsinne, Körpersinne und Gefühle eine herausragende Rolle spielen. Durch
die Wahrnehmungsverarbeitung werden aus einer undifferenzierten Fülle von
Informationen verständliche Bilder, Muster oder Zusammenhänge konstruiert.
Frühkindliche Bildung geht von differenzierenden inneren Verarbeitungsmög-
lichkeiten aus, wie der inneren Repräsentation der wahrgenommenen Wirklichkeit, der Vorstellungskraft und der Fantasie, dem sprachlichen und naturwissen-
schaftlich-mathematischen Denken. Durch ausreichend gute Beziehungen erleben Kinder, welche Erfahrungen für sie in welcher Weise wichtig werden. Kinder entwickeln auch Beziehungen zu Gegenständen, Bildern und Gedanken, mit
denen sie sich befassen. Dabei spielen neben dem rationalen Denken auch Gefühle, ästhetische Empfindungen und Werte im Bildungsprozess eine wichtige
Rolle. Bildungsprozesse sehen das Zusammenspiel von Kräften, Funktionen,

---

6   Ein Beispiel für die Einbeziehung von Eltern – also für eine gelingende Erziehungspartnerschaft
    – stellen Kinder- und Familienzentren dar, welche nach den Prinzipien der Pen Green-Pädagogik
    und des Early Excellence Ansatzes geführt werden (vgl. Whalley 2008).

Kompetenzen als eine wichtige Aufgabe beim produktiven Lösen von Aufgaben an. Schon kleine Kinder erforschen die Gegenstände ihrer Umwelt, um deren Bedeutung für sich selbst herauszufinden. Die Fähigkeit zur Problemlösung liegt demnach bereits frühkindlicher Bildung zugrunde (ebd.).

Schäfer (2001) stützt sich in seinen Ausführungen auf einen aktuellen theoretischen Hintergrund, der sich vor allem auf die Säuglings-, Kleinkind- und Kognitionsforschung bezieht. Den Bildungsbegriff verwendet er als strategischen Begriff, um spezifische frühkindliche Aufgaben des Selbst- und Weltverständnisses zu betonen.

Frühkindliche Bildung betrachtet er als:

- *Selbst-Bildung*, d. h. Kinder entwickeln und konstruieren die Strukturen, mit denen sie ihre Welt erfassen, aus ihren Erfahrungen selbst heraus.

- *Frühkindliche Bildung, die nach Bedeutungen sucht*, d. h. Erfahrungen können nur differenziert werden, wenn sie mit vorangegangenen Erfahrungen verglichen und dadurch die bislang entwickelten Repräsentationen in ihrer Wirksamkeit verfeinert werden. Dabei sieht auch Schäfer die Emotionen als bedeutend dafür an, dass diese ein Kind von Geburt an in die Lage versetzen, die Bedeutung von Verhaltens- und Vorgehensweisen sowie von Sozial- und Sachbezügen einzuschätzen. Es wird davon ausgegangen, dass alle Handlungen und Verhaltensweisen bedeutungsvoll strukturiert sind.

- *zunächst ästhetische Bildung*, d. h. frühkindliche Bildung ist zunächst auf die eigenen Wahrnehmungen des Kindes angewiesen.

- *komplexer Prozess*, d.h. in der frühkindlichen Bildung rückt der Prozess des Filterns, Wählens, Konzentrierens, Hervorhebens, Präzisierens in den Mittelpunkt der Aufmerksamkeit.

- *(ein) Prozess, der auf Beziehungen beruht*, d. h. frühkindliche Bildung geht von vielfältigen Beziehungen aus, die ein Kind zu seiner Umwelt aufbaut.

- *(ein) Prozess, der innere Bilder erzeugt*, d. h. Kinder benötigen vielfältige Gelegenheiten, ihre konkreten Lebens- und Handlungserfahrungen in inneren Geschichten, Bildern, Imaginationen, Fantasien zu organisieren, die dann als Grundmuster für abstraktes Denken dienen können (Sammeln, Fantasieren, Spielen und Gestalten). Aus dem Vergleichen und Austesten innerer Bilder entstehen Fragen, die forschende Kinder stellen und dadurch ihr Weltbild verändern können.

- *einen notwendig kreativen Prozess*, d. h. es wird vor allem die Fähigkeit verstanden, unbekannte und unüberschaubare Situationen oder Problemlagen so einzuschränken und zu ordnen, dass sie als innere Konstruktionen repräsentierbar und denkbar sind (Suche nach neuen Problemlösun-

gen und das Finden und Erfinden von bedeutungsvollen Sinnzusammen-
hängen).

- *(ein) Prozess, der mit innerer Verarbeitung zu tun hat*, d. h. Gelerntes und
  Angeeignetes darf nicht nur zum Gedächtnisinhalt werden, sondern muss
  sich zu einer Struktur des Denkens und Handelns entwickeln. Dabei geht
  es um die sinnlichen Erfahrungen des Kindes, die Symbolbildung, Erfahrungen des Spielens und Gestaltens und des forschenden Lernens.
- *(ein) sozialer Prozess*, d. h. bereits unmittelbar nach der Geburt nehmen
  Kinder erste Beziehungen zu anderen Menschen auf. Soziale und kulturelle Muster, mit denen sie sich die Welt wahrnehmend und deutend erschließen, werden als Grundmuster des individuellen Umgangs mit der
  Welt verkörpert.
- *(ein) Prozess, der die Unterstützung der Erwachsenen erfordert*, d. h.
  Kinder sollen in einem sachlichen und sozialen Rahmen eigene Hand-
  lungs- und Erkenntnisformen einsetzen können. Erwachsene müssen den
  Drang der Kinder nach Eigenständigkeit aushalten und soweit mittragen,
  dass die Kinder ihre eigenen Möglichkeiten einsetzen und weiterentwickeln können (vgl. Schäfer 2001).

Parallelen zur Selbstbildung fanden sich bereits auch bei Reformpädagogen wie
Maria Montessori (Montessori 2005, S. 15; Textor 2000, S. 32 ff.), Friedrich
Fröbel (vgl. Pramling-Samuelsson und Carlsson 2007) und in der Reggio-Päda-
gogik (Knauf 2000, S. 183, Dreier 2006; Lingenauber 2007), die das Kind eben-
falls als eigenaktives Wesen und Konstrukteur seiner Entwicklung und seines
Wissens betrachten.

Fthenakis vertritt sowohl in den Grundlagen als auch in den Anwendungs-
disziplinen im Kern einen sozialkonstruktivistischen Ansatz. Er ist der Auffassung, dass frühkindliche Bildungsprozesse besser auf den Kontext auszurichten
seien, in dem sie stattfinden: in der heutigen Gesellschaft mit ihren spezifischen
Möglichkeiten und Anforderungen, die sich mit Stichwörtern „Postmoderne"
und „Wissensgesellschaft" charakterisieren lassen (vgl. Gisbert 2004; vgl. Fthenakis 2000). Demzufolge sollten Lernkompetenzen vermittelt werden, die Kindern helfen, den beschleunigten Wandlungsprozessen der Wissensgesellschaft
und globalisierten Welt zukünftig gewachsen zu sein. Auch wenn Schäfer den
sozialen Prozessen einen Stellenwert zubilligt, ist seine zentrale Forderung, dass
Erwachsene die Eigenständigkeit der Kinder soweit mittragen müssen, dass die
Kinder ihre vorhandenen Möglichkeiten einsetzen und produktiv weiter entwickeln können. Demgegenüber stellt Fthenakis die Interaktionsprozesse zwischen
Kind und Erwachsenen von Geburt an in den Mittelpunkt. Er sieht Entwicklung
als einen Prozess, der von der sozialen Lebenswelt des Kindes untrennbar ist
(vgl. Gisbert 2004).

Nach Laewen und Andres (2002 a) können Bildungsprozesse lediglich über die Erziehungsbemühungen des Erwachsenen beeinflusst bzw. vermittelt werden. Dies geschieht, indem dieser die Umwelt des Kindes und die Interaktion mit ihm gestaltet. Dabei handelt es sich nicht um die gezielte Gestaltung zum Zwecke der Bildung, des Lernens und des Kompetenzerwerbs, sondern um Anregungen, die vonseiten der Erzieher ausgehen.

1.2 Das Bild vom Kind in der Kleinkindpädagogik

Erste Quellen für das heutige Bild vom Kind fanden sich bereits bei Reformpädagogen wie Rousseau, Pestalozzi, Fröbel, Montessori, Steiner bis hin zu Ellen Key (1904). Sie gingen davon aus, dass Kinder hauptsächlich aus ihren eigenen spontanen Begegnungen mit Gegenständen und anderen Menschen lernen und nicht durch Anweisungen der Erwachsenen (vgl. Siegler et al. 2005). Key (1904) betonte, dass das Bedürfnis nach Frieden in den Kindheitsjahren am größten ist und dass das Geheimnis der Erziehung darin verborgen liegt, *nicht* zu erziehen. Vielmehr ginge es darum, das eigene Wesen des Kindes nicht zu unterdrücken und es nicht mit dem Wesen anderer zu überfüllen. Während der wesentliche Ansatz von Fröbel darin bestand, dem Menschen zur Freiheit und Selbstbestimmung zu verhelfen und bei allen Kindern die gleichen Erziehungsziele anzustreben, ungeachtet ihres Standes, war es Maria Montessori, die erstmals konsequent das Bild eines aktiven, sich selbst die Welt erschließenden Kindes für die Kindergarten-Pädagogik ausarbeitete (vgl. Beller 1998). Nach ihrer Ansicht hatte die Erzieherin die Aufgabe, den Kindern eine wohlvorbereitete Umgebung (Montessori 2005, S. 45, 23) zu schaffen, in der sie ihre Lernprozesse selbstständig und ihrem Können gemäß selbst organisieren und vorantreiben sollen (vgl. Schäfer 2005). Das optimistische Bild vom Kind in der Reggio-Pädagogik charakterisiert das Kind als ein Wesen, das sich aktiv mit der gegenständlichen und sozialen Welt, mit seiner eigenen Person, seinem Körper, seinen Gefühlen und Bedürfnissen auseinandersetzt. Es wird als Konstrukteur seiner Entwicklung und seines Wissens verstanden (vgl. Knauf 2000, S. 183 f.). Was die Darstellung des Säuglings anbelangt, so konnten neuere Forschungen das Bild des hilflosen Neugeborenen revidieren und belegen, dass Kinder von Geburt an eine Fülle von Kompetenzen besitzen, welche ihnen ermöglicht, sich die Welt in grundlegender und weitreichender Weise anzueignen, ohne dass dies der Belehrungen eines Erwachsenen bedarf. Nach Dornes (1994) wird der Mensch als „kompetenter" Säugling geboren, der mit seinen Sinnesorganen und grundlegenden Kompetenzen auf die Kommunikation, Interaktion und damit auf den Dialog mit Erwachsenen vorbereitet ist. Bereits unmittelbar nach der Geburt beginnt das Kind, seine

Umwelt zu erkunden, mit ihr in Austausch zu treten und dadurch selbst einen aktiven Beitrag zur Aneignung seiner Umwelt zu leisten. Ihre Bildung und Entwicklung gestalten Kinder von Anfang an aktiv mit (hierzu auch Spitzer 2004; Gopnik et al. 2001). Da der Mensch auf Selbstbestimmung und Selbstbildung angelegt ist, sind die Kinder selbst aktive Mitgestalter ihrer Bildungsprozesse. Laewen spricht „(...) vom konstruierenden Kind, das seinen Bezug zur Welt aus eigenem Antrieb und mit eigenen Mitteln organisiert (...)" (Laewen 2002, S. 53). Kinder treten von Anfang an ihrer Umwelt als Forscher gegenüber, sie entwerfen Hypothesen über die Beschaffenheit der Welt und ihre Beziehung zu ihr, welche sie dann wiederum korrigieren und weiterentwickeln. In diesem Zusammenhang ist das Kind auf die Kommunikation mit Erwachsenen und auf eine zum Forschen anregende Umwelt angewiesen. Zusammenfassend kann festgestellt werden, dass sich ein Kind von Geburt an die Welt aneignet und damit auch ein grundlegender Bildungsprozess abläuft. Dieser Bildungsprozess verändert sich im Laufe der Entwicklung hinsichtlich seiner Formen und Inhalte; seine Eigenschaft als Weltaneignung jedoch verändert sich nicht. Aneignung stellt eine subjektive Neukonstruktion von Welt dar, deren soziale Verbindlichkeit aus den Interaktionen des Kindes mit Erwachsenen und anderen Kindern resultiert. Das Kind bildet einerseits Kompetenzen im Umgang mit der Welt und ihrer Interpretation aus; andererseits schafft und entfaltet es sich zugleich als Subjekt, das von Beginn an als Konstrukteur einer Welt von zunächst subjektiver Bedeutung ist, zu der es sich ins Verhältnis setzt.

Infolgedessen ist Bildung in früher Kindheit primär Selbst-Bildung, beruhend auf Selbst-Tätigkeit (ebd.).

1.3 Die Rolle der Erzieherin

„Ruhig und langsam die Natur sich selbst helfen lassen und nur sehen, dass die umgebenden Verhältnisse die Arbeit der Natur unterstützen, das ist Erziehung" (Ellen Key 1904, S. 110).

Auch Fröbel propagierte eine ganz am Wesen des Kindes orientierte Erziehung, in deren Verlauf die Erzieherin eine abwartende, beobachtende und damit mitunter auch „leidende" Rolle einnimmt. Das „relative Recht" zur vorschreibenden, bestimmenden und eingreifenden Erziehung erkannte Fröbel nur bei fehlgeleitetem kindlichen Verhalten an (Berger 2000, S. 12). Die in heutigen Bildungscurricula postulierte optimale Begleitung und Förderung frühkindlicher Bildungsprozesse stellt hohe professionelle Anforderungen an die Erzieherin. Den geeigneten Rahmen zur Entfaltung seiner Selbstbildungspotentiale erhält das Kind durch die Berücksichtigung folgender zentraler Momente:

- der vor dem Hintergrund eines zeitlichen Fachwissens existierenden sensiblen und fachlich geschulten Wahrnehmungsfähigkeit der Erzieherin,

- der zuverlässigen Beziehung zum Kind sowie
- der kontinuierlichen Überprüfung des jeweiligen situativen pädagogischen Handelns.

Zur Unterstützung kindlicher Bildungsprozesse werden bestimmte Grundorientierungen und professionelle Einstellungen als wesentlich erachtet:

Grundorientierungen

Die positive Haltung zu *jedem* Kind (die subjektive Weltsicht des Kindes beachtend) sowie das diese Haltung prägende Menschenbild stellen dabei eine zentrale Aufgabe im alltäglichen Umgang mit Kindern dar. Arnold (1993) spricht in diesem Kontext von *Gelassenheit.*. Damit meint er nicht Gleichgültigkeit oder Planlosigkeit, sondern vielmehr eine mentale Aufgeschlossenheit Kindern gegenüber. Ebenfalls erwähnt er das Zulassen vielfältiger Erfahrungen, Sichtweisen sowie die Akzeptanz individueller Lebens- und Lernkonstruktionen des Subjekts. Siebert (1999, S. 142) fordert eine angemessene Gelassenheit, weil die Eigensinnigkeit des Lernenden respektiert werden müsse. Laut Beek (et al. 2005, S. 110) müsse die Erzieherin für eine vorbereitete Umwelt sorgen, Bereitschaft zur sprachlichen und nicht-sprachlichen Verständigung mit den Kindern zeigen und sich an den alltäglichen Zusammenhängen und an den lebensweltlichen Bedingungen orientieren, unter denen die Kinder aufwachsen. Insofern sie es verantworten kann, sollte sie die Möglichkeiten kindlicher Selbstregulierung berücksichtigen, einen positiven Umgang mit individueller, geschlechtlicher, sozialer und kultureller Differenz pflegen.

Professionelle Einstellungen

Die traditionelle Bildungspraxis versteht unter Lernen in der frühen Kindheit, dem Kind etwas beibringen zu müssen („Nürnberger Trichter"). Mittlerweile wird Wert darauf gelegt, dass eine Erzieherin sich zunächst auch selbst als Lernende begreift, indem sie zum einen von den Kindern lernt (Begreifen von Handlungs-, Denk- und Vorstellungsweisen) und zum anderen sich Wissen auf fachlicher Ebene aneignet, durch Studium von Fachliteratur bzw. Durchführung von Fort- und Weiterbildung. Dabei sollte sie bereit sein, ihr eigenes pädagogisches Handeln fortlaufend zu überprüfen (Beek et al.. 2005, S. 11 f.; vgl. Schäfer 2005).

Die zur Begleitung kindlicher Selbstbildungsprozesse erforderliche Wahrnehmung und Akzeptanz der kindlichen Selbstständigkeit beruhen auf dem Erkennen und Aushalten der Eigentätigkeit des Kindes. Das Abwägen zwischen Festhalten und Loslassen bleibt ständige Aufgabe der pädagogischen Fachkraft. Während Kinder ihren eigenen Weg gehen, bleibt die Erzieherin stets deren interessierte und aufmerksame Begleiterin, die über das Gespräch ihr Handeln und Denken zu verstehen sich bemüht (vgl. Raschke 2007). Bei auftretenden Schwierigkeiten unterbreitet sie Vorschläge für weitere Vorgehensweisen. Damit die möglicherweise daraus resultierenden Projekte gelingen, bedarf es der ausreichenden Verständigung zwischen Erwachsenen und Kindern. Mienert und Vorholz (2009) sehen die Erzieherin in der Rolle einer „Übersetzerin", da es primär darum geht, die Signale der Kleinkinder zunächst zu interpretieren. Diese Übersetzung sehen die Autorinnen als „Grundstein für eine funktionierende Beziehung zum Kind (ebd., S. 32). Kinder in deren Interesse an der Welt ernst zu nehmen bedeutet, sie zu Aufgaben herauszufordern, die sie auch bewältigen können. Wahrnehmen, Aushalten, Verständigung und Verstehen, interessiertes Begleiten, Anregen, Herausfordern sind die wesentlichen Aspekte der Handlungskompetenzen von Erziehern. Pädagogen sollten sich bemühen, kulturelle Differenzerfahrungen zu verstehen und diese zu tolerieren und gleichzeitig auch Möglichkeiten erkennen, welche sich für die Kinder aus der Begegnung mit anderen kulturellen Welten ergeben.

Brazelton und Greenspan (2002) propagieren, dass ein Kind in seinen Bedürfnissen und Gefühlen von den Erwachsenen ernst genommen und respektiert werden muss. Nur so können moralisches Denken und Handeln gefördert werden. Dabei geht es auch darum, auf die je nach Entwicklungsstand und Verständnis des Kindes argumentative Erläuterungen für Normen und Regeln zu geben, Sinn zu erklären, Konflikte zwischen Normen anzusprechen. Es gilt als erwiesen, dass ein ausgewogenes Verhältnis zwischen Grenzsetzung und Verhandlungsspielraum sich förderlich auf die moralische Entwicklung der Kinder auswirkt. „Moral erwächst aus dem Versuch, so zu werden wie ein bewunderter Erwachsener" (ebd., S. 248).

Die verlässliche und vertrauensvolle Beziehung zur Bezugsperson ist für das Kleinkind eine grundlegende Voraussetzung für ein psychisch und physisch gesundes Aufwachsen. Sie bietet dem Kind eine sichere Basis, von welcher aus es auf Entdeckungsreise gehen kann. In freiwilligen Spielangeboten können Kinder intuitiv ihrer Entwicklung entsprechende Spielthemen selbst auswählen. Um dem einzelnen Kind volle Aufmerksamkeit widmen zu können, können gerade Situationen wie das Wickeln, Essen, ins Bett bringen oder bestimmte Spielzeiten ganz bewusst zum intensiven und beziehungsstärkenden Austausch genutzt werden. („gute Zusammenarbeit", Pikler 1997, S. 24).

Damit es in seinem Streben nach Selbstständigkeit bestärkt wird, braucht das Kind die Bestätigung und den Rückhalt für sein Handeln und Verhalten. Dadurch kann es ihm gelingen, zunehmend eigenständiger und besser für sich selbst zu sorgen. Es lernt, sich selbst umso mehr zuzutrauen, je mehr ihm die bedeutsamen Bezugspersonen zutrauen. Das Vorbildverhalten der Erzieherin spielt eine entscheidende Rolle in allen Bereichen. Der prägende Einfluss indiziert den verantwortungsvollen Umgang damit und das Reflektieren der eigenen Rolle. Babys und Kleinkinder sind besonders sensibel für das adäquate Einschätzen und Beobachten ihres Gegenübers, da sie auf die Pflege und Fürsorge der Erwachsenen angewiesen sind. Nur wer als authentisch erlebt wird, dem kann wirklich vertraut werden, nur dann werden Botschaften klar und eindeutig vermittelt. So wie Gesprochenes und Stimmklang zusammenpassen müssen, sollten auch Persönlichkeit und Verhalten stimmig sein. Abschließend bleibt festzuhalten, dass eine wertschätzende, respektvolle und offene Haltung zum Kind die Voraussetzung und Basis bei der Arbeit mit Krippenkindern ist. Individuelle Entfaltung ohne Druck bietet die Grundvoraussetzung für eine freie Entwicklung und eine entspannte Kindheit. Auch wenn andere Einflüsse, z. B. familiäre Situationen oder Vorerfahrungen immer eine Rolle spielen, so erhält das Kind durch die wertschätzende Grundhaltung der Erzieherin die Chance, alternative Beziehungs- und Erziehungserfahrungen zu machen (vgl. Raschke 2007).

1.4 Modelle der Kleinkindpädagogik

Die Theorien von Lew Vygotski

Die Theorien von Lew Vygotski waren bislang vorwiegend in der Sowjetunion und in anderen Ostblockstaaten ab 1956 verbreitet. Hiervon geprägt war auch die Bildungs- und Erziehungsarbeit in Kindertageseinrichtungen in der DDR. Da für die vorliegende Arbeit drei Einrichtungen der neuen Bundesländer untersucht wurden, soll an dieser Stelle kurz auf die Theorien Vygotskis eingegangen werden.

Während bei anderen Ansätzen vordergründig das Kind als Individuum im Mittelpunkt steht, bezieht Vygotski auch den sozialen und kulturellen Kontext mit ein (soziokultureller Ansatz). Wenn beispielsweise die Reformpädagogen die Selbstentfaltung und die eigenständige und von seinem Inneren her bestimmte Entwicklung des Kindes betonen, sieht Vygotski vielmehr das gemeinsame Werk von Erwachsenen und Kindern (vgl. Textor 2000; vgl. Pauen 2005), welches durch die Kultur mitgeprägt wird. Weiter geht er davon aus, dass die psychischen Strukturen und kognitiven Fähigkeiten auf soziale Phänomene zurückzuführen sind, und zwar ursprünglich auf Interaktionen mit anderen (kompetenteren) Personen, die dann vom Kind internalisiert werden. Den pädagogischen Fachkräften schreibt Vygotski eine *aktivere* und *führende* Rolle zu. In der Interaktion mit dem Kind sollen sie durch ausgewählte Aktivitäten bzw. Aufgaben kulturelle Inhalte, Denkweisen usw. zielgerichtet vermitteln und das Lernen fördern (vgl. Textor 2000, S. 71 f.). Dies stellt eine pädagogische Gegenrichtung zur anderen verbreiteten Auffassung von Erziehung als *Selbstentfaltung und selbsttätiges Lernen* durch *Begleitung* und *Unterstützung* dar.

Im Hinblick auf seine Nachahmungsfähigkeit profitiert nach Vygotskis Auffassung ein Kind am meisten von der *Anleitung* und *Unterstützung* durch „kompetentere" Personen (Textor 2000, S. 77). Er verweist darauf, die sich im Reifungsstadium („Zone der nächsten Entwicklung") befindlichen Fähigkeiten zu ermitteln, um diese dann gezielt beeinflussen und fördern zu können. In Interaktionsprozessen werden den Kindern Lösungsprinzipien zu bestimmten Aufgaben erklärt. Bei der Auswahl der erzieherischen und bildenden Maßnahmen wird darauf geachtet, dass sie in die Zone der nächsten Entwicklung des Kindes fallen. Befinden sie sich auf dem Entwicklungsniveau des Kindes, lernt ein Kind nichts hinzu; liegen sie oberhalb der Zone, kommt es zur Überforderung und Frustration des Kindes. Der pädagogischen Fachkraft schreibt Vygotski verschiedene Rollen zu:

- Beobachter und Bewerter,
- Aktivitäten- und Umweltgestalter,
- Dialogpartner,
- aktiver Teilnehmer an Lernprozessen,
- Spielpartner sowie
- Lehrmeister und Verhaltensmodell (vgl. Textor 2000).

Kritisch kommentiert wird Vygotskis Ansatz von Sigel (2000), der ein Defizit bei der Behandlung von Lernprozessen feststellt; so vermisst er eine Lerntheorie zum Ablauf der Internalisierungsprozesse. Eine detaillierte Beschreibung zur Gestaltung von Interaktionsprozessen zwischen Erwachsenen und Kind bleibt ebenso offen. Weiterhin kritisiert Sigel die Vernachlässigung der Rolle des Gefühls im Zusammenhang mit dem zwischenmenschlichen Engagement. Sigel geht davon aus, dass das Gefühlsleben des Kindes eine entscheidende Rolle beim Lernen der Kinder spielt, was von neurobiologischen Erkenntnissen bestätigt wird. Ebenfalls offenbare Vygotski wenig darüber, *wie* Gelegenheiten geschaffen werden können, damit das bestehende Potential bestmöglich ausgeschöpft und entfaltet werden kann, um letzten Endes zum originellen, unkonventionellen Denken zu gelangen. Das eher allgemeinere Bild von den Interaktionen zwischen Bezugsperson und Kind wird auch von Greenspan und Shanker (2007, S. 38) kritisch kommentiert. Bei Vygotski ginge es wohl eher um soziale Interaktionen, bei der der erfahrenere Partner häufig die Fähigkeiten des Kindes überprüfen will, um anschließend die weitere kognitive, kommunikative und soziale Entwicklung zu fördern. Weiter bemängelt Sigel die unzureichenden Aussagen zu den „sozialisierenden Werkzeugen", mit denen die Kinder ein soziales Selbstgefühl entwickeln können (vgl. Sigel 2000, S. 90 f.). Vygotskis Lehren gaben Anlass für die zentrale Metapher sozio-kultureller Theorien: Kinder als soziale Wesen, geformt durch ihren kulturellen Kontext, den sie allerdings auch mitgestalten. Dieses Kindbild findet sich in vielen aktuellen sozio-kulturellen Theorien. Pauen (2005, S. 227) bezieht sich hier auch auf Arbeiten von Barbara Rogoff (1990), Michael Cole (1996) und Michael Tomasello (1999). In den USA aber auch in der Bundesrepublik Deutschland zeichnet sich mittlerweile eine Entwicklung dahingehend ab, dass diese Theorien auch hier propagiert werden, wobei die heutigen Vertreter diesen Ansatzes ergänzen bzw. erweitern.

Das Berliner Krippenmodell nach K. E. Beller

Im Berliner Krippenmodell wird das Kind als ein von Geburt an kompetentes und lernfähiges Wesen gesehen. In der Auseinandersetzung mit seiner Umwelt sei es in der Lage, seine eigene Entwicklung mitzubestimmen. Bei der Beziehung zwischen Kind und Erzieherin soll es sich vordergründig um eine sich entwickelnde Partnerschaft handeln und nicht etwa um eine Bindung zwischen der „allmächtigen und allverantwortlichen" Betreuerin und dem vollkommen hilflosen Kleinkind (Beller 1998, S. 924 f.). Das Ziel des Modells besteht einerseits darin, pädagogische Kompetenzen zu verbessern, andererseits ein positives Berufsbild als auch eine positive Einstellung der Erzieherin zu ihrer Arbeit zu entwickeln. Durch eine flexible Alltagsgestaltung soll der Individualität des Kindes Rechnung getragen werden. Unter dem Krippenpersonal werden Beziehungen angestrebt, in denen sich anstelle von Konkurrenz und Misstrauen vielmehr soziales Vertrauen und gegenseitige Unterstützung entwickeln können. Ziel des Modells ist es außerdem, die Betreuungswelten „Elternhaus" und „Krippe" zu koordinieren und einen intensiven Austausch herzustellen. Die Umsetzung des Modells erfolgt mit dem Einsatz der Entwicklungstabelle (vgl. Beller 2000), durch deren Anwendung die Erzieherin befähigt wird, die jeweilige Entwicklung des Kindes in den verschiedenen Bereichen einzuschätzen bzw. sich auf das Kind einzustellen und pädagogische Anregungen auf der individuellen Entwicklungsstufe anzusetzen. Dabei wird von den Kompetenzen des Kindes ausgegangen, was das Selbstvertrauen und das Vertrauen des Kindes zu seiner Erzieherin stärkt.

Das Berliner Modell erfasst folgende Bereiche:

- Vermittlung positiver Gefühle,
- aktive und stabile Zuwendung zum Kind,

- Responsivität und bedürfnisorientiertes Eingehen auf die Signale des Kindes sowie
- Erleichtern und Ermöglichen von Aktivitäten zum Erreichen selbst gesteckter Ziele.

Die Adressaten des in diesem Rahmen entstandenen Eingewöhnungsmodells sind *alle* daran beteiligten Personen: das Kind, seine Eltern und die Erzieherin. Es werden monatliche Erfahrungsaustausche zwischen Erzieherinnen und Eltern organisiert (vgl. Beller 1998). Das Eingewöhnungsmodell von Beller hat zum Inhalt, *alle* an einer Eingewöhnung Beteiligten (Eltern, Erzieherinnen, Kind und Kindergruppe) zu unterstützen. In einer *allmählichen und moderierten* Eingewöhnung soll das Kind die Gelegenheit erhalten, seinem natürlichen Interesse an anderen Kindern und vorhandenen Spielzeugen durch Kontaktaufnahme und Exploration nachzukommen. Es werden selbstständige Tätigkeiten ausgelöst, welche die Eigeninitiative des Kindes an die Stelle seiner von Trennungsangst ausgelösten inaktiven Haltung treten lässt. Bellers Modell unterscheidet sich vom Berliner Modell[7] vor allem in der Gestaltung der Eingewöhnungs*zeit*.

Laewen empfiehlt eine Eingewöhnungsdauer von mindestens sechs Tagen. Eine längere Eingewöhnungszeit von 14 Tagen erfolgt bei Kindern, die in den ersten Tagen zwar guter Stimmung sind, manchmal jedoch ängstliche oder wachsame Verhaltensweisen zeigen und der Erzieherin gegenüber zurückhaltend sind bzw. deutliche Reaktionen auf die Trennungen vom Elternteil erkennen lassen. Für eine kürzere Eingewöhnungszeit sprechen dagegen eher ein selbstständiges Verhalten des Kindes (in den ersten Tagen), Vermeiden des Blickkontaktes zur Bindungsperson, geringer Widerstand gegen Körperkontakt zur Erzieherin und kaum sichtbare Irritationen bei der Trennung vom Elternteil (vgl. Laewen et al. 1990).

Beller macht auch darauf aufmerksam, dass Kinder, die sich schon kurz nach Eintritt in die neue Situation von der begleitenden Bezugsperson abwenden, nicht selten erst später – nach einigen Tagen oder Wochen – Trennungsängste entwickeln, zum einen weil das Kind verzögert entdeckt, dass es von der Mutter allein gelassen ist, zum anderen, weil das längere Ausfallen der Interaktion mit der Mutter den Anlass zur Hemmung des Ausdrucks der Trennungsangst beim Kind gemindert oder beseitigt hat. Beller empfiehlt daher, gerade bei sich schnell

---

7 In den 1980er Jahren konnte Laewen (1989) nachweisen, dass Krippenkinder, die abrupt und ohne Elternbegleitung in eine Kinderkrippe eingewöhnt wurden, in ihrer Bindung zur Mutter verunsichert und massivem Trennungsschmerz ausgesetzt wurden. Dies hatte einer mehr als vierfachen Erkrankungsrate gegenüber behutsam und unter Begleitung eingewöhnten Kindern zur Folge. Aus diesen und weiteren Forschungen (Rauh & Ziegenhain, 1992; Belsky, 1988) entstand das „Berliner Eingewöhnungsmodell".

lösenden Kindern die Eingewöhnungszeit zu verlängern, da der Ausdruck von Trennungsängsten hier indirekt oder zeitlich verzögert ist. Er geht davon aus, dass Verhaltensweisen am besten geändert werden, wenn sie ausgedrückt werden können. Die aktive Auseinandersetzung mit einem Problem betrachtet er als förderlich für dessen Lösung oder Überwindung. Beller legt besonderen Wert darauf, dass Eltern in der aktiven Auseinandersetzung mit der Eingewöhnungssituation Empfehlungen statt Anweisungen erhalten sollen. Dadurch erleben sie ihr eigenes Handeln auch als autonome Entscheidung und als eine aktive Auseinandersetzung. In Gesprächen mit den Erziehungsberechtigten sammelt die Erzieherin wichtige Informationen über das Kind, z. B. über Tagesrhythmus und Erfahrungen des Kindes, seine Vorlieben und Abneigungen. Beller macht auf den Bedarf an Unterstützung jüngerer (unerfahrenerer) Erzieherinnen in der Zusammenarbeit mit Eltern aufmerksam. In der Beziehungsarbeit mit dem Kind sollte die Erzieherin anfänglich nur indirekten Kontakt mit dem Kind aufnehmen. Wenn das Kind weint, traurig ist oder sich verletzt hat, kann die Erzieherin nach einigen Tagen bei Abwesenheit der Eltern dem Kind Trost durch Körperkontakt anbieten. Darüber hinaus betont Beller die Bedeutung der Kindergruppe für die Eingewöhnung. Die Möglichkeit, mit anderen Kindern Kontakt aufzunehmen bzw. mit ihnen zu spielen, kann erheblich zur Erleichterung des Eingewöhnungsprozesses beitragen (vgl. Beller 2008 a). Insgesamt scheinen sich alle Autoren darin einig zu sein, dass das Kind im Zuge der Eingewöhnung grundsätzlich eine feinfühlige Erzieherin braucht, die an jedem Kind interessiert ist, seine Äußerungen richtig interpretiert sowie angemessen und prompt darauf reagiert. Aber auch Rahmenbedingungen müssen beachtet werden: Erzieher-Kind-Schlüssel, Gruppengröße, Ausbildung und Fachkompetenz sind Faktoren, die eine erfolgreiche Eingewöhnung und den sensiblen Umgang mit den Kindern beeinflussen. Bei der Planung sollten Zeiträume der Eingewöhnungssituationen und Urlaub oder Fortbildungen der Erzieherinnen nicht überlappen. Ein einzugewöhnendes Kind benötigt ausreichend Möglichkeiten, sich durch seine eigenen Tätigkeiten wie Beobachtung, Erkundung und soziale Kontaktaufnahme mit der Situation auseinander zu setzen.

Das Modell Reggio Emilia aus Italien

Auch das Modell Reggio Emilia gab starke Impulse für pädagogische Reformen in den achtziger Jahren in der BRD. In der von Loris Malaguzzi zugrunde gelegten Konzeption sind folgende Schwerpunkte verankert:
Hier stellt sich die kindliche Entwicklung nicht als individuelle Angelegenheit dar, sondern als ein Prozess, der sich innerhalb einer Gemeinschaft vollzieht. Dabei ist die Entwicklung des Kindes zwar zunächst ein selbstbestimmter Lernprozess, in dessen Verlauf benötigt das Kind jedoch auch die Gemeinschaft sei-

ner Peers und die der Erwachsenen (vgl. Lingenauber 2007). In der Reggio-Pädagogik wird das Kleinkind als forschendes Wesen angesehen, welches sich mit einem reichen Potential an verschiedenen Ausdrucksmitteln („hundert Sprachen") seine Welt erschließt und aneignet. Dabei ist das Kind der „aktive Konstrukteur seines Wissens" dar (ebd., S. 23; vgl. Dreier 2006). Das Ziel der Reggio-Pädagogik besteht in der Entwicklung ihrer (hundert) Sprachen: der expressiven, kommunikativen, symbolischen, kognitiven, ethischen, metaphorischen, logischen, imaginativen und beziehungsmäßigen (ebd., S. 20).

Zur Rolle der Erzieherin betont Knauf (1998, S. 14 ff.), dass die Pädagogin erst dann zur Ressource des Kindes wird, wenn sie folgende Aspekte erfüllt: Zuneigung, Vertrauen, Wohlbefinden, Freiheit, Partner, Impulse, Zeit, Raum, Aktivität und Ausdruck. Bei der Unterstützung durch die Erzieherin handelt es sich einerseits um die Bestärkung der Lernfreude des Kindes und andererseits um die „Wissens- und Kompetenzleihgabe". Letztere dient dazu, den Kindern in jeweiligen Situationen Impulse zum weiteren Forschen zu geben. Des Weiteren versteht sich die Erzieherin der Reggio-Pädagogik selbst als lernendes und forschendes Subjekt und als „Zeugin" der kindlichen Entwicklung bzw. der kindlichen Fähigkeiten. So ist es ihre Aufgabe, die Beobachtungen über die Kinder zu dokumentieren und mit dem gesamten Erzieherteam zu reflektieren. Dies stellt die Grundvoraussetzung dafür dar, die (hundert) Sprachen des Kindes zu entschlüsseln (vgl. Lingenauber 2007; vgl. Dreier 2006).

Das Besondere an diesem Modell besteht in der Einbeziehung „aller Teile der Einrichtung" im pädagogischen Alltag (Beller 1998, S. 927; vgl. Dreier 2006). Nicht nur die Erzieherinnen, sondern auch Reinigungskräfte und Köchin gehören beispielsweise zu den Bezugspersonen der Kinder. Die pädagogische Arbeit ist im Gemeinwesen verankert, da sowohl Eltern und Erzieherinnen aber auch Bürger aus der Gemeinde an der Gestaltung der Kindertagesstätte beteiligt sind. Die Kinder, Erzieherinnen und Eltern gelten in der Reggio-Pädagogik als jeweils offene Systeme, die sich wechselseitig beeinflussen. Durch ihr kooperierendes Handeln bilden die drei Systeme nach Lingenauber (2007, S. 11) ein „Sozialaggregat", welches wiederum in Wirkungszusammenhängen mit dem Gemeinwesen der Stadt Reggio Emilia und mit anderen kommunalen Einrichtungen steht. Im Fokus der Elternarbeit steht die Verbindung der institutionellen und der familiären Erziehung. Dabei werden die Eltern als die Experten ihrer Kinder angesehen. Das kindspezifische Fachwissen der Eltern wird von der achtsamen Erzieherin aufgegriffen und für den pädagogischen Alltag genutzt. Dadurch, dass dem Wissen der Eltern durch die Erzieherinnen die entsprechende Bedeutung beigemessen wird, werden die Eltern zu „kompetenten Hauptdarstellern" im Erziehungsprozess (Lingenauber 2007, S. 45).

Die Erkenntnisse von Emmi Pikler

In den achtziger Jahren hielt in der BRD der Ansatz der ungarischen Ärztin Emmi Pikler Einzug in die pädagogischen Reformen der Kinderkrippe. Im Mittelpunkt des Lebenswerkes von Emmi Pikler stand die Erforschung der menschlichen Bewegungsentwicklung. Wie auch Maria Montessori versucht Pikler, die Umwelt des Kindes zu strukturieren, damit sich das Kind nach seinem individuellen Entwicklungsrhythmus entfalten kann. Beobachtungen haben gezeigt, dass jedes Kind alle Bewegungsarten aus eigener Anstrengung entwickelt. Unterstützungsangebote von Seiten der Erwachsenen hindern die eigenständige Bewegungsentwicklung. Selbstbewusstsein entwickelt sich durch das Erproben der eigenen Kräfte und der Freude an der eigenen Leistung (vgl. Pikler 1997). Pikler (1971) geht davon aus, dass das Kind keine Stimulation von außen benötigt, sondern dass es sich den Dingen selbst zuwendet, welche seine Aufmerksamkeit erregen. Damit es seinen nächsten Entwicklungsschritt selbst finden kann, benötigt das Kind Ruhe, Zeit, Raum und Material. Um dem Kind eine angemessenen Entwicklung zu ermöglichen, setzt Pikler auf das Grundprinzip einer adäquaten Beziehung zwischen Erwachsenen („Pflegerinnen") und Kind. Zusätzlich zu den an den Grundbedürfnissen des Kindes orientierten Fragen stellt sich die Frage nach der Art und Weise der Pflege („wie der Erwachsene dem Kind sein Essen reicht"). Dabei legt sie Wert auf die Zusammenarbeit zwischen dem Kind und dem Erwachsenen, z. B. während des Wickelns oder des An- und Auskleidens (Pikler 1997, S.23 f.). Pikler richtete den Fokus auf die Beobachtung des Kindes und das einhergehende Erkennen um die Abfolge seiner Entwicklungsschritte. Nur dort, wo das Kind Interesse entwickelt, d. h. zwischen den Forderungen aus der Umwelt und sich selbst eine Verbindung herstellt, kann es im eigentlichen Sinne lernen und das Gelernte integrieren (ebd.).

Pikler sah die Kinderkrippe eher als „Noteinrichtung" für erwerbstätige und überlastete Mütter (vgl. Beller 1998). Mit ihrer Arbeit leistete sie jedoch einen Beitrag zur Erklärung der Physiologie der Bewegungsentwicklung sowie zur Ausbildung eines adäquaten und nützlichen Pflege- und Erziehungsverhaltens im Hinblick auf die Bewegungsentwicklung der Kleinkinder.

Ihre Forschungsergebnisse zur selbstständigen Bewegungsentwicklung sollten in der pädagogischen Arbeit in Kinderkrippen genutzt werden, was eine optimalere Gestaltung der frühkindlichen Lernprozesse zur Folge hätte.

2. Psychologische Aspekte der frühkindlichen Entwicklung

2.1 Entwicklungsschritte in der frühen Kindheit (0-3 Jahre)

Die Entwicklungsschritte in der frühen Kindheit werden von den meisten Autoren so dargestellt, dass sie die Entwicklung der einzelnen Bereiche in bestimmte Altersspannen aufgliedern. Beller entwickelte eine tabellarische Übersicht, welche den Entwicklungsaufbau in zehn Phasen darstellt, wobei er zur Berücksichtigung der individuellen Entwicklung jedes Kindes auf detaillierte Altersvorgaben verzichtete (vgl. Beller 2008 b).

Im Folgenden werden die Entwicklungsschritte unter Angabe der Altersspannen aufgeführt. Dabei handelt es sich um eine Zusammenfassung der Ausführungen von Rauh (1998, S. 167-245), Eliot (2003, S. 225-505), Pauen (2005, S. 77-109; 2006, S. 239-293), Haug-Schnabel/Bensel (2005, S. 34-84), Gopnik et al. (2001), Kasten (2005) und Völkl (2002, S.103-158).

Ausstattung der Neugeborenen

Geruchs- und Geschmackssinn: Differenzierung zwischen Gerüchen und vier Geschmacksrichtungen (süß, sauer, salzig und bitter); Erkennen engster Kontaktpersonen über Geruch möglich

Hautsinn: grundlegende Empfindlichkeit für Schmerz und Berührung vorhanden

Gehörsinn: Hörfähigkeit bereits im Mutterleib ausgeprägt; Unterscheidung der Stimme der Mutter von anderen unmittelbar nach der Geburt; komplexe Laute lösen deutlichere Reaktionen aus als physikalisch reine Töne.

Sehsinn: Sehschärfe und Kontrastintensität sehr gering; Komponente der Distanzwahrnehmung scheinen angeboren zu sein; Fähigkeit, einem Stimulus mit den Augen und dem Kopf zu folgen. Bevorzugt werden mit ihnen interagierende menschliche Gesichter; Unterscheidung von Farben (vgl. Völkl 2002).

Sonstige Fähigkeiten: Imitationen wie das Herausstrecken der Zunge, Öffnen des Mundes, Bewegen des Kopfes, Wiedererkennungsfähigkeiten, Fähigkeit zur Nahrungsaufnahme und Kontaktbedürfnis voll entwickelt (vgl. Rauh 1998, S. 190; Gopnik et al. 2001, S.47)

Motorische Entwicklung von zwei Monaten bis drei Jahren

Zwei bis vier Monate: Zunahme der Greifhandlungen; Das Kind konstruiert seine Körperachsen, d. h. es gewinnt an Kraft im Oberkörper, kann den Kopf in verschiedenen Positionen aufrecht halten und in die Körpermitte ausrichten; sitzt angelehnt

Vier bis acht Monate: Mit ca. sechs Monaten kann das Kind aufrecht sitzen, dabei ist das Drehen des Kopfes möglich. Der Oberkörper kann gedreht werden, um einen Gegenstand zu ergreifen. Gegenstände werden weniger mit dem Mund, sondern vermehrt durch Ergreifen, Hantieren und Befingern erkundet. Erfahrungsmöglichkeiten werden durch Greifentwicklung dreidimensional.

Acht bis zehn Monate: Beginn der Fortbewegung durch seitliches Rollen, Robben, Kriechen, sich hochziehen bis hin zum Krabbeln; Fortschritte in der Greifentwicklung: Das Kind kann Gewichtsunterschiede erkennen, Gegenstände können optisch wiedererkannt werden, wenn sie zuvor nur ertastet wurden.

Zehn bis achtzehn Monate: Das Kind lernt laufen und wird dadurch zunehmend zum eigenständigen Explorationsverhalten befähigt.

Achtzehn bis vierundzwanzig Monate: Bewegungsabläufe gewinnen an Routine und Eleganz. Das Kind kann springen, rennen und herumtollen.

Ab 3. Lebensjahr: Durch gezieltes Erkunden kommt das Kind Zusammenhängen auf die Spur. Die Kinder können lernen, die Toilette zu benutzen, werden zunehmend „trocken".

Sowohl Ergebnisse einer Studie an Hopie-Indianern im Jahr 1940[8] als auch Resultate aus Forschungen an eineiigen Zwillingen in den dreißiger Jahren konnten belegen, dass der festgelegte Ablauf der neuronalen Reifung das Tempo der motorischen Entwicklung des Babys bestimmt, auch wenn es viel trainiert oder in Tüchern herumgetragen wird. Erst wenn das Gehirn und die Muskeln des Kindes reif genug sind, setzt eine bestimmte motorische Fähigkeit ein. Allerdings verläuft die motorische Entwicklung nicht gleichförmig (nicht genetisch festgelegt), sondern ist schon von den individuellen frühkindlichen Erfahrungen abhängig. Eine liebevolle, anregende und fördernde Umwelt ist dabei genauso wichtig. Durch Üben können die Kinder ihre motorischen Fähigkeiten verbessern, allerdings erst, wenn das Gehirn die erforderliche Reife erreicht hat und damit der richtige Zeitpunkt erreicht ist (vgl. Eliot 2003).

---

8 vgl. W. Dennis und M. G. Dennis: The effect of cradling practices upon the onset of walking in Hopi children. Journal of Genetic Psychology 56 (1940), S. 77-86

Kognitive und soziale Entwicklung von zwei Monaten bis drei Jahren

Zwei bis vier Monate: Verlängerte Aufmerksamkeit zum Betrachten von Gegenständen vorhanden; das Verfolgen der Gegenstände ist nicht nur mit den Augen möglich, sondern es gelingt nun auch das vorwegnehmende Vorausschauen (z. B. wohin der Ball rollt). Vertrautes kann wiedererkannt werden – „soziales Wiederlächeln" gegenüber vertrauten Bezugspersonen – (Eliot 2003, S. 430). Formen werden vom Hintergrund getrennt wahrgenommen. Zwei Gegenstände werden getrennt voneinander wahrgenommen, sofern ein Abstand zwischen ihnen liegt. Die Fähigkeit, assoziative Beziehungen zwischen eigenen Bewegungen und den Bewegungen eines Gegenstandes zu erfassen, prägt sich aus.

Vier bis acht Monate: Das Kind kann Handlungen über eine kleine Zeitstrecke planen. Es zeigen sich erste Ansätze kognitiver Kategorisierungen oder vorsprachlicher Begriffe (z. B. Sortieren roter Bausteine zu roten Bausteinen).

Die Objektpermanenz ist ab *acht bis zehn Monaten* ausgeprägt (vgl. Pauen 2006, vgl. Kasten 2005, vgl. Rauh 1998, vgl. Gopnik et al. 2001)

Zehn bis achtzehn Monate: Das Explorationsverhalten wird zunehmend komplexer, Gegenstände werden funktionell gebraucht

Achtzehn bis vierundzwanzig Monate: Das Kind versteht einfache Handlungsziele und kann eigene Handlungen auf diese Ziele hin planen (z. B. Tisch decken, um Puppe zu füttern); Entwicklung des Symbolspiels. Im Alltag zeigt sich das Streben nach „Selbermachen" (vgl. Völkl 2002, S. 129 f.).

Ab 3. Lebensjahr: Aufbau von Sozialkontakten; Die Entwicklung des Ich-Bewusstseins ist in der Regel abgeschlossen.

Völkl betont, dass bereits Kinder unter zwei Jahren alle wesentlichen Schritte des Problemlösens vollbringen können. Damit das Kind diese Kompetenzen umsetzen kann, bedarf es Möglichkeiten, auch selbstständig handelnd tätig sein zu dürfen. Dem wird man vor allem dadurch gerecht, dass Kinder Umgang mit verschiedenartigen Gegenständen haben, wodurch ermöglicht wird, die Dinge zu kategorisieren, um nach eigenen Vorstellungen vorsprachliche und sprachliche Begriffe zu konstruieren. Dem Drang nach Selbermachen sollte nicht gegengesteuert werden, nur weil der Erwachsene aufgrund seiner eigenen Vorstellungen der Meinung ist, dass manche Dinge nicht so gemacht oder benutzt werden. Ein Kind ist von Geburt an in der Lage, Ereignisse aus der Umwelt nachzuahmen. Dadurch lernt es, seine Welt zu verstehen bzw. sein Weltwissen zu konstruieren. Piaget charakterisiert diese Fähigkeit als eine intelligente Handlung, da die Nachahmung Ausdruck dafür ist, dass das Kind seine kognitiven Strukturen verändert. Es passt sozusagen seine kognitiven Strukturen an das, was es aus der Umwelt wahrnimmt, an und drückt dies durch seine Nachahmung aus. Diesen Vorgang der Anpassung bezeichnet Piaget als Akkommodation (vgl. Völkl 2002; vgl. Pauen 2006). In einer Studie zum Imitationsverhalten von

Kleinkindern fand Meltzoff (1988) heraus, dass Imitation bereits bei Kleinkindern einen Prozess der Bedeutungskonstruktion beinhaltet, der Lernen vermittelt (vgl. Gisbert 2004).

Soziale und emotionale Entwicklung

Es gilt als wissenschaftlich belegt, dass soziale und emotionale Erfahrungen die Grundlage jeder Kognition darstellen. Wie ein Kind sich in den ersten beiden Lebensjahren sein Wissen konstruiert, kann unter Berücksichtigung der kommunikativen und emotionalen Entwicklung sowie der Berücksichtigung des Sozialverhaltens folgendermaßen dargestellt werden:

Neugeborene: Der gut ausgebildete Mandelkern und seine Verbindungen zum Hypothalamus und den zahlreichen Kernen des Hirnstammes ermöglichen es, dass emotionale Empfindungen frühzeitig erlebt werden können. Das Baby reagiert auf Reize, wobei physiologische Veränderungen (z. B. Erhöhung der Pulsfrequenz) wie beim Erwachsenen möglich sind. Es besteht von Geburt an der Drang nach sozialer Interaktion, da das Baby zur Befriedigung seiner Bedürfnisse vollständig auf andere Menschen angewiesen ist (vgl. Eliot 2003). Das emotionale Lernen beginnt unmittelbar nach der Geburt, und zwar in Form von Nachahmung. Die Imitation dient als Basis der Fähigkeit zur Empathie.

Zwei bis vier Monate: Mit drei Monaten zeigt das Kind Interesse am menschlichen Gesicht. Die Mimik des Kommunikationspartners dient als wichtige Informationsquelle für das Kind. Dem Kind stehen zunehmend mehr Ausdrucksweisen zur Verfügung. Die Interaktionen zwischen Eltern und Kind gewinnen Dialogcharakter.

Vier bis acht Monate: Die Unterscheidung zwischen Personen und Gegenständen setzt ein und es werden jetzt nur noch Personen angelächelt. Die Unterscheidung zwischen Gesichtern von Kindern und Erwachsenen ist möglich, es besteht ein besonderes Interesse an kleineren Kindern; Ausdruck von Emotionen wie Ärger und Überraschung sind möglich; die höheren limbischen Zentren funktionieren. Nach dem sechsten Lebensmonat zeigt das Baby eine bereits leicht ausgeprägte Fähigkeit, Gefühl und Handlungen kontrollieren zu können.

Acht bis zehn Monate: Es entsteht eine besondere und starke Bindung an die wichtigste Bezugsperson (Zeit des „Fremdelns"): Es erfolgen gemeinsame wechselseitige Spiele zwischen Kind und Erwachsenen. Das Kind kann den Gesichtsausdruck der Eltern zunehmend genauer lesen; „*social referencing*": Das Kind prüft bei Unsicherheit am emotionalen Ausdruck der Mutter, inwieweit eine Situation gefährlich ist (vgl. Pauen 2006, S. 87)

Zehn bis achtzehn Monate: Das Kind versteht in wiederkehrenden Situationen einfache sprachliche Anregungen, erfasst Rituale und besteht auf Rituale. Das Interesse an Peerkontakten nimmt zu.

Achtzehn bis vierundzwanzig Monate: Beginn des sozialen Zusammenspiels mit Peers; Anfänge des Symbolspiels; die Fähigkeit, sich selbst im Spiegel zu erkennen entsteht und ist Voraussetzung für Identität und Empathie (vgl. Völkl 2002).

Ab 3.Lebensjahr: Das Kind ist in der Lage, mit anderen mitzuempfinden; Gefühlswahrnehmungen sind bei sich selbst und anderen möglich.

Aus der vorangegangenen Beschreibung der sozialen und emotionalen Entwicklung kann geschlussfolgert werden, dass Kinder von Anfang an am sozialen Kontakt interessiert sind. Soziales Verhalten kann sich nur dann entwickeln, wenn den Kindern auch Möglichkeiten zum intensiven sozialen Austausch mit anderen Menschen gegeben werden. In diesem Zusammenhang wird die Bedeutung von Ritualen erwähnt, anhand derer Kinder Vorstellungen („social scripts") davon entwickeln können, wie man sich in verschiedenen sozialen Alltagssituationen verhält. Damit wird die Notwendigkeit des Einsatzes von Ritualen gerade bei jüngeren Kindern sowohl in Elternhäusern als auch in Kindertageseinrichtungen begründet (vgl. Völkl 2002, S. 142). Die wichtigsten Erkenntnisse der NICHD-Studie von 1991 (NICHD 1998, S.1145-1170) bestehen darin, dass für die spätere emotionale Entwicklung eines Kindes familiäre Faktoren eine sehr viel größere Rolle spielen als die außerfamiliäre Kinderbetreuung. Die Studie fand auch wenig Hinweise dafür, dass eine frühe, umfangreiche und fortgesetzte außerfamiliäre Kinderbetreuung mit problematischem Verhalten eines Kindes in Zusammenhang steht. Allerdings wurde festgestellt, dass die Qualität der Kinderbetreuung zwar einen geringfügigen, nicht unbedeutenden Einfluss auf das Verhalten der Kleinkinder hat (hierzu auch Greenspan und Shanker 2007, S. 28 ff). Die in kleinen Gruppen von einfühlsamen Erzieherinnen betreuten Kinder zeigten mehr Anpassungsfähigkeit und soziale Kompetenz als Kinder in schlechteren Betreuungssituationen. Die jüngste Forschung dieser Studie konnte nachweisen, das Kinder keinen emotionalen Schaden leiden, wenn sie bereits im ersten Lebensjahr eine Kita besuchen. Eine qualitativ schlechtere außerfamiliäre Kinderbetreuung kann jedoch in Verbindung mit einem schlechten Eltern-Kind-Verhältnis in manchen Fällen das Risiko psychischer Probleme erhöhen. Trotz aller Kontroversen stimmen Forscher darin überein, dass eine qualitativ hochwertige Betreuung das emotionale Wohlbefinden des Kindes sicherstellt, seine sozialen Kompetenzen verbessert und die kognitive Entwicklung fördern kann (vgl. Eliot 2003).

Das frühkindliche Spiel

Vygotski befasste sich nur skizzenhaft mit dem Spiel des Kindes. Nach seiner Auffassung entwickelten Kinder im Spiel „unrealistische Wünsche", die sie in der Spielrealität verwirklichen konnten. Freud entwickelte selbst keine Theorie

des Spiels, vertrat jedoch die Auffassung, dass das Spiel dem Lustprinzip ge-
horcht und die Kinder hier den Zwängen der Realität entfliehen und die sonst
tabuisierten Impulse (vor allem aggressive Bedürfnisse) ausleben können (vgl.
Oerter 1998, S. 251 f.) In schwedischen Kitas nimmt das Spiel eine zentrale
Rolle ein. Auch in der Reggio-Pädagogik hat das Spiel die gleiche Dimension
wie das Lernen. Montessori distanziert sich im Prinzip vom Spiel in der Kita
(vgl. Pramling Samuelsson/Carlsson 2007). Für Piaget bedeutet Spielen die
„Abwehr dagegen, dass die Welt der Erwachsenen und die allgemeine Wirklichkeit das Spiel stören, um sich an einer Wirklichkeit, die man für sich selbst hat,
zu erfreuen..." (Piaget 1969, S. 216). Es sei sozusagen die Welt des Ichs, wobei
das Spiel die Funktion hat, „diese Welt gegen die erzwungene Akkommodation
an eine allgemeine Wirklichkeit zu verteidigen" (ebd.). Im Folgenden soll auf die
Entwicklung des kindlichen Spiels nach den Theorien von Piaget eingegangen
werden:

Null bis vierundzwanzig Monate: Sensomotorisches Spiel (auch Funktions-
spiel, Übungsspiel).

Null bis ein Monat: Reflexübungen, d. h. das Kind zeigt Reflexe wie Sau-
gen.

Zwei bis vier Monate: „Primäre Zirkulär-Reaktionen" des Säuglings, d. h. er
ist auf den eigenen Körper und seine Bewegungen bezogen (vgl. Kasten 2005).
Möglich sind einfache Übungsspiele, Funktionslust prägt sich aus, d. h. Wiederholungen von Verhaltensweisen aus reinem Vergnügen.

Fünf bis acht Monate: Durch die „Funktionslust" des Kindes erhalten die
sekundären Zirkulär-Reaktionen spielerische Qualität. Das Kind erhält zunehmend klarere Vorstellungen über die selbstverursachende Wirkung sich abspie-
lender Handlungen.

Neun bis zwölf Monate: Zufällig erworbene Verhaltensweisen werden miteinander verknüpft und zunehmend zielgerichteter eingesetzt. Es zeigen sich
erste Anzeichen des symbolischen Spiels, d. h. Alltagsgegenstände werden verwendet, wie es ihrer Bestimmung entspricht. Mit ca. 12 Monaten werden den
Gegenständen oder Lebewesen bestimmte Qualitäten zugewiesen, z. B. der Hund
schläft.

Dreizehn bis achtzehn Monate: Ausbildung tertiärer Zirkulär-Reaktionen
(Wiederholen und Variieren von Handlungen mit Gegenständen; Freude am
Entdecken neuer Verwendungsmöglichkeiten.

Neunzehn bis vierundzwanzig Monate: Das Herumexperimentieren und
zielgerichtete Erkunden von Gegenständen sowie die spielerische Wiederholung
werden zunehmend nach innen verlagert. Verstärkte Verwendung von Zeichen
und Symbolen; Aha-Erlebnisse treten auf. Es entstehen differenzierte Vorstellungen von äußeren Handlungsmöglichkeiten. Problemlösungsstrategien können

sich ausgedacht werden.

Ab drittem Lebensjahr: Zunahme des Symbolspiels, als-ob-Handlungen bis hin zum Ausbau des Phantasie- und Rollenspiels.

Pramling und Carlsson (2007) kommentieren, dass der Umgang des Kindes mit Spielzeug und anderen Gegenständen gerade in den ersten zwei Jahren nicht unbedingt den Vorstellungen der Erwachsenen entspricht. Sie gehen davon aus, dass nicht das Spielzeug die kleinen Kinder überfordert, sondern vielmehr die Erwartungen der Erwachsenen in Bezug auf den „richtigen" Gebrauch damit. Nach Mogel (1994) erhöht sich das Selbstwertgefühl eines Kindes, wenn es im Spiel das Gefühl von Ebenbürtigkeit und Gleichrangigkeit erfährt. Für die Entwicklung des Kindes betont Emmi Pikler (vgl. Pikler-Gesellschaft 2008) die Bedeutsamkeit des freien Spiels und das ungestörte Experimentieren, da es immer wieder das Interesse des Kindes weckt. Nicht nur die motorischen Fähigkeiten, sondern auch das Selbstbewusstsein des Kindes entwickelt sich hierbei. Dolto (1997) führt an, dass die Kinder im Spiel die Möglichkeit erhalten sollen, mit sich selbst und ihrer Umgebung ganz ruhig spielen zu können, wobei Körper und Herz in Harmonie mit Raum und der Zeit sein sollten und die Kinder in eine Stimmung versetzt sind, in der sie sich glücklich fühlen. Der Zustand innerer Ruhe kann sich bei den Kindern somit spontan über das Spiel herstellen (ebd.). Körperliches und seelisches Wohlbefinden, Geborgenheit und Sicherheit in der Beziehung des Kindes zu seinen wichtigsten Bezugspersonen stellen für Papousek (2006) eine wichtige Voraussetzung für das Spielerische dar. So besteht die Hauptaufgabe der Erwachsenen darin, die Lebenswelt der Kinder so zu gestalten, dass sie sicher genug ist und die Kinder vor Gefahren schützt bzw. ihnen ausreichend entwicklungsspezifische Erfahrungen ermöglicht. Dabei sei das Abschirmen vor Reizüberflutung besonders zu beachten (ebd.).

2.2 Die Entwicklung des Denkens

Piaget verstand Denken als einen Verarbeitungsprozess, der die innere Selbst- und Welterfahrung des Kindes strukturiert. Schäfer vertritt dieselbe Auffassung, lehnt jedoch eine strenge Stufenabfolge in der Entwicklung ab. Auch Stern verweist darauf, dass geistige Entwicklung in der aktiven Konstruktion von Bedeutung ist, erklärt allerdings auch die stufenförmige Entwicklung der Abstraktionsfähigkeit als überholt (vgl. Stern 2004 a). Schäfer (1998) geht davon aus, dass sich innere Verarbeitung in mehreren qualitativen Sprüngen vollzieht, wobei jede Stufe dem Gesamtprozess eine neue Qualität hinzufügt, ohne die vorherige Stufe überflüssig zu machen. Schäfer untergliedert in zwei Stufen: das ästhetische Denken und das rationale Denken. Ästhetisches Denken setzt sich dabei aus sensorischem Denken (Wahrnehmungsempfindungen und körperliche Handlungen des Kindes) und imaginativem Denken (Fantasie, Vorstellungskraft und Symbolbildung des Kindes) zusammen. Aus Schäfers Darstellungen folgert Völkl (2002), dass es dem Kind im Verlauf seiner Entwicklung möglich wird, das ästhetische Denken in den Bereich des rationalen Denkens zu übersetzen. Demnach ist rationales Denken die Weiterentwicklung des ästhetischen Denkens, wobei letzteres weiter erhalten bleibt. Besonders jüngere Kinder denken vielmehr ästhetisch, da der Bereich des rationalen Denkens noch nicht entwickelt ist.

Greenspan und Shanker (2007, S. 47) gehen davon aus, dass unsere Fähigkeit zu lernen zwar genetisch vermittelt ist, die Entwicklung des emotionalen Signalisierens, Problemlösens, der Symbolbildung und des reflexiven Denkens, also unsere gesamte Intelligenzentwicklung, vielmehr ein kulturell überlieferter Prozess ist. Jedes neu erlernte „Werkzeug" stelle die Grundlage dar, weitere Werkzeuge für eine höhere Lernebene zu konstruieren. Bei der Beobachtung von Säuglingen und Kleinkindern kamen beide Wissenschaftler zu dem Schluss, dass emotionale und kognitive Prozesse nicht separaten, sondern verwandten Systemen angehören. Ihre Beobachtungen zeigten, dass auf jeder Entwicklungsstufe emotionale Interaktionen zur Entwicklung kognitiver Fähigkeiten führten und deren Anwendung „dirigierten" (ebd., S. 250). Greenspan und Shanker (2007, S. 281) verweisen auf ein Defizit in den Theorien Piagets, der nach ihrer Auffassung die Rolle der Affekte als wesentliches Element des Denkens bzw. der Intelligenzentwicklung nicht ausreichend erforscht habe. Piaget erkenne angeblich nicht, dass das kausale Denken eines Babys bereits dann einsetze, wenn es lächelt oder die Bezugsperson zurücklächelt. Nach Auffassung der beiden Autoren werden erste Aspekte der Logik nicht durch motorische Aktionen vermittelt, sondern vielmehr durch affektive, emotionale Signale wie Lächeln und Glucksen, was wiederum bei der Bezugsperson emotionale Reaktionen auslöst. Deshalb betrachten sie die erste Problemlösung nicht als sensomotorische, sondern als ko-regulierte, emotionale Interaktion durch das emotionale System (ebd., S. 281). Zwar geht Piaget davon aus, dass die Kinder durch ihr eigenes auf die Welt gerichtetes Handeln lernen. Hierbei beschreibt er die bei der kognitiven und affektiven Entwicklung parallel ablaufenden Prozesse, erklärt allerdings eher unzureichend die Beziehungen zwischen ihnen. Nach Greenspan und Shanker stellen die Emotionen, die „Architektur der Intelligenz" dar.

Sodian (1998, S. 622-653) geht davon aus, dass die geistige Entwicklung des Kindes bereichsspezifisch verläuft. Sie versteht Entwicklung als einen Prozess des Theorienwandels bzw. Paradigmenwechsels. Dies bedeutet nicht einfach nur, dass neues Wissen vorhandenes ergänzt oder Irrtümer beseitigt, sondern Paradigmenwechsel bestehen in der Umstrukturierung des gesamten Denkens innerhalb einer Disziplin. Sodian vertritt die Auffassung, dass Kinder bereits sehr früh die Grundlagen unseres physikalischen Weltbildes (z. B. Objektpermanenz) und die Möglichkeit zur Interpretation von menschlichen Handlungen erwerben bzw. bereits damit geboren werden. Der Prozess des Theorienwandels vollzieht sich also von Bereich zu Bereich in unterschiedlichem Tempo, wobei das Tempo vom spezifischen Interesse des jeweiligen Kindes abhängig ist. Die Entwicklung von Kindern wird vor allem dann angeregt, wenn sie gemeinsam mit Partnern, die über mehr Wissen und Kompetenz verfügen, ein kognitives Problem lösen. Dabei sollte das Kompetenzniveau des Partners nur um ein Geringeres höher als das des Kindes sein, da die Bemühungen um die Problemlösung besonders förderlich sind.

Aus sozialkonstruktivistischer Sicht wird menschliche Entwicklung als ein aktiver Gestaltungsprozess des Individuums betrachtet, der nur in der Interaktion mit anderen Individuen gelingt, was die Schlussfolgerung zulässt, dass gerade auch die Peer-Group für die Entwicklung des Kleinkindes von enormer Bedeutung sein könnte. Kindliches Denken wird nicht nur an rein intellektuellem Vermögen gemessen, sondern ist vielmehr in Abhängigkeit davon zu sehen, was Kinder in ihrer Welt wahrnehmen und erfahren und wie sie demnach entsprechend handeln. Denken stellt einen Prozess komplexer Verarbeitung des vom Kind Wahrgenommenen vor dem Hintergrund bereits vorhandener Erfahrungen dar. Gerade bei jüngeren Kindern erscheint das Denken eher handlungsnah, da diese noch über einen geringen Erfahrungsschatz verfügen. Insgesamt kann davon ausgegangen werden, dass das Denken – ähnlich wie Piaget es beschreibt – auf verschiedenen Ebenen (handlungsnah, intellektuell, egozentrisch) strukturiert ist. Nach Völkl (2002, S. 103 ff.) sind diese Ebenen jedoch nicht altersabhängig, sondern vielmehr von den jeweiligen Theorien und den zugehörigen begrifflichen Systemen, welche das Kind bezüglich der verschiedenen Situationen oder Erfahrungen konstruiert oder bereits konstruiert hat. Die Konstruktion von Theorien erfolgt in sozialen Kontexten und wird auch durch Widersprüche, die das Kind in der Interaktion mit anderen erfährt, ausgelöst. Kinder konstruieren sich zunächst handlungsnahe Theorien, welche es ihnen ermöglichen, neue Erfahrungen in bereits bekannte Theorien einzuordnen bzw. mit ihnen umzugehen. Für die pädagogische Praxis bedeutet dies letztlich, dass eine anregungsreiche Bildungsumwelt geschaffen werden muss, die dem Kind eine Vielfalt von Erfahrungsmöglichkeiten mit der gegenständlichen und der sozialen Welt bietet. Damit Erfahrungen in neue Theorien umgesetzt werden können, benötigen Kinder Gelegenheiten zum aktiven Umgang mit den ihnen begegnenden Situationen. Fehlt eine derartige Erfahrungswelt, können bestimmte Ebenen des Denkens (vor allem die rationale) nie zum Tragen kommen (ebd.).

2.3 Bindungstheoretische Überlegungen zur Krippenbetreuung

2.3.1 Bedeutung von Bindung und Beziehungen für frühkindliche Bildungsprozesse

Forschungsarbeiten innerhalb der Entwicklungspathologie[9] konnten zeigen, dass Kinder für die körperliche, intellektuelle und emotionale Entwicklung ihre elementaren Bedürfnisse befriedigen müssen. Dies bezieht sich vor allem auf die Grundbedürfnisse nach Pflege, Betreuung, verlässlichen liebevollen Beziehungen bzw. Bindung, Sicherheit, Autonomie und Regulation und hat einen bedeutsamen Einfluss auf die frühkindlichen Bildungsprozesse (vgl. auch Brazelton/Greenspan 2002). Von besonderer Bedeutung ist die Bindung zwischen Kind und primärer Bezugsperson. Dabei kann zwischen vier Bindungsstilen unterschieden werden:

1. die sichere Bindung (B-Bindung)
2. die unsicher-ambivalente Bindung (C-Bindung)
3. die unsicher-vermeidende Bindung (A-Bindung)
4. die desorganisierte Bindung (D-Bindung)

Im ersten Lebensjahr und bis zu einem Alter von 15 Monaten unterscheidet das Kind seine unmittelbaren Bezugspersonen von anderen, fremd erscheinenden Personen, was sich im jähen Rückzug auf die Bezugsperson als sichere Basis ausdrückt. Das Bedürfnis nach Autonomie wird ebenfalls im ersten Lebensjahr deutlich, beispielsweise durch Freude an selbst erzeugten Effekten, was sich im zweiten Lebensjahr durch den Drang nach Selbermachen-Wollen verstärkt. Das Neugier-Verhalten des Kindes stellt eine wichtige Triebfeder für das Kind dar, um sich seinem Autonomiebedürfnis folgend aus der dyadischen Beziehung zur primären Bindungsperson herauszuentwickeln sowie weitere Umwelterfahrungen machen und demnach neue Bildungsgelegenheiten wahrnehmen zu können. Fühlt sich ein Kind in Sicherheit und Geborgenheit vermittelnden Bindungen, kann es seine Angst leichter überwinden und sich mit Neugierde auf bislang unbekannte Situationen einlassen. Für eine in kognitiver, sozialer und emotionaler Hinsicht gesunde Entwicklung brauchen Kinder die Bindung und Beziehung zu Erwachsenen, wobei die Qualität dieser Beziehungen und Bindungen ent-

---

9   vgl. auch Spitz 1945, Kaler & Freeman 1994

scheidend ist (vgl. Bowlby 1951; Rauh 1998; Grossmann/Grossmann 2004; Haug-Schnabel/Bensel 2005, Kasten 2005).

2.3.2 Bindungspersonen als Orientierungsbasis

Im ersten Halbjahr ist die Bindung noch recht unvollständig entwickelt; der Säugling ist geistig z. B. noch nicht in der Lage, eine nicht anwesende Person zu vermissen. Hinsichtlich seiner Versorgung oder Beruhigung kann er jedoch schon zwischen vertrauten und fremden Personen unterscheiden. Ein Pflegewechsel im ersten Lebensjahr bedeutet für das Kind eine enorme Anpassungsleistung. Von daher sollte auch in diesem frühen Alter der Übergang in eine nicht-mütterliche Betreuung so gestaltet werden, dass sie nur ein Minimum an abrupten Veränderungen beinhaltet. Mit Zunahme der eigenständigen Fortbewegung im zweiten Lebensjahr entsteht Furcht vor Höhen und fremden Menschen. Neue Ereignisse lösen beim Kind Vorsicht aus und es entwickelt nun eine geistige Vorstellung von vertrauten Personen und Gegenständen, auch wenn es diese nicht sieht. Die individuelle Bindung des Kindes ist nachweisbar, da es seine Bindungsperson vermisst und sie bei Unsicherheit sucht. Mit dem Zeitpunkt seiner Fortbewegung wird die Bindungsperson zum Zentrum und zum Orientierungspunkt seiner Welt. Sie ist „(...) Ausgangspunkt und Informationsquelle für die Exploration des Krabblers, als auch Fluchtpunkt in Momenten der Angst und des Unwohlseins" (Grossman/Grossmann 1998, S. 72). Aus Liebe und im Vertrauen auf die Hilfe der Bindungsperson lernen Kinder, negative Gefühle angemessen auszudrücken.

Grossmann & Grossmann beziehen sich auf die Ausführungen von Bowlby (1979), der konstatierte, dass durch das Fehlen einer Bindungsperson beim Kleinkind genau der externe Regulator ausbleibt, der seine intensivsten Gefühle am besten beruhigen kann (vgl. Grossman/Grossmann 1998).

Greenspan und Shanker (2007, S.42) stellten fest, dass die Beteiligung an ko-regulierten emotionalen Interaktionen für die Bezugsperson ebenso wichtig sind wie für das Kind. Je mehr Zeit miteinander verbracht wird, desto mehr Zeit steht für Interaktionen zur Verfügung, wodurch sich letzten Endes mehr Selbstvertrauen in die eigenen Betreuungsfähigkeiten entwickeln kann. In Studien über den wechselseitigen emotionalen Austausch zwischen Bezugspersonen und Babys[10] wurde nachgewiesen, dass frühe emotionale Interaktionen die kognitiven

---

10 vgl. auch: Jaffe et al. 2001

Fähigkeiten in den Vorschuljahren beeinflussen (vgl. Greenspan und Shanker 2007).

Durch die Anwesenheit seiner Bindungsperson kann sich das Kind auf sein Spiel konzentrieren und sich darin vertiefen, es muss sich um seine Sicherheit nicht sorgen. Demzufolge hat die Bindungsperson einen großen Einfluss auf die Entwicklung der Explorationsfreude und Konzentration des Kindes. Nicht zuletzt stärkt sie das Selbstvertraue 756rrt33qww 22n des Kindes, indem sie feinfühlig seinen Lerneifer durch angemessene Zurückhaltung respektiert und nichts tut, was das Kind selbst tun möchte und auch könnte. Das Emotionsgedächtnis ist besonders zwischen dem sechsten und zwanzigsten Lebensmonat aktiv; dies konnte der amerikanische Kinderarzt Harry Chugani nachweisen. In dieser Zeit bauen Babys eine starke Gefühlsbeziehung zu ihren Eltern oder anderen Bezugspersonen auf. Stimmt das emotionale Fundament, suchen Kinder begierig nach Reizen, die ihrem jeweiligen Entwicklungsstand entsprechen. Zu diesem Zeitpunkt ist es von besonderer Wichtigkeit, ihre natürliche Neugier zu fördern und reichlich Lernangebote zu unterbreiten. Gleichzietig wird jedoch vor Überforderungen des Kindes gewarnt, da das Risiko besteht, dass Nervenzellen im Gehirn lahmgelegt werden, weil es die Flut der Reize nicht verarbeiten kann (vgl. Wagner 1997). Ahnert (1998) beruft sich auf Untersuchungen von Erzieher-Kind-Beziehungen[11], die gezeigt haben, dass Erzieherinnen die Funktion einer Bindungsperson erfüllen können, wenn es sich um eine stabile Betreuung handelt. Darüber hinaus zeigte sich jedoch auch, dass eine möglichst individuelle Betreuung nicht nur von der zeitlichen Dauer und der Stabilität der Betreuung abhängt[12], sondern ebenfalls durch Peer-Beziehungen der Gruppe geprägt zu sein scheint und demnach durch Gruppenstruktur und -dynamik beeinflusst wird.

2.4 Trennungssituationen bei Krippeneintritt

Mit dem Eintritt in eine Kinderkrippe verliert das Kleinkind zunächst alles, was ihm bisher Sicherheit gab, und zwar die Bindungsperson, die vertraute Sicherheitsbasis und Fluchtziel zugleich war. Sie half ihm bei der Emotionsregulation, nahm Angst und Unsicherheit und gab Rückversicherung im Rahmen seines Explorationsverhaltens. Die Ausführungen von LaGasse (1998) aufgreifend betonen Grossmann & Grossmann die durch diesen Verlust entstehenden Ängs-

---

11 vgl. auch: Fox 1977; Cummings 1980; Barnas/Cummings 1994
12 vgl. auch: Anderson et al. 1981; Barnas/Cummings 1994

te, welche zur Folge haben, dass das Kind das entwicklungsfördernde Angebot der Krippe nicht nutzt und somit nicht spielen und lernen kann (vgl. Grossmann/Grossmann 1998). Daraufhin folgerten die Autoren, dass eine Erzieherin zu einer neuen Sicherheitsbasis werden muss. In Anwesenheit der primären Bezugsperson (meist Mutter oder Vater) soll das Kind zunehmend Gelegenheit haben, die Erzieherin als Trostspenderin zu erleben, z. B. bei kleineren Spielfrustrationen bis hin zu Streitigkeiten, Hunger und Müdigkeit. Anfangs sollten die Perioden der Trennung relativ kurz gehalten werden. Nur so kann das Kind erfahren, auf die Rückkehr seiner primären Bezugsperson vertrauen zu können. Diese Vorgehensweise kann rückläufig gestaltet werden, wenn die Erzieherin immer mehr als Sicherheitsbasis wahrgenommen und akzeptiert wird. Um eine qualitativ hochwertige Sicherheitsbasis zu gewinnen, ist es angebracht, nicht allzu viele Kinder zur gleichen Zeit betreuen zu müssen. Dadurch kann gewährleistet werden, dass dem neu einzugewöhnenden Kind die erforderliche individuelle Aufmerksamkeit durch die Erzieherin zukommt. Aus Sicht der Bindungstheorie stellt die außerfamiliäre Betreuung von Kindern unter drei Jahren insofern ein Risiko dar, da das Kleinkind eine für sich selbst nicht nachvollziehbare Trennung von der Sicherheitsbasis und seiner primären Bindungsperson erlebt. Untersuchungen der Berliner Anpassungsstudie (vgl. Rauh/Ziegenhain 1992) und weitere Studien[13] konnten keine Hinweise dafür liefern, dass ein früher Krippenbesuch zu mehr Bindungsunsicherheit führte. Dennoch fanden sich unter den Kindern ohne Krippenbesuch deutlich mehr sicher gebundene Kinder (vgl. Ziegenhain/Rauh/Müller 1998). Das Risiko des Trennungsvorgangs kann vermieden werden, wenn die Kita grundsätzlich Bedingungen erfüllt, die dem Kind Möglichkeiten eröffnen, eine weitere emotionale Sicherheit entstehen zu lassen.

---

13   vgl. auch Belsky 1988; Ainsworth et al. 1974

3. Neurobiologische Erkenntnisse der frühkindlichen Bildungsprozesse

Moderne Methoden des Modellierens der Funktion von Neuronen-Verbänden und der funktionellen Bildgebung ermöglichen nach Müller (2005) ein tieferes Verständnis der beim Lernen ablaufenden Vorgänge. Neben anderen Wissenschaften versucht auch die Neurobiologie die Frage zu beantworten, *was* und *wie* die Kinder lernen. Mithilfe der bildgebenden Verfahren können mittlerweile immer bedeutendere Forschungsergebnisse hervorgebracht werden.[14] Das Zusammenspiel verschiedener Hirnareale kann mittlerweile so dargestellt werden, dass kognitive Funktionen wie Sprachverstehen, Handlungsplanung, Musikverarbeitung, Gedächtnisprozesse, das Erleben von Emotionen etc. möglich sind (vgl. Monyer et al. 2004). Dabei handelt es sich um *nicht-invasive* Methoden, die keinen operativen Zugriff erfordern. Hierbei werden Techniken unterschieden, die zum einen überwiegend die anatomische Lokalisation von neuronalen Prozessen abbilden (z. B. PET, fMRT) und bei denen zum anderen die zeitliche hoch aufgelöste Visualisierung (z. B. EEG, MEG) im Vordergrund steht (vgl. Jäncke 2005). Dank dieser Verfahren gelingt es, nicht nur einzelne Zellen, sondern auch große Gehirnbereiche auf einmal zu beobachten, um zu untersuchen, wie harmonisch das Gehirn arbeitet. So werden beispielsweise spektakuläre Fotografien erzeugt, auf denen die Gehirne in verschiedenen Farben aufleuchten, während ihre Besitzer denken. Die neuen Untersuchungsmethoden zeigen aber auch das zwischen den verschiedenen Gehirnbereichen bestehende komplizierte Wechselspiel bzw. wie es sich chronologisch entfaltet, während wir sehen, hören und denken. Die Koordinierung der Bereiche erfolgt durch Erfahrungen jeglicher Art (vgl. Gopnik et al. 2001).

---

14 Zu den bildgebenden Verfahren gehören: Elektroenzephalographie (EEG), Magnetenze-phalogramm (MEG), Positronen-Emissions-Tomographie (PET) und funktionale Magnetresonanztomographie (fMRT).

3.1   Die mikroskopische Beschreibung des Gehirns

Lernen durch Neuroplastizität

Empirische Untersuchungen aus jüngster Zeit belegen, dass das Gehirn kein unveränderbares Organ ist. Reich greift die Ausführungen von Spitzer auf: Nachdem lange Zeit angenommen wurde, dass sich Nervenzellen weder teilen noch im Gehirn neue Nervenzellen gebildet werden, konnte durch Untersuchungen an Mäusen im Jahr 1997 das Gegenteil bestätigt werden. Im Jahr 1998 erhielt man das gleiche Ergebnis hinsichtlich der Neubildung von Nervenzellen am Menschen. In Untersuchungen an Singvögeln im Jahr 2001 konnte der Zusammenhang zwischen der Neubildung von Nervenzellen und Lernprozessen bewiesen werden. Spitzer geht davon aus, dass der Hippocampus vermutlich umso besser funktioniert und größer wird, je intensiver er beansprucht wird (vgl. Reich 2005).

Lernen beginnt mit der Geburt und dauert lebenslang. Die im Gehirn verankerten Lernergebnisse werden Repräsentationen genannt.

> „Diese Repräsentationen entstehen und ändern sich, und man bezeichnet genau diese Vorgänge als Lernen. Gehirne und deren Bauteile, die Nervenzellen (Neuronen), sind darauf spezialisiert, Repräsentationen in Abhängigkeit von der Umgebung auszubilden und zu verändern." (Spitzer 2002, S. 12)

Das nicht statische Gehirn ist in der Lage, sich den Umweltbedingungen anzupassen. Diese Anpassungsvorgänge im Zentralnervensystem an die Lebenserfahrungen des Organismus werden als *Neuroplastizität* bezeichnet. Auf der Ebene der Verbindungen (Synapsen) zwischen Nervenzellen wird davon ausgegangen, dass sich die Verbindungsstärke von Synapsen infolge des Lernens ändert. Voraussetzung hierfür ist die Aktivität. Durch das Lernen erfolgt eine Verstärkung der aktiv gebrauchten Synapsen. Das Gehirn weist einen hohen Grad an Neuroplastizität auf, da es sich durch den ständigen Gebrauch laufend auf der Ebene der Synapsen umstrukturiert. Neuroplastizität lässt sich durch Aufzeigen erfolgter Veränderungen auf den kortikalen Karten nachweisen. Bestimmte Lernleistungen lassen sich bestimmten Hirnrealen (und deren Zusammenwirken) zuordnen. Grundlage hierfür sind sich im Kortex befindende spezifische Gebiete für verschiedene Empfindungen. Die Veränderbarkeit kortikaler Karten ist für das Lernen von enormer Bedeutung: Je nach Eingang und Verarbeitung von Informationen können sich bestimmte Areale vergrößern oder aber auch verkleinern. Letzteres geschieht bei fehlenden Stimuli (vgl. Reich 2005). Wissenschaftlich belegt ist, dass neue Erfahrungen auf der Ebene der Gene wirken. Sie verändern sozusagen die Genexpression (vgl. Singer 2002; Braun et al. 2009, S. 57, vgl. Hüther 2004 a). Dies geschieht bis ins hohe Lebensalter und bildet die Grundlage für lebenslange Plastizität und Lernfähigkeit. Dennoch werden nach Hüther (2004 a) die meisten Erfahrungen am Anfang der Entwicklung gemacht („erfahrungsabhängige Neuroplastizität", ebd., S. 59; vgl. Singer 2002). Damit ist die erfahrungsabhängige Modulation der Genexpression im Gehirn am stärksten ausgeprägt.

Für die Bildungspraxis bedeutet dies, dass sich durch eine anregungsreiche Umwelt anregungsreiche Strukturen im Gehirn bilden. Komplexe Erfahrungen führen zu komplexen Vernetzungen, kanalisierte Erfahrungen führen zur Verarmung. Besonders verstärkt werden neuronale Verschaltungen durch multisensorisch eingespeicherte Eingangssignale, z. B. durch Situationen, an denen wir handelnd beteiligt sind (vgl. hi.bi.kus 2005). Die Neuroplastizität ist eine Haupteigenschaft des neuronalen Apparates und gleichzeitig Ansatzpunkt für die Förderung positiver Entwicklungen von Kindern. Eine ständig mögliche Umorganisation ermöglicht das Überschreiben negativer Erfahrungen durch entsprechende neue positive Erfahrungen im Lernprozess.

Belohnungssysteme

Die Musterbildung kann entscheidend gehemmt oder gestärkt werden, indem unterschiedliche Neurotransmitter wirken. Gespeicherte Inhalte werden emotional eingefärbt. Emotionen bringen Ordnung ins Chaos von Informationen. Lernstoff wird vor allem dann langfristig beherrscht, wenn er in einem positiven emotionalen Kontext gelernt wurde. Das dopaminerge System ist an der Regulation von Aufmerksamkeit und belohnungsmotivierten Verhaltensweisen („Arousal") beteiligt (vgl. Braun et al. 2009). Dopamin spielt im körpereigenen Belohnungssystem eine enorm wichtige Rolle. Es wird vor allem in den älteren, tieferen Hirnteilen ausgeschüttet. Dabei wird zwischen verschiedenen Dopaminsystemen unterschieden. Eines dieser Systeme ist für die Bewertung von Reizen verantwortlich, welche das Gehirn aufnimmt. Wichtige Reize werden von unwichtigen unterschieden. „Bedeutsam ist was neu ist (...), was für uns gut ist und vor allem, was für uns besser ist, als wir das zuvor erwartet hatten. Dieses System treibt uns an, motiviert unsere Handlungen und bestimmt, was wir lernen" (Spitzer 2002, S. 195). Im Weiteren geht der Neurobiologe davon aus, dass die Entwicklung der Aufmerksamkeit mit einer ausreichenden Dopamin- und Noradrenalin-Ausschüttung eng verbunden ist (vgl. Spitzer 2005 b). Bauer (2007) weist auf zwei Funktionen von Dopamin hin: Es erzeugt ein Gefühl des Wohlbefindens und versetzt den Organismus psychisch und physisch in einen Zustand von Konzentration und Handlungsbereitschaft. Zum Motivationssystem gehören nach seinen Ausführungen auch noch weitere körpereigene Botenstoffe: sogenannte endogene Opiode und Oxytocin. Die neurobiologischen Regionen, in denen diese Botenstoffe freigesetzt werde, sind untereinander verschaltet. Deshalb wird es als ein Gesamt-Motivationssystem angesehen. Extrem starke oder chronische Stresssituationen wirken sich nachteilig auf das Gedächtnis aus. Stresshormone reduzieren die Glukoseaufnahme und damit die verfügbare Energie im Gehirn. Bei Angst kommt es zu einem erhöhten Adrenalinausstoß, was die Produktion von Kortisol zur Folge hat. Dieser Botenstoff schränkt das Erinnerungs- und Lernvermögen stark ein. Studien mit Tagesmüttern konnten belegen, dass das Baby keinen nennenswerten Kortisolanstieg erlebt, solange die Betreuungsperson freundlich, spielerisch und einfühlsam ist (vgl. Eliot 2003). Lernen Kinder mit freudigen Gefühlen, dann wird vermehrt Dopamin ausgeschüttet, ein Botenstoff, der uns antreibt, motiviert, uns aufweckt, uns interessiert und aufmerksam für Neues macht. Kinder, die sich geborgen fühlen, lernen und entwickeln sich besser. Daraus kann geschlussfolgert werden, dass die Qualität der Kinderbetreuung sowohl innerhalb als auch außerhalb der Familie ausschlaggebend ist für eine gesunde Entwicklung von Gehirn und Gefühlsleben.

Die Rolle der Spiegelneuronen für das Imitationsverhalten

Die Spiegelneuronen wurden im Jahr 1991 in Italien entdeckt. Dabei wurde untersucht, wie das Gehirn die Planung und Ausführung zielgerichteter Handlungen steuert. In den 1980er Jahren begannen die Untersuchungen an Affen, Ende der 1990er Jahre dann auch beim Menschen (vgl. Bauer 2006 a). Spiegelneuronen, auch Imitationsneuronen genannt, sind als Nervenzellen zu verstehen, welche im Gehirn beim Betrachten eines Vorgangs die gleichen Potentiale auslösen, wie sie entstünden, wenn dieser Vorgang nicht bloß betrachtet, sondern aktiv gestaltet würde (vgl. Roth 2003 a). Durch den Einsatz bildgebender Verfahren und transkranieller Magnetstimulation konnten die Spiegelneuronen beim Menschen in verschiedenen Arealen nachgewiesen werden:

- im Prämotorischen Kortex, der verantwortlich ist für Bewegungen,
- im Insularen Kortex, der die Funktion der Verarbeitung von Gefühlen wie Ekel übernimmt und
- im Sekundären Somatosensorischen Kortex, welcher Berührungen realisiert (vgl. Gartner 2006).

Vor allem völlig ungewohnte Handlungssequenzen werden besonders intensiv abgespeichert. So hinterlassen erstmals wahrgenommene Handlungen besonders nachdrückliche Vorstellungen. Bauer geht davon aus, dass alles, was Eingang in das Repertoire der Handlungsprogramme gefunden hat, zwar stets zur Verfügung steht, allerdings nicht automatisch zur Anwendung kommen muss (vgl. Bauer

2006). Mit seiner Geburt bringt der Mensch eine Grundausstattung an Spiegelnervenzellen mit; dies haben Untersuchungen der Säuglingsforscher Andrew Meltzoff, Keith Moore und Mechthild und Hanus Papousek (1977)[15] ergeben (vgl. Bauer 2008). Schon Neugeborene sind in der Lage, kurz nach ihrer Geburt bestimmte gezeigte Gesichtsausdrücke zu imitieren. Spiegelneuronen sind somit das neuronale Format für eine frühe, basale Form der Kommunikation und für eine erste wechselseitige soziale Einstimmung. Ohne das hierdurch vermittelte Imitationsverhalten könnte es zwischen Säugling und Umwelt keine Kommunikation geben. Damit die angeborenen Spiegelneuronen auch entwickelt und intakt bleiben können, müssen sie in Aktion gesetzt, also genutzt werden. Dies erfolgt dadurch, dass Säuglinge und Kleinkinder liebevolle Zuwendung und Anteilnahme erfahren. Erfährt ein Kind ein hinreichendes Maß an Liebe, dann entwickelt sich auch sein Einfühlungsvermögen. Intuitive Einfühlung und spontane Fähigkeit zur Resonanz werden für die Gestaltung guter zwischenmenschlicher Beziehungen benötigt. In den ersten beiden Lebensjahren braucht das Kind eine individuelle Zuwendung, was nur durch konstante Bezugspersonen geleistet werden kann. Dies stellt gerade an die Kinderkrippen einen qualitativ sehr hohen Anspruch. Mit den Spiegelneuronen verfügen wir über ein System direkter Kommunikation. Kinder lernen automatisch und unbewusst imitatorisch vor allem von Personen, zu denen sie eine starke Bindung fühlen (hierzu auch Hüther 2008 b). Nachahmungen erfolgen vor allem, wenn die Interaktionen emotional bedeutsam sind, dies gilt sowohl in positivem als auch in negativem Sinne. Auf diese Weise kann ein Teil unseres Wissens, unserer Fähigkeiten und Kompetenzen intergenerational an Heranwachsende weitergegeben werden. Auch eine neuere Studie, an der auch die Düsseldorfer Neurobiologen Zilles und Freund beteiligt waren, führte zu dem Ergebnis, dass Spiegelzellen die neurobiologische Basis für das Lernen am Modell darstellen (vgl. Bauer 2008). Den Prozess der Bedeutungskonstruktion kann ein einzelnes, isoliertes Individuum nicht allein leisten. Hierfür benötigt es den Dialog mit seinen Mitmenschen. Deshalb ist Bildung auch aus neurobiologischer Sicht immer auch als ein sozialer Prozess zu betrachten.

---

15 Meltzoff. & Moore (1977): Imitation of facial and manual gestures by human social interaction: It's biological roots and social dimensions. In: Foppa, K., Lepenies, W. & Ploog, D. (Hrsg.) Human ethology: Claims and limits of a new discipline. Cambridge, MA (Cambridge University Press), S. 456-489

3.2 Neurobiologische Entwicklungsprozesse im Kleinkindalter (0-3 Jahre)

3.2.1 Hirnreifung und Entwicklung

Hüther (2001) geht davon aus, dass das genetisch angelegte Potential zur Ausbildung hochkomplexer und zeitlebens veränderbarer Verschaltungen nur dann in vollem Umfang genutzt werden kann, wenn dem menschlichen Gehirn optimale Entwicklungsbedingungen bereitgestellt werden. Braun und Meier (2004) betonen, dass die kognitiven und emotionalen Erfahrungen im kindlichen Gehirn viel massivere und dauerhaftere Spuren hinterlassen als im erwachsenen Gehirn. Schon pränatal (gegen Ende der Schwangerschaft) sind verschiedene Sinnesorgane und die dazu erforderlichen Verschaltungen im Gehirn des Föten soweit ausgereift, dass er bereits erste sinnliche Wahrnehmungen machen kann. Gopnik et al. (2001) betonen, dass ein Menschenbaby bereits mit fast allen Hirnzellen, die es jemals besitzen kann, geboren wird. Mit drei Monaten verbrennen die für das Sehen, Hören und Fühlen zuständigen Regionen erhöhte Mengen Glukose; im Alter von zwei Jahren verbraucht es genauso viel Energie wie das Gehirn des Erwachsenen. Mit drei Jahren ist das Gehirn des Kindes doppelt so aktiv wie das eines Erwachsenen, was sich bis zum Alter von neun bis zehn Jahren erstreckt. Anschließend erfolgt eine allmähliche Abschwächung dieser Aktivität, bis mit 18 Jahren dann der Stand des Erwachsenen erreicht ist. Nach Braun et al. (2009, S. 58) wird die „Anzahl der Synapsen ... durch Umweltreize und die dadurch ausgelöste neuronale Aktivität bestimmt, und damit wird das neuronale Netzwerk in seinen Verschaltungen präzisiert und optimiert". In der frühesten Phase der Hirnentwicklung kommt es zu häufigen Reorganisationen (vgl. Blakemore/Frith 2006; vgl. Pauen 2004). Dabei wird das erste Lebensjahr als eine besonders intensive Zeit für diese Prozesse gesehen (ebd.). Allerdings verändern sich nicht die Neuronen an sich, sondern ihre Verdrahtung bzw. Verschaltung untereinander. Daraus entsteht ein kompliziertes Netzwerk der Zellverbindungen (vgl. Bruer 2003; Spitzer 2002).

Bereits kurz nach der Geburt nimmt die Zahl der Verbindungen zwischen den Gehirnzellen rasch zu. Die Anzahl der Verbindungen ist in dieser Zeit weit höher als der Anteil an Verbindungen im erwachsenen Gehirn. Die rasante Zunahme der Synapsendichte, das Wachstum der Dendriten an den Nervenzellen und somit das Sprießen der Nervenzellen an den Dendriten bezeichnen Neurowissenschaftler als Prozess der Synaptogenese.[16] Auf ihn folgt eine Phase des Synaptic Pruning, des „Ausjätens" von Synapsen. Häufig genutzte Verbindungen werden verfestigt, selten benutzte werden gekappt (vgl. Blakemore/Frith 2006; vgl. Pauen 2004).

Schon sehr früh in der Entwicklung vermehren und wachsen vor allem auch Nervenfasern und Verbindungen zwischen entfernter liegenden Nervenzellen. Die langen Stämme jeder Nervenzelle beginnen, sich mit einer myelinhaltigen Schicht zu überziehen, welche als Isolierschicht dient und für die Beschleunigung der elektrischen Impulse sorgt, welche am Neuron entlang laufen. Für die Gehirnentwicklung stellt dies einen wichtigen Prozess dar, weil sich dadurch die Geschwindigkeit, mit der die Signale zwischen Neuronen hin und her gehen, drastisch erhöht (vgl. Blakemore/Frith 2006). Spitzer (2002) bezieht sich auf Untersuchungen von Paul Flechsig, der bereits vor ca. 100 Jahren detaillierte Karten des Gehirns erstellte und zu folgenden Ergebnissen gelangte: Mit der Geburt sind die primären sensorischen und motorischen Areale bereits myeliert. Es handelt sie hierbei um Hirnrindenbezirke, welche für die primäre Verarbeitung von Sehen, Hören und Tasten verantwortlich sind und zum Ausführen von Bewegungen gebraucht werden. Daraus schlussfolgert Spitzer, dass erste Verarbeitungen des Säuglings demnach möglich sind, die dabei erhaltenen Informationen können allerdings nicht allzu tief verarbeitet werden. Erst in der weiteren Entwicklung müssen sekundäre Areale myelisiert werden. In der Pubertät und auch noch danach werden die Verbindungen zu den höchst kortikalen Arealen im Frontalhirn mit Myelinschichten versehen. Teile des Frontallappens sind demnach erst zum Zeitpunkt der Pubertät funktionell komplett mit dem Rest des Gehirns verbunden (vgl. Spitzer 2002). Welche Verbindungen im kindlichen Gehirn überleben und welche verkümmern bzw. absterben, ist teilweise genetisch bedingt, hängt aber vor allem auch von den Erfahrungen ab, die in dieser frühen Lebenszeit gemacht werden.

3.2.2 Individuelles Lernen und Erfahrungslernen

Die stark verzögerte Ausreifung des menschlichen Gehirns dauert mitunter bis zu 21 Jahren. Erst im Verlauf seiner Entwicklung prägen sich unsere Anlagen zum Erlernen grundlegender Fähigkeiten und Fertigkeiten aus. Kern der Unreife

---

16 Die Synaptogenese wurde erstmals im Jahr 1975 in Untersuchungen an Katzen, später an Affen, nachgewiesen. Es wird davon ausgegangen, dass der zeitliche Ablauf der Synaptogenese und des Pruning beim Menschen ähnlich wie beim Affen ist. Affen sind nach drei, Menschen nach 12-13 Jahren geschlechtsreif. Daraus schlussfolgern Blakemore und Frith (2005) eine beim Menschen erheblich länger verlaufende Hirnentwicklung.

bei der Geburt ist die noch nicht erfolgte funktionelle Verdrahtung kortikaler Areale, insbesondere des Frontallappens (vgl. Spitzer 2002). Auf jeder Stufe unserer Entwicklung handeln wir als lernendes Subjekt und sozialer Interaktionspartner im Sinne von Handlungsfähigkeit angemessen und kompetent. Auch wenn der Prozess der Hirnreifung in seiner absehbaren zeitlichen Reihenfolge genetisch vorbestimmt ist, gestaltet dieser sich individuell aber letzten Endes differenziert: „...ein Kind nimmt also nie alles wahr, was ihm geboten wird, sondern nur das, was irgendwie zu seinen Vorstellungen und Erwartungen – also zu seiner bisher gemachten Erfahrungswelt passt" (Hüther/Nitsch 2004, S. 21). Von der Geburt an ist der Mensch in der Lage, die bereits angelegten inneren Bilder mit den neuen, über die Sinneskanäle eintreffenden und im Gehirn erzeugten Aktivitätsmustern zu vergleichen und die bisherigen Vorstellungen zu verändern (vgl. Hüther 2004 a).

Noch in den 1960er und 1970er Jahren wurde davon ausgegangen, dass alle Menschen mit den gleichen Voraussetzungen, sozusagen als Tabula rasa auf die Welt kommen. Nach Singer (2003 a, S. 112, vgl. Singer 2008) gilt es heute jedoch als erwiesen, dass jedes menschliche Wesen mit seinem „Paket" an Entwicklungsmöglichkeiten geboren wird. Dieser genetisch fixierte Bauplan gibt Rahmenbedingungen vor, innerhalb derer weitere Erfahrungen gemacht werden können („erfahrungsabhängige Weiterbildung"). Die artspezifische Herausbildung sozialer und kognitiver Verhaltensweisen und Leistungen hängt von positiven, aber auch negativen Umwelteinflüssen ab, „die Umwelt spielt...auf der Klaviatur der Gene" (Braun et al. 2009, S. 57; vgl. Monyer et al. 2004). In diesem Zuge postulieren Neurobiologen (Singer 2003 a), ein Kind genau zu beobachten, um feststellen zu können, welche Fragen es stellt und um diese dann möglichst erschöpfend und eindeutig beantworten zu können. So kann es gelingen, individuelle Ressourcen zu erschließen. Die Berücksichtigung der Individualität innerhalb von Lernprozessen bezieht die Neurobiologie auf unterschiedliche Anlagen und Geschwindigkeiten der Entwicklung. Bleiben entsprechende Bildungsmöglichkeiten verwehrt, können die seit der Geburt bereitstehenden Potentiale nicht optimal entfaltet werden.

Beim Lernen in den ersten drei Lebensjahren handelt es sich um das Erfahrungslernen. Dies bezieht sich auf die Konstruktions- und Ko-Konstruktionsleistungen des lernenden Subjektes. Das implizite (prozedurale) Lernen in der frühen Kindheit vollzieht sich meistens in einer stetig wachsenden, automatischen und weitgehend unbewussten Weise. Es führt durch wiederholendes Üben zu einer bestimmten Verhaltensdisposition oder Fähigkeit (z. B. im motorischen Bereich das Laufenlernen), aber auch zur Ausbildung automatisierter Wahrnehmungsleistungen (vgl. hi.bi.kus 2008; Hermann 2006).

Zur Förderung des Lernens und der geistigen Entwicklung postulieren

Brazelton und Greenspan (2002), dass die jeweiligen Erfahrungen auf das jeweils individuelle zentrale Nervensystem zugeschnitten sein müssen. Kinder bewältigen die frühen Entwicklungsschritte in unterschiedlichen Geschwindigkeiten, sie unterscheiden sich in ihrer Konzentrationsfähigkeit, in ihrer Fähigkeit, Intimität und Bezogenheit zu entwickeln oder gezielt und intentional zu verhalten. Des Weiteren sind sie zur Lösung komplexer Probleme und zum kreativen und symbolischen Arbeiten mit Ideen sowie zum logischen und abstrakten Denken in unterschiedlicher Weise befähigt. Aus diesen verschiedenen Mustern heraus ergibt sich der Bedarf an Bildungsprogrammen, bei denen individuelle Besonderheiten des Kindes Berücksichtigung finden sollten.

3.2.3   Lernen durch eine anregende Umwelt

Dass Umwelterfahrungen für die Gehirnentwicklung ebenso wichtig sind wie genetische Programme, konnte in Tieruntersuchungen bewiesen werden. Untersuchungen von Bill Greenough an Ratten ergaben[17], dass aus Umgebungen, die eine reichhaltige Stimulation durch Wahrnehmungsreize ermöglichten, „klügere" Ratten hervorgehen, deren Gehirne mit mehr Nervenverbindungen und stärkerer Blutzufuhr versehen sind. Diese Ergebnisse bedeuten jedoch nicht, dass Umgebungen nun reichhaltiger und anregender als die normale Umgebung gestaltet werden sollen. Es wird vielmehr davon ausgegangen, dass eine normale Umgebung zu mehr Synapsenverbindungen führt als eine deprivierte, reizarme Umgebung. Aus Sicht der Forschung gibt es eine Schwelle, unterhalb derer eine Umwelt nicht mehr vielfältig anregend, sondern depriviert und für das Gehirn des Säuglings/Kleinkindes schädlich sein könnte.

Blakemore und Friths (2006) merken allerdings an, dass in Bezug auf die Säuglings- und Kleinkindforschung derartige Forschungsergebnisse erst dann als gesicherte, replizierbare Fakten angesehen werden können, wenn noch mehr Forschungen, idealer Weise am Menschen, erfolgen. In diesem Zusammenhang lehnen sich Blakemore und Frith an Studien an rumänischen Waisenkindern an, die zu dem Schluss führten, dass selbst stark vernachlässigte Säuglinge und Kleinkinder Entwicklungsrückstände aufholen konnten, indem sie durch gezielte Stimulierung und Betreuung gefördert wurden (Blakemore/Frith 2005, S56 f., hierzu auch Braun und Meier 2004).

---

17 In einem Experiment von William Greenough an der Universität of Illinois im Jahr 1977 wurde festgestellt, dass Ratten, die zum Erlernen exakter, koordinierter Bewegungen angeregt wurden, eine größere Anzahl neuronaler Verbindungen im Gehirn aufwiesen wie ihre bewegungsarmen Zeitgenossen (vgl. Hannaford 2001).

Roth (2003 b, S. 83) bemerkt, dass sich erfahrungsabhängige Prozesse in der frühen Kindheit auf exemplarische Weise vollziehen, weil dafür spezifische vorgefertigte Netzwerke existieren, die direkt darauf warten, „informiert" zu werden. Diese sich zunehmend verfestigenden Netzwerke können nach seiner Ansicht später nur mit großem Aufwand verändert werden. Monoton gestaltete Umwelten lassen nur kanalisierte Erfahrungen zu, die eine ebenso einseitige und verarmte Ausbildung der neuronalen Netzwerke zur Folge haben (vgl. hi.bi.kus 2008).

Seine Neugier veranlasst das Kind dazu, die notwendigen Erfahrungen in seiner Umwelt zu suchen und zu machen. Maßgeblich leitet sie das Kind beim Lernen (hierzu auch Spitzer 2005 b; Singer 2008). Da das Kind sowohl Neugier als auch die Motivation von sich aus mitbringt, brauchen Eltern oder Pädagogen diese nicht erst zu wecken, sondern müssen vor allem dafür sorgen, Erfahrungs-möglichkeiten anzubieten. Bruer (2003, S. 194) regt an, sorgfältig zu prüfen, inwieweit Erfahrungen speziell in den ersten drei Jahren eine wichtigere Rolle spielen als in der übrigen Zeit. Er erinnert daran, dass das Gehirn während seiner gesamten Entwicklung plastisch, also durch Erfahrung modifizierbar bleibt.

3.2.4 Das Gehirn als soziales Organ – Lernen durch Beziehungen und Potentialentfaltung durch ein adäquates „Betriebsklima"

> „Eigensinn und Gemeinsinn sind Pole der kulturellen Intelligenz"
> (Reinhard Kahl 2008).

Neurobiologische Studien konnten zeigen, dass Akzeptanz und Anerkennung, die wir von anderen erfahren, die Grundlage für die Entstehung der Motivation bilden (vgl. Insel/Fernald 2004). Das Lernen der Babys und Kleinkinder erfolgt nach Schiffer (2004) und Hüther (2007) aus einer inneren Lust (intrinsische Motivation) heraus. Das Gefühl dabei, wohlwollend von seinen Bezugspersonen wahrgenommen zu werden, wird sich dabei sehr förderlich auswirken: „Mit liebevollen Erwachsenen zusammen zu sein ist die Schule der Babys" (Gopnik et al. 2001, S. 229). Macht ein Kind beständig die Erfahrung, dass es geliebt und geschätzt wird (so wie es ist), dass jemand auf seine Bedürfnisse feinfühlig rea-giert und hilft, Probleme zu lösen, wird die Zuversicht in ihm wachsen, die es benötigt, um sich später in der Welt zurechtzufinden. Kann ein Kind in einer Gemeinschaft, in der es sich wohl und geborgen fühlt auch gleichzeitig erfahren, dass ihm etwas zugetraut und dass ihm vertraut wird, so werden die dabei im Gehirn aktivierten Verschaltungen gebahnt, dass ein dauerhaftes Vertrauen in die eigene Kompetenz bei der Problembewältigung entsteht (vgl. Hüther/Nitsch 2008, S. 129). Das Vertrauen als der „soziale Kitt" einer Gesellschaft entsteht im

Belohnungssystem (des kindlichen Gehirns) durch die Interaktionen mit den jeweiligen Bezugspersonen (Spitzer 2005 b). Das durch eine enge Bindung zur Bezugsperson entstehende Vertrauen unterstützt das Kind, dass es seine intrinsische Neugier offenbart und nutzt. Die Kombination von Begeisterungsfähigkeit, hoher Lernmotivation und außerordentlicher Offenheit sieht Hüther als den eigentlichen „Schatz der frühen Kindheit" (vgl. auch Largo 2008). Um dieses Gut zu pflegen, postuliert er anstelle von Förderprogrammen vielmehr die Erfahrungs- und Gestaltungsräume, die diese „intrinsische Motivation" der Kinder zum Lernen und Gestalten bzw. Mitdenken und Mitgestalten wecken und stärken. Das „Betriebsklima" in der Gemeinschaft bestimmt dabei den entscheidenden Rahmen für die Erfahrungsmöglichkeiten der Kinder.

Nach Hüther stellen die Sicherheit bietenden Bindungen die entscheidende Voraussetzung für die Herausbildung lernfähiger, plastischer Gehirne dar. Er betont weiterhin, dass Kinder vor allem dann lernen, wenn diese Lernsituationen bzw. Inhalte auch emotional positiv bedeutsam sind (Hüther 2008 a). Für Kinder sind das jene Erfahrungen, die sozusagen „unter die Haut gehen", da sie die emotionalen Zentren ansprechen. Bauer (2007) macht darauf aufmerksam, dass Humor und Musik für das Motivationssystem von Bedeutung sind. Neben der Mobilisierung verschiedener Emotionszentren konnten bei Probanden ausgeprägte Reaktionen des Dopaminsystems beobachtet werden[18]. In Verbindung mit Bewegung oder Tanz sei Musik in der Lage, kooperatives Verhalten in sozialen Gemeinschaften zu verstärken. Das Zusammenleben in der Kindergemeinschaft erfordert gegenseitiges Vertrauen, und zwar unter allen in diesem System Beteiligten. Das Vertrauen als „Prinzip menschlichen Zusammenlebens" entsteht vor allem durch liebevolle Zuwendung (vgl. Speck 2008, S. 130). Nach Hüther (2003) stellt die Liebe ein unverzichtbares komplementäres Gegengewicht zu dem einst von Darwin priorisierten Prinzip der Konkurrenz dar, wobei letzteres zu mehr Spaltung führt. Dabei sollte das Zusammenleben nicht durch „schrankenlosen Individualismus" (Speck 2008, S. 130) zerstört werden. Vielmehr geht es darum, einerseits die Freiheit des einzelnen Kindes zu erhalten und andererseits muss es sich, gemäß seiner Autonomie, entsprechenden Gesetzen und Regeln anpassen, die als allgemein verbindlich gelten.[19]

---

18 hierzu vgl. auch: Brown 2004; Menon 2005
19 Speck (2008, S. 129) beruft sich hier auf die Erkenntnisse des Evolutionsbiologen Alfred Gierer (2005), nach dessen Auffassung die Kooperationsfähigkeit beim Menschen in der Genese und der Epigenese angelegt ist. Von daher sind Menschen befähigt, individuelle Eigeninteressen hinter die Interessen anderer zurückzustellen bzw. gemeinsame Werke vollbringen können. Dasselbe bezieht er auch auf altruistisches Verhalten, bei welchem auf Gegenleistung verzichtet wird.

Das Kohärenzgefühl und die damit einhergehende Aktivität als Kohärenzsinn betrachtet Schiffer als besonders bedeutsam für eine gesunde Entwicklung und die Förderung positiver Lernprozesse.[20] Dabei legt er besonderen Wert auf eine spielerisch-dialogische Beziehung zwischen Eltern und Kind und legt Wert auf das für die Affektpsychologie bedeutsame frühe dialogische Lächeln. Kann ein Kind häufig genug diesen wahrnehmenden Lächeldialog erleben, so entwickelt sich eine basale Gelassenheit, welche als Grundlage für die spätere Ausbildung des Kohärenzgefühls betrachtet werden kann (Schiffer 2004, S. 17). Fehlen derartige Dialoge, kann es unter Belastungen zur erhöhten Cortisoleinwirkung kommen, welche sich schädigend auf die Entwicklung von Hippocampus und präfrontale Hirnrinde auswirkt. Doch nicht nur für die Eltern-Kind-Beziehung, sondern auch in Erzieher/Lehrer-Kind-Beziehungen spielt dieser Lächeldialog eine bedeutende Rolle: Die wechselseitige Anerkennung stellt für Schiffer die Grundlage für eine sich selbst verstärkende positive Beziehung dar. Kinder identifizieren sich mit den freudvollen Persönlichkeitsanteilen ihrer Erzieherin, so dass sich die Freude der Erzieherin auf die Kinder überträgt. Daraus resultiert die Steigerung der kindlichen Motivation, was sich wiederum positiv auf die Gestimmtheit und Wahrnehmungsbereitschaft der Erzieherin auswirkt. Aufgrund des Imitationsverhaltens der Kleinkinder übernehmen diese selbstverständlicherweise auch die Handlungsmuster ihrer Bezugspersonen bzw. ihrer Peers. Die Fähigkeit eines Kindes zur Nachahmung liegt nach Bauer (2006 a) in den Spiegelsystemen begründet. Die angeborenen Spiegelsysteme können sich nur dann optimal entfalten und weiterentwickeln, wenn es zu geeigneten und passenden Beziehungsangeboten kommt. So haben laut Bauer die Beziehungserfahrungen und Lebensstile neben der Aktivierung bestimmter neurobiologischer Systeme auch einen enormen Einfluss auf die Regulation der Genaktivität und auf Mikrostrukturen unseres Gehirns. Frühe Spiegelungen stellen für Bauer ein emotionales und neurobiologisches Grundbedürfnis des geborenen Kindes dar. Sie führen sowohl zu seelischem als auch zu körperlichem Wohlbefinden. Säuglingsforscher ermittelten, dass Kleinkinder darauf ausgerichtet sind, sich mit ihren Bezugspersonen intuitiv abzustimmen (vgl. Bauer 2006 b; Meltzoff & Moore 1977). Largo und Benz (2008, S. 293) betonen, dass Kinder sich zunächst an ihren primären Bezugspersonen orientieren, nach dem ersten Lebensjahr sich jedoch verstärkter auch für das Handeln ihrer Peers interessieren.

---

20 Die Beschreibung des Kohärenzgefühls und des Kohärenzsinns sowie das dazugehörige theoretische Modell (Salutogenesemodell) stammen von Aaron Antonovsky (1997). Beim Kohärenzgefühl handelt es sich um eine Grundstimmung oder Grundsicherheit, innerlich zusammengehalten zu werden. Es beeinflusst entscheidend die Regulation der Genaktivität und ermöglicht eine günstige Hirnentwicklung (Schiffer 2004, S. 15 f.).

Goleman (1997, S. 132) bezieht sich hier auf die Ausführungen von Daniel Stern, der einst Untersuchungen hinsichtlich der Abstimmung zwischen Kind und Mutter durchführte. Bei der Abstimmung zwischen Kind und Bezugsperson erfährt das Kind, dass seine Emotionen mit Empathie aufgenommen, akzeptiert und erwidert werden. Diese Erfahrungen prägen die emotionalen Erwartungen, mit denen die späteren Erwachsenen an ihre engen Beziehungen herangehen. So ist das Kind nicht nur direkt nach der Geburt, sondern auch später auf feste Bezugspersonen angewiesen; hier kann es konsistente Beziehungserfahrungen machen. Im pädagogischen Krippenalltag könnte dies für die Erzieherinnen die Konsequenz haben, individuelle Situationen (z. B. das Wickeln) für derartige Interaktionen zu nutzen. Als hinzukommendes Übungsfeld sieht Bauer (2006 b) Ende des zweiten Lebensjahres das kindliche Spiel. Mit achtzehn Monaten sind die Spiegelzellen bereits so entwickelt und stehen auch bereit, um sich von Modellen alles abzuschauen. Allerdings benötigt das Kleinkind zunächst Unterstützung und Begleitung. Unerlässlich sind hier die Bezugspersonen, denn durch lebendige Vorbilder (biologische Akteure) können die Spiegelsysteme Handlungssequenzen einspiegeln (vgl. Bauer 2006 b). Die Fähigkeit zur Empathie hängt stark davon ab, dass die Spiegelsysteme, welche ja Mitgefühl ermöglichen, durch zwischenmenschliche Erfahrungen hinreichend eingespielt und in Funktion gebracht wurden. Wird auf die Gefühle des Kindes nicht eingegangen, kann es nur schwer eigene emotionale Resonanz entwickeln. In den ersten zwei bis drei Jahren entwickeln sich die notwendigen Komponenten für Resonanz und Empathie. Angst, Stress und Anspannung reduzieren massiv die Signalrate der Spiegelneuronen. Auch hier gilt der Leitsatz: „Use it or lose it!" Werden Druck und Angst erzeugt, schaltet sich alles aus, was vom System der Spiegelneuronen abhängt: das Einfühlungsvermögen, das Verstehen der anderen Personen und die Wahrnehmung von Feinheiten, aber auch die Lernfähigkeit. Die Summe der Resonanzen, welche das Kind durch seine Bezugspersonen erhält, leistet einen wesentlichen Beitrag zur Selbst- und Identitätsbildung des Kindes (vgl. Bauer 2008).

Das für gelingende Erziehungs- und Bildungsprozesse von Hüther (2008 b) empfohlene „Betriebsklima" kann nur dann innerhalb einer Familie oder Kindertageseinrichtung geschaffen werden, wenn es in der betreffenden Kommune, also der übergeordneten Lebenswelt, hinreichend entwickelt und stabilisiert wird: „Um Kinder zu erziehen, braucht man ein ganzes Dorf", lautet ein afrikanisches Sprichwort. In diesem Zuge lehnt der Neurobiologe (ebd.) die Leistungsbewertung (den Wettbewerb) des Einzelnen ab und empfiehlt den Austausch der Mitglieder dieser Gemeinschaft durch „Begegnung" mittels „gemeinsamer Werke" in der Kindergemeinschaft, beispielsweise durch gemeinsames Singen, Tanzen, Bewegen und Gestalten. Wenn Kinder die Erfahrung machen können, dass sie innerhalb einer Gemeinschaft wachsen können, stärkt sich seiner Auffassung nach die Fähigkeit zur Empathie, wodurch der Grundstein für das Erlernen sozialer Kompetenzen gelegt wird. Auch Singer (2003 a, S. 105; 2002) vertritt die Auffassung, dass über bildende Kunst, Musik und Tanz ein Wissen transportiert wird, das so mit der rationalen Sprache nicht erfolgen kann. Hüther (2008 b) hält für die Entwicklung der Kreativität des Menschen die Erfüllung zweier Grundbedürfnisse für besonders bedeutsam: Das Bedürfnis nach Verbundenheit und nach Wachstum.

3.2.5   Sensorische Integration

Nach Ayres (1992; vgl. Reich 2005) dient das Gehirn in den ersten sieben Jahren vorwiegend als Verarbeitungsmaschine für sinnliche Wahrnehmungen. Das Kind fühlt die Dinge und erfasst deren Bedeutung direkt über die Empfindungen. Ein Kleinkind ist überwiegend damit beschäftigt, Gegenstände zu fühlen und seinen Körper in Beziehung zu diesen Empfindungen reagieren zu lassen. Die Anpassungsreaktionen des Kindes gehen eher von den Muskeln als vom Verstand aus. Die sich beim Bewegen, Reden, Sprechen und Spielen vollziehende sensorische Integration sieht die Autorin als Voraussetzung für das spätere Lesen, Schreiben und Verhalten. In den ersten sieben Jahren sollten nach ihrer Auffassung die Prozesse der Sensomotorik gut geordnet werden, um im Anschluss geistige und soziale Fähigkeiten leichter erlernen zu können (vgl. Ayres 1992). Probleme im Bereich der sensorischen Integration können sich durch Unruhe, Koordinationsstörungen, motorische Probleme, Sprachverzögerungen, Ängstlichkeit, Gleichgewichtsprobleme, Verhaltensauffälligkeiten und Lernschwierigkeiten darstellen (vgl. Lang 2008). Multisensorische Integration begünstigt die optimale Entwicklung und Ausreifung der funktionellen Schaltkreise im Gehirn (vgl. Braun et al. 2009). Braun und Meier (2004) betrachten die frühzeitigen sinnlichen Wahrnehmungen und Erfahrungen als sensible Phase, um die Denkkonzepte für das spätere Lernen und die mit jedem Lernprozess verbundene emotionale Erlebniswelt anzulegen.

Die von den Sinnesorganen gesendeten sinnlichen Reize führen im Gehirn zum Aufbau spezifischer Erregungsmuster- und zur Stabilisierung entsprechender Verschaltungsmuster in den jeweiligen Hirnregionen. So entstehen beispielsweise durch das Tasten innere Tast- und Körperbilder oder durch das Sehen innere Sehbilder. Die Sinneswahrnehmungen und die dadurch erzeugten inneren Bilder werden mit anderen Sinneswahrnehmungen verbunden. Das Gehirn nimmt die jeweiligen Wahrnehmungsbilder auf und versucht, ein bereits vorhandenes Nervenzell-Verschaltungsmuster zu aktivieren, ein Erinnerungsbild sozusagen, welches zum neuen Aktivierungsmuster passt. Stimmen die Bilder überein, wird der neue Eindruck als bekannt registriert und routinemäßig beantwortet. Kann keine Überlappung zwischen altem und neuem Bild hergestellt werden, wird das neue Wahrnehmungsbild verworfen. Passt das aus dem Gedächtnis abgerufene Erinnerungsbild teilweise zum neuen Bild, dann wird das alte Muster so lange geöffnet, erweitert und umgestaltet, bis das durch die neue Wahrnehmung entstandene Aktivierungsmuster in das nun modifizierte Erinnerungsbild integriert werden kann. Jeder Mensch nimmt nur diejenigen Eindrücke wahr, die irgendwie zu seinen Vorstellungen und Erwartungen passen (vgl. Hüther/Nitsch 2008, S. 23 f).

Für Schiffer (2004) bedeutet das kindliche Spielen leibhaftige Welterfahrung mit allen Sinnen, einschließlich des Bewegungssinns und der Gefühle. Die Verbindung einer sogenannten *affektu-sensumotorischen* Welterfahrung mit Bildern und Begriffen (Denksymbolen) bildet nach seiner Auffassung die Grundlage für eine lebendige Phantasie. Eine solche Verknüpfung kann allerdings nur dann erfolgen, wenn die Kinder ihre Erfahrungen mitteilen können, ihnen jemand hinreichend Aufmerksamkeit widmet. Greenspan und Shanker (2007, S. 266 ff.) betonen die Bedeutsamkeit hochkomplexer Erfahrungen, an denen alle Sinne teilhaben, und zwar in ko-regulierten, reziproken und affektiven Interaktionen. Dabei gehen die Autoren von einer sechsstufigen Abfolge aus, innerhalb derer die Kinder zunächst durch ihr ursprüngliches affektives Interesse an der Außenwelt Einzelheiten über die Bezugsperson erkennen und letzten Endes während der Fortsetzung komplexer emotionaler Interaktionen das Kind nun lernt, Gedanken oder Symbole zu schaffen, die aus visuell-räumlichen Bildern bestehen. Höheres reflexives visuell-räumliches Denken basiert nach Greenspan und Shanker zu einem beachtlichen Anteil darauf, dass der Raum auf immer höheren Organisationsstufen affektiv aufgeladen wurde.

„Bewegung ist das Tor zum Lernen", zitiert Hannaford (2001, S. 115) Paul E. Dennison, der die Brain-Gym-Übungen im Zusammenhang mit seiner Tätigkeit an der University of Southern California erfand.[21] Hannaford führt an, dass die Gedanken von Menschen nur in Verbindung mit Bewegung im Gehirn verankert werden können. Das Gehirn macht nur 2 % unserer Körpermasse aus, aber es benötigt 25 % des Sauerstoffs und 50 % der Glukose. Bewegung in Verbindung mit Frischluftzufuhr fördert die Aufnahmebereitschaft der Kinder. Das Sprechen ermöglicht es, Gedanken zu ordnen und weiterzuentwickeln. Die ge-

---

21 Paul Dennison entwickelte Ende der 1970er Jahre in den USA die Edu-Kinestetik, welche eine Methode ist, die über gezielte Gehirnintegrations-, Energie- und Entspannungsübungen (auch Brain-Gym© genannt) effektives Lernen ermöglichen kann.

lernten Informationen werden durch die beim Sprechen ablaufenden körperlichen Bewegungen in den neuronalen Netzwerken internalisiert und gefestigt. Dabei wird der Neurotransmitter Acetylcholin über die Synapsen aktivierter Neuronen ausgeschüttet, um beim Sprechen die Muskelfunktionen zu stimulieren. Die erhöhte und stetige Ausschüttung des Transmitters an diesen Nervenenden stimuliert das Wachstum von Dendriten in diesem Bereich und erweitert somit die neuronalen Netzwerke.

Mittlerweile ist bekannt, dass zwei Bereiche im Gehirn, das Basalganglion und das Kleinhirn, denen man bisher nur die Steuerung von Muskelbewegungen zuschrieb, auch für die Koordination von Denken bedeutsam sind. Diese Bereiche sind mit den Stirnlappen verbunden, wo zukünftiges Verhalten im logischen Ablauf und zeitlich passend geplant wird. Beim Übergang des Säuglings vom untätigen Liegen bis zum Laufen zeigt er eine enorme Kraft und Koordination. Diese Leistung vollbringt er nur durch den massiven Ausbau von neuronalen Netzen, die durch praktisches Training jeder neuen Bewegung entstehen. Während das Bewegungsrepertoire des Säuglings wächst, verbessert sich auch zunehmend die Position des sensorischen Apparats. Inputs aus der Umgebung können somit noch direkter aufgenommen werden. Für Lernprozesse ist es grundsätzlich sehr wichtig, dass Kinder Bewegung und Gleichgewicht in ihrer Umgebung in allen Einzelheiten erforschen können.

Aus einer Studie mit über 500 kanadischen Schülern wurde geschlussfolgert, dass höhere Denkprozesse, die aus dem Bereich des Stirnlappens und des Hippocampus gesteuert werden, durch intensivere körperliche Fitness begünstigt werden (vgl. Hannaford 2008). Weitere dreizehn verschiedene Studien (vgl. Olson 1994) über die Beziehung zwischen körperlichem Training und geistigem Potential kamen zu dem Ergebnis, dass durch das Training das Wachstum des in der Entwicklung befindlichen Gehirns angeregt wird.

Neuere Forschungen ergaben, dass Muskelaktivitäten und speziell koordinierte Bewegungen, die Produktion von Neurotrophinen stimulieren. Hierbei handelt es sich um natürliche Stoffe, die das Wachstum der Nervenzellen anregen und die Anzahl der neuronalen Verbindungen im Gehirn vermehren. Tierversuche konnten diesen Zusammenhang bestätigen. In Experimenten an Ratten stellte Carl Cotman (University of California) fest, dass die sich in Laufrädern fortbewegenden Tiere über mehr Neutrophine verfügten als untrainierte. Ein weiteres Experiment an Ratten an der University of Illinois zeigte, dass die Tiere, die über Seile und schmale Metallbrücken sprangen und somit exakte, koordinierte Bewegungen erlernten, eine größere Anzahl von neuronalen Verbindungen aufwiesen als inaktive Ratten (vgl. Hannaford 2001). Blakemore und Frith (2006, S. 191 f.) stützen sich auf Studien von Henriette van Praag, Fred Gage und Terrence Sejnowski, die in Kalifornien zwei Gruppen von Mäusen untersuchten, eine aktive (in Laufrädern) und eine inaktive. Aus den Untersuchungen konnte geschlussfolgert werden, dass die unterschiedliche Lernfähigkeit beider Gruppen auf die unterschiedlichen Umwelten zurückzuführen sind. Die Umwelten beider Gruppen unterschieden sich lediglich in dem Ausmaß körperlicher Betätigung, woraus die Bedeutung der Bewegung für das Lernen geschlussfolgert wurde. Ebenso war bei den aktiveren Mäusen die Anzahl der Gehirnzellen im Hippocampus fast doppelt so hoch als bei den weniger aktiven Tieren. Moll et al. (2006, S. 70) weisen auf die Bedeutung von sanften Bewegungen für die Entwicklung des Gleichgewichtssystems hin, was beispielsweise durch das Tragen des Säuglings gefördert werden kann.

3.2.6 Lernen durch Eigenaktivität

Die Neurobiologie kann die Bedeutung der Eigenaktivität des Kindes durch entsprechende bildgebende Verfahren wissenschaftlich nachweisen. Sie untersucht den Zusammenhang zwischen dem Aufbau neuronaler Verbindungen im Gehirn und den durch die Außenwelt gegebenen Erfahrungsmöglichkeiten. Die bei der Geburt fehlenden Verschaltungen entstehen durch Lernvorgänge im Alltag. Lernen vollzieht sich aus Sicht der Hirnforschung von Geburt an und dauert lebenslang (Neuroplastizität).

> „Der Selbstorganisationsprozess im Gehirn ist so angelegt, dass er sich die benötigten Informationen zum richtigen Zeitpunkt aktiv sucht und holt. Wir haben da ein Wort – Neugier – dafür oder Spieltrieb." (Singer 2008)

Hüther (2004 b) betont, dass Kinder am besten dann lernen, wenn sie Gelegenheit bekommen, sich aktiv an der Gestaltung der Welt zu beteiligen bzw. ihre Aktivitäten aus ihren eigenen Bedürfnissen und Interessen heraus selbst zu suchen. Nur so kann im Frontalhirn ein eigenes, inneres Bild von Selbstwirksamkeit stabilisiert und für die Selbstmotivation in nachfolgenden Lernprozessen genutzt werden. Die frühkindlichen Lernprozesse sollen nach Hüther (2008 b) eigenständige Handlungen darstellen und vor allem nicht zu leicht zu meistern sein. Er postuliert besondere Herausforderungen, nach deren Bewältigung das Kleinkind für weitere Lernprozesse gestärkt und motiviert wird. Ihre Kreativität können Kinder spielerisch nur dann entdecken, wenn ihnen die dafür erforderlichen Freiräume gelassen werden. Bei der Bewältigung von Schwierigkeiten und Problemen sollten die Kinder ihre eigenen Erfahrungen machen. Werden sie in der eigenständigen Aneignung ihrer Welt behindert („Funktionalisierung durch Einschränkung von Freiräumen"), kann die Herausbildung komplexer Verschaltungen nicht gelingen.

Neurobiologisch nachweisbar ist mittlerweile auch, dass sowohl Angst, Stress, Überforderung und äußerer Druck als auch Unterforderung, mangelnde Anregungen, Verwöhnung oder Vernachlässigungen die Ausbildung komplexer Verschaltungen im kindlichen Gehirn behindern. Je weniger Lernprozesse in feste Vorgaben und starre Strukturen gepresst werden, desto günstiger vollzieht sich eine positive emotionale Aufladung, wodurch das Lernen erleichtert wird (vgl. Hüther 2008 a). Kinder entwickeln und konstruieren die Strukturen, mit denen sie ihre geistige, soziale und sachliche Welt erfassen, aus ihren Erfahrungen selbst heraus. Dabei gehen sie von grundlegenden, einfachen Verhaltensmustern aus, die sich dann in überlebensfähigen, individuellen Variationen unterschiedlich ausprägen. Alles was ein Kind aus sich selbst heraus entwickelt, ist die beste Nahrung für sein Gehirn und bringt die Entwicklung seiner Persönlichkeit voran. Ein Kind, das auf der Grundlage bislang erlernter, in seinem Hirn verankerter Fähigkeiten und Fertigkeiten selbst entscheiden kann, was von besonderem Interesse ist, kann die gemachten Lernerfahrungen auch besonders gut mit bereits abgespeichertem Wissen in seinem Gehirn verknüpfen. Somit werden vorhandene Verschaltungsmuster erweitert und ergänzt (vgl. Hüther/Nitsch 2008, S. 21 f).

Die angeborene Neugier (vgl. Singer 2002) und der Spieltrieb des Kindes werden vor allem dann geweckt, wenn das Kind sich aktiv betätigen kann. Sie sind nicht beliebig, sondern werden festgelegt durch Fähigkeiten, die heranreifen, und durch Erfahrungen gefestigt. Braun und Meier (2004, S. 507) gehen davon aus, dass das Gehirn sich seine Anregungen durch Abwechslungen sucht und auf forschende Weise Denk- und Erklärungskonzepte erstellt. Die Ursache für die gerade in den frühen Jahren bestehende Lebendigkeit („Lernsucht", ebd.) besteht darin, dass mit jedem Lernerfolg Glücksgefühle ausgelöst werden. Dies konnte in Tierexperimenten durch die Ausschüttung körpereigener Glückshormone nachgewiesen werden. Hüther (2009) mahnt in diesem Kontext jedoch vor zu intensiver Erfolgsbahnung, weil sich hierdurch eher einseitige „Spezialisten" herausbilden. Er vertritt die Auffassung, dass es hirntechnisch betrachtet gelegentlich sinnvoll ist, an bestimmten Herausforderungen zunächst zu scheitern, um an der anschließenden Überwindung des Misserfolges letzten Endes zu wachsen. Zur Überwindung problembehafteter Situationen benötigt der Mensch ein hohes Maß an Vertrauen in sich selbst und zu anderen Personen.

3.3   Sensible Phasen in der frühkindlichen Entwicklung

Sensible (kritische) Phasen werden bei Bruer (2003, S. 20) als „(...) Fenster in der Entwicklung" betrachtet, (...) durch die sich, wenn die richtigen Stimuli gegeben werden, die normale Vernetzung des Gehirns herausbildet. Unangemessene Stimuli oder ihr vollständiges Ausbleiben während dieser Phase führen zu einer abnormalen Hirnentwicklung". Die Möglichkeit zur Ausbildung neuronaler Vernetzungspfade sei außerhalb dieser Phasen zwar nicht für immer verhindert, jedoch stark vermindert.

3.3.1 Entwicklung der Wahrnehmung

In der Forschung ist seit langem bekannt, dass Tiere – vermutet wird dies auch beim Menschen – zu bestimmten Zeitpunkten ihrer Entwicklung (kritischen Phasen) bestimmte Arten von Stimulation durch ihre Umgebung benötigen, damit sich die für die Sinneswahrnehmungen und Bewegungen zuständigen Gehirne normal entwickeln. Hervorzuheben seien an dieser Stelle die Forschungen von Wiesel und Huber an der Harvard University in den 1960er Jahren.[22] Das Forschungsergebnis gilt aufgrund seiner häufigen Wiederholungen als gesichert: Bestimmte Wahrnehmungserfahrungen müssen bis zu einem bestimmten Alter gemacht werden, damit sich die entsprechenden, für die Verarbeitung von Sinneswahrnehmungen zuständigen Hirnbereiche optimal entwickeln können. Spätere Forschungen (von Huber, Wiesel und anderen Wissenschaftlern) weisen darauf hin, dass Funktionen auch wiederhergestellt werden können, was jedoch von der Dauer der Deprivation und von den auf die Deprivation folgenden Umständen abhängt. Je kürzer eine Deprivation, desto günstiger die Wiederherstellbarkeit der Funktion. Der Wiederherstelleffekt ist durch entsprechendes Training größer. Grundsätzlich gilt, dass für eine optimale Gehirnentwicklung eine gewisse Stimulierung durch Wahrnehmungsreize vor einem bestimmten Alter erfolgen sollte. Bei Ausbleiben der Stimulierung können die Funktionen der jeweiligen Hirnregion allerdings auch im späteren Alter durch gezielte Stimulierung und spezielles Training bis zu einem gewissen Grad wiederhergestellt werden (Blakemore/Frith 2006, S. 43 ff.).[23]

Bei Säuglingen und Kleinkindern ist vor allem die Interaktion einschließlich Sprache und Kommunikation besonders wichtig. Säuglinge kommen mit bestimmten Wahrnehmungsfähigkeiten zur Welt, z. B. dem Seh- und Hörvermö-

---

22 Huber und Wiesel untersuchten an Tieren (Katzen) die Auswirkungen visueller Deprivation.
23 Forschungsarbeiten von Daphne Maurer aus Kanada an Babys, die mit einem grauen Star geboren wurden ergaben, dass sich bestimmte Wahrnehmungsfähigkeiten auch nach der sensiblen Phase noch entwickeln können. Die erworbenen Fähigkeiten sind dann lediglich etwas anders beschaffen. Es wird vermutet, dass dabei andere Strategien und Gehirnpfade genutzt werden, als während der sensiblen Phase (vgl. Blakemore/Frith 2006).

gen, welches sich im Verlauf der Kindheit zunehmend verfeinert und weiterentwickelt. Das visuelle System des Gehirns ist bei der Geburt größtenteils fertig
ausgebildet, entwickelt sich jedoch in den ersten Lebensjahren noch weiter. Mit
der Geburt besitzen Babys die Fähigkeit, Gesichter zu erkennen. Auch das audi-
torische System des Gehirns ist bei der Geburt teilweise ausgebildet. Neugeborene können Geräusche unterscheiden und sind sensibel für den Rhythmus, die
Intonation und die Lautelemente von Sprache. Im Alter von sechs bis neun Monaten erfolgt eine Feinanpassung der Fähigkeit der Säuglinge, winzige Unterschiede in den Sprachmustern ihrer Sprache wahrzunehmen. In diesem Zusammenhang verlieren sie aber auch die Fähigkeit, zwischen Lauten zu unterscheiden, die nicht ihrer eigenen Sprache zuzuordnen sind. Das Ergebnis dieser Feinabstimmung besteht darin, dass das Gehirn des Kindes nun mit hoher Geschwindigkeit und Genauigkeit andere Menschen um sich herum erkennen und verstehen kann. Neurowissenschaftlich ist jedoch nicht erwiesen, ob diese Feinanpassung nur während eines schmalen Zeitfensters stattfindet. (vgl. Blakemore/Frith
2006).

3.3.2   Entwicklung der Sprache

Nach Eliot (2003) ist die Sprachentwicklung bis zu einem gewissen Grad eine
Konsequenz der Gehirnreifung, der Vernetzung von Wernicke- und Broca-
Zentrum und der Feinabstimmung der Verbindungen zwischen ihnen. Das genetische Gesamtprogramm beginnt in der frühen Embryonalphase und steuert den
Verlauf der Gehirnreifung von unten nach oben. Eliot macht allerdings auch auf
die erforderlichen Erfahrungen aufmerksam, von denen der Spracherwerb entscheidend abhängt. Die für die Sprache zuständigen Schaltkreise im Gehirn entstehen nur dann dauerhaft und regulär, wenn das Kind mit der konsistenten
Kombination von Lauten, Bedeutung und Grammatik einer menschlichen Sprache konfrontiert wird. Eliot sieht die bis in die Pubertät dauernde Sprachentwicklung als längste sensible Phase, die aufgrund ihrer relativ seriös dokumentierten
Fälle (z. B. Wolfskinder, Kaspar Hauser) als wissenschaftlich erwiesen gilt.
Dabei greift sie Untersuchungen auf, die gezeigt haben, dass Sprache sich nur
dann gut entwickeln kann, wenn Säuglinge und Kinder ausreichenden Kontakt
zu sprachlicher Anregung haben.[24] In den ersten sechs bis sieben Jahren ist das
Gehirn maximal dazu befähigt, sich Sprache anzueignen, insbesondere die

---

24 Hierzu verweist sie auch auf intensive Bemühungen um das amerikanische Mädchen Genie,
    welches 13 Jahre vom Vater isoliert gehalten wurde. Bei ihm als auch im Falle der Wolfskinder
    konnte Sprache nie mehr richtig erlernt werden.

Regeln und die Logik der Grammatik. Eliot erwähnt die wohl ausführlichste Studie der amerikanischen Psychologen Betty Hart und Todd Risley in Kanada zur Sprachentwicklung im Kindesalter, die u. a. ergab, dass bei großen qualitativen als auch quantitativen Diskrepanzen in der Interaktion zwischen Eltern und Kind leicht absehbar ist, wie Kinder aus verschiedenen sozioökonomischen Schichten in der Sprachentwicklung auf höchst unterschiedliche Bahnen gelenkt werden. Allerdings ist letztendlich nicht der sozioökonomische Status der Hauptindikator, der über die sprachlichen Leistungen von Kindern entscheidet; sondern signifikant ist vielmehr die Form der Interaktion zwischen Eltern und Kind (vgl. Eliot 2003, S. 546 ff.). Die dargestellten Aspekte verdeutlichen erneut die Dringlichkeit einer qualitativ hochwertigen frühkindlichen außerfamiliären Betreuung, vor allem für Kinder aus sozial benachteiligten Familien.

Greenspan und Shanker (2007, S. 211 ff.) stellen die Emotionen ins Zentrum der Sprachentwicklung. Für sie dienen sie nicht einfach nur als motivationaler Faktor, sondern vielmehr den „entscheidenden Architekten". So erfolgt Spracherwerb nicht einfach durch Übermittlung von Gedanken oder Zuordnung von Worten zu Konzepten, sondern Sprache entsteht zunächst aus gelebter Erfahrung und beruht auf langen Ketten ko-regulierter emotionaler Interaktionen. Die Autoren nennen selbstverständlich auch die biologischen Faktoren als entscheidende Voraussetzung für die Sprachentwicklung. Sicherlich muss grundsätzlich zunächst ein Gehirn vorhanden sein, welches in der Lage ist, affektiv bedeutsame Erfahrungen zu erkennen und in Mustern zu organisieren. Diese grundlegende Fähigkeit zur Musterkonstruktion ist zwar von der Geburt an gegeben, doch um immer komplexere Muster und höhere Ebenen der Organisation zu schaffen, bedarf es bis zu einem gewissen Grad positiv emotionaler Interaktionen mit der Umwelt. Zur Entfaltung des biologisch vorgegebenen Potentials bedarf es nach Greenspan und Shanker „hochspezifischer Arten emotionaler Interaktionen", die wiederum zu neuen Fähigkeiten und zu neuem Potential führen.

Durch die emotionale Interaktion des Kindes mit seiner Umwelt kann das menschliche Nervensystem kontinuierlich modifiziert werden. Als Vorbereitung zum Spracherwerb nennen Greenspan und Shanker das aus den komplexen emotionalen Interaktionen resultierende prozedurale bzw. implizite Wissen. Dieses Wissen führt zu den Entwicklungsstufen, die ein Kind zur Trennung zwischen Wahrnehmung und Handlung bzw. zur Symbolbildung befähigen. Um dieses Ziel zu erreichen, bedarf es nach Auffassung der Autoren vier „Sprachlernstufen" (ebd., S. 218 f.):

- Ein Kind muss sich zunächst mit der äußeren Welt befassen und sich mit dieser vor allem befassen *wollen;*
- Sein Interesse an menschlichen Bezugspersonen muss wachsen und die Interaktionen mit seinen primären Bezugspersonen muss emotional bedeutsam sein;
- Das Kind muss beginnen, an emotionalen Interaktionen teilzunehmen;
- Sobald das Kind in der Lage ist, kleine Kommunikationskreise zu schließen, kann es zu längeren und komplexeren problemlösenden Interaktionen fortschreiten.

Eliot (2003) weist darauf hin, dass den Kindern bereits im Alter von zehn Monaten die Fähigkeit der Lautunterscheidung verlorengeht.[25] Es ist dennoch möglich, im Hinblick auf Lautkategorisierung auch nach dieser sensiblen Phase Neues zu lernen. Eine Studie von Patricia Kuhl bestätigte dies, zeigte aber auch, dass neue, vorher nie gehörte Sprachlaute nur dann erlernt werden können, wenn diese Laute von einer realen und mit dem Kind interagierenden Person gesprochen werden (vgl. Blakemore/Frith 2006, Bruer 2003, Gopnik et al. 2001).

3.3.3 Entwicklung der emotionalen Bindung und emotionales Aufladen von Lernprozessen

Konrad Lorenz (1955) gilt als Entdecker des Phänomens der Prägung (Bindung). Hüther (2001) bezieht sich auf dessen Forschungsergebnisse an Graugänsen und schlussfolgert, dass die nachhaltigsten Erfahrungen, die ein Mensch machen kann, die Erfahrungen sind, welche ihm helfen, seine Ängste und die damit verbundenen Stressreaktionen zu bewältigen (Hüther 2001, S. 79 f.). Das Gefühl, in der Lage zu sein, seine Angst zu bewältigen, wird im Gehirn des Säuglings verankert. Dazu muss der Säugling seine Angst zum Ausdruck bringen können, woraufhin sich die primäre Bezugsperson (meistens die Mutter) ihm entsprechend zuwendet. Je häufiger es dem Säugling gelingt, durch erhaltene Zuwendung seine Angst zu verlieren, desto tiefer wird die Erfahrung im Gehirn verankert, dass er durch Eigenleistung in der Lage ist, seine Angst mithilfe der Mutter zu bewältigen (vgl. Hüther 2001). Hierbei wachsen Selbstvertrauen und das

---

25 Messmer (2005) greift Untersuchungen an fünf Monate alten japanischen Kindern auf, die eine Hirnaktivität bei der Lautunterscheidung der Laute „L" und „R" gezeigt haben. Bei Kindern ab zehn Monaten war keine Reaktion im Gehirn mehr erkennbar.

Vertrauen in die Fähigkeiten der Mutter, ihm Sicherheit und Geborgenheit geben zu können. Es entsteht eine emotionale Bindung an die Mutter (oder andere primäre Bezugsperson). Largo und Benz (2008, S. 291) betonen, dass die emotionale Bindung des Kindes an seine Bezugsperson die Grundlage des Gehorsams darstellt. Wenn ein Kind sich von seiner Bezugsperson angenommen und geborgen fühlt, ist es innerlich bereit, zu gehorchen, weil es sich keinem Liebesentzug aussetzen will.

Das Kind übernimmt während seiner Entwicklung nicht nur die Fähigkeiten, Fertigkeiten, Vorstellungen und Haltungen von seiner primären Bezugsperson, sondern auch von denjenigen Personen, die der Mutter wichtig sind, mit denen sie emotional verbunden ist und in deren Gegenwart sich das Kind ebenfalls geborgen fühlt. Gelingt es einer Mutter (oder anderen Bezugspersonen) nicht, die für eine optimale Gehirnentwicklung erforderlichen Bedingungen zu bieten, entstehen unsichere Bindungen an diese primären Bezugspersonen. Die Folgen dieser Bindungsart sind umso schwerwiegender und nachhaltiger, je weniger Möglichkeiten das Kind im Laufe seiner Entwicklung hat, emotionale Bindungen mit anderen Personen einzugehen (vgl. Hüther 2001).

> „Je weniger die Mutter als primäre Bezugsperson selbst in ein enges (...) Beziehungsgeflecht mit (...) anderen Menschen eingebettet ist, desto größer wird die Gefahr der Bahnung sehr einseitiger, ausschließlich von dieser Mutter bestimmter Grundmuster des Denkens, Fühlens und Handelns und der diesen Haltungen zugrunde liegenden neuronalen Verschaltungen im sich entwickelnden Gehirn des Kindes." (ebd. 2001, S. 78)

Helfen neben der Mutter noch andere Personen dem Kind über seine Ängste hinweg, dann erhält es hier die erforderliche Sicherheit und Geborgenheit. Dadurch werden auch die Grundhaltungen, Fähigkeiten und Fertigkeiten und die emotionalen Bindungen dieser Bezugsperson im Gehirn des Kindes verankert. Es erfolgt die Übernahme der Verhaltensmuster von der Person, bei welcher sich das Kind sicherer und geborgener fühlt („Zur Erziehung eines Kindes benötigt man ein ganzes Dorf").

Um Auswirkungen fehlender emotionaler Zuwendung zu verdeutlichen, stützt sich Braun (vgl. Braun 2005; hierzu auch Gopnik et al. 2001) auf Forschungen des amerikanischen Psychologen Rene Spitz (1945).[26] Die von dem

---

26 Spitz beobachtete im Jahr 1945 am Psychoanalytical Institute in New York über hundert Säuglinge, die in einem Waisenhaus untergebracht waren. Er bemerkte, dass diese Kinder andere Menschen ignorierten, passiv in ihren Betten lagen und in ihrer allgemeinen psychischen Entwicklung zurückblieben. In einer Langzeitstudie erkannte Spitz, dass den Kindern neben der intellektuellen Förderung auch emotionale Zuwendung fehlte, was ein Beweis dafür war, dass Kinder ihr Verhalten ihrer Umwelt anpassen, während sie ihre ersten emotionalen Erfahrungen nach der Geburt machen.

amerikanischen Psychologen-Ehepaar Harlow am Primatenlabor der University of Wisconsin durchgeführten Untersuchungen an Tieren (Affen) in den 1950er und 1960er Jahren bestätigen die Beobachtungen der Heimkinder-Studien (vgl. Braun 2005).

Der zum limbischen System gehörende Mandelkern (Amygdala) spielt eine wichtige Rolle bei Gefühlen und der Bewertung von Verhalten. Aufgrund seiner Lage genau an der Grenze zwischen Großhirnrinde und verschiedenen kortikalen Strukturen ist der Mandelkern in der günstigen Position, um die jeweils stattfindenden geistigen Aktivitäten mitzuverfolgen und sowohl höhere als auch niedrigere Gehirnregionen zu alarmieren, wenn emotional bedeutsame Ereignisse eintreten (vgl. Eliot 2003). Sowohl Amygdala als auch Hippocampus sind für den Zusammenhang von Emotion und Lernen von hoher Bedeutung. Das limbische System nimmt eine Schlüsselrolle im zentralen Belohnungssystem ein und gilt als emotionales Gedächtnis („Sitz der Gefühle"). An Tiermodellen untersuchten Neurobiologen in den letzten Jahren, wie frühe emotionale Erfahrungs- und Lernprozesse das Gehirn beeinflussen. Das limbische System rückte ins Blickfeld: Es spielt sowohl bei der Steuerung des Verhaltens durch Gefühle als auch beim Lernen und bei der Gedächtnisbildung eine herausragende Rolle.

Obwohl dem Intelligenzquotienten meist viel mehr Bedeutung geschenkt wird, scheint die emotionale Intelligenz des Menschen eine viel entscheidendere Rolle für den späteren Erfolg zu spielen, was beispielsweise aus den Ergebnissen des in den 1960er Jahren in den USA (Walter Mischel) erfolgten Marshmallow-Test geschlussfolgert wurde (vgl. Golemann 1995).[27] Auch Eliot (2003) geht davon aus, dass das Sozial- und Gefühlsleben vom limbischen System gesteuert wird, allerdings auch durch den zweifachen Einfluss von Genen und Umwelt. Jedes Kind wird mit seiner eigenen emotionalen Anlage – dem Temperament – geboren. Auf diese Veranlagung trifft eine individuelle Umgebung (Familie, andere Betreuungspersonen) und mit ihrer einzigartigen Biografie (Zuneigung, Missbrauch, Disziplin, Chaos, Vorbilder von emotionalem Verhalten und sozialer Interaktion). Die Mischung aus Veranlagung und Erfahrung strukturiert das limbische System (vgl. Eliot 2003).

Greenspan und Shanker (2007, S. 47) gehen davon aus, dass unsere Fähigkeit, zu lernen zwar genetisch vermittelt ist, die Entwicklung des emotionalen Signalisierens, Problemlösens, der Symbolbildung und des reflexiven Denkens,

---

27 Die durchgeführte Studie zeigte, wie grundlegend die Fähigkeit ist, Emotionen und damit einen Impuls hinauszuschieben. Das Ergebnis dieses Tests unterstrich die Bedeutung der emotionalen Intelligenz als einer Metafähigkeit, von der es abhängt, wie gut oder schlecht man seine sonstigen geistigen Fähigkeiten nutzen kann (vgl. Goleman 1995).

also unsere gesamte Intelligenzentwicklung, vielmehr ein kulturell überlieferter Prozess ist. Jedes neu erlernte „Werkzeug" stellt für sie die Grundlage dar, weitere Werkzeuge für eine höhere Lernebene zu konstruieren. Bei der Beobachtung von Säuglingen und Kleinkindern stellten die beiden Wissenschaftler fest, dass emotionale und kognitive Prozesse nicht separaten, sondern verwandten Systemen angehören. Ihre Beobachtungen zeigten, dass auf jeder Entwicklungsstufe emotionale Interaktionen zur Entwicklung kognitiver Fähigkeiten führten und deren Anwendung „dirigierten". Nach Greenspan und Shanker werden erste Aspekte der Logik nicht durch motorische Aktionen vermittelt, sondern vielmehr durch affektive, emotionale Signale wie Lächeln und Glucksen, was wiederum bei der Bezugsperson emotionale Reaktionen auslöst. Von daher betrachten die Autoren die erste Problemlösung nicht als sensomotorische, sondern als koregulierte, emotionale Interaktion durch das emotionale System.

Nach Ansicht von Greenspan und Shanker (2007, S. 274) fördert emotionales Signalisieren zum Wachstum neuer oder besser funktionierender Nervenbahnen im Gehirn. Die Autoren stützen sich bei ihren Aussagen auf Forschungsergebnisse von Eric Kandel (1989), der mithilfe von PET-Scans nachwies, dass bedeutsame Erfahrungen mit gleichzeitiger Aktivität in vielen Hirnbereichen verbunden sind, im Gegensatz zu unpersönlichen kognitiven Aufgaben, die weniger Hirnregionen beanspruchen. Forschungen von Greenough, Black und Wallace (1987) konnten zeigen, dass reichere Erfahrungen hilfreich sind, um Hirnregionen, die normalerweise bestimmten Funktionen dienen auch für eine andere nutzbar gemacht werden können. Von daher wird immer mehr davon ausgegangen, dass es einen starken Zusammenhang zwischen der Erfahrung und der physischen Struktur des Gehirns gibt.

Die mit den Lernprozessen gekoppelten Emotionen verursachen rasche biochemische und langfristige strukturelle Veränderungen der Synapsen im Gehirn. Somit erfolgt Lernen nach Braun und Meier (2004) nur durch synchron erregte Nervenzellen, die dann miteinander Kontaktstellen (Synapsen) ausbilden. Braun und Bogerts (2000) betonen, dass das Vorenthalten von Gefühlen in Erfahrungen und Spiel und die damit verbundene fehlende Koppelung mit Erfolgserlebnissen bzw. das Erzeugen von Entmutigung und Frustration die Ausreifung der lernrelevanten Gehirnsysteme negativ beeinflussen muss.

Sensible Phasen werden oft mit zuklappenden Fenstern verglichen. Tatsächlich scheint es Fenster für schnelles Lernen (fast-track learning) zu geben, die sich allerdings aufgrund der zu diesem Zeitpunkt gemachten Erfahrungen von selbst wieder schließen. Erforderlich sind die Zuspitzung des Wahrnehmungsvermögens bezüglich bestimmter Unterschiede und der Verlust anderer Unterscheidungsmöglichkeiten, vor allem für die rasche Verarbeitung wichtiger Reize. Stets auf alles gefasst zu sein, würde eine Reizüberflutung nach sich ziehen, die

Reizverarbeitung verzögern und die Fehlerwahrscheinlichkeit erhöhen. Die Kapazität für das Erlernen von Neuem ist demnach stets begrenzt (vgl. Blakemore/Frith 2006). „Neues lernen heißt, dass Nervenverbindungen aufgemacht und andere, die nicht mehr wichtig sind und einen nur ablenken und verwirren würden, stillgelegt werden" (ebd. S. 51). Viele Experten gehen davon aus, dass die ersten drei bis fünf Lebensjahre prägend für das spätere Leben eines Menschen sind. In bestimmten Zeitabschnitten der Entwicklung, den sensiblen Perioden, ist das Individuum aufgrund seiner genetisch gesteuerten Prozesse besonders empfänglich für Umweltreize, die sich dann in das Zentralnervensystem einprägen. Die meisten Neurowissenschaftler vertreten dennoch die Auffassung, dass die kritischen Phasen nichts starr Festgelegtes und Unabänderliches bedeuten. Vielmehr spricht man heute über sensible Phasen, in denen sich Veränderungen des Gehirns besonders begünstigend vollziehen, vorausgesetzt, die erforderlichen Bedingungen sind gegeben. Das Gehirn wird geprägt und verändert durch Erfahrungen, die über das gesamte Leben hinweg gemacht werden.

Bruer (2003, S. 164 f.) bestätigt die Phase der Synapsenbildung in dieser Zeit, merkt aber auch an, dass kritische (sensible) Phasen oft über die ersten drei Jahre hinausgehen. Zwar gäbe es für die Zeit von der Geburt bis zum dritten Lebensjahr starke empirische und klinische Indizien dafür, dass es sich um einen Lebensabschnitt handelt, in dem wertvolle Leitpfade für das kognitive und emotionale Wachstum angelegt werden. In Bezug auf die Entwicklung von Bindungsbeziehungen zweifelt Bruer allerdings an der Existenz einer kritischen (sensiblen) Phase, weil nach seinen Aussagen für derartige Behauptungen so gut wie keine Beweise vorliegen. Bei den durchgeführten Forschungen handelt es sich hauptsächlich um Tierexperimente. Es könnte vermutet werden, dass Bruers Kritik u.a. auch in der erschwerten Nachweisbarkeit hinsichtlich des Menschen begründet liegt; denn einerseits existieren Gehirne von Kleinkindern für derartige Untersuchungen wohl kaum, andererseits machen forschungsethische Gründe derartige Untersuchungen größtenteils unmöglich. Somit postuliert Bruer, dass die Wissenschaftler sorgfältig der Frage nachgehen sollten, wie und warum sich das Verhalten von Kindern ändert.

Braun und Meier (2004) betonen, dass Hirnforscher mittlerweile dennoch nachweisen können, dass „Hänschen schneller lernt als Hans", da das Umlernen in der Gehirnrinde in fortgeschrittenem Alter nicht mehr so rasch erfolgt wie in jüngeren Jahren (hierzu auch Gopnik et al. 2001, S. 223 ff.). Die Existenz sensibler Phasen für bestimmte Entwicklungsbereiche sei deshalb auf jeden Fall zu berücksichtigen, andererseits sollte dies nicht überbetont werden, da sich das Lernen lebenslang vollzieht (hierzu auch Singer 2003 a, S. 110 ff.; Spitzer 2004, S. 44). Bei der Gestaltung von Bildungsprozessen sollten sie in der Arbeit mit Kindern im Alter von 0-3 Jahren allenfalls Beachtung finden und optimal genutzt werden. Kasten (2005, S. 49) geht davon aus, dass die Bedeutung der frühen Kindheit für alles menschliche Lernen auf der Grundlage aktueller Erkenntnisse der neurophysiologischen Forschung kaum mehr bestritten werden kann. Er bemerkt aber auch, dass über die Methoden einer optimalen oder zumindest hochwertigen Kleinkinderziehung nach wie vor spekuliert werden kann. Nach Kasten fehlen zuverlässige empirische Untersuchungen und Modellversuche, in denen spezifische Strategien der Anregung und Förderung in Bezug gesetzt werden zu biologischen, neurophysiologischen und psychosozialen Veränderungen.

3.4 Zusammenfassung

Ausgehend von verschiedensten neurobiologischen Forschungsergebnissen kann das sich entwickelnde kindliche Gehirn mit einem Schwamm verglichen werden, der bis zum 12. Lebensjahr am saugfähigsten ist. Gerade in den ersten Jahren werden unzählige Vernetzungen geknüpft; so kann sich das Gehirn in entscheidenden Lebensphasen reorganisieren, ungebrauchte Verbindungen unterbrechen oder abschneiden. In einem Alter bis zu vier Jahren nimmt das Gehirn Formen an, die sich im weiteren Verlauf nicht mehr entscheidend verändern (vgl. Messmer 2005).

In der frühen Kindheit wächst das Gehirn vor allem durch reifende Fasern, deren Dickenzunahme eine bessere Isolierung und damit schnellere Erregungsleitung bewirkt. Dadurch nimmt die Leistungsfähigkeit im Laufe der Entwicklung zu. Das Gehirn entwickelt sich und lernt zugleich. Sogenannte sensible Perioden sind Zeitabschnitte, in denen bestimmte Erfahrungen gemacht werden müssen, damit bestimmte Fähigkeiten bzw. Fertigkeiten erworben werden können. Außerhalb dieser Phasen können bestimmte Fähigkeiten nur mühevoll entwickelt werden und dann auch nicht immer vollständig. Obwohl wir ein Leben lang lernen, aber nicht immer gleich, gilt die Volksweisheit: „Was Hänschen nicht lernt, lernt Hans nimmermehr" aus neurobiologischer Sicht auf vielfache Weise bestätigt. In den ersten Jahren bildet das Gehirn ein Grundgerüst für das weitere Lernen. Später Gelerntes wird an diesem Gerüst aufgehängt und kann weiter wachsen; fehlen wichtige Pfeiler, wird nach Prekop und Hüther (2006) späteres Lernen erschwert oder unmöglich. Lernen im Kindesalter bedeutet nicht schulisches Lernen. Lernen in der Kindheit ist Spiel, es sollte interessant und lustvoll sein. Für die Herausformung bestimmter Verschaltungsmuster ist das kindliche Gehirn auf ein möglichst breites Spektrum unterschiedlichster Anregungen angewiesen. Die günstigsten Anregungen hierbei sind immer die, welche sich das Kind aus sich selbst heraus – aus seinem Innersten – entwickelt. Auf der

Grundlage seiner bereits erlernten und im Gehirn verankerten Fähigkeiten und Fertigkeiten bestimmt es selbst, was es an neuen Herausforderungen interessiert und deshalb sucht. Dadurch können die unter solchen günstigen Bedingungen gemachten Lernerfahrungen besonders gut an bereits vorhandenes Wissen angeknüpft werden (ebd.).

Auf die Frage, inwieweit Persönlichkeitsmerkmale des Menschen angeboren oder erworben bzw. durch Erziehung veränderbar sind, stützt sich Roth (2003 a; 2003 b, S. 114 f.) auf vorliegende Forschungsergebnisse: Genetisch determiniert scheint der Mensch zu 40 bis 50 % zu sein, ca. 30 bis 40 % umfassen Prägungs- und Erlebnisprozesse im Alter zwischen null und fünf Jahren. Nur zu etwa 20 bis 30 % scheint die Persönlichkeitsstruktur durch spätere Erlebnisse und durch elterliche und schulische Erziehung beeinflusst zu werden.

Die funktionale Struktur des Menschen ist individuell verschieden. Sie hängt von genetischen Anlagen und der individuellen Lerngeschichte ab und ändert sich ständig. Es gibt keine zwei Menschen, die in ihrem Leben exakt die gleichen Erfahrungen machen und ihr Gehirn auf die exakt gleiche Weise benutzt haben. Aus diesem Grund ist jedes Gehirn einzigartig (vgl. Hüther 2001). Es lernt ununterbrochen. Das Gehirn funktioniert zwar deterministisch, ist in seiner Komplexität jedoch niemals ständig beschreib- und verstehbar. Besonders eindrucksvoll ist die enorme Adaptions- und Lernfähigkeit, die zwar mit dem Alter abnimmt, jedoch lange nicht so stark, wie einst vermutet. Denn mittlerweile steht fest, dass sich auch im Erwachsenengehirn zumindest im Kurzstreckenbereich, also auf Synapsenebene noch neue Verschaltungen bilden können. Aufgrund dieser Plastizität kann „Hans" also durchaus noch lernen, was „Hänschen" nicht gelernt hat. Allerdings erhöht sich hierbei der Schwierigkeitsgrad im Vergleich zur frühen Kindheit (vgl. Braun/Meier 2004). Spitzer betont in diesem Kontext die eingeschränkte Gültigkeit dieser Redewendung. Im Unterschied zu Kindern lernen Erwachsene zwar auch weiterhin, jedoch langsamer und anders, weil sie an bereits Gelerntes anknüpfen können und dadurch bei manchen Dingen nicht mehr so genau hinsehen, durch Erfahrungen also auch „vorbelastet" sind. Deshalb ist es aus neurowissenschaftlicher Sicht falsch zu glauben, dass Kinder am besten lernen, wenn die Erwachsenen ihnen etwas beibringen (vgl. Spitzer 2005 b).

Eine Vielzahl der neurobiologischen Forschungen erfolgen vor allem durch Tierexperimente, was zur Folge hat, dass die gewonnenen Erkenntnisse in der Öffentlichkeit noch nicht hinreichend wahrgenommen werden, wenn sie auch in der Pädagogenzunft schon auf stärkeres Interesse stößt (vgl. Reich 2005). Schon allein aus ethischen Gründen können viele Versuche nicht am Menschen (gerade auch am Kleinkind) durchgeführt werden. Auch Untersuchungen an Kleinstkindern sind kaum möglich, da die Verfahren meistens auch eine ruhige Position des Probanden erfordern. Deshalb stellt sich immer wieder die Frage, inwiefern die aus den bildgebenden Verfahren gewonnen Erkenntnisse auf den Menschen übertragbar sind.

Braun et al. (2009) verweisen allerdings auf die weitgehend identischen Funktionsprinzipien der Nervenzellen und ihrer Synapsen bei Tier und Mensch; so gleichen sich der grundlegende Bauplan des Gehirns und die Funktionsabläufe innerhalb der Säugetiere sehr stark (ebd.).

4. Voraussetzungen für gelingende Bildungsprozesse

4.1 Beobachtende Wahrnehmung als Grundlage von Bildungsberichten

Voraussetzung für die Entwicklung einer kindzentrierten Perspektive in der Pädagogik ist es, dass die Erzieher die Kinder in ihrem Handeln intensiv wahrnehmen und deren Interessen, Neigungen und Wünsche erkennen.[28] Somit wird der Beobachtung des Kindes große Bedeutung beigemessen, um Lernfortschritte im Rahmen klar definierter Altersnormen und Lernziele kontrollieren[29] und letzten Endes Entwicklungsstörungen frühzeitig erkennen zu können.[30] Andres (2002) räumt der Beobachtung der Erzieherin im pädagogischen Alltag einen zentralen Stellenwert ein (hierzu auch Schäfer et al. 2006). Bereits Maria Montessori (vgl. Becker-Textor 2000, S. 32) und auch die Vertreter der Reggio-Pädagogik (vgl. Knauf 2000) betonen die Wichtigkeit der Beobachtung des Kindes. Im Fokus der Beobachtungen stehen folgende Fragen:

- Was interessiert das Kind?
- Was kann es gut?
- Wo kann ich es unterstützen?

Die Beobachtung ist die Schlüsselfrage in der pädagogischen Arbeit, wobei die Beobachtungsbögen die notwendigen Werkzeuge darstellen und die Beobachtung an sich die weitere pädagogische Arbeit mit den Kindern beeinflusst. Beek et al. (2005) definieren diesen Prozess als eine regelmäßige, gezielte Betrachtung jedes Kindes und fordern, vertiefte Aufmerksamkeit zu schenken, für das, was Kinder tun, erleben und denken. Die Beobachtung ist gerichtet auf deren Handlungen, Vorstellungen, Ideen, Werke, Problemlösungen usw. Nach Andres

---

28 Hierzu dienen Erhebungsinstrumente wie der Beobachtungsbogen „Sieben Intelligenzen" nach Howard Gardner, das Konzept der Engagiertheit-Engagiertheitsskala nach F. Laevers (Laevers 1997) und Bildungs- und Lerngeschichten nach Margaret Carr.
29 z. B. Entwicklungstabelle nach E. K. Beller und S. Beller (2000), Der Baum der Erkenntnis zur Umsetzung der schwedischen Bildungspläne (vgl. Viernickel/Völkel 2005)
30 z. B. Sensomotorisches Entwicklungsgitter nach Dr. E. J. Kiphard (2002), Validierte Grenzsteine der Entwicklung (vgl. Laewen 2008)

(2002) kann der Dialog mit dem Kind nur dann gelingen, wenn Pädagogen durch kontinuierliche Beobachtungen und Gespräche versuchen, zu verstehen, was die einzelnen Kinder beschäftigt, wo ihre Leidenschaften liegen und wie Bedeutungskontexte aussehen, aus denen heraus sie ihre individuelle Welt konstruieren. Die forschende Haltung der Erzieherin umzusetzen bedeutet zunächst, die erzielten Beobachtungsergebnisse und die Dialoge und Handlungen der Kinder per Video, Foto und schriftliche Aufzeichnungen zu dokumentieren. Dabei wird angeraten, dass sich jede Erzieherin täglich für ca. 20-30 Minuten aus der direkten Interaktionssituation mit den Kindern herauszieht und *vom Rand her* beobachtet und dokumentiert.

Andres (2007, S. 102 f.) betont, dass während der Beobachtung auch autobiografische Lebensverläufe, Gefühle, Vorlieben und Abneigungen der Erzieherin einfließen sowie ihre bisher gesammelten Erfahrungen mit Kindern. Diese Aspekte lenken die Wahrnehmung. Daher regt sie an, Emotionen, die sich beim Anblick auf bestimmte Aktionen der Kinder regen, genauso festzuhalten wie Interpretationen und Zuschreibungen. Tatsächlich Gehörtes und Geschehens muss strikt getrennt werden von Bewertungen und Vermutungen, damit eigene Empfindungen und Deutungen den Blick auf die Neugierde, den Forschergeist und die Empfindungen der Kinder nicht verstellen. Die schriftliche Dokumentation stellt eine wichtige Grundlage für die Reflexion der eigenen Handlungen und emotionalen Reaktionen dar. Durch ihre Selbstbeobachtung kann die Erzieherin herausfinden, dass sie auf bestimmte Handlungen des Kindes mit Begeisterung, Ärger oder Vermeidung reagiert. Dabei gehört es zu ihrer Professionalität, den biografischen Hintergrund dieser Reaktionen zu reflektieren. Die eigenen Empfindungen können ebenso auch die Atmosphäre spiegeln, die der beobachteten Szene innewohnt. Der Beobachter könnte dahingehend interpretieren, dass den beispielsweise gelangweilt wirkenden Kindern vielleicht die materiellen, räumlichen und sozialen Möglichkeiten fehlen, sich auf neue, weiterführende Themen einzulassen. Indem die Erzieherin ihre Gefühle niederschreibt, kann sie sich dieser auch bewusst werden. Dadurch wird es möglich, dieser Frage nachzugehen und zu prüfen, ob die Hypothese haltbar ist und die Kinder tatsächlich unterfordert sind. Dabei wird sie durch die fachliche Reflexion mit den anderen Kollegen in der Kindertageseinrichtung unterstützt. Im Team werden Deutungen zu den Beobachtungsergebnissen zusammengetragen und Verknüpfungen zu bereits vorliegenden Beobachtungen hergestellt. Daraus wird die weitere pädagogische Planung abgeleitet. Der Vorteil der gemeinsamen Auswertung besteht darin, dass alle Kollegen ihre Kompetenzen und Sichtweisen einbringen können. Somit ist die Chance größer, Bildungsthemen zu erkennen, die nicht auf den ersten Blick offen zutage treten. Die Beobachtung und der fachliche Diskurs im Team bieten die Grundlage, von der aus die Erzieherin die Bildungswege der

Kinder begleiten und Bildungserfahrungen ermöglichen kann, die dem jeweiligen Kind in der jeweiligen Situation angemessen ist. Abschließend lässt sich konstatieren, dass eine geänderte Sicht auf das eigene professionelle pädagogische Handeln zu entwickeln ist, um sich als Forschende und nicht als Wissende zu definieren. Pikler (1997) richtete den Fokus auf die Beobachtung des Kindes und auf das sich damit erschließende Wissen um die Abfolge seiner Entwicklungsschritte. Nur dort, wo das Kind Interesse entwickelt, d. h. zwischen den Forderungen aus der Umwelt und sich selbst eine Verbindung herstellt, kann es im eigentlichen Sinne lernen und das Gelernte integrieren. Loris Malaguzzi [31] beschreibt die Beobachtung als den Prozess der Verständigung – „ihre Lust daran entdecken, gemeinsam...zu reflektieren, Projekte zu entwickeln, zu diskutieren und zu forschen" (Malaguzzi 1997, S. 199).

4.2 Anregende Lern- und Erfahrungsräume durch Tagesstruktur, Raumgestaltung und Gruppenstruktur

Kinder lernen hauptsächlich über den handelnden Umgang mit Personen, Dingen und Situationen. Dabei benötigen sie Möglichkeiten, ihre räumliche und materielle Welt in vielfältiger Weise zu erkunden und ihre Fähigkeiten auf körperlicher, kognitiver, sozialer und emotionaler Ebene zu entwickeln. Hilfreich für die kindliche Auseinandersetzung mit der sozialen Welt ist die Teilnahme an den für die Erwachsenen alltäglichen Situationen. Somit wird Kindern Erfahrung von Zeit und Zeitstrukturen ermöglicht. Im Dialog mit ihren Vorbildern lernen Kinder zu reden, zu verhandeln, sich mitzuteilen, ihre Wünsche und ihre Kritik zu äußern, zuzuhören und nachzufragen.

Auch Theorien von Pikler (vgl. Pikler 1997; vgl. Pikler-Gesellschaft 2008) beinhalten, dass Kinder erst in geborgenen sicheren und stabilen Beziehungen lernen, sich aus eigener Initiative und gemäß ihren Interessen zu bewegen und zu spielen. Damit selbstständiges Lernen möglich wird, müssen die Erwachsenen eine Umgebung schaffen, die den momentanen Bedürfnissen und Bestrebungen des Kindes entsprechen. Dabei hat jedes Kind sein eigenes Zeitmaß der Entwicklung. Seine Autonomie, Individualität und Persönlichkeit kann es erst entfalten, wenn es die Möglichkeit erhält, sich möglichst selbstständig zu entwickeln.

Beim Erschließen von Erfahrungswelten geht es nach Andres (2007) nicht

---

31 Loris Malaguzzi ist der Begründer der Reggio-Pädagogik und langjähriger Leiter von Kindereinrichtungen dieses Konzeptes.

nur um die Gestaltung der Kindertagesstätte als Bildungsraum durch Materialien, Spielmittel und Funktionsräume etc. Sie hält vor allem eine Erzieherin für bedeutsam, die die Rolle eines vertrauten Erwachsenen als bestätigendes und kritisches Gegenüber bzw. als einen einfühlsamen Gesprächspartners einnimmt (vgl. Andres 2007, S. 369).

Tagesstruktur

Um Selbstbildungsprozesse der Kinder zu unterstützen, postulieren von der Beek et al. (2005) einen qualitativ hochwertig gestalteten Tagesablauf, der durch Flexibilität, Selbstorganisation, Orientierung und Offenheit gekennzeichnet ist. Die Qualität der Gestaltung des Tagesablaufes spiegelt sich darin wider, inwieweit es den Kindern oder der Gruppe ermöglicht wird, laufende Spiele, Gestaltungsprozesse, Sammeltätigkeiten, Gespräche, Denk- und Arbeitsprozesse, die alle Ausdruck der Bildungstätigkeit der Kinder sind, intensiv zu betreiben. Erzieherinnen lassen sich auf die Themen der Kinder ein und schaffen ihnen zu deren Bearbeitung die dafür geeigneten räumlichen Materialien. Kinder gestalten sich ihre eigenen Tätigkeiten in kleinen Gruppen oder für sich allein, wobei eine aufmerksam begleitende Erzieherin die Aktivitäten der Kinder aufnimmt, unterstützt und durch Anregungen erweitert.

Ein zeitlich strukturierter Tagesablauf bietet Kindern ebenso maßgebliche Orientierungshilfen. Im Sinne von Partizipation und Selbstregulierung muss ihnen jedoch auch die Möglichkeit eröffnet werden, Zeitstrukturen mitzugestalten. So erfahren Kinder, dass sie in ihren Bedürfnissen und Fragen wahrgenommen werden und zum Mitbestimmen und Mitgestalten aufgefordert sind. Orientierung im Tagesablauf können organisatorisch bedingte Fixpunkte bilden, wie z. B. die Einnahme der Mahlzeiten oder die Einbeziehen von Eltern. Andere ergeben sich durch Angebote für bestimmte Gruppen, wie beispielsweise Projekte. Der Tagesablauf wird durch die Erzieherin auch mithilfe von Ritualisierungen geprägt, welche die Verbindung zwischen den unterschiedlichen Zeitabschnitten eines Tages herstellen. Zusätzliche Orientierungspunkte für neu aufgenommene Kinder können ebenfalls Bestandteil der Tagesstruktur sein. Kinder benötigen einen offenen Tagesablauf, damit sie einerseits ausreichend zusammenhängende Zeit für die Entwicklung ihrer Spiel- und Entdeckungsprozesse zur Verfügung gestellt bekommen und andererseits die individuellen und entwicklungsbedingten Unterschiede in Ausdauer und Konzentration berücksichtigt werden können. Des Weiteren hilft diese Offenheit im Ablauf, bei den Kindern ein Gefühl für den eigenen Rhythmus von Aktivität und Ruhe entstehen zu lassen. Aufgabe der Erzieherin hierbei ist es, zu reflektieren, inwieweit die gesetzten Zeitstrukturen noch notwendig und sinnvoll sind. Mithilfe von Beobachtung und Situationsanalyse findet sie ein ausgewogenes Verhältnis zwischen Selbstorganisation der

Kinder und den Hilfen durch eine äußere Struktur (ebd.). Nach Weber (2007, S. 53) sollte der zeitliche Rahmen für die Tagesgestaltung so gewählt werden, dass er die individuellen Bedürfnisse der Kinder nach Aktivität und Ruhe, nach Anspannung und Erholung sowie nach Nahrungsaufnahme befriedigen kann. Für das Wohlbefinden legt sie Wert auf einen Zeitrahmen, der täglich eingehalten werden soll, weil stabile, vorhersehbare und überschaubare Zeitabläufe Kleinkindern die notwendige Sicherheit geben. Im Tagesablauf sollte ausreichend Zeit für das Spiel der Kinder und für individuelle oder gemeinsame Tätigkeiten zur Verfügung stehen.

Raumgestaltung

„Der Raum ist der dritte Pädagoge neben den Erzieherinnen und den anderen Kindern." zitiert Kahl (2008) den Begründer der Reggio-Pädagogik Loris Malaguzzi. Durch ihren Aufenthalt im Innen- und Außenbereich einer Kinderkrippe werden die Räume für die Kinder zu einem Teil frühkindlicher Erziehung und Bildung und somit auch Ausgangspunkt kindlichen Wahrnehmens, Fragens und Forschens. In den zur Verfügung stehenden Räumen sollten die Kinder den Initiativen nachgehen können, welche sie für ihre Selbstbildungsprozesse benötigen. Dabei muss es ihnen möglich sein, Orte, Zeitdauer, Materialien sowie Spiel- und Arbeitspartner selbst zu wählen. Hilfreich dabei sind Gelegenheiten der Bewegung, des Rückzuges oder der Entspannung (vgl. Weber 2007). Bei der räumlichen und materiellen Ausgestaltung der Räume müsste demnach beachtet werden, dass an den Bildungsprozessen der Kinder alle Sinne beteiligt sind und sinnliche Sensibilitäten sich in dem Maße differenzieren, in dem sie tatsächlich angesprochen werden. Einerseits sollten die Räume vielsinnliche Anregungen enthalten; andererseits muss die Übersichtlichkeit der vorbereiteten Umgebung gewährleistet sein. Schon Montessori legte Wert auf eine „vorbereitete Umwelt", die mit den Bedürfnissen der Kinder im Einklang steht (vgl. Montessori 2005, S. 52). Je übersichtlicher die Materialien angeordnet sind, desto zielgerichteter können sich die Kinder ihren Interessen und Bedürfnissen entsprechend betätigen. Dabei bleibt Raumgestaltung immer eine fortlaufende Aufgabe, da die Erzieherin erst im Beobachten des Handelns der Kinder erkennt, was in den Räumen stimmig ist bzw. welche Veränderungen vollzogen werden müssen (vgl. von der Beek et al. 2005.) Für eine gute Betreuungsqualität fordert Schneider „Raumveränderung statt Beschäftigungsangebot" (Schneider 1989, S. 21).

Das Hamburger Raumgestaltungskonzept (vgl. von der Beek 2007) knüpft an die Gemeinsamkeiten der Ideen von Pikler, der Reggio-Pädagogik und der Early Excellence Centres an, nutzt allerdings auch die dazwischen bestehenden Unterschiede. Zur Sicherung der besonderen Bedürfnisse von Kleinkindern wird die Schaffung von zwei Räumen empfohlen:

Im *Geborgenheitsraum* finden die Kinder den zugewandten Erzieher und eine vertraute Umgebung, die gleichzeitig eine Sicherheit gebende Basis bietet. Hier könnte beispielsweise der Tag beginnen und vor allem auch neu aufgenommene Kinder, oder Kinder, die noch nicht laufen können bzw. Kinder, die sich alleingelassen fühlen o. ä.. ihren ersten Platz finden.

Im angrenzenden *Freiraum* erhalten die Kinder dann die erforderliche Abwechslung. Beide Räume sollten so geplant und gestaltet sein, dass sie unterschiedliche Entwicklungsphasen, Interessen, Bedürfnisse berücksichtigen. Von der Beek beschreibt den sicheren Raum (Geborgenheitsraum) als „Basislager am Fuße des Berges". Zur Gestaltung der Räume empfiehlt sie, zunächst freien Platz zu lassen, dann den Boden zu „modellieren", danach die Höhe des Raumes nutzbar zu machen, um anschließend den Raum bis unter die Decke zu gestalten. Somit wird der Berg errichtet, den die Kinder von der Basisstation aus erklimmen können. Eine Faustregel von Pikler lautet: „Ein Kind sollte immer etwas mehr Raum zur Verfügung haben, als es ihn nutzen kann" (von der Beek 2008, S. 55). Auch Schäfer betont die Notwendigkeit, in ausreichendem Umfang Möglichkeiten zu schaffen, die die Kinder „jederzeit" zu komplexen Bewegungserfahrungen herausfordern und empfiehlt in diesem Zuge die Ausstattung der Räume mit schiefen Ebenen und Podesten (Schäfer 2002, S. 48 f.).

Von der Beek macht auch auf die Möglichkeit der offenen Arbeit in Kinderkrippen in Funktionsräumen aufmerksam. Für das Gelingen dieser Variante müssen die Erzieherinnen allerdings ein Team bilden und die Räume eng beieinander liegen. Da dies schon aus den gegebenen Bedingungen heraus nicht immer praktiziert werden kann, geht sie bei ihren Ausführungen vom Konzept der Gruppenpädagogik aus (vgl. von der Beek 2007). Im Falle einer großen Altersmischung empfiehlt Petersen (1991) zusätzlich separate Räumlichkeiten sowohl für die Pflege der Säuglinge als auch für deren individuelle Schlafgewohnheiten.

Gruppenstruktur

Aus der Bindungs- und Hirnforschung ist bekannt, dass ein Kind für sein Wohlbefinden in der Kinderkrippe eine feste Bezugsperson benötigt, bei der es sich sicher und geborgen fühlen kann, die seine Bedürfnisse kennt, der es vertraut, der es sich zuwenden kann. Damit sich eine derartige Beziehung entwickeln kann, betont Kempf (2007) die Wichtigkeit der Gewährleistung von ein und derselben Erzieherin für das Kind, und zwar über die gesamte Krippenzeit hinweg (hierzu auch Peterson 1991, S. 41). So kann es nur im längeren Zusammenleben gelingen kann, die Bedürfnisse des Kindes zu erkennen, seine Signale zu richtig zu deuten und adäquat darauf einzugehen. Parallel dazu wächst auch das

Vertrauensverhältnis zu den Eltern des Kindes. Die Gestaltung der Gruppenkonstellationen für die unter Dreijährigen wird in Deutschland sehr unterschiedlich umgesetzt. Sowohl altershomogene Gruppen als auch altersgemischte Gruppen (0-6) sowie die Trennung der 0-3-jährigen von den 3-6-jährigen Kindern sind zu finden. Das Pro und Kontra zur Diskussion der Gruppenstruktur zeigen Schäfer et al. (2006, S. 18) anhand ihrer Erfahrungen in der wissenschaftlichen Begleitung von Modelleinrichtungen. In diesem Zuge verweisen die Autoren auch auf Befürworter der großen Altersmischung, die ebenfalls die Berücksichtigung der Besonderheiten der unter Dreijährigen postulieren. Diese Besonderheiten beziehen sich auf die Ausstattung der Räume, die anderen zeitlichen Abläufe und auf die in besonderem Maße erforderliche Sensibilisierung der Erzieherinnen. Die Autoren verweisen darauf, dass die Pädagoginnen in der Betreuung von Kindern im Alter von null bis drei Jahren bereits mit großen Entwicklungsunterschieden konfrontiert werden.

Versuche mit großer Altersmischung (vgl. Kahl 2008; Petersen 1991) zeigen jedoch auch, dass dies durchaus möglich ist, was vor allem jedoch eine Frage der räumlichen Konzeptionen und der Teamsituation ist, wie weiter oben bereits ausgeführt (vgl. von der Beek 2007). Grundsätzlich gilt, dass die vom Einrichtungsteam gewählte Betreuungsform höchste Qualität der Arbeit gewährleisten muss. Dabei sollten pädagogische Gründe nachvollziehbar sein, die sich ausschließlich auf das Wohlergehen der Kinder konzentrieren (vgl. Mienert/Vorholz 2009).

Gruppenstärke und Gruppengröße

Die Europäische Union empfiehlt folgende Gruppengrößen:
24 bis 36 Monate: 5 bis 8 Kinder
36 bis 48 Monate: 8 bis 12 Kinder
48 bis 60 Monate: 12 bis 15 Kinder
(vgl. Bertelsmann-Stiftung 2008 a; vgl. Wehrmann 2008).

Für Kinder unter 24 Monaten gibt es keine Angaben von Seiten der EU. Amerikanische Standards empfehlen bei Kindern im Alter von 0-24 Monaten eine Gruppenstärke von 6 Kindern pro Gruppe. Studien von Mahler (1985) und Greenspan (1990) ergaben die Notwendigkeit kleiner Gruppen für die Betreuung der unter Dreijährigen. So können Bedürfnisse nach Exploration und zielgerichteter Kommunikation nur in überschaubaren Gruppengrößen befriedigt werden (vgl. Lally 1996).

4.3   Erziehungspartnerschaft

„Ein Kindergarten ohne Eltern ist wie ein Kindergarten ohne Kinder" zitiert van Dieken (2008, S. 147) Malaguzzi. Beispielhaft stellt sich die Einbeziehung der Eltern in der Reggio-Pädagogik dar, bei der die Verbindung der institutionellen und der familiären Erziehung im Mittelpunkt steht. Auch Steiner formulierte, dass ein Kindergarten erst dann *„lebendig"* wird, wenn von „seinem Stil und seinen Lebensgewohnheiten" etwas in die Elternhäuser ausstrahlt. Dabei strebte er hauptsächlich den Rat und die Mithilfe der Eltern an (vgl. Internationale Vereinigung der Waldorfkindergärten e. V. 2000).

Zur bestmöglichen Entwicklung und Förderung von Kindern ist es nach von der Beek et al. (2005) erforderlich, die Familien und Institutionen (einschließlich des Trägers) sowie alle Personen, zu denen das Kind in Beziehung tritt, in einem systemischen Zusammenhang zu sehen, der in wechselseitigem Einfluss einen Rahmen für die Bildungsarbeit des Kindes bleibt. Die Aufgabe der Einrichtungen besteht darin, auch die Erziehungskompetenzen der Eltern zu stärken. Das Einbeziehen der Eltern sehen die Autoren als Schlüssel für eine gelingende, hochqualifizierte Arbeit der Erzieherinnen in den frühen Kinderjahren. Wenn Eltern registrieren, dass man ihnen zuhört und sie wertschätzt, erhalten damit auch die Kinder die Botschaft, dass ihre Familie, ihre häusliche Kultur, ihre Werte als wichtig erachtet. Über Bildungs- und Erziehungsziele sowie über Zusammenspiel und Abgrenzung der Aufgaben in Familie und Institution müssen sich Eltern und Erzieherinnen verständigen. Der wechselseitige Austausch zwischen Erzieherinnen und Eltern lässt beide Parteien die besonderen Interessen und Vorlieben des Kindes, seine Verarbeitungsformen und –leistungen sowie seine subjektive Welt besser begreifen. Desgleichen geht es um die Verständigung und den Austausch über die biografischen Erfahrungen des Kindes (z. B. Migrationshintergrund) und spezifische Lebenssituationen, einschließlich der wichtigsten Personen und Institutionen, mit denen das Kind Kontakt hat. Thematisiert werden sollten gegebenenfalls auch die familiäre Sprachsituation (z. B. bei zweisprachigem Aufwachsen) und die Gestaltung der Kommunikations- und Sprechfreude im Elternhaus sowie die besonderen Interessen und Vorlieben des Kindes. Als Aufgabe der Kita wird zunehmend postuliert, die Eltern an dem Handeln ihrer Kinder in der Einrichtung zu beteiligen, sie zu informieren, wo Kinder Stärken und Grenzen entwickeln und welche Entwicklungen sie im Hinblick auf ihr Weltverständnis nehmen. Daraus ergibt sich die Notwendigkeit, Präsentationsformen der Kindertagesstätte zu entwickeln, die über mündliche und/oder schriftliche Mitteilungen hinausgehen. Unter Berücksichtigung der Vereinbarung von Familie und Beruf sollten Eltern zum einen bei der Festsetzung und regelmäßigen Überprüfung der Öffnungszeiten beteiligt werden; zum anderen muss die Planung von Unternehmungen und Projekten mit den Kindern auf die zeitlichen Reserven der Erziehungsberechtigten abgestimmt werden. Auch fachliche Kompetenzen der Eltern sollten in die Arbeit der Einrichtung einbezogen werden (vgl. von der Beek et al. 2005). Weber gibt Empfehlungen, welche Elemente der Elternarbeit in der aktuellen Kindertagesstätten-Praxis eine Rolle spielen sollten, beispielsweise das Aufnahmegespräch, die Eingewöhnung, Entwicklungsgespräche, verschiedene Varianten der Elterninformation, Elternabende, Elternstammtische, Sprechstunden der Leiterin und Spielnachmittage für Eltern mit Kind in Elternzeit (vgl. Weber 2007). Im Kontext der Bildung und Erziehung von Kleinkindern für eine positive Erzieher-Eltern-Beziehung propagiert Cantzler ein „Beziehungsdreieck", (2008, S. 48). Der positive Kontakt zwischen Erzieherinnen und Eltern wird sich nach ihrem Dafürhalten entsprechend günstig auf das Wohlbefinden des Kindes auswirken.

Ein Beispiel für ein Modell der engen Zusammenarbeit zwischen Eltern und Kindertagesstätte stellt das von der Engländerin Margy Whalley vor ca. 25 Jahren entwickelte „Pen Green"-Modell dar. Später entstanden in England daraus die *Early Excellence Centres* und später die *Children's Centres*. In Deutschland wird dieser Ansatz seit neun Jahren durch die Initiative der Heinz- und Heide-Dürr-Stiftung verbreitet. Das Berliner Pestalozzi-Fröbel-Haus (PFH) spielt hierbei eine Pionierrolle.[32] Ausgangspunkt der *Pen Green* Pädagogik ist die optimale Förderung des Kindes; folgende Leitlinien liegen dem Ansatz zu grunde:

1. Jedes Kind ist exzellent; d. h im Zentrum der pädagogischen Arbeit steht das Kind mit seinen Stärken und Kompetenzen.

2. Eltern als die ersten Erzieher sind die Experten ihrer Kinder, d. h. sie werden in die Bildungsprozesse ihrer Kinder einbezogen und arbeiten mit den Erzieherinnen zusammen.

3. Die Kindertageseinrichtung wandelt sich zu einem Kinder- und Familienzentrum! Als Bildungsstätte öffnet sie sich für junge Familien nach innen und außen (vgl. Early Excellence 2010).

Dies kann nur durch eine bestmögliche Unterstützung und Wertschätzung der Eltern sowie eine optimale Förderung und Anerkennung der pädagogischen Fachkräfte erzielt werden. Somit wandelt sich die Kindertagesstätte selbst zur lernenden Institution. Whalley (1997; 2008) geht davon aus, dass gerade bei einer engen Verbindung zwischen Elternhaus und Kita die Lernprozesse auch

---

32 Weitere Schwerpunktzentren befinden sich in Stuttgart, Hannover und Mühlheim an der Ruhr.

effizienter verlaufen. Zum Nutzen des Kindes hört einerseits die Erzieherin den Eltern des Kindes aufmerksam zu, um seinen sozialen Hintergrund und seine Lebenswelt besser zu verstehen; andererseits werden die Eltern mit der Sprache und den Strategien der Erzieherin vertraut gemacht. Eltern wie Erzieherinnen werden kontinuierlich weitergebildet und erwerben dadurch wichtige zusätzliche Kompetenzen. Jeder steuert zu diesem allgemeinen Lernprozess etwas bei – und jeder profitiert davon. Die pädagogische Arbeit basiert auf zwei Säulen: der direkten Arbeit mit den Kindern und der Einbeziehung der Eltern. Ein Key-Worker (Bezugserzieher) ist für eine Gruppe von sieben bis neun Kindern und deren Eltern zuständig. Hausbesuche der Key-Worker in den Elternhäusern sind Bestandteil ihrer pädagogischen Arbeit und dienen dem wechselseitigen Kennenlernen und zum Informationsaustausch. Die Devise von *Pen Green* besteht darin, dass Kinder nur optimal gefördert werden können, wenn man sie bzw. ihre Stärken, besonderen Fähigkeiten und Interessen gut kennt. In der direkten Arbeit mit dem Kind werden die Kinder mithilfe des Kategoriensystems „Vier Fenster der Beobachtung" ausführlich (stärkenorientiert) beobachtet. Interaktionen zwischen Erzieherin und Kind sowie zwischen Eltern und Kind werden videographiert. Für jedes Kind wird ein individueller Förderplan entworfen. Dieser stützt sich auf die Beobachtungen von Erzieherinnen und Berichte von Eltern.

Der Leitgedanke von *Pen Green* besteht darin, dass Eltern ihr Kind am besten kennen und in der Regel daran interessiert sind, ihr Wissen über das Kind mit der Erzieherin zu teilen. Man ist sich dennoch bewusst, dass gerade Eltern in schwierigen Lebenslagen für eine partnerschaftliche Kooperation erst gewonnen werden müssen. Dabei geht es nicht nur darum, das Vertrauen der Eltern zu gewinnen und sie über ihre Kinder zu informieren. Anliegen von *Pen Green* ist es, das Selbstwertgefühl der Eltern zu stärken und ihnen die Fähigkeiten zu vermitteln, ihr Leben selbst zu gestalten. Eine Kindertagesstätte kann sich erst zu einem Familienzentrum entwickeln, wenn sie die strukturelle Differenz zwischen der Welt der Pädagogen und der Familie nicht etwa aufhebt, sondern so miteinander verzahnt, dass der Sozialisationsprozess jedes einzelnen Kindes von Eltern und Erziehern als eine gemeinsam zu bewältigende Herausforderung aufgefasst wird. Wie anfangs in England auch, wird es sicherlich auch in Deutschland Vorbehalte bei Erzieherinnen gegen die Einbeziehung von Eltern in die tägliche Erziehungsarbeit geben. Sich auf die Geschichte des *Pen Green Centre* berufend verweist Schütze (2005) ermunternd darauf hin, dass solche Ängste bereits überwunden werden konnten.

4.4 Rahmenbedingungen

Um eine qualitativ hochwertige Kinderbetreuung garantieren zu können, bedarf es bestimmter Rahmenbedingungen, die im Folgenden näher erläutert werden sollen. Nach Kempf (2007) werden Entwicklungsvollzüge von der „Güte des Rahmens" und von den Bedingungen, die das Kind vorfindet, maßgeblich beeinflusst. Bestimmte Rahmenbedingungen sind in den Kindertagesstätten-Gesetzen der Länder verankert. Dazu gehören:

- die Anforderungen an die Qualifikationen der Erzieherin (Berufsabschluss),
- die Personalbemessung (Anzahl Kinder/Erzieherin),
- die Raumgröße (m²/Kind),
- die Ausstattungsnormative (z. B. Anforderungen an den Sanitärbereich).

Dieses Bedingungsgefüge ist objektiv vorgegeben und von der Erzieherin selbst nicht beeinflussbar. Mehr Flexibilität erhält sie bei der Gestaltung folgender Rahmenbedingungen:

- Stabilität der Betreuungspersonen,
- Gruppenstärke und Gruppenzusammensetzung[33],
- Raumgestaltung,
- materielle Ausstattung und Gestaltung des Tagesablaufs.

Die Gestaltung dieser zuletzt genannten Bedingungen ist weitgehend abhängig vom Erzieher selbst und das seinem pädagogischen Handeln zugrunde liegende Kind-Bild.

Er sollte sich von seinen Überlegungen davon leiten lassen, wie vorhandene oder zu schaffende Bedingungen die Entwicklung der Kinder positiv beeinflussen können, wie den Bedürfnissen der Kinder nach aktivem Handeln und Selbstständigkeit entsprochen und in welcher Art und Weise zum Wohlbefinden des

---

33 Die Standards des Kinderbetreuungsnetzwerkes der EU empfehlen einen Richtwert zur Gruppengröße für Kinder im Alter von 24-36 Monaten i. H. v. 5-8 Kindern. Für Kinder unter 24 Monaten gibt es keine Angaben von Seiten der EU (Bertelsmann-Stiftung 2008 a). Studien von Mahler (1985) und Greenspan (1990) ergaben die Notwendigkeit kleiner Gruppen für die Betreuung der unter Dreijährigen. So können Bedürfnisse nach Exploration und zielgerichteter Kommunikation (Blickkontakte herstellen, emotionales Auftanken, Signale des Kindes aus der Entfernung wahrnehmen) nur in überschaubaren Gruppengrößen befriedigt werden (vgl. Lally 1996).

Kindes beitragen werden kann (vgl. Kempf 2007).

Personelle Rahmenbedingungen

EU-Empfehlungen für den Betreuungsschlüssel:
0 bis 24 Monate: 1:3
24 bis 36 Monate: 1:3 bis 5
36 bis 48 Monate: 1:5 bis 8
48 bis 60 Monate: 1:6 bis 8 (vgl. Bertelsmann-Stiftung 2008 a; vgl. Wehrmann 2008).

Wehrmann (2008, S. 61) fordert für Deutschland dringend die Anpassung des Betreuungsschlüssels an die EU-Richtlinien. Nur in kleinen und überschaubaren Gruppen kann die Erzieherin individuell auf die Bedürfnisse jedes einzelnen Kindes eingehen und dadurch eine bestmögliche Entwicklung aller Kinder gewährleisten.

Wenn nur eine Erzieherin in der Gruppe eingesetzt ist, so betrachtet Kempf (2007, S. 50) eine eher altersgleiche heterogene Gruppenzusammensetzung als vorteilhafter und weniger konfliktbeladener. Bei der gemeinsamen Betreuung von Kindern im Alter von unter null bis drei Jahren hält sie es für schwer realisierbar, während des ganzen Tages jedem Kind gleichermaßen die notwendige Aufmerksamkeit zu schenken. Stehen jedoch mehrere Erzieherinnen zur Betreuung der Gruppe zur Verfügung, sind andere, günstigere Bedingungen gegeben. Sie geht jedoch davon aus, dass dies in vielen Einrichtungen noch nicht der Fall ist.

Einen weiteren wesentlichen Aspekt sieht Kempf in der unterschiedlichen körperlichen Entwicklung zwischen den jüngsten und den dreijährigen Kindern. Konflikte (Zusammenstöße) sieht sie als vorprogrammiert. Körperliche Aktivitäten würden hier nicht bestärkt und unterstützt, sondern eher zwangsweise gebremst und der Erzieher hätte viel mehr dafür Sorge zu tragen, dass die Kinder sich nicht verletzen. Eine Begegnung zwischen Säuglingen und dreijährigen Kindern bezeichnet sie dennoch gerade für das soziale Verhalten als entwicklungsfördernd und fordert deren Ermöglichung im pädagogischen Alltag. Derartige Begegnungen können einerseits im Freigelände wohldurchdacht organisiert werden, andererseits durch gegenseitige Besuche in den Gruppenräumen (vgl. Kempf 2007). Peterson (1991, S. 43 f.) spricht sich *für* die altersgemischte Gruppenzusammensetzung aus. Aus ihren Beobachtungen konnte sie ableiten, dass die Gruppenprozesse in altersgemischten Zusammensetzungen weniger erzieherzentriert und auch in sich differenzierter sind. Dies gibt der Erzieherin die Möglichkeit, vor allem auf jüngere Kinder einzugehen. Peterson argumentiert, dass sich die Kinder aufgrund ihres unterschiedlichen Entwicklungsstandes in ihren Bedürfnissen und Betreuungsansprüchen mehr ergänzen als in altershomogenen Gruppen.

Mit Beobachtungs- und Befragungsstudien wies Beller (1987) nach, dass Erzieherinnen in altersgemischten Gruppen mehr Zeit mit pädagogischen Tätigkeiten verbrachten, den Kindern mehr Aufmerksamkeit widmeten, sie häufiger zum Modellernen anregten und auch differenzierter auf die individuellen Bedürfnisse und Forderungen der Kinder eingingen. Beller schlussfolgert, dass Erzieherinnen in altersheterogenen Gruppen eher gezwungen sind, ihr Verhalten zu individualisieren, da allgemeinere Betreuungstechniken in gemischten Gruppen kaum anwendbar seien. Untersuchungen von Sobczak (1982) und Maar (1977) ergaben, dass Kinder in altersheterogenen Gruppen in ihrer sprachlichen und geistigen Entwicklung besser entwickelt waren als die Kinder in altershomogenen Gruppen. Die Erzieherinnen schätzten ihre Arbeit in gemischten Gruppen als zwar deutlich anstrengender und schwieriger ein, empfanden diese letztlich aber als abwechslungsreicher und befriedigender. Weitere Studien[34] belegen, dass jüngere Kinder viele Verhaltensweisen durch das Nachahmen des Verhaltens älterer Kinder erlernen (vgl. Merker 1998).

Damit die Lernprozesse aus erziehungswissenschaftlicher, entwicklungspsychologischer und neurobiologischer Sicht in Kindertageseinrichtungen optimale Voraussetzungen erhalten können, bedarf es nicht nur der Diskussion über Quantität, sondern vor allem auch über Qualität. Bei der Qualitätsfrage geht es einerseits darum, dass Gruppengröße, Betreuungsschlüssel und Ausstattung der Lernumgebung stimmen, andererseits wird zunehmend die akademische Aus- und Fortbildung der pädagogischen Fachkräfte gefordert. Bei allen Bemühungen dürfen allerdings die persönlichen Kompetenzen der Erzieherinnen, welche die Eignung für diesen Beruf ausmachen, nicht unberücksichtigt bleiben.

---

34 Merker verweist auf Kuhn 1972; Mugny & Doise 1975; Pfeifer 1972

Teil II: Methodik

5. Methoden zur Analyse des Performativen

5.1 Beobachtung im Krippenalltag

5.1.1 Methodischer Zugang zum Feld Kindertagesstätte – Bereich Kinderkrippe

Im Fokus der Studie stehen Kindertagesstätten, die ihre pädagogische Arbeit verschiedenartig verrichten, aber weitgehend unter den gleichen personellen Rahmenbedingungen (Betreuungsschlüssel) arbeiten:

a)   Eine Kindertagesstätte, die traditionelle (DDR-) Krippenpraxis betreibt,
b)   eine Kindertagesstätte, welche sich mit den aktuellen neurobiologischen Erkenntnissen auseinander gesetzt und ihr Einrichtungsprofil bereits danach ausgerichtet hat und
c)   eine Kindertagesstätte, die sich seit einiger Zeit im Reformprozess befindet und darauf abzielt, Inhalte aktueller Bildungsdiskussionen in ihrem Einrichtungsprofil zu verankern.

Bei allen drei Einrichtungen kam es sehr frühzeitig zur ersten Kontaktaufnahme. Im Fall „Brummkreisel" wurde bereits ein Jahr vor Forschungsbeginn ein Erstgespräch mit der Einrichtungsleitung geführt, welchem kurz darauf die Vorstellung des Projektes an einem Elternabend folgte. In ausführlichen Gesprächen konnten die Pädagogen und Eltern über das Forschungsvorhaben detailliert informiert werden. Hierbei wurde den Erzieherinnen der Einrichtung eine fachliche Reflexion nach der Erhebungsphase in Aussicht gestellt. Die Eltern erhielten die Möglichkeit, ausgewählte Ausschnitte der Videoaufnahmen ihrer Kinder und eine Fotopräsentation im Rahmen eines Elternabends zu sehen. Da in dieser Einrichtung mit Videomaterial noch nicht gearbeitet wurde, war das für die Mitarbeiter eine interessante Variante der Reflexion ihrer Arbeit. Schon beim Erst-

Teilnahme an den vorgesehenen Elterngesprächen, welche auch per Video aufgezeichnet werden sollten. Die Einholung der Einverständniserklärungen der
Eltern und Pädagogen hinsichtlich der Videoaufzeichnungen erwies sich als sehr
unproblematisch.

In der Kita „Schaukelpferd"[35] lernte ich die Leiterin im Rahmen der Bera-
terausbildung des Hi.bi.kus-Programms in Erfurt kennen.[36] Auch hier erfolgte ca.
ein halbes Jahr vor Forschungsbeginn das Kennenlernen der Mitarbeiter und der
Eltern, wieder im Rahmen eines Elternabends. In dieser Kindertagesstätte wurde
bereits seit längerer Zeit mit Videoaufnahmen gearbeitet, so dass vermutet wurde, dass dies keine größeren Verunsicherungen auslösen würde.

Die Kindertagesstätte „Steckenpferd" wurde von Seiten des *Institutes „bildung: elementar"* in Sachsen-Anhalt für die Studie empfohlen, da diese Einrichtung sich sozusagen im Umbruch befand.[37] Deshalb war es interessant zu eruieren, unter welchen Bedingungen Reformprozesse in einer Kindertagesstätte erfolgen können. Die Überzeugungsarbeit war in dieser Einrichtung in besonderem
Maße zu leisten. Die Erzieher waren von der per Post gesendeten Projektskizze
zunächst irritiert und verunsichert. In einem umfassenden persönlichen Gespräch
konnten jedoch viele Fragen beantwortet werden. Die Arbeit mit Videomaterial
war hier, wie auch im Fall „Brummkreisel", noch nicht selbstverständlich und
löste zunächst große Besorgnis bei den Pädagogen aus. Um das Vertrauen von
Pädagogen, Kindern, Eltern für die anstehenden Untersuchungen zu gewinnen,
war hier ein besonders hohes Maß an Einfühlungsvermögen erforderlich.

In allen drei Einrichtungen standen sowohl die Leiterinnen als auch der
Träger der Einrichtung der geplanten Untersuchung positiv gegenüber und sahen
diese auch als Chance, weitere Inputs für eine Weiterentwicklung in der konzeptionellen Arbeit zu erhalten. Die Forschungsfrage konnte im Vorfeld weitestgehend offen dargelegt werden, jedoch wurde auf die Ausführung von Details
verzichtet, da die Befürchtung anstand, eine detaillierte Erläuterung könnte sich
kontraproduktiv auswirken. Dabei machte ich mich nicht nur von Beginn an mit
dem Alltag der zu Beobachtenden vertraut, sondern war bestrebt, meine eigene
Sozialisation in den Hintergrund treten zu lassen. Dabei wollte ich gleichzeitig

---

35 Es handelt sich um die Kindertagesstätte, welche bereits neueste (neurobiologische) wissen-
    schaftliche Erkenntnisse in ihrem Einrichtungsprofil verankert hat und diese in der täglichen Pra-
    xis umsetzt.
36 Es handelt sich um ein vom Thüringer Kultusministerium inszeniertes Fortbildungsprogramm, in
    welchem Pädagogen von Kindertagesstätten, Grundschulen, Regelschulen und Gymnasien hin-
    sichtlich neuester neurobiologischer Erkenntnisse spezialisiert werden.
37 Das Institut „bildung: elementar" strukturiert und entwirft Prozesse der Qualitätsentwicklung und
    Qualitätssicherung in der Bildungslandschaft von Kindertageseinrichtungen in Sachsen-Anhalt
    und hat den Bildungsplan für Sachsen-Anhalt erarbeitet

für eine zweite Sozialisation offen sein, dabei aber die Distanz wahren und Objektivität gewährleisten.

5.1.2 Ethnographie und offene teilnehmende Beobachtung im Feld Kinderkrippe

Die Ethnographie[38] zielt auf die Beschreibung von kleinen Lebenswelten ab. In der vorliegenden Arbeit wurde die teilnehmende Beobachtung in offener Form durchgeführt. Dabei trat ich ausdrücklich als Forscher auf; dem sozialen Feld Kindertagesstätte war der Zweck meiner Anwesenheit bekannt. Es war allerdings auch zu berücksichtigen, dass konkretere Informationen über den eigentlichen Untersuchungszweck zu einer Verfälschung der Beobachtungssituation führen könnten (vgl. Lamnek 2005). So stellte die Gestaltung des Feldzugangs einen besonderen Balanceakt dar. Entsprechend den Prinzipien der Offenheit und Fremdheit (ebd.) bedurfte es eines hohen Grades an Empathie und Sensibilität des Forschers, sich dem scheinbar Vertrauten so zu nähern, als ob es Fremdes sei. Mit bestimmten Vorannahmen und dem Ziel, möglichst dichte und reiche Daten zu erhalten, ging ich sozusagen als „marginal man" (vgl. Hildenbrand 1994) ins Feld. Von diesem Moment an begab ich mich in ein Wechselspiel der Anwendung meiner Vorannahmen auf die Interpretation der Beobachtungen und der Veränderung dieser Vorannahmen durch die Beobachtung (vgl. Scholz 2005). Girtler (2001, S. 109) hält es an dieser Stelle für bedeutsam, dass der Forscher sein Handeln so einrichtet, dass er seine Vertrauenswürdigkeit unter Beweis stellen kann und sozusagen als verantwortungsbewusster Forscher und nicht als „morbider Neugieriger" auftritt.

Die Feldphasen umfassten in jeder Einrichtung einen Zeitraum von vier Wochen. Auch wenn eine bestimmte Forschungsfrage dem Prozess zugrunde gelegt wurde, stellte sich bei Feldeintritt grundsätzlich erst einmal die Frage: „Was geht hier vor?" Bei der Ethnographie geht es vor allem darum, auf eine bestimmte Art und Weise mit den Untersuchungsobjekten (Kindern, Erziehern, Eltern und in entfernterem Sinne auch Trägern) in Kontakt zu treten, und zwar im unmittelbaren Lebenskontext der genannten Personen (vgl. Mey 2003). Mey bezieht sich hier auf die Ausführungen von Spradley (1980): Nach seiner Auf-

---

38 Ethnographie entstammt ursprünglich der Anthropologie und Ethnologie. Ethnographische Verfahren wurden unter dem Terminus „Teilnehmende Beobachtung" in den 1930er Jahren vor allem durch die Arbeiten der Chicagoer Schule wegweisend, da diese dem Ansatz zur sozialwissenschaftlichen Beschreibung von Wirklichkeit zur Anerkennung verhalfen (vgl. Mey 2003).

fassung geht es bei der Ethnographie vor allem darum, den Sinn von Handlungen und Ereignissen zu verstehen. Dieser Sinn wird meist direkt sprachlich ausgedrückt; aber vielfach liegt er auf der Hand und wird nur indirekt in Wort und Handlung ausgedrückt.

In der pädagogischen Forschung ist auch das mit dem eigenen Forschungsansatz verbundene Menschenbild und konkreter das in der Forschungsgegenwart vorhandene Bild des Kindes von besonderer Bedeutung. Als erziehungswissenschaftlicher Forscher wird man mit der Tatsache konfrontiert, dass Kindheit ein Konstrukt ist und es nicht möglich ist, ohne ein solches Konstrukt zu forschen. Mey (2005) legt deshalb nahe, dass jeder Forscher für sich Rechenschaft über das eigene Konstrukt ablegen sollte. Die teilnehmende Beobachtung in der Kinderkrippe eröffnete die Möglichkeit, sich sowohl den Kinderwelten als auch den (Arbeits-)Welten der Pädagogen zu nähern und damit alle relevant erscheinenden Vorkommnisse detailliert festzuhalten und zu analysieren. Dazu war es zu Beginn der Forschung erforderlich, auch die in diesem Fall sehr jungen Kinder über meine Rolle so weit wie möglich aufzuklären. Dies geschah nicht nur verbal, sondern indem auch die eingesetzte Videokamera gezeigt wurde. Die Kinder erhielten die Möglichkeit, durch die Kamera zu sehen und das Feldtagebuch zu betrachten. Ein Vertrauensverhältnis zu den Kindern konnte hierdurch aufgebaut und das Interesse an meiner Person frühzeitig abgeschwächt werden. Krappmann und Oswald (1995) gehen davon aus, dass es unmöglich sei, gerade bei Kindern eine neutrale Rolle im Feld einzunehmen, da es immer wieder zu Vereinnahmungsversuchen von Seiten der Kinder kommen kann, denen aber nicht bedingungslos nachgegeben werden darf. Es kann davon ausgegangen werden, dass mit zunehmendem Vertrautwerden im Feld sich auch die Interpretationskompetenz des Forschenden erhöht, da zusätzliche Ausschnitte der zuvor nicht zugänglichen Wirklichkeit sichtbar werden. Ethnographische Forschungsansätze eignen sich im Feld Kinderkrippe besonders deshalb, weil kindliches Verhalten im Lebensalltag mit seinen Bezugspersonen beobachtet werden kann. Es können sozusagen spontane Lebensäußerungen interpretierend nachvollzogen werden. Obwohl auch Videoaufzeichnungen im Feld erfolgten, war es doch gerade auch die direkte Teilnahme im Feld und in der jeweiligen Situation, welche es dem Forscher ermöglichte, mehr zu erkennen als es nur eine Videoszene hätte wiedergeben können. So war ich ein Teil der Situation und konnte deshalb häufig deren Sinn verstehen bzw. den Hintergrund von Videoausschnitten erfassen.

Ethnographisches Schreiben und Protokollieren

Ein Verzicht auf freie Protokollierungen kann in der Feldforschung einen erheblichen Verlust von wesentlichen Einsichten in die Erhebungssituation bedeuten. Die Verschriftlichung und die Darstellung des Beobachteten, Gehörten und Erlebten stellt ein konstitutives Moment und zugleich eine Herausforderung für Ethnographen dar (vgl. Emerson et al. 1995). Ethnographien beruhen nach Lüders (2005) auf der nachträglichen Protokollierung des Beobachteten und Wahrgenommenen bzw. nachträglich noch Erinnerten. Beobachtungsprotokolle können somit nicht als getreue Wiedergaben des Erfahrenen begriffen werden, sondern vielmehr als Texte von Autoren, die ihre Beobachtungen und Erinnerungen sinnhaft nachträglich verdichten, in Zusammenhänge einordnen und in textförmig nachvollziehbare Protokolle gießen (ebd.).

Mein Anliegen bestand darin, direkt und unverzüglich die Beobachtungen in ein Feldforschungstagebuch niederzuschreiben (vgl. auch Friedrichs & Lüdtke 1973). So konnten auch aussagekräftige Zitate erfasst werden. Wenn es mitunter dennoch nicht immer möglich war, bestimmte Kommentare von den Beforschten wortwörtlich zu notieren, weil man damit womöglich auch die aktuelle Feldsituation verändert hätte, so gelang es im Großen und Ganzen dennoch, die in der Regel sehr komplexen Beobachtungen direkt in der Situation festzuhalten. Dabei geht es um sogenannte dichte Beschreibungen, die helfen, den Sinn der beobachteten Situation zu entschlüsseln (vgl. Geertz 1983). Um die komplexe Beobachtungssituation in ihrer ganzen Bandbreite zu erfassen, war ich darauf bedacht, sämtliche Beobachtungen bedenkenlos zu notieren. Semantische Schwächen galten dabei als unerheblich, vielmehr trug ich Sorge dahingehend, dass zunächst unwichtig erscheinende Sachverhalte weggelassen werden könnten. Auf die direkte Eingabe der Beobachtungsdaten in einen Computer wurde im Feld verzichtet. Die Notizen wurden handschriftlich angefertigt, um die Feldsituation nicht zusätzlich zu stören. Meine Absicht war, zwischen klar beobachteten Sachverhalten und Interpretationen zu trennen. In der durchgeführten Untersuchung lieferten die Feldprotokolle hauptsächlich Hintergrundinformation und sie konnten die Validierung der Interpretationen aus den Videoszenen und Interviews begünstigen. Auf eine separate dokumentarische Interpretation wurde deshalb verzichtet.

5.1.3 Videographie in der Kindertagesstätte – Bereich Kinderkrippe

Seit den 1980er Jahren etabliert sich die Videographie als Erhebungsinstrument der sozialwissenschaftlichen Forschung (vgl. Ehrenspeck/Schäffer 2003).[39] Dennoch steckt die methodologische Reflexion zum Interpretationsverfahren noch in

---

39 Dies bezieht sich u. a. auf die Bereiche der Schulforschung (Krummheuer/Naujok 1999), der Kleinkindforschung (Dornes 1994; Huhn et al. 2000), die audio-visuelle Soziologie (Knoblauch 2000) und die psychologische Forschung (Thiel 2003).

den Anfängen (vgl. Flick 2002, S. 231f.) Die dokumentarische Methode wird seit jüngster Zeit auch für die Auswertung des Videomaterials weiterentwickelt. Hierzu liegen bereits diverse exemplarische Analysen zur Videographie vor (vgl. Wagner-Willi 2005, vgl. Klambeck 2007, vgl. Nentwig-Gesemann 2006). Die experimentelle Psychologie leitete unter Zuhilfenahme der neuen technischen Möglichkeiten von Video einen Paradigmenwechsel für die Säuglingsforschung ein und entwarf somit ein Bild vom kompetenten Kind (vgl. Huhn 2005). Thiel (2003, S. 657 ff.) geht davon aus, dass methodologisch betrachtet durch die Videographie „(…) implizit die Videobilder als authentische Abbildungen von Wirklichkeit (…)" betrachtet werden, „(...) in der Annahme, dass der Videoapparat selbst die Realität ohne Einflussnahme und Interpretation des Forschers aufnimmt und als ein ikonisch äquivalentes Abbild darstellt" (ebd.). Mit zunehmendem Kameragebrauch in der Forschungspraxis haben sich verschiedene Spielarten des Dokumentierens (vgl. Mohn 2002) herausgebildet, die in der Videographie vermutlich permanent wechselnd angewendet werden, obwohl dies, nach kritischer Anmerkung von Mohn, bei Debatten um richtige Forschungsmethoden zu wenig berücksichtigt wird. Im Vergleich zur Methodenliteratur beispielsweise bezüglich der Datenerhebung per Interview findet sich kaum eine methodische Auseinandersetzung zur Arbeit mit Video (vgl. Huhn 2005). Video wird als Beobachtungs- und Dokumentationsmedium genutzt und bildet häufig die Grundlage für andere methodische Ansätze wie die Konversationsanalyse oder die objektive Hermeneutik. Denzin (2005) schlägt für die kritische Analyse von Medienprodukten zwei verschiedene Lesarten vor: In der *realistischen* Lesart werden die Bilder als „wahrheitsgetreue Abbilder eines Phänomens" gesehen, in der *subversiven* Lesart heben sie den „Standpunkt des Betrachters" hervor. Als Zugang empfiehlt er dabei vier Phasen, welche er als Leitlinien versteht:

• Sehen und Fühlen
• Welche Frage soll man stellen?
• Strukturierte Mikroanalyse
• Suche nach Mustern (vgl. Huhn 2005)

Durch die Kontrastierung beider Lesarten wird deutlich, dass multiple Interpretationen möglich sind. Huhn macht darauf aufmerksam, dass gerade durch die technische Beschränkung der Kamera die Komplexität reduziert wird. Dies habe wiederum den Vorteil, „(...) dass der Ausschnitt keine Einschränkung der Beobachtung darstellt, sondern den adäquaten Rahmen für ein zu entdeckendes Muster bildet. Damit wird das Muster zum Maßstab der Vollständigkeit und nicht eine unbestimmte Wirklichkeit" (Huhn 2005, S. 419). Der Einsatz mehrerer Kameras würde eine exemplarische Herangehensweise bedeuten, wodurch nicht eine bestimmte Situation festgehalten, sondern eine Situation geschaffen wird, also mit der Kamera gestaltend eine Wirklichkeit konstruiert wird.

Seit über 25 Jahren wird die Videographie in der Sozialforschung eingesetzt, da gerade auch nonverbales Verhalten im Vordergrund steht, wie es bei Kindern im Kleinkindalter der Fall ist. Es wird davon ausgegangen, dass sich die wissenschaftliche Aufzeichnung „natürlicher sozialer Situationen" (Knoblauch 2005, S. 265) in der Kinderkrippe in der vorliegenden Arbeit als besonders effizient erweist. So zeichnete sich das Video durch eine besonders einfach handhabbare Reproduzierbarkeit und Detailliertheit aus (ebd.). Die wiederholten Betrachtungen durch Vor- und Zurückspulen, die Nutzung der Zeitlupenfunktion sowie die Vergrößerung des Bildes ermöglichten einen mikroskopischen Blick auf die Szenen. Dadurch konnten die Details von Verhaltensabläufen und die Zusammenhänge zwischen diesen erfasst werden. Die hier (minimal) transkribierten sprachlichen Äußerungen (vorrangig der Erzieher) werden zu Validierungszwecken der visuellen Daten einbezogen, doch der Kern der Analyse basiert auf dem Visuellen selbst.

In einem Feld wie dem Krippenbereich der Kindertagesstätte sind die beiden methodischen Prinzipien der Kommunikation und Offenheit (vgl. Hoffmann-Riem 1980, S. 343-346) insofern von Bedeutung, als dass sie zum einen die Anerkennung einer Fremdheit des Forschers gegenüber den „Situationen und ihren Menschen" (Gofman 1999, S.99), auch den Erziehern, voraussetzen, zum anderen aber auch eine methodische Kontrolle des Fremdverstehens ermöglichen (vgl. Bohnsack 2003 a). Krappman und Oswald weisen darauf hin, dass es nicht darum geht, als Beobachter nicht aufzufallen, sondern vielmehr alle Auskünfte zu geben, die die Kinder interessieren mögen (vgl. Krappman/Oswald 1995). Wie offen mit den Pädagogen des Feldes kommuniziert werden kann, ist von der Forschungsfrage abhängig, wobei es dem Forscher hier nicht an Sensibilität, Taktgefühl und Empathie mangeln sollte. Dieses Unsichtbarwerden durch Sichtbarkeit, wie es Oswald und Krappman bezeichnen, gelang in der vorliegenden Arbeit vor allem auch durch eine im Vorfeld erfolgte ausführliche Darstellung des Forschungsvorhabens gegenüber den Erziehern aller drei Einrichtungen; in überschaubarem Maße auch den Eltern der zu beobachtenden Kinder gegenüber. In diesem Zuge wurde die explizite Selbstsituierung des Forschers betont, der nicht Teil der Institution Kindertagesstätte ist. Für die Kleinkinder erwies sich meine Präsenz als Forscher weniger prekär. Nach dem Zeigen der Videokamera und nach einigen kurzweiligen Interaktionen zwischen Forscher und interessierten Kindern konnten nach und nach die anfänglich recht interessiert und dadurch teilweise unecht wirkenden Blicke in die Kamera abgeschwächt werden. Nicht die Kleinkinder waren es, die in besonderem Maße auf die spezifische Situation der Beobachtung reagierten, sondern vielmehr die beobachtenden Pädagogen.

Mit der Beobachtung des Krippenalltags geht automatisch auch eine „Begutachtung" der spezifischen Arbeitsweise einzelner Erzieher einher, was meistens eine ungewöhnliche Situation darstellt. Dies ist nicht zuletzt auch auf die fehlenden Erfahrungen der Pädagogen im Umgang mit diesem Medium im Kinderkrippenalltag zurückzuführen. Der Einsatz der Videokamera schien die Beobachtungssituation zu verschärfen, denn gerade dadurch wurden gewisse Unsicherheiten der Erzieher deutlich. Dies zeigte sich in prüfenden Blicken zur Kamera oder in einer veränderten Stimmlage der Akteure. Hin und wieder kam es auch zu erklärenden Statements von Seiten der Erzieher bezüglich ihres Handelns, was rechtfertigend wirkte. Es erwies sich als vertrauenswürdiger, diese Erläuterungen nicht zu hinterfragen, sondern insgesamt mit einem hohen Maß an Empathie den Erziehern gegenüberzutreten.

Der Videographie ging im Zuge der Vorstellung des Projektes eine Zusicherung der Anonymität und Nichtherausgabe des Materials an Dritte voraus. Der Einsatz der Kamera erfolgte gleich am zweiten Beobachtungstag, damit sich sowohl die Kinder als auch das pädagogische Personal so bald wie möglich an die neue Situation gewöhnen konnten. Um dem Feld seine Natürlichkeit zu belassennwurde die technische Ausrüstung wurde so gering wie möglich gehalten (ohne Stativ). Die anfänglichen Unsicherheiten bei den Erwachsenen nahmen mit der Zeit ab. Während der gesamten Beobachtungszeit stellte sich immer wieder die Frage nach der Authentizität des Verhaltens der Erzieher. Schon deshalb sah ich eine Beobachtungszeit von 4 Wochen vor, da ich ausschloss, dass die Beobachteten sich über einen derart langen Zeitraum verstellen können würden. Konkret bestätigte sich meine Vermutung in den Szenen „Bankrücken" und „Mittagessen – Füttern der Kinder".

Nach Engelbrecht (1995) gilt für das Filmen in jedem Feld grundsätzlich, dass ein Forscher stets bereit sein sollte, seinen „Drehplan" jederzeit zu verlassen und dem Plan der Akteure zu folgen. Bei Videoaufnahmen in der Kindertagesstätte kann erschwerend hinzukommen, dass die Räumlichkeiten beengt sind oder Kinder sich in Ecken aufhalten, welche dann für die Beobachtung schwer einsehbar sind. Ein zu hoher technischer Aufwand würde dann auch den Rahmen der räumlichen Möglichkeiten sprengen und die Kinder zusätzlich von ihren Aktivitäten ablenken bzw. ihre Interaktionen stören. Da Kinder auch häufig und spontan ihren Aufenthaltsort wechseln, kam in der Untersuchung dieser Arbeit eine handliche Digitalkamera zum Einsatz. War viel Bewegung im Feld zu spüren, bewegte ich mich wesentlich häufiger, in ruhigeren Situationen passte ich mich ebenfalls an und filmte meist in einer sehr ruhigen und sitzenden oder hockenden Position. Während der Aufzeichnungen wurde darauf geachtet, sich möglichst auf Augenhöhe der Kinder zu befinden. Bei der Aufnahme der Pädagogen musste ich eine anfängliche Hemmschwelle überwinden, diese Personen im Vollbild darzustellen, da sie dann gelegentlich recht verunsichert wirkten. Erst nachdem den Erziehern einzelne Szenen präsentiert wurden, konnten Unsicherheiten abgebaut werden. Der Ton als wesentliches Element unserer Wahrnehmung bedarf beim Einsatz der Kamera einer besonderen Aufmerksamkeit. So wurde in der durchgeführten Untersuchung eine Kamera mit einer Speicherkarte verwendet. Das Gerät selbst verursachte dadurch keine Nebengeräusche, so dass die kleinkindtypischen verbalen Äußerungen, aber auch die sprachlichen, teilweise dialektgeprägten Äußerungen in den Elterngesprächen dennoch deutlich zum Ausdruck kamen. Abschließend soll noch ein Aspekt von Huhn et al. (2000, S. 196) aufgegriffen werden, die mit Bezug auf die videographische Erhebung in Kindertagesstätten folgende interessante Entdeckung machten, welche sich auch in der hiesigen Forschungsarbeit wiederfand: Eine Videokamera repräsentiert aus Sicht der Kinder den Erwachsenenblick, was bedeutet, dass es immer wieder Situationen gibt, in denen Kinder abrupt zur Kamera schauten. Diese Blicke erfolgten im Sinne von Kontrolle hinsichtlich der Reaktion der filmenden Forscherperson auf einen Verstoß gegen Regeln und Normen oder im Sinne der Hilfesuche bei Konfliktsituationen, gerade auch wenn die Erzieherin kurz nicht anwesend war. Das heißt, wie die Kinder mit der Kamera und der Forschungssituation umgehen, steht nicht nur im Zusammenhang mit den Aktivitäten der Forscher und der eingesetzten Technik selbst, sondern vor allem im Zusammenhang mit der erfahrungsgebundenen Handlungsorientierung, welche sie unabhängig von der Forschungssituation bereits mitbrachten.

Um dem Videographieren die erforderliche Wissenschaftlichkeit zu verleihen, empfehlen Huhn et al. (2000) das Ikonografisieren, welches als Prozess betrachtet wird, bei dem per „Verabredung" vor der Aufnahme festgelegt wird, was aufgenommen, erfasst und letztendlich einer Auswertung zugänglich gemacht werden soll. Dabei werden Kategorien in sprachlicher Form entwickelt, die die inhaltliche Beliebigkeit des möglichen Materials einschränken und zugleich die filmischen Mittel begrenzen. Diese Kategorien bilden für das Aufnehmen selbst einen festen Rahmen, der dazu führt, dass die Videotechnik zielgerichtet und bewusst eingesetzt werden kann. Dadurch werden Bedingungen geschaffen, die eine methodische Reflexion überhaupt ermöglichen. Die Dokumentation dieser Entscheidungen und Konzepte bildet die Grundlage für die Nachvollziehbarkeit und Vergleichbarkeit. Mohn (2002) empfiehlt jedoch, sich allerdings auch von Situationen treiben zu lassen, auf Darstellungen des Feldes zu warten, Entscheidungen gegebenenfalls auch intuitiv zu treffen. „Organisiere Zufall und verzichte auf Regieanweisungen" (ebd., S. 49). In den Untersuchungen stellte sich heraus, dass sich auf diese Art und Weise des Filmens mithilfe von noch-nicht-wissenden Blicken die Sinnstiftungsprozesse verzögerten und

demnach weiter offen blieben für neue Entdeckungen. „Man geht über den Bereich des eigenen Unwissens hinaus und hinüber in einen anderen Bereich, in
den eines zu Entdeckenden" (ebd., S. 50). Anfangs wurde der gesamte Alltag in
einer Kinderkrippe szenenweise aufgezeichnet; im weiteren Verlauf kristallisier-
ten sich jedoch wesentliche Schwerpunkte heraus, was sich auch aus den der
Forschung zugrunde gelegten Qualitätskriterien (normatives Muster) auf der
Basis neurobiologischer Erkenntnisse ergab.

5.1.4 Qualitatives Interview und Befragungen im Feld Kindertagesstätte – Bereich Kinderkrippe

Ad-hoc-Befragungen in der Kinderkrippe

Zu den Erhebungen in der vorliegenden Arbeit gehörte es, auch alle an der pädagogischen Arbeit mit den Kleinkindern beteiligten Erzieher zur Thematik „Frühkindliche Bildungsprozesse" zu befragen. Diese Befragungsmethode glich weitgehend dem fokussierten Interview. Anhand des dieser Arbeit zugrunde liegenden normativen Grundmusters der neurobiologischen Aspekte wurde ein Leitfaden für die Befragungen formuliert, der die relevanten Themen dieses Musters
beinhaltete. Im Vergleich zu dem Leitfaden in den Videokonfrontations-
Interviews war der Leitfaden der Befragungen doch sehr starr festgelegt, was die
Antwortmöglichkeiten der Probanden sehr stark eingrenzte und ein thematisches
Ausufern eher verhinderte. Dennoch handelte es sich hierbei nicht um ein stan-
dardisiertes Ablaufschema, da unerwartete Themendimensionierungen durch den
Experten nicht unterbunden wurden. Diese Form der Befragung wurde als eine
Sonderform des mündlich-sprachlichen Interviews behandelt, bei der die Inter-
viewer-Anweisung eine Liste von Themen, Gegenständen und Fragevorschlägen
enthielt (vgl. Lamnek 2005, S. 369). Die Behandlung der Themen erfolgte mittels offener Fragen und erzählender oder berichtender Antworten. Um einer
gewissen Tiefgründigkeit dieser Befragungen gerecht zu werden, war ich nach
Empfehlungen von Lamnek (ebd.) bestrebt, vor allem auch auf selbstenthüllende
Kommentare des Informanten Wert zu legen. Das Ziel dieser Methode bestand
darin, subjektive Erfahrungen und Orientierungen der Befragten zu erfassen.
Dabei dienten die erhobenen Befunde dazu, die auf der Basis der Beobachtung
entwickelten und formulierten Hypothesen unter dem Aspekt der Gültigkeit neu
zu betrachten. Traf die Forschungshypothese nicht zu, konnten demnach andere
Reaktionen der Befragten auf die Situation festgestellt werden. In diesem Fall
mussten diese Hypothesen verworfen oder modifiziert oder andere aufgestellt
werden (vgl. Lamnek 2005). Die Ad-hoc-Befragungen erfolgten in vorheriger

Absprache mit den jeweils zu befragenden Erziehern. Hierbei musste ich sehr einfühlsam vorgehen, da diese Befragungssituation für die Probanden sehr ungewöhnlich war. Der Leitfaden wurde nicht fortlaufend mit ein und derselben Person abgearbeitet. Dies hätte den Arbeitsablauf erheblich verkompliziert. Stattdessen begab ich mich mit einem Diktiergerät von Erzieherin zu Erzieherin und stellte jeweils maximal zwei bis drei Fragen pro Tag. Hierfür wurde oft die Mittagspause oder eine andere aus Sicht der Erzieher zeitlich günstige Situation im Tagesablauf genutzt.

Eine Grundvoraussetzung für alle Interviewformen besteht darin, eine gemeinsame Sprache bzw. ein allgemeinverständliches Sprachniveau zu finden. In der Beantwortung einzelner Fragen musste festgestellt werden, dass ich bei der Formulierung meiner Fragestellungen vermutlich nicht ausreichend in die Sprache der zu Befragenden übersetzt hatte. Dies zeigte sich beispielsweise in einigen Antworten der Erzieherinnen zur Fragestellung: *Welche Möglichkeiten sehen Sie, dass die Kinder sich eigenständig bewegen können?* Im Fall „Brummkreisel" benannten die Pädagogen hauptsächlich direkte Bewegungsmöglichkeiten.

Leitfadengestütztes (narratives) Video-Konfrontationsinterview mit den Einrichtungsleiterinnen und mit jeweils einer Erzieherin der Krippengruppe(n)

Die in der Untersuchung durchgeführten Interviews mit den Einrichtungsleiterinnen und Gruppenerziehern wurden hauptsächlich narrativ gestaltet, obwohl ein Leitfaden zugrunde lag. Das von Schütze (1976, 1977) entwickelte narrative Interview ist in seinem Ursprung so angelegt, dass das Grundelement eine von den Befragten frei entwickelte, durch eine Eingangsfrage – erzählgenerierende Frage – angeregte Stegreiferzählung darstellt (vgl. Hopf 2005). Fragt man nach dem *Wie* der Datenerhebung, so scheint nach Meuser und Nagel (2002, S. 77) die Arbeit mit einem Leitfaden die „technisch sauberere" Variante zu sein. Die verwendeten Videoszenen in den Konfrontations-Interviews wurden bewusst ausgewählt in der Absicht, dass sie die im Leitfaden verankerten Themen (des neurobiologischen normativen Musters) aufgreifen würden. Eine leitfadenorientierte Gesprächsführung sollte meinem thematisch begrenzten Interesse an den Experten, aber auch dem Expertenstatus des Gegenübers gerecht werden. In der vorliegenden Untersuchung beinhalteten die Stegreiferzählungen vordergründig Elemente zur Tätigkeit als Leiterin und Erzieherin in der Kinderkrippe. Was Lederbogen (2003, S.229) als Fotointerview beschreibt, soll in vorliegender Arbeit als Video-Konfrontationsinterview bezeichnet werden. Das Ziel des Interviews bestand darin zu prüfen, inwiefern das pädagogische Handeln der eigenen Person bzw. das der Mitarbeiter/Kollegen reflektiert wird und welche Probleme und Perspektiven sich innerhalb von Umstrukturierungsprozessen offenbarten. Der projektive Einsatz verschiedener Videosequenzen schuf eine Gesprächs-situation, die durch diese Videopräsentation strukturiert wurde. Auf diese Art und Weise konnte der Zugang zum einheimischen Wissen erleichtert werden. Was die Struktur der Abfolge dieser Gespräche anbelangt, so gab es in den In-terviews nicht nur eine Erzählaufforderung am Anfang. Die Interviews wurden mit einer ersten Videosequenz aus den Beobachtungen in der Feldforschung eingeleitet, welche einen Erzählinput geben sollte. Aus dieser ergab sich die erste Haupterzählphase. Erwies sich das Gesprächsrepertoire zur gezeigten Aufnahme als erschöpft, wurde die nächste Videosequenz vorgeführt und damit eine erneute Haupterzählphase eingeleitet. Während der Haupterzählphasen kam es zu er-zählgenerierenden und externen Nachfragen von Seiten des Interviewers (vgl. Fischer-Rosenthal & Rosenthal 1997, vgl. Hopf 2005) unter (lockerer) Berück-sichtigung des Leitfadens (vgl. Schaffer 2002). Unter Orientierung am Leitfaden nahm ich mir genügend Spielraum in den Frageformulierungen, Nachfragestra-tegien und in der Abfolge der Fragestellungen. Der Leitfaden orientierte sich am neurobiologischen Grundmuster.[40] Aufgrund der (qualitativ) unterschiedlichen Bildungsarbeit in den drei Kinderkrippen wurde der Leitfaden so gestaltet, dass auch Themen (beispielsweise im Fall „Schaukelpferd" und „Steckenpferd") aufgegriffen wurden, die nicht überall (z. B. „Brummkreisel") bereits zur Debat-te gestanden hatten.[41] Zur Gewährleistung einer Vergleichbarkeit aller drei Inter-views war die grundsätzliche Verfahrensweise jedoch die gleiche.

Videographie des leitfadengestützten (narrativen) Video-Konfrontationsinterviews mit den Eltern im Feld Kinderkrippe

„Das Miteinbeziehen der Eltern ist der Schlüssel für eine gelungene, hochquali-fizierte Arbeit der Erzieherinnen in den frühen Kinderjahren. Die Eltern-Erzieherinnen-Partnerschaft bietet dem Kind die besten Entwicklungschancen in emotionaler, intellektueller, wie auch in sozialer Hinsicht" (Lepenies 2006, S. 37).

Dass Eltern die Experten ihrer Kinder sind (vgl. Whalley 2008) und Partner von Erziehern sein sollten, sind nicht erst neue Erkenntnisse, sondern sie beruhen auf althergebrachten pädagogischen Grundsätzen, die schon für Fröbel selbstver-

---

40 Fragen aus dem Leitfadeninterview oder den Ad-hoc-Befragungen waren zum Beispiel: 1. Wel-che Möglichkeiten sehen Sie, dass die Kinder sich aus eigenen Interessen und Bedürfnissen her-aus bewegen können? 2. Woran erkennen Sie, dass die Kinder sich wohl fühlen? 3. Was würden Sie gern verändern?

41 In den Einrichtungen „Schaukelpferd" und „Steckenpferd" wurde zusätzlich die Thematik des Reformprozesses behandelt, welche in der Einrichtung „Brummkreisel" noch gar nicht stattge-funden hatte.

ständlich waren und auch in der Entwicklungs-, Lern- und Motivationsforschung bekannt sind. Der Ruf in der pädagogischen Fachdiskussion, diese Erkenntnisse endlich wirklich zu beherzigen, wird zunehmend lauter. Deshalb war es folgerichtig, in der vorliegenden Studie auch die Eltern mit einzubeziehen. So führte ich Elterngespräche auf der Basis eines leitfadengestützten Video-Konfrontationsinterviews durch. Der Begriff *Konfrontation* soll lediglich bedeuten, dass die Eltern Videoszenen aus dem Krippenalltag ihres Kindes betrachten konnten. Dabei wurde davon ausgegangen, dass die Eltern hierdurch auf der Gefühlsebene in positivem Sinne erreicht werden können. Durch die Videographie konnten im Nachhinein nicht nur die verbalen Äußerungen der Eltern ausgewertet werden, sondern auch die körpersprachlichen wurden zur Validierung hinzugezogen. Eins meiner Ziele bestand auch darin zu eruieren, wie es über die Nutzung von Videoszenen gelingen kann, mit den Eltern über ihr Kind ins Gespräch zu kommen. Das stellt offensichtlich noch ein Defizit in unseren Kitas dar. Ich kam zu dem Schluss, dass die Anwendung dieser Methode in der Kinderkrippe entscheidend zur Verbesserung der Zusammenarbeit zwischen Einrichtung und Elternhäusern beitragen könnte.[42] Ähnlich wie im Interview mit der Leiterin betrachteten die Eltern hier verschiedene Videoszenen aus dem Kinderkrippenalltag ihrer Kinder. Dadurch wurden sie angeregt, über ihr Kind zu berichten bzw. ihre Orientierungen zur Kleinkinderziehung zu offenbaren. Demzufolge handelt es sich hier auch vordergründig um eine narrative Interviewform, die gekoppelt wurde mit einem eher locker gehaltenen Leitfaden. Der Einsatz der Videokamera erfolgte hier auf einem Stativ; der Interviewer wurde ebenfalls aufgezeichnet. Die Auswahl der Szenen richtet sich nach den Themen, welche durch den zugrunde gelegten Leitfaden aufgegriffen werden sollten. Der Leitfaden wurde so erstellt, dass er zur Ermittlung der Erziehungsansichten der Eltern dienen konnte. Ebenso sollte eruiert werden, welche Hemmnisse sich durch die Orientierungen der Eltern im Zuge des Reformprozesses in Kinderkrippen aufzeigen. Nach dem Abschalten der Kamera am Ende der Gespräche kam es immer noch zu Nachgesprächen, die für die Auswertung ebenfalls hätten interessant sein können. Es kann durchaus davon ausgegangen werden, dass hier doch eine gewisse Offenbarungsangst auf Seiten der Eltern besteht, auch wenn im Vorfeld auf die Anonymisierung gegenüber den Pädagogen der Einrichtungen hingewiesen wurde.

---

42 Praktiziert wird dies beispielsweise bereits im Early Excellence Ansatz des Pestalozzi-Fröbel-Hauses (vgl. Mohn/Hebenstreit-Müller 2008).

5.2   Dokumentarische Interpretation

Die „Dokumentarische Methode der Interpretation" gilt als zentraler Begriff der
Wissenssoziologie von Karl Mannheim (1964; 1980) und stellt ein mehrstufiges
Verfahren dar, welches von Bohnsack (vgl. Bohnsack 1989) methodisch weiterentwickelt wurde. Zur rekonstruktiven Analyse des empirischen Materials der
Untersuchungen wird sich in vorliegender Arbeit weitgehend an den forschungs-
praktischen und theoretischen Arbeiten von Ralf Bohnsack orientiert. Für die
unterschiedlichen Materialen wird bewusst ein und dasselbe methodische Verfahren verwendet, da anderenfalls mögliche differenzierende Ergebnisse nicht
auf die Daten selbst, sondern vielmehr auf unterschiedliche Auswertungsstrate-
gien zurückzuführen sind. Die Methode basiert auf metatheoretischen Überlegungen; so haben auch in dieser Arbeit Überlegungen zur konjunktiven Erfah-
rungsgemeinschaft oder zur Seinsverbundenheit des Wissens einen zentralen
Stellenwert. Die gewählte Methode eignet sich in besonderer Weise zur Analyse
des Performativen von Alltagssituationen im pädagogischen Alltag der Kinderkrippe. Mit ihr geht eine analytische Haltung einher, welche Mannheim als „so-
ziogenetische Einstellung" (Mannheim 1980, S. 85) beschreibt. Diese Analysee-
instellung zielt nicht mehr auf das *Was,* sondern vielmehr auf das *Wie* ab und
somit auf Prozesse der Hervorbringung soziokultureller Phänomene, die einen
wesentlichen Aspekt des Performativen darstellen (vgl. Mannheim 1964). Um
die Bedeutung von Äußerungen zu verstehen, muss der Forscher zwar eine per-
formative Einstellung einnehmen, was bedeutet, zumindest virtuell an der Erfahrungswelt der Erforschten und der Genese ihrer Orientierungen teilzunehmen.
Das heißt jedoch nicht, dass zu den Geltungsansprüchen ihrer Aussagen Stellung
bezogen wird. Eine notwendige reflektierende und objektivierende Distanz des
Forschers bedeutet allerdings auch, dass die für den maximal kontrastierenden
Vergleich notwendigen Gegenhorizonte nicht auf dem Vorverständnis des Interpreten beruhen dürfen, sondern vielmehr auf den empirisch fundierten Fallanalysen, die innerhalb der komparativen Analyse als Interpretationsfolien dienen.
Insgesamt geht es nicht um die Überprüfung von zuvor formulierten Hypothesen,
sondern um eine Theoriebildung bzw. Hypothesengenerierung auf der Grundlage
der Rekonstruktion der Alltagspraxis der Erforschten bzw. des für die Alltagspraxis konstitutiven Erfahrungswissens. Karl Mannheim zeigte mit seiner wis-
senssoziologischen Analyse auf, wie es möglich ist, einen systematischen, methodisch kontrollierten Zugang zu milieuspezifischen oder auch individuellen
Sinnwelten, welche sich in der Kommunikation reproduzieren, zu gewinnen (vgl.
Bohnsack 1992). Im Folgenden wird das Verfahren der dokumentarischen Interpretation in seinen methodischen Bezügen erläutert. Anhand der unterschiedlich

erhobenen empirischen Materialien wird das Verfahren dargestellt und reflektiert.

5.2.1 Verstehen und Interpretieren

Nach Mannheim „(...) erfassen wir aber beim Verstehen der geistigen Realitäten, die zu einem bestimmten Erfahrungsraum gehören, die besonderen existentiell gebundenen Perspektiven nur, wenn wir uns den hinter ihnen stehenden Erlebniszusammenhang irgendwie erarbeiten" (Mannheim 1980, S. 272). Mannheim unterscheidet dabei zwischen „Verstehen" und „Interpretieren". Die zu einem bestimmten Erfahrungsraum gehörenden Personen verstehen einander unmittelbar, sie müssen nicht interpretieren. Damit verbunden seien zwei unterschiedliche Modi der Erfahrung bzw. der Sozialität: die auf unmittelbarem Verstehen basierende „konjunktive" Erfahrung und die in wechselseitiger Interpretation sich vollziehende „kommunikative" Beziehung (vgl. Bohnsack 2003 a). Das aus der Handlungspraxis erwachsende intuitive Verstehen erklärt Mannheim als einen Herstellungsprozess, der sich intuitiv auf der Grundlage eines „atheoretischen" Wissens vollzieht (vgl. Mannheim 1980). In dem in genetischer Interpretation rekonstruierten „modus operandi"[43] der Herstellung dokumentiert sich der individuelle oder kollektive Habitus. Hierauf zielt die dokumentarische Interpretation ab. Sowohl vom intuitiven Erfassen eines Gebildes als auch von der genetischen oder dokumentarischen Interpretation wird im Sinne Mannheims dann noch einmal der „immanente" oder „objektive" Sinngehalt unterschieden. Die immanente Interpretation impliziert ein Modell zweckrationalen Handelns, welches der Interpretation von „Um-zu-Motiven" im Sinne von Alfred Schütz (1974) entspricht. Der immanente Sinngehalt basiert auf reziproken Motivunterstellungen, die gesellschaftlich institutionalisiert (objektiviert) sind und die explizit zum Ausdruck gebracht werden. Demgegenüber basiert die genetische Interpretation auf der prozess- oder sequenzanalytischen Rekonstruktion von Handlungs-, Interaktions- und Diskurspraktiken sowie auf der Rekonstruktion der erlebnismäßigen Darstellung, der Erzählung und Beschreibung dieser Praktiken. „Sowohl vom genetischen oder dokumentarischen einerseits wie auch vom immanenten oder wortwörtlichen Sinngehalt andererseits zu unterscheiden ist der intendierte Ausdruckssinn" (Bohnsack 2003, S. 61). Im Unterschied zu den beiden genannten Sinnarten ist im intendierten Ausdruckssinn eine (Selbst-)Darstellung der Handelnden impliziert. Demnach ist der Interpret gezwungen,

---

43 Bohnsack verweist auf Bourdieu (1976) und (1982)

auf Annahmen über die kommunikative Absicht, also auf jene Annahmen zu-
rückzugreifen, wie dieser Sinn von den ausdrückenden Subjekten gemeint, also
im bewusstseinsmäßigen Drauf-gerichtet-Sein intendiert war (ebd.). Zusammenfassend richtet sich die Interpretation des immanenten Sinngehaltes darauf, die
Erlebnisse, Handlungen bzw. deren Beschreibung und Erzählung nachzuzeich-
nen. Sie zielt also auf das artikulierte Thematisch-Inhaltliche ab und bleibt dabei
im jeweiligen Relevanzsystem. Bei der Interpretation des dokumentarischen
Sinngehalts oder des Dokumentsinns geht es um das wie das Was performativ
vollzogen und artikuliert wird. Dabei spielt es eine Rolle, welche Erfahrungs-
und Bedeutungszusammenhänge den gemeinsamen Handlungen und Erlebnissen
zugrunde liegen.

5.2.2   Arbeitsschritte der Textinterpretation

Das Verfahren der dokumentarischen Interpretation vollzieht sich in unterschiedlichen, jeweils aufeinander aufbauenden Arbeitsschritten. Neben der Auswertung
von Gruppendiskussionen weist Bohnsack darauf hin, dass diese Methode auch
für die Rekonstruktion von Texten aus „Alltagskommunikationen", offenen und
narrativen Interviews, Fachtexten oder aber auch für Texte von Beobachtungsbe-
richten sowie bei der Bildinterpretation verwendet werden kann (vgl. Bohnsack
2003, S. 134).

Formulierende Interpretation

Sie verbleibt noch im Bereich des immanenten Sinngehalts, der Interpret bleibt
innerhalb des Orientierungsrahmens. Lediglich die angesprochenen Themen –
also das Was – werden zum Gegenstand begrifflich-theoretischer Explikation,
indem er zusammenfassende Formulierungen im Sinne von Oberbegriffen, Über-
schriften oder Themen sucht und dadurch einen Überblick über den Gesamttext
erhält. Um eine Interpretation handelt es sich hierbei insofern, als dass etwas
bereits begrifflich-theoretisch expliziert wird, was allerdings im Text implizit
bleibt. Nach der Durchführung der Erhebungen wird empfohlen, vor Transkripti-
onsbeginn die Audioaufnahmen abzuhören und die zeitliche Abfolge der Themen innerhalb eines Falles tabellarisch zu verzeichnen (vgl. Nohl 2006).
     In der vorliegenden Arbeit wurde jedoch grundsätzlich eine Totaltranskrip-
tion vorgenommen. Dies sollte verhindern, dass Textausschnitte unberücksichtigt
bleiben, die auf den ersten Blick als unwesentlich erscheinen, später aber für den
Diskurs relevant werden könnten. Für die sich an die Transkription anschließende Auswahl der thematischen Verläufe waren folgende Kriterien von besonde-

rem Interesse: Themen, die vor der empirischen Forschung vom Forscher festgelegt wurden und Themen, zu denen die Befragten sich besonders ausführlich engagiert und metaphorisch geäußert haben. Jene „Fokussierungsmetaphern" können unter Umständen ein Korrektiv zu den Themen der Forschenden darstellen. Es können jene Themen identifiziert werden, die in den unterschiedlichen Fällen gleichermaßen behandelt und sich deshalb gut für die komparative Analyse eignen. Nach der Erarbeitung des thematischen Verlaufes werden jene Passagen ausgewählt, die zum Gegenstand der reflektierenden Interpretation werden sollen. Dabei wird sich einerseits an der thematischen Relevanz dieser Passage für die Ausgangsfragestellung orientiert und andererseits an der thematischen Vergleichbarkeit mit Auszügen aus anderen Interviews, und zwar mit jenen, die in die komparative Analyse einbezogen werden. Des Weiteren sollten sich solche Passagen herauskristallisieren, die sich durch eine besondere interaktive und metaphorische Dichte auszeichnen (vgl. Bohnsack 2003, S. 134 f.). Alle ausgewählten Texte werden dann einer detaillierten formulierenden Interpretation unterzogen, mit welcher die thematische Feingliederung herausgearbeitet wird. Bei dieser Reformulierung des thematischen Gehalts wird der Forscher dem Text gegenüber fremd gemacht (vgl. Nohl 2006).

Reflektierende Interpretation

Sie ist die eigentliche dokumentarische Interpretation und zielt auf die Rekonstruktion und Explikation des Rahmens ab, innerhalb dessen das Thema abgehandelt wird. Entscheidend hierbei ist die Art und Weise (also das *Wie),* wie mit Bezug auf welches Orientierungsmuster (Orientierungsrahmen) das Thema behandelt wird. Bohnsack spricht hier auch von „Propositionen", wobei es sich um Redebeiträge handelt, in denen Orientierungsmuster (Erfahrungen) zum Ausdruck kommen. Orientierungsmuster erhalten ihre Konturen dadurch, dass sie an Gegenhorizonten festgemacht werden. Negative und positive Orientierungen (Gegenhorizonte) sowie deren Enaktierungspotentiale sind nach Bohnsack (2003, S. 136) entscheidende Komponenten des Erfahrungsraums einer Gruppe. Die offenbarten Rahmenkomponenten dienen als wesentliche Bezugspunkte des Vergleichs mit anderen Gruppen, der komparativen Analyse. Bei der Frage nach dem *Was* und *Wie* ein Thema bearbeitet wird, verweist Bohnsack sowohl auf den formalen als auch auf den semantischen Aspekt von Interviews. Gelingt es beispielsweise, in leitfadengestützten Interviews erzählgenerierende Fragen zu formulieren, kann davon ausgegangen werden, dass in den zu interpretierenden Texten vor allem Erzählungen vorliegen, die mit Beschreibungen und Argumentationen verknüpft sind (vgl. Bohnsack 2003 a).

Semantische Interpretation und komparative Sequenzanalyse

Die formale Unterscheidung zwischen Argumentation, Bewertung, Beschreibung und Erzählung soll den Erfahrungen der Akteure Rechnung tragen, ohne dabei den subjektiven Sinnzuschreibungen aufzusitzen. Auf der semantischen Ebene soll der Zugang zur Wirklichkeit gefunden werden, der „(...) weder jenseits des Akteurwissens als objektiv definiert wird, noch sich im subjektiv gemeinten Sinn der Akteure (...) erschöpft" (Nohl 2006, S. 50). Dabei leistet die dokumentarische Methode einen Beitrag zur Überwindung dieser Dichotomisierung zwischen subjektivem und objektivem Sinn (ebd., S. 51). Auch wenn das Wissen der Akteure die empirische Basis der dokumentarischen Interpretation bleibt, löst diese sich von den Sinnzuschreibungen der Akteure ab. Erforderlich hierfür ist jedoch die Unterscheidung zwischen dem kommunikativ-theoretischen Wissen und dem impliziten atheoretisch-konjunktiven Wissen. Bei der dokumentarischen Interpretation gehen die Interpreten nicht davon aus, „dass (...) sie mehr wissen als die Akteure oder Akteurinnen, sondern davon, dass letztere selbst nicht wissen, was sie da eigentlich alles wissen, somit also über ein implizites Wissen verfügen, welches ihnen reflexiv nicht so ohne weiteres zugänglich ist" (Bohnsack et al. 2007, S. 11). Wenn die dokumentarische Methode darauf abzielt, den Orientierungsrahmen von Erfahrungen zu rekonstruieren, bedeutet dies, über eine Abfolge von Handlungssequenzen oder Erzählsequenzen Kontinuitäten zu identifizieren. Die Bestimmung des dokumentarischen Sinngehalts, der Bearbeitungsweise bzw. des Orientierungsrahmens ist nach Nohls Auffassung durch einen Dreierschritt vom ersten Abschnitt zum zweiten Abschnitt (Fortsetzung) und zum dritten Abschnitt (Ratifizierung des Rahmens) möglich (vgl. Nohl 2006).

Die komparative Sequenzanalyse lässt sich auch auf die Analyse von narrativen Textsequenzen anwenden: Die dokumentarische Methode wird umso mehr kontrollierbar, je mehr die Vergleichshorizonte des Interpreten empirisch fundiert und damit intersubjektiv nachvollziehbar bzw. überprüfbar sind. Daraus ergibt sich die hohe Bedeutung der komparativen Analyse für rekonstruktive Verfahren. Die Erhöhung der Validität einer Fallanalyse ist somit nicht nur an eine zunehmende empirische Fundierung des einzelnen Falls selbst gebunden, sondern auch an die zunehmende empirische Fundierung der Vergleichshorizonte, nämlich indem an die Stelle gedankenexperimenteller Vergleichshorizonte andere empirische Fallanalysen treten. Aus diesem Grund gewinnt die komparative Analyse schon auf der Ebene der Fallanalyse an Bedeutung, wo es darum geht, die Besonderheiten des einzelnen Falls herauszuarbeiten (vgl. Bohnsack 2003 a). Zu Beginn der komparativen Sequenzanalyse werden die Interviews und Videoszenen dahingehend miteinander verglichen, wie die Befragten mit bestimmten Themen umgehen. In leitfadengestützten Interviews empfiehlt Nohl

(2006), erst jene Themen zu bearbeiten, die durch den Leitfaden ohnehin vorgegeben sind.

5.2.3 Leitfadengestützte Video-Konfrontationsinterviews und Ad-hoc-Befragungen der Erzieherinnen im Feld

In den Interviews ging es hauptsächlich darum, etwas über das Betriebswissen der Befragten zu erfahren, also über das „Wissen der Expert(inn)en über das eigene Handlungsfeld" (Nohl 2006, S. 20). Die Experten wurden vornehmlich zu ihrem organisatorischen und institutionellen Zusammenhang befragt, der mit dem Lebenszusammenhang der darin handelnden Personen nicht gerade identisch ist und somit nur einen Faktor darstellt. Demzufolge wird auch von den „ExpertInnen als *RepräsentantInnen* einer Organisation oder Institution" gesprochen, vorausgesetzt sie repräsentieren Problemlösungen und Entscheidungsstrukturen (Nohl 2006, S. 21).

Die Methode des narrativen Interviews wurde gewählt, damit der Erzähler/Interviewte seine (berufliche) Geschichte erzählt, so wie er sie erfahren hat bzw. gegenwärtig auch noch erfährt, also in „(...) jener Aufschichtung, in jenen Relevanzen und Fokussierungen reproduziert, wie sie für seine Identität konstitutiv und somit auch handlungsrelevant für ihn ist" (Bohnsack 2003, S. 92). Angeregt von den verschiedenen Videosequenzen begibt sich der Erzähler in eine längerfristige Stegreiferzählung. Dadurch wird er in die Dynamik eines Erzählvorganges eingebunden und muss sich auf die zusammenhängende Reproduktion bereits abgearbeiteter sowie theoretisch-reflexiv wenig überformter Erfahrungen einlassen. Aus dieser reproduzierten Darstellung heraus erhält die Erzählung eine Selbstläufigkeit, aus welcher er „(...) nur auf Kosten von Brüchen und Inplausibilitäten, also Inkonsistenten wieder ausbrechen kann, d. h. nur ausbrechen kann, wenn er jene ‚Regeln' verletzt, über die wir im Alltag verfügen, wenn wir dem Zuhörer eine plausible, konsistente Geschichte erzählen" (Bohnsack 2003, S. 93).

Aufgrund der Selbstläufigkeit des Erzählvorgangs wird der Erzähler also in Zugzwänge verwickelt, woraus eine Eigendynamik entsteht, und zwar gerade in den rein narrativen Sequenzen. Daraus ergibt sich in der Methodologie des narrativen Interviews ein besonderer Schwerpunkt: die Unterscheidung von narrativen und nicht-narrativen, also argumentativen oder evaluativen und theoretischen Textsorten. Für das Auswertungsverfahren ergibt sich daraus als erster Analyseschritt die Trennung nicht-narrativer von narrativen Sequenzen (vgl. Bohnsack 2003, S. 94).

5.2.4   Protokolle aus teilnehmender Beobachtung

Im Unterschied zum Interviewverfahren erwachsen aus dem Verfahren der teilnehmenden Beobachtung nicht Transkriptionen aus Diskursen der Erforschten,
sondern es entstehen Aufzeichnungen von audio-visuell strukturierten Wahrnehmungen und Eindrücken des Forschers, hier im Feld Kinderkrippe. Diese
bilden die Grundlage für die Rekonstruktion der Beobachtungen der Alltagswirk-
lichkeit der Erforschten. In der teilnehmenden Beobachtung ergeben sich Möglichkeiten zur Beobachtung nonverbaler, körperlich-expressiver Aspekte von
Handlungen und Interaktionen, der Materialität und Territorialität szenischer
Arrangements. Die erstellten Beobachtungsprotokolle in der vorliegenden Untersuchung bewegten sich bereits auf der Ebene der formulierenden Interpretation,
da hier schon während der Niederschrift der Protokolle Interpretationen einflos-
sen. Nach Bohnsack ist es generell möglich, die Grundprinzipien der Auswertung nach der dokumentarischen Interpretation auch auf Beobachtungsprotokolle
hin anzuwenden (vgl. Bohnsack 2003 a). Er weist jedoch auch darauf hin, dass
die teilnehmende Beobachtung immer durch die technische Aufzeichnung von
Kommunikationssequenzen aus Diskursen und Erzählungen ergänzt wird. In der
durchgeführten Untersuchung stellen die Beobachtungsprotokolle lediglich eine
Ergänzung zu den erstellten Videoszenen und durchgeführten Interviews und
Befragungen dar, was eine Validierung der durch die technische Aufzeichnung
erhobenen Befunde unterstützt. Die aus Beobachtungsprotokollen gewonnenen
Erkenntnisse wurden lediglich zu Validierungszwecken hinzugezogen; eine
separate Auswertung nach dem Verfahren der Dokumentation wurde nicht für
erforderlich gehalten.

5.2.5   Die Analyse des Videomaterials nach den Prinzipien der
dokumentarischen Interpretation

Die Interpretation der videographierten Bildungsprozesse führte ich unter Berücksichtigung der Ausführungen von Klambeck (2007, S. 107 ff.) und Bohnsack (2009) in folgenden Teilschritten durch:

1.   Beschreibende Interpretation

1.1 Handlungsverlauf – ikonografische Ebene
1.2 Rahmenhandlung (Ebene des gesellschaftlichen Kontexts)
1.3 Einzelhandlung (Ebene des sozial-situativen Kontexts)
1.4 Physiologische Teilhandlungen (Ebene des individuellen, räumlich-
     lokomotiven Kontexts)

2. Bewegungsanalyse – vor-ikonografische Ebene

2.1 Haltung oder Form und Spannungszustand des Körpers
2.2 Orientierung und Position des Körpers im Raum
2.3 Bewegungen in ihrer räumlichen und dynamischen Entwicklung

3. Formulierende Interpretation – vor-ikonografische Ebene

3.1 Ausgangssituation – Standbild
3.2 Szenenverlauf

4. Reflektierende Interpretation – ikonologisch-ikonische-Ebene

4.1 Formale Komposition der Szene
4.2 Räumliche Komposition der Szene
4.3 Szenische Choreografie
4.4 Perspektive der Kamera
4.5 Interpretation des Sprachtranskriptes

Zusammenfassung der Ergebnisse und Bezug auf das normative Grundmuster der neurobiologischen Erkenntnisse

Bei der Auswahl der zu analysierenden Videosequenzen wurden Szenen berücksichtigt, die den Verlauf von Bildungsprozessen darstellen. Von den aktuellen neurobiologischen Erkenntnissen ausgehend wurde der Fokus insbesondere auf folgende Kategorien gerichtet:

- Individualität – jedes Kind (Gehirn) ist einzigartig!;
- Selbstbildung des Kindes – Eigenaktivität (Aufgaben, an denen Kinder wachsen können);
- emotional positives Aufladen von Lernsituationen;
- Das Gehirn ist ein soziales Organ, d. h. Lernen erfolgt durch Beziehungen (Potentialentfaltung durch Wohlbefinden in der Gemeinschaft und Vertrauen/Bindung zur Bezugsperson, Lernen durch gemeinschaftliche Werke);
- Sensorische Integration.

Es wurden Szenen genutzt, die die Charakteristik des jeweiligen Falls darstellten, die also paradigmatisch für die jeweilige Kinderkrippe waren. Für die Auswahl

der Videoszenen zog ich neben dem Kriterium der Fokussierung auf die Forschungsfrage einen weiteren Aspekt hinzu.[44] Dabei handelte es sich um die Fokussierung auf Grund von dramatischen Steigerungen, Verdichtungen und Dis-
kontinuitäten (vgl. Bohnsack 2009).

Die Videoszenen wurden zunächst einer „beschreibenden Interpretation"
unterzogen. Die Grundzüge der dokumentarischen Methode aufgreifend wurde
auf dieser Ebene zunächst der Frage nachgegangen, *was* die dargestellten Bildproduzenten tun. Der methodischen Leitdifferenz der dokumentarischen Interpretation sollte die Frage nach dem *Wie* bzw. dem „modus operandi" auf der Ebene
der reflektierenden Interpretation beantwortet werden. Die in der Bewegungsanalyse beschriebenen Körperbewegungen bildeten die Basis für die Rekonstruktion
dessen, was sich im Handeln der Bildproduzenten dokumentiert. Dieser hier
verstandene Habitus konnte durch den fallinternen Vergleich ausgebaut werden.
Mit der beschreibenden Interpretation erfolgte die Darstellung körperlicher
Handlungen auf unterschiedlichen Abstraktionsebenen, während gleichzeitig
auch Ober- und Unterthemen zur Rekonstruktion des immanenten Sinngehaltes
der Bildinterpretation erarbeitet wurden. Im Handlungsverlauf konnten die einzelnen Bewegungen in Zusammenhänge eingeordnet werden. Wie auch bei der
thematischen Gliederung von Texten wurden hier durch die Darlegung des
Handlungsverlaufes die Bewegungen zu Handlungen zusammengefügt. Ziel war
es, den Orientierungsrahmen des Darstellers nicht zu verlassen. Die Erstellung
der Handlungen orientierte sich am Common Sense, also wie sie ebenso in Alltagssituationen beobachtet werden könnten. Am Beispiel der Szene „Salzteig"
soll die Differenzierung der drei Handlungsebenen skizziert werden: 1.) situative
Einzelhandlungen: Vorstellung des Materials Salzteig, Demonstration, Austeilen
des Materials; 2.) Rahmenhandlung: Lernangebot im Krippenbereich einer Kindertagesstätte; 3.) physische Teilhandlungen, aus denen die Einzelhandlung
besteht: klatschen, auspacken, Nase putzen.

Die Rahmenhandlung umfasst den Zusammenschluss einer komplexen
Handlungsfolge wie hier das Lernangebot. Was die Einzelhandlungen anbelangt,
so wurden diverse situative Abschnitte aus der Rahmenhandlung zusammengefasst, zum Beispiel *das Austeilen des Materials* innerhalb des Lernangebotes.
Die jeweiligen Handlungen und Bewegungseinheiten wurden mithilfe beschrei-
bender Verben verdeutlicht, woraus Tätigkeit und Körperhaltung differenziert
hervorgehen. Diese „beschreibenden Handlungsverben"[45] zielen auf Tätigkeiten

---

44 „Eine detaillierte Analyse (…) wird man immer nur auf einzelne ausgewählte Sequenzen und
    Shots anwenden, die unter der gewählten Fragestellung von besonderem Interesse sind" (Ehren-
    speck/Schäffer 2003, S. 446).
45 Klambeck (2007) bezieht sich hier auf Semin 1988, 1991

ab, die wenig Interpretationsspielraum über das Beobachtete hinaus zulassen. Die Darstellung des Handlungsverlaufes ist im Großen und Ganzen mit der Erstellung der „ikonografischen Elemente" bzw. der Common-Sense-Typenbildung der dokumentarischen Interpretation von Bildern und Fotos vergleichbar. Nach der Bearbeitung des Standbildes war bei der Rekonstruktion der Bewegungen der gefilmte Handlungsverlauf Kern jeglicher Interpretationen. Die Bewegungsbeschreibung wurde auf indirekte Weise durch den Handlungsverlauf strukturiert. Durch die überschaubare Einteilung in detaillierte Bewegungseinheiten konnte ein Überblick über die gesamte Szene gewonnen und der Zugang zum Material mit einer hohen Dichte erreicht werden.

Die zur beschreibenden Interpretation gehörende Bewegungsanalyse beantwortete ebenfalls die Frage, *was* hier geschieht. Im Gegensatz zur Rekonstruktion des Handlungsverlaufs erfolgte hier eine sehr ausführliche Bewegungsbeschreibung. Dabei wurden die Bewegungsabläufe unter Berücksichtigung der Dimensionen Raum, Zeit und Energie beschrieben. Ebenso dargestellt wurden die Postierung des Körpers, seine Ausrichtung im Raum sowie andere räumliche Beziehungen des Körpers zu anderen Körpern oder Objekten und auch die Körperbewegungen in ihren räumlichen und dynamischen Entwicklungen. Die Bewegungsanalyse passiert formal auf der Ebene der vor-ikonografischen Ebene, der formulierenden Interpretation von Bildern und Fotos (vgl. Bohnsack 2003; 2009). Aufgrund der Komplexität des Materials sind in vorliegender Arbeit in der Darstellung des Handlungsverlaufes beide Interpretationsebenen nicht voneinander trennbar. Dies liegt vor allem in der gleichzeitigen Darstellung der Bewegungen mehrerer Bildproduzenten begründet. Somit beinhaltet die Verschriftlichung der formulierenden Interpretation ikonografische und vor-ikonografische Elemente. Die beschreibende Interpretation ermöglicht die Eingrenzung der visuellen und akustischen Eindrücke, was für die Auswertung mit der dokumentarischen Methode von Bedeutung ist.

Die tatsächliche Phase der formulierenden Interpretation wurde in zwei Abschnitte aufgeteilt. Die Beschreibung des Szenenanfangs wurde in Standbildposition sozusagen als Fotogramm beschrieben. Auch diese Passage enthält sowohl vor-ikonografische als auch ikonografische Elemente. Ebenso wurde bereits hier die formale Komposition berücksichtigt, vor allem was die perspektivische Projektion (Perspektivität) und die szenische Choreografie anbelangt. Diese Darstellung der Ausgangslage soll dem Leser den Einstieg in die Szene erleichtern, um deren weiteren Verlauf besser nachvollziehen zu können. Unter der Fragestellung: „Was geschieht in der Szene?" erfolgte in der zweiten Passage die formulierende Interpretation des gesamten Szenenverlaufes. Auf dieser vor-ikonografischen Ebene wurden die Gebärden und operativen Handlungen und teilweise die Kineme rekonstruiert (vgl. Bohnsack 2009, 145). Obwohl der Eindruck entstehen könnte, dass dies bereits in der beschreibenden Interpretation geschehen ist, so war es meines Erachtens eine Erweiterung des ersten Teils. Dadurch gelang es, die Erkenntnisse für die reflektierende Interpretation zu verdichten. Die beschreibende Interpretation stellt in der vorliegenden Arbeit eher eine akribisch vorbereitende Funktion dar, während die formulierende Interpretationsphase das Vorgehen verdichtet.

Zu Beginn der reflektierenden Interpretation erfolgt – wie bei der dokumentarischen Foto- und Textinterpretation auch – die Rekonstruktion der Formalstruktur, also der formalen Komposition. Hierbei unterscheidet Imdahl (1996) zwischen den Dimensionen „perspektivische Projektion", „szenische Choreografie" und „planimetrische Ganzheitsstruktur", wobei auf letztere in vorliegender Arbeit verzichtet wurde, da es sich bis auf die Darstellung des Ausgangsstandbildes um bewegte Bilder handelt. Vielmehr war es aufgrund der Forschungsfrage von Bedeutung, durch die Berücksichtigung der Perspektivität die einzelnen Gegenstände und Personen in ihrer Räumlichkeit und Körperlichkeit zu identifizieren. Demzufolge konnten Einblicke in die Perspektive und Weltanschauung der abgebildeten Bildproduzenten gewonnen werden. Die szenische Choreografie beschreibt die Positionen und die räumliche Ausrichtung der Erzieher und der Kinder bzw. deren Interaktionen untereinander. Dabei werden bereits auf der Ebene der beschreibenden Interpretation Bewegungsdetails deutlich. Diese Art der Beschreibung dient dazu, beim Leser eine plastische Vorstellung von der Szene zu vermitteln. Die Darstellung der Kameraperspektive zeigt die Position der Kamera sowie ihre Bewegungen auf. Die Interpretation der sprachlichen Äußerungen wird auf dieser Ebene nun hinzugezogen, wodurch sich die bislang gewonnenen Erkenntnisse verdichten und validieren.

In der zusammenfassenden Interpretation des Handelns von Erziehern und Kindern wurden Hypothesen über die Vorstellungen von frühkindlichen Bildungsprozessen im Vergleich mit anderen Erziehern und Kindern herausgearbeitet. In der abschließenden Zusammenfassung wurden die erstellten Interpretationen fallintern dargestellt und zu sinngenetischen Handlungscharakteristiken abstrahiert. Dies erfolgte im Kontext der neurobiologischen Kategorien. Während des Interpretationsprozesses gestaltete sich die Wahrung der emotionalen Distanz zu den Untersuchungsergebnissen (Videoszenen) als besonders schwierig. Der Umstand, dass das bewegte Bild eine sehr tiefgreifende emotionale Wirkung auf den Betrachter ausübte, erschwerte die objektive und neutrale Auswertung.

5.2.6 Triangulation

Auch wenn dem Forschungsprozess eine bestimmte Frage zugrunde gelegt wird, stellt sich zu Beginn grundsätzlich erst einmal die Frage: „Was geht hier vor?" Zu deren Beantwortung werden alle verfügbaren Daten einbezogen, die für das Forschungsthema interessant sein könnten. Dazu gehören hier die Einbeziehung von Alltagsbeobachtungen in der Kinderkrippe, das „natural setting" (vgl. Scholz 2005), Ad-hoc-Befragungen der Mitarbeiterinnen in der Einrichtung sowie das leitfadengestützte Video-Konfrontationsinterview mit den Leiterinnen und den Erzieherinnen der Einrichtungen. Nach Flick (2004) sollen diese verschiedenen Perspektiven auch so weit als möglich gleichberechtigt und gleichermaßen konsequent behandelt und umgesetzt werden: „Dabei sollte durch die Triangulation (etwa verschiedener Methoden oder verschiedener Datensorten) ein prinzipieller Erkenntniszuwachs möglich sein, dass also beispielsweise Erkenntnisse auf unterschiedlichen Ebenen gewonnen werden, die damit weiter reichen, als es mit einem Zugang möglich wäre" (ebd., S. 12).

Die Berücksichtigung der einzelnen Methoden wurde unterschiedlich gewichtet und erfolgte mittels einer Hierarchie, wobei die Videoszenen über die Bildungsprozesse der Kleinkinder eine vorrangige Position einnahmen. Die empirischen Befunde aus der Videographie der Bildungsprozesse gaben Aufschluss über die aktuelle Handlungspraxis (atheoretisches Wissen). Mithilfe der Daten aus den Interviews ließen sich Orientierungen herausarbeiten, die sowohl dem theoretischen Wissen als auch dem konjunktiven Erfahrungsraum zugeordnet werden konnten. Durch die Kombination beider Datenkomplexe wurden Widersprüche und deren Hintergründe eruiert. Die im Rahmen des Video-Konfrontationsinterviews aufgezeichneten Elterngespräche vervollständigten das Bild über die jeweilige Kindertageseinrichtung. Die Wahl der verschiedenen Methoden erlaubte es, einen mehrperspektivischen Blick auf den jeweiligen Fall zu erhalten, und zwar von Seiten der Erzieher, der Kinder und der Eltern. Desgleichen ermöglichte diese Methodenvielfalt die Realisierung der Erkenntnisziele des Falls. Somit zeigte die Triangulation „(…) unterschiedliche Konstruktionen eines Phänomens – etwa auf der Ebene des Alltagwissens und auf der Ebene des Handelns – auf" (Flick 2004, S. 25). In der vorliegenden Arbeit wurden audiovisuelle Daten mit verbalen Daten trianguliert. Die verwendeten audiovisuellen Methoden konnten durch die Video-Konfrontationsinterviews ergänzt werden. Dadurch wurden die Perspektiven der Pädagogen und auch der Eltern auf die Bildungsprozesse der Kleinkinder in die Analyse mit einbezogen. Vor allem in den Fällen „Schaukelpferd" und „Brummkreisel" war signifikant, dass die Ergebnisse aus der Videoanalyse und den Interviews mitunter auch starke Homologien aufzeigten. Im Fall „Steckenpferd" konnten sich auch Antagonismen zwischen den Ergebnissen herauskristallisieren. Die Triangulation erfüllte in vorliegender Untersuchung zwei Funktionen: Sie diente zum einen der Erkenntniserweiterung, andererseits auch der Überprüfung von Ergebnissen. Es versteht sich also von selbst, dass die Methoden so kombiniert wurden, dass sowohl das Alltags-, als auch das Expertenwissen der Untersuchungsteilnehmer fokussiert werden konnte. Die gewählten Methoden zielten auf das beobachtbare – individuelle oder interaktive – Handeln der Untersuchten ab.

5.3   Fallbeschreibung und Generalisierung von Ergebnissen (Maximalkontrastierung)

Jeder Einrichtung wurde als Fall ein neutraler Name verliehen, der nicht von vorneherein auf seine Charakteristik hinweisen sollte. Von daher wählte ich drei Begriffe aus der Kategorie „traditionelles Kinderspielzeug".

Durch die ethnographische Beschreibung wird die Gesamtgestalt eines Falles zusammenfassend charakterisiert. Die primäre Aufgabe besteht dabei in der vermittelnden Darstellung, Zusammenfassung und Verdichtung der Ergebnisse im Zuge ihrer Veröffentlichung (vgl. Bohnsack 1989, 2003). Für Hildenbrand (1994) besteht das Ziel der Fallbeschreibung darin, die Sinnwelt eines Falles zu rekonstruieren. Nach Nentwig-Gesemann (1999) dienen sie sozusagen als Beleg bzw. Exemplifizierung einer Typik.

Bei den vorliegenden Fallbeschreibungen geht es vor allem um die Darstellung der zentralen Orientierungen oder Rahmenkomponenten der einzelnen Teilnehmer bzw. die Struktur der Interaktion zwischen den Mitgliedern oder den Mitgliedsgruppen der sozialen Einheit Kinderkrippe. Lamnek (2005, S. 325) bezeichnet dies als „Binnenstruktur sozialer Aggregate". Es wurden Zitate ausgewählter Textsequenzen – sozusagen als „Belege für Inhalte" – (Bohnsack 2003, 140) aus den bearbeiteten Passagen mit einbezogen. Zunächst wurden die im Fokus stehenden Orientierungen und Rahmenkomponenten (negative und positive Gegenhorizonte) durch besonders prägnante Textsequenzen belegt. Eine Fallbeschreibung kann umso runder und dichter werden, je umfassender die Beschreibung der Orientierungsmuster und Rahmenkomponenten einerseits und die Beschreibung der Dramaturgie und Diskursorganisation andererseits in einer Gesamtcharakteristik des Falles verschmelzen. Da die im Einzelnen befragten Personen ein Team bilden, wird jede Einrichtung für sich als Institution beschrieben. Die Szenenauswahl für die Videoanalyse richtete sich danach, inwieweit der Szeneninhalt einer Prüfung nach dem normativen Grundmuster der neurobiologischen Erkenntnisse unterzogen werden konnte. Für den fallübergreifenden Vergleich wurden deshalb auch Szenen gewählt, die insbesondere für eine Gegenüberstellung geeignet waren, z. B. Szene „Salzteig" und „Schaum" oder „Junge schneidet" und „Mädchen schneidet".

Die Methode der komparativen Analyse war schon deshalb von zentraler Bedeutung, da alle drei Einrichtungen, zunächst als Einzelfälle dargestellt, am Ende dann in ihrem Vergleich, ihrer Gegenüberstellung, in einem maximalen Kontrast dargestellt würden. Im Zuge einer Fallbeschreibung wurde in vorliegender Untersuchung der den Fall Kindertagesstätte (Bereich Kinderkrippe) konstituierende Orientierungsrahmen in seinen Komponenten so rekonstruiert, wie er prozesshaft im Diskurs (oder in einer Erzählung, Alltagskommunikation) entfaltet wurde. Dabei bleibt die Gesamtcharakteristik des Falles mit ihrer kollektiven und individuellen Weltanschauung in ihrer Komplexität oberster Bezugspunkt der Interpretation und Darstellung. Um die Plausibilität der Ergebnisse nachzuweisen, erinnert Hildenbrand (1994, S. 184) zunächst daran, dass diese Ergebnisse den Status eines Zusammenhangs von Hypothesen haben. Validität wird dadurch erreicht, wenn bestimmte Kategorien aufgezeigt werden, die in einem sinnhaften Zusammenhang stehen und die Interpretation dieser Kategorien schlüssig ist. Als Kategorien wurden in dieser Arbeit hauptsächlich die Erkenntnisse der Neurobiologie zugrunde gelegt.

Was die Typenbildung anbelangt, so erfolgte die Anwendung der dokumentarischen Methode hier in eingeschränkter Form. Zur Typenbildung gelangt man erst dann, wenn der spezifische Erfahrungsraum begrifflich-theoretisch expliziert werden kann. Dies setzt voraus, dass im Vorfeld unterschiedliche Erfahrungsräume voneinander differenziert werden. In der vorliegenden Arbeit wurden die drei Kindertagesstätten als Fälle rekonstruiert. Die Analyse richtete sich auf einen Fall und gewann ihren Wert daraus, dass sie diesen Fall genau untersuchte und in seinem Zustandekommen und in seiner Funktionsweise erklärte (vgl. Przyborski/Wohlrab-Sahr 2009). Aufgrund der geringen Anzahl der Fälle (insgesamt nur drei) wird auf eine Typenbildung verzichtet. Im Anschluss an die Fallbeschreibungen erfolgte deshalb ein maximalkontrastierender Fallvergleich, innerhalb dessen ein Modell entwickelt wurde, welches Aussagen über aus neurobiologischer Perspektive gelingende Bildungsprozesse traf. Durch den systematischen Vergleich konnten theorierelevante Generalisierungen möglich werden. Die Generalisierung basierte auf Fallvergleichen bzw. auf der systematischen Verwendung von Kontrasthorizonten. Mit der Generalisierung waren stets zwei Vorgänge verbunden: Einerseits wurde der Fall in einen größeren Kontext eingebettet und eingeordnet. In diesem waren bereits allgemeine Regeln wirksam, auf welche der Fall Bezug nahm und zu denen er sich verhielt. Andererseits geht es um die Schlussfolgerung aus dem, was man im einzelnen Fall festgestellt hat und auf andere Fälle bezieht (vgl. Przyborski/Wohlrab-Sahr 2009). Dabei ging es bei der Generalisierung darum, ob von dem bei einem Fall Festgestellten auch auf andere Fälle oder allgemeine Regelmäßigkeiten geschlossen werden konnte. Es galt, den Sinnzusammenhang der einzelnen Fälle zu analysieren. Erst über das Verstehen war es möglich, das Eintreten bestimmter Ereignisse zu erklären. Somit wurde das *Wie?* zur Voraussetzung für das *Warum?*. Generalisiert wurden bestimmte Mechanismen im Sinne wiederkehrender Prozesse, die bestimmte Ursachen mit bestimmten Wirkungen verbinden[46]. Generalisierung bedeutet in diesem Sinne nicht „(…) die Identifikation allgemeiner, von Ort und Zeit unabhängiger Gesetze, sondern die Formulierung einer Theorie darüber, über welche Mechanismen bestimmte Resultate erzeugt werden" (ebd., S. 317).

---

46 Przyborski und Wohlrab-Sahr (2009) beziehen sich hier auf Mayntz 2002, S. 24.

Teil III: Ergebnisse

6. Fallanalysen der Kindertagesstätten

6.1   Kindertagesstätte „Brummkreisel"

6.1.1   Vorstellung der Einrichtung

Bei der untersuchten Einrichtung handelt es sich um eine Kindertagesstätte auf dem Land am Nordrand des Thüringer Waldes. Der Ort mit einer Fläche von 25,27 km² hat ca. 1566 Einwohner (Stand Dezember 2009). Die Kita ist eine kommunale Einrichtung in Trägerschaft einer Gemeinde. In Thüringen obliegt die Verantwortung für die Kinderbetreuung in Kindertagesstätten dem Kultusministerium. Der direkte Ansprechpartner ist jedoch das zuständige Jugendamt.

Die Einrichtung hat Montag bis Freitag in der Zeit von 06:00 Uhr bis 17:00 Uhr geöffnet. Zum Zeitpunkt der Erhebungen hatten in Thüringen alle Kinder ab dem vollendeten zweiten Lebensjahr bis zum Schuleintritt Anspruch auf einen Betreuungsplatz.[47]

Gruppenkonstellation der Gesamteinrichtung

In der Kindertagesstätte waren zum Zeitpunkt der Untersuchung sechs Erzieherinnen beschäftigt. In vier Gruppen wurden insgesamt 57 Kinder betreut. Die Gruppen sind folgendermaßen strukturiert:

Gruppe Krippenkinder:	9 Kinder, 1-2 Jahre, 1 Erzieherin, Vollzeit
jüngste Kindergartengruppe:	16 Kinder, 2-4 Jahre, 1 Erzieherin, Teilzeit
mittlere Kindergartengruppe:	19 Kinder, 3-5 Jahre, 1 Erzieherin, Vollzeit

---

47 Ab 01.08.2010 haben in Thüringen alle Kinder ab dem vollendeten ersten Lebensjahr den Rechtsanspruch auf einen Betreuungsplatz (ThürKitaG 2010).

älteste Kindergartengruppe:	13 Kinder, 5-6 Jahre, 1 Erzieherin, (Schulanfänger), Vollzeit

Personalstruktur der Gesamteinrichtung

Leiterin:	Leiterin (Frau Kr.): Kindergärtnerin, 55 Jahre, beschäftigt in Vollzeit (40 Stunden/Woche)
stellvertretende Leiterin und Erzieherin: Krippenerzieherin,	55 Jahre, beschäftigt in (Gruppe Schulanfänger), Vollzeit (40 Stunden/Woche)
Erzieherin (mittlere Kindergartengruppe):	Kindergärtnerin, 50 Jahre, beschäftigt in Vollzeit (40 Stunden/Woche)
Erzieherin (jüngste Kindergartengruppe):	Kindergärtnerin, 59 Jahre, beschäftigt in Altersteilzeit (31 Stunden/Woche)
Erzieherin (Gruppe Krippenkinder):	Kindergärtnerin und staatlich anerkannte Heilpädagogin, 44 Jahre, beschäftigt in Vollzeit (40 Stunden/Woche)
Erzieherin („Springerin"):	Kindergärtnerin, 59 Jahre, beschäftigt in Altersteilzeit (32 Stunden/Woche)

Alle Erzieherinnen absolvierten die DDR-Ausbildung als Kindergärtnerin bzw. Krippenerzieherin und erhielten nach der politischen Wende im Rahmen eines 100-Stunden-Anpassungsprogrammes die staatliche Anerkennung als Erzieherin.

Personal Hauswirtschaft:	
	zwei Hauswirtschaftskräfte: Teilzeit (je 20 Stunden/Woche)
	ein Hausmeister: 10 Stunden/Woche

Konzeption

In ihrer Konzeption betont die Einrichtung ihre sowohl am „situationsorientierten" als auch am „funktionsorientierten" Ansatz angelehnte pädagogische Arbeit. In den Darlegungen zur pädagogischen Arbeit zeigen sich folgende Schwerpunkte:

• Entwicklung der Selbstständigkeit der Kinder,
• Ausprägung von Verhaltensweisen,
• Entwicklung „sprachlicher", „geistiger" oder „manueller" Fähigkeiten und Fertigkeiten,
• Vermittlung und Einhaltung der Regeln,
• Anwendung von Höflichkeitsformen.

Die Konzeption ist wie folgt untergliedert:

- Vorstellung der Einrichtung
- Erläuterungen zum Tagesablauf
- detaillierter Tagesablauf
- Die Planung
- Beim Spaziergang
- Regeln – Verhaltensweisen

Räumlichkeiten der gesamten Einrichtung

Im Erdgeschoss des zweigeschossigen Hauses befinden sich die Gruppenräume der Krippengruppe und der jüngsten Kindergartengruppe mit den jeweiligen Schlafräumen. Das Büro der Leiterin liegt gegenüber dem Eingangsbereich. Neben dem Gruppenraum der Krippenkinder befinden sich Waschraum mit Dusche, zwei Toiletten, eine Topfbank und vier Waschbecken. Eine Wickelkommode konnte aus Platzgründen dort nicht aufgestellt werden. Deshalb befindet sie sich direkt im Gruppenraum. Der Waschraum liegt zwischen den Gruppenräumen der Krippenkinder und der jüngeren Kindergartengruppe. Es gibt hier jedoch keine Durchgangstüren, so dass es auch nicht möglich ist, innerhalb dieser drei Räume hin und her zu wechseln. Die Garderoben der Kinder sind vor dem jeweiligen Gruppenraum angeordnet. Ansonsten wird der Platz, den der große Flur bietet, für die Aktivitäten mit Kindern nicht genutzt. Die Gruppen sind geschlossen. Der Garderobenbereich der Krippenkinder ist aus „Sicherheitsgründen" mit einem Absperrtürchen versehen, damit die Kinder nicht animiert werden, unbeaufsichtigt die zum Obergeschoss führende Treppe zu besteigen. Im Erdgeschoss gibt es noch einen Raum, der zu früheren Zeiten als gemeinsamer Speisesaal genutzt wurde. Aufgrund fehlender Schalldämmung war aus Sicht der Erzieherinnen jedoch der Lärmpegel zu hoch, so dass alle Gruppen die Mahlzeiten momentan in ihren eigenen Räumen einnehmen. Am Speisesaal grenzen die Räumlichkeiten der hier eingemieteten Großküche an, welche auch die Kinder der Einrichtung mit Mittagessen versorgt. Die Verpflegung für Frühstück und Vesper bringen die Kinder von zu Hause mit.

Neben der Großküche befindet sich ein Bewegungsraum mit einer Nutzfläche von ca. 12 m^2, der im Rahmen der Lernangebote (meistens 1 x wöchentlich für Sport oder bei Regenwetter) genutzt wird. An den Wänden des Sportraumes stehen Bänke. Diverse Sportgeräte wie Bälle, Reifen, zerlegbare Kästen etc. sind vorhanden. Die älteste Gruppe nutzt die Turnhalle der ortsansässigen Regelschule.

Im Obergeschoss befinden sich die Gruppenräume der ältesten und der mittleren Gruppe. Beide Räume sind durch einen großen Flur miteinander verbunden. Dort sind die Garderoben angeordnet. Ein Teil des noch zur Verfügung stehenden Platzes wird durch eine kleine Bauecke genutzt. Vom Flur aus geht es in einen kleinen Raum, der als „Papierzimmer" bezeichnet wird und in welchem auch entsprechendes Bastelmaterial aufbewahrt wird. Auf dieser Etage gibt es einen Waschraum, der von beiden Gruppen genutzt werden muss. Des Weiteren befindet sich im Obergeschoss ein helles und geräumiges Erzieherbüro. Vom Gruppenraum der ältesten Gruppe gelangt man zu zwei weiteren Räumen. Einer wird für das wöchentliche Schach-Spiel genutzt und der andere dient als Abstellraum für diverse Requisiten, Spielsachen, Kostüme etc.

Das weitläufige Außengelände hat eine große Spielwiese, auf welcher verschiedene Elemente angeordnet sind: ein Sandkasten, eine Kleinkindrutsche, ein buntes Holzhäuschen in Form einer Eisenbahn, ein Klettergerüst für die älteren Kinder, ein Kleinkindklettergerüst, eine Kleinkindschaukel, ein Fußballtor, eine überdachte Sitzecke, vier im Boden befestigte Gummireifen sowie eine große Holzhütte, die offen und von allen Seiten zugänglich ist.

Besprechungswesen

Im Beobachtungszeitraum konnte ich in einer „pädagogischen Beratung" hospitieren. die Inhalte waren vornehmlich organisatorischer Art (z. B. Belehrung der Mitarbeiterinnen, Gestaltung des anstehenden Erntedankfestes etc.). Obwohl es die Absicht der Leiterin ist, regelmäßigere Beratungen (einmal monatlich) durchzuführen, gelingt dies nach ihrer Schilderung aus Zeitgründen oder aufgrund von Personalausfall mitunter seltener (ca. 4 x im Jahr). Die Zeit des Mittagsschlafes der Kinder wird ebenfalls für Absprachen genutzt. Dies erfolgt jedoch nicht zielgerichtet, sondern eher bedarfsorientiert und situativ.

Beobachtung und Dokumentation

Bei der Aufnahme eines Kindes werden Karteikarten mit den Personalien der Eltern und des Kindes erstellt, welche dann im Büro der Leiterin aufbewahrt werden. Die Existenz von Aufnahmedokumenten, auf denen Besonderheiten des Kindes oder diverse andere wichtige Informationen fixiert sind, konnte nicht festgestellt werden. Auf ihrem privaten PC fertigt die Gruppenerzieherin der Krippengruppe Fotomappen von jedem Kind an. Am Ende der Kindergartenzeit werden diese den Eltern übergeben. Dies gilt auch für die „Malmappe", in welcher die Zeichnungen und Bastelarbeiten des Kindes gesammelt werden. Es wurde begonnen, Entwicklungsbögen über die Kinder zu führen. Diese waren zum Beobachtungszeitpunkt nicht auf dem aktuellen Stand (letzte Aufzeichnung lag fünf Monate zurück), was die Erzieherin mit Zeitmangel begründete.

In tabellarischer Form wurden monatlich die Entwicklungsschritte in den

Bereichen Sprache und Kommunikation, soziale, emotionale und kognitive Entwicklung, Zusammenarbeit mit der Familie und sonstige Angaben vermerkt. Die tägliche Dokumentation über durchgeführte Lernangebote mit wöchentlichen Zielsetzungen wurde im Gruppenbuch festgeschrieben.

Bildung der Gruppen in der Einrichtung

Grundsätzliches Anliegen der Einrichtung ist es, dass die Gruppen von der Krippenzeit bis zum Schuleintritt bestehen bleiben und auch durch ein und dieselbe Gruppenerzieherin betreut werden. Nach dem ersten Jahr wechselt diese Krippengruppe mit ihrer Erzieherin in einen anderen Raum, da der Krippenraum speziell für Kleinkinder ausgestattet ist. In den Krippenraum wechselt dann jene Erzieherin mit einer neuen Krippengruppe, die im Vorjahr die Schulanfänger betreute. Allerdings bleibt es nicht aus, dass schon während eines laufenden Kindergartenjahres bzw. gegen Ende dieses Jahres Kinder aus der Krippengruppe herausgenommen werden, um sie in einer anderen Gruppe unterzubringen. Dies ist davon abhängig, welche Neuaufnahmen im laufenden Jahr erfolgen und ob die Krippengruppe dann zu groß werden würde. Somit kann eine Kontinuität in der Betreuung nicht für alle Kinder garantiert werden. Wer bei Bedarf aus der Gruppe herausgenommen wird und in eine andere Gruppe wechselt, hängt vom Entwicklungsstand der Kinder ab. Dabei wird darauf geachtet, welches Kind den Wechsel nach Auffassung der Erzieherinnen am besten „verkraften" würde.

6.1.2 Teilnehmende Beobachtung in der Kinderkrippe

Die Beobachtungen wurden hauptsächlich am Vormittag in der Zeit von 08:00 Uhr bis 12:00 Uhr bzw. auch am Nachmittag bis 15:00 Uhr durchgeführt. Hauptsächlich wurde die zuständige Gruppenerzieherin beobachtet. An zwei Tagen übernahm die Leiterin der Einrichtung den Gruppendienst, so dass auch ihr Handeln dokumentiert werden konnte.

Der Tagesablauf ist folgendermaßen strukturiert:

06:00 – 08:00 Uhr:	Ankommen aller Kinder in der Einrichtung, alle Kinder verweilen zunächst gemeinsam in einem Raum..
Ab 8:00 Uhr	geht jede Erzieherin mit ihrer Gruppe in den entsprechenden Gruppenraum.
08:00 Uhr:	Alle Kinder sitzen am Tisch. Die Erzieherin singt ein Morgenlied und begleitet mit der Gitarre. Frühstück
anschließend:	gemeinsam auf Topf/WC und Waschen der Kinder

ca. 08:45 Uhr: Einige Kinder werden bis ca. 09:30 Uhr noch mal ins Bett
                    gebracht (bedarfsorientiert).

Den nicht schlafenden Kindern wird bis ca. 9:30 Uhr ein Lernangebot unterbreitet, an welches sich dann das Spielen anschließt. Die Schlafkinder bekommen
meistens noch etwas Gelegenheit zum Spielen. Mitunter mussten auch Kinder
geweckt werden, damit sie dann um 10:00 Uhr auch am Spaziergang teilnehmen
konnten.

10:00 Uhr: Spaziergang/Aufenthalt im Freien; anschließend Händewa-
                    schen der Kinder
11.00 Uhr: Mittagessen,
anschließend: Waschen, Topf, Wickeln
11:45/12:00 Uhr: Die Kinder werden nacheinander ins Bett gebracht, die jüngs-
                    ten Kinder zuerst; kein Einschlafritual
14:30 Uhr: Aufstehen der Kinder, Topf, Wickeln
danach: Kaffeetrinken, Spiel, Abholung der Kinder

Im Beobachtungszeitraum wurden von einer Gruppenerzieherin zwischen drei
bis acht Kinder betreut. Die teils geringe Kinderanzahl lag in dem Krankenstand
oder in der Urlaubszeit begründet. Während der Betreuung von nur drei Kindern
war das Handeln der Pädagogin wesentlich ausgeglichener als bei Anwesenheit
von acht Kindern. In letzterer Situation wirkte sie sehr angespannt, nervös und
insgesamt überfordert (FTB 09.09.08; 10.09.08; 11.09.08). Im Beobachtungszeitraum konnte ein einmaliges Unterstützungsangebot von Seiten der Leiterin
festgestellt werden, welches die Gruppenerzieherin jedoch ablehnte.

Unabhängig von der Gruppenstärke war signifikant, dass die Kinder im
gesamten Tagesablauf kaum eigene Entscheidungsfreiheiten hatten. Diese beschränkten sich größtenteils auf das Spielen nach dem Frühstück. Außerhalb
dieses Zeitraumes waren die Kinder hauptsächlich – durch die starke Führungsrolle der Erzieherinnen – fremdbestimmt, sie wurden zu nahezu allen Tätigkeiten
aufgefordert bzw. eigenständige Unternehmungen wurden verhindert bzw. unterbrochen, wenn sie nicht den Vorstellungen der Erzieherinnen entsprachen.
Beispiele: „Du kommst mit!"; „Hier entlang!"; „Ihr geht jetzt mal hier hinein,
sonst schmiert ihr mir alles breit!"; Nicht klettern!", Fass dich am Wagen an!";
„Sag: ‚Bitte'!" (FTB 10.09.08); „Du isst erst dein Brot!"; „Nicht klettern, sitzen!"; „Tu den Ball ins Laufgitter!"; „Schön essen!", „Aber!" (FTB 09.09.08),
„Du bleibst sitzen!"; „Nee nee nee! Du schiebst gern Sachen durch die Gegend,
muss die Oma mal fragen, ob du zu Hause Möbel rückst!" (FTB 18.09.08). In
den Interaktionen zwischen Erzieherin und Kind dominierten Verbote, in gerin-

gerem Maße gab es auch positive Rückmeldungen, jedoch meist auch nur, wenn das Verhalten der Kinder den Vorstellungen der Erzieherin entsprach.

In der Befriedigung der individuellen Bedürfnisse der Kinder handelte die Erzieherin von Kind zu Kind verschieden: Während einem Kind auf selbstverständlichste Art und Weise nochmals Tee eingeschenkt wurde, musste ein anderes sich mit „Bitte!" und „Danke" redlich darum bemühen (FTB 10.09.08).

Auch in den Beobachtungen des Handelns der Leiterin offenbarte sich eine instruierende und führende Handlungsweise: „Du willst Apfel? Dann beiß erst in dein Brot!"; „Die hat auch schon ihren Willen." (FTB 05.09.08); „Der Tim ist immer ein Guter, der bekommt zuerst sein Essen!" (FTB 24.09.08).

Die täglich geplanten, zielgerichteten Lernangebote nach dem Spielen ließen stark an die DDR-Kindergarten- bzw. Krippenpraxis erinnern. Aufgeweicht wurde die starre Struktur durch die freiwillige Teilnahme der Kinder. Das Interesse der Kleinen war so stark, dass sich hier kein Kind selbst ausschloss.

Im gesamten Ablauf hatten die Kinder in ihrem ebenerdigen kleinen Gruppenraum kaum Explorationsmöglichkeiten bzw. Gelegenheiten, besondere Herausforderungen zu meistern. Die Aktionen, die sich die Kinder als Ausgleich selbst suchten (z. B. Klettern auf Stuhl und Tisch und Schieben der kleinen Fußbänke) wurden umgehend durch die Erzieherin unterbunden. Die Bewegungsfreiheit wurde zusätzlich durch den täglichen Spaziergang mit Festhalten am Wagen eingegrenzt. Begründet wurde diese monotone Handlungsweise mit dem körperlichen Entwicklungsstand der teilweise recht jungen Kinder (15 bis 22 Monate). In dem vierwöchigen Beobachtungszeitraum erhielten die Kleinkinder nur einmal die Gelegenheit, auf der Wiese des Außengeländes zu explorieren. Doch auch hier wurden sie stets in ihren Erkundungen unterbrochen oder von vorneherein behindert. In der Argumentation der Erzieherin offenbarte sich eine stark sauberkeitsorientierte Handlungsweise (FTB 04.09.08).

Das Spiel der Kleinkinder war auf das funktionsgerechte Experimentieren mit reinem Spielzeug beschränkt (FTB 22.09.08). Naturmaterialien oder Gelegenheiten zum kreativen Gestalten blieben ungenutzt. Stifte, Wasserfarbe etc. wurden nur im Rahmen der Lernangebote bereitgestellt. Der Kontakt zu den übrigen Kindern der Einrichtung war kaum möglich. Zusätzlich wurde er durch eine Absperrtür behindert. Hier dokumentiert sich eine stark angstbetonte Handlungsweise (vor Gefahren des Kleinkindes).

Die Angebote im musischen Bereich fielen sehr spärlich aus; lediglich das Ritual des Morgenliedes am Frühstückstisch konnte beobachtet werden. Weitere Lieder, Tänze, Gedichte, Fingerspiele, Reime etc. und ein Einschlafritual wurden in der Feldbeobachtung nicht festgestellt.

In den Abläufen zu den Mahlzeiten offenbarte sich eine starke sauberkeitsorientierte Handlungsweise, die die ganzheitlichen Bildungsprozesse (z. B. Essen

unter Zuhilfenahme der Hände) stark einschränkte. Auch im Bereich der Sauberkeitserziehung wurden starre Vorgehensweisen – wie sie aus der DDR-
Krippenpraxis bekannt sind – vorgefunden. So kam es vor, dass die Kinder bis
zu 20 Minuten auf dem Topf verblieben (FTB 09.09.08).
Dies wurde mit den personellen Bedingungen begründet, weil die Erzieherin die
Sitzzeiten der Kinder dazu nutzte, die Kinder nacheinander ins Bett zu bringen.
    Die Mittagspause nutzten die Erzieherinnen zur Vorbereitung ihrer Wo-
chenplanung oder für Bastelarbeiten. Ebenso nahmen sie diese Gelegenheit
wahr, sich über dienstliche Angelegenheiten auszutauschen, was jedoch nicht als
konzeptioneller Baustein des Besprechungswesens galt.

6.1.3   Videographie in der Kinderkrippe „Brummkreisel"

Davon ausgehend, dass Bildungsprozesse bei Kindern während des gesamten
Tagesablaufes stattfinden, wurden zunächst sämtliche Alltagssituationen gefilmt.
Mit zunehmender Beobachtung und durch zeitnahes Betrachten des Videomate-
rials wurde der Fokus mehr auf die Inhalte der anschließend aufgenommenen
Situationen gerichtet. Das Filmmaterial des videographierten Alltages umfasst
einen Zeitumfang von ca. 3,5 Stunden (4,11 GB, MPEG 2-Format). Davon wur-
den fünf Szenen einer detaillierten Videoanalyse und Interpretation unterzogen.
Bei der Auswahl der Szenen orientierte ich mich an dem von neurobiologischen
Erkenntnissen abgeleiteten normativen Grundmuster über Bildungsprozesse im
Kleinkindalter. Die bereits im Kapitel 3.5 ausführlich beschriebenen Aspekte
sind:

*   Individualität – jedes Kind (Gehirn) ist einzigartig!
*   Selbstbildung des Kindes – Eigenaktivität (Aufgaben, an denen Kinder
    wachsen können)
*   emotional positives Aufladen von Lernsituationen
*   Das Gehirn ist ein soziales Organ, d. h. Lernen erfolgt durch Beziehun-
    gen (Potentialentfaltung durch Wohlbefinden in der Gemeinschaft und
    Vertrauen/Bindung zur Bezugsperson, Lernen durch gemeinschaftliche
    Werke)
*   Sensorische Integration

Im Anschluss werden fünf Videoszenen dargestellt, deren anschließende Auswertung auf der Grundlage der neurobiologischen Erkenntnisse erfolgte. Die
Beschreibung der Szenen geschieht aus Kameraperspektive.

Szene „Wegnahme des Buches" (Dauer 00:00:22 h)

Ausgangssituation – Standbild

Zentral im Bild steht ein Kindertisch. An der linken Tischkante ist ein Kinderstuhl zu sehen. Etwas seitlich rechts dahinter befindet sich die Erzieherin. Allerdings sind lediglich Hüfte, Bauch, Oberschenkel und der linke Unterschenkel zu sehen. Der rechte Unterschenkel wird von der Stuhllehne des vor der Erzieherin stehenden Kinderstuhles verdeckt; Oberkörper und Gesicht befinden sich nicht im Fokus der Kamera. Zeige-, Mittel-, Ring- und kleiner Finger der linken Hand befinden sich oberhalb der Stuhllehne, diese wird nicht abgebildet. Der Daumen ist nicht zu sehen. Das linke Knie ist etwas eingeknickt, der Oberkörper leicht nach vorn gebeugt. Das linke Bein steht leicht schräg vor dem rechte Bein. Vom linken Arm sind nur das Handgelenk und die Hand zu sehen. Die Finger der linken Hand sind leicht nach innen gekrümmt. Das rechte Bein ist leicht nach rechts ausgestellt. Im rechten Vordergrund des Standbildes ist der blonde Lockenkopf eines Kindes zu sehen, welches am Tisch sitzt. Diesem Kind gegenüber sitzt ein Junge ebenfalls auf einem Kinderstuhl, welcher an den Tisch herangerückt ist. Der rechte Ellenbogen ist auf die Tischplatte gestützt. Der rechte Unterarm des Jungen ist in einem Winkel von ca. 55 Grad angewinkelt. Die Finger der rechten Hand sind leicht gespreizt. Die Handinnenfläche wird über das Buch gehalten. Der linke Arm ist nicht einsehbar, da das blonde Kind im Bildvordergrund diesen Teil des Jungen verdeckt. Vor dem Jungen liegt auf der Tischplatte ein Bilderbuch. Zwei Finger der linken Hand berühren jedoch die Buchseite, die aufgeschlagen ist. Der Blick des Jungen ist nach unten auf das Buch gerichtet. Der Mund ist leicht gespitzt und das Kind wirkt dadurch sehr konzentriert. Die linke Buchseite ist nach oben aufgeschlagen. Es sind farbige Konturen auf dem Buch sichtbar.

Kind 1 – Junge im hellblauen Kapuzenpullover
Kind 2 – Mädchen im rosa gestreiften Langarmshirt
Kind 3 – Junge in Latzhose
Kind 4 – Junge im blauen Pullover (links im Bild)
Erzieherin Frau G.

Formulierende Interpretation – vor-ikonografische Ebene (Szenenverlauf)

Der geradeaus am Tisch sitzende Junge blättert die Seite eines Buches um. Währenddessen dreht die Erzieherin den links am Tisch stehenden Stuhl um 180 Grad, so dass dieser nun verkehrt herum steht. Sie macht einen Schritt nach links, umfasst mit ihrer rechten Hand das rechte Handgelenk des Jungen und mit ihrer linken Hand umfasst sie die Stuhllehne und schiebt seitlich drehend den

Stuhl nach hinten, so dass dieser vom Tisch entfernt wird. Dabei kommentiert sie: „Du kommst mal mit. Die Eisenbahn." Der Junge macht kleinkindtypische Geräusche, die wie ein Wimmern klingen. Anschließend zieht sie den an ihrer Hand führenden Jungen vom Stuhl hoch. Er lässt es kommentarlos geschehen. Dabei blickt er unentwegt auf das Buch. Die Erzieherin nimmt ihm das Buch aus der Hand und führt ihn an der rechten Hand festhaltend vom Tisch weg. Dabei sagt sie: „Das räumen wir dann auf. Guckst es nachher noch mal an." Diese Äußerung klingt freundlich. Beim darauffolgenden Satz: „Du setzt Dich jetzt mal hierhin an den kleinen Tisch, komm her!" wird der Tonfall bereits etwas resoluter. Unterstützend greift sie mit dem linken Arm die rechte Hüfte des Kindes und ihre rechte Hand hält die rechte Hand des Jungen. Nun hebt sie das Kind hoch und setzt es auf den Stuhl. Da nicht beide Beine sofort unter dem Tisch landen, korrigiert sie, indem sie den Jungen nachdrücklich auf den Stuhl drückt. Mit der verbalen Aufforderung: „Beine hoch, nee Beine unter den Tisch!" signalisiert sie dem Kind, wo die Beine postiert werden sollen. Mittlerweile ist das Kind in Sitzposition, aber es äußert immer noch diese wimmernden Kleinkindgeräusche. Während die Erzieherin den Stuhl des Jungen näher an den Tisch schiebt, bemerkt sie nochmals: „Nein, das tun wir jetzt weg!" Sie läuft in den Bildhintergrund und legt das Buch ab; der genaue Ort wird von der Kamera nicht erfasst. Aus den Feldbeobachtungen kann jedoch belegt werden, dass sie es auf einem Schrank ablegt, der aufgrund seiner Höhe für die Kinder nicht erreichbar ist. Dabei sagt sie zu dem Jungen: „Das guckst du dir nachher an, wir wollen jetzt Mittag essen!" Die drei am „Kleinen Tisch" sitzenden Kinder beobachten das Geschehen kommentarlos. Die Erzieherin läuft nach rechts und verschwindet aus dem Fokus der Kamera.
Ende der Szene

Reflektierende Interpretation – ikonografische Ebene – („Fallbeschreibung")

Fallentwickelnd wird auf drei Ebenen zusammengefasst:
- Ebene der Erzieherin,
- Ebene zwischen der Erzieherin und dem ein Buch betrachtenden Jungen und
- Ebene des ein Buch betrachtenden Kindes.

In der vorliegenden Szene setzen sich die Kinder nach dem Aufenthalt im Freien an den Tisch, da die Vorbereitungen für das Mittagessen erfolgen. Ein Kind nimmt sich ein Buch, welches es in der Nähe des Tisches entdeckt hatte und setzt sich damit an den Tisch. Es beginnt, dieses zu betrachten. Diese Vorinformationen können aus den vor der Videoaufzeichnung erfolgten Feld-Beobachtungen entnommen werden.

Die Handlungen der Erzieherin wirken zielorientiert, führend und dominant. Mit ihren Äußerungen und körperlichen Aktivitäten versucht sie, Widerstände von Seiten des Kindes zu unterbinden. Ihre verbalen und körpersprachlichen Handlungen erscheinen sehr resolut. Durch den Einsatz ihrer körperlichen Kräfte gelingt es ihr mühelos, ihre Vorhaben in die Tat umzusetzen. Proteste von Seiten des Jungen werden ignoriert. Dadurch wird der eigene Willen des Kindes untergraben und es werden die persönlichen Vorstellungen der Erzieherin aufgedrängt. In ihrem Versprechen, dass das Kind das Buch später noch anschauen kann, ist sie – was den genauen Zeitpunkt anbelangt – sehr unkonkret und erscheint von daher eher unglaubwürdig. Vermutlich tut sie dies, um den Jungen für den Moment zu beschwichtigen, damit sie ihr Ziel erreichen kann. Anfangs dokumentiert sich noch ein kleiner Versuch von Seiten der Erzieherin, auf die Belange des Kindes einzugehen, indem sie bestätigt: „Die Eisenbahn". Möglich ist, dass sie kamerareaktives Verhalten an den Tag legt. Diese Äußerung steht im Widerspruch zu ihrem weiteren zielgerichteten Handeln, scheint es doch, dass sie primär bestrebt ist, ihr Vorhaben konsequent durchzuziehen. Grund ihres Vorgehens könnte auch ein Zeitaspekt sein. Sie betreut an diesem Tag sechs Kinder und muss das Mittagessen selbst holen. Aus den Feldbeobachtungen kann ergänzt werden, dass die Kinder erst alle am Tisch sitzen müssen, bevor sie das Essen organisiert. Ebenso besteht die Vermutung, dass sie eine pauschalisierte Handlungsweise praktiziert und das Bedürfnis eines einzelnen Kindes nicht weiter beachtet. Es könnten seitens der Erzieherin Bedenken bestehen, dass sich womöglich auch andere Kinder aufgrund ihres Imitationsverhaltens ebenso ein Buch nehmen möchten. So könnte sie befürchten, dass dann der weitere Ablauf des Mittagessens vehement gestört werden würde. Es liegt nahe, dass das Handeln der Erzieherin eher routineartig und starr verläuft. Ebenso kann stark davon ausgegangen werden, dass das erzieherische Handeln im unzureichenden bzw. falschen Verständnis über die Berücksichtigung individueller Bedürfnisse begründet liegt.

Im Umgang mit dem Jungen nimmt sie keinen direkten Blickkontakt auf, auch nicht bei den sprachlichen Interaktionen. Sie agiert von oben herab, wodurch der Eindruck einer Machtposition entsteht. In der Feldbeobachtung begründet die Erzieherin der Forscherin die Umsetzung des Kindes an den kleinen Tisch damit, dass es beim Mittagessen mit dem Essen „matschte". Damit die anderen älteren Kinder diese Verhaltensweisen nicht auch übernehmen, setzte sie den Jungen zu den jüngeren Kindern. Es kann jedoch auch nicht ausgeschlossen werden, dass es sich um eine Sanktionierung handelt, in welcher sich dann die Bequemlichkeit der Pädagogin widerspiegeln würde. Während sie mit dem Jungen beschäftigt ist, bleiben die anderen Kinder unbeachtet. Die Tatsache, dass der Junge an den „Kleinen Tisch" umgesetzt wird, erweckt beim Betrachter der Szene den Eindruck einer diskriminierenden Handlungsweise. Der mit dem Einschreiten der Erzieherin einhergehende intensive Körperkontakt zum Kind ist keinesfalls liebevoll und zärtlich. Vielmehr wirken ihre Berührungen grob und dominant. Das Befördern des Kindes auf den Stuhl zeigt eine herabwürdigende und respektlose Handlungsweise der Erzieherin im Umgang mit dem Kleinkind.

Der Junge handelte zielorientiert, er wollte sich das Buch betrachten. Trotz der Unterbindungsversuche der Erzieherin war er unentwegt daran interessiert, das Buch zu behalten und anzuschauen. Dennoch wehrt er sich zunächst nicht gegen die körperlichen Eingriffe der Erzieherin. Er lässt sich – im wahrsten Sinne des Wortes „gezwungenermaßen" – zum anderen Tisch führen. Dass er während der gesamten Szene immer wieder den Blick zum Buch richtet, verdeutlicht er großes Interesse, seinen starken Willen und seine Beharrlichkeit. Beim Hereinheben in den Stuhl werden durch die Beinbewegungen und kleinkindhaften Laute geringe Proteste sicht- und hörbar; doch das Kind scheint den Handlungen der Erzieherin unterlegen zu sein. Am Ende resigniert das Kind. Es wirkt während des gesamten Szenenverlaufes wie ein Subjekt, das sich unterordnen muss, so dass der Erwachsene seine Ziele durchsetzen kann.

Die drei Kinder am „Kleinen Tisch" beobachten das Geschehen kommentarlos. Ihre Sitzhaltung wirkt sehr geordnet und einheitlich. Zwei der Kinder bewegen sich gar nicht, nur ihre Augen sind in Bewegung. Das dritte Kind rutscht etwas auf dem Stuhl hin und her. Ihre Haltung wirkt einstudiert, so dass hier die Wahrscheinlichkeit angenommen werden kann, dass die Kinder diese Art des Ablaufes der Mittagessenssituation bereits genau kennen und verinnerlicht haben. Diesbezüglich haben sie einen gemeinsamen Erfahrungsraum. Der Blick des links im Bild sitzenden und zur Erzieherin aufschauenden Kindes wirkt auf den Betrachter ehrfürchtig und eingeschüchtert. Insgesamt lassen sich eine instruierende und dominante Handlungsweise und ein Bild vom hilflosen inkompetenten Kleinkind konstatieren.

Betrachtet man die Erkenntnisse der Neurobiologie, so wird das Kind durch die Unterbrechung des Bildungsprozesses in seiner Selbsttätigkeit strikt eingegrenzt. Mit dem Herausreißen aus der Buchbetrachtung wurde bei dem Kind ein von ihm selbst initiierter Bildungsprozess abgebrochen. Durch das Führen zum Tisch und das Hereinheben in den Stuhl wird das Kind in seiner Eigenständigkeit ausgebremst. Die Erzieherin verwehrt ihm, seine ganzheitlichen körperlichen Erfahrungen aus eigenen Interessen heraus zu machen.

Das geäußerte Versprechen, das Buch „nachher" noch ansehen zu dürfen, wird nicht eingehalten, da sich nach dem Mittagessen der Mittagsschlaf anschließt. Diese Informationen können sehr sicher aus den Feldbeobachtungen hinzugezogen werden. Der Umstand, dass das von der Erzieherin gemachte Versprechen nicht eingehalten wird, verhindert die Intensivierung des Vertrauensverhältnisses zwischen dem Kind und seiner Erzieherin. Dies kann unter Umständen dazu führen, dass das Kind auch künftige Versprechen und andere Äußerungen der Erzieherin für unbedeutend und unwichtig hält. Bei der Betrachtung dieser Szene entsteht bald der Eindruck, dass hier eher negative emotionale Erfahrungen gemacht werden, welche sich ebenso im kindlichen Gehirn verankern wie sonst die positiven. Die mit diesem Erlebnis verbundenen negativen Emotionen tragen nicht zum Wohlbefinden des Kleinkindes bei. Die Motivation, sich künftig wieder eigenständig Bildungsgelegenheiten zu suchen, könnte durch derartige Erlebnisse eingedämmt werden.

Die Beobachtungen der anderen anwesenden Kinder könnten bei diesen dazu führen, dass diese eingeschüchtert werden und sich künftig nicht getrauen, vor dem Mittagessen ein Buch in die Hand zu nehmen bzw. in ähnlichen Situationen von sich aus zu agieren, selbst wenn sie es wollten. Dadurch, dass die Kinder sich an ihren Vorbildern orientieren und deren Verhalten auch imitieren, werden sie durch derartige Situationen lernen, künftig nur das zu tun, was ihnen von außen auferlegt wird. Die Eigeninitiative kann dadurch stark beeinträchtigt werden.

In der Ausdrucksweise der Erzieherin in der Wir-Form lässt sich konstatieren, dass sie völlig routiniert gemäß ihren eigenen Vorstellungen handelt und die Bedürfnisse der Kinder außer Acht lässt bzw. ihre Vorstellungen auf die Kinder überträgt. Allein die Tatsache, dass der Junge das Buch noch nicht einmal bis zum Bereitstehen des Essens betrachten darf, zeugt von einer Ignoranz der individuellen Bedürfnisse und von der Inflexibilität der Erzieherin.

Durch das Führen des Kindes an der Hand und das anschließende Hereinheben in den Stuhl wird das Kind in seiner ganzheitlichen Bildung stark eingeschränkt.

Alle beteiligten Kinder erfahren in dieser Situation, dass sie einheitlich zu handeln haben und einzelne Ideen nicht erwünscht sind. Sie lernen, sich unterzuordnen und nach den Vorstellungen der Erwachsenen zu handeln. Der vehemente Abbau der Widerstände des Jungen geben den Kindern Orientierungen dahingehend, dass es sich nicht lohnt, eine eigene kritische Haltung zu entwickeln bzw. bestimmte Vorgänge zu hinterfragen. Sie können kaum Bewusstsein dahingehend entwickeln, dass eigene Ideen im Interesse der Gemeinschaft vertreten werden können.

Szene „Salzteig " (Dauer 00:01:25 h)

Ausgangssituation – Standbild
Im Fokus der Kamera befindet sich ein Tisch. Daran sind vier Kinder und eine

Erzieherin zu sehen, die daran sitzen. Links im Bild sind nur die beiden Hände eines Kindes sichtbar, die auf der Tischplatte aufliegen. Links von diesem Kind sitzt ein Junge in gestreiftem Shirt, der seine Arme hinter der Tischkante verortet hat. Er sitzt aufrecht auf seinem Stuhl. Das Gesicht wirkt geduldig abwartend und ernst. Links von diesem Jungen sitzt ein weiterer Junge mit dunkelblauem Pullover. Er hat die Arme auf der Tischplatte aufliegen und die Hände sind so angeordnet, so dass sich die Fingerspitzen berühren. Er blickt auf eine Tüte, welche die links neben ihm sitzende Erzieherin in ihren Händen hält. Die Stirn hat er leicht in Falten gelegt. Er macht einen interessierten, abwartenden, aber auch etwas skeptischen Eindruck. Links neben diesem Jungen sitzt die Erzieherin, ebenfalls auf einem Kinderstuhl. In ihrer linken Hand hält sie die Tüte mit Salzteig, ihre rechte Hand ist von der linken Hand und der Tüte verdeckt. Neben der Erzieherin sitzt ein weiterer Junge mit blauer Weste. Es ist nur die vordere Gesichtshälfte im Seitenprofil zu sehen. Der rechte Arm hängt hinter der Tischkante nach unten, der linke ist nicht zu erkennen. Der Junge schaut zur Tüte.

Kind 1 - Junge in blauer Weste
Kind 2 - Junge im gestreiften Shirt
Kind 3 - Junge mit blauem Kapuzenpullover und Latzhose
Kind 4 und 5 - nicht in die Auswertung einbezogen, da sie von der
              Kamera nicht wesentlich erfasst wurden
Erzieherin Frau G.

Formulierende Interpretation – vor-ikonografische Ebene (Szenenverlauf)

Der Junge ganz links im Bild ist der jüngste von allen am Tisch sitzenden Kindern und klopft abwechselnd mit beiden Händen auf den Tisch. Die Erzieherin hebt die Tüte an und greift mit ihrer rechten Hand hinein, um den Salzteig herauszunehmen. Dabei unterweist sie die Kinder, dass der Salzteig nicht in den Mund genommen werden darf. Die Betonung und Dehnung des Wortes „nicht" verdeutlicht, ihre anweisende, belehrende und dominante Haltung. Die Kamera zoomt heran und holt das links neben der Erzieherin sitzende Kind im blauen Pullover näher ins Bild. Im Fokus der Kamera befinden sich nur dieses Kind und zum Teil die Erzieherin. Das Kind hat die Lippen zusammengepresst und der Gesichtsausdruck lässt Anspannung und Erwartung erkennen. Mit seinen Blicken verfolgt der Junge die Handlungen der Erzieherin. Die Erzieherin bemerkt plötzlich, dass einem Kind die Nase läuft. Dieser Umstand führt dazu, dass sie Salzteig und Tüte umgehend fallen lässt. Die Erzieherin steht vom Stuhl auf, entschuldigt sich dafür. Der Junge rechts neben ihr schaut sich interessiert nach ihr um und blickt dann wieder auf die Tüte. Sie holt ein Taschentuch, um dem links neben ihr sitzenden Kind die Nase zu säubern. Sie putzt ihm mit der rechten Hand die Nase, während sie den Kopf des Kindes mit der linken Hand am Schädeldach fixiert. Während dieser Aktion verzieht das Kind das Gesicht, rümpft die Nase. Der Gesichtsausdruck lässt Unbehagen vermuten. Die Erzieherin kommentiert ihr Handeln, indem sie in der Wir-Form spricht: „Das machen wir mal weg." Die Erzieherin rechtfertigt sich, dass sie es nicht gesehen hat und wirft dem Kind vor, das Sekret verschmiert zu haben. Im Tonfall wirkt sie gelöst. Als sie das Gesicht des Kindes loslässt, entspannt sich sein Gesichtsausdruck. Die Erzieherin setzt sich wieder hin und mit der Äußerung: „So" signalisiert sie, die Sache erledigt zu haben und nun zur eigentlichen Aktion übergehen zu können. Dabei klingt sie kurzatmig und wirkt dadurch etwas abgehetzt. Breitbeinig sitzt sie zwischen den beiden Jungen und nimmt die Tüte zur Hand. Dabei belehrt sie die Kinder wieder, dass der Teig nur angefasst werden darf. Der Junge im gestreiften Shirt erscheint im Bild der Kamera. Er streckt den Arm nach der Tüte aus und lächelt dabei. Das Kind macht einen sehr interessierten Eindruck, es möchte die Tüte haben. Die Erzieherin vertröstet ihn, er solle warten, er bekäme auch etwas, ihr Tonfall ist freundlich. Der Gesichtsausdruck des Kindes verdüstert sich sofort und es antwortet prompt mit „ja", was sehr brav wirkt. Der Junge rechts neben der Erzieherin verfolgt gespannt die Bewegungen der Tüte. Für sein gezeigtes Interesse wirkt er immer noch sehr geduldig. Für die Erzieherin ist klar, dass zunächst sie es ist, die sich etwas Teig nimmt und zeigt den Kindern, dass man ihn kneten kann. Sie fordert die Kinder auf, ihr zuzusehen. Sie demonstriert den Kindern den Knetvorgang. Zur besseren Darstellung streckt sie ihren rechten Arm Richtung Mitte des Tisches. Der Junge im gestreiften T-Shirt schaut mittlerweile mürrisch und frustriert zur Erzieherin. Der Junge rechts neben der Erzieherin signalisiert mit kleinkindhaften Lauten und entsprechender Gestik, dass er auch etwas Teig möchte. Er hat schon die Finger an der Tüte. Doch sofort schiebt die Erzieherin diese von ihm weg. Sie kündigt an, dass nun alle etwas bekommen würden. Dies äußert sie bereits in strengerem Tonfall, der auch als genervt interpretiert werden kann. Dass der Junge von sich aus nach der Tüte greift, scheint ihr zu missfallen. Der Junge zieht sich wieder etwas zurück und übt sich erneut in Geduld. Sie macht die Teigstücke für die Kinder „extra groß", damit diese „gar nicht erst in Versuchung kommen". Was damit gemeint ist, spricht sie nicht konkret aus. Vermutlich geht es darum, dass die Kinder den Teig nicht in den Mund stecken sollen. Sie formt den Kindern kleine „Bälle" und verteilt diese an die Kinder. Das Kind rechts neben der Erzieherin bekommt den Ball zuerst, nicht das Kind, welches bereits nach der Tüte gegriffen hatte. Der Junge rechts von der Erzieherin beginnt erst nach anfänglichem Abwarten, den Ball zu berühren. Dies erfolgt sehr zaghaft und unsicher. Er hält den Teigball in seiner rechten Hand. Nun umfasst er auch mit der linken Hand den Ball. Er knetet den Ball nicht, er hält ihn nur. Währenddessen teilt die Erzieherin an die an-

deren Kinder jeweils einen Teig-Ball aus und gibt Anweisungen, was sie mit dem Teig anfangen sollen.
Ende der Szene

Reflektierende Interpretation – ikonografische Ebene – (Fallbeschreibung)

Fallentwickelnd wird auf drei Ebenen zusammengefasst:
- Ebene der Erzieherin,
- Ebene der Kinder und
- Ebene zwischen der Erzieherin und jedem einzelnen Kind.

Bei der beschriebenen Szene handelt es sich um ein geplantes und vorbereitetes Lernangebot, bei dem die Kinder mit dem Material Salzteig bekannt gemacht werden.

Im Handeln der Erzieherin wird deutlich, dass die Pädagogin sich selbst in der Rolle sieht, den Ablauf des Bildungsprozesses vorzugeben und zu strukturieren. Dabei legt sie die Reihenfolge der einzelnen Aktionen fest und bestimmt den Zeitpunkt des Handlungsbeginns der Kinder. Dabei sollen die Kinder zunächst den Ausführungen der Erzieherin folgen, bevor sie selbst tätig werden dürfen. In der Vorführung zum Umgang mit dem Salzteig dokumentiert sich eine demonstrierende und vermittelnde Handlungsweise und auch ein Bild vom hilflosen inkompetenten, nicht eigenständigen Kleinkind. Diese Annahme wird bestärkt durch den Rundumblick der Erzieherin von Kind zu Kind während des Knetvorganges. Ihre Präsentationshaltung vor laufender Kamera lässt den Schluss zu, dass die Pädagogin von der Korrektheit ihres Handelns überzeugt ist. Der Umstand, dass einem Kind die Nase läuft, bewegt sie zur Unterbrechung des begonnenen Lernprozesses der Kinder. Die Handlung des Naseputzens weist auf eine sauberkeitsorientierte Haltung hin, welche sich auch im Leitfadeninterview bestätigt (LFI Ge A, Z 140-142). Wenn sie ihr eigentliches Vorhaben unterbrechen „muss", wirkt sie hektisch. Es kann sich jedoch auch um kamerareaktives Verhalten handeln, so dass sie vielleicht glaubt, Außenstehende könnten annehmen, dass sie für derartige Zwischenfälle nicht aufmerksam genug ist und das Eingreifen auch von ihr erwartet wird. Die ausgesprochene Entschuldigung für die Unterbrechung ihrer Demonstrationshandlung könnte möglicherweise auch den Kindern gegenüber gemeint sein, stellt jedoch einen Widerspruch zu ihrem sonst eher achtlosen Verhalten ihnen gegenüber dar. Eher liegt die Wahrscheinlichkeit nahe, dass die ausgesprochene Entschuldigung der filmenden Person gilt.

Im Umgang mit den Kindern dokumentiert sich eine dominante Handlungsweise. Kinder, die ihre Eigenständigkeit offen und eindeutig signalisieren, werden sofort ausgebremst. Dies geschieht sowohl durch Körpersprache (Wegschieben der Tüte) als auch zusätzlich durch verbale Bekräftigung. In ihren Belehrungen zum Experimentieren mit dem Material Salzteig offenbart sich die vermittelnde und demonstrierende Rolle der Erzieherin. In ihren Interaktionen mit den Kindern lassen sich Unterschiede konstatieren. Während ein Junge auf freundliche Art vertröstet wird, wird einem anderen Jungen die Tüte abrupt entzogen und der Tonfall der darauf folgenden Worte ist erheblich strenger. Denkbar ist, dass der strenger behandelte Junge auch in anderen Situationen eigenständiger und offener agiert und die Erzieherin deshalb ein spezielles Bild von diesem Kind hat, das nicht mit den eigenen Vorstellungen zum Bild vom Kleinkind zusammenpasst. Die Pädagogin unterstellt den Kindern von vorneherein einen unsachgemäßen Umgang mit dem Material und tut alles, damit die Kinder dazu gar keine Chance erhalten. Ihre Besorgnis, dass die Kinder das Material auch mit dem Mund erforschen könnten, lässt die Angst der Erzieherin vor möglichen gesundheitlichen Schäden für die Kinder erahnen. Möglicherweise glaubt sie, von vorneherein alles tun zu müssen, um die Kinder zu schützen. Dadurch erhalten diese lediglich die Gelegenheit, ihre Erkundungen streng nach den Vorstellungen der Erzieherin zu gestalten. In ihrer sprachlichen Begleitung formuliert sie ihre Äußerungen in der Wir-Form und projiziert somit ihre Vorstellung auf die Kinder. Es dokumentiert sich zum einen ein Bild vom inkompetenten und hilflosen Kleinkind, welches angeleitet werden muss und zum anderen eine führende und instruierende sowie angstbetonte Handlungsweise der Erzieherin. Ihre führende Rolle könnte durchaus in der Unwissenheit der Erzieherin über das reale Bild vom kompetenten Kleinkind und über eine modernere Rolle der Erzieherin begründet liegen.

Die erwartungsvolle und ruhige Sitzhaltung lässt das große Interesse der Kleinkinder vermuten. Derartige Vorführungen sind ihnen offensichtlich bekannt. Die Kinder scheinen dahingehend einen gemeinsamen Erfahrungsraum zu haben, wenn es abzuwarten gilt, da zunächst die Erzieherin das Wort ergreift und weitere Instruktionen erteilt. Ihre intrinsische Neugier veranlasst zwischendurch zumindest zwei Kinder, trotzdem Eigeninitiative zu demonstrieren. Als die Erzieherin diese Versuche jedoch unterbindet, halten sich die Kinder sofort zurück. Nach dem Austeilen des Salzteiges wird nur sehr zaghaft mit dem Material umgegangen. Es scheint, als trauen sich die Kinder nicht mehr, jetzt, wo sie endlich experimentieren dürfen. Es kann auch vermutet werden, dass das Forscherinteresse durch die langatmige Demonstration abgeschwächt wurde. Insgesamt kann beim Betrachten der Szene schon der Eindruck einer eingeschüchterten Kindergemeinschaft entstehen.

Von den Erkenntnissen der Neurobiologie ausgehend erfolgt hier im Bereich des ganzheitlichen Lernens eine besondere Einschränkung. Die nahezu starre Körperhaltung der Kinder am Tisch lässt die Kombination von Bewegung und Lernen eher nicht zu. Die Begrenzung der vielsinnlichen Entdeckungsmöglichkeiten der Kinder („Nicht in den Mund nehmen!") kann zur Folge haben, dass sie künftig in anderen Lernsituationen ebenso eine zurückhaltende Haltung an den Tag legen.

Aus der abwartenden und geordneten Haltung der Kinder am Tisch kann die Hypothese abgeleitet werden, dass sie bereits des Öfteren derartige Demonstrationserfahrungen machen mussten und auch hier den Ausführungen der Erzieherin gehorsam folgen. Wiederholen sich diese Vorgänge immer wieder, so kann die Eigenaktivität des Kindes und die Motivation zum eigenständigen Lernen abgeschwächt werden. Durch die Demonstration der Erzieherin werden die natürlichen kindlichen Bedürfnisse von vornherein gelähmt. Diese Haltung offenbart sich auch am Szenenende, als der Salzteig-Ball in der Hand des Jungen ruht und keine Erkundungsversuche erkennbar sind. Diese Situation kann die Entwicklung kreativer Fähigkeiten behindern.

An den ernsten und abwartenden Gesichtern sind kaum Gefühlsregungen abzulesen. Es kann davon ausgegangen werden, dass die Erfahrungen aus dieser speziellen Lernsituation zwar im kindlichen Gehirn verankert werden, allerdings nicht in positiver Hinsicht, da die dafür erforderlichen bedeutsamen Emotionen nicht vorhanden sind. Die (ausdruckslose) Mimik der Kinder lässt auf eine emotional bedeutungslose Lernsituation hindeuten, wodurch künftige eigenständige Erkundungsversuche im Bereich des kreativen Gestaltens deutlich verhindern werden könnten. Die Situation trägt somit nicht unbedingt dazu bei, das Interesse der Kinder für kreative Tätigkeiten zu erweitern. Auch die Eigenmotivation für die Bewältigung von Lernprozessen kann herabgesetzt werden.

Durch die demonstrierende Handlungsweise der Erzieherin im Verlauf des Angebotes lernen die Kinder, dass erst die Erzieherin das Startsignal zum gemeinsamen Beginn des Knetvorganges gibt. Was die Potentialentfaltung in der Kindergemeinschaft anbelangt, so werden die Kinder hier lediglich voneinander bzw. miteinander erfahren, dass sie auf die Vorgaben und Anweisungen von außen zu warten und zu gehorchen haben und eigene Ideen nicht bedeutsam sind. Sie lernen, sich unterzuordnen und nach den Vorstellungen der Erwachsenen unvoreingenommen und kritiklos zu handeln. Die intrinsische Neugier des Kindes wird durch die lange Wartezeit und die strikten Handlungsvorschriften stark ausgebremst, was auch am Ende der Szene zu sehen ist. So waren die Erkundungsversuche des Kindes rechts im Bild sehr spärlich ausgefallen. Wenn eine Erzieherin ein Kind vertröstet, gleich anfangen zu dürfen und das Kind antwortet prompt mit einem braven „Ja", dann kann davon ausgegangen werden, dass die Kleinkinder bereits zu gehorsamen Persönlichkeiten *erzogen* worden sind.

Durch den gemeinsamen Beginn und die folgende Demonstration wird den individuellen Bedürfnissen der Kinder nicht Rechnung getragen. Sie haben keine

Möglichkeit, ihren eigenen Lernrhythmus zu finden und an den jeweiligen persönlichen Erfahrungen anzuknüpfen. Durch die alleinige Zuteilung des Salzteiges wird kein gemeinschaftliches Werk verrichtet und demnach auch kein gemeinsames Ergebnis erreicht. Jedes Kind hat sein eigenes Material. Die Kinder lernen, dass das Ergebnis des Einzelnen zählt und nicht der Prozess des künstlerischen Gestalten in der Gemeinschaft.

Szene „Bankrücken" (Dauer 00:00:26 h)

Ausgangssituation – Standbild
Zentral im Bild ist eine schmale Bank zu sehen. Hinter dieser Bank hockt oder kniet ein Kind. Zeige-, Mittel-, Ring- und kleiner Finger liegen auf der Sitzfläche der Bank auf, die linke Hand ist nicht einsehbar, da diese durch einen Kinderkopf im Vordergrund des Bildes verdeckt ist. Dieser Kopf ist mit einer beigefarbenen geringelten Mütze bedeckt und wird von der Kamera aus der Vogelperspektive abgebildet. Das Kind hinter der Bank hat den Kopf nach unten geneigt und den Blick in Richtung Bank gesenkt. Es wirkt konzentriert. Es ist mit einer hellblauen Jacke und einer karierten Mütze bekleidet. Links im Bild sind Rücken, Gesäß und der rechte Arm eines weiteren Kindes zu sehen. Der Oberkörper dieses Kindes ist leicht nach vorn geneigt. Der linke Arm wird von der Kamera nicht erfasst, der rechte ist zu sehen, allerdings kann die Position der Hand nicht lokalisiert werden, da diese ebenfalls durch den Kopf des Kindes im rechten Bildvordergrund verdeckt wird.

Kind 1 – Junge in hellblauer Jacke
Kind 2 – Junge in türkisfarbener Jacke
Kind 3 – Junge mit beigefarbener Mütze
Kind 4 – Junge in gelber Jacke
Erzieherin Frau G.

Formulierende Interpretation – vor-ikonografische Ebene (Szenenverlauf)

Im Fokus der Kamera befinden sich zwei Kinder. Während der Junge in der türkisfarbenen Jacke mit dem Rücken zur Kamera an der Bank stehend mit den Händen die Bank von sich schiebt, kniet der Junge mit der hellblauen Jacke ihm gegenüber, so dass sein Gesicht zur Kamera zeigt. Er hat ebenfalls die Hände auf der Sitzfläche der Bank aufgelegt. Nachdem die Bank zu ihm geschoben wird, hebt er beide Arme und stützt sich erneut auf der Bank ab. Dadurch schiebt er die Bank zu dem anderen Jungen zurück. Er begibt sich nun in den Stand und zieht die Bank zu sich heran. Währenddessen krabbelt das Kind mit der geringelten Mütze der sich bewegenden Bank hinterher. Es wird von der Kamera in der

Rückenansicht erfasst. Der Junge mit der türkisfarbenen Jacke folgt den Bewegungen der sich von ihm entfernenden Bank. Er unterstützt mit seinen Händen die von dem anderen Jungen initiierte Bewegung. Die Bank wird ein Stück in Richtung Bildmitte gerückt. Im Hintergrund befindet sich eine halb geöffnete Tür, in welcher die Beine einer erwachsenen Person zu erkennen sind. Die Person ist in Bewegung. Das Schieben der Bank verursacht lautstarke Geräusche. Ein weiteres Kind mit dunkelblauer Mütze läuft von links nach rechts durch das Bild und verschwindet aus dem Fokus der Kamera. Die Kinder rücken die Bank weiter, wodurch sich diese etwas dreht. Das Kind mit der dunkelblauen Mütze kommt nun von links und läuft erneut vor der Kamera vorbei nach rechts und ist auch gleich wieder aus dem Blickfeld verschwunden. Das zuvor der Bank hinterher gekrabbelte Kind bleibt still am Boden sitzen und beobachtet die Bewegungen der Bank. Die beiden bankrückenden Kinder schieben bzw. ziehen die Bank weiter in den rechten Teil des Bildes. Es wird ein Junge in orangefarbener Jacke sichtbar, allerdings nur von der Seite. Es ist nicht zu sehen, was er macht. Im Hintergrund bewegen sich die Beine der erwachsenen Person langsam auf den Bildvordergrund zu. Die Person führt eine Jacke mit sich. Von den zwei bankrückenden Kindern ist jetzt nur noch der Junge mit der türkisfarbenen Jacke zu sehen, da der andere sich beim Schieben der Bank schon in Richtung Wand begeben hat. Die erwachsene Person ist die Erzieherin, welche nun mit großen Schritten auf den Jungen mit der türkisfarbenen Jacke zukommt. Zuvor hat sie die Tür des sich im Hintergrund befindenden Zimmers geräuschvoll geschlossen. Mit nur zwei Schritten ist sie bei dem Kind und neigt ihren Oberkörper nach unten, geht etwas in die Knie und erfasst mit der rechten Hand den linken Arm des Kindes. Dabei äußert sie etwas, was allerdings nicht verständlich ist. Während das Kind von der Bank weggezogen wird, geht es drei Schritte rückwärts. Nun drückt die Erzieherin den linken Arm des Kindes nach unten, so dass das Kind in Sitzposition auf dem Boden landet. Der Oberkörper und der Kopf des Kindes neigen sich nach rechts, mit der rechten Hand stützt sich das Kind auf dem Boden ab. Die Erzieherin lässt die Hand des Kindes los. Die Kamera wird jetzt so geführt, dass nun auch der andere bankrückende Junge zu beobachten ist. Er schiebt weiterhin die Bank von sich weg. Die Erzieherin nimmt mit der rechten Hand die Bank, geht verstärkt in die Knie und neigt den Oberkörper noch etwas nach unten, so dass nun auch ein Teil ihres Gesichtes zu erkennen ist. Sie untermauert ihr Vorhaben verbal mit lautstarken Protesten und hebt die Bank an. Ihr Körper wirkt dabei sehr angespannt. Sie richtet sich auf und hebt dabei die Bank mit nach oben. Dadurch wird sie dem Kind in der hellblauen Jacke förmlich aus den Händen gerissen. Der im Bild nun hinter der Erzieherin sitzende Junge in türkisfarbener Jacke blickt der Bank hinterher. Die Erzieherin bewegt sich mit der Bank in ihrer rechten Hand jetzt in den Bildvordergrund. Die Kamera zoomt zurück um den Bewegungen der Erzieherin zu folgen. Sie kommentiert dabei ihr Tun nochmals sehr laut mit „Nein, nein, nein!". Die Erzieherin beugt sich etwas nach vorn, die Knie sind leicht eingeknickt. Die Bank wird etwas schwerfällig (im Bild rechts) an die Wand gestellt. Ihr Gesichtsausdruck wirkt sehr angespannt und entschlossen. Der Fokus der Kamera richtet sich auf ihren ganzen Körper. Die Erzieherin richtet sich auf. Nun ist der Junge mit der orange-farbenen Jacke zu sehen, der rechts im Bild an der Wand steht und mit dort angebrachtem Spielzeug beschäftigt ist. Er wendet seinen Blick von der Bank und richtet ihn nach rechts, vermutlich ins Leere. Sein Blick wirkt fragend und ernst zugleich. Die Erzieherin wird nun in der Rückenansicht erfasst. Sie macht einen sehr großen Schritt mit dem linken Bein nach vorn, wobei sich die Beine grätschen. Es wirkt wie ein Ausfallschritt. Sie legt ein Tuch auf dem Fensterbrett ab. Mit der Äußerung „So!" signalisiert sie, dass sie ihr Ziel erreicht hat. Der Junge mit der hellblauen Jacke geht mit gesenktem Blick in Richtung Kamera. Der Junge mit der türkisfarbenen Jacke sitzt noch immer auf dem Fußboden und schaut zur Erzieherin.

Reflektierende Interpretation – ikonografische Ebene – (Fallbeschreibung)

Fallentwickelnd wird auf drei Ebenen zusammengefasst:

- Ebene der Erzieherin,
- Ebene zwischen der Erzieherin und den beiden bankrückenden Kindern und
- Ebene der Kinder.

Die vorliegende Szene beschreibt eine Ankleidesituation vor dem Aufenthalt an der frischen Luft. Die Kinder sind bereits fertig angezogen, die Erzieherin holt sich ihre Jacke, um dann mit den Kindern nach draußen zu gehen.

Die Handlungen der Erzieherin sind sehr dominant und zielorientiert. Da das Rücken der Bank mit lautstarken Geräuschen verbunden ist, kann vermutet werden, dass der entstehende Lärm für die Erzieherin sehr belastend ist. Sie greift nicht sofort ein, sondern erst, nachdem sie ihre Jacke über dem Arm hat und vermutlich selbst erst für das Rausgehen bereit ist. Beim Eingreifen macht sie eine zwar unverständliche Äußerung, dennoch kommen durch ihre Stimmlage und Sprechgeschwindigkeit Wut und Ärger über das Handeln der Kinder zum Ausdruck. Ihre eingreifenden Bewegungen wirken grob und herabwürdigend und werden rasant ausgeführt. Da sie sich dem Kind in der türkisfarbenen Jacke von hinten nähert, wirkt dies zusätzlich auch noch überwältigend. Mit dem Einsatz ihres gesamten Körpers gelingt es ihr, die Handlungen der Kinder abzubrechen. Ihre Macht unterstreicht sie mit den entsprechenden verbalen Äußerungen. Es erfolgt kein erklärendes Gespräch mit den Kindern, sondern sie bricht vehement deren Aktivitäten ab. Im Umgang mit den bankrückenden Kindern pflegt sie keinen direkten Blickkontakt, auch nicht bei den sprachlichen Interaktionen. Es ist anzunehmen, dass sie primär der erzeugte Lärm belastet. Somit wäre es logisch, dass zunächst die Krach verursachende Bank entfernt werden muss, ohne dabei Rücksicht auf die gerade stattfindenden Selbstbildungsprozesse zu nehmen. Vermutlich hat sie auch keine Kenntnis darüber, dass es sich hier um experimentierendes und explorierendes Handeln von Kleinkindern handelt bzw. es wird ihr die Bedeutung der Handlungen der Kinder nicht bewusst sein. Möglich wäre auch, dass sie aufgrund ihrer alleinigen Betreuung der Kinder, die ja auch alle angezogen werden müssen überfordert ist und bereits eine gereizte Stimmung in sich trägt, die sie nun in dieser Konfliktsituation auf die Kinder überträgt. Die Erzieherin agiert von oben herab und verkörpert eine deklassierte Handlungsweise. Es dokumentiert sich ein instruierende und dominante Handlungsweise und ein Bild vom hilflosen inkompetenten Kleinkind bzw. auch ein Defizit über die Kenntnisse zur frühkindlichen Selbstbildung.

Das Kind mit der türkisfarbenen Jacke ist bewegungsfreudig und zeigt Forscherinteresse, und zwar dahingehend, wie sich die Bank fortbewegen lässt. Das Kind wird in seiner Aktivität abrupt gestört. Es hat keine Chance, sich gegen die Handlungen der Erzieherin zu wehren. Vielleicht hat es bereits derartige Erfahrungen gemacht, so dass es weiß, dass es nun keine andere Möglichkeit hat als dieses Eingreifen über sich ergehen zu lassen. Das Kind ist während der gesamten Zeit still, es weint auch nicht. Vielmehr wirkt es von dem plötzlichen Eingriff von hinten überrascht. Es bleibt während der restlichen Zeit auf dem Boden sitzen und beobachtet das weitere Geschehen. Vermutlich ist es vom Eingreifen der Pädagogin so überrumpelt worden, dass es in seiner Sitzposition nun eher wie gelähmt oder auch eingeschüchtert wirkt.

Das Kind in der hellblauen Jacke ist ebenfalls bewegungs- und experimentierfreudig. Es wirkt bei seinen Handlungen sehr konzentriert. Allerdings wird es ebenso überraschend von seinen Handlungen abgebracht wie sein Spielgefährte. Es kommentiert die Situation ebenfalls nicht, es weint auch nicht. Die Handlungen der Erzieherin lässt es über sich ergehen. Das Kind hat einen eher gleichgültigen Gesichtsausdruck, der vermuten lässt, dass es derartige Situationen bereits gewohnt ist.

Die Tatsache, dass die Kinder für ihre Erkundungen gerade die starke Geräusche verursachende Bank benutzen kann daran liegen, dass sie sonst keine anderen Möglichkeiten zur Verfügung haben oder zu nutzen wissen; oder aber der entstehende Lärm weckt gerade das Forscherinteresse der Kinder.

Während ihres Eingreifens hat die Erzieherin keinen Blick für die anderen anwesenden Kinder. Ihr Handeln ist zielgerichtet; sie ist bestrebt, die beiden

Kinder zu unterbrechen. Durch ihren plötzlichen Eingriff wirkt sie auf die nicht direkt betroffenen Kleinkinder unberechenbar und einschüchternd.

Aus neurobiologischer Sicht werden auch hier sowohl das ganzheitliche Lernen als auch die Eigenaktivität strikt unterbrochen. Mit dem Herausreißen aus der Bankrückaktion wurde bei beiden Jungen ein Selbstbildungsprozess abgebrochen. Die von den Kindern selbst initiierte Kombination von Bewegung und Geräuschen löst bei der Erzieherin sogar eine Handlung aus, die schon beinahe einem körperlichen Übergriff nahe kommt. Die Kinder erfahren, dass eigenständig initiierte Prozesse unerwünscht sind, was sich negativ auf ihre künftige Eigeninitiative auswirken kann.

Anhand des regungslosen bzw. überraschten Gesichtsausdruckes der Kinder kann eher von einer negativen emotional geladenen Lernsituationen ausgegangen werden. Dies kann wiederum, dazu führen, dass nicht nur das betroffene Kind, sondern auch diejenigen, welche die Situation beobachten, lernt, derartige Eigeninitiativen künftig zu unterlassen.

In diesem recht resoluten Eingriff dokumentiert sich auch, dass individuelle Bedürfnisse nach bestimmten Erfahrungen nicht zugelassen werden, vor allem dann, wenn es nicht gerade den Vorstellungen der Bezugsperson entspricht. Die Kinder werden gehindert, eigene Ideen zu verwirklichen und Erfahrungen zu sammeln. Ebenso werden sie in ihrem Explorationsdrang stark behindert.

Die überraschende Interventionsmaßnahme aus dem Hintergrund lässt eher das Misstrauen des Kindes zur Erzieherin wachsen als das Vertrauensverhältnis. Da die Erzieherin in ihrer Vorbildfunktion einen leichten körperlichen Übergriff demonstriert, liegt die Wahrscheinlichkeit nahe, dass die Kinder aufgrund ihrer Imitationsfähigkeit lernen, in Konfliktsituationen mit ihren Peers oder anderen Personen ähnlich zu agieren.

Die beiden interagierenden und nonverbal kommunizierenden Kinder werden durch das Einschreiten der Erzieherin abrupt gestört und auseinander getrieben. Die gemeinsame Betätigung der Jungen stellte einen wichtigen gemeinschaftlichen Lernprozess der Peers dar, welcher sich aufgrund der Störung nicht weiter etablieren konnte.

Szene „ Instrumente „ (Dauer 00:01:24 h)

Ausgangssituation – Standbild
Im Fokus der Kamera befindet sich ein Kindertisch. Links im Bild kommt ein Mädchen auf den Tisch zugelaufen. Links neben dem Mädchen sitzt ein Junge in gestreiftem Shirt an diesem Tisch. Links neben diesem Jungen kommt ein weiterer Junge mit rotem Shirt auf den Tisch zugelaufen. Die Kamera zeigt ihn in der Vorderansicht. Rechts im Bild sitzt ein Junge im roten T-Shirt am Tisch, der

einen Schellenring in den Händen hält. Zu seiner Linken sitzt die Erzieherin und wieder links von ihr stehen ein Mädchen im gestreiften und ein Junge im grünen Pullover am Tisch.

Kind 1 – Junge im roten Langarmshirt
Kind 2 – blondgelocktes Mädchen mit weißer Jacke und pinkfarbener Hose
     (links im Bild)
Kind 3 – Junge im pink-weiß-grau-gestreiften Pullover
Kind 4 – Junge im roten T-Shirt
Kind 5 – Mädchen im weißen Langarmshirt (rechts im Bild)
Kind 6 – Junge im grauen Pullover (rechts im Bild)
Erzieherin Frau G.

Formulierende Interpretation – vor-ikonografische Ebene (Szenenverlauf)

Der Junge mit dem roten Shirt kommt zum Tisch gelaufen. Währenddessen klopft der links im Bild am Tisch sitzende Junge mit den beiden Becken auf den Tisch und verursacht lautstarke Geräusche. Das Mädchen rechts neben ihm steht am Tisch und klopft mit einem Rassel-Ei auf den Tisch, was den Lärmpegel erhöht. Das Mädchen lächelt, es scheint Freude an der Aktion zu haben. Durch das Zurückzoomen der Kamera wird das Gesicht der Erzieherin sichtbar, die jetzt den rechten Zeigefinger erhebt und die Kinder verbal auffordert („Horcht!"), aufmerksam zu sein. Der Junge mit dem roten Shirt will gerade mit der Kastagnette auf den Tisch klopfen, hört aber sofort damit auf, als die Erzieherin den Zeigefinger erhebt. Durch ihre leicht hochgezogenen Augenbrauen und den dadurch ernsthaft wirkenden Gesichtsausdruck unterstreicht sie die Dringlichkeit ihres Anliegens. Der Junge mit dem roten Shirt geradeaus im Bild und das Mädchen links im Bild schauen erwartungsvoll zur Erzieherin. Das Mädchen hat ebenso umgehend mit dem Klopfen des Eies aufgehört und sich auf den Stuhl gesetzt, als die Erzieherin einschreitet. Der Junge mit dem Schellenring und die rechts im Bild hinter dem Tisch stehenden zwei Kinder (Junge und Mädchen) beobachten den Jungen mit den beiden Beckenteilen, die er immer noch auf den Tisch klopft. Der Junge im roten T-Shirt hält seinen Schellenring in der Hand und lächelt, während er den Jungen mit den Beckenteilen beobachtet. Die Erzieherin gibt die Anweisung, dass nicht auf den Tisch geklopft werden soll und wendet sich direkt dem Jungen mit dem Becken zu. Betont wird diese Haltung durch ihren verzerrten Gesichtsausdruck, der aufgrund des Kraches, beinahe als angewidert gedeutet werden kann. Als der Junge ihrer Aufforderung nicht nachkommt, sondern weiter klopft, erhebt sie sich schwerfällig von ihrem Stuhl und beugt ihren gesamten Oberkörper über den Tisch. Sie fordert den Jungen zweimal auf, ihr die Becken zu geben. Sie stellt ihm in Aussicht, ihm etwas zu zeigen. Er gibt ihr die Instrumente jedoch nicht, sondern versucht sie zu behalten, leistet sogar vagen Widerstand. Daraufhin bittet die Erzieherin ihn auf verbale Art („Bitte, bitte!") und nimmt ihm gleichzeitig schon die Instrumente weg. Er beugt sich kurzzeitig über den Tisch in Richtung Erzieherin, um die entnommenen Instrumente zu verfolgen. Als die Erzieherin beginnt, ihm den ordnungsgemäßen Umgang zu zeigen, setzt er sich auf seinen Stuhl zurück. Er verfolgt ihre Demonstration. Währenddessen hält die Erzieherin direkten Blickkontakt zu dem Jungen. Dies wirkt sehr ernst und beinahe schon einschüchternd. Der Gesichtsausdruck des Kindes ist ebenfalls ernst. Der Junge im roten Shirt macht den Versuch, nach den Becken zu greifen, doch er hat keine Chance, sie zu erhaschen, da die Erzieherin schneller ist und sie beide bereits in ihren Händen hält. Er zieht die Hände zurück und versucht aber gleich nochmal, nach den Instrumenten auszuholen. Dabei sucht er den Blick der Erzieherin. Die Erzieherin ignoriert sein Verhalten und legt die Becken dem anderen Jungen auf den Tisch zurück und setzt sich dann selbst wieder auf den Stuhl. Die übrigen Kinder im Bild beobachten das gesamte Geschehen. Das Mädchen rechts im Bild hat die Klopfbewegung mit seinem Rassel-Ei jetzt nachgeahmt. Es neigt den Kopf etwas nach links, um den Jungen mit dem Becken besser sehen zu können. Der Junge klopft erneut mit dem Becken in der rechten Hand auf den Tisch und sieht lächelnd zur Erzieherin. Sie fordert ihn auf, den anderen Teil des Beckens in die linke Hand zu nehmen. Doch der Junge mit dem roten Shirt rechts von ihm hat ihn sich genommen und seine Kastagnette auf dem Tisch abgelegt. Jetzt lächelt die Erzieherin. Dem klopfenden Jungen fällt das Becken aus der linken Hand auf den Fußboden. Er steht auf und bemüht sich, das Becken zu finden. Die Erzieherin räumt die Kastagnette sofort in den Korb, der in der Mitte des Tisches steht. Nun beginnt reges Treiben am Tisch. Der Junge mit dem Schellenring erzeugt durch das Hin- und Herschwingen bestimmte Klänge, das Mädchen rechts im Bild hat sich die Kastagnette aus dem Korb geholt und macht nun klappernde Geräusche. In der linken Hand hält sie das Rassel-Ei. Die Erzieherin schaut lächelnd zu ihr. Der Junge links neben dem Mädchen hält in seiner linken Hand ein Rassel-Ei und schüttelt es sehr zaghaft hin und her. Die Erzieherin lächelt immer noch, äußert jedoch einen Ausruf („Oh, was für eine Musik!"), der mit ihrem Gesichtsausdruck nicht stimmig ist. Bei dieser Äußerung schaut sie lächelnd in die Kamera. Der Junge links im Bild hat mittlerweile sein Becken aufgehoben, der Junge im roten Shirt kommt auf ihn zu und will es ihm wegnehmen. Die Erzieherin fordert das Mädchen links im Bild auf, nichts in den Mund zu stecken. Sie gibt ihr vor, das Ei lediglich zu schütteln. Durch den Kameraschwenk nach links erscheint dieses Kind im Fokus der Kamera. Es schüttelt ein Ei und lächelt. Die Erzieherin fragt das Mädchen, ob sie ein anderes Instrument möchte und bietet ihr die Kastagnette aus dem Korb an. In derselben

Zeit greift der Junge mit dem Schellenring in den Korb, um sich die Kastagnette zu holen. Doch er hat keine Chance, denn die Erzieherin hat sie sich schon für das Mädchen genommen. Sie bittet den Jungen zu warten. Das Mädchen nimmt sich die Kastagnette und wird gleichzeitig von der Erzieherin aufgefordert, das Ei in den Korb zu legen. Der Junge mit dem roten Shirt hat es aufgegeben, sich das zweite Beckenteil von dem anderen Jungen zu holen; er geht zu seinem Stehplatz zurück. Das Mädchen legt das Ei in den von der Erzieherin dargereichten Korb. Die Erzieherin hält dem Jungen im roten Shirt den Korb hin. Er legt seinen Teil des Beckens hinein. Das Mädchen links im Bild klappert mit der Kastagnette und lächelt. Der Junge mit dem Schellenring macht Anstalten, sich etwas aus dem Korb nehmen zu wollen. Die Erzieherin zieht ihm den Korb weg. Sie fordert ihn auf, zunächst den Schellenring hineinzulegen. Der Junge kommt der Aufforderung nicht nach, sondern greift ein zweites Mal nach dem Korb. Die Erzieherin entzieht ihm erneut den Korb und fordert ihn jetzt mit einem strengem „Nein" auf, zunächst den Schellenring abzulegen. Mit ihrer rechten Hand schiebt sie den linken Arm des Jungen weg. Der Junge klopft den Schellenring mehrmals, scheinbar wütend, auf den Tisch, so dass er ihm aus der Hand fällt. Durch den Kameraschwenk nach links erscheint nun wieder der Junge links im Bild, der erneut ein Becken auf den Tisch klopft. Die Erzieherin versucht, bei den Kindern die Instrumente, die sie – vermutlich nach ihrer Auffassung – zu viel in ihren Händen halten, einzusammeln. Doch sobald der Korb gefüllt ist, holen sich die Kinder wieder etwas aus dem Korb heraus. Alle Kinder erzeugen mit den selbst gewählten Instrumenten Geräusche. Die Lautstärke steigert sich dadurch. Vor Szenenende ist noch zu sehen, dass die Erzieherin den Korb den Kindern wieder hinhält, um erneut einzusammeln.
Ende der Szene

Reflektierende Interpretation – ikonografische Ebene – (Fallbeschreibung)

Fallentwickelnd wird auf drei Ebenen zusammengefasst:
- Ebene der Erzieherin,
- Ebene der Kinder und
- Ebene zwischen der Erzieherin und jedem einzelnen Kind.

In der beschriebenen Szene handelt es sich um ein Angebot, bei welchem die Kinder mit verschiedenen Musikinstrumenten umgehen durften. Dieses Angebot wurde situativ unterbreitet. Im Interview berichtete die Erzieherin, dass die Kinder im vorangegangenen Spiel (am gleichen Tag) mit den Bauklötzen auf den Tisch klopften und somit Geräusche erzeugten. Um dies „umzulenken", bot sie die Instrumente an.

Der Pädagogin kann (zunächst) zugute gehalten werden, dass sie durch ihre Beobachtungen die Bedürfnisse der Kinder nach Klangerzeugung im Spiel erkannte. Da jedoch die dazu verwendeten Mittel der Kinder (Bauklötze) nicht ihren Vorstellungen entsprachen, sah sie sich gezwungen, diese Bedürfnisse zwar aufzugreifen, aber dann weiter dafür auch die „richtigen" Mittel (Instrumente) zu benutzen.

Ihre Handlungen gestaltet die Erzieherin so, dass alle Aktivitäten nach ihren Vorstellungen erfolgen können. Erfolgt dies nicht, schreitet sie auf dominante und instruierende Weise ein. In ihren Vorführungen zum ordnungsgemäßen Instrumentengebrauch dokumentiert sich eine modellhafte Handlungsweise. Unter Einbeziehung ihrer Körpersprache (erhobener Zeigefinger und entsprechende Mimik durch hochgezogene Stirn) verdeutlicht sie ihre Autorität. Sie lässt es nicht zu, dass die Kinder die Instrumente nach deren eigenen Vorstellungen gebrauchen. Der dabei entstehende Lärm scheint für sie eine enorme Belastung zu sein, die es umgehend auszuschalten gilt. Der dazu kurz eingesetzte bittende Ton in der Interaktion mit einem beharrlicheren Jungen verfehlt seine Wirkung. Ihre Ungeduld zeigt sich darin, dass sie dem Kind die Instrumente entreißt und nicht abwartet, ob das Kind überhaupt ihrer Bitte von allein nachkommt. Da sie zwischendurch immer wieder versucht, jene Instrumente einzusammeln, welche gerade nicht benutzt werden, wird ein starker Drang nach Übersichtlichkeit und perfekter Ordnung deutlich. Das gezwungen wirkende Lächeln und der damit einhergehende Blick zur Kamera, gepaart mit der in einer etwas höheren Tonlage ausgesprochenen Äußerung: „Oh, was für eine Musik!" deuten eher auf kamerareaktives Verhalten hin. Dabei entsteht der Eindruck, dass das *Chaos* beim Musizieren eher nicht nach ihrem Plan verläuft und sie selbst beunruhigt. Das Verhalten der Kinder vor laufender Kamera scheint sie in Verlegenheit zu bringen, so wirken zumindest ihr (aufgesetztes) Lächeln und die in hoher Tonlage gemachte Äußerung. Sobald ihr die Situation zu entgleisen droht, bemüht sie sich, Ordnung in das Chaos zu bringen. Also entscheidet sie sich für Handlungen, die dieses Durcheinander schnellstmöglich beseitigen (Einsammeln der Instrumente durch Hinreichen des Korbes).

Zur Durchsetzung ihrer eigenen Ideen und Vorstellungen unterbricht die Erzieherin vehement die Handlungen der Kinder. Dazu setzt sie nicht nur ihre Körpersprache und verbale Sprache ein, sondern unterstützt dies noch durch ein Handeln, welches schon als handgreiflich bezeichnet werden kann. Direkten Blickkontakt nimmt sie nur mit jenem Kind auf, welchem sie eingehend demonstriert, wie etwas zu funktionieren hat. Die Signale Dritter nimmt sie nicht wahr bzw. ignoriert diese. Im Umgang mit den Kindern handelt die Erzieherin sehr unterschiedlich. Während von einem Mädchen verlangt wird, eines der zwei Instrumente, die es in der Hand hält, zurückzulegen, wird dieser Umstand bei einem anderen, zurückhaltenden Mädchen nicht kommentiert. Zwischendurch bietet die Erzieherin einem der Mädchen ein weiteres Instrument an. Es ist jedoch fraglich, ob dies deshalb geschieht, um dem Kind weitere Anregungen zu geben oder ob es davon abgebracht werden soll, ständig das Rassel-Ei in den Mund zu nehmen. Das Angebot des zweiten Instrumentes erfolgte nämlich nach der Aufforderung, das Ei nicht in den Mund zu nehmen. Deutlich wird auch ein geschlechterbezogener unterschiedlicher Umgang mit den Kindern. Bei der Durchsetzung ihrer Forderungen handelt die Erzieherin im Umgang mit den Jungen wesentlich grober und dominanter als bei den Mädchen.

Die anwesenden Kinder begeben sich alle mit großer Begeisterung in diese neue Situation (Ausprobieren der Instrumente). Dennoch lassen sich die meisten von ihnen in ihren Handlungen unterbrechen, sobald die Erzieherin einschreitet. Erwartungsvoll schauen sie zur Erzieherin auf und verfolgen deren Ausführungen. Dabei suchen sie den Blickkontakt mit ihr. Bei den Kindern untereinander lässt sich ein ausgeprägtes Imitationsverhalten konstatieren. Zwei Kinder (Junge und Mädchen rechts im Bild) nehmen überwiegend eine Beobachterrolle ein. Zwischen zwei Jungen kommt es zu einem kurzzeitigen Konflikt, der allerdings ohne verbale Proteste oder körperliche Auseinandersetzungen vonstattengeht. Vielmehr wird er von einem Jungen abgebrochen, da dieser wohl seine Bemühungen aufgegeben hat. Der Junge links im Bild lässt sich von den Demonstrationen der Erzieherin nicht beeindrucken. Er scheint eigene klare Vorstellungen davon zu haben, wie er das Instrument zum Klingen bringen möchte. Als die Erzieherin ihm die Instrumente wegnehmen will, wehrt er sich vehement, hat allerdings keine Chance gegen die Überlegenheit der erwachsenen Person. Der Junge im roten T-Shirt legt den Schellenring auch nicht sofort in den Korb, als er dazu aufgefordert wird. Er verliert ihn in der Auseinandersetzung mit der Erzieherin, als diese ihm den Korb mit dem anderen Instrument, das er gern haben möchte, wegreißt. Obwohl er am Ende gar kein Instrument mehr hat, bleibt er ruhig und protestiert nicht. Kurz darauf nimmt er sich ein Rassel-Ei aus dem Korb und zeigt sich sichtlich zufrieden damit. Bei den die Szene beobachtenden zwei Kindern rechts im Bild könnte der Eindruck entstehen, dass sie sich von vornherein gar nicht trauen, mit den Instrumenten eigenständig und aktiv umzugehen. Gründe könnten darin liegen, dass sie beide charakterlich zurückhaltender sind und auch in der Vergangenheit bereits derartige Anweisungen von Seiten der Erzieherin beobachtet haben. Demnach könnten sie es bereits gewohnt sein, die Demonstrationen zunächst abzuwarten. Insgesamt wird deutlich, dass die meisten Kinder aufs Wort der Erzieherin sofort gehorchen. Im Umgang mit den Kindern lassen sich eine dominante, instruierende, modellhafte aber auch stressvermeidende (lärmvermeidender) Handlungsweise sowie ein Bild vom hilflosen inkompetenten und ausschließlich am Modell lernenden Kleinkind konstatieren.

Sich auf die neurobiologischen Erkenntnisse beziehend wird hier auch wieder die Einschränkung im Bereich des ganzheitlichen Lernens offensichtlich. Die Erzieherin erwartet, dass die Kinder die Instrumente funktionsgerecht benutzen; dabei gehört das Rassel-Ei beispielsweise nicht in den Mund. Derartige Erkundungsversuche des Kindes werden durch Umlenkmanöver ausgebremst. Die Kinder machen hierdurch die Erfahrung, dass bestimmte Dinge funktionsgerecht benutzt werden müssen, wodurch der kreative Umgang und die Verwirklichung eigener Vorstellungen und Ideen behindert wird. Dies kann zur Folge haben, dass die Kinder künftig einseitige Erfahrungsmuster nutzen und sich die Erfahrungen im kindlichen Gehirn ebenso einseitig ausbilden.

Auch die eigenständigen Versuche im Umgang mit den Instrumenten werden durch Demonstrationshandlungen der Erzieherin stets und ständig korrigiert bzw. durch Eingriffe untersagt oder abgebrochen. Die Kinder werden gehindert, selbst initiierte Erfahrungen mit den Instrumenten zu machen. Sie lernen, den Instruktionen von außen zu folgen, werden in ihrer Eigenaktivität zunehmend gestört und das Interesse für weitere kreative Erfahrungen wird abgeschwächt.

Solange die Kinder ihre eigenen Ideen verwirklichen können, kann von emotional positiv geladenen Lernsituationen ausgegangen werden. Hier entsteht durchaus der Eindruck, dass die Kinder sich wohlfühlen, denn sie zeigen eine hohe Motivation zum Experimentieren mit dem bereitgelegten Material. Sobald die Erzieherin eingreift, verändert sich die Mimik der Kinder. Die Unterbrechung von positiven Lernsituationen könnte die Motivation zur weiteren eigenständigen Exploration in ähnlichen Situationen hemmen.

Dadurch, dass sie eigene Vorstellungen nicht verwirklichen können und ihnen das Gefühl vermittelt wird, dass ihre Ideen nicht die richtigen sind, wird das Vertrauen in die eigenen Fähigkeiten nicht gestärkt. Das Kind erfährt eine Art Abhängigkeit von den Handlungen bzw. Anweisungen der Erwachsenen. Das Verhältnis zur Erzieherin wird sich vermutlich nicht zu einem echten Vertrauensverhältnis ausbilden, vielmehr lernen die Kinder vordergründig zu gehorchen bzw. die Instruktionen von außen abzuwarten.

Die individuellen Interessen und Bedürfnisse werden bei den aktiveren Kindern nicht zugelassen, vor allem dann nicht, wenn sie Krach erzeugen und für die Erzieherin belastend sind. Die zurückhaltenden Kinder werden in ihren vagen Aktivitäten nicht unterbrochen. Auch das Imitationsverhalten der Kinder untereinander wird behindert, da es der Erzieherin nur darum geht, ihre Vorstellungen umzusetzen. Dabei wird die Potentialentfaltung innerhalb der Kindergemeinschaft fehlgeleitet. So wird der Prozess des gemeinschaftlichen Musizierens durch die strikten Vorgaben der Erzieherin unterbrochen. Auch hier machen die Kinder die Erfahrung, dass sie nur nach den Vorgaben der Erzieherin zu agieren haben und eigene Interessen und Ideen eher bedeutungslos sind. Durch die ständigen Interventionen der Erzieherin kann kein gemeinsames und freudbetontes Werk errichtet werden. Die Kinder lernen, dass im Vordergrund die (korrekte) Leistung des Einzelnen steht.

Szene „Mittagessen – Füttern der Kinder" (Dauer 00:00:09 h)

Ausgangssituation – Standbild
Im Zentrum steht ein Tisch, an welchem drei Kinder und eine Erzieherin sitzen. Links im Bild sitzt ein Junge in gestreiftem Pullover. Er hat vor sich einen gelben Teller stehen. Der umgebundene Latz liegt unter dem Tellerboden. In seiner rechten Hand hält er einen Löffel, der Blick ist nach unten gesenkt, er schaut zu den Essensresten, die auf den Latz gefallen sind. Zu seiner Linken sitzt ein Junge im grünen T-Shirt, dessen umgebundener Latz ebenfalls auf der Tischplatte aufliegt. Gleich zu Szenenbeginn wird ihm von der Erzieherin der Teller weggenommen. Beim Wegziehen des Tellers kommentiert sie das Handeln des Kindes mit einem energischen: „Nein". Seinen rechten Arm hält der Junge angewinkelt nach oben. Die Finger der Hand sind leicht gekrümmt und wirken wie eine nicht geschlossene Faust. Sein Blick ruht auf dem mit Essen beladenen Teller, welchen die Erzieherin in ihrer Hand hält. Der Gesichtsausdruck des Kindes ist ernst und wirkt entschlossen. Der linke Arm des Kindes ist nicht zu sehen und das Kind lässt ihn vermutlich hinter der Tischkante nach unten hängen. Aus Sicht der Kamera sitzt rechts neben diesem Kind die Erzieherin auf einem Kinderstuhl. In der linken Hand hält sie den Suppenteller des Jungen, in ihrer rechten einen Löffel. Links von der Erzieherin sitzt ein Mädchen am Tisch. Es hat seinen rechten Zeigefinger im Mund. Die linke Hand liegt nicht auf der Tischplatte auf, sondern ist leicht nach oben gerichtet. Vor dem Mädchen steht ein Teller mit Essen auf dem Tisch, unter dessen Boden auch der Latz des Kindes geklemmt ist. Das Mädchen sieht zum Teller, den die Erzieherin hält.

Kind 1 – Junge im grünen T-Shirt und Latzhose
Kind 2 – Mädchen im karierten Kleid
Kind 3 – Junge im gestreiften Langarm-Shirt
Erzieherin Frau G.

Formulierende Interpretation – vor-ikonografische Ebene (Szenenverlauf)

Während die Erzieherin den Teller des Jungen zu sich heranzieht und etwas Essen auf den Löffel schiebt, macht der Junge im grünen T-Shirt mit seinem rechten Arm ausholende Bewegungen. Er streckt seine rechte Hand nach dem Löffel aus, kann ihn aber nicht ergreifen, da er zu weit entfernt ist. Dabei schiebt

sich seine Zunge zwischen Ober- und Unterlippe. Die Erzieherin protestiert gegen die Bemühungen des Jungen, indem sie zweimal lautstark: „Nein!" ruft und den Teller weiter vom Jungen wegschiebt. Der Junge beugt sich mit seinem Oberkörper weiter über den Tisch, um mit den Fingern an den Löffel zu gelangen. Es gelingt ihm nicht. Das Mädchen nimmt seinen Finger aus dem Mund und schaut auf seinen Teller. Mit der rechten Hand ergreift es den Löffel und schiebt ihn sich in den Mund. Dabei fällt das Essen, welches bereits auf dem Löffel war, auf den Teller zurück. Somit schiebt sich das Kind einen leeren Löffel in den Mund. Der Junge ganz links im Bild isst selbstständig und sieht bei den „Nein"-Rufen zur Erzieherin. Die Erzieherin führt den Löffel zum Mund des Jungen im grünen T-Shirt. Dabei bewegt sie diesen hoch über den Kopf des Kindes bis nach unten zum Mund. Sie weist ihn an, den Mund zu öffnen, was er umgehend macht. Er hat immer noch den Arm ausgestreckt, wendet sich ihr nun zu und lässt sich das Essen in den Mund befördern. Dabei kommentiert sie sein richtiges Verhalten indem, sie sagt: „Ja, so machen wir das!" Er senkt seinen rechten Arm und klopft mit ihm mehrmals auf die Tischplatte. Die Erzieherin legt jenen Löffel auf dem Teller ab, welchen sie immer noch in der linken Hand hält. Ihre rechte Hand ergreift die rechte Hand des Mädchens, welches sich den leeren Löffel in den Mund geschoben hat. Sie nimmt dem Kind den Löffel sanft aus der Hand und schöpft Essen darauf. Das Mädchen hält beide Hände etwas über den Tisch, die Finger sind leicht gespreizt, als wollten sie zugreifen.
Ende der Szene

Reflektierende Interpretation – ikonografische Ebene (Fallbeschreibung)

Fallentwickelnd wird auf drei Ebenen zusammengefasst:

- Ebene der Erzieherin,
- Ebene zwischen der Erzieherin und den beiden zu fütternden Kindern
- Ebene der gefütterten Kinder.

In der vorliegenden Szene handelt es sich um eine Mittagessenssituation. Drei Kinder sitzen am Tisch. Davon werden zwei gefüttert und ein Kind isst selbstständig. Die Handlungen der Erzieherin sind zielorientiert und wirken abfertigend. Die Eigeninitiative der Kinder wird nicht berücksichtigt. Sie ist offensichtlich der Auffassung, dass die beiden Kinder gefüttert werden müssen und setzt dies auch resolut um. Dabei könnte ihre sauberkeitsorientierte Haltung die Ursache sein. Vermutlich traut sie den Kindern diese Fähigkeit nicht zu.

Im Umgang mit den Kindern können geschlechterbezogen unterschiedliche Handlungsweisen beobachtet werden. Dies bezieht sich vor allem auf die lautstarken und dominanten verbalen Äußerungen, die nur gegenüber dem Jungen zu beobachten sind. Während ihm der Teller ruckartig weggezogen wird, nimmt die

Erzieherin dem Mädchen recht sanft den Löffel aus der Hand. Sie greift vehement in die Versuche beider Kinder ein, selbstständig zu essen. Während sie die Kinder füttert, nimmt sie keinen Blickkontakt zu ihnen auf. Mit ihrer Sitzhaltung zwischen beiden Kindern kann beim Betrachter der Eindruck entstehen, dass sie die Handlungen der Kinder kontrollieren bzw. im Auge behalten möchte. Der Drang des Jungen nach Eigenständigkeit wird von der Erzieherin zwar registriert, allerdings mit einem strengen: „Nein!" regelrecht untersagt. Mit ihrer Äußerung: „So machen wir das!" unterstreicht sie, dass ihre Vorstellungen und Überzeugungen die richtigen sind und das Kind ebenso zu handeln hat. Vermutlich traut sie dem Jungen das selbstständige Essen nicht zu, und möchte verhindern, dass das Essen vielleicht nicht im Mund, sondern anderswo landet. Im Interview begründet sie ihr Handeln damit, dass sie bereits zu einem früheren Zeitpunkt beobachtete, dass das Kind beim Essen nicht sitzen blieb (LFI Ge A, Z 38-44). Denkbar ist auch, dass die Erzieherin die Kinder allein betreut und auch aus Zeitgründen diese Hilfestellung leistet. Es wird jedoch vor allem offensichtlich, dass hier ein großes Wissensdefizit bezüglich der frühkindlichen Selbstbildungsprozesse besteht. Die sehr geringen Erfahrungen der Erzieherin im Umgang mit Kleinkindern führen zu der dargestellten Problematik (LFI Ge A, Z 396-401).

Das starke Bestreben des Jungen zum eigenständigen Essen bleibt erfolglos. Über seinen Kopf hinweg wird entschieden, wie die Nahrungsaufnahme zu erfolgen hat. In den Bemühungen um den Löffel während der gesamten Szene konstituiert sich eine enorme Ausdauer und die Beharrlichkeit des Kindes. Indem er auf den Tisch klopft, verleiht er seinem Bestreben Nachdruck. Denkbar wären auch Gründe wie Hungergefühl oder auch die Freude über das Essen, aber auch Wut über die Zurückweisung seiner Initiative. Durch eine Kopfdrehung nach links wendet er sich dem Essen zu. Der Betrachter könnte vermuten, das Kind müsste sich darum bemühen. Das Mädchen wirkt zurückhaltender. Mit den zaghaften Bewegungen seiner Hände signalisiert es ebenfalls das Bestreben nach Eigenständigkeit. Vermutlich liegt es an seinem Charakter bzw. Temperament, dass es seine Bedürfnisse nicht so intensiv offenbart wie der Junge. Beide Kinder werden in ihrer Eigenständigkeit erheblich gehindert, der Junge dabei wesentlich stärker als das Mädchen.

Die Erzieherin ist mit der Ausübung ihrer steuernden Rolle intensiv beschäftigt. Einen Spielraum zur Interaktion mit anderen Kindern bzw. zu deren Beobachtung sieht und nutzt sie nicht.

Die beschriebene Szene dauert insgesamt 9 Sekunden. Während dieser sehr kurzen Zeit kommt es zu drei starken Eingriffen in die Bemühungen um Selbstbildungsprozesse der essenden Kinder. Es dokumentiert sich eine instruierende, dominante und respektlose Haltung sowie ein Bild vom inkompetenten und hilflosen Kleinkind.

Nach der Überprüfung der Szene anhand des normativen Grundmusters der neurobiologischen Erkenntnisse kann hinsichtlich der Eigenständigkeit festgestellt werden, dass die Kinder durch das Füttern in ihrer Selbstbildung stark eingegrenzt werden. Es erfolgen Einschränkungen im Rahmen des ganzheitlichen Lernens; die Möglichkeit, auch die Hände zum Essen unterstützend einzusetzen, wird nicht eingeräumt. Die Behinderung der eigenständigen Handlungen der Kinder kann zur Folge haben, dass die Anstrengungsbereitschaft und Motivation in anderen Lernsituationen abgeschwächt wird und die Kinder zunehmend auf Instruktionen von außen warten. Das Vertrauen in die eigenen Fähigkeiten wird dadurch nicht begünstigt. Dies wirkt sich auf alle anwesenden Kinder aus, da sie das Verhalten der Erzieherin beobachten.

Das Klopfen des Jungen auf den Tisch wirkt fordernd, als wollte er seinen Willen nach Eigenständigkeit durchsetzen. Dass seine Signale zwar von der Erzieherin wahrgenommen werden, aber nicht die vom Kind gewünschte Wirkung erzielen, trägt nicht gerade zur Vertrauensbildung zwischen Kind und Bezugsperson bei.

In der vorliegenden Mittagessenssituation können keine emotional positiv geladenen Momente erfasst werden. Essen wird vermutlich nicht als eine Möglichkeit des gemeinschaftlichen Erlebens angesehen, sondern wirkt vielmehr wie ein Abfertigungsprocedere. Dadurch bleibt die Ästhetik, die bei den Mahlzeiten ebenfalls eine Rolle spielen sollte, eher unberücksichtigt; das Gemeinschaftsgefühl wird in dieser Situation nicht gestärkt.

Die individuellen Besonderheiten der Kinder bleiben unberücksichtigt, da vordergründig der Löffel ordnungsgemäß geführt werden muss und das Verhalten des Kindes insgesamt mit den Vorstellungen der Pädagogin konform gehen soll. Ihr Misstrauen in die Fähigkeiten der Kinder wirkt so, dass auch die Kinder selbst ihr Vertrauen in die eigenen Fähigkeiten nicht aufbauen können. Auch hier lernen die Kinder, dass sie nur nach den Vorgaben der Erwachsenen zu handeln und zu gehorchen haben. Die Kinder werden daran gehindert, ihre eigenen Fähigkeiten zu entdecken und zu erweitern bzw. an ihren bestehenden Erfahrungen anzusetzen oder eben auch an ihre Grenzen zu gelangen.

An dieser Stelle wird darauf hingewiesen, dass das Filmmaterial auf der Grundlage der Kategorien der neurobiologischen Erkenntnisse geprüft wurde. Selbstverständlich werden Erzieher aufgrund der geregelten Abläufe in einer Kita nahezu dazu gezwungen, auch Bildungsprozesse zu unterbrechen. Hier wurde jedoch festgestellt, dass die durch die Kinder selbst initiierten Bildungsprozesse vor allem dann auch nach deren Bedürfnissen und Interessen vollzogen oder zu Ende geführt werden konnten, wenn:

- die Erzieherin nicht im Raum war,
- die Erzieherin durch andere Umstände abgelenkt und somit unaufmerksam war (z. B. Gespräch mit Mutter von Eingewöhnungskind; Interaktionen mit anderen Kindern),
- das Kind im Spiel war oder
- sehr wenige Kinder anwesend waren (beispielsweise maximal zwei Kinder während einer Buchbetrachtung).

Insgesamt wurden 248 Szenen einer Prüfung auf der Grundlage des normativen Musters der neurobiologischen Aspekte unterzogen. Darunter befanden sich:

- 61 Szenen (24,6 %), , die dem Grundmuster weitgehend gerecht wurden
- 52 Szenen (21 %), die dem Grundmuster teilweise gerecht wurden und
- 135 Szenen (54,4 %), die dem Grundmuster durchgehend nicht gerecht wurden.

6.1.4   Orientierungen der Gruppenerzieherin in der Kinderkrippe

Durch das Video-Konfrontationsinterview mit der gefilmten Gruppenerzieherin sollten Hintergründe für das Handeln der Pädagogin bzw. ihr implizites (handlungsleitendes) Wissen eruiert werden. Insgesamt wurden sechs Videoszenen vorgespielt, nach deren jeweiliger Betrachtung sich eine Gesprächsphase anschloss. Obwohl das Interview durch die Videoszenen vorgegeben war, wurde dem Gespräch ein Leitfaden zugrunde gelegt, der im Interview berücksichtigt wurde. Die Fragen des Leitfadens und die der Szenen erfolgten anhand des normativen Grundmusters der Neurobiologie.

Unter den sechs Szenen befanden sich u. a. die bereits oben ausführlich dargestellten Szenen „Mittagessen – Füttern der Kinder" und „Salzteig". Beim Betrachten der Szenen reflektiert die Pädagogin sehr schnell den Drang der Kinder nach Eigenständigkeit. In den Argumentationen über ihr erzieherisches Handeln dokumentieren sich eine perfektions- und sauberkeitsorientierte Handlungsweise der Pädagogin – („Sie hatte den Löffel verkehrt herum gehabt" (LFI Ge A, Z 15-16); „... Brot isst er jetzt alleine ... früher flog ja auch alles durch die Gegend ..." (Z 73-74); „...den Mund mit dem Löffel gut trifft" (LFI Ge A, Z 21)) sowie ein Bild vom inkompetenten Kleinkind, was aus einem Wissensdefizit über die frühkindlichen Bildungsprozesse zu resultieren scheint. Eine anerkennende und wertschätzende Haltung gegenüber dem Kleinkind zeigt sich vor allem, wenn die Handlungen der Kinder nach den Vorstellungen der Erzieherin vollzogen werden. Bei der Gestaltung der Lernangebote orientiert sie sich ebenfalls an eigenen Vorstellungen; so war es *ihr* „wichtig, dass die Kinder ein anderes Material kennen lernen" (Z 165-171).

Die Umsetzung ihrer Perfektions- und Sauberkeitsorientierungen gelingt Frau G. mittels einer autoritären Handlungsweise: „... einfach die Menge des Essens reduziert, dass die Konzentration erst mal auf ein ganz kleines Stück war ..." (Z 79-80). Eine phlegmatische Arbeitsweise kann ebenso nicht ausgeschlossen werden, so wählt sie mit der Zuteilung des Essens doch den Weg des geringeren Widerstandes. In diesem Zuge werden die Bedürfnisse der Kleinkinder bewusst unterbunden bzw. abtrainiert und in andere Bahnen gelenkt. Auch ihre Ausführungen zur Szene „Instrumente" offenbaren eine Erwartungshaltung der Pädagogin dahingehend, dass die Kinder ihre Spielmaterialien (hier Instrumente) funktionsgerecht benutzen (LFI E5, Z 357-362). Es kann davon ausgegangen werden, dass die Kinder nicht nach eigenen Interessen experimentieren, sondern nach den Erwartungen der Erwachsenen handeln sollen. Die Betonung ihrer pauschalisierten Handlungsweise: „Und so hab ich das mit allen gemacht ... ganz individuell jedes Kind gucken, wie es isst ..." belegt ihre dominante und instruierende Handlungsweise und ihren defizitorientierten Blick auf das Kleinkind. Es erschließt sich ein Wissensdefizit hinsichtlich der Bedeutung von Individualität. Dadurch, dass sie das Lernen der Kleinkinder auf das Modelllernen begrenzt „... eindeutig die Kleinen lernen am Modell..." (Z 123), legitimiert sie die Führungsrolle der Erzieherin. Obwohl sie bei der Szenenbetrachtung („Salzteig") selbst wahrgenommen hat, dass eines der Kinder von sich aus tätig werden wollte, bestätigt sie ihre bewusste Handlungsweise: „Ich wollte es erst mal zeigen, es war mein Anliegen, das zu zeigen." (Z 189).

In den Darlegungen zum Imitationsverhalten der Peers und zur Eingewöhnung bekundet sie eine lärm- und stressvermeidende Handlungsweise: „(...) wenn einer die Erfahrung gemacht hat seine Bausteine klingen (...) und einmal Lärm erfolgt ... das kreist um sich, alle probieren es aus (...)" (Z 124-128); „sehr laut sehr chaotisch" (Z 348). Ein Widerspruch zeigt sich darin, dass sie andererseits den Kindern auch das eigenständige Experimentieren zugesteht: „(...) den Kleinen muss man das Material wirklich zum Erkunden geben (...)" (Z 131-132). Das aus ihrem Erfahrungsraum entstandene vage Bild vom forschenden Kleinkind scheint nicht auszureichen, um die Handlungspraxis adäquat zu gestalten. Das fachlich-theoretische Wissensdefizit begünstigt vermutlich ihre Führungsrolle, da sie wohl keine alternativen Handlungsweisen kennt.

Im Interview reflektiert Frau G., dass sie den Kindern für ihre eigenständigen Handlungen mehr Zeit einräumen müsste. In ihrer Argumentation: „(...) wenn er müde ist, dann muss ich ihn füttern" (Z 70) lässt sich eine starre Organisationsstruktur vermuten, die die individuellen Bedürfnisse des Kleinkindes unzureichend berücksichtigt. Es wird eine pauschalisierte und routinemäßige Handlungsweise deutlich. Wahrscheinlich kann die Erzieherin eine flexiblere

Handlungsweise gar nicht erst in Erwägung ziehen, da sie in der Regel bis zu elf Kleinkinder unter drei Jahren allein betreut. Ihre momentan unzureichende Beobachtung der Kinder begründet sie ebenfalls mit Zeitmangel, der aus der Personalsituation resultiert. Beim Betrachten einer Szene zum Anziehen der Kinder kritisiert Frau G. erneut die personellen Rahmenbedingungen: „(…) brauch 50 Minuten, um zehn Kinder anzuziehen (…)" (Z 653-654).[48] Die Eigenständigkeit der Kinder fördert die Erzieherin vor allem bei Tätigkeiten im Bereich der Selbstbedienung (z. B. An- und Ausziehen: „(…) sie sollen mithelfen und das macht's ja wieder so lang" (Z 661-662).

In den Darlegungen zur Schaffung von Möglichkeiten zur Überbrückung der Wartezeiten beim Anziehen zeigen sich eine angstbetonte Handlungsweise der Erzieherin und eine defizitorientierte Sichtweise und ein Bild vom inkompetenten Kleinkind: „In diesem Flur und Bewegungs- so Bobbycar und so was wollt ich da nicht hin tun, der Untergrund ist viel zu hart, also da mach ich mir Sorgen, wenn da ein Kind runterstürzt." (Z 488-494); „Bausteine kann ich nicht rausholen, die fliegen durch die Gegend" (Z 487).

In ihrer Beschreibung über die Gestaltung der Interaktionen mit neu einzugewöhnenden Kindern verdeutlicht sie erneut das Bild vom inkompetenten Kleinkind. Wahrscheinlich um die Kontrolle über das Kind nicht zu verlieren, sieht sie sich zu Kontrollhandlungen gezwungen: „… deswegen hab ich mich neben die Lena gesetzt, weil ich sie nicht einschätzen konnte, macht sie was, macht sie nichts? … wie weit ist sie fortgeschritten dass sie das mitmachen kann (…)" (Z 241-243).

In der ehrlichen Darstellung über ihre Unerfahrenheit in der Arbeit mit den unter Dreijährigen („Ich hab noch nie so kleine Kinder gehabt … frühestens immer ab drei Jahre…; Z 395) wird das fehlende Engagement zu diversen gezielten Fortbildungsmaßnahmen deutlich. Vielmehr scheint sie die erforderlichen Kenntnisse aus ihrem Erfahrungsraum abzuleiten: „(…) für mich ist das 'n bisschen, na, Experiment will ich nicht sagen (…), aber ich versuche immer zu sehen, was interessiert die Kinder, wo gucken sie genauer hin (…)" (Z 417-420); „Also ich entdecke mit diesen Kindern ganz viel, dass man viele Lernangebote einfach auch den kleinen Kindern machen kann (…)" (Z 414-416). Dabei zeigt sich auch ihre forschende und lernende Haltung; dies müsste jedoch mit der Aneignung theoretischen Wissens durchaus ergänzt werden. In ihren Ausführungen veranschaulicht Frau G. hier erste Tendenzen einer an den Interessen des Kindes orientierten Sichtweise, die sie jedoch auf die Planung der Lernangebote

---

48 Fraglich ist jedoch, warum sie das Hilfsangebot der Leiterin beispielsweise bei der Organisation des Mittagessens ablehnte (weiter oben). Möglich wäre, dass sie keine Schwäche zeigen wollte.

beschränkt. Auch der Umstand, dass die Erzieherin zielgerichtete Beobachtungen favorisiert und spontane Eindrücke für unzulänglich hält, bestätigt ihr Wissensdefizit im Bereich der Frühpädagogik.

Dass sie Elterngespräche meistens außerhalb der Dienstzeit durchführt, zeigt persönliches Engagement in diesem Bereich.

Die Betrachtung der Videoszenen hatte zwar die positive Konsequenz, dass Frau G. den Alltag aus einer ganz neuen Perspektive wahrnehmen konnte: „(...) das sind Perspektiven für mich, die habe ich nicht, das sehe ich einfach nicht" (LFI E5 A, Z 763-764). In diesem Kontext betont sie jedoch erneut die Wichtigkeit ihrer Einfluss nehmenden Rolle als Erzieherin: „(...) dass sie eben zu mir schauen oder dass sie jetzt zuschauen, wenn ich anderen Kindern was erkläre, das war für mich sehr interessant" (Z 767-769. Es wird vermutet, dass die Erzieherin nach Anerkennung und Wertschätzung strebt, die sie vermutlich über die Kinder einzuholen versucht, da sie von anderen Seiten wie beispielsweise vom Team oder auf der Leitungsebene ausbleiben. Die Frage, inwieweit die neuen Blickwinkel ihr künftiges Handeln beeinflussen könnten, bleibt an dieser Stelle unbeantwortet.

6.1.5   Kollektive Orientierungen

Zur Darstellung des Falles „Brummkreisel" und aufgrund der Größe der Einrichtung (nur 6 Pädagoginnen) wurden alle in der Einrichtung arbeitenden Erzieherinnen – bis auf eine wegen Urlaub abwesende – befragt. Alle Pädagoginnen hatten in der Vergangenheit auch schon mit Krippenkindern gearbeitet und werden es auch künftig tun. Deshalb wurden sie in die Befragungen einbezogen, damit das Bild über diese Einrichtung nicht allein von den Beobachtungen über das Handeln eines Einzelnen erstellt wird. Zur Ermittlung der kollektiven Orientierungen wurden gezielt Fragen gestellt, die sich ebenfalls auf die Aspekte des normativen Grundmusters der Neurobiologie bezogen.

6.1.5.1   Das Bild vom Kind und die Rolle der Erzieherin im frühkindlichen Bildungsprozess

In den Darstellungen über das Bild vom Kind drückte sich eine primär defizitäre Sichtweise aus: Die Kinder wurden als aggressiver „sie schlagen sehr schnell, sie treten" (BF E 3 a A, Z 23), bewegungsärmer „nicht mehr so sportlich"(BF E 3 a A, Z 8), unruhiger (BF E 2a A, Z 3), unkonzentrierter und egoistischer als früher charakterisiert. Es wurde deutlich, dass autoritäre Erziehungsstrategien auf Seiten der Pädagoginnen bestehen „Einnehmende Wesen … das Kind kennt das Wort am häufigsten 'ich will' und nicht 'ich möchte'„ (BF E 4 a A, Z 6-7). Für die negative Veränderung machen die Pädagoginnen vor allem die Elternhäuser, aber auch veränderte gesellschaftliche Entwicklungsprozesse verantwortlich. Erst auf die Frage nach positiven Aspekten der neuen Kindheit wird reflektiert, dass die Kinder „lebhafter…moderner" (BF E 3 a A, Z 4), „nicht so zurückhaltend" (ebd. Z 36) und „technisch versierter" (BF E 3 a A, Z 32) sind.

Die Ausführungen zum Bild vom Kind zeigen bei zwei der Befragten erste Ansätze eines positiven Blickes auf das kompetente Kleinkind: „... von Geburt an Wesen das … voll berechtigt im Leben steht (…) viel aufnimmt (…) quasi schon lernt von Anfang an" (BF E 1 a A, Z 3-5, BF E 2 a A, Z 4-5). Das Kind wird teilweise als eigenständige Persönlichkeit gesehen, welche sich nach ihren Bedürfnissen und dem eigenen Entwicklungstempo entwickeln soll (BF E 2 a A, Z 16, 42) Andererseits wird auch Wert auf bestimmte Regeln und Normen innerhalb der Gemeinschaft Wert gelegt (z. B. gemeinsames Zusammensitzen bei den Mahlzeiten). Bei nur einer Erzieherin dokumentiert sich eine tolerantere Haltung und weniger sauberkeitsorientierte Handlungsweise (BF E 2 d A, Z 13) gegenüber den kleinkindtypischen Essgewohnheiten.

Das Verständnis über die eigenständigen Aktivitäten des Kleinkindes scheint kaum oder nur gering ausgeprägt zu sein. Einerseits werden in diesem Kontext direkte Bewegungsmöglichkeiten (z. B. „Körperübungen", „Sportbeschäftigung", „Kreisspiele") benannt. Dies lässt zum einen ein unzureichendes Verständnis der Fragestellung (Begriff Eigenständigkeit) erkennen, zum anderen wird ein fehlendes Verständnis über die Selbstbildungsprozesse des eigenaktiven Kindes deutlich. Die Eigenaktivität des Kindes wird hauptsächlich im Spiel toleriert. In der Differenzierung zwischen den Krippenkindern und den Kindergartenkindern zeigt sich das Bild vom inkompetenten, hilflosen und am Modell lernenden Kleinkind und die Führungsrolle der Erzieherin bzw. das Defizit hinsichtlich der Fachkompetenz der Pädagoginnen: „(…) die müssen ja aufgrund ihres Alters noch bisschen eingegrenzt werden" (BF E 4 d A, Z 8-9); „(…) die Kinder brauchen die Beobachtung (…) sonst gerät ja alles außer Kontrolle" (ebd., Z 25-27); „(…) die Kleinen müssen ja erst mal lernen, damit umzugehen .. solche Sachen (…) hab ich nicht freistehen" (BF E 5 d A, Z 16-17). Die Experimentiermöglichkeiten des Kleinkindes werden aus Sicherheitsgründen stark auf den Umgang mit reinem Spielzeug und auf Handlungen wie das Ein- und Ausräumen beschränkt.

Auch in den Anweisungen der Leiterin offenbart sich hierzu die lenkende Rolle und auch eine stark sauberkeits- und perfektionsorientierte Handlungsweise: „dass sie verantwortlich sind, ihren eigenen Arbeitsplatz vorzubereiten und

ihn auch geordnet zu verlassen, also zu säubern und ordentlich wegzuräumen"
(BF E1 d A, Z 198-204; „(...) da muss man schon jedes einzelne Kind führen
(...)" (BF E1 d, Z 355).

Auch die Trennung zwischen den Altersgruppen 0-3 und 3-6 in Bezug auf
die Nutzung des Turnraumes bescheinigt den Pädagoginnen das Bild vom inkompetenten minderwertigen Kleinkind und ihr mangelndes fachliches Hintergrundwissen über die frühkindlichen Selbstbildungsprozesse: „Also der ist für
die Kleinen gar nicht schlecht (...)" (BF E 1 d A, Z 38). Demgegenüber stellte
der Raum für die Kindergartenkinder eher einen „Notbehelf" (ebd., Z 36) dar.

Ein positiver Gegenhorizont findet sich in der Darlegung, dass die Kinder
auch in anderen Alltagssituationen genug Freiräume erhalten müssen, um sich
selbst „erfahren" zu können. Hierbei ginge es in erster Linie nicht darum, dass
alles „vorgegeben" wird, sondern dass der Pädagoge vielmehr „ergänzt" (BF E 2
4-5, 19). Dennoch werden auch hier Ausführungen zum Explorationsverhalten
der Kinder und zu Tätigkeiten im kreativ-künstlerischen Bereich nicht thematisiert. Es erschließen sich jedoch erste Tendenzen hinsichtlich einer veränderten
Sichtweise auf das Kleinkind.

In den Ausführungen zum Wohlbefinden drückt sich eine lärm- und stressvermeidende Orientierung aus: „(...) hat heute nicht geweint und keinen Trennungsschmerz gehabt" (BF E 1 b A, Z 8; BF E 5 b A, Z 3); „(...) dann gibt's
welche, denen gehts innerlich nahe, aber die sind dann nicht so laut" (ebd., Z 17-
18). Es wird den Kindern zugestanden, dass sie zunächst den Ablauf in der Einrichtung „verinnerlichen" müssen, um sich wohlfühlen zu können. Die Tatsache,
dass das Wohlbefinden an der aktiven Beteiligung an den Lernangeboten festgemacht wird, verdeutlicht erneut die vermittelnde Funktion der Erzieherin. Als
Ausdruck des Wohlbefindens interpretieren die Erzieherinnen auch die körperliche Zuwendung des Kindes zur Erzieherin: „(...) wenn ich fehle, mich vermissen
(...) drücken mich, schmusen mit mir (...)" (BF E 3 c A, Z 5 und 7); „(...) auf
Ansprache kommen sie zu mir" (BF E 5 b, Z 4).

Ein weiterer positiver Gegenhorizont wird bei einer der Befragten sichtbar;
so betont diese, dass das Vorbildverhalten der Erzieherin für das (emotionale)
Wohlbefinden der Kleinkinder bedeutsam ist: „(...) so wie ich den Kindern meine Emotionen zeige, hört man das zurück" (BF E 4 b A, Z 21-22). Des Weiteren
toleriert sie die variierenden Gefühlslagen und Stimmungsschwankungen der
Kleinkinder.

Das Vertrauen des Kindes zu seiner Erzieherin zeigt sich nach Auffassung
der Pädagoginnen durch Interaktionsinitiativen des Kindes mit der Erzieherin.
Aber auch das „ausgeglichene Spielen" des Kindes sind weitere Indizien für sein
Wohlergehen. Zurückhaltenden Kindern wird eher unterstellt, dass sie sich ab-
sichtlich absondern und sich nicht in das Gruppengeschehen einbeziehen wollen:

„(…) Kinder die sich verkrümeln in Ecken …, sich nicht einbeziehen wolln (…), da ist … irgendwo ein Defizit im Elternhaus (…)" (BF E 2 b, Z 7-9). Auch hier dokumentiert sich ein unzureichendes Verständnis über die Individualität von Kindern und ein defizitorientierter Blick auf Kind und Elternhaus.

In der Beschreibung zur Eingewöhnungszeit wird durch die Benennung der Dauer („maximal vierzehn Tage", BF E5 f A, Z 8 ff.) eine unflexible und nicht ausreichend an den individuellen Bedürfnissen ausgerichtete Handlungsweise deutlich. Hierbei ist die Möglichkeit, ein Vertrauensverhältnis zur Erzieherin aufzubauen, zu kurz gefasst: „(…) wenn das sicher geht, das Kind sicher mit der Mutti hereinkommt, das ist dann meistens so nach zwei, drei Tagen" (ebd., Z 17-18). Eine flexible zeitliche Gestaltung durch die individuellen Reaktionen der Kinder wird beschränkt zugelassen: „dann eben einen Tag länger" (ebd., Z 18-19). In der differenzierten Beschreibung des Ablaufes der Eingewöhnung wird eine pauschalisierte Handlungsweise deutlich: „(…) und zwar geht's folgendermaßen", (ebd. Z 8). In den Ausführungen wird deutlich, dass wohl hauptsächlich die Erzieherinnen den groben Ablauf der Eingewöhnung bestimmen.

Ein positiver Gegenhorizont stellt sich bei einer der Erzieherinnen dar, die sich für die Teilnahme der Kinder an „Spielnachmittagen" (BF E 2 h A, Z 45) im Vorfeld der Eingewöhnung ausspricht. In ihrer Argumentation offenbart sich eine respektvolle Haltung gegenüber Eltern und Kind: „(…) wo dann eine Mutter sagen kann, 'Weißt du, das war so schön, jetzt kann ich getrost drauf zu gehen' (…)" (BF E 2 h, Z 37-38). Dass sie ihre Methode jedoch als einzige im Haus anwendet („…naja, die nächsten Kolleginnen waren nicht so interessiert daran …", BF E 2 h A, Z 50), zeigt ihre autonome Handlungsweise innerhalb des Teams, welche sie zugunsten der Kinder realisiert.

In der Befragung hinsichtlich der Berücksichtigung von individuellen Besonderheiten lassen sich ein unzureichendes Verständnis über die Individualität des Kleinkindes und ein defizitärer Blick auf das Kind („beißen", „schubsen" oder „Schwierigkeiten") konstatieren. Die Beobachtung des Kindes wird somit vornehmlich dazu genutzt, um unerwünschte Verhaltensweisen zu erkennen und abzutrainieren („… ganz spezifisch darauf einzuwirken" (BF E 2 e A, Z 6)). Die Berücksichtigung individueller Besonderheiten wird zwar für die Sicherung des Wohlbefinden für wichtig gehalten, beschränkt sich jedoch stark auf die Befriedigung der Bedürfnisse im Rahmen der Eingewöhnung: „(…) mussten wir ihm (…) die Flasche geben (…)"(BF E 5 e A, Z 1-14); „(…) dass es den Nuckel noch weiter nehmen kann, 'n Kuscheltierchen hat (..)" (BF E 3 h A, Z 18-19). Die Dringlichkeit einer besonderen emotionalen Zuwendung gegenüber dem Kleinkind wird von zwei der Befragten hervorgehoben. In den geplanten und zielgerichteten Lernangeboten wird der Berücksichtigung der Individualität dadurch Rechnung getragen, dass die Inhalte und Aufgaben der Kinder sich an deren Alter und nicht am jeweiligen Entwicklungsstand orientieren. Dabei wird bei den jüngeren von vorneherein das Anspruchsniveau „heruntergeschraubt" (BF E 3 e A, Z 16). Die Leiterin hält die Ermittlung der individuellen Besonderheiten aufgrund der Gruppenstärken und der personellen Voraussetzungen für unmöglich (BF E 1 e A, Z 12-17). Sie sieht Besonderheiten der Kinder auch in deren Begabungen. Die „Nutzung" dieser Fähigkeiten (BF E 1 e A, Z 59-62) wird jedoch nicht nur für das Kind selbst als wichtig erachtet, sondern bereichern auch die gesamte Gruppe. Hier wird mit dem Imitationsverhalten der Kinder untereinander begründet. Den Kindern wird dabei zugestanden, dass sie auch fähig sind, untereinander bzw. voneinander zu lernen und nicht nur von der demonstrierenden Erzieherin. Trotzdem sieht auch die Leiterin individuelle Besonderheiten vornehmlich in Verhaltensauffälligkeiten bzw. anderen Defiziten. Es zeigt sich bei der Leiterin ein sowohl defizitärer als auch, in abgeschwächter Form, stärkenorientierter Blick auf das Kind.

6.1.5.2 Die professionelle Haltung der Erzieherinnen

Der seit dem 1. September 2008 als verbindlich geltende „Thüringer Bildungsplan von 0-10 Jahren" wurde von allen Pädagoginnen stark kritisiert „verwaschene Aufarbeitung" (BF E 2 j A, Z 5-6; BF E 1 h A, Z 63), da eine Einteilung der Zielstellungen in Altersstufen nicht gegeben ist. Dies zeugt von einem Defizit in der zeitlichen Fachkompetenz der Pädagoginnen. Aus dem Unverständnis hinsichtlich des Bildungsplanes resultiert die Konsequenz, dass für die Arbeit mit den Kindern weiterhin aus den bisherigen Erfahrungen der vergangenen Dienstjahre geschöpft werden müsse. In der Kritik über die unzureichende Bereitstellung mehrerer Exemplare drückt sich mangelnde Eigeninitiative, Flexibilität und Organisationsbereitschaft der Leiterin aus: „(...) es war ein schwieriges Nachfragen, wo es die denn gebe (...) (BF E 1 h A, Z 10).

Ein positiver Gegenhorizont findet sich bei der Gruppenerzieherin der Krippenkinder, die die Entstehung bereits über das Internet verfolgt hatte und die breite Altersspanne von 0-10 Jahren befürwortet. In ihrer Argumentation lässt sich eine offene Haltung gegenüber Veränderungen konstatieren. Weiter bemängelt wird von den Erzieherinnen die Verwendung zu vieler Fachbegriffe innerhalb dieses Planes und eine unzureichende Vorbereitungszeit für die Auseinandersetzung mit dem Arbeitsmaterial im Vorfeld. Fortbildungsveranstaltungen diesbezüglich seien nicht angeboten worden, hätten sich die Erzieherinnen jedoch gewünscht.

Bei der Frage nach Möglichkeiten zur Fortbildung wird offensichtlich, dass die Erzieherinnen weitestgehend persönlichen Interessen nachgehen (ein bis zwei Fortbildungen im Jahr, z. B. thematische Veranstaltungen zum kreativen Gestalten etc.). Die gezielte Aneignung von theoretischem Hintergrundwissen hinsichtlich neuester wissenschaftlicher Erkenntnisse wird von keiner der Erzieherinnen bestätigt. Auf die Frage nach Selbststudium von Fachzeitschriften und Fachbüchern geben die Erzieherinnen an, dass neueste wissenschaftliche Erkenntnisse in ihrer Einrichtung kaum Einzug gehalten haben: „Tut sich ein bisschen schwer" (BF E4 i A, Z 75-76); „Das eigentlich wenig. Ja das muss ich jetzt sagen" (BF E 3 i A, Z 45).

Sie betonen, dass auch die Fortbildungen der Leiterin für das Team nicht transparent gemacht werden (BF E 3 i A, Z 45; BF E 4 i A, Z 75). In der Tatsache, dass die langen Anfahrtswege und die damit entstehenden zusätzlichen Kosten als problematisch betrachtet werden, offenbart sich eine unflexible Handlungsweise und ein begrenztes Engagement. Zwar betrachten die Erzieherinnen die Aneignung theoretischer Erkenntnisse als notwendig; sie wird jedoch als wertlos betrachtet, wenn die erworbenen Kenntnisse in der täglichen Praxis nicht umgesetzt werden können. Argumentiert wird hier mit den fehlenden Voraussetzungen und passenden Räumlichkeiten bzw. der fehlenden erforderlichen Zeit für die Umsetzung. Eher beiläufig wird von einer der Pädagoginnen erwähnt, dass nach wie vor die Wissensvermittlungen an das Kind im Zentrum des Geschehens steht und neue Erkenntnisse hinsichtlich des frühkindlichen Lernens zwar in Ansätzen bekannt sind, doch keine Berücksichtigung finden (BF E 4 i A, Z 75-78, 84).

Der Erfahrungsaustausch unter den Erzieherinnen scheint beinahe die einzige Facette in der Teamarbeit zu sein. Dies beschränkt sich auf wenige Möglichkeiten innerhalb des Teams und auf den Austausch mit Einrichtungen aus den Nachbarorten. Eine neu errichtete Kindertagesstätte in der näheren Umgebung hatte das Team bereits besucht. Es wird nicht hergeleitet, ob das eigene Einrichtungsprofil davon profitierte.

In der Beantwortung der Frage nach Veränderungswünschen dokumentiert sich ein starkes Bestreben nach Zeitreserven für die Entwicklungsdokumentation und für die Elternarbeit (Elterngespräche). In der Argumentation mit der unzureichenden Zeit für Tür- und Angelgespräche im Krippenbereich wird eine unflexible Haltung der Erzieherin deutlich, die vermutlich auch aus der Überforderung durch zu viel betreute Kinder resultiert. Die Idee von der Beschaffung eines Elternraumes für den Erfahrungsaustausch zeigt im Bereich der Elternarbeit Ansätze innovativen Denkens (BF E 3 k A, Z 22-23). Die Mehrheit der Pädagoginnen sprach sich auch für eine Verbesserung der räumlichen Bedingungen durch bauliche Veränderungen im gesamten Haus aus.

Bei den meisten Erzieherinnen wird der Wunsch nach Gruppenöffnung deutlich, da die großen Flure momentan lediglich für die Garderoben genutzt werden. In der Gestaltung der Umwelt der Kinder offenbaren sich Tendenzen, die individuellen Bedürfnisse und Interessen der Kinder stärker zu berücksichtigen: „(…) und ich werde immer wieder Erfahrungen machen, dass auch die Kinder das anders annehmen, dass jetzt die kleinen Persönlichkeiten auch sehr unterschiedlich sind (…) was für 'ne Gruppe vor 'nem Jahr gut war, das kann im nächsten Jahr dann für die Gruppe wieder ganz anders sein" (BF E 2 k A, Z 26-31). Die Gruppenöffnung wurde vor längerer Zeit schon einmal in zwei Gruppen ausprobiert, doch nicht auf das gesamte Haus ausgedehnt. Die Einrichtung farbenfreudiger zu gestalten und über noch mehr „ansprechenderes Beschäftigungsmaterial" zu verfügen (BF E 3 j A Z 11), stellen weitere Veränderungswünsche der Erzieherinnen dar. Es wird betont, dass mitunter noch Material aus DDR-Zeiten vorhanden ist. Es zeigen sich erste Orientierungen dahingehend, dass die Kinder dieser Einrichtung noch mehr Explorationsmöglichkeiten benötigen: „Warum soll ich nicht mal sagen: 'Kinder, saust jetzt mal die Treppe hoch!',,(BF E4 j A, Z 51-52).

Die Verringerung der Gruppengröße ist ein weiterer wesentlicher Wunsch der Erzieherinnen. In ihrer Argumentation dokumentiert sich erneut die fördernde und führende Rolle der Erzieherin und der defizitorientierte Blick auf das Kind: „Wenn 'n Kind jetzt Schwierigkeiten hat beim Schneiden (…), dann kann ich mit zehn Kindern besser arbeiten als mit achtzehn … da kann ich mehr auf das individuelle Schwächeln (…) korrigieren" (BF E 4 j A, Z 109-117). Die Aufstockung solch eines Personals hätte in solch einem Fall für die frühkindlichen Bildungsprozesse aus wissenschaftlicher Sicht (und nicht nur aus neurobiologischer) eher unerwünschte Konsequenzen.

6.1.5.3   Die Führungsmodi der Leiterin

Die Orientierungen zum professionellen Handeln der Einrichtungsleiterin, welche sozusagen das „Zugpferd" einer Kindertagesstätte darstellt, werden an dieser Stelle genauer dargelegt. Hierzu werden sowohl Ergebnisse aus den Befragungen im Feld als auch aus dem Video-Konfrontationsinterview offenbart. In Letzterem wurden Videoszenen aus dem Krippenalltag präsentiert. Darunter befanden sich auch Sequenzen, in denen ihr eigenes Handeln dokumentiert wurde. Das Gespräch war durch die Videoszenen vorstrukturiert. Dennoch lag ein Leitfaden zugrunde, der sowohl Aspekte des normativen Grundmusters der Neurobiologie berücksichtigte als auch Themen zum Leitungsmanagement aufgriff.

In den Orientierungen zur Eigenständigkeit des Kleinkindes erschließt sich ein Bild vom inkompetenten Kleinkind und eine führende und demonstrierende Rolle der Erzieherin. So müssen die Jüngsten nach Auffassung der Leiterin zunächst für bestimmte Handlungen herangezogen werden, um „die Handfertigkeiten im Umgang mit Material zu erlernen". Ein Wissensdefizit hinsichtlich der frühkindlichen Selbstbildungsprozesse wird dadurch deutlich. Das explorierende Kleinkind wird als ein Wesen angesehen, welches „herumwandert" (LFI Kr A, Z 577). Es ist hilflos und schutzbedürftig und muss deshalb mithilfe des lenkenden Einflusses durch die Erzieherin vor Gefahren geschützt werden. Spontane Handlungen des Kleinkindes werden vom Erwachsenen kontrolliert und überwacht. Durch ihre Überzeugung, dass sie den Kindern bestimmte Fähigkeiten vermitteln muss, entsteht die Dringlichkeit der kleineren Gruppengröße, um hier auch gezielter intervenieren zu können „Weil die Kinder einfach die Fähigkeiten noch nicht haben und auch die nötige Geschicklichkeit ... das müssen sie erst lernen ..." (Z 291-292). Widersprüchlich hierzu erscheint an dieser Stelle die Auffassung, dass das Kind von Geburt an „vollberechtigt im Leben steht" (BF Kr A, Z 3-4). Auch die Kenntnis über das ganzheitliche Lernen der Kinder ist wohl bekannt (ebd., Z 309), wie auch andere neurobiologische Erkenntnisse: Frau Kr. betont die Wertschätzung der Kinder und die für die Lernmotivation erforderlichen positiven Emotionen. Doch auch hier äußert sie wieder ihre führende Handlungsweise, die Kinder zu „orientieren". Vermutlich hat sie sich dieses (theoretische) Wissen über Fortbildungen oder das Literaturstudium angeeignet, kann jedoch die eigene Handlungspraxis nicht adäquat gestalten. In der Ansicht über die Dringlichkeit der Führungsrolle veranschaulicht sich auch eine perfektionistische Handlungsweise: „(...) wir müssen dann begleitend einwirken, zeigen wie man die Dinge verwendet" (LFI Kr A, Z 311), „Schön ist bei ihm das Führen des Löffels zum Mund (...) das Entleern im Mund ist wunderbar (...)" (ebd., Z 399 und 417). Zwar zeigt sie auch erste Ansätze einer toleranteren Haltung gegenüber dem vielsinnigen Experimentieren: „ (...) dann nimmt er halt die andre Hand zur Hilfe, ist aber in dem ... Alter, hm, was ganz Gängiges" (ebd., Z 419-420). Diese Toleranz legt sie jedoch vermutlich vor allem dann an den Tag, wenn sie selbst das Kind nicht rechtzeitig korrigieren konnte: „(...) und wenn ich als Erzieherin bei den anderen Kindern postiert bin und kann nicht gleich nachfüllen (...)" (ebd., Z 417-418).

Im weiteren Interviewverlauf offenbart sie ihr Wissensdefizit im Bereich der Frühpädagogik: „Ist für mich 'n bisschen schwierig, weil wir unsre Grundausbildung ab drei hatten, ich versuche aber trotzdem reinzusteigen (...)" (ebd., Z 305-306); „(...) muss man die Hand mal führn, ich weiß nicht obs richtig ist, aber ich kenne keine andre Möglichkeit" (BF E 1 d, Z 319-320). Die unausgereifte Sprachentwicklung der Krippenkinder stellt für Frau Kr. ein Problem in der Interaktion mit den Kleinkindern dar. Sie glaubt jedoch, dass sie mithilfe ihrer Feinfühligkeit die Signale der Kinder deuten kann. In der Reflexion des eigenen Handelns (Szene vom Spaziergang) bestätigt Frau Kr. ihre Überzeugung von der lenkenden Rolle der Erzieherin, so dass bei den Kleinkindern bestimmte Fähigkeiten „antrainiert" (ebd., Z 227) werden müssen, damit sie diese Fähigkeiten mit zunehmender kognitiver Entwicklung auch selbstständig ausüben können. Ihre bereits in den Befragungen offenbarte sauberkeitsorientierte Handlungsweise kommt auch im Interview zum Tragen: „(...) die schmieren sich alles voll, aber auf dem Blatt ist dann nichts" (LFI Kr A; z 311-312), „(...) eintauchen mit dem Finger und tupfen aufs Papier (...) da muss man die Hand mal führen (...)" (BF 1 d, Z 319-320); „(...) da muss man schon jedes einzelne Kind führen (..)" (ebd., Z 355), was ihre starke Führungsrolle bei den Krippenkindern begründet. Da Kleinkinder diesem Anspruch nicht gerecht werden können, versteht sich beinahe von selbst, warum ihnen diese Eigenaktivität nicht gestattet werden kann.

Die Selbstbildung des Kindes wird auf das Spiel beschränkt, hier ist das Kind sozusagen „Eigenbestimmer" (BF E1 d A, Z 219). Aber auch dann ist das Handeln der Leiterin intervenierend und eingreifend, wenn die Handlungen der Kinder nicht den Vorstellungen der Erwachsenen entsprechen: Beispielsweise sollten Fahrzeuge nicht auf der Fensterbank, sondern auf dem Bauteppich fahren (LFI Kr A, Z 586-587; FTG 22.9.08, Z 24-25). Frau Kr. hat (theoretisch) Kenntnis darüber, dass Kinder in ihrem Lerneifer gehemmt werden und die Lernmotivation verlieren, wenn sie eingegrenzt werden. Ebenso betont sie die Bedeutung des gegenseitigen Lernens der Kinder untereinander und traut ihnen die Fähigkeit zu, „von selbst zu positiven Urteilen" zu gelangen (ebd., Z 236 f.). In ihren Ausführungen bleibt allerdings offen, ob sie dieses Wissen wirklich auch auf die unter Dreijährigen bezieht.

Frau Kr. beruft sich während des Interviews auf ihre frühere Berufsausbildung: „(...) wie wir ja gelernt haben (...)" (LFI Kr A, Z 215-216), was verdeutlicht, dass an den Ausbildungsinhalten der DDR-Ausbildung noch immer festgehalten wird. Die Äußerungen: „Und ich würde das nach wie vor weiter so praktizieren, weil ich nur positive Erfahrungen damit gemacht habe"(ebd. Z 227-228) und „(...) auch wenns nach neuesten Informationen (...) nicht mehr ... in diese Richtung gehen soll, ich bleib aber dabei (...)" (ebd., Z 53-57) zeigen, dass Orientierungen in Richtung Veränderungen im pädagogischen Handeln eher nicht offen begegnet wird.

Auch Frau Kr. scheint eine lärm- und stressvermeidende Handlungsweise an den Tag zu legen; so ist es ihr Ansinnen, zum Wohle der Kinder alle Abläufe möglichst „ruhig und harmonisch" (LFI Kr A, Z 812) zu gestalten bzw. Sorge dahingehend zu tragen, dass „keiner schlimm schreit" (LFI Kr A, Z 833). Anzunehmen ist, dass sie ihre eigenen Empfindungen bei Lärmbelästigung auf die Kinder überträgt. Die Tatsache, dass Kinder, die unerwünschte Verhaltensweisen an den Tag legen als „Hardliner" (LFI Kr A, Z 835-836) bezeichnet werden, lässt diese Vermutung verdichten.

Beim Betrachten der Szenen reflektiert die Leiterin, dass den Kindern generell mehr Zeit gelassen werden müsste, um bestimmte Tätigkeiten selbst ausprobieren zu können. Dass dies jedoch nicht erfolgen kann, wird mit den personellen Rahmenbedingungen begründet. Dabei offenbart sich eine frustrierte und resignierende Haltung.

Zur Fort- und Weiterbildung nutzt Frau Kr. Medien und Fachliteratur. Desgleichen nimmt sie Gelegenheiten des Austausches außerhalb der Einrichtung (Mitgliedschaft im Thüringer Lehrerverband) wahr. Oft lässt sie sich von widersprüchlichen Darstellungen über die Gestaltung der pädagogischen Praxis auch irritieren und verunsichern. Aufgrund dessen greift sie auf persönliche Erfahrungen zurück und gestaltet ihre Handlungspraxis nach althergebrachten Mustern.

Frau Kr. beklagt ein Defizit hinsichtlich der vom Jugendamt initiierten Fortbildungsveranstaltungen. So wünscht sie sich von dieser Seite mannigfaltigere Möglichkeiten als es bislang der Fall ist. Es zeigt sich, dass das Bedürfnis nach Erfahrungsaustausch mit anderen Leiterinnen sehr stark ist. Bei der Beantwortung der Frage nach Fortbildungsmöglichkeiten für Leiterinnen lehnt sie theoretisch geprägte Veranstaltungen („voll gepackt war mit Vermittlung", „großer theoretischer Wulst") ab und fordert praxisbezogene und schnell umsetzbare Inhalte („systematischer sein und besser für die Hand der Erzieherin „vorgearbeitet" werden, dass es praktikabler in der Umsetzung" ist (BF E1 g A, Z 100-107)). In Bezug auf Fortbildungsangebote favorisiert das gesamte Team Veranstaltungen, die kostenlos sind und deren Inhalte sich auch in der Praxis schnellstmöglich umsetzen lassen. Die unzureichende Transparenz der Inhalte aus persönlichen Fortbildungen für das Team begründet Frau Kr. erneut mit dem Zeitfaktor, so sieht sie kaum Zeitreserven, da sie Prioritäten setzen muss, wenn es darum geht, den Kindergartenbetrieb abzusichern. Möglich ist aber auch, dass die Fortbildungsinhalte mit den eigenen Orientierungen nicht konform gehen und sie die personellen Rahmenbedingungen als Vorschiebemotive benutzt. Auch für die Umsetzung der Qualitätskriterien kritisiert sie die fehlenden zeitlichen Ressourcen. Dabei hält sie die Aufbereitung der Kriterien für zu ausführlich und unübersichtlich. Was die Rahmenbedingungen anbelangt, so führt sie kritisch ein Missverhältnis zwischen der zur Personalberechnung im Kindertagesstätten-Gesetz verankerten Kinderbetreuungszeit von neun Stunden und der tatsächlichen Öffnungszeit der Einrichtung von elf Stunden an[49]. Es stehe für das Besprechungswesen sehr wenig Zeit zur Verfügung. Durch krankheits- und urlaubsbedingten Ausfall von Mitarbeiterinnen sei es kaum möglich, monatliche Teambesprechungen durchzuführen (BF E1 g A, Z 170). Auch hier kann vermutet werden, dass die Argumente eher (unbewusst) vorgeschoben werden, um eine Teamentwicklung zu verhindern.

In ihren Ausführungen zur Umsetzung des Thüringer Bildungsplanes nahm die Leiterin an einer Fortbildungsveranstaltung Ende September 2008 bewusst nicht teil und argumentiert mit ihrer Enttäuschung über die Gestaltung des Planes. Ihre persönlichen Vorstellungen darüber (Zielsetzungen nach dem Alter des Kindes) gehen mit der Struktur des aktuellen Planes in keinster Weise konform. Ein geeigneteres Arbeitsmittel sieht sie darin, dass sie sich „viel einfacher zurechtfindet" (BF E1 h A, Z 88-89) und nicht zu viel Zeit mit dem Suchen und Auswählen verbringen muss. Hier könnte man den Wunsch nach Direktiven von außen vermuten. In ihren Ausführungen verwendet die Leiterin mehrmals die Methapher „Neuzeit", was vermuten lässt, dass ihr die politischen und gesellschaftlichen Veränderungen des Landes Probleme bereiten. Deutlich wird eine Diskrepanz zwischen dem Bestreben, an Fortbildungen teilzunehmen und den störenden Einflüssen wie Krankheit und Urlaub, die dies dann aufgrund von Personalknappheit verhindern; so muss in erster Instanz der Ablauf in der Einrichtung aufrechterhalten werden.

Die Expertenrolle der Eltern beschränkt Frau Kr. auf die Funktion der Eltern als Vorbilder und primäre Vertrauenspersonen. Ansonsten hält sie den Experten-Begriff in der Verwendung für die Eltern als „sehr hoch gegriffen" (BF E1 c, Z 7). Ihre Antwort kann in der unzureichenden Interpretation der Frage und in der belehrenden Rolle der Leiterin gegenüber den Eltern vermutet werden. Die Einschränkung der Expertenrolle begründet sie mit dem Defizit im fachlichen Hintergrundwissen der Eltern. Deshalb sieht sie sich eher als Expertin im Hinblick auf die Kinder und hat selbst auch den Wunsch, die Eltern aufzuklären.

Frau Kr. bewertet die eigene Arbeit als besonders positiv. Dies schlussfolgert sie vor allem aus der Erfüllung der Belange der Einrichtung durch die Eltern (Arbeitseinsätze oder Ausgestaltung von Festlichkeiten (BF E 1 f A, Z 14)). Die Leiterin macht eine gute Zusammenarbeit mit den Eltern daran fest, ob sie in ihrer vermittelnden und belehrenden Rolle von den Eltern auch wahr- und ernstgenommen wird, z. B. ob sie Auffälligkeiten von Kindern an die Eltern herantra-

---

49 Im Thüringer Kindertagesstättengesetz wird für die Berechnung des Personals eine Betreuungszeit von 9 Stunden Öffnungszeit zugrunde gelegt (ThürKitaG 2008; § 14 (2). Vor Inkrafttreten dieses Gesetzes wurde das Personal nach der Öffnungszeit der jeweiligen Einrichtung berechnet.

gen kann oder nicht („... was halt von den Eltern nicht immer so kommt, Ratschläge, die wir geben umzusetzen, weil das Schwierigste an allen Ratschlägen
ist eigentlich die beständige Einwirkung ..." (BF E 1 f A, Z 36-38)). Ihrem Verständnis über eine gelingende Elternarbeit liegt primär ein defizitorientierter
Blick auf Kind und Elternhaus zugrunde: „(…) egal was jetzt auftritt bei den
Kindern (…), gleich das anzusprechen, was mir aufgefallen ist (…)" (BF E 1 f
A, Z 25-28).

Im Kontext der Sauberkeitserziehung offenbart Frau Kr. eine starre und
traditionelle Handlungsweise: „Wie eben Kinder mit zweieinhalb; noch voll die
Windel dran und noch nicht aufn Topf gesetzt oder Toilette; es tut mir leid, da ist
beim Kind schon viel verpasst worden (…)" (LFI Kr A, Z 1042-1044). In ihren
Vorstellungen über eine gelingende Elternarbeit dokumentiert sich das Bestreben
nach einer hierarchischen Struktur, wo Eltern und Einrichtung einheitlich handeln, um beim Kind bestimmte Ziele zu erreichen („ wir zwei müssen zusam-
menarbeiten „ BF E1f A, Z 81 f.). Signifikant ist die wertschätzende Haltung der
Großelterngeneration gegenüber der Einrichtung. Deren Orientierungen scheinen
mit den Erziehungsansichten der Leiterin eher konform zu gehen. Den Wandel in
der Erziehung von Kindern scheinen weder die Leiterin noch diese Großeltern
akzeptieren zu können: „(…) eines Tages kam halt die Oma und hat ihn abgeholt
(…) und so die Oma gleich voll zustimmend **jawoll das hat die Mutter verdor-
ben** äh das tut mir auch mal gut (…)" (LFI Kr A, Z 986-989). Zu vermuten ist,
dass Frau Kr. selbst einen hohen Bedarf an Reflexion ihres pädagogischen Handelns hat. Durch die Rückmeldungen der Großeltern fühlt sich Frau Kr. vermutlich hier in besonderem Maße bestätigt.

In ihren Darstellungen zur Teamarbeit dokumentiert sich ein sehr lücken-
hafter Informationsfluss innerhalb der Einrichtung. So hat die Leiterin keine
genauen Kenntnisse über die Fähigkeiten einzelner Kinder. Dennoch ist es ihr
Anspruch, am Handeln der anderen Kolleginnen anzusetzen. Da nach ihren Angaben die Zeit für den Informationsaustausch scheinbar nicht vorhanden ist, wird
vielmehr nach „Fingerspitzengefühl" gehandelt und entschieden. Dabei charakterisiert sie ihr Handeln schon selbst als ein „dynamisches Stereotyp" oder als
„Routine" (LFI Kr A, Z 194-195). In ihren Ausführungen distanziert sie sich
stark von Nachwuchserzieherinnen, von denen sie schon erwartet, dass diese ihr
Handeln bewusster reflektieren, was bei ihr selbst schon aufgrund ihrer jahrelan-
gen Erfahrungen nicht mehr erforderlich zu sein scheint: „(…) das empfind ich
gar nicht mehr so, dass ich beobachte (…) ist übergegangen in Fleisch und Blut
(…) aber jetzt für die Einsteiger wäre das wichtig (…)" (LFI Kr A, Z 190-197).
Ebenso scheint sie sich von ihren Kolleginnen insofern abzuheben, als dass sie
sich selbst in ihrer Doppelfunktion als Leiterin und Springerin im Gruppendienst
als besonders stark gefordert sieht. Ihre Darstellungen lassen eine persönliche

Überlastung vermuten. Sie würde sich mehr Erfolg in ihrer Arbeit versprechen, wenn die personellen Rahmenbedingungen günstiger wären. Es dokumentiert sich ebenso der Wunsch nach mehr Beobachtungs- und Reflexionsmöglichkeiten. Hier räumt sie ein, dass dies recht oberflächlich praktiziert wird. Daraus ergibt sich für sie die Konsequenz zum gefühlsmäßigen routinierten Handeln: „(…) sind wir auch gezwungen, alles intus zu haben (…)" (LFI Kr A, Z 567-568).

In den Befragungen und auch im Video-Konfrontationsinterview stellt sich eine Erzählweise der Leiterin dar, die vorrangig in der Ich-Form erfolgt. Es scheint auch als habe Frau Kr. keine klare Wahrnehmung darüber, was ihre Kollegen tagtäglich tun. Die Aussage: „Meine Kolleginnen können das alles umsetzen" (BF El d A, Z 209) lässt den Schluss zu, dass letzten Endes wahrscheinlich jede Erzieherin dann doch eher nach eigenem Ermessen handelt. Auch geht aus den Befragungen hervor, dass die anderen Erzieherinnen den Orientierungen der Leiterin nicht nachkommen möchten, weil sie mitunter eine andere Sichtweise.

In ihrer Argumentation zur Verbesserung der personellen Rahmenbedingungen offenbart sich erneut die Führungsrolle; so hätte sie durch eine Personalaufstockung günstigere Voraussetzungen, auf die Kinder „einzuwirken", sie alle zu „beobachten" und zu „fördern" (LFI Kr A, Z 1160-1161). Frau Kr. postuliert verstärkte fachliche Unterstützung von außen, welche sie vor allem seit der politischen Wende stark vermisse. Sie offenbart ihre Einzelkämpferposition, so habe sie doch seit 1989 das Gefühl, in ihrer täglichen Arbeit zu „schwimmen" (LFI Kr A, Z 1170-1171), „(…) am ausgestreckten Arm langsam verhungernd (…)" (ebd., Z 1194). Der DDR-Erziehungsplan mit seinen altersspezifischen Vorgaben habe ihr einst eine Sicherheit gegeben, die ihr nun fehle.

Auch ihre Kritik gegenüber bildungspolitischen Veränderungen seit der Wende offenbart eine persönliche Unzufriedenheit, die nicht zuletzt auch in der mangelnden Anerkennung des Erzieherberufes begründet liegt: „(…) es werden die Erzieher abgewirtschaftet (…) (LFI Kr A, Z 1215); „(…) so krieg ich mein Bildungswesen als Staat (…) nicht voran und wir stehn nach wie vor (…) an letzter Stelle (…)" (ebd., Z 1224-1226). Als positive Aspekte in ihrer täglichen Arbeit sehe sie vor allem die Dankbarkeit der Kinder und die Anerkennung und Wertschätzung durch die Großeltern, was die Hypothese der mangelnden Wertschätzung unterstreicht. Für Verbesserungen im Bereich der frühkindlichen Bildung macht Frau Kr. lediglich den Staat verantwortlich. Ihre Verantwortung als Leiterin wird von ihr in diesem Zusammenhang nicht erörtert.

6.1.6   Die Elternarbeit

Wenn „Erziehungspartnerschaft" zu den Fachtermini der Frühpädagogik gehört, ist es in einer Studie wie dieser ebenso bedeutsam zu eruieren, wie sich eine Zusammenarbeit zwischen den Institutionen Familie und Kindertagesstätte gestaltet. Im Folgenden werden die Ausführungen der befragten Erzieherinnen und anschließend die Orientierungen der Eltern aufgezeigt.

Orientierungen der Erzieherinnen aus den Ad-hoc-Befragungen

Die Beantwortung der Frage, inwieweit die Erzieherinnen die Eltern als die Experten ihrer Kinder ansehen stellte sich problematisch dar: „*Mein Gott ist das schwierig*" (BF E 4 c A, Z 12), vermutlich weil es sich um eine eher ungewöhnliche Frage handelte. Die Mehrzahl der Pädagoginnen spricht sich für die Expertenrolle insofern aus, als dass die Eltern eine Vorbildfunktion den Kindern gegenüber haben und diese in erster Linie großziehen. In ihren Ausführungen schreiben sie den Eltern die primäre Verantwortung für ihre Kinder zu, vor allem weil die Eltern ihre Kinder von Anfang an kennen: „(…) sie kennen das Kind von der ersten Stunde an" (BF E 5 c A, Z 5); „(…) sie kennen eigentlich von Anfang an ihr Kind am besten (…)" (BF E 4 c A, Z 7-8). Die Erzieherinnen sehen sich allerdings ebenfalls als Experten, gerade wenn es darum geht, die Eltern in Erziehungsfragen zu beraten oder in der Unterbreitung von Bildungsangeboten. Dabei wird die Auffassung vertreten, dass die Kinder sich nur dann optimal entwickeln können, wenn sie von den Kompetenzen einer Erzieherin profitieren. Eine Erzieherin betont, dass es auch vorkommt, dass die Eltern sich den Erzieherinnen gegenüber rechtfertigen, indem sie ihre Erziehungsstrategien mit ihrer Unwissenheit in Erziehungsfragen begründen. Eltern schreiben sich selbst dann die Expertenrolle ab und überlassen diese der Einrichtung.

Eine der Erzieherinnen begreift sich in der Zusammenarbeit auch selbst als Lernende und achtet bzw. respektiert die Orientierungen der Eltern: „(…) ich nehm mir auch gerne Ratschläge und Kritik von den Eltern an; es gibt auch Eltern, die in vielen Dingen mehr wissen wie ich (…)" (BF E 3 b A, Z 8-9). In den Darstellungen zur Gesprächsgestaltung offenbart sich hauptsächlich ein defizitorientierter Blick auf das Kind: „(…) ich habe viele Eltern, die auf mich zukommen wenn sie Probleme haben (…) wenn ich … Probleme habe (…) dann suche ich das Gespräch (…) (BF E 3 f A, Z 7-11; (…) pass auf, dein Kleiner hat heute gekratzt und gebissen (…)" (BF E 4 f A, Z 17-18); „(…) dass man einmal Auffälligkeiten besprechen kann (…)" (BF E 2 f A, Z 4). Nur vage wird auch eine positive Sichtweise deutlich: „…) fair miteinander umgehen und auch auf den Kopf zusagen können, was an Problematik oder an Gutem am Kind ist (BF E 2 f

A, Z 10-11); (…) dass man weiß, warum ein Kind sich so freut (…)" (BF E 5 g A, Z 9). Für die Offenheit der Eltern erachten die Pädagoginnen das Vertrauensverhältnis als besonders bedeutungsvoll.

Teilweise möchten die Erzieherinnen auch private Hintergründe kennen, um bestimmte Verhaltensweisen eines Kindes besser verstehen zu können. Im Bereich der Kinderkrippe werden die Tür- und Angelgespräche als ungünstig angesehen, wobei mit der unzureichenden Aufmerksamkeit der Erzieherin aufgrund des (reellen) Betreuungsschlüssels (1:9) argumentiert wird. In den Darlegungen der Erzieherinnen zeigt sich eine belehrende und eine dominante Handlungsweise der Erzieherin: „(…) es geht nur in Zusammenarbeit mit jemand der weiß wie man Bildungsangebote macht (…)" (BF E 5 c A, Z 11-12)"; „(…) wenn sie meine Hinweise und Ratschläge annehmen (…)" (BF E 4 f A, Z 6); „(…) ich sage den Eltern eben auch klipp und klar … ich kann mich jetzt nicht konzentrieren, es geht einfach nicht … können wir nicht heute Nachmittag sprechen (…)" (BF E 5 g A, Z 40-41).

Eine einheitliche Auffassung scheint dahingehend zu bestehen, bei der Neuaufnahme eines Kindes dessen Besonderheiten im Verhalten („Eigenheiten") oder Vorlieben zu erfahren. Diese auch zunächst im Krippenalltag umzusetzen ist zwar das Ansinnen der Erzieherinnen; dennoch muss geprüft werden, was umsetzbar ist und was nicht. In einzelnen Orientierungen kommt auch die Toleranz der persönlichen Belastung der Eltern in der Eingewöhnung zum Tragen. Es wird akzeptiert, dass auch die Erwachsenen zunächst ein Vertrauensverhältnis aufbauen müssen. Zunächst wird Wert auf erste Gespräche in der Eingewöhnungszeit gelegt, wenn das Kind mit dem Elternteil in die Gruppe kommt. In ihrer detaillierten Beschreibung zur Eingewöhnung eines neuen Kindes weicht eine der Befragten von den übrigen Orientierungen in besonderem Maße ab: Sie spricht sich für eine ausführlichere Kennenlernphase schon vor Eintritt in die Einrichtung aus („Spielnachmittage", (BF E 2 h A)). Das hier im Vorfeld entstehende Vertrauensverhältnis scheint ihr für ihre Arbeit sehr wichtig zu sein. Die Tatsache, dass sie als einzige diese Methode praktiziert („… naja die nächsten Kolleginnen warn nicht so interessiert da dran …", BF E 2 h A, Z 49-50), weist auf uneinheitliche Handlungsstrategien des Teams hin.

Das Besondere an dieser Einrichtung auf dem Land ist die Tatsache, dass die meisten Eltern hier selbst als Kinder diese Kindertagesstätte besuchten. Von daher kennt man sich schon recht lange. Für die Erzieher scheint dies ein Vorteil zu sein, da sie bereits vor geraumer Zeit eine Beziehung aufgebaut haben, wenn auch in einem anderen Verhältnis. Es kann vermutet werden, dass die Erzieherinnen einen überwiegend legeren Umgang mit den Eltern pflegen. Dies lässt vermuten, dass die Eltern nach wie vor den Belehrungen und Ratschlägen der Erzieher nachkommen bzw. sich den Gepflogenheiten der Einrichtung fügen müssen: „(…) mein Vorteil ist, dass ich die jetzigen Muttis schon alle als Kind gehabt hab (…) die red ich auch alle mit du an (…)" (BF E 4 f A, Z 14-16); „(…) weil wir in einem kleineren Ort wohnen, wo sich ja doch alle kennen" (BF E 3 f A, Z 16-17).

Orientierungen der Eltern aus den Video-Konfrontationsinterviews

Bei der Auswahl wurden sowohl Eltern von Geschwisterkindern als auch von Einzelkindern berücksichtigt. Ebenso wurden Eltern hinzugezogen, deren Kind gerade erst die Eingewöhnungsphase hinter sich gebracht hat. Alle Eltern waren entweder in Teilzeit oder in Vollzeit berufstätig. Die Elterninterviews wurden videographiert. Aufgrund der fehlenden Klientel konnten keine Eltern aus sozial benachteiligten Lebensverhältnissen interviewt werden.

Nach dem Betrachten der Videoszenen kamen alle interviewten Eltern zu dem Schluss, dass sie einen beachtlichen Teil des Lebens des Kindes versäumen: „(…) ich fand es eher traurig, was man …doch alles verpassen tut" (EG Ju A, Z 8); „(...) man sieht es ja wirklich so nicht" (EG Pa A, Z 357); „(…) ich hab ihn aus einer ganz anderen Perspektive mal gesehen" (EG Ti A, Z 7-8). Hier lässt sich ein ausgeprägtes Interesse der Eltern am Krippenalltag konstatieren und es kann vermutet werden, dass sie kaum Einblick in den Alltag der Kinder erhalten. Die meisten Eltern betonten, dass sich die Verhaltensweisen ihrer Kinder im Vergleich zum Elternhaus oft unterschieden: „Ich habe ihn … als zurückhaltender empfunden, was er zu Hause eigentlich gar nicht ist" (EG Ti A, Z 10-11); „(…) im Kindergarten ruhiger ist (…) dass er zu Hause aufgeweckter ist (…)" (EG Ju A, Z 10). Alle Eltern zeigten ein starkes Interesse am Umgang ihres Kindes mit seinen Peers und bemängelten in diesem Zusammenhang die ungünstige Situation auf dem Land, wo es manchmal nur sehr wenige Kinder gibt. Im Vergleich zwischen Elternhaus und Einrichtung bemerkten die meisten Eltern, dass ihr Kind die Anweisungen der Erzieherin umgehend befolgt, was so zu Hause nicht immer der Fall sei: „(…) dass er gleich … seine Hände gewaschen hat, ich muss das zu Hause … dreimal sagen" (EG Ju A, Z 27-28); „Ohne Nuckel wäre das zu Hause nicht denkbar" (EG Ti A, Z 261); „Guck an, und daheim bleibt er keine fünf Minuten sitzen" (EG Ju A, Z 408). In ihren Ausführungen dokumentiert sich bei allen eine besorgte Elternrolle, vor allem dahingehend, ob ihr Kind auch Regeln und Normen in der Kinderkrippe einhält. Im Elternhaus scheint dagegen oft eine erzieherische Ohnmacht zu herrschen; so ist es beispielsweise problematisch, dass das Kind bei den Mahlzeiten am Tisch sitzen bleibt. Auf Seiten der Eltern lässt sich auch das Bild vom inkompetenten und hilfebedürftigen Kleinkind konstatieren. Mitunter schätzen sie ihr Kind sogar als „etwas zu weit" ein (EG Ju A, Z 83-85) oder es „lernt zu schnell" (ebd., Z 87). Die Videoszenen lösten auch positive Gefühle wie Freude und Stolz bei den Eltern aus und offenbarten gleichzeitig deren perfektions- und sauberkeitsorientierte Haltung, wenn ihr Kind etwas „sehr gut gemacht" hat: „Ich dachte schon, er zermatscht nein schön auseinanderge (nommen?) und aneinandergelegt" (EG Pa A, Z 107-108); „Es erstaunt mich … jetzt wie lange er sich damit beschäftigt" (EG Ti A, Z 94); „Er hat's hier sehr gut gemacht" (EG Ju A, Z 39).

Desgleichen offenbart sich das unterschiedliche Handeln in Kinderkrippe und Elternhaus, was zum Teil in einem unzureichenden Informationsaustausch begründet liegen mag oder darin, dass die Belange der Eltern von der Erzieherin nicht für wichtig gehalten und somit ignoriert werden.[50] Ebenso unterschiedlich scheint der Umgang mit Topf und WC praktiziert zu sein: „Ich habs aber auch schon gesagt, dass der Justin zu Hause nur auf die große Toilette- „ (EG Ju A, Z 506). Die Eltern reagieren darauf mit Resignation, da sie sich auch nicht „unbedingt einmischen" (EG Ju A, Z 513-514) wollen. Alle Eltern drückten ein starkes Mitgefühl hinsichtlich der Arbeitsbedingungen der Gruppenerzieherin aus: „Die tut mir in der Seele leid" (EG Le A, Z 165-166); „(…) ich finde es nicht richtig, dass die mit so vielen Kindern alleine ist" (EG Ju A, Z 116). In diesem Kontext äußern sie auch ihre Besorgnis darüber, dass die Kinder unter derartigen Umständen gar nicht optimal versorgt werden können.

Auch in den Beschreibungen zur Eingewöhnungsphase werden eher die personellen Bedingungen kritisiert, die dann die qualitative Betreuung negativ beeinträchtigen, z. B. was die Gewährleistung der Fürsorge- und Aufsichtspflicht anbelangt: „(…) überall ist die Tür auf, damit sie alles mitbekommt" (EG Le A, Z 177-178). Ebenso negativ wird kommentiert, dass die Kinder sehr lange auf dem Topf sitzen und weinen: „(…) die anderen auf das Töpfchen, Viertelstunde, zwanzig Minuten (…) und weinen" (EG Le A, Z 176-179). Die Eltern postulieren eine intensivere individuelle Betreuung der unter Dreijährigen, die sie bei einem Betreuungsschlüssel von 1:5 (Eg Le A, Z 183) für möglich halten. Das aktuelle Handeln der Erzieherin wird mit „Fließbandarbeit" (EG Le A, Z 190) verglichen.

In den Beschreibungen zur Eingewöhnungsphase lässt sich ein unzureichendes individuelles Vorgehen und eine unflexible Handlungsweise auf Seiten der Einrichtung und auch die Unzufriedenheit auf Elternseite erkennen: Obwohl ein Kind an zwei Kuscheltiere (Hasenpaar) während des Einschlafen gewohnt war, wurde dies von der Leiterin unterbunden: „Frau Kr. meinte, ein

---

50 Ein Kind, welches zu Hause seinen Apfel mit Schale isst, bekam in der Einrichtung geschälte Äpfel serviert. Die Schale durfte nicht gegessen werden, sondern wurde von der Erzieherin als ungenießbar („bäh") charakterisiert.

Kuscheltier reicht"(EG Ju A, Z 194-195). Das Mitspracherecht der Eltern scheint hier weniger von Bedeutung zu sein. Eine andere Mutter erzählte, dass sie ihrem Kind zu Hause eine Gabel zum Frühstück reicht, da es das Kind nicht mag, wenn es beispielsweise Würstchen anfassen muss: „Zu Hause will er oft so eine kleine Gabel haben" (EG Ti A, Z 159). In der Einrichtung muss das Kind sein Essen zwangsläufig mit den Fingern nehmen. Gespräche zwischen Eltern und Einrichtung fruchten hier vermutlich kaum, vor allem wenn die Einrichtung bestimmte Handlungsweisen aus dem Elternhaus übernehmen soll: „Frau G. hat gesagt wegen der Verletzungsgefahr wahrscheinlich zu groß, wenn zu viele Kinder dann eine Gabel hätten ..." (EG Ti A, Z 167-169). Neben dem ignorierenden und unflexiblen Handeln zeigt sich hier auch eine angstbetonte Haltung.

Ob es auch Bequemlichkeit oder Überforderung aufgrund der hohen Kinderzahl pro Erzieherin sein könnte, kann aufgrund fehlender Indizien nicht dargelegt werden; die Vermutung beider Aspekte bleibt allerdings bestehen.

In den Gesprächen zeigte sich, dass die meisten Eltern bereits in Ansätzen eine kindzentrierte Erziehung anstreben. Dies wird deutlich, indem sie ihnen zugestehen, mit allen Sinnen zu begreifen: „(...) er darf auch zu Hause alles anfassen" (EG Ju A, Z 347); „(...) oder wenn er mal im Garten ein bisschen Erde isst, ja meine Herren, ist ja logisch, dass er sie auch mal in den Mund nimmt" (EG Ju A, Z 359-360). Sie greifen die Interessen des Kindes auf und orientieren ihr Handeln an den Bedürfnissen ihres Kindes: „Wir bleiben manchmal dann da sitzen und dann arbeitet er mit dem Stamm" (EG Ju A, Z 34-342). Einige Eltern betonen auch ihre Toleranz gegenüber den kleinkindtypischen Essgewohnheiten: „(...) ich find das auch nicht schlimm, wenn der Tisch schmutzig ist" (EG Ju A, Z 403-404). Sie bemerken jedoch, dass in der Einrichtung das Gegenteil der Fall zu sein scheint, so kommt das Kind mit Ausrufen wie „Auweia" (EG Ju A, Z 390) nach Hause, was es im Elternhaus so nicht erlebt. Allerdings stellte sich auch ein Gegenhorizont heraus, wo es eine Mutter gar nicht tolerierte, wenn ihr Kind matscht und sich dabei beschmutzt: „Ich weiß nicht: Mögen Sie, wenn Ihre Kinder matschen? (...) Naja, ich mags nicht so ..." (EG Mi A, Z 139-143).

Gespräche zwischen Einrichtung und Elternhaus erfolgen primär auf der Basis einer defizitären Sichtweise: „wenn irgendwas war oder irgendwas ist" (EG Pa A, Z 330-331); „(...) mal so Topferfahrungen ... ob da Fortschritte das kriegt man schon mal mit" (EG Mi A, Z 8-9). In Bezug auf das Trockenwerden des Kleinkindes fühlen sich Eltern scheinbar unter Druck gesetzt. So gab die Leiterin einer Mutter zu verstehen, dass sie schon „ein bisschen die Zeit verpasst habe" (EG Mi A, Z 19, 21), da das Kind ja mit zwei Jahren trocken sein müsste.

Positiv bewertet wird die Transparenz des Krippenalltages mittels Aushängen von Wochenplänen (tägliche Lernangebote) und die Ergebnisse der

Lernangebote (z. B. Bastelarbeiten). Bemängelt wird die unzureichende Information über das Tagesgeschehen: „(…) was halt wirklich fehlt, ist … was passiert am Tag" (EG Mi A, Z 10-11). Es wird auch ein Vergleich zur Betreuung durch eine Tagesmutter angestellt, in welcher der Informationsfluss durchaus individueller bzw. detaillierter war: „(…) bei der Tagesmutter (…) da war natürlich das alles intensiver" (EG Ju A, Z 475-477). Allerdings werden die Gegebenheiten hingenommen. Die Eltern scheinen hier zu resignieren, da aus ihrer Sicht sowieso keine Änderung erfolgen kann: „Aber es geht nun mal nicht anders" (EG Ju A, Z 483); „Es kann sich ja gar nichts groß ändern, weil die Frau G. alleine ist (…)" (EG Le A, Z 215-216).

Im Video-Konfrontationsinterview reflektierten Eltern auch, dass ihr Kind in der Einrichtung Dinge praktiziert, die es zu Hause nicht mag, wie zum Beispiel das Spazierengehen. An der Mimik ihres Kindes erkennen sie das Nichtgefallen der Situation, belächeln diese Tatsache allerdings.

Es zeigt sich hier doch auch eine (gezwungene) Loyalität zur Kindertagesstätte. Dies bestätigt sich auch in den Äußerungen: „Die Frau G. ist ja 'ne ganz Nette, da gibt's ja nichts. Da weiß man auch schon, dass sie in guten Händen sind" (EG Pa A, Z 338-341).

Bei den Eltern, die mehr als ein Kind haben, wurde konstatiert, dass das jüngste Kind in seiner Entwicklung schneller voranschritt als das Erstgeborene: „Florian hat sich nicht so schnell entwickelt; gut, er hat auch keine älterern Geschwisterchen gehabt … der hat auch lange Zeit mit so Kleinkindspielzeug gespielt (…)" (EG Pa A, Z 214-216); „(…) von seinem Bruder so oder Feuerwehr oder Bagger. Also das Spielzeug vom Bruder ist interessanter" (EG Ti A, Z 123-124). Dabei orientierten sich die jüngeren Kinder an den älteren Geschwistern. Dies schlug sich zum Beispiel in der Nutzung des Spielmaterials nieder. Daraus kann also gefolgert werden, dass die Kinder in der Krippe mit Spielsachen unterschiedlichen Lernniveaus umgehen. Die mit den geschlossenen Gruppen einhergehende Absonderung der Krippenkinder von den älteren erweist sich somit als ungünstig, da den Kleinstkindern die individuell erforderlichen Erfahrungsräume von vornherein genommen werden.

Bei den Eltern scheint auch ein Harmoniebedürfnis ausgeprägt zu sein, da sich die meisten schon positiv darüber äußern, dass es „schön zu sehen ist, wie ruhig sie auch spielen" (EG Pa A, Z 200-201), so stellen sich Eltern den Kindergarten doch „immer viel hektischer vor" (ebd.). Dieses Harmoniebedürfnis kann auch Ursache dafür sein, sich den Gegebenheiten der Einrichtung zu fügen und diese zu akzeptieren, nicht zuletzt deshalb, weil man es ja so auch selbst als Kind erfahren hat.

Die Trennungssituation stellt auch für die Eltern eine emotionale Belastung dar. Dass hierzu erforderliche Vertrauensverhältnis zwischen Eltern und Einrich-

tung scheint nicht sonderlich ausgeprägt zu sein: „(…) dann guckt man von au
ßen noch mal durch die Scheibe, na hat er sich beruhigt" (EG Pa A, Z 327). Allerdings scheint es für die Eltern ein „großer Vorteil" zu sein, dass man „sich ja
kennt" (EG Pa A, Z 334-335).

Nach dem Eintritt in die Kinderkrippe stellten die meisten Eltern bei ihren
Kindern Entwicklungsschritte im Bereich der Selbstständigkeit fest (z. B. Essen
mit dem Löffel). In den Videobetrachtungen zeigte sich auch, dass Eltern bestimmte Dinge erst realisierten, wenn sie es im Film auch sahen. Was die Erzieherin bereits in Gesprächen mitteilte, konnten die Eltern erst nach der Veranschaulichung glauben. Auch hier entsteht die Vermutung, dass das Vertrauensverhältnis trotz der Tatsache, dass man sich ja kennt, eher unausgereift zu sein
scheint und nicht allein durch Gespräche aufgebaut werden kann.

Signifikant war das starke Interesse der Eltern an den Videoaufnahmen ihrer
Kinder. Ebenso zeigte sich ein Wissensdurst in Bezug auf fachspezifisches Wissen im Bereich der Frühpädagogik. So kam es vor, dass ich von der eigentlichen
Forscherrolle durch gezieltes Nachfragen der Eltern teilweise auch in eine beratende Funktion gedrängt worden bin.

6.1.7   Zusammenfassung

In der Einrichtung „Brummkreisel" ist besonders signifikant, dass im Krippenbereich dieser Kindertagesstätte die führende und vermittelnde Rolle der Erzieherin
und das Bild vom inkompetenten und hilflosen Kleinkind nach wie vor fest verankert sind. Das Kleinkind gilt im Großen und Ganzen als defizitäres Wesen,
welchem die Fähigkeiten der Selbstbildung kaum zuerkannt werden. Die belehrende Rolle der Erzieherin im Bereich der Elternarbeit ist weitgehend noch vorhanden. Obwohl in den einzelnen Orientierungen durchaus schon modernere
Haltungen deutlich werden, scheinen diese sich in der Teamarbeit nicht niederzuschlagen. Vielmehr entsteht der Eindruck, dass die unterschiedlichen Sichtweisen auch das innerhalb der gesamten Einrichtung praktizierte Handeln verschiedenartig beeinflussen. Insgesamt offenbart sich ein beachtliches Wissensdefizit auf dem Gebiet der Frühpädagogik. Dennoch scheinen alle Mitarbeiter bereits über neuere Kenntnisse zu verfügen. Deren Umsetzung scheint sich jedoch
als schwierig zu erweisen, nicht zuletzt, weil keine gefestigte Teamsituation
besteht. Die Video-Konfrontationsinterviews mit der Leiterin und der Gruppenerzieherin begünstigten in Ansätzen den Prozess der Selbstreflexion. Die sehr
spärlich reflektierten Eigenanteile im pädagogischen Handeln belegen erneut das
bestehende Wissensdefizit. Vor allem die beiden ausführlich interviewten Pädagoginnen halten nach wie vor vermittelnde und fördernde Funktionen für primär

bedeutsam. Dabei wird der Begriff des „Begleitens" gerade von der Leiterin mit den Termini „Lenkung" und „Einflussnahme" gleichgesetzt. Trotz aller Kritikpunkte wird eine emotional positive Haltung zum Kleinkind aber spürbar. So wird mehrfach deutlich, dass sie von ihrem Handeln überzeugt sind und dieses dem Wohlbefinden des Kindes dienlich sei. Es sollte davon ausgegangen werden, dass sie ihre Handlungspraxis schlichtweg danach gestalten, wie sie es früher gelernt haben und der Ansicht sind, dies nach bestem Wissen und Gewissen für die Kinder auch zu tun.

In den Orientierungen der Einrichtungsleiterin zeigt sich einerseits kaum das Bestreben, Veränderungen auch zuzulassen; andererseits wird eine starke Resignation aufgrund der personellen Rahmenbedingungen deutlich. In ihrer Argumentation hinsichtlich der problembehafteten Durchführbarkeit bestimmter Qualitätsstandards führt sie überwiegend die Argumente des Zeit- und Personalmangels an. Was die Berechnung der Betreuungszeit angeht, so soll an dieser Stelle schon darauf aufmerksam gemacht werden, dass im Thüringer Kindertageseinrichtungsgesetz (2006) eine Betreuungszeit von neun Stunden zugrunde gelegt wurde. Dabei versteht es sich von selbst, dass aus einer real höheren Öffnungszeit der Einrichtung (11 Stunden) eine Differenz von zehn Wochenstunden resultiert, die sich in der personellen Versorgung allenfalls niederschlägt. Ebenso wenig zu unterschätzen ist der Umstand, dass diese sich in kommunaler Trägerschaft befindende Einrichtung wenig bzw. kaum Möglichkeiten von außen erhält, in ihrer fachlichen Arbeit reflektiert bzw. auch fortgebildet zu werden. Andererseits sollte auch nicht außer Acht gelassen werden, dass die Einrichtungsleiterin die Fortbildungsveranstaltungen bezüglich der Umsetzung des neuen Bildungsplanes von sich aus unterlässt. Da auch Bemühungen bzw. die Eigeninitiative der Leiterin hinsichtlich gezielter Fortbildungen zu neueren pädagogischen Inhalten nicht erkennbar sind, kann ihre professionelle Rolle als Führungskraft schon in Frage gestellt werden. Vermutlich unterliegt ihre Führungstätigkeit kaum einer Kontrolle von Seiten des Trägers, so dass ihr vermutlich ein sehr großer Entscheidungsfreiraum für ihr Handeln bleibt. Auch der Umstand, dass sie ihre Kenntnisse aus Leiterinnen-Fortbildungen im Team nicht transparent macht, lässt erahnen, dass sie der Vorbildfunktion in ihrer Position als Leiterin nicht genügend gerecht wird. Ihre häufige Argumentation mit dem Zeitfaktor kann letzten Endes allenfalls ein vorgeschobenes Motiv darstellen. So macht sie doch im Interview mehrfach deutlich, dass sie vielmehr nach ihren althergebrachten Erfahrungen handelt. Besonders signifikant ist die Erzählweise aller Mitarbeiter, die fast ausschließlich in der Ich-Form gestaltet wird. Dies verstärkt den Verdacht, dass eine Teamsituation vorherrscht, welche ein gemeinsames einheitliches professionelles Handeln behindert.

Was die Zusammenarbeit mit den Eltern anbelangt, so scheinen die Erziehungsberechtigten im Großen und Ganzen mit der Einrichtung zufrieden zu sein. Dies
liegt vermutlich darin begründet, dass die meisten von ihnen bereits selbst als
Kind ein „Vertrauens"-Verhältnis zur untersuchten Einrichtung aufgebaut hatten
bzw. diese Art von Krippenpraxis ja selbst erfahren haben. Ebenso scheinen sie
daran gewöhnt zu sein, sich den Umständen dort anzupassen bzw. zu fügen. In
ihren Ausführungen zur Personalsituation dokumentiert sich eine hohe Loyalität
gegenüber der Kindertagesstätte. So wird für viele Abläufe im Haus allein der
knapp bemessene Betreuungsschlüssel verantwortlich gemacht. Möglich ist
auch, dass die Pädagogen den Eltern gegenüber ihr Handeln mit den personellen
Bedingungen begründen. Die dabei offenbarte Resignation auf der Elternseite
begünstigt die Stagnation der Weiterentwicklung in der pädagogischen Arbeit,
weil der Druck auf die Einrichtung, der beispielsweise durch eine Elterninitiative
ausgeübt werden könnte, ausbleibt.

6.2   Kindertagesstätte „Schaukelpferd"

6.2.1   Vorstellung der Einrichtung

Die Kindertagesstätte „Schaukelpferd" befindet sich in einer Kreisstadt am
Nordwestrand des Thüringer Beckens. Auf einer Fläche von 86,34 km^2 leben ca.
36100 Einwohner. Die Arbeitslosigkeit lag zum Zeitpunkt der Untersuchung in
der betroffenen Stadt bei 14,6 % (Stand Dezember 2009). Die Einrichtung befindet sich in freier Trägerschaft. Auch hier ist das Thüringer Kultusministerium
zuständig, direkter Ansprechpartner ist das Jugendamt. Die Kindertagesstätte
„Schaukelpferd" ist Montag bis Freitag in der Zeit von 6:00 Uhr bis 17:30 Uhr
geöffnet. Es werden Kinder aus allen sozialen Schichten betreut. Die Einrichtung
hat finanzielle Außenstände durch nicht gezahlte Beiträge für Essen- und Betreuungsgeld. Ca. 40 % der Eltern sind alleinerziehend. Es gibt Kinder, bei denen
sich die Einrichtung um ihr Wohl sorgt. Rücksprachen mit dem Jugendamt haben jedoch ergeben, dass aufgrund unzureichender Anzeichen für Vernachlässigung noch keine Interventionen von Seiten des Staates möglich sind. Einige
Kinder bleiben für mehrere Wochen unentschuldigt von der Einrichtung fern.
    Die Untersuchung wurde nicht am eigentlichen Standort der Einrichtung
durchgeführt. Wegen bestehender Sanierung erfolgte eine vorübergehende Unterbringung in zwei Ausweichobjekten. An beiden Standorten existiert bereits
eine andere Kindertagesstätte, die jedoch freie Räume zur Verfügung stellen
konnte. Diese werden nun von der Kindertagesstätte „Schaukelpferd" übergangsweise genutzt. Wegen der ungünstigeren räumlichen Bedingungen musste

die Krippengruppe geteilt und eine Hälfte in einem anderen Teil der Stadt untergebracht werden. Die Erhebung wurde demzufolge auch an beiden Orten durchgeführt. Bei der Teilung der Krippengruppe wurde berücksichtigt, welche der Kleinkinder auch ältere Geschwister in der Einrichtung haben. So wurden diese Krippenkinder im Ausweichobjekt 1 untergebracht, da hier auch die Kindergartenkinder sind. Somit müssen die Eltern nicht zwei Orte anfahren und die Geschwister haben auch im Alltag die Gelegenheit zum des gegenseitigen Kontakt.

Gruppenkonstellation der Gesamteinrichtung

Ausweichobjekt 1
Gruppe Krippenkinder:	16 Kinder, 1-3 Jahre, 2 Erzieherinnen Teilzeit (30 Stunden/Woche)
Gruppe Kindergarten:	32 Kinder, 2-6 Jahre, 3 Erzieherinnen, Teilzeit (25/30/30 Stunden/Woche)
Gruppe Kindergarten:	31 Kinder, 2-6 Jahre, 2 Erzieherinnen, Teilzeit (30 Stunden/Woche)
Gruppe Kindergarten:	26 Kinder, 2-6 Jahre, 2 Erzieherinnen, Teilzeit (30 Stunden/Woche)
Gruppe Kindergarten:	33 Kinder, 3-6 Jahre, 3 Erzieherinnen, Teilzeit (30 Stunden/Woche)

Ausweichobjekt 2
Krippengruppe:	13 Kinder, 10-23 Monate, 3 Erzieherinnen, Teilzeit (30/25/25 Stunden/Woche)

Personalstruktur der Gesamteinrichtung

Leiterin der Einrichtung (Frau Ki.) :	Krippenpädagogin und Heilpädagogin (51 Jahre), Vollzeit (40 Stunden/Woche)
stellvertretende Leiterin:	Erzieherin (56 Jahre), Vollzeit (40 Stunden/Woche), bei Bedarf als „Springer" im Gruppendienst eingeteilt
Erzieherin Kindergartengruppe:	Krippenpädagogin (50 Jahre), Teilzeit (25 Stunden/Woche)
Erzieherin Kindergartengruppe:	Erzieherin (59 Jahre), Teilzeit (30 Stunden/Woche)
Erzieherin Kindergartengruppe:	Erzieherin mit Bachelorabschluss (37 Jahre) Teilzeit (30 Stunden/Woche)
Erzieherin Kindergartengruppe:	Erzieherin (59 Jahre), Teilzeit (30 Stunden/Woche)

Erzieherin Kindergartengruppe:	BA Sozialpädagogin (31 Jahre), Teilzeit (30 Stunden/Woche)
Erzieherin Kindergartengruppe:	Erzieherin (55 Jahre), Teilzeit (30 Stunden/Woche)
Erzieherin Kindergartengruppe:	Erzieherin (40 Jahre), Teilzeit (30 Stunden/Woche)
Erzieherin Kindergartengruppe:	Krippenpädagogin (42 Jahre), Teilzeit (30 Stunden/Woche)
Erzieherin Kindergartengruppe:	Krippenpädagogin (61 Jahre), Teilzeit (30 Stunden/Woche)
Erzieherin Kindergartengruppe:	Erzieherin (41 Jahre), Teilzeit (30 Stunden/Woche)
Erzieherin Krippengruppe:	Erzieherin (38 Jahre), Teilzeit (30 Stunden/Woche)
Erzieherin Krippengruppe:	Erzieherin (35 Jahre), Teilzeit (30 Stunden/Woche)
Erzieherin Krippengruppe:	Krippenpädagogin (62 Jahre), Teilzeit (25 Stunden/Woche)
Erzieherin Krippengruppe:	Krippenpädagogin und Heilpädagogin (53 Jahre), Teilzeit (30 Stunden/Woche)
Erzieherin Krippengruppe:	Krippenpädagogin (56 Jahre), Teilzeit (25 Stunden/ Woche)
Erzieherin im Spätdienst und	Krippenpädagogin (60 Jahre), Teilzeit als „Springerin" (25 Stunden/Woche)

Des Weiteren gibt es eine Ein-Euro-Kraft als Aushilfe für alle Gruppen, die vorrangig in der Krippengruppe im Ausweichobjekt 1 eingesetzt wurde. Die Leiterin wollte somit den höheren Personalbedarf der unter Dreijährigen abdecken. Nach Angaben der Leiterin ist die gesamte personelle Besetzung der Einrichtung aufgrund der hohen Anzahl der unter Dreijährigen Kinder (28 Kinder) und durch den Einsatz von Teilzeitkräften möglich. Sie schätzte ein, dass durch die Teilzeitkräfte mehr Personal eingesetzt und auch überschneidend gearbeitet werden kann. Bei der Personalplanung gibt es insgesamt mehr Handlungsspielraum. Alle Erzieherinnen haben die staatliche Anerkennung durch das 100-Stunden-Anpassungsprogramm nach der politischen Wende erworben.

Personal Hauswirtschaft
Hausmeister: Vollzeit (40 Stunden/Woche).
In dieser Einrichtung ist er an drei Tagen präsent, den Rest der Woche in anderen Objekten des Trägers.

Küchenhilfe: Teilzeit (30 Stunden/Woche)
2 technische Mitarbeiter: Teilzeit (25 und 30 Stunden/Woche)

Konzeption

Trotz der ungünstigeren (räumlichen) Bedingungen war es das Hauptanliegen der Einrichtung, die konzeptionelle Arbeit auch in den Ausweichobjekten aufrechtzuerhalten. Die Konzeption der Einrichtung ist wie folgt gegliedert:

- Geschichte der Einrichtung,
- Rahmenbedingungen,
- Gesellschaftliches und natürliches Umfeld,
- Struktur des Hauses,
- Inhaltliche Schwerpunkte,
- Elternarbeit,
- Öffentlichkeitsarbeit und
- Ziele für das bestehende Kindergartenjahr.

Die Einrichtung versteht sich als eine Institution, die ihren Bildungs- und Erziehungsauftrag unter Berücksichtigung der im Thüringer Bildungsplan festgeschriebenen Bildungsbereiche erfüllt. Weitere bedeutsame Eckpfeiler sind die Aspekte der Altersmischung, der offenen Arbeit und wesentliche Komponente der Reggio-Pädagogik und des situationsorientierten Ansatzes.

Die Kindertagesstätte gilt sowohl als Konsultationseinrichtung als auch als hi.bi.kus-Einrichtung.[51] In der Konzeption wird darauf hingewiesen, dass sich alle Mitarbeiterinnen mit der Thematik auseinander gesetzt haben und demzufolge ein entsprechendes Bildungsverständnis in sich tragen.

Räumlichkeiten in der vorübergehenden Einrichtung

Ausweichobjekt 1

Der im Erdgeschoss angesiedelte Gruppenraum der Krippenkinder hat eine Fläche von 42 m². In diesem Raum befindet sich eine Hochebene, die einerseits

---

51 „hi.bi.kus": (Hirngerechte Bildung in Kindergarten und Schule) ist ein Programm des Thüringer Kultusministeriums, welches die Fundierung und Fokussierung bekannter reformpädagogischer Ansätze auf neurowissenschaftlicher Grundlage zur Optimierung des Lernens unterstützt. Im Rahmen dieses Programmes wurden bereits Erzieher und Lehrer aus den beteiligten Einrichtungen in einer 2-jährigen Ausbildung zu Beratern für hirngerechte Bildung in Kindergarten und Schule ausgebildet. Die Grundidee des Programmes besteht darin, den hier beteiligten Institutionen die Gelegenheit zu geben, das bestehende Einrichtungsprofil aus Sicht der Neurobiologie weiter zu entwickeln und zu gestalten (vgl. hi.bi.kus 2008).

Explorationsgelegenheit, andererseits auch Rückzugsmöglichkeit bietet. Darüber hinaus befinden sich hier ein Bauteppich und die Puppenecke. Auch das Mobiliar zur Einnahme der Mahlzeiten ist vorhanden. Für Lernangebote wie beispielsweise das Experimentieren mit Materialien werden die sehr beengt wirkenden Garderobenräume genutzt. Es ist ein Bewegungsraum vorhanden, der jederzeit genutzt werden kann. Damit sich nicht unentwegt alle 16 Kinder zusammen in dem Gruppenraum aufhalten müssen, werden die Gruppen für bestimmte Aktivitäten geteilt. Allerdings entscheiden die Kinder hier selbst, wo sie sich aufhalten möchten. Es wurde beobachtet, dass die Krippenkinder auch die Chance erhielten, die Kindergartenkinder in den anderen Gruppen im Obergeschoss zu besuchen. Dies bedurfte jedoch stets der Begleitung durch eine Erzieherin. Auch die Mittagsruhe halten die Kinder in diesem Raum, was die Aufstellung der Betten nach sich zieht. Es gibt jedoch einen separaten Schlafraum für die Babys, die somit auch bedarfsorientiert zur Ruhe gelegt werden können. Am Raum der Krippenkinder grenzt ein Gruppenraum für Kindergartenkinder an. Es wurde bereits versuchsweise die Tür geöffnet, damit auch die Krippenkinder weitere Erkundungsmöglichkeitenmöglichkeiten haben. Die Erzieherinnen beobachteten, dass es jedoch vor allem die älteren Kinder waren, die dann in den Raum der Jüngsten vorgedrungen sind. So wurde es im Krippenraum für die Kleinsten zu eng. Aus diesem Grund wurde die Tür wieder geschlossen, vor allem um die Kleinen vor Überreizung zu schützen.

An den Wänden in der Garderobe befinden sich Aushänge zur Elterninformation, z. B. Lieder, die aktuell gesungen werden, eine Fotodokumentation, eine Wandtafel zum Thema „Sinnliche Erfahrungen", Aushänge zu aktuellen Anlässen (Rosenmontagsplakat). An der Wand hängt kleinkindgerechtes Spielmaterial. Unmittelbar an die Garderobe grenzt der Sanitärbereich an. Es gibt momentan nur ein Kleinkind-WC. Von daher wird auf die Töpfe zurückgegriffen. Ebenso steht hier eine Wickelkommode.

Auf der oberen Etage des Hauses befinden sich das Büro der Leiterin und drei Gruppentrakte der Kindergartenkinder. Als Trakt wird eine Gruppe mit ca. 35-40 Kindern verstanden, die jeweils 2 nebeneinander stehende Funktionsräume (Bau- und Rollenspielraum) zur Verfügung haben, zwischen denen sich die Kinder frei bewegen können. In der Ursprungseinrichtung gab es für jeden Trakt ein Atelier, worauf im Ausweichobjekt 1 aus Kapazitätsgründen verzichtet werden musste. Einer der Trakte verzichtete im hiesigen Haus jedoch auf sein separates Kinderrestaurant und gestaltete hier stattdessen ein Atelier, da die Bedürfnisse und Interessen der dort betreuten Kinder dies erforderten. Die anderen Trakte können nach Absprache dieses Atelier ebenfalls nutzen. Auch die in der Konzeption verankerten Räume wie Großraumatelier, Ton- und Knetraum sowie die Kinderwerkstatt und die große Bewegungslandschaft konnten hier nicht belegt werden, was Einbußen darstellt, mit denen sich die Einrichtung vorübergehend arrangieren muss. Je Trakt gibt es außerdem einen Sanitärbereich und eine Garderobe. Drei der vier Kindergartengruppen nehmen die Mahlzeiten in eigenen Kinderrestaurants ein, welche derzeit in den Nischen des Vorflurs eingerichtet sind.

Im Kellergeschoss befinden sich der Elternsprechraum und das Erzieherbüro. Diese Räume werden für das gesamte Besprechungswesen und die gemeinschaftliche Mittagspause genutzt. Im Außengelände gibt es eine große Terrasse und eine Wiese mit einigen Klettermöglichkeiten.

Ausweichobjekt 2

Die Krippenkinder im zweiten Objekt haben mehrere Räume zur Verfügung. Im ersten Raum befinden sich eine Kuschelecke und eine Puppenecke sowie das Mobiliar für die Essenseinnahme. An diesem Raum grenzen das Kinderatelier an und ein weiterer Raum, der mit bewegungsanregenden Elementen und einer zweiten Ebene ausgestattet ist. Hier befindet sich auch eine Bauecke. Da der Turnraum der anderen Einrichtung nicht mitbenutzt werden kann, werden in diesem Raum auch die sportlichen Angebote unterbreitet. Von diesem „Bewegungsraum" aus gelangt man zur Werkstatt, die aus zwei kleinen Räumen besteht. Im hintersten Raum stehen drei Sandtische. Im vorderen befinden sich kleine Werkbänke, Kleinkind-Werkzeug und andere diverse Spielmaterialien wie auch Naturmaterial. Die Nutzung des Ateliers und der Werkstatt erfolgt in Begleitung der Erzieherin.

Die anderen beiden großzügig angelegten Gruppenräume sind für die Kinder jederzeit verfügbar.

Vom ersten Gruppenraum aus gelangt man durch eine Tür zum Schlafraum, durch eine andere direkt in den sanitären Bereich. Es gibt kein Kleinkind-WC; Töpfe werden genutzt. Im Bad sind eine Dusche, ein Waschbecken und eine Wickelkommode vorhanden.

In der Garderobe werden Basteleien der Kinder ausgehängt (z. Z. bedruckte Schneemänner), was so im Ausweichobjekt 1 nicht mehr praktiziert wird. Der Garderobenbereich ist mit Bastelarbeiten der Erzieher dekoriert. Die Aushänge für die Eltern beinhalten ebenso den Wochenplan für die Lernangebote, einen Aushang zur themenbezogenen Arbeit („Beobachtung der Vögel", „Umwelt mit Sinnen wahrnehmen") und eine Fotodokumentation. Im Außengelände gibt es eine Terrasse mit angrenzender großer Wiese. Dort befinden sich diverse Klettergeräte und eine Holzhütte.

Das Einrichtungsmobiliar stammt noch aus Zeiten der DDR.

Räume in der neuen Einrichtung (Einzug im Sommer 2010)

- Trakte mit je 2 Gruppenräumen; 30-40 Kinder je Trakt;
- Trakt Kinderkrippe: 20 Kinder mit 2 Gruppenräumen und zwei Schlaf-
  räumen
  Jeder Trakt verfügt über ein Miniatelier;
- großer Bewegungsbereich, in welchen (dann wieder) die Bewegungs-
  landschaft integriert wird, welche die Kinder selber gestalten können;
- Großatelier mit Trennwand für extra Nische mit Ton- und Knetecke;
- 3 Kinderrestaurants (für die Kindergartengruppen);
- Geschichten- und Entspannungsraum
- Sanitärbereich pro Trakt: Der Sanitärbereich im Krippentrakt wird mit
  Kleinkinder-WCs ausgestattet. Aus finanziellen Gründen muss auf
  Waschrinnen verzichtet und auf herkömmliche Waschbecken zurückge-
  griffen werden;
- Küche: Sie dient als Ausgabeküche. In der ursprünglichen Einrichtung
  wurde das Essen selbst gekocht. Nach der Sanierung werden die Zuta-
  ten für das Herstellen der Frühstücks- und Vespermahlzeiten geliefert
  und dann in der Küche zubereitet. Das Mittagessen wird fertig über einen Fremdanbieter bereitgestellt.
- große Werkstatt;
- Elternsprechraum;
- Personalraum;
- Büro;
- Schulungsraum (da Konsultationseinrichtung);
- großer Innenhof zum Bewegen und Experimentieren.

Besprechungswesen

Einmal wöchentlich finden während des Mittagsschlafes der Kinder auf jedem
Gruppentrakt einstündige *Planungsgespräche* statt und dauern ca. 1 Stunde.
Wenn die Erzieherinnen den Bedarf dafür sehen, ist dabei auch die Leiterin an-
wesend. Ziel ist es, die nächste Woche zu besprechen. Dabei geht es um die
Planung von Lernangeboten und die Besprechung anderer organisatorischer
Angelegenheiten.

Einmal monatlich finden 1 1/2 stündige *Traktgespräche* mit der Leitung
ebenfalls während des Mittagsschlafes der Kinder statt. Dabei werden inhaltliche
Aspekte der pädagogischen Arbeit und sonstige Anliegen oder Unklarheiten
thematisiert sowie personelle Fragen besprochen. Dafür wird die Mittagspause
genutzt.

Eine monatliche *Dienstberatung* mit allen Mitarbeiterinnen wird ebenso für zwei Stunden während des Mittagsschlafes der Kinder veranstaltet. Nach Aussagen der Leiterin wird dieser gruppenübergreifende Austausch von den Mitarbeiterinnen sehr begrüßt.

Ebenfalls findet einmal im Monat eine *Leiterinnen-Tagung* statt, an welcher alle Einrichtungen des Trägers (insgesamt sieben Kitas) teilnehmen. Hier kommt es zum gegenseitigen Austausch auch mit dem Fachberater des Trägers, der auch gleichzeitig der Vorgesetzte der Leiterinnen ist. Es werden organisatorische und fachliche Schwerpunkte thematisiert, die die Leitungsebene betreffen. Dies bezieht sich beispielsweise auf den fachlichen Austausch hinsichtlich der Bewältigung von personellen Schwierigkeiten (Dienstplangestaltung, Organisation Arbeitszeitverlagerung) oder betrifft Fragen zur Teamentwicklung. Ebenso werden Fortbildungsinhalte für alle Leiterinnen transparent gemacht.

Die Zeit der Mittagsruhe wird weiter auch als Möglichkeit genutzt, die vorschriftsmäßigen Belehrungen bei den Mitarbeiterinnen durchzuführen.

In Anwesenheit des Trägers werden mit allen Mitarbeiterinnen des Hauses im Halbjahr und am Jahresende *Analyseberatungen* veranstaltet. Inhalt ist hier, über die gesetzten Zielsetzungen zu reflektieren und hieraus künftige Zielstellungen abzuleiten. Die Zeit für diese Besprechung ist keine Arbeitszeit, sie wird von den Mitarbeiterinnen zusätzlich bereitgestellt.

Die *Arbeitsbesprechung* erfolgt eher sporadisch bzw. bei Bedarf, jedoch mindestens zweimal im Jahr auf der Basis von Arbeitszeitverschiebung. Das bedeutet, dass die hierfür verwendete Zeit nicht der Gruppenarbeit zugute kommt. Es werden inhaltliche Schwerpunkte – oft auch anhand von Fallbeispielen – thematisiert oder die Möglichkeit zum Erfahrungsaustausch gegeben.

Entwicklungsgespräche mit den Eltern finden einmal jährlich statt; bei Bedarf nimmt auch die Leiterin daran teil. Bei Kindern mit besonderem Förderbedarf werden diese Gespräche halbjährlich durchgeführt. Die Kinder sind dabei nicht anwesend. Auf meine Anregung hin wurde jedoch in Erwägung gezogen, dies künftig zumindest mit den Vorschulkindern tun zu können („Das ist eine gute Idee.") Die Grundlage für die Entwicklungsgespräche ist die Entwicklungstabelle von K. Beller. Auch die Gespräche mit den Eltern werden per Arbeitszeitverlagerung abgegolten.

Im Ausweichobjekt 1 verbringen alle Erzieherinnen ihre Mittagspause im Büro. Einige von ihnen sind nur in Teilzeit angestellt und müssten normalerweise keine Pause machen. Sie unterbrechen mittags ihre Arbeitszeit durch eine Zeitstunde als Mittagspause und hängen die verbleibende Arbeitszeit anschließend an. Somit wird erreicht, dass beim Anziehens und Kaffeetrinken noch zwei Erzieherinnen anwesend sind. In der Pause finden sich alle Erzieherinnen und auch die Leitung zum gemeinschaftlichen Mittagessen ein. Hierbei finden vorwiegend private Gespräche statt; dienstliche Angelegenheiten werden eher in geringerem Maße thematisiert, sofern es sich nicht um die Veranstaltungen innerhalb des Besprechungswesens handelt. Die Erzieherinnen der Krippengruppe gehen nach ihrer Pause wieder in die Gruppen und dort wird die Zeit für die Dokumentation sowie andere Planungen, Absprachen etc. genutzt.

Im Ausweichobjekt 2 wird die Pause ebenfalls gemeinsam verbracht, jedoch im Gruppenraum der Krippenkinder, da es kein Büro gibt. Dabei werden ebenfalls die Lernangebote geplant oder Bastelarbeiten erledigt bzw. andere Absprachen getroffen.

Beobachtung und Dokumentation

Die Beobachtung der Kinder erfolgt zur Themenfindung für die Planung und Unterbreitung von Lernangeboten. Nach dem Modellprojekt verlor die Beobachtung zunächst ihre Intensität. Mittlerweile existieren jedoch verschiedene Hilfsmittel für die Dokumentation:

- Karteikarten für jedes Kind,
- Planungsbuch/Beobachtungsheft

Jede Gruppe nutzt das für sie handhabbarste Instrument. Beobachtet werden die Kinder im Einzelnen aber auch in Schlüsselsituationen, die sich beispielsweise aus der Kinderversammlung (Kindergartengruppe) ergeben. Im Mittelpunkt der Beobachtungen steht die Kernfrage: „Wo steht das Kind?" Die Leiterin versicherte, dass sie hierzu sofort von jeder Erzieherin eine aussagekräftige Information über die Kinder ihrer Gruppen erhalten könne. Die Planungsinstrumente wie Mindmapping, Tabellen, schriftliche Notizen, Beobachtungshefte, Planungshefte etc. werden von der Leiterin regelmäßig eingesehen.

In der Krippengruppe befand sich die Verwendung des Beobachtungsheftes zum Beobachtungszeitraum erst in den Anfängen. Über einen Zeitraum von ca. 8 Wochen erheben die Erzieherinnen eine Situationsanalyse, in der sie die Gruppensituation, die Konstellation der Gruppe, das bestehende Thema und die Umsetzung dokumentieren. Zum Zeitpunkt der Untersuchung beschreiben sie den Verlauf der Umgewöhnung durch den Umzug in das Ausweichobjekt, der kürzlich erst erfolgte. Es werden sowohl positive als auch negative Besonderheiten der einzelnen Kinder festgehalten.

Die bisherige Dokumentationsarbeit bezog sich auf die Anfertigung von Fotomappen für jedes Kind. Zum Zeitpunkt der Beobachtung wurden Portfolio-Mappen angelegt. In den Kindergartengruppen wird dies bereits seit längerem so praktiziert; in der Krippengruppe wird es derzeit angebahnt. Erste Portfolio-Mappen konnten von mir eingesehen werden. Sie beinhalten die persönliche Vorstellung des Kindes (Ich-Form), Fotogeschichten über bestimmte Tätigkeiten und das Entwicklungsprofil auf der Basis der Entwicklungstabelle nach K. Beller (Erhebungsprotokoll). Die Leiterin sieht hierbei noch den Bedarf ihrer Unterstützung. Die bestehenden Fotomappen sollen so erweitert werden, dass diese mit fortschreitender Entwicklung die „Lerngeschichten" der Kinder beinhalten.

Weitere Unterlagen zur Dokumentation finden sich zur Gestaltung der Eingewöhnung eines Kindes. Zur Neuaufnahme wurden verschiedene Unterlagen entwickelt:

- Leitfaden zur „Verhaltens- und Verfahrensweise beim ersten Elterngespräch und Hausbesichtigung (Leitung)";
- Leitfaden zur „Verhaltens- und Verfahrensweise beim Elterngespräch – Eingewöhnung";
- „Protokoll zum Aufnahmegespräch" (Besonderheiten des Kindes, familiäre Situation, Gestaltung der Eingewöhnungsphase, sonstige Informationen z. B. zu Medikamenteneinnahme etc.);
- „Fragebogen", der von den Eltern zur Neuaufnahme ausgefüllt wird und
- „Elternfragebogen" zum Verlauf der Eingewöhnung.

Des Weiteren gibt es Formulare zur Vollmacht der Eltern über bestimmte Aktivitäten des Kindes in der Einrichtung (Fotografieren, Medikamentenverabreichung, Teilnahme an Busfahrten etc.) und über abholberechtigte Personen.

Bildung der Gruppen in der Einrichtung

Die Krippenkinder bleiben bis zum Schuleintritt nicht in ihrer ursprünglichen Gruppe, sondern wechseln ungefähr mit dem zweiten Geburtstag, spätestens mit zweieinhalb Jahren, in die Kindergartengruppen, in denen die Kinder im Alter von 2-6 Jahren betreut werden. Es wird darauf geachtet, dass nicht ein Kind allein die Gruppe verlässt, sondern gemeinsam mit weiteren Kindern in die nächste Gemeinschaft wechselt. Dabei wird geprüft, ob bei den wechselnden Kindern eine gegenseitige Sympathie besteht. Es hängt auch von der Größe der Kindergartengruppen ab, wann dort weitere Kinder aus dem Krippenbereich hinzugenommen werden. Der Wechsel findet auch statt, damit die Krippengruppen so klein wie möglich gehalten werden können. Wenn Kinder bei der Neuaufnahme mind. 2 Jahre alt sind, wird auch gleich in die Gruppen von 2-6 Jahren integriert. Beim Umzug in die Ausweichobjekte wurden die jüngsten Kinder (0-2) in der Einrichtung 2 untergebracht, da dort die Bedingungen für die Kleinsten aufgrund der räumlichen Gegebenheiten am günstigsten sind.

6.2.2   Teilnehmende Beobachtung in der Kinderkrippe

In den Beobachtungen wurden zunächst sämtliche Abläufe erfasst. Im weiteren Verlauf konzentrierte ich mich auf die Aspekte des normativen Grundmusters der Neurobiologie. Es wurde dahingehend geprüft, inwieweit folgende Aspekte zum Tragen kommen:

- Individualität – Jedes Kind (Gehirn) ist einzigartig!;
- Selbstbildung des Kindes – Eigenaktivität (Aufgaben, an denen Kinder wachsen können);
- emotional positives Aufladen von Lernsituationen;
- Das Gehirn ist ein soziales Organ, d. h. Lernen erfolgt durch Beziehungen (Potentialentfaltung durch Wohlbefinden in der Gemeinschaft und Vertrauen/Bindung zur Bezugsperson, Lernen durch gemeinschaftliche Werke);
- Sensorische Integration.

Die Beobachtungen wurden hauptsächlich in der Zeit von 08:00 Uhr bis 12:00 Uhr durchgeführt; teilweise auch am Nachmittag. In den beiden Krippengruppen waren jeweils zwei Erzieherinnen anwesend.

Der Tagesablauf war folgendermaßen strukturiert:

07:50 Uhr	Die Kinder gehen mit ihrer Erzieherin in den eigenen Gruppenraum.
08:00 – ca. 8:20 Uhr	gemeinsame Einnahme des Frühstücks
anschließend	Topf/WC (alle Kinder) und Waschen
ca. 8:30	Spielen der Kinder
ca. 9:20	1 – 2 Tänze (Ritual)
anschließend	Händewaschen und Obstfrühstück
ca. 09:30	Lernangebot/Aufenthalt im Freien oder Spiel im Gruppenraum (geteilte Gruppe)
danach	Händewaschen und Toilettenbenutzung (bedarfsorientiert)
11:00 Uhr	Mittagessen
anschließend	Waschen und Topf/WC (alle Kinder)
	Ausziehen
	Lied, Fingerspiel, Geschichte etc. (Ritual)
12:00 – 14:00 Uhr	Mittagsschlaf
14:00 Uhr	Anziehen
	Waschen und Topf/WC (alle Kinder)
ca. 14:20 Uhr	Vesper; anschließend Spiel und Abholung der Kinder

In den Feldbeobachtungen war über den gesamten Zeitraum eine emotional positive Atmosphäre im gesamten Krippenalltag spürbar. Auffällig war die kontinuierliche Mitbestimmung durch die Kinder; so wurden sie bei Entscheidungsfragen zur Gestaltung des Alltages stets mit einbezogen. Sie konnten zwischen verschiedenen Angeboten (Lieder, Tänze, Spiel) wählen. Es existierte eine Tagesstruktur, innerhalb derer die Kinder jedoch eigenständig entscheiden konnten, an welchen Aktivitäten sie teilnehmen. Die Erzieherinnen waren jedoch darauf bedacht, dass jedes einzelne Kind die Gelegenheit für alle Aktivitäten innerhalb kürzester Zeit erhält (Aufenthalt im Freien, bestimmte Angebote). Das Handeln der Erzieherinnen zeichnete sich besonders durch eine empathische und liebe- bzw. respektvolle Haltung gegenüber dem Kleinkind aus. Innerhalb des Alltages erfuhren sie Anerkennung und Wertschätzung und wurden für weitere Aktivitäten motiviert. Ich als Forscherin hatte den Eindruck, dass hier alle Kinder als gleichwertig angesehen werden und vordergründig ein stärkenorientierter Blick das Handeln der Erzieherinnen leitete. Das dennoch teilweise unterschiedliche Handeln der Erzieherinnen zeigt sich in den späteren Videoszenen.

In der Zusammenarbeit der Kolleginnen zeigte sich ein Teamgefüge, in dem man sich auf umsichtige und vorausschauende Art und Weise gegenseitig unterstützte und ergänzte. Absprachen wurden gemeinsam getroffen. Der Umgang der Mitarbeiterinnen untereinander war harmonisch und auch humorvoll, was sich auf die gesamte Gruppenatmosphäre übertrug. Diese schlug sich auch in den Interaktionen mit den Kindern nieder.

Der Krippenalltag barg vielfältige Möglichkeiten, in denen die Kinder auch gemeinsame Werke verrichten konnten. Es wurde ein breites Spektrum an musischen, tänzerischen und sprachlichen Aktivitäten geboten. Die individuellen Interessen und Bedürfnisse wurden insofern berücksichtigt, als dass bestimmte Abneigungen der Kinder (z. B. gegen das Anziehen des Faschingskostüms; Verweigerung der Teilnahme an der Zaubervorstellung) toleriert wurden. Andererseits verstanden es die Pädagoginnen auch, jene Kinder, die neuen Anregungen gegenüber zunächst zurückhaltend waren, für derartige Aktivitäten dennoch zu motivieren. Den zeitlichen Rhythmus, den die Kinder zum Beenden ihrer Aktivitäten benötigten, bestimmten sie weitgehend selbst. Es zeichneten sich dahingehend eine hohe Flexibilität der Erzieherinnen und der Respekt vor der individuellen kindlichen Persönlichkeit ab.

Im Alltag wurde stets versucht, die Umgebung mit weiteren Anregungen zu gestalten (z. B. Bereitstellung einer Kiste mit Materialien wie Folien, Tüten und Papier). Im Bereich der Selbstbedienung zu den Mahlzeiten lassen sich aber noch Reserven konstatieren; so teilen die Erzieherinnen das Mittagessen noch selbst aus. Als Argumente werden hierfür die unterschiedlichen Altersgruppen innerhalb des Krippenbereiches und zu wenig Personal angeführt.

In der Gestaltung der Eingewöhnung war die Mitbestimmung der Eltern besonders signifikant. Den Erzieherinnen war es wichtig, dass die Erziehungsberechtigten den Rhythmus selbst gestalteten. Sie betonen, dass die Eltern nur dann auch den weiteren Weg mittragen können, wenn sie eine entsprechende überzeugte Haltung auf das Kind übertragen, welche dem Kind wiederum Sicherheit verleiht.

In der Feldbeobachtung war zeitweise auch eine Schülerin der Kinderpfleger-Ausbildung zu beobachten, deren Handeln sich von dem der Pädagoginnen unterschied. So legte sie beispielsweise das neben den Teller gefallene Essen auf den Teller des Kindes zurück. Auch die Interaktionen mit den Kindern waren weniger emotional positiv gestaltet. Es zeigte sich mitunter eine führende und eingreifende Rolle.

Es war offensichtlich, dass die Kinder keine Scheu und Hemmungen hatten, ihre Bedürfnisse frei zu äußern. Bei den Mahlzeiten gab es keine festgelegten Sitzplätze. Sie hatten einen mit ihrem Namen versehenen Stuhl, den sie selbstbestimmt platzieren durften. Dass Kleinkinder zur Einnahme der Mahlzeiten noch oft die Hände benutzen, wurde in Ansätzen toleriert, sollte jedoch noch größere Beachtung finden. Auch der unter dem Tellerboden platzierte Latz weist noch auf sauberkeitsorientierte Handlungsweisen aus der DDR-Krippenpädagogik hin.

In der Beobachtung beider Krippengruppen konnte eine abweichende Handlungspraxis festgestellt werden. So war es im abgeschiedenen Ausweichobjekt 2 der Fall, dass die einheitlichen Ergebnisse der Kinder aus den Lernangeboten präsentiert wurden (z. B. sechs bedruckte Schneemänner). In Gesprächen mit der Leiterin wurde deutlich, dass dies nicht der Konzeption der Einrichtung entsprach, was auch die Beobachtungen in der Krippengruppe im Objekt 1 bestätigten. Die Einrichtungsleiterin sieht hier eher das Problem der Abgeschiedenheit von Objekt 2, mit der das Handeln der dortigen Pädagoginnen einen gewissen Selbstlauf nimmt. Die Leiterin selbst hat ihren Hauptsitz im Objekt 1 und kann im anderen Haus nicht regelmäßig präsent sein bzw. die tägliche Arbeit der Erzieherinnen überprüfen. Unterschiedliche Orientierungen der Erzieherinnen wurden auch in der Schaffung einer anregenden Umwelt deutlich.[52] Zur Gestaltung des Krippenalltages zeigten sie alle jedoch ein besonderes Engagement, die Kinder durch aus dem eigenen Haushalt mitgebrachte Dinge weiter anzuregen.

---

52 Während eine Erzieherin beispielsweise die Idee hatte, den Kindern für die Werkstatt Nägel bereitzulegen, äußerte ihre (62-jährige) Kollegin noch Bedenken, die sie mit ihrer persönlichen Angst vor den Gefahren begründete. Dieselbe Erzieherin ging auch auf einen besonderen Wunsch eines Kindes nicht ein. Im Rahmen eines Lernangebotes wünschte es ein Messer zum Schneiden des Apfels. Die Erzieherin vertröstete auf das spätere Spiel in der Puppenecke, mit Plastikmesser und Essen aus Plastik.

6.2.3 Videographie in der Kinderkrippe „Schaukelpferd"

Im Folgenden werden fünf Videoszenen dargestellt, deren anschließende Auswertung auf der Grundlage der neurobiologischen Erkenntnisse erfolgte.

Szene „Schaum", Dauer 00:01:30 h

Ausgangssituation – Standbild

Zentral im Bild ist eine runde Spiegelfläche zu sehen, die auf einer runden orangefarbenen Tischplatte verortet ist. Im linken Bildvordergrund steht ein Junge im weißen T-Shirt, der mit dem Rücken zur Kamera steht. Es werden lediglich seine rechte Schulter und das Seitenprofil seines Gesichtes von der Kamera erfasst. Er hält den Kopf etwas nach rechts geneigt und blickt auf die Sprühdose, welche die Erzieherin in ihren Händen hält. Links neben dem Jungen ist der Zeigefinger der Erzieherin zu sehen, welcher den Sprühkopf der Flasche umfasst; aus dieser tritt Schaum heraus. Der Schaum wird auf der Spiegelfläche aufgetragen. Geradeaus im Bildhintergrund (links neben der Erzieherin) steht hinter dem Tisch ein Mädchen in lilafarbenem Shirt. Es ist in der Vorderansicht abgebildet. Sein Blick ist auf die Glasplatte gerichtet und ruht auf dem Sprühkopf mit dem heraustretenden Schaum. Seine Hände hat es auf der Tischplatte aufgelegt. Der Oberkörper ist dezent nach links geneigt. Links neben diesem Mädchen steht ein weiteres Mädchen mit Zöpfen und rotgepunkteter Schürze. Seine Hände liegen auf der Tischplatte auf, sein Oberkörper ist etwas nach vorn geneigt. Es blickt ebenfalls auf den aus der Sprühflasche austretenden Schaum. Sein Mund ist dabei leicht, die Augen weit geöffnet. Links neben diesem Kind steht ein weiteres Mädchen mit hochgestecktem Pony und roter Schürze. Es hat die Hände auf der Tischplatte aufgestützt und den Oberkörper stark nach vorn über die Tischplatte gebeugt. Auch dieses Kind sieht zum austretenden Schaum. Sein Mund ist geschlossen. Rechts im Bildvordergrund und links neben dem zuletzt genannten Mädchen steht ein Junge in roter Schürze. Die Platzierung seiner Hände wird von der Kamera nicht erfasst. Er blickt ebenso zum Schaum, der gerade auf den Tisch trifft. Der Mund ist dezent geöffnet.

Kind 1 – Junge im weißen T-Shirt (linker Bildvordergrund)
Kind 2 – Mädchen in lilafarbenem Shirt und gepunkteter Schürze
Kind 3 – Mädchen mit Zöpfen und rotgepunkteter Schürze
Kind 4 – Mädchen mit hochgestecktem Pony und roter Schürze
Kind 5 – Junge mit dunkelbraunen Locken und roter Schürze
Erzieherin Frau H.

Formulierende Interpretation – vor-ikonografische Ebene (Szenenverlauf)

Die Erzieherin sprüht einen Klecks Schaum auf die Glasplatte, direkt vor Kind 1. Währenddessen neigt der Junge seinen Oberkörper weiter nach rechts und folgt der Handlung der Erzieherin. Die drei anderen Kinder sehen ebenfalls zu, wie der Schaumklecks auf der Tischplatte weggleitet. Dabei neigt Kind 3 seinen Oberkörper leicht zurück und zieht auch seine linke Hand etwas nach hinten. Die Erzieherin sagt zu Kind 1: „Guck mal! Oh!" Der Junge neigt den Oberkörper nach links und ruft „Ich will raus!" Kind 4 neigt den Oberkörper jetzt auch etwas nach hinten. Alle Kinder sehen Kind 1 mit weit geöffneten Augen an. Während die Erzieherin: „Guck mal, wie das aussieht!" sagt, zeigt sie mit ihrem linken Zeigefinger auf den Klecks. Kind 2 senkt kurz den Blick, sieht dann zur Erzieherin und anschließend auf den Schaum. Danach hält es wieder Blickkontakt zu Kind 1. Kind 3 wendet den Blick vom Schaumklecks, sieht jetzt Kind 1 mit weit geöffneten Augen an und sieht zur Erzieherin. Kind 4 wendet den Blick vom Schaumklecks zu Kind 1 und dann zur Erzieherin. Kind 5 hebt den Blick vom Schaumklecks, richtet ihn zu Kind 1 und dann zur Erzieherin. In hoher Stimmlage kommentiert die Erzieherin: „Guck mal, wie das aussieht!" Kind 1 tippt vorsichtig mit seinem rechten Zeigefinger auf den vor ihm liegenden Schaum. Er zieht den Finger sofort wieder zurück. Die Erzieherin erweitert ihren Kommentar durch die Bemerkung: „Ist gar nichts Schlimmes!" Kind 5 tupft mit seinem linken Zeigefinger ebenfalls in diesen Schaumklecks. Er zieht die Hand zurück und versucht, durch das Zusammenklatschen beider Hände den Schaum zu entfernen. Die Erzieherin sprüht etwas Schaum vor Kind 2. Seine Finger bewegen sich, doch es fasst nicht zu. Es sieht zu Kind 3 mit den Zöpfen neben sich, welches jetzt auch einen Schaumklecks erhält. Dieses Kind beißt die Zahnoberreihe auf die Unterlippe, grinst und sieht auf die Hand der Erzieherin. Als es seinen Klecks vor sich liegen hat, lacht es hörbar auf und zieht seine Hände kurz zurück, um sie gleich darauf wieder auf der Tischplatte zu platzieren. Der Mund ist nun lachend geöffnet, so dass die obere Zahnreihe zu sehen ist. Die Erzieherin teilt nun einen Schaumklecks vor Kind 4 aus. Kind 3 verfolgt mit seinem Blick die Sprühflasche. Die Erzieherin sieht freundlich auf die Sprühflasche und äußert: „Damit können wir jetzt malen – mit dem Finger oder mit Pinseln! Ich hab auch Pinsel!" Währenddessen sprüht sie auch einen Klecks vor Kind 5, welches immer noch versucht, die Hände vom Schaum zu befreien. Kind 3 sieht lachend zur Erzieherin. Kind 1 klatscht mit der rechten Hand zweimal auf die Glasplatte auf. Kind 4 beginnt nun umgehend mit beiden Händen den Schaum auf der Glasplatte zu verteilen. Kind 5 greift vage mit beiden Händen nach dem Schaum, zieht diese jedoch gleich wieder zurück und reibt sich den Schaum von den Händen ab. Kind 2 tippt mit seinem linken Zeigefinger vorsichtig auf den Klecks des Mädchens neben sich. Die Erzieherin äußert: „Ups!" Es ist nicht zu sehen, was sie zu dieser Bemerkung veranlasst hat. Kind 3 spricht umgehend nach: „Ups!" Die Erzieherin reicht einen Korb mit verschiedenen Utensilien in die Mitte des Tisches und sagt: „Guckt mal, hier könnt ihr euch etwas aussuchen! Da könnt ihr vielleicht auch was damit machen!" Währenddessen verreibt Kind 4 den Schaum auf der Glasplatte. Dabei verschmiert es auch den Klecks des neben ihm stehenden Mädchens. Dieses reagiert auf diese Handlung nicht. Es greift mit seiner rechten Hand in den Korb und nimmt sich ein Utensil heraus, mit welchem es sofort den Schaum auf der Glasplatte verteilt. Kind 2 nimmt sich ebenfalls ein Utensil aus dem Korb. Kind 5 patscht beide Hände in den vor sich liegenden Schaum und betrachtet sie sich dann. Danach versucht es erneut, den Schaum durch Klatschen der Hände zu entfernen. Kind 1 macht ebenfalls Anstalten, im Korb zu suchen, zieht jedoch die Hand zurück, als die Erzieherin einen Pinsel herausnimmt und damit den Schaum verteilt. Dabei kommentiert sie: „Zum Beispiel mit dem hier vielleicht! Kann man ja ein Muster…!" Kind 4 verreibt nun auch den Klecks des neben ihm stehenden Jungen (Kind 5). Auch er lässt es kommentarlos geschehen. Die Erzieherin schiebt den Pinsel durch den Schaum und sagt: „Och, guckt mal, da sieht man den Spiegel wieder! Wer möchte so was haben? Mhhhm!" Kind 3 verteilt mit seinem Utensil den vor sich liegenden Schaum. Kind 5 hat jetzt mehr Schaum in den Händen, welchen es zwischen diesen verreibt. Kind 2 beginnt nun, mit der Schaumrolle seinen Klecks breitzurollen. Dabei hat es die Zunge zwischen den Lippen hervorgeschoben. Kind 1 nimmt sich nun ein Utensil vom Tisch und beginnt zaghaft, den vor sich liegenden Schaum zu verteilen. Kind 3 schüttelt seinen Pinsel. Der Schaum bleibt daran haften. Es holt sich einen grünen Schwamm aus dem Korb. Die Erzieherin kommentiert: „Man kann es auch schön breitschmieren, so machen es die Papas immer im Gesicht!" Kind 5 neigt den Oberkörper nach links und streckt beide Arme in Richtung der Erzieherin aus. Es sagt „(?) bisschen, (?) bisschen!" Die Erzieherin fragt es: „Ein bisschen hochmachen die Ärmel, ja? Ist besser so, ja?" Dabei streift sie ihm beide Ärmel nach oben. Währenddessen sagt sie zu allen Kindern „Und riecht mal, riecht ihr was?" Kind 3 hält sich den Schaumpinsel an die Nase. Danach klopft es den Pinsel auf der Tischplatte ab. Kind 5 blickt zur Erzieherin. Die Erzieherin fährt fort: „Mhhhm, das riecht ja! Mhhhm!" Kind 4 verteilt immer noch den Schaum auf der Glasplatte. Kind 3 hält nun beide Arme hoch und dreht seinen Oberkörper der Erzieherin zu. Dabei äußert es: „Da, da, ich will!" Die Erzieherin wendet sich ihm zu und streift die Ärmel nach oben. Dabei bemerkt sie: „Aber passt mal auf, ich hab was vergessen. Das darf man nicht in den Mund nehmen. Das darf man nicht essen! Das nehmen wir nicht in den Mund!" Dabei erhebt sie kurz ihren rechten Zeigefinger. Sie fährt fort: „Das ist nämlich keine Schlagsahne. Das sieht zwar so aus…!" Nachdem die Ärmel hochgekrempelt sind, klopft Kind 3 den Pinsel auf der Tischplatte mehrmals auf.

Kind 4 streckt seine weißen Schaumhände schräg nach oben in Richtung Erzieherin. Es untermauert seine Handlung mit: „Ha!" Die Erzieherin reagiert nicht darauf. Kind 1 bewegt seinen rechten Arm. Was er genau tut, wird von der Kamera nicht erfasst. Kind 5 streckt seine beiden Arme in Richtung Erzieherin aus und signalisiert der Erzieherin in kleinkindtypisch unverständlicher Sprache ein Bedürfnis. Die Erzieherin fragt es: „Möchtest du auch so was haben?" Sie reicht ihm den Korb mit den Utensilien hin. Der Junge antwortet mit: „Ja." Sie fragt: „Was denn? Such dir was aus!" Kind 3 sieht kurz zu Kind 5 auf und senkt dann wieder den Blick auf den eigenen Schaum. Kind 4 greift mit seinen Schaumhänden nach den Utensilien, zieht die Hände jedoch sofort wieder zurück und grinst. Es verschmiert weiterhin den Schaum mit den Händen auf der Tischplatte. Kind 5 greift mit der linken Hand in den Korb, erfasst ein weißes Utensil. Die Erzieherin greift ebenso in den Korb und entnimmt ein grünes Utensil und legt es vor Kind 5 auf den Tisch. Sie sagt: „Hier, das geht bestimmt auch. Sowas." Kind 5 lässt das weiße Utensil im Korb liegen. Er ergreift den grünen Pinsel. Die Erzieherin kommentiert weiter: „Oder sowas?" Dabei entnimmt sie ein weiteres Utensil aus dem Korb und legt es auf der Tischplatte ab. „Oder möchtest du was ganz anderes?" Dabei reicht sie den Korb näher an das Kind heran. Kind 5 legt das grüne Utensil in den Korb zurück und nimmt sich ein anderes mit grünem Schwamm. Die Erzieherin fragt: „Das?" Kind 5 beginnt mit dem Schwammpinsel den Schaum zu verteilen.

Reflektierende Interpretation

In der oben beschriebenen Szene handelt es sich um ein Angebot zum Experimentieren mit Rasierschaum. Dies stellte für vier Kinder eine neue Erfahrung dar. Kind 4 hat an solch einem Angebot schon einmal teilgenommen. Fallentwickelnd wird auf drei Ebenen zusammengefasst:

* Ebene der Erzieherin,
* Ebene zwischen der Erzieherin und den anwesenden Kindern,
* Ebene der Kinder.

In der Interaktion mit den Kindern pflegt die Erzieherin einen freundlichen Umgangston. Durch die Intonation (ihrer Stimme) wird deutlich, dass sie sich der Ebene der Kinder nähern möchte. Weil die Kinder ihre verstellte Sprache spüren, wirkt sie jedoch nicht mehr natürlich und es entsteht eine Distanz zwischen den Kindern und ihrer Erzieherin. Diese Distanz verhindert die Gleichwertigkeit beider Interaktionspartner. An einigen Stellen werden teilweise noch überflüssige Bemerkungen gemacht. Ihre Bewegungen (z. B. beim Hochkrempeln der Ärmel oder Anbieten der Utensilien) führt sie ruhig und sanft aus. Sie nimmt die Signale einzelner Kinder schnell wahr, deutet diese richtig bzw. vergewissert sich beim Kind durch Nachfragen. Auf die Bedürfnisse der Kinder geht sie ein, sobald sie diese erkannt hat. Dabei dokumentiert sich ein respektvoller Umgang mit dem jeweiligen Kind. Sie gibt den Kindern verschiedene Anregungen, ohne ihnen irgendetwas aufzudrängen. Die Erzieherin akzeptiert die Entscheidungen der Kinder. In der Interaktion mit Kind 5 erfolgt ihrerseits ein Übergriff, den sie jedoch bemerkt und umgehend versucht, mit einer Gegenhandlung zu kompensieren. Aus der Reaktion des Kindes registriert die Erzieherin ihr eigenes Fehlverhalten und lernt aus dieser Situation. In ihrer Methodik, den Schaum portionsweise auszuteilen, zeigt sich noch die Zuteilung des Materials, wie es in der Kindergartenpraxis in der DDR gängig war. Insgesamt zeigen sich ein respektvoller einfühlsamer Umgang mit dem Kleinkind und eine begleitende Rolle der Erzieherin, die die kindlichen Bedürfnisse und Interessen achtet.

Die Erzieherin gestaltet in besonderem Maße die Beziehung zu Kind 1. Dadurch gelingt es ihr, sein anfängliches Misstrauen gegenüber dieser fremden Situation abzubauen und ihn in diese Situation zu integrieren. Trotz der intensiven Bemühungen um den einzelnen Jungen gelingt es ihr, die Signale der anderen Kinder zu erkennen und ihren Bedürfnissen gerecht zu werden. Scheinbar unaufmerksam oder auch abgelenkt ignoriert sie allerdings den Interaktionsversuch des Mädchens mit dem hochgesteckten Pony, welches ihr seine Schaumhände hoch hält. Die Erzieherin duldet es, dass dieses Kind sich bei seinen Erkundungen besonders viel Raum nimmt. Während sie den Kindern auf respektvolle Art und Weise den Korb hinreicht, können die Kinder bezüglich ihrer weiteren Handlungen eigene Entscheidungen treffen. Indem die Kinder die Erzieherin beobachten – sei es in der Interaktion mit einzelnen Kindern oder auch beim Benutzen der Utensilien – lernen sie von ihr und imitieren teilweise ihre Handlungen.

Die Kinder scheinen es gewohnt zu sein, eigene Entscheidungen treffen zu dürfen und Dinge eigenständig auszuwählen. Sie beginnen ihre Handlungen selbstständig und ohne Abwarten auf ein „Startsignal" von außen. Es gibt keine rückversichernden Blicke zur Erzieherin. Sie haben keine Scheu, von sich aus tätig zu werden. Kind 5 hat das übergriffige Verhalten der Erzieherin registriert und umgehend seinen eigenen Willen dokumentiert. Die Kinder erhalten die Möglichkeit, auf unterschiedlichste Art und Weise zu handeln und bestimmen ihr Tempo dabei selbst. Sie sind forsch, agil, engagiert, zaghaft, abwartend und zurückhaltend. Die Blicke der meisten Kinder drücken Staunen, Erwartung, Neugierde und Freude aus. Kind 2 zeigt sich anfangs etwas Skepsis, was sich jedoch durch dessen Beobachtung seiner Peers im weiteren Szenenverlauf abschwächt. Die Kinder beobachten sich untereinander und lernen durch ihr Imitationsverhalten. Die Tatsache, dass der Schaumklecks von zwei Kindern durch

Kind 4 verschmiert wurde, löste keinen Konflikt aus. Sie akzeptierten das Handeln des Mädchens.

Bezugnehmend auf die Erkenntnisse der Neurobiologie kann Folgendes festgestellt werden: Der Hinweis der Erzieherin, den Rasierschaum nicht in den Mund zu nehmen, lässt eine angstbetonte Handlungsweise sichtbar werden. Sie schränkt die Möglichkeiten des ganzheitlichen Lernens teilweise ein. Was das ganzheitliche Lernen anbelangt, so sind die Gelegenheiten trotz sichtbarer Bemühungen doch noch eingegrenzt. Aufgrund der Jahreszeit (Winter) können die Kinder diese Tätigkeit nur im geschlossenen Raum ausüben, der auch noch sehr beengt ist. Auch der Spiegeltisch, welcher an Inhalte der Reggio-Pädagogik erinnern lässt, bietet für die Anzahl der Kinder noch zu wenig Erkundungsraum. Die beengten Räume und die kalte Jahreszeit lassen es vermutlich nicht zu, dass hier ausgiebig und unter Umständen auch entblößt mit dem Material Schaum experimentiert werden kann. Möglich ist auch, dass die Erzieherin eine Erweiterung dieses Bildungsraumes noch nicht in Erwägung zieht. Die Erzieherin selbst hantiert im Umgang mit dem Schaum nur mittels der Utensilien und wird ihrer Vorbildrolle unzureichend gerecht, da sie selbst die eigenen Hände beim Hantieren mit dem Schaum nicht benutzt. Es ist zu beobachten, dass die meisten Kinder sich hier an ihr orientieren und ebenso den Schaum nicht mit den Händen berühren, sondern unter Zuhilfenahme der Gerätschaften experimentieren. Dabei fällt Kind 4 aus der Reihe. Hintergrundinformationen aus den Beobachtungen im Feld geben Aufschluss darüber, dass das Mädchen erste Schaumerfahrungen bereits an vorhergehenden Tagen mit einer anderen Erzieherin machte (FTG 3.3.09; Z 3-5). Es kann vermutet werden, dass jene Erzieherin wohl den Schaum mit den Händen berührt hat und dass das Kind diese Verhaltensweisen imitierte.

Die Kinder erhalten die Möglichkeit, mit dem angebotenen Material Erkundungen nach eigenen Vorstellungen zu unternehmen. Durch das Angebot der Utensilien haben sie Gelegenheit, ihre bereits bestehenden Erfahrungen zu erweitern. Durch die weitgehende Zurückhaltung der Erzieherin werden die Kinder motiviert, eigene Ideen zu entwickeln und umzusetzen. Das Vertrauen in die eigenen Kompetenzen kann dadurch gestärkt werden. In dem experimentierenden Umgang mit dem Material Schaum entwickeln die Kinder Ideen zum kreativen Gestalten.

Was die Individualität anbelangt, so wird das unterschiedliche Handeln der Kinder akzeptiert und zugelassen. Das anfangs ängstliche und zurückhaltende Kind 1 konnte durch das empathische Handeln der Erzieherin dazu veranlasst werden, neue Herausforderungen zu bewältigen. Indem jedes Kind auf seine Weise und nach seinen Fähigkeiten und Vorstellungen handeln kann, findet keine einzelne Leistungsbewertung statt. Das Ergebnis jedes Kindes wird akzeptiert und anerkannt. Auch die Tatsache, dass einzelne Wünsche und Bedürfnisse berücksichtigt werden (z. B. Hochkrempeln der Ärmel), lässt das Vertrauen der Kinder zu ihrer Erzieherin wachsen.

Die freudvollen Gesichter und teilweise auch spontanen verbalen Äußerungen der Kinder, gepaart mit entsprechender Gestik sowie das geschäftige Experimentieren offenbaren eine positiv geladene Lernsituation. Diese positive Erfahrung kann die Kinder auch in künftigen Lernsituationen zu Erkundungsprozessen anregen.

Durch die portionsweise Zuteilung des Schaumes wurde das gemeinschaftliche Lernen zum Teil behindert, da am Ende jedes Kind sein eigenes Material zur Verfügung hatte. Dadurch wurden das Aushandeln und die Interaktionen zwischen den Peers in dieser Situation in einigen Teilen eingeschränkt. Dennoch kann konstatiert werden, dass aufgrund der positiven Stimmung und durch den Übertritt einzelner Kinder in die Räume ihrer Mitstreiter teilweise schon ein gemeinschaftliches Werk vollbracht wurde.

Szene „Tanz" (Dauer 00:02:27 h)

Ausgangssituation – Standbild
Zentral im Bild befindet sich eine Kindergruppe, die aus acht tanzenden Kleinkindern und einem auf dem Boden sitzenden Baby besteht. Die Gruppe wird durch eine Erzieherin ergänzt. Ort des Geschehens ist ein Gruppenraum. Links im Bild steht eine Hochebene; im Bildhintergrund stehen eine kleine Werkbank und ein Schrank. An der Wand hängen eine Gitarre und ein Regal. Rechts im Bildhintergrund stehen ein Regal und eine kleine Puppenküche mit Tisch und Stühlen. Die Kindergruppe tanzt auf dem Teppichboden. Im linken Bildvordergrund ist ein Kind im türkisfarbenen T-Shirt in der seitlichen Hinteransicht abgebildet.

Kind 1 – Mädchen mit Zöpfen; steht weiter rechts im Bild; Abbildung in der schrägen Vorderansicht; sieht zur Erzieherin und im Seitenprofil wirkt das Gesicht, als ob es lacht

Kind 2 – Mädchen im graugestreiften Pullover; links von Kind 3; Abbildung von vorn; sieht zur Kamera

Kind 3 – Junge im blau-orangefarbenen Shirt; links von Kind 7; Abbildung rechtes Seitenprofil; sieht zu Kind 2

Kind 4 – Junge im rot-weiß-blau-gestreiften Shirt; steht zentral im Bildvordergrund; Abbildung in der Hinteransicht; sieht zu Kind 8   und im Seitenprofil wirkt das Gesicht, als ob das Kind lacht

Kind 5 – Junge im grau-weiß-gestreiften Shirt; steht direkt vor der Erzieherin in der Bildmitte; in der Vorderansicht abgebildet; sieht zu Kind 4 und lacht

Kind 6 – Junge im hellblauen Shirt; steht etwas links im Bildmittelgrund vor
          der Erzieherin Abbildung seitlich von vorn; wird jedoch teilweise von
          Kind 4 verdeckt; sieht zu Kind 4 und lacht
Kind 7 – Mädchen mit lilafarbenem Shirt; im linken Bildvordergrund; Abbil-
          dung rechtes Seitenprofil; sieht vermutlich zur Erzieherin
Kind 8 – Junge im dunkelblauen Shirt; steht links neben Kind 5; Abbildung in
          der Vorderansicht; sieht zur Kamera und lacht
Baby –   Junge sitzt im Bildhintergrund vor einer Werkbank; ist größtenteils
          durch Kind 6 verdeckt
Erzieherin Frau H. steht im Bildhintergrund vor dem Schrank; Abbildung von
          vorn; sieht nach unten auf die Kindergruppe

Formulierende Interpretation – vor-ikonografische Ebene (Szenenverlauf)

Die Szene beginnt während des Abspielens eines Tanzliedes. Der Junge mit dem
türkisfarbenen Shirt läuft nach links und verschwindet aus dem Fokus der Kamera. Sieben Kinder hüpfen auf der Stelle. Kind 7 hüpft im Seitgalopp durch das
Bild und lacht dabei. Kind 8 hält die Arme nach oben und hat beide Zeigefinger
ausgestreckt. Kind 1, Kind 3, Kind 5, Kind 6 und Kind 8 lachen bei ihren Bewegungen. Das Tempo und die Darstellungsweise ihrer Bewegungsausführungen
sind sehr unterschiedlich. Hüpfend und die Hände in der Hüfte abstützend singt
die Erzieherin das Lied mit und hat ihren Blick auf die tanzende Kindergemeinschaft gerichtet. Die Blicke der Kinder wechseln zwischen der Erzieherin und
ihren Peers hin und her. Sie lachen sich und auch die Erzieherin beim Tanzen an,
was auch hörbar ist. Kind 2 hüpft zwar mit, beobachtet dabei allerdings weder
die anderen Kinder noch die Erzieherin. Zwischendurch bleibt es stehen und lässt
seinen Blick durch den Raum wandern. Dabei bewegt es sich etwas steif von
einem Bein auf das andere. Die Erzieherin nimmt nun die Arme über den Kopf
und hüpft weiter. Die Kinder 3, 4 und 5 sehen zur Erzieherin und ahmen diese
Haltung nach. Die anderen hüpfen beliebig im Raum umher. Während die Erzieherin mit dem Klatschen beginnt, beugt sie ihren Oberkörper weit nach vorn und
ist jetzt auf Augenhöhe der Kinder. Alle tanzenden Kinder mit Ausnahme von
Kind 8 klatschen in die Hände. Kind 8 wackelt mit dem Gesäß. Die Erzieherin
bewegt nun die Hüften. Kind 1 und Kind 3 ahmen diese Bewegung nach. Die
anderen Kinder bewegen sich auf andere Art und Weise. Während sie mit den
Hüften kreist, dreht sich die Erzieherin nach hinten und wendet Oberkörper und
Gesicht dem auf dem Boden sitzenden Baby zu. Danach richtet sie sich wieder
auf und wendet ihren Blick zur Kindergruppe.

Kind 3 sieht währenddessen zu Kind 6. Kind 2 tanzt zaghaft am Rand der
Gruppe und hat seinen Blick von den anderen Kindern abgewandt. Kind 2 führt
seinen Finger kurz in die Nase. Kind 3 wendet sich ebenfalls von der Gruppe ab,

läuft nach hinten und bückt sich vor der Werkbank. Die Erzieherin klatscht jetzt in die Hände. Kind 2 entfernt sich von der Gruppe, erfasst die an der Hochebene hängenden Duftsäckchen und hält sie sich an die Nase. Kind 1, 4 und 5 sehen zur Erzieherin. Kind 7 und 8 haben den Blick abgewandt. Mit der Äußerung: „Und jetzt!" gibt die Erzieherin ein Startsignal für die Bewegungsänderung. Dabei hält sie den rechten Zeigefinger an ihr rechtes Ohr und neigt den Oberkörper nach unten. Ihr Blick ist den Kindern zugewandt. Kind 3 wendet sich von der Werkbank ab und geht lachend zur tanzenden Gruppe zurück. Die Erzieherin streckt die Arme erneut aus und führt ihre Zeigefinger an die Schläfen. Die Beine stellt sie abwechselnd nach vorne aus und singt dabei. Kind 8 steht etwas abseits und sieht nach links. Die Kamera erfasst nicht, wohin es seinen Blick lenkt. Es bewegt langsam die Hüften nach links und rechts. Kind 2 steht noch an der Hochebene und hält die Nase an die an der Hochebene hängenden Säckchen. Die anderen sechs Kinder imitieren die Bewegungen der Erzieherin. Kind 7 wendet den Blick von der Gruppe kurz ab, um sich gleich darauf auch wieder der Gruppe zuzuwenden. Die Bewegungen der tanzenden Kinder sind jetzt sehr unterschiedlich. Kind 2 hat sich von den Säckchen nun abgewandt und macht staksige Beinbewegungen, sieht zur Erzieherin und bewegt sich weiterhin nur sehr zaghaft. Die Erzieherin macht nun einen Ausstellschritt nach vorn in die Kreismitte, streckt den linken Arm etwas nach vorne aus und zieht diesen samt ihrem Oberkörper auch sofort wieder zurück. Den Blick hat sie auf Kind 6 gerichtet. Sie geht in ihre Ausgangsposition zurück. Kind 2 steht wieder etwas abseits links im Bild und beobachtet das Geschehen. Jetzt beugt die Erzieherin ihren Oberkörper etwas nach vorn und erhebt den rechten Zeigefinger auf Höhe ihres Gesichtes. Dabei gibt sie den verbalen Impuls: „Und!". Die Arme nach oben gestreckt hüpft sie mit geschlossenen Beinen. Alle Kinder haben ihren Blick nun auf sie gerichtet. Jetzt setzt sie sich auf den Fußboden, hebt die Beine in die Luft und stützt die Arme nach hinten ab. Sie demonstriert die Fahrradfahr-Bewegung. Dabei hält sie Blickkontakt zu den Kindern. Unterschiedlich schnell begeben sich nun auch die Kinder in die Sitzposition. Kind 5 und Kind 7 sehen sich lachend an. Kind 8 sieht zur Kamera. Die anderen schauen zur Erzieherin. Kind 2 bleibt zunächst links im Bild stehen und blickt zur Erzieherin. Nun läuft es auf das im Hintergrund sitzende Baby zu. Das Baby sitzt auf dem Boden und sieht zur Erzieherin. Kind 2 geht in die Hocke und krabbelt dann im Vierfüßler-Gang auf das Baby zu. Kind 7 sieht lachend zu Kind 1, welches die Beinbewegungen des Fahrradfahrens vollführt. Mittlerweile befinden sich alle Kinder auf dem Boden in der Position des Fahrradfahrens. Kind 2 rückt an das Baby heran, die Kamera zoomt ebenfalls heran. Kind 2 kniet vor dem Baby und sieht dann zur Erzieherin. Die Kamera zoomt weiter heran, so dass nur Kind 2 und das Baby zu sehen sind. Das Baby sieht immer noch zur Erzieherin. Kind 2 wendet seinen Blick von der Er-

zieherin ab und richtet ihn auf das Baby. Mit beiden Händen stupst es das Baby
nach hinten, so dass es nach hinten umkippt. Während des Fallens wendet das
Baby den Blick von der Erzieherin ab, senkt den Blick und öffnet beim weiteren
Fallen dann wieder die Augen. Die Erzieherin ruft: „Nicht! Nein! Och, Tina!"
Kind 2 schaut mit weit geöffneten Augen zur Erzieherin. In der linken Hand hält
es eine Zange. Auf allen Vieren sich nähernd kommt die Erzieherin rechts ins
Bild, wobei sie ihre Handlung mit den Worten: „Nicht umschmeißen! Den
kannst du doch nicht umschmeißen!" begleitet. Das Baby beginnt zu weinen.
Langsam nimmt die Erzieherin das Baby hoch. Kind 2 wendet den Blick gerade-
aus ins Leere. Dabei beobachtet Kind 2 die Erzieherin und streckt seine rechte
Hand nach dem Baby aus. Während die Erzieherin das Baby hoch nimmt, sieht
sie Kind 2 an. Im Bildvordergrund steht Kind 4 vom Boden auf und blickt zur
Erzieherin. Danach erhebt sich Kind 6 und schaut ebenfalls zur Erzieherin, beginnt jedoch sofort wieder, mit den Hüften hin- und herzuschwingen. Die Erzieherin drückt das weinende Baby langsam an ihren Oberkörper. Mit der rechten
Hand umfasst sie vorsichtig den Hinterkopf des Babys und schmiegt ihre linke
Wange an die linke Wange des Babys. Die Erzieherin sieht zu Kind 2 und sagt:
„Das machen wir nicht!" Kind 2 blickt ernst zur Erzieherin. Kind 4 beobachtet
die Erzieherin. Die Erzieherin hält den Kopf des Babys kurz vor sich. Sie sieht es
an und drückt es dann wieder an sich. Dabei äußert sie: „Och. Da." Sie küsst es
auf die rechte Wange. Das Baby hört auf zu weinen. Sie hält es jetzt wieder etwas von sich, um es zu beobachten. Kind 6 begibt sich auf die Knie, hält die
Hände an den Kopf und demonstriert die Schlafgeste. Die Erzieherin umfasst den
Hinterkopf des Babys, hält es nun liegend in den Armen und sieht zu den anderen Kindern. Kind 5 steht, hält sich jetzt auch beide Hände an die Wange und
demonstriert die Schlafgeste. Die Erzieherin sagt zu den Kindern: „Jetzt legen
wir uns zur Ruh'!" Sie kniet auf dem Boden und hält das Baby in Liegeposition
in den Armen. Passend zur langsamer gewordenen Musik wiegt sie das Baby hin
und her. Dabei hat sie ihre rechte Wange an die linke Wange des Babys ge-
schmiegt. Sie singt das Lied mit. Kind 4 steht noch immer und beobachtet die
Erzieherin. Kind 5 und 6 sind im Kniestand und imitieren die Schlafgeste. Kind
1, 2, 3 und 8 liegen auf dem Boden und imitieren die Schlafposition. Kind 7 ist,
etwas abseits der Gruppe, im Bildvordergrund und beobachtet die anderen. Jetzt
imitiert es auch die Schlafgeste und lächelt. Kind 4 steht und beginnt, mit den
Schultern zu zucken. Die Erzieherin sieht beim Wiegen auf das Baby, wendet
den Blick dann rasch zu den anderen Kindern zu und ruft: „Horcht!" Nach dem
Erklingen eines Wecker-Geräusches im Lied stehen alle Kinder unterschiedlich
schnell auf und hüpfen beliebig im Raum umher. Währenddessen sind jauchzen-
de und lachende Kinderstimmen zu hören. Fünf der Kinder haben die Arme
erhoben, die anderen hüpfen mit herabhängenden Armen. Kind 2 bewegt sich

zaghaft, aber es ist trotzdem am Geschehen beteiligt. Die Erzieherin ist mit dem Baby auf dem Arm wieder im Stand, wiegt die Hüften hin und her. Sie blickt zur tanzenden Kindergruppe. Bis auf Kind 2 haben alle anderen lachende Gesichter. Jetzt klatscht die Erzieherin in die Hände, was sie mit einem: „Und!" vorher ankündigt. Manche Kinder klatschen, andere hüpfen. Kind 2 steht an der Hochebene und legt die Zange darauf ab, um sie sich kurz darauf wieder zu nehmen. Kind 8 blickt zu Kind 6 und wackelt mit dem Gesäß. Kind 3 hat sich auf den Boden gesetzt und berührt seine Hausschuhe. Kind 2 geht jetzt wieder auf die Gruppe zu und klatscht mit. Es sieht zur Erzieherin. Nachdem das Lied geendet hat, flüstert die Erzieherin: „Und alle setzen sich hin!" Dabei blickt sie auf die Kinder hinab.

Ende der Szene

Reflektierende Interpretation

In der oben dargestellten Szene geht es um die Durchführung eines Rituals. Zwischen dem Spiel und dem Obstfrühstück wird den Kindern täglich die Möglichkeit des Tanzens geboten. Dabei können sie selbst entscheiden, nach welcher Musik sie sich bewegen wollen. Im Leitfadeninterview erzählt die in dieser Szene handelnde Gruppenerzieherin, dass die Kinder oft schon vor dem Ertönen der Musik sich positionieren und erste Bewegungen in Gang setzen.

Fallentwickelnd wird auf drei Ebenen zusammengefasst:

- Ebene der Erzieherin,
- Ebene zwischen der Erzieherin und den Kindern und
- Ebene der Kinder.

Während des Tanzens wirkt die Erzieherin entspannt und ausgeglichen. Ihre Sprache ist freundlich. Sie unterstützt die Kinder, indem sie die einzelnen Tanzbewegungen vorführt und auch das Lied mitsingt. Somit wird sie ihrer Vorbildrolle den Kindern gegenüber gerecht. Während des Tanzens deutet sie einen Eingriffsversuch an, den sie jedoch von sich aus umgehend abbricht.

Während des Tanzens hält sie einen positiven Kontakt zur Kindergruppe. Hierbei versucht sie auch, das auf dem Boden sitzende Baby zu integrieren. Obwohl sie beim Tanzen eher aufrecht stehen muss, bemüht sie sich oft, auf Augenhöhe der Kinder zu bleiben. Obwohl sie für das Baby da sein muss, hält sie den Kontakt zur Gruppe aufrecht und nutzt den günstigen Verlauf des Liedes, die Situation für die Kinder auf emotional positive Art und Weise zu gestalten. Auch hier entspricht sie ihrer Vorbildrolle, wenn es darum geht zu zeigen, wie Konflikte gelöst werden können. Ihre Unterbrechung erfolgt auf der Ebene der Kinder und sie nimmt den Takt der Kinder auf. Dabei nutzt sie optimal die passende Musik. Die Erzieherin unternimmt keine Korrekturen an den Handlungen der Kinder. Diese können sich eigenständig nach ihren eigenen Bedürfnissen, Interessen und Fähigkeiten bewegen.

Die Kinder imitieren teilweise die Tanzbewegungen der Erzieherin, haben jedoch auch die Möglichkeit, eigene Bewegungen zu vollführen. Sie bestimmen ihr Tempo und die Bewegungen selbst und legen selbstständig Pausen nach Bedarf ein. Dabei beobachten sie nicht nur die Erzieherin, sondern auch einander. Die meisten Kinder klatschen im Takt. Kind 2 fällt insofern auf, als dass es sich häufig am Rand der Gruppe aufhält und seine Bewegungen eher steif und zurückhaltend ausübt. Dieses Kind scheint an dem Tanz nicht so viel Gefallen zu finden wie alle anderen. Nach Aussage der Erzieherin im Interview hält sich dieses Kind generell verstärkt außerhalb der Gruppe auf (LFI He B, Z 265-266). Dennoch geht es auf Anregung der Erzieherin wieder zum Tanzen über. Während der Unterbrechung ändern die Kinder von sich aus ihre Bewegungen. Sie scheinen die Abfolge der Bewegungen bereits gut verinnerlicht zu haben. Abgesehen von Kind 2 haben die übrigen Kinder sehr viel Freude am Tanz, die sie auch sichtbar miteinander teilen. Sie beobachten den Umgang der Erzieherin mit der Kurzkrise und entwickeln hierdurch eigene Lösungsstrategien. Kind 2 scheint von der Situation überfordert. Vermutlich realisiert es erst später sein Fehlverhalten.

Aus Sicht der Neurobiologie haben die Kinder im Bereich des ganzheitlichen Lernens hier die Möglichkeit, Musik und Bewegung miteinander zu verbinden.

Durch die sichtbare Freude der Kinder während des Tanzens und auch während des emotional positiv geladenen Krisenmanagements können die Erfahrungen aus dieser Lernsituation im Gehirn entsprechend positiv verankert werden. Dies hat zur Folge, dass die Kinder auch weiterhin für den gemeinsamen Umgang mit Musik und Bewegung motiviert werden. Der Tanz stellt ein gemeinsames Werk einer Kindergruppe dar, welches emotional positiv miteinander gestaltet wird. Er fördert die Entdeckerfreude und Gestaltungslust der Kleinkinder.

Allerdings hat auch jedes einzelne Kind die Gelegenheit, sich eigenständig nach seinen Bedürfnissen und Fähigkeiten zu bewegen. Jedes Kind wird in seiner Individualität akzeptiert, wodurch sich das Vertrauen in die eigenen Fähigkeiten stärken kann. Dies hat positive Auswirkungen auf die Entwicklung des Selbstwertgefühls.

Mit der vorbildlich agierenden Erzieherin haben die Kinder eine positive Orientierung. Auch der empathische Umgang mit dem Baby ist weichenstellend für die Entwicklung der sozialen Kompetenz der Kinder. Den Kindern wird vermittelt, dass die Bedürfnisse des Einzelnen ernst genommen werden. Die Problemsituation ist für das Baby angemessen gestaltet worden, so dass sich das

Vertrauensverhältnis zur Erzieherin weiter ausprägen kann. Dadurch, dass die anderen Kinder die Gelegenheit haben, das empathische Handeln der Erzieherin zu beobachten, können sie derartige Verhaltensmuster für ihr eigenes künftiges Handeln übernehmen.

Die Teilnahme der Kinder an dem morgendlichen Ritual ist freiwillig und wird aufgrund der dadurch ausgelösten positiven Emotionen von allen anwesenden Kindern genutzt. Diese rituelle Situation mit einem Anfang und einem Ende vermittelt den Kindern das Gefühl von Verlässlichkeit und Beständigkeit.

Szene „Junge schneidet" (Dauer: 00:01:03 h)

Ausgangssituation – Standbild
Zentral im Bild steht ein Kindertisch, auf welchem weißes Papier liegt. Im Bild-mittel-grund sitzt – in der Frontalansicht abgebildet – ein Mädchen im braunge-streiften Pullover. Es hat den Blick auf seine beiden Hände gerichtet, die eine Schere halten. Die Zunge des Kindes ist zwischen Ober- und Unterlippe zu se-hen. Linkerhand von dem Mädchen hinter der Tischecke sitzt die Erzieherin. Sie hält ein weißes Blatt Papier in ihren Händen. Der linke Unterarm liegt auf ihren Oberschenkeln auf. Sie schaut nach unten auf die Hände des Kindes. Links ne-ben der Erzieherin steht ein Junge im grünen T-Shirt. Er ist etwas schräg von hinten abgebildet. Er hat den Blick auf seine Hände gerichtet, in denen er ver-mutlich etwas hält. Von der Kamera wird nicht konkret erfasst, worum es sich handelt. Vor ihm liegt ein weißes Blatt Papier, welches an der einen Seite schon Einschnitte aufweist.

Kind 1 – Mädchen im gestreiften Pullover
Kind 2 – Junge im grünen T-Shirt
Erzieherin Frau H.

Formulierende Interpretation – vor-ikonografische Ebene (Szenenverlauf)

Mit beiden Händen hantiert das Mädchen mit der Schere. Die Erzieherin fragt das Mädchen: „Wollen wir das auch mal ausprobieren?" Es sieht zu dem Jungen, wechselt die Position der Schere und antwortet: „Ja." Der Junge nimmt seine Schere in die rechte Hand und dreht den Oberkörper nach links. Er steht jetzt hinter der Tischkante und das Blatt Papier liegt direkt vor ihm. Er erfasst mit der linken Hand das Papier und setzt die Schere zum Einschneiden an. Er hat den Blick auf das Blatt Papier gerichtet. Die Erzieherin sagt zu dem Mädchen: „Ja? Na dann nimm's doch mal mit beiden Händen!" Der Junge sieht zu dem Mäd-chen und streckt seine linke Hand nach dem Blatt aus, welches die Erzieherin hält. Er erfasst die linke Blattkante. Das Mädchen hat die Schere gerade in die rechte Hand genommen, sieht jetzt den Jungen an und richtet den Blick dann auf seine Hand. Es hat den Mund geöffnet. Der Junge zieht seine linke Hand zurück auf sein Blatt und schiebt dieses auf dem Tisch zum Mädchen hin. Die Erzieherin hält das Blatt etwas näher an das Kind heran. Das Mädchen nimmt die Schere in die rechte Hand. Dabei hat es den Kopf nach rechts geneigt und den Mund geöffnet. Die Erzieherin sagt zu dem Mädchen: „Ja, jetzt hast du es, prima!" Der Junge streckt die Hand nach dem Blatt der Erzieherin aus. Sie reicht das Papier weiter an das Mädchen heran und sagt: „ Und jetzt schnipp, schnapp!" Das Mädchen öffnet den Mund etwas weiter. Der Junge ergreift wieder die Kante des Blattes der Erzieherin. Das Mädchen macht einen Schnitt in dasselbe Blatt auf der gegenüberliegenden Seite. Dabei hat es den Mund weit geöffnet und den Blick auf das Blatt gerichtet. Die Erzieherin ruft etwas lauter: „Ja, Julia hat geschnitten! Guck!" Das Mädchen verzieht den Mund zu einem Lachen. Der Junge zieht seine Hand vom Blatt zurück und ergreift mit der linken Hand seine vor ihm auf dem Tisch liegende Schere. Die Erzieherin sagt zu dem Mädchen: „Toll!" Das Lachen des Mädchens verstärkt sich, es schiebt die Zunge aus dem Mund heraus. Das Mädchen macht einen weiteren Schnitt. Der Junge hat seine Schere in der linken Hand und sieht kurz zur Erzieherin. Jetzt streckt er seinen linken Arm mit der Schere aus und erreicht deren Blatt. Er setzt die Schere zum Schneiden an. Die Erzieherin wendet ihren Blick vom Mädchen ab, sieht den Jungen an und fragt: „Möchtest du lieber bei mir schneiden, ja?" Der Junge unterbricht seinen Schneideversuch, sieht die Erzieherin an und nickt. Sie nickt ebenfalls. Das Mädchen, welches die Schere gerade erneut ansetzen wollte, hebt den Blick und schaut die Erzieherin an. Dabei hat sie die Zunge weit zwischen den Lippen hervor geschoben. Dann sieht es zur Schere des Jungen. Es leckt sich mit der Zunge die Unterlippe und lässt den rechten Arm mit der Schere in der Hand nach unten sinken. Es schließt den Mund. Die Erzieherin sieht das Mädchen an und sagt: „Julia von der anderen Seite und Nico von der Seite." Das Mädchen schaut zur Erzieherin auf, nimmt seine Schere, beugt den rechten Arm weit über den Tisch und versucht, die Schere an der oberen stirnseitlichen Papierkante anzusetzen. Dabei hat es wieder den Mund weit geöffnet und sein Blick verfolgt die Bewegungen der Schere. Der Junge macht mit der linken Hand einen Schnitt in die ihm zugewandte Blattkante. Er zieht die linke Hand zurück und streckt die rechte aus, in der sich ebenfalls eine Schere befindet. Das Mädchen hat die Schere nochmal zurückgenommen. Jetzt streckt es diese erneut zur oberen Stirnseite des Blattes aus. Die Erzieherin dreht das Blatt mit ihrer linken Hand etwas nach innen. Das Blatt rückt näher an die Schere des Mädchens heran. Der Junge beugt sich etwas über den Tisch und schneidet in die obere stirnseitliche Kante des Blattes. Nachdem die Schneideversuche des Mädchens nicht gelungen sind, zieht es seine rechte Hand zurück und schneidet zweimal in die ihm zugewandte Blattkante. Danach senkt es den Blick nach unten auf den Boden. Die Erzieherin sagt: „Jetzt hast du sogar etwas abgeschnitten, hast du es gemerkt?" Dabei beugt sie sich etwas nach vorn und sieht das Mädchen an. Das Mädchen begegnet ihrem Blick und nickt lächelnd. Der Junge hat die Blattkante mit seiner Schere nicht erfassen können und diese dann zurückgenommen. Jetzt korrigiert er die Haltung der Schere. Die Erzieherin ergänzt ihren Kommentar: „Ist abgefallen, 'runtergefallen." Das Mädchen sieht auf den Boden. Die Erzieherin fragt das Mädchen: „Nochmal?" Das Mädchen schaut vom Boden auf und die Erzieherin an. Die Erzieherin sagt: „Ja, da ist es hingefallen, nochmal?" Das Mädchen setzt die Schere an der ihr zugewandten Blattkante an und hat wieder den Mund geöffnet. Der Junge hat den Sitz der Schere korrigiert und setzt mit seiner rechten Hand die Schere an der ihm zugewandten Blattkante an. Die linke Hand nimmt er unterstützend dazu. Er setzt die Schere direkt neben dem Daumen der Erzieherin an. Sie wendet den Blick vom Mädchen ab und sieht den Jungen an. Das Mädchen holt mit der rechten Hand aus und versucht, an der ihm zugewandten Blattkante anzusetzen. Die Erzieherin sagt zu dem Jungen: „Oh, schneid' mir nicht den Finger ab!" Das Mädchen lässt die Schere sinken, schließt den Mund und sieht auf die Hände des Jungen. Er zieht die Schere zurück und betrachtet sie.

Ende der Szene

Reflektierende Interpretation – ikonografische Ebene (Fallbeschreibung)

Obwohl zwei Kinder am Tisch sitzen, wendet sich die Erzieherin dem Mädchen intensiver zu. Sie regt es an, das Schneiden mit der Schere auszuprobieren. Der Junge hat bereits mehrfach in sein Blatt geschnitten, was zeigt, dass er wohl schon Übung hat. Vermutlich geht die Erzieherin davon aus, dass der Junge weniger Unterstützung benötigt als das Mädchen, was ihre besondere Zuwendung dem Mädchen gegenüber rechtfertigen würde. Mit dem Halten des Papiers will sie dem Kind das Schneiden erleichtern. Allerdings wird hier die Führungsrolle sichtbar. Während der Szene kommentiert sie bestimmte Situationen, so dass die Kinder ihre Handlungen von sich aus unterbrechen. Ihr Umgangston ist freundlich. Bei Erfolgserlebnissen der Kinder freut sie sich mit ihnen.

Die Erzieherin regt zu Selbstbildungsprozessen an und nutzt dabei auch die Anwesenheit des Kindes, welches bereits Erfahrungen im Umgang mit der Schere hat. In der Interaktion mit beiden Kindern legt sie Wert auf direkten Blickkontakt und ist darum bestrebt, auf Augenhöhe zu kommunizieren. Sie bemerkt die Signale der Kinder und deutet daraus deren Bedürfnisse, auf die sie auch eingeht. Zwar gestaltet sie die Beziehung zu dem Mädchen besonders intensiv, bezieht den Jungen aber ein. Obwohl er ein eigenes Blatt hat, lässt die Erzieherin es zu, dass er an ihrem Blatt mitschneidet. Es dokumentiert sich eine gleichberechtigte

Behandlung der Kinder und eine empathische Handlungsweise der Erzieherin. Auch die Tatsache, dass sie beide Kinder an einem Blatt gemeinsam schneiden lässt, stärkt das gemeinschaftliche Lernen. Dennoch begrenzt sie ihn am Szenenende ein wenig in seiner Handlung. Vermutlich hat sie Sorge, der Junge könne sie verletzen.

Das Mädchen wird angeregt, die Schere nach den Vorgaben der Erzieherin zu benutzen, wobei die Führungsrolle deutlich wird. Mit verbalen Kommentaren ermutigt sie das Kind, weitere Versuche zu unternehmen. Die Erzieherin möchte das Kind vermutlich zu weiteren Erfolgserlebnissen führen, eventuell mit dem Ziel der Verbesserung der Fähigkeit des Schneidens durch wiederholendes Üben. Durch eine leichte Korrektur ihrer Haltung verschafft sie dem Kind eine günstigere Position, so dass das Schneiden erleichtert wird. Sobald das Kind einen Erfolg erzielt, lobt sie es sehr intensiv. Dieses Feedback löst beim Kind positive Gefühle wie Freude aus und wird es für weitere Schneideversuche oder andere Selbstbildungsprozesse motivieren. Der Kommentar der Erzieherin gegenüber dem Jungen am Szenenende lässt das Mädchen seinen Selbstbildungsprozess unterbrechen. Vermutlich wurde es erschreckt oder abgelenkt.

Die Kinder beobachten sich gegenseitig und lernen voneinander. Das Mädchen beobachtet das Verhalten des Jungen und erreicht durch seine Blicke, dass der Junge sich für kurze Zeit zurückzieht. Der Junge fordert von der Erzieherin auch Aufmerksamkeit ein, die er erst nach anhaltenden Bemühungen erhält. Zunächst versucht die Erzieherin allerdings, seine Initiativen zu ignorieren und beschäftigt sich ausschließlich mit dem Mädchen. Vermutlich will sie vordergründig das Mädchen unterstützen, da sie einschätzt, dass der Junge aufgrund seiner Vorerfahrungen eigenständig tätig werden kann und das Mädchen die Unterstützung ihrerseits benötigt. Das Mädchen akzeptiert die Einbindung des Jungen und lässt sich auf das gemeinsame Schneiden an einem Blatt Papier ein. In ihren aufschauenden Blicken dokumentiert sich die Orientierung der Kinder an ihrer Bezugsperson. Bevor der Junge eigenständig beginnt, in das Blatt der Erzieherin zu schneiden, versucht er sich durch Blickkontakt zurückzuversichern. Als sie das nicht bemerkt, wartet er ihre Zustimmung nicht ab, sondern beginnt mit dem Schneiden. Hier wird deutlich, dass der Junge letztlich doch das erforderliche Vertrauen in die Erzieherin hat, eigenständig tätig werden zu dürfen.

Was die neurobiologischen Erkenntnisse anbelangt, wird das Mädchen im Bereich des ganzheitlichen und eigenständigen Lernens insofern eingeschränkt, als dass es das Blatt nicht selbst halten darf, sondern von der Erzieherin unterstützt wird.

In der unterschiedlichen Handhabung der Schere offenbart sich die Akzeptanz der Individualität der Kinder. In einer (kurzzeitigen) dezenten Anregung zum Gebrauch der Schere gegenüber dem Mädchen wird diese Akzeptanz jedoch durch die führende und zeigende Rolle außer Acht gelassen.

Ebenso die Vorgabe, wo die Kinder zu schneiden haben, wenn sie gemeinsam an einem Blatt arbeiten, schränkt sie in ihrer Eigenständigkeit ein und könnte dazu führen, dass die Kinder auch künftig bei gemeinschaftlichen Werken auf die Vorgaben von außen warten. Das gegenseitige Aushandeln und gemeinschaftliche Experimentieren wird dadurch in einigen Teilen behindert. Andererseits werden mit dem Zulassen des gemeinsamen Schneidens die Peerbeziehungen und das soziale Lernen gefördert.

Das Lob der Erzieherin bezüglich des Erfolgserlebnisses des Mädchens verschafft eine positiv emotionale Lernsituation, was eindeutig an der Mimik des Kindes zu erkennen ist. Durch diese emotionale Zuwendung wird das Mädchen sofort motiviert, das Schneiden erneut zu versuchen. Dies tut es auch umgehend. Der Junge wird durch diese Leistungsbewertung ebenfalls zum Schneiden angeregt, vermutlich, um ebenfalls diese Rückmeldung zu erhalten. Diese bleibt jedoch aus, vermutlich weil die Erzieherin sich stärker auf das Mädchen konzentriert oder aber, weil sie dem Jungen diese Fähigkeit bereits attestiert. Die Erzieherin lässt im Umgang mit dem Jungen etwas Sensibilität vermissen.

Im Bereich des sozialen Lernens zeigt sich, dass zum Szenenbeginn jedes Kind sein eigenes Blatt zur Verfügung hat. Diese Situation ändert sich jedoch durch die Initiative des Jungen. Dies greift die Erzieherin auf und lernt selbst aus dieser Situation. So lässt sie es am Ende zu, dass beide Kinder gemeinsam an einem Blatt Papier schneiden.

Die Tatsache, dass der eigenständige Schneideversuch des Jungen am gemeinsamen Blatt Papier nicht zurückgewiesen wird, lässt sein Vertrauen dahingehend wachsen, auch künftig Eigeninitiative an den Tag zu legen. Das Mädchen erfährt, dass auch die Bedürfnisse anderer Kinder ernst genommen werden. Dabei können erste Weichen für die Entwicklung sozialer Kompetenzen gestellt werden.

Szene „Klettern" (Dauer: 00:02:01 h)

Ausgangssituation – Standbild
Im Bildmittelgrund ist eine Hängebrücke zu sehen, deren Geländer aus Seilmaschen besteht. Im rechten Bildvordergrund steht in der linken Seitenansicht eine Erzieherin. Sie ist der Brücke zugewandt. Zu sehen ist ihre braune Jacke und ihre beigefarbene Hose. Auf der Hängebrücke befindet sich ein Junge im grünen Schneeoverall. Sein rechter Vorfuß steckt zwischen zwei Brettern bzw. Sprossen der Hängebrücke, der linke Fuß ist nicht zu sehen, er wird vom rechten Knie des Kindes verdeckt. Mit der rechten Hand hält es sich an einem Seil des Maschen-

geländers, mit der linken Hand etwas weiter unten am Maschenseil des Geländers fest. Der Junge blickt zur Erzieherin auf. Rechterhand von diesem Jungen und zentral im Bild steht ein Junge in braunem Anorak auf der Hängebrücke. Er ist in der Hinteransicht abgebildet. Der Junge hält die ausgestreckte Handfläche nach oben und berührt den pinkfarbenen Wimpel einer am Geländer befestigten Wimpelkette. Das Kind hat den Oberkörper leicht nach rechts gedreht, so dass seine rechte Hand nicht erfasst wird. Der Boden ist mit Schnee bedeckt. Es schneit.

Kind 1 – Junge im grünen Skioverall
Kind 2 – Junge im braunen Anorak und Kapuze mit Fellumrandung
Kind 3 – Junge im braunen Anorak und schwarzem Schal
Erzieherin Frau F.

Formulierende Interpretation – vor-ikonografische Ebene (Szenenverlauf)

In der Frontalansicht abgebildet befindet sich Kind 1 in der Hocke auf der Hängebrücke. Sein linker Fuß steckt zwischen zwei Sprossen. Sich am Geländer festhaltend versucht es, sich hochzuziehen. Dabei schaut es zur Erzieherin. Sie sagt zu Kind 1: „Ja, das ist wirklich schwer, schön festhalten!" Kind 2 steht mit dem Rücken zur Kamera, ebenfalls sich am Strickmaschengeländer festhaltend, auf der Hängebrücke. Es rutscht mit dem rechten Fuß zwischen die Sprossen und zieht ihn gleich wieder nach oben. Es geht einen Schritt nach rechts und eckt mit den Hüften Kind 1 an. Dieses fällt hin und landet in Sitzposition auf der Hängebrücke. Kind 1 sitzt auf der Brücke und sieht zur Erzieherin. Sie sagt zu ihm: „Aufstehen, aufstehen und wieder festhalten!" Das Kind dreht sich nach links und landet so auf den Knien. Die Erzieherin kommentiert nochmals: „Aufstehen!" Kind 2 läuft, sich mit der rechten Hand festhaltend, auf der Hängebrücke nach links und verschwindet aus dem Fokus der Kamera. Kind 1 krabbelt auf allen Vieren weiter zu einer Brüstung. Die Erzieherin, welche gerade nicht im Bild zu sehen ist, äußert: „Ach, jetzt weiß ich, warum sie da 'reinkriechen. Da drin ist eine Schaufel und ein Eimer! Ich hol's." Die Erzieherin erscheint im Bild. Sie hebt den Eimer auf und lässt das Wasser herauslaufen. Kind 1 versucht, weiter nach vorn zu kriechen. Die Erzieherin hebt einen Sandeimer, ein Auto und eine Schaufel aus dem hinter der Hängebrücke angrenzenden Sandkasten. Links im Bild kommt Kind 2 erneut auf die Brücke gelaufen.

Während die Erzieherin das Sandspielzeug aufhebt, sagt sie zu Kind 1: „Hier!" Sie hält ihm den Eimer kurze Zeit vor das Gesicht und entfernt sich kurz darauf mit dem Eimer in ihren Händen vom Sandkasten. Die Erzieherin sagt: „Komm her!" Im Hintergrund ist die Stimme einer anderen Erzieherin zu hören. Sie sagt: „Ach herrje!" Die Erzieherin mit dem Sandspielzeug entfernt sich vom

Sandkasten. Dabei steigt sie über die Kante des Sandkastens. Dabei sagt sie: „Wir haben was entdeckt!" Währenddessen beugt sich Kind 1 in der Bauchlage weiter über die Brüstung. Kind 2 steht direkt hinter ihm. Ein drittes Kind ist im linken Bildhintergrund zu sehen und ruft: „Auto!" Die Erzieherin ruft: „Julian, Julian, Julian, komm hier, komm her ich hab's hier draußen! Aber zuerst müssen wir das Wasser rauslaufen lassen! Erst müssen wir das Wasser rauslaufen lassen, Christian, ja Wasser rauslaufen lassen. Hier ist eine Schaufel!" Nachdem sie das Wasser aus dem Auto gelassen hat, stellt sie das Sandspielzeug im Schnee ab, und zwar etwas weiter von der Hängebrücke entfernt. Kind 1 kann von der Brücke aus dieses Spielzeug nicht erreichen. Kind 3 wendet sich dem Sandspielzeug zu. Kind 2 ruft von der Brücke aus: „Schaufel!" Die Erzieherin antwortet: „Na, da komm doch her! Musst du wieder zurück! Sie sieht Kind 2 dabei von oben an. Kind 2 läuft, sich mit beiden Händen an den Strickmaschen festhaltend, seitwärts die Brücke entlang. Die Erzieherin geht ein Stück in Richtung Hängebrücke und fragt Kind 1: „Na Julian, schaffst du es?" Sie reibt sich kurz die Hände und geht dann auf Kind 1 zu. Sie fragt nochmals: „Schaffst du es, da rauszukommen?" Etwas vom Kind entfernt, betrachtet sie es von mehreren Seiten. Kind 2 hängt mit beiden Füßen zwischen den Sprossen. Es schaut zur Erzieherin. Sie sagt: „Na komm, komm! Du hängst so wunderschön mit den Füßen da drin." Sie dreht sich in Richtung Kamera, macht drei Schritte auf die Kamera zu und geht dann umgehend einen Schritt zurück. Währenddessen sagt sie zu Kind 1: „Ich glaub, ich muss dich herausheben." Jetzt geht sie noch zwei Schritte rückwärts. Ihr Abstand zur Brücke wird größer. Sie kommentiert: „Probier mal, ob du rauskommst!" Sich mit beiden Händen festhaltend versucht das Kind, in den Stand zu kommen. Die Erzieherin interagiert mit zwei anderen Kindern, die gerade nicht von der Kamera erfasst werden. Kind 1 sitzt auf der Brücke und sieht in Richtung Erzieherin. Es versucht erneut, die Füße aus den Zwischenräumen der Sprossen zu befreien. Während der linke Fuß nach oben gelangt, bleibt der rechte stecken. Nicht im Bild sichtbar, fragt die Erzieherin: „Brauchst du Hilfe oder geht's?" Die Bewegungen des Kindes werden schwächer. Sie kommt zur Brücke gelaufen und fragt: „Soll ich dir helfen?" Kind 1 antwortet: „Ja." Sie bestätigt: „Ja? Na dann helfe ich dir!" Sie läuft auf die Brücke zu, streckt die Arme aus und reicht dem Kind ihre Hände. Dabei beugt sie den Oberkörper etwas nach vorn. Das Kind ergreift die Hände der Erzieherin. Es zieht sich an den Händen der Erzieherin hoch. Dabei streckt diese beide Arme nach dem Kind aus, welches die Arme erfasst und sich dadurch in den Stand ziehen kann. Sie kommentiert: „Hoch das Bein und dann geht's wieder rückwärts. Halt dich fest!"
Ende der Szene

Reflektierende Interpretation – ikonografische Ebene (Fallbeschreibung)

Bei der oben beschriebenen Szene handelt es sich um eine Situation während des Aufenthaltes im Freien, und zwar auf dem Außengelände des Ausweichobjektes 2.

Fallentwickelnd wird auf drei Ebenen zusammengefasst:

- Ebene der Erzieherin,
- Ebene zwischen der Erzieherin und den anwesenden Kindern und
- Ebene der Kinder.

Das Handeln der Erzieherin ist durch ausschweifende und auch unnötige Kommentare gekennzeichnet. Diese verbalen Begleitungen setzt sie vermutlich als Ausgleich dafür ein, dass sie sich ansonsten zurückhält und nicht in die Selbstbildungsprozesse der Kinder eingreift. Diese Kommentierungen sind vermutlich ihr Ventil für den Abbau der inneren Anspannung. Des Weiteren unternimmt sie starke Deutungsversuche, indem sie für sich feststellt, dass die Kinder sehr zielgerichtet bestimmte Aktivitäten initiieren. Das Wegräumen des Spielzeuges an einen Ort, der verhältnismäßig weit von der Hängebrücke entfernt ist, scheint eher als Verlegenheitshandlung für das Aushalten der Situation zu erfolgen. So stellt das Nichtstun vermutlich eine für die Erzieherin schwierige Situation dar, die sie mit dem Wegräumen des Spielzeuges kompensiert. Mit den mehrfachen verbalen Wiederholungen, dass zunächst das Wasser aus dem Spielzeug laufen müsse, dokumentiert sich eine eilfertige Hektik. Die Bestätigung von Kind 1, dass es die Hilfe der Erzieherin benötigt, scheint sie zu erleichtern, erhält sie doch so die Gelegenheit, das Kind zu unterstützen und den Prozess des Ausharrens zu unterbrechen. Damit kann die Erzieherin ihrer Helferrolle gerecht werden.

Ihr Umgangston den Kindern gegenüber ist freundlich. Sie interagiert jedoch stellenweise von oben herab, obwohl sie vage Bemühungen anstellt, sich nach vorn zu beugen und somit möglichst auf Augenhöhe der Kinder zu gelangen. Der Abstand zwischen ihr und Kind 2 ist in einigen Momenten zu groß für eine sinnvolle Interaktion. Dadurch, dass sie den Sandeimer beim Aufheben zunächst Kind 1 vor das Gesicht hält und auch verbal signalisiert, dass sie ihn für das Kind nun erreicht hat, diesen Eimer dann aber sehr weit von dem Kind wegstellt, lässt ihre Unüberlegtheit bzw. Insensibilität erkennen. Aufgrund ihres hektischen Agierens scheint sie in diesem Moment nicht zu realisieren, dass sie dem Kind das Spielzeug beinahe schon weggenommen hat, bevor es dieses überhaupt erlangen konnte. Sie unterbreitet dem Kind 1 ein Hilfsangebot, zieht dieses allerdings zurück, vermutlich weil sie sich an die Präsenz der Kamera erinnert.

In ihrem Rückzugsverhalten scheint sich das Wissen darüber zu offenbaren, dass Selbstbildungsprozesse der Kinder von Erziehern ausgehalten werden müssen und dass die Kinder auch an ihre Grenzen gelangen sollen. Die Umsetzung dieser Kenntnisse stellt wahrscheinlich die eigentliche Schwierigkeit dar. In der klaren Bejahung von Kind 1 auf die Frage der Erzieherin zum Hilfsangebot dokumentiert sich die Entscheidungsfreiheit des Kindes und auf der Erzieherseite die Achtung der kindlichen Persönlichkeit. Auf die Bedürfnisse aller in der Szene dargestellten Kinder wird eingegangen. Die Erzieherin fordert die Kinder heraus, auch schwierige Aufgaben selbstständig zu bewältigen und lässt es zu, dass sie dabei auch an ihre Grenzen gelangen. Damit unterstützt sie die Eigenständigkeit der Kinder, was sich positiv auf deren Selbstbewusstsein auswirken wird. Obwohl ihr Handeln in der Situation vorrangig auf Kind 1 konzentriert ist, interagiert sie doch auch mit den anderen Kindern, indem sie ihnen ebenso Anregungen bietet.

Das Klettern auf der Hängebrücke stellt eine besondere Herausforderung für die Kleinkinder dar, die sie sich aus eigenem Antrieb heraus gesucht haben. Dabei sind sie weder ängstlich noch unsicher. Gelangen sie an ihre Grenzen, signalisieren sie verbal oder körpersprachlich, dass sie Hilfe benötigen. Sie reagieren auf die Ermunterungen der Erzieherin positiv und unternehmen hohe Anstrengungen, die Aufgabe eigenständig zu meistern. Die Kinder äußern auch andere Bedürfnisse (z. B. „Auto!"). Das gemeinsame Klettern von zwei Kindern auf der Hängebrücke verursacht einen kleinen Zusammenstoß, was jedoch keinen Konflikt auslöst. Jedes Kind versucht, sich nach seinen Interessen und Möglichkeiten im Außengelände zu bewegen. Die Bereitstellung des Spielzeuges regt die Kinder zu weiteren Bildungsprozessen an. In den Bemühungen von Kind 1 dokumentiert sich ein hohes Maß an Beharrlichkeit und Anstrengungsbereitschaft.

Bezugnehmend auf die Kategorien der neurobiologischen Erkenntnisse kann festgestellt werden, dass die Kinder hier die Möglichkeit haben, ihre Selbstbildungsprozesse mit dem Einsatz ihres gesamten Körpers zu gestalten.

Die Schwierigkeit des Kletterns stellt eine besondere Herausforderung für die Kinder dar. Die Tatsache, dass sie ihre eigenen Grenzen austesten können, wird sie auch künftig nicht vor der Bewältigung schwieriger Aufgaben zurückschrecken lassen. Dadurch, dass die Erzieherin das eigenständige Erkunden auf der Hängebrücke recht lange ermöglicht, setzt sie sehr viel Vertrauen in das Kind. Dies wird wiederum das Vertrauen des Kindes in seine Kompetenzen stärken.

Im Bereich des ganzheitlichen Lernens sind Einschränkungen zu verzeichnen, gerade was den Umgang der Kinder mit dem Element Wasser anbelangt.

Das Ausschütten des Wassers liegt vermutlich darin begründet, dass sich die Erzieherin wegen der niedrigen Temperaturen um die Gesundheit der Kinder sorgt. Eine sauberkeitsorientierte Haltung könnte jedoch ebenso eine Rolle spielen.

Durch das Gelingen des Kletterns auf der Hängebrücke erfahren die Kinder Erfolgserlebnisse, die sie künftig zu weiteren Herausforderungen motivieren werden.

Die Unterstützung des Kindes durch die Erzieherin erweist sich letzten Endes als eine positiv geladene Lernsituation. So hat das Kind erfahren, dass es in problematischen und für es selbst unüberwindbaren Situationen nicht allein gelassen wird. Somit kann sich auch das Vertrauen zur Bezugsperson stärken.

Alle in der Szene agierenden Kinder erhalten die Gelegenheit, auf ihre ganz individuelle Art und Weise im Außengelände zu explorieren und zu forschen. Dabei signalisieren sie selbstbewusst ihre kindlichen Bedürfnisse. Während des gemeinsamen Erkundens der Hängebrücke oder des gemeinsamen Spielens im Schnee beobachten sich die Kinder untereinander und lernen voneinander, nicht zuletzt dadurch, dass sie sich auch gegenseitig anspornen oder bestimmte Verhaltensweisen imitieren. Die Tatsache, dass der kleine Zusammenstoß auf der Hängebrücke keinen Konflikt auslöst zeigt, dass hier bereits eine Akzeptanz und Toleranz unter den Kindern besteht; so wird in der dargestellten Szene die Förderung der Peerbeziehungen sehr deutlich. In ihrer Beobachtung des Handelns der Erzieherin lernen die Kinder jedoch auch, dass das Experimentieren mit dem Element Wasser im Außengelände – zumindest in der kalten Jahreszeit -nicht erfolgt.

Szene „Sand" (Dauer 00:01:42 h)

Ausgangssituation – Standbild
Zentral im Bild stehen zwei Plastik-Sandtische, ein weißer in der Mitte und ein blauer rechts daneben. Im linken Bildvordergrund sind die linke Nackenseite und die linke Schulter eines Kindes im weiß-schwarz-gestreiften Shirt zu sehen. Auch wenn es von der Kamera nicht erfasst wird, kann aus den Beobachtungen im Feld festgestellt werden, dass das Kind vor einem weiteren (gelben) Sandtisch steht. Im rechten Bildvordergrund steht vor dem weißen Sandkasten ein Junge im bordeauxfarbigen Pullover. Er hat den Oberkörper etwas nach rechts gedreht, so dass ihn die Kamera von vorn abbilden kann. Der Junge hält in seiner rechten Hand eine grüne Sandschaufel. Die Schaufel berührt den Sand. Der linke Arm ist angewinkelt. Das Kind sieht auf den Sand, der sich auf seiner Schaufel befindet. Ihm gegenüber steht ein Junge im weiß-braunen Poloshirt, der in der Vorderansicht abgebildet ist. Seine linke Hand umfasst eine pinkfarbene Schaufel, die im Sand steckt und auf welcher sich auch Sand befindet. In der rechten

Hand hält er ein weißes viereckiges Gefäß. Er sieht nach unten auf die Sand-schaufel. Dabei sind seine Lippen nach vorn geschoben. Zu seiner Rechten steht ein Junge in einem bordeauxfarbenen Shirt mit Aufschrift. Er steht in der Vor-deransicht hinter dem blauen Sandkasten, hat aber seinen rechten Arm in den weißen Sandkasten ausgestreckt. Er hält die rechte Hand oberhalb des Sandbo-dens. Der linke Arm ist zurückgezogen und etwas angewinkelt. Seine Lippen sind gespitzt. Er sieht auf den Sand. Im Bildhintergrund befinden sich geradeaus eine weiße Wand und rechts eine Fensterbank, auf der diverse Materialien ste-hen. In den Sandkästen sind Sand, Sandförmchen, kleine Puppen und Tiere zu sehen.

Kind 1 – Junge im bordeauxfarbenen Pullover
Kind 2 – Junge im bordeauxfarbenen Shirt mit Aufschrift
Kind 3 – Junge mit weiß-schwarz-gestreiftem Shirt
Kind 4 – Junge im weiß-braunen Poloshirt
Erzieherin Frau F.

Formulierende Interpretation – vor-ikonografische Ebene (Szenenverlauf)

Kind 2 beugt sich nach rechts und holt mit raschen Bewegungen erst mit der linken, dann gleich darauf mit der rechten Hand jeweils ein Tier aus dem weißen Sandkasten. Dabei schubst es leicht das neben ihm stehende Kind 4, welches mit der linken Hand Sand auf seine Schaufel schiebt. Dabei macht Kind 4 einen kleinen Schritt nach rechts. Die Sandschaufel in der linken Hand haltend sieht es Kind 2 kurz an. Kind 4 sieht zu, wie sich Kind 2 die Teile aus dem Sandkasten nimmt. Kind 2 nimmt beide Tiere in die linke Hand und hält sie fest an den Bauch gedrückt. Es holt mit der rechten Hand ein weiteres Tier, eine kleine Pup-pe und dann noch ein Tier heraus. Die Hände der Erzieherin befinden sich an der Tischunterkante. Die Finger beider Hände bewegen sich unruhig. Kind 3 sieht von seinem Tisch hoch und schaut nach rechts. Kind 1 schaufelt mit der rechten Hand im Sand und ergreift mit der linken eine gelbe Form. Es lässt die Schaufel in den Sand fallen und nimmt die Form in beide Hände. Danach hält es dieses in der linken Hand und schüttet den Sand aus. Es macht einen Schritt nach recht, betrachtet die Form und sagt während eines weiteren Schrittes nach rechts: „Wasser! Du dud!" Es geht nach links zurück an seinen Stehplatz. Rechts im Bild erscheint das Gesicht der Erzieherin. Sie sieht kurz zu Kind 1 und dann zu Kind 2, welches sich gerade an sie wendet. Kind 2 hält in der rechten Hand ein Tier und streckt den Arm zur Erzieherin hin. Es sagt: „Wau wau!". Sie antwortet: „Das ist ein kleiner Bär!" Kind 2 lässt den Arm in den Sandkasten sinken und spielt mit dem Tier. Kind 4 beschäftigt sich mit der Sandschaufel im Sandkasten.

Sein Blick ruht auf der Schaufel. Die Körperhaltung der Erzieherin lässt ihre Sitzposition erkennen. Sie sieht nun in Richtung des weißen Sandkasten. Kind 1 hält seine Form in der rechten Hand, sieht auf den Sand nach unten und dreht sich dann nach links um, so dass sein Gesicht nun von der Kamera erfasst wird. Es sagt: „Dud dud!", was mehrfach wiederholt wird. Dabei dreht es sich noch einmal kurz zur Erzieherin um, die gerade mit den anderen Kindern spricht. Kind 1 dreht sich erneut nach links und sieht sich im Raum um. Es läuft auf die Kamera zu und verschwindet aus dem Bild. Die Erzieherin sieht lächelnd zu Kind 3. Kind 3 sieht zur Erzieherin. Kind 2 dreht sich nach links um, so dass es von hinten zu sehen ist und blickt auf den Fußboden. Es dreht sich wieder zurück zum Sandkasten und spielt mit dem es in der linken Hand haltenden Tier. Jetzt erhebt sich die Erzieherin vom Stuhl, begibt sich in dieselbe Richtung, in die Kind 1 lief, und verschwindet aus dem Fokus der Kamera. Sie äußert: „Ach, das brauchst du. Warte, warte, warte, ich helfe dir! So nimm's mit!" Kind 2 dreht sich wieder um und geht zweimal hintereinander in die Hocke. Es hebt etwas vom Boden auf. Es dreht sich wieder um und nimmt sich ein kleines Schwein aus dem weißen Sandkasten. Kind 1 erscheint wieder im Bild und hält ein Wasserrad in der Hand. Es stellt dieses im blauen Sandkasten ab. Kind 2 streckt seinen rechten Arm zur Erzieherin aus, die sich wieder gesetzt hat. In der Hand hält Kind 2 ein Tier und sagt: „Ein der Wau, wau!". Die Erzieherin antwortet: „Das ist ein Bär! Ein Bär." Kind 2 dreht sich nach rechts, steht seitlich am Sandkasten und geht in die Hocke. Es ist kurzzeitig nicht zu sehen. Es kommt von links wieder ins Bild gelaufen und hält ein Tier in der rechten und zwei Tiere in der linken Hand. Nun spielt Kind 2 im Sandkasten. Von Kind 3 sind nun der Hinterkopf und ein Teil seines Rückens zu sehen. In der rechten Hand hält es eine Figur und dreht daran. Dabei betrachtet es die Figur. Das Wasserrad von Kind 1 bleibt nicht stehen, sondern kippt um. Kind 1 nimmt es in die rechte Hand und hält es nach rechts zur Erzieherin. Diese ergreift das Wasserrad und fragt: „Hält wohl nicht?" Sowohl die rechte Hand von Kind 1 als auch die rechte Hand der Erzieherin führen gemeinsam das Wasserrad zum Sand. Sie sagt: „Das drückt man so rein, dann geht das." Das Kind lässt das Wasserrad los und die Erzieherin schraubt mit beiden Händen das Spielzeug in den Sand. Als das Rad im Sand steht, äußert sie: „So." Kind 1 geht währenddessen nach links zum weißen Sandkasten und nimmt die dort liegende grüne Schaufel in die rechte Hand. Die Erzieherin sieht nach links zu Kind 1. Es lässt die Schaufel wieder in den weißen Sandkasten fallen und greift mit der linken Hand nach einer anderen Schaufel, die Kind 3 in der rechten Hand hält. Kind 1 nimmt sie sich und erfasst nun auch die andere Schaufel mit der rechten Hand. Kind 3 reagiert darauf nicht. Kind 1 geht nach rechts und hält mit seiner rechten Hand der Erzieherin die Schaufel hin. Sie antwortet: „Lass Luka auch eine, der möchte auch mitspielen." Sie

nimmt die dargereichte Schaufel in ihre rechte Hand und füllt den Sand in den Trichter des Wasserrades. Kind 2 spielt im blauen Sandkasten und ruft: „Wasser!" Kind 4 spielt mit der Schaufel im Sand und hält in der rechten Hand einen weißen Behälter. Kind 2 nimmt auch einen weißen Behälter und schüttelt ihn, so dass ein paar Wassertropfen herausfallen. Kind 4 ruft: „Mal Wasser mal!" Der Sand, welchen die Erzieherin durch den Trichter rieseln lässt, bringt das Wasserrad nicht in Bewegung. Sie dreht mit den Händen am Rad. Kind 2 ruft: „Mal!" und streckt den rechten Arm nach oben. Die Zunge hat es zwischen die Lippen geschoben. Die Erzieherin sieht zu Kind 4, und während sie fragt: „Was möchtest du, Wasser?", steht sie von ihrem Stuhl auf und läuft auf die Kamera zu. Dabei fragt sie noch einmal: „Möchtest du Wasser haben?" Sie verschwindet kurz aus dem Fokus der Kamera. Kind 4 hat den rechten Arm erneut ausgestreckt. Kind 1 verfolgt mit seinen Blicken die Bewegungen der Erzieherin. Es ruft: „Leon!" Kind 4 wendet den Blick von der Erzieherin ab und sieht auf den Sandkasten. Kind 2 spielt mit den Tieren im Sandkasten. Kind 3 spielt im Sandkasten. Die Erzieherin erscheint mit einer grünen Gießkanne im Bild. Sie beugt ihren Oberkörper weit nach vorn und fragt Kind 4: „Und wohin soll ich das Wasser hinmachen?" Sie streckt kurz den linken Arm aus, zieht ihn dann ruckartig wieder zurück. Kind 4 macht eine Bewegung mit beiden Händen, die durch das Kind 3 im Bildvordergrund nicht zu erkennen ist. Die Erzieherin fragt: „Da rein?" Sie gießt Wasser in den weißen Behälter. Danach fragt sie: „So, und wo möchte Leon Wasser hinhaben?" Sie setzt sich auf ihren Stuhl, der direkt hinter Kind 1 steht. Sie fragt Kind 1: „Wo wollen wir welches rein machen?" Kind 1 antwortet: „Hier" und zeigt mit dem rechten Zeigefinger auf den weißen Behälter im blauen Sandkasten. Die Erzieherin kommentiert: „Da rein." Dann gießt sie das Wasser hinein. Nachdem sie Wasser eingefüllt hat, kommentiert sie: „So" und stellt die Gießkanne rechts im Fensterbrett ab. Kind 2 spielt nach wie vor mit seinen Tieren im Sand. Kind 1 schüttet den Behälter mit dem Wasser im Sand aus. Die Erzieherin sieht zu ihm. Kind 4 schaufelt Sand. Kind 1 äußert: „Alle." Die Erzieherin antwortet: „Jo. Jetzt ist es versickert im Sand." Kind 2 schiebt mit beiden Händen die Tiere durch den Sand. Sein Gesicht wirkt angespannt. Dabei stößt es den Wasserbehälter von Kind 1 weiter zu diesem Kind. Die Erzieherin schiebt ihn wieder etwas zurück. Sie sagt zu Kind 1: „Guck mal, ist alles im Sand drin" und stochert mit dem rechten Zeigefinger mehrmals in den Sand. „Ist der Sand nass." Kind 1 nimmt sich eine kleine Puppe und sieht den Fingerbewegungen der Erzieherin zu.
Ende der Szene

Reflektierende Interpretation – ikonografische Ebene (Fallbeschreibung)

Bei der beschriebenen Szene handelt es sich um ein Angebot des Matschens und

Experimentierens im Sand. Im Vorfeld wurden die Kinder gefragt, wer von ihnen im Sand spielen möchte. Die hier anwesenden Kinder entschieden sich für das Spiel im Sand. Die Sandkästen sind in einem separaten und sehr beengten Raum untergebracht (Ausweichobjekt 2). Die Sandkästen sind nicht frei zugänglich, sondern werden nur in Begleitung der Erzieherin genutzt. Fallentwickelnd wird auf drei Ebenen zusammengefasst:

- Ebene der Erzieherin,
- Ebene zwischen der Erzieherin und den anwesenden Kindern und
- Ebene der Kinder.

Das Handeln der Erzieherin kann in weiten Teilen als zurückhaltend charakterisiert werden. Dennoch ist die Anspannung in ihrer abwartenden und aushaltenden Position deutlich zu spüren. Diese von der Erzieherin ausgehende Anspannung geht spürbar auf den Betrachter der Szene über. In ihren Bemühungen, den Kindern das Wasser zu geben oder die Position des Wasserrades zu korrigieren, dokumentiert sich eine eilfertige Hektik, die zu dem Schluss führen lässt, dass derartige Aufgaben ihrem Ausharren zu Hilfe kommen. Auch wenn der Erzieherin durchaus bewusst zu sein scheint, dass sie die Kinder eigenständig tätig werden lassen soll, entsteht der Eindruck, das ihr die Umsetzung des Aushaltens noch Schwierigkeiten bereitet. Es kann eher davon ausgegangen werden, dass sie ihre eigentliche (begleitende) Rolle als Pädagogin noch nicht gefunden hat. Um ihrer Anspannung entgegenzuwirken, wäre die Beobachtung der Kinder eine angemessene Methode zur Distanzgewinnung. Wenn man das Alter der Erzieherin (62) berücksichtigt, so muss ihr zugute gehalten werden, dass sie trotz ihrer langjährigen Führungsrolle hier eine Entwicklung durchgemacht hat, die auch aus Sicht der Neurobiologie nicht zu unterschätzen ist. So betont die Neurobiologie, dass das Gehirn aufgrund der Neuroplastizität zwar lebenslang lernt; dennoch fällt dies auch zunehmendem Alter immer schwerer, nicht zuletzt deshalb, weil auch Erfahrungen über Jahrzehnte auf eine spezielle Weise im Gehirn verankert wurden. Deshalb zeigt das Handeln der Erzieherin auf bemerkenswerte Art, dass das Umdenken längst stattgefunden hat, alte Erfahrungen aber die Umsetzung der damit verbundenen neuen Handlungsweisen noch erheblich erschweren.

Bis auf eine Verzögerung am Anfang der Szene erkennt die Pädagogin die Signale der Kinder meist sofort und reagiert darauf. Sie kommt den Wünschen der Kinder nach und lässt sie selbst Entscheidungen treffen. Allerdings sieht sie sich in der Funktion, die Zuteilung des Wassers zu kontrollieren. Hierin dokumentiert sich ihre Führungsrolle. So kann sie durch die Zuteilung des Wassers unerwünschte Auswirkungen verhindern. In den Interaktionen mit den Kindern bemüht sie sich weitgehend, auf Augenhöhe zu kommunizieren. Dabei sucht sie auch die Blicke der Kinder. Ihr Sprache ist freundlich und quantitativ angemessen. In der Interaktion mit Kind 4 bahnt sie einen Eingriff an, den sie jedoch umgehend registriert und beendet, als sie bemerkt, dass das Kind seine eigene Wahl getroffen hat. In ihrem Eingriff, den Wasserbehälter im Sandkasten zu Kind 2 zurückzuschieben, zeigt sich, dass sie dem Kind den Raum, welchen es sich selbst gewählt hat, nicht zugesteht. Dies erfolgte vermutlich, weil dadurch einem anderen Kind der Platz genommen wurde („Lass Luka auch eine, der möchte auch mitspielen!"). Mit ihrem Übergriff verhindert sie das eigenständige Aushandeln der Peers untereinander.

Die Kinder selbst haben die Möglichkeit, nach ihren Bedürfnissen und Interessen mit dem Element Sand und den angebotenen Spielelementen (Tiere, Puppen) zu experimentieren. Dabei handeln sie sehr unterschiedlich. Sie sind teils engagiert, konzentriert, forsch und teils zurückhaltend. Sie akzeptieren die Bedürfnisse ihrer Peers. Sie beobachten sich gegenseitig und lernen voneinander. Sie beobachten die Erzieherin. Andererseits überschreiten sie ihre eigenen räumlichen Grenzen und treten in die Räume der anderen ein. Selbstbewusst äußern die Kinder ihre Bedürfnisse („Wasser!"). Im Umgang mit der Erzieherin wirken sie vertraut. In ihrem Handeln zur Befriedigung ihrer Bedürfnisse dokumentiert sich bereits ein Großteil die Eigenständigkeit der Kinder. Sie scheinen es gewohnt zu sein, dass ihre Wünsche respektiert, geachtet und erfüllt werden.

Wird die Szene hinsichtlich der Kategorien der neurobiologischen Erkenntnisse abgeprüft, so lässt sich im Bereich des ganzheitlichen Lernens feststellen, dass die Kinder die Chance des Umgangs mit verschiedenen Elementen haben; dennoch sind ihre Möglichkeiten noch weitgehend begrenzt. Dies bezieht sich vor allem auf den beengten Raum und die Zuteilung des Wassers. Das bloße Matschen und Spielen im Sand ist vermutlich aufgrund der kalten Jahreszeit und der geringen Raumkapazität nicht durchführbar.

Jedes Kind kann individuell nach seinen Vorstellungen und Erfahrungswerten experimentieren, was von der Erzieherin auch toleriert wird. Des Weiteren kann jedes Kind seine Bedürfnisse ausleben. Den Wünschen der Kinder wird die Erzieherin gerecht.

Obwohl nur drei einzelne Sandkästen zu Verfügung stehen, spielen die Kinder gemeinsam und teilen sich den zur Verfügung stehenden Raum und das Zubehör. Sie nehmen sich den Raum, welchen sie benötigen und überschreiten dabei auch ihre Grenzen. Dies wird von den anderen Kindern akzeptiert. Demnach ist das Angebot des Experimentierens im Sand weichenstellend für den Erwerb erster sozialer Kompetenzen. Es findet keine einzelne Leistungsbewertung statt, die Handlungen und Ergebnisse jedes Kindes werden akzeptiert.

In ihren Interaktionsbemühungen zur Erzieherin dokumentiert sich ein stabiles Vertrauensverhältnis. Indem die Pädagogin den Wünschen der Kinder nachkommt, kann sich das Vertrauensverhältnis weiter stärken. Die umgehende Bedürfnisbefriedigung trägt zum Wohlbefinden der Kinder und demnach zu einer positiv geladenen Lernsituation bei. In ihren Handlungen sind die Kinder konzentriert und engagiert. Sie werden in ihren Aktivitäten nicht gestört oder unterbrochen. Die Kinder werden in ihrer Eigenständigkeit unterstützt, indem sie selbst entscheiden dürfen, wo sie das Wasser haben möchten bzw. wie sie im Sand unter Zuhilfenahme frei gewählter Utensilien spielen können. Allerdings besteht an dieser Stelle noch Entwicklungsbedarf. So kann ihnen durchaus angeboten werden, das Wasser zum eigenständigen Gebrauch nutzen zu können. Dass dies noch nicht erfolgt, könnte in einer sauberkeitsorientierten Haltung begründet liegen. Insgesamt betrachtet wird diese Situation dazu beitragen, dass die Kinder auch in Zukunft ihre Erfahrungswelt aus ihren eigenen Bedürfnissen und Interessen heraus erweitern. Prognostisch wäre es jedoch günstiger, dass die Experimentierecke für die Kleinkinder frei zugänglich gestaltet wird. Zumal es sich um ein Lernangebot handelt, unterliegt dieses noch zu stark der planenden und führenden Rolle der Pädagogen.

Vom normativen Grundmuster der Neurobiologie ausgehend wurde geprüft, welche der Szenen diesem Muster nicht gerecht werden. Dabei wurde auch zwischen den beiden Objekten differenziert.

Ausweichobjekt 1: Von insgesamt 150 Szenen gab es:
- 7 Szenen (4,7 %), die dem Muster durchgehend nicht gerecht wurden,
- 32 Szenen (21,3 %), die dem Muster teilweise gerecht wurden und
- 111 Szenen (74 %), die dem Muster weitgehend gerecht wurden.

Ausweichobjekt 2: Von insgesamt 154 Szenen gab es:
- 16 Szenen (10,4 %), die dem Muster durchgehend nicht gerecht wurden,
- 50 Szenen (32,5 %), die dem Muster teilweise gerecht wurden und
- 88 Szenen (57,1 %), die dem Muster weitgehend gerecht wurden.

Auszählung Einrichtung „Schaukelpferd" gesamt: Von insgesamt 304 Szenen gab es:
- 23 Szenen (7,6 %), die dem Muster durchgehend nicht gerecht wurden,
- 82 Szenen (27 %), die dem Muster teilweise gerecht wurden und
- 199 Szenen (65,4 %), die dem Muster weitgehend gerecht wurden.

6.2.4 Orientierungen der Gruppenerzieherin in der Kinderkrippe

Wie schon im Fall „Brummkreisel" war auch dieses Interview durch die Präsentation der Videoszenen vorstrukturiert und es wurde dem Gespräch ein Leitfaden zugrunde gelegt, der sich am normativen Grundmuster der Neurobiologie orientierte. Von insgesamt fünf im Krippenbereich der Einrichtung beschäftigten Erzieherinnen wurde mit einer dieser Mitarbeiterinnen ein Video-Konfrontationsinterview durchgeführt. Bei der Auswahl der Pädagogin Frau H. wurde berücksichtigt, dass sie sozusagen als „Zugpferd" im Krippenbereich gilt und aus Sicht der Leiterin als fachlich besonders versiert eingeschätzt wird. Des Weiteren bildete sich die Erzieherin zur Mentorin für Praktikanten der Fachhochschule fort.

In den Darstellungen über ihr eigenes Handeln dokumentiert sich eine kindzentrierte Handlungsweise mit dem Blick auf dessen Interessen und Neigungen. In ihren Schilderungen über die Beobachtung der Kinder wird die Feinfühligkeit der Erzieherin und ihre begleitende und anregende Rolle signifikant: „(…) und habe dann aber gemerkt, dass eigentlich die Kinder sich mehr für den Nuckel interessiert haben (…) und habe das dann versucht, aufzugreifen (…)"(LFI He, Z 35-38); „(…) es geht eben einfach darum, auch ein bisschen Ruhe, für einzelne Kinder einen Ruhepol zu schaffen…" (LFI He B, Z 164-166). Ihr Bild vom experimentierenden, forschenden, ganzheitlich und eigenständig lernenden Kleinkind wird in ihrer selbstreflektierenden Schilderung zur Szene „Sand 25.2.09" sichtbar: „(…) waren selbst tätig und haben viele Wahrnehmungen gehabt… sie haben erforscht und experimentiert (…)" (Z 129-137; 147). In ihrer zusammenfassenden Darstellung am Ende des Interviews hebt sie ihr Bild vom kompetenten Säugling und ihre eigene eher beobachtende und begleitende Rolle hervor: „(…) es ist mir wieder aufgefallen wie (…) was sie eigentlich wirklich schon können … lernen also von Anfang an, ohne dass man ihnen immer was beibringen muss (…)" (Z 491-496).

In ihren Erläuterungen zur Szene „Musik 25.2." wird deutlich, dass sie bestimmte Lernangebote zielgerichtet unterbreitet: „(…) ich hatte mir eigentlich vorgestellt, die Kinder probieren Klänge aus (…)" (LFI He B, Z 239-240). Sobald die Situation durch das eigenständige Handeln der Kinder einen anderen Verlauf nimmt, wird dies zugelassen, was der Pädagogin den Respekt vor der eigenständigen und individuellen kindlichen Persönlichkeit bescheinigt. Mit ihrer Zurückhaltung verdeutlicht die Pädagogin ihre begleitende und beobachtende Rolle: „(…) es ging den Kindern in ihrem Spiel (…) nicht um das Klänge erzeugen (…), sondern um Alltagsgegenstände, die sie einfach benutzen wollten wie die Großen teilweise (…)" (LFI He B, Z 241-246). Ein Widerspruch findet sich jedoch in ihrer primären Äußerung zu den eigenen Vorstellungen über den

Verlauf des Lernangebotes (LFI E He B, Z 239-240) und der späteren Darstellung, dass es ihr Ziel war, zu sehen was die Kinder damit anfangen (LFI He B, Z 248). Es kann vermutet werden, dass sie während des Prozesses des Lernangebotes für sich selbst reflektiert hat, dass sie mit ihren anfänglichen eigenen Vorstellungen zu weit in die Selbstbildungsprozesse des Kleinkindes vorgedrungen ist. Sie registrierte jedoch noch rechtzeitig die Notwendigkeit ihrer Zurückhaltung. Somit kann davon ausgegangen werden, dass sie sich in diesem Prozess selbst auch als Lernende begreift.

Frau H. hält zwar eine anregungsreiche Lernumgebung für erforderlich, begrenzt dies in der Handlungspraxis jedoch auch, da sie die Möglichkeit der Nutzung von Wasser in Verbindung mit Sand nicht in Erwägung zieht. Diese Einschränkung kann in den ungünstigen räumlichen Bedingungen innerhalb des derzeitigen Hauses und in der bestehenden Jahreszeit begründet liegen (LFI He B, Z 156-162). Das Suchen und Nutzen von Ausweichmöglichkeiten („Waschraumbereich", „Garderobenbereich" (LFI He B, Z 160-162)) lässt eine flexible und agile Handlungsweise erkennen.

Die Vereinbarung von individuellen Bedürfnissen der Kinder und der Belange der Gemeinschaft (z. B. Einhaltung von strukturellen Vorgaben, Regeln des Zusammenlebens in der Gemeinschaft) stellt für sie eine besondere Schwierigkeit dar („Gratwanderung"). Die Berücksichtigung der Individualität stößt an Grenzen, sobald das Wohlbefinden der gesamten Kindergemeinschaft gestört wird: „(…), wenn wir Krach in einer Werkstatt machen (…), wenn wir tanzen (…), wenn es ein Störfaktor für die Kinder ist, die tanzen (…) aber es gibt eben auch besondere Situationen, wo ich sage, warum soll ich jetzt unbedingt darauf drängen (…)" (LFI He B, Z 179-189). Es offenbart sich eine ausbalancierende Handlungsweise der Pädagogin, mit dem Anspruch, jedem Mitglied der Gemeinschaft gerecht zu werden. Die individuellen Besonderheiten werden dann nur begrenzt respektiert, wenn Kinder sich für weitere Lernprozesse selbst behindern. Hierbei sieht sie es als ihre (begleitende) Aufgabe, die Kinder für bestimmte Erfahrungen zu motivieren und in das Gruppenleben zu integrieren: Sogar Tina hat dann mitgemacht (…), sie ist nicht so gern mittendrin (…), aber sie hat auch etwas aus dieser Szene da mitgenommen (…)" (LFI He B, Z 265-269).

Ihre Argumentation, warum der Latz des Kindes beim Mittagessen unter den Tellerboden geklemmt wird, weist auf eine sauberkeitsorientierte Handlungsweise hin. Mit der Verwendung der Metapher „größere Schicksale" (LFI He B, Z 282-286) erhält diese Darstellung eine dramaturgische Steigerung: „Aber wenn das nicht so ist, dann passieren eben viel größere Schicksale für die Sachen zum Beispiel, weil das dann immer direkt runter läuft und dann die Hose und alles dann auch noch gefährdet ist von den Essensresten…" (ebd.). Trotzdem zeigt sie die Bereitschaft für eine erneute Auseinandersetzung mit der Problematik: „Wäre noch mal eine Diskussion wert" (LFI He B, Z 303-304).

Beim Betrachten einer Szene, in der sie das Handeln ihrer Kolleginnen im Ausweichobjekt 2 beobachten konnte, reflektiert Frau H. die übermäßige sprachliche Begleitung einer der Pädagoginnen. Sie registriert ebenso das unzureichend ausgereifte Bild vom kompetenten Kleinkind. Allerdings fällt auch ihr erst nach wiederholter Betrachtung der Szene und einer provozierenden Nachfrage des Interviewers auf, dass ein wichtiger vom Kind selbst initiierter Bildungsprozess unterbrochen wurde. Im weiteren Interviewverlauf bescheinigt sie ihren Kolleginnen eine gewisse Insensibilität für die Bedürfnisse der Kinder. In ihren Darstellungen über andere Handlungsvorschläge offenbart sich bei Frau H. noch die Führungsrolle: „Es wäre ja nicht schlimm gewesen, da mal mit dem Kind die Kelle auf den Teller zu packen und das Kind einfach mal tätig sein zu lassen." Zwar ist der Pädagogin wohl bekannt, dass auf die Bedürfnisse der Kinder eingegangen werden muss; ihre Ideen zur Umsetzung erreichen jedoch nicht die Ebene der Selbsttätigkeit bzw. Eigenständigkeit des Kindes. Ihre merkliche Abneigung für die Selbstbedienung am Mittagstisch begründet sie jedoch mit der Altersmischung der Kinder: „Es ist aber auch so, wenn man eben auch Babys und so weiter mit am Tisch sitzen hat (…), dass es da eben eher, denk ich, doch schon beim Mittagessen zumindest ungünstig ist, wenn die Kinder (…) alles selber machen" (LFI He B, Z 352-356; Z 363-368). Auch hier ist es womöglich eine sauberkeitsorientierte Handlungsweise, die dem Umdenken im Wege stehen könnte. Der bevorstehende Wechsel der ältesten Kinder in die Kindergartengruppe dient als Abschiebemechanismus, um Bildungsprozesse hier zu umgehen. Vermutlich ist das Bild vom sich selbst bildenden Kleinkind noch nicht vollständig verinnerlicht bzw. die Tragweite für die eigene Handlungspraxis noch nicht hinreichend bewusst.

In ihrer Darstellung zur Eingewöhnungsphase offenbart sich trotz räumlicher und mitunter auch personeller Schwierigkeiten eine lösungs- und ressourcenorientierte Handlungsweise: „(…) wenn man nach Wegen sucht, denke ich, findet man auch meistens einen Weg (…)" (LFI He B, Z 108-109; Z 120-121).

Primär besteht der Wunsch nach zeitlichen Reserven durch eine Aufstockung des Personals, um die eigene Vorbereitung intensivieren zu können. Frau H. sieht einen starken Zusammenhang zwischen der zur Verfügung stehenden Vor- und Nachbereitungszeit und der Qualität der Bildungsarbeit. Der Wunsch nach mehr Zeit für den Erfahrungsaustausch im Team lässt den Teamgeist der Erzieherin und auch ihre lernende Rolle erkennen. Dadurch, dass derzeit sehr viel in der persönlichen Freizeit erledigt wird, offenbart sich ein besonderes Engagement: „Und viele Sachen (…), diese Entwicklungsprofile und so weiter, diese Portfolio-Geschichten und so, das machen wir hauptsächlich zu Hause"

(LFI He B, Z 451-456). Auch die Verlängerung der täglichen Arbeitszeit durch die Erhöhung der Mittagspause auf eine Zeitstunde weist auf ein besonderes Engagement der Erzieherinnen hin: „(…) wir müssen ja eine Stunde Pause machen, damit wir diesen Tag abdecken können überhaupt. Diese eine Stunde wird aber meistens nicht ganz als Pause genutzt, wenn überhaupt" (ebd.).

Unter den aktuellen personellen Bedingungen werden bei geringerer Kinderzahl bewusst Minusstunden erarbeitet, um bei Ausfall von Kolleginnen dann diese wieder ausgleichen zu können. Dadurch wird lediglich der Dienst in der Einrichtung abgesichert, fachliche Ansprüche können dann in solchen Situationen primär keine Berücksichtigung finden. In ihren Darlegungen wird eine frustrierte Stimmungslage spürbar.

Zum Verlauf des Umgestaltungsprozesses in der Kinderkrippe beschreibt Frau H. die hier aufgetretenen Schwierigkeiten: Die innovativen Einstellungen der neuen Leiterin konnten sowohl von ihr als auch von den anderen Pädagoginnen anfangs nicht nachvollzogen werden: „ (…) kam nun mit ihren neuen Vorstellungen, wollte alles anders machen und wir haben nicht richtig verstanden, warum eigentlich; diese ganzen Hintergrundinformationen haben uns gefehlt (…), dadurch stieß die Leitung, die neue Leitung, dann eben auch auf mächtigen Widerstand (…)" (BF E5 m B, Z 11-13). Es kann davon ausgegangen werden, dass aufgrund des fehlenden theoretischen Wissens die Handlungspraxis auch nicht dementsprechend gestaltet werden kann bzw. dass die entsprechende Einstellung zur veränderten Handlungspraxis nicht erreicht wird: „(…) das Wesentliche war eigentlich am Anfang dieses Modellprojekt, diese neuen Forschungsergebnisse (…) in Sachen Hirnforschung und so weiter und die Schlussfolgerungen, die man einfach als Wissenschaftler daraus gezogen hat (…)" (BF E5 m B, Z 19-22). Die theoretischen Kenntnisse scheinen das Umdenken bzw. eine Änderung in der Haltung der Erzieherinnen zu begünstigen. Dabei kommt dem nahen Theorie-Praxis- Bezug eine außerordentliche Rolle zu: „(…) nicht nur losgelöst dieses Theoriewissen, sondern eben verbunden mit der Praxis; wir hatten sehr viele Möglichkeiten des Erfahrungsaustausches auch mit anderen Einrichtungen (…)" (BF E5 m B, Z 23-24). In ihren Ausführungen offenbart sich, dass vor allem auch die Veranschaulichung der Handlungspraxis dazu beiträgt, das Umdenken zu fördern: „(…) konnten uns da auch viel anschauen (…)" (BF E5 m B, Z 26). Hierbei stellt Frau H. auch eine Veranstaltung als besonders nachhaltig heraus, die gemeinsam mit einem wissenschaftlichen Team einer Universität durchgeführt wurde: „(…) damals die Sommerakademie in Weimar…, in der wir eine Woche zusammen waren und mit einer Mitarbeiterin aus dem Reggio-Kindergarten in Reggio dort Vorträge gehalten hat…; wir konnten Fragen stellen, wir konnten in Erfahrungsaustausch treten, wir haben Videos gesehen … das hat mich total fasziniert (…)" (BF E5 m B, Z 34-38).

Prägnant war für die Erzieherin hierbei zu sehen, dass es wesentliche Aspekte gab, die für die eigene Arbeit aufgegriffen werden konnten. Dabei wurde ihr bereits damals deutlich, dass die Handlungspraxis anderer Institutionen nicht einfach nur kopiert werden darf, sondern auf die Bedingungen der eigenen angepasst werden muss: „(…) dieses Herausfiltern, was für uns machbar ist (…), diese Einstellungen, die die Erzieher dort haben, das hat mich sehr bewegt." (BF E5 m B, Z 39-42). Dabei lässt sich konstatieren, dass der Umgestaltungsprozess trotz der direkten wissenschaftlichen Begleitung eine entsprechende Zeit benötigt, damit sich die Einstellungen der Erzieherinnen ändern können: „Und nach und nach ist es dann eben so gekommen" (BF E5 m B, Z 42). Von zentraler Bedeutung waren für Frau H. auch die kontinuierlichen Beobachtungen und deren schriftliche Dokumentation bzw. Reflexion im gesamten Team. Dabei sieht Frau H. das Beobachtungsverfahren an sich als wesentlichen Motor für die Änderung der Einstellungen des Erziehers vom „Macher zum Beobachter" (Z 52). Frau H. sieht den Grund für das Gelingen des Umdenkens darin, dass die Erzieher durch provokante Fragestellungen zu Selbstbildungsprozessen angeregt und die eigene Wahrnehmung sensibilisiert wurde: „(…) weil es eben nicht so eine Weiterbildung war, wo irgend so einer einen Vortrag hält: 'So und so ist es richtig und jetzt müsst ihr das so machen', sondern wir sind (…), von diesem Provozieren hab ich gesprochen, das war eigentlich das; es wurden immer wieder Fragen gestellt, die so zum Nachdenken angeregt haben, dass man letztes Endes auf diese Gedanken kommen musste" (BF E5 m B, Z 76-81).

Ebenso stark thematisiert wurde innerhalb des Projektes auch die Thematik der Raumgestaltung. Hierbei entwickelte sich die Erzieherin zu einer Person, die lediglich die Bedingungen für die Lernprozesse der Kinder schafft (Z 53). In ihren weiteren Ausführungen dokumentiert sich aktuell eine flexible Handlungsweise und eine sensibilisierte Wahrnehmung der Erzieherinnen bzw. eine kindorientierte Handlungspraxis: „(…) und heute kann das innerhalb von wenigen Wochen teilweise total verändert werden, weil eben andere Bedürfnisse der Kinder da sind und beobachtet wurden … und ich denke, dass das, was da in unseren Köpfen vorgegangen ist eigentlich, wenn ich das aus heutiger Sicht sehe, diese Einstellung zum Lernen verändert hat und zum Kind und letzten Endes die neue Rolle der Erzieherin ist und das Bild vom Kind (…)" (BF E5 m, Z 60-65). Frau H. beweist ihre Akzeptanz dahingehend, dass sich der Prozess der Umstrukturierung aufgrund der individuellen Besonderheiten der Mitarbeiterinnen eher langwierig gestaltet. Daraus resultiert der hohe Bedarf an Austausch und kontroversen Diskussionen innerhalb der Erziehergemeinschaft. Weiter befürwortet sie die unterstützende Begleitung des Teams von außen, wobei sie gezielte Fortbildungen fordert, deren Inhalte für das gesamte Team transparent gemacht werden müssen. Nochmals betont sie, dass mit dem Modellprojekt der umfassendste

Umbruch in der Einrichtung vonstatten ging: „Während eines Modellprojektes (…) – das war so der Knackpunkt, der so von allen Weiterbildungen und von allem was wir so in dieser Zeit alles erreicht haben, am weitesten gebracht hat" (LFI He, Z 408-411).

Das Betrachten der Videoszenen im Konfrontationsinterview stellte für Frau H. eine Gelegenheit dar, den eigens gestalteten Krippenalltag aus einer neuen Perspektive zu betrachten und das Wissen über das eigene Handeln und das der Kinder und Kolleginnen zu erweitern. Dabei hatte die Videomethode auch eine validierende Funktion; so fühlte sich Frau H. schon dahingehend bestätigt, dass die Kinder sich in der Einrichtung wohl fühlen. Dies scheint ihr besonders am Herzen zu liegen: „(…) und es hat aber trotzdem unheimlich positiv alles auf mich gewirkt und mir so ein Bild vermittelt, dass sich die Kinder wirklich wohl bei uns fühlen" (LFI He B, Z 10-12). Das Betrachten der Szenen und auch die Anwesenheit des Forschers während der gesamten Erhebungszeit regte Frau H. ebenso an, das eigene Handeln stets zu reflektieren, zu hinterfragen bzw. zu verändern. Es kann davon ausgegangen werden, dass die Betrachtung von Videobildern zu einer veränderten Sichtweise auf die eigene Handlungspraxis führt und somit neue Impulse für die weitere Arbeit gibt. Hierin offenbart sich die Bereitschaft, sich selbst auch stets als Lernende zu begreifen. Obwohl Frau H. dies für sich bereits so zu praktizieren scheint, trug die Anwesenheit des Forschers noch zur Intensivierung dieses Prozesses der Selbstreflexion bei. Es wird geschlussfolgert, dass die fachliche Begleitung für erfolgreiche Umgestaltungsprozesse in der direkten Praxis vor Ort Sicherheit verleiht und deshalb unerlässlich ist.

6.2.5 Kollektive Orientierungen

Zur Eruierung der kollektiven Orientierungen wurden die fünf Erzieherinnen des Bereiches Kinderkrippe und die Einrichtungsleiterin während der Feldforschung zu ausgewählten Themen befragt. Wie schon im Fall „Brummkreisel" wurde für die Befragungen ein Fragenkatalog zugrunde gelegt, der sich auf die einzelnen Kategorien des normativen Grundmusters der Neurobiologie bezog.

6.2.5.1 Das Bild vom Kind und die Rolle der Erzieherin im frühkindlichen Bildungsprozess

Insgesamt betrachtet dokumentiert sich bei allen Erzieherinnen ein (theoretisches) Bild vom eigenaktiven kompetenten Kleinkind, welches sich durch seine individuellen Bedürfnisse und Interessen die Welt selbst erschließt. Es gilt als ganzheitlich forschendes, experimentierendes und von Natur aus neugieriges Wesen, dass für seine Selbstbildungsprozesse eine entsprechend vorbereitete Lernumgebung benötigt. Dabei sehen sich die Pädagoginnen primär in der Rolle, diese anregungsreiche Umgebung bzw. Erfahrungsräume für die Kleinen zu schaffen und die Kinder in diesen Lernprozessen zu begleiten. Im Vordergrund der Orientierungen steht die Selbstbildung des Kindes und die begleitende und anregende Rolle der Erzieherin.

Negative Gegenhorizonte werden bei zwei Pädagoginnen sichtbar. Nach wie vor sehen sie sich auch noch in der anleitenden und helfenden Rolle (BF E3 d, Z 18-19; BF E2 a, Z 8-9), was sicherlich auf ein teilweise noch vorliegendes Bild vom inkompetenten Kleinkind zurückzuführen ist. Obwohl in ihren Äußerungen die Selbstbildung des Kindes zum Tragen kommt, scheint sich dieses Wissen nicht hinreichend auf die Rolle der Erzieherin zu übertragen. Alle Pädagoginnen sehen die Wahlmöglichkeiten und die Entscheidungsfreiheit der Kleinkinder als wesentliche Aspekte in der Unterstützung ihrer Eigenständigkeit. Dabei werden diese im gesamten Tagesablauf angewendet und nicht nur auf einzelne Elemente beschränkt. Eine der Erzieherinnen sieht das Spiel nach wie vor als die „Haupttätigkeit des Kindes", in der es die „meisten Erfahrungen sammelt" (BF E3 a B, Z 28-29).

Zur Berücksichtigung der Individualität der Kinder betrachten die Erzieherinnen die Beobachtung als eine ihrer Hauptaufgaben. Hierbei offenbart sich ein interessenbezogener und stärkenorientierter Blick auf das Kind. So sollen über die Stärken sekundär die Schwächen auch abgebaut werden. Die Dokumentation erfolgt mittels Portfolio-Mappen, die sich zu Lerngeschichten entwickeln sollen. Individuelle Besonderheiten zu erkennen bedeutet zunächst, die Interessen und Neigungen der Kinder zu erforschen. Andererseits werden bestimmte Abneigungen der Kinder, z. B. gegen das Anziehen des Faschingskostüms (BF E5 g B, Z 8-9) oder die Teilnahme an bestimmten Veranstaltungen (BF E6 j, Z 10-14) akzeptiert. Zum professionellen Selbstverständnis der Erzieherinnen gehört es (beispielsweise bei zurückhaltenden Kindern) eine Balance zu finden zwischen der Anerkennung individueller Belange und der gleichzeitigen Integration in die Gemeinschaft. In den Darlegungen zur Berücksichtigung der Individualität der Kinder werden Fähigkeiten wie Empathie und Feinfühligkeit deutlich. Bei zwei der befragten Erzieherinnen finden sich negative Gegenhorizonte. Hier drückt sich ein stärken- und defizitorientierter Blick auf das Kind bzw. die fördernde und führende Rolle der Erzieherin aus: „(…) durch eine Beobachtung der Kinder ganz wichtig, dass ich sehe, welches Kind interessiert sich für was oder welches Kind hat hier Schwierigkeiten, welches Kind möchte hier ein bisschen gefördert und gefestigt werden" (BF E 3 i B, Z 36-39); „(…) oder welches Kind jetzt noch in manchen (...) Defizite hat, da versucht man dann halt auch mehr zu fördern oder intensiver zu fördern" (BF E 4 j B, Z 15-17).

Das durch die Beobachtung ermittelte (Wohl-) Befinden der Kleinkinder machen die Erzieherinnen am aktiven Erkundungsverhalten und der damit verbundenen emotional positiven Beteiligung der Kinder im gesamten Tagesablauf fest. Andererseits spielt auch der Umgang der Kleinkinder mit ihren Peers eine bedeutsame Rolle, genauso aber auch das Verhalten zu den Erziehern, an die es sich vertrauensvoll wendet. Ein Anzeichen für das Wohlbefinden ist für die Pädagoginnen aber auch, wenn die Kinder bei Kummer schnell zu beruhigen sind. Auch die Tatsache, dass Kinder am Nachmittag nicht nach Hause wollen, sondern lieber weiterspielen, ist für die Erzieher ein Kennzeichen, dass sie sich geborgen fühlen. Auch der geringe Krankenstand stellt ein Symptom für die psychische und physische Stabilität dar, die aus dem Wohlbefinden der Kinder resultiert.

Die Eingewöhnung in die Kinderkrippe wird von der Leiterin als ein besonders bedeutsames Ereignis angesehen, welchem sie die gleiche Wertigkeit verleiht wie beispielsweise dem Schuleintritt. Alle Erzieherinnen sind sich einig darüber, dass dieser Prozess nur gemeinsam mit den Eltern vollzogen werden kann. Dabei sehen sie von einer pauschalisierten Gestaltung ab, sondern halten die Berücksichtigung bzw. die Akzeptanz der Individualität jedes Kindes für unerlässlich. Wenn auch eine grundsätzliche Eingewöhnungszeit von ca. 14 Tagen konzeptionell verankert ist, so wird in der Praxis die flexible Gestaltung unter Berücksichtigung individueller Bedürfnisse der Kinder zugelassen (BF E 1c B, Z 13-17). Dabei gilt es zunächst, den Beteiligten ausreichend Zeit zu lassen, ein erstes Vertrauensverhältnis aufzubauen, welches durch ein im Vorfeld der Eingewöhnung stattfindendes Vorgespräch zwischen Erziehern und Eltern angebahnt werden soll. Die Erzieherin verhält sich im Eingewöhnungsprozess zunächst zurückhaltend und beobachtend, und sie wird erst dann aktiv wird, wenn das Kind erste Erfahrungen mit dem neuen Umfeld machen konnte. Die Erzieherinnen verstehen sich als hinzutretende Bezugspersonen und respektieren die Eltern als die Hauptbezugspersonen. Deshalb ist es für sie selbstverständlich, dass auch die Wünsche und Bedürfnisse der Eltern berücksichtigt werden. In der Gestaltung der Eingewöhnung wird besonders viel Wert auf eine harmonische Atmosphäre gelegt, die durch eine sehr individuelle Betreuung durch den Bezugserzieher und in Anwesenheit von wenigen Kindern erreicht werden soll. Die Ausblendung zu intensiver Reize soll beispielsweise durch einen angemessenen Lärmpegel und eine adäquat anregende Umwelt erreicht werden. Bei einer der befragten Erzieherinnen findet sich ein negativer Gegenhorizont, der auf eine eher starre Gestaltung der Eingewöhnungszeit hindeutet; so sollte nach ihrer Auffassung die Dauer von „(...) 14 Tage, drei Wochen nicht überschreiten" (BG

E3 f B, Z 21). Dass Kinder sich auf sehr unterschiedliche Art und Weise integrieren, wird von allen befragten Erzieherinnen respektiert.

Sowohl in den Befragungen der im Krippenbereich beschäftigten Erzieherinnen als auch in den beiden geführten Video-Konfrontationsinterviews ist die Verwendung der Wir-Form besonders signifikant. Dies weist auf ein ausgeprägtes Teamgefüge hin und lässt vermuten, dass Absprachen zur konzeptionellen Arbeit gemeinsam getroffen und deshalb auch vom Team umgesetzt werden.

6.2.5.2 Die professionelle Haltung der Erzieherinnen

Für die Pädagoginnen der Einrichtung „Schaukelpferd" gehört die Umsetzung des Bildungsplanes zum professionellen Selbstverständnis. Sie selbst waren in der Entstehungsphase beteiligt. Die Leiterin schätzt ein, dass die Inhalte des Planes mit denen des eigenen Konzeptes stimmig sind. Die Einrichtung bildete sich in den Jahren 2001 bis 2004 im Rahmen des Thüringer Landesmodellprojektes „Wirklichkeit und Phantasie – Bildung im Elementarbereich" (Schäfer et al. 2006) unter wissenschaftlicher Begleitung fort. Somit eigneten sich die Pädagoginnen bereits vor geraumer Zeit ein entsprechend neues Bild vom Kind an und definierten ihre Erzieherrolle neu. Daraus ergibt sich schon von allein die Konsequenz, dass das Inkrafttreten des Thüringer Bildungsplanes eher als alltäglich hingenommen wird und die Pädagoginnen sich mit diesem auch identifizieren können. Allerdings räumte die Leiterin ein, dass die Umsetzung des Planes noch weiter ausgebaut werden müsse, die Mehrheit des gesamten Einrichtungsteams wende diesen jedoch schon in weiten Teilen adäquat an (BF E1 h B, Z 19-21). Bei der Auswahl ihrer Angebote zeigt sich eine kindorientierte Handlungsweise: „Wir (...) gucken, wie weit die Kinder entwickelt sind und nehmen die entsprechenden Aufgaben zur Hand (...)" (BF E2 g B, Z 20-21). Hilfreich für die Umsetzung des Planes scheint auch der Umstand zu sein, dass sie sich gemeinsam mit dem Plan auseinandergesetzt haben und die Erzieherinnen eine Rückkopplung durch die Leitung erfuhren: „(...) wir haben uns alle im Team damit auseinander gesetzt; wir hatten ausreichend Zeit, jeder für sich den zu studierend, Fragen zu stellen und Unklares konnten wir mit der Leitung auch besprechen (...)" (BF E6 f B, Z 8-10). Der Bildungsplan wird als Instrument genutzt, um die eigene inhaltliche Arbeit zu erweitern und zu überprüfen. Des Weiteren wird er auch ebenso gern als Fortbildungsmittel genutzt, gerade wenn es darum geht, „(...) auch Formulierungen entsprechend dort herauszunehmen (...)" (BF E5 j B, Z 10-11).

Auf die Frage nach Fortbildungsmöglichkeiten wurden zunächst die tägliche Arbeit in der Einrichtung: „(...) jeden Tag, erst mal in der Arbeit mit dem

Kind bildet man sich jeden Tag, indem man verschiedene Situationen überdenkt, auch sein Handeln überdenkt (...)" (BF E5 i B, Z 4-6) und die Anwendung des Bildungsplanes als zwei Möglichkeiten benannt. Ebenso werden regelmäßig Weiterbildungsveranstaltungen wahrgenommen. Es gibt für alle Erzieherinnen zwei Pflichtveranstaltungen im Jahr, bei denen es darum geht, dass deren Inhalte auch mit der konzeptionellen Arbeit in der Einrichtung übereinstimmen. Die Maßnahme der „Pflichtveranstaltungen" (BF E1 g B, Z 6-8) wurde von den Leiterinnen aller Einrichtungen des Trägers gemeinsam getroffen. Angebote zu Weiterbildungsveranstaltungen werden für alle Pädagoginnen zugänglich gemacht. Hier können sie nach ihren eigenen Interessen und Neigungen auswählen, oder auch solche Veranstaltungen, die die eigene Fachkompetenz erweitern. Abhängig vom Bedarf wählt die Leiterin auch Erzieherinnen für bestimmte Veranstaltungen aus. Die Erfahrungen aus den Weiterbildungen werden für das gesamte Team transparent gemacht: „(...) die wir dann auch im Team auswerten" (BF E5 i B, Z 19); „Und das wird im Großen ausgewertet, so dass alle was davon haben" (BF E2 e B, Z 16-17).

Der Erfahrungsaustausch während der täglichen Mittagspause wird als Gelegenheit der internen Fortbildung gesehen; dieser Austausch findet auch extern statt, also mit anderen Kindertagesstätten. Die einzelnen Bestandteile des Besprechungswesens betrachten die Pädagoginnen als Fortbildungsmöglichkeiten, nicht zuletzt auch das regelmäßige Studieren von Fachliteratur. Die Analyse von Videoszenen aus dem Krippenalltag als ein wesentlicher Bestandteil zur Reflexion der eigenen Arbeit wurde vor allem durch das Landesmodellprojekt ins Leben gerufen.

Die Kindertageseinrichtung „Schaukelpferd" gilt als Konsultationseinrichtung.[53] Kern ihrer Konzeption ist, eigene Erfahrungen nach außen transparent zu machen und selbst auch weitere von außen zu konsumieren.

Die vom Landesjugendamt und vom Träger organisierten Fortbildungen werden ebenfalls regelmäßig genutzt. Die Mitarbeiterinnen werden für die Teilnahme an solchen Veranstaltungen von der Arbeit freigestellt. Die Teilnehmergebühr und die Kosten für die Anfahrtswege werden von den Pädagoginnen selbst übernommen. Mehrtägige und weiter entfernt stattfindende Veranstaltun-

---

53 Als noch das Ministerium für Gesundheit und Soziales die übergeordnete Instanz für Kindertagesstätten war, wurde vom Landesjugendamt in Thüringen eine Arbeitsgruppe „Fachberatung" gebildet alle Einrichtungen dieser Gruppe wurden gleichzeitig Konsultationseinrichtung, unabhängig von der Qualität ihrer Arbeit. Sie sollten sich für den Austausch mit anderen Einrichtungen öffnen und diesen auch organisieren. Nach Ablauf des Landesmodellprojektes wurden auch die vier Einrichtungen des Landesmodellprojektes in diesen Kreis aufgenommen.

gen werden nicht gern wahrgenommen, da die Erzieherinnen auch die eigene Familie zu versorgen haben. In den Orientierungen der Leiterin lässt sich ein starkes Fortbildungsbestreben konstatieren. Dabei ist sie nicht nur an den Qualifikationen ihrer Teammitglieder interessiert, sondern versucht auch für ihre eigene Leitungstätigkeit neue Anregungen zu finden. Dabei begibt sie sich ständig auf die Suche nach neuen Herausforderungen, die eine Weiterentwicklung des gesamten Teams begünstigen: „(…) und versuche für uns, für das Haus, für die Kinder, wirklich weiterbildend Bildung zu erhaschen, die uns neue Herausforderungen geben (…)" (BF E1 g B, Z 29-31). Sie hatte sich auch um die Teilnahme am Thüringer Landesmodellprojekt beworben, später dann auch bei „hi.bi.kus" (a. a. O.) und „TransKiGs".[54] In der Zusammenarbeit mit ihren Kolleginnen versteht sich die Leiterin selbst als Vorbild, nämlich als ständig Hinzulernende und gleichzeitig aber auch als Lehrende. Die vom Träger und Landesjugendamt angebotenen Veranstaltungen nutzt sie ebenso aktiv wie ihre Mitarbeiterinnen auch. Dabei ist es ihr wichtig zu erfahren, wie im Sinne der konzeptionellen Umsetzung die eigene Arbeit „effektiver" gestaltet werden kann (BF E1 g B, Z 38). Ihre Teilnahme an den vom Träger initiierten Leiterinnen-Tagungen bietet Möglichkeiten zum Austausch mit anderen Leiterinnen und das Einholen von neuen inhaltlichen Inputs über den Fachberater. Sowohl aktuell politische als auch fachspezifische Neuheiten werden aufgegriffen und im Team transparent gemacht.

Die Frage nach Veränderungswünschen beantworten alle Erzieher primär mit der Aufstockung des Personals und der Verringerung der Gruppengröße. Dabei argumentieren sie ebenso einheitlich mit der mangelnden Zeit für die individuelle Betreuung der Kinder und mit den derzeit nicht vorhandenen zeitlichen Reserven für die Beobachtungsdokumentation. Als Nächstes wünschen sie sich ebenfalls mehr Raum für die Planung und Organisation des Alltages. In ihren Darlegungen zur Erledigung von schriftlichen Arbeiten in der Freizeit lässt sich ein hohes Engagement konstatieren: „(…) vieles nimmt man dann mit nach Hause (…)" (BF E4 i B, Z 13). Letztlich wünschen sich die Pädagogen auch

---

54 Der Auftraggeber für das Projekt „TransKiGs" in Thüringen ist das Thüringer Kultusministerium in Kooperation mit dem Thüringer Institut für Lehrerfortbildung, Lehrplanentwicklung und Medien. Im Rahmen des Thüringer TransKiGs-Projektes spielt der Thüringer Bildungsplan für Kinder bis 10 Jahre eine hervorgehobene Rolle, denn er bildet die Grundlage für eine neue Strukturierung der Übergangsprozesse von Kindertageseinrichtungen in Grundschulen. Auf dieser Basis verfolgen in Thüringen sechs Tandems im Rahmen von TransKiGs die Aufgabe, gemeinsam aufeinander abgestimmte Strategien für gelingende Übergänge in einem ausgewählten Bildungsbereich des Thüringer Bildungsplans für Kinder bis 10 Jahre zu entwickeln. Der Aufbau von tragfähigen Arbeits- und Kooperationsbeziehungen zwischen den Einrichtungen sowie die verstärkte Zusammenarbeit mit den Familien ist hierfür eine wichtige Voraussetzung und Grundlage.

ausreichend Platz für die Gestaltung von Erfahrungsräumen für die Kinder. In den Befragungen zur Ausbildung von pädagogischen Fachkräften in der Frühpädagogik spielen für die Befragten die persönlichen (emotionalen und sozialen) Kompetenzen und die kognitiven Fähigkeiten der künftigen Erzieherinnen eine primäre Rolle. Dabei stützen sich die Erzieherinnen auf ihre „negativen Erfahrungen" mit Erzieherpraktikanten, die teilweise per Hauptschulabschluss über eine Kinderpfleger-Ausbildung den Zugang zum Erzieherberuf erhalten (BF E 5 k B, Z 10-13; E 6 e B, Z 8-11); „(...) ist manchmal erschreckend, was für Erzieherpersönlichkeiten uns hier in die Praxis geschickt werden (...)" (BF E6 e Bm Z 12-14). In der Ausbildung von Fachkräften der Frühpädagogik sollte auf ausreichend vorhandene kognitive Voraussetzungen geachtet werden, was sich ihrer Meinung nach in den Schulabschlüssen widerspiegelt. Die Erzieherinnen sprechen sich für eine sorgfältigere prophylaktische Prüfung der Auszubildenden aus.

Die derzeitige Struktur der Ausbildung wird moniert, weil der Bereich der unter Dreijährigen nicht umfassend genug berücksichtigt wird. Es wird kritisiert, dass die Praktikanten mit einem zu geringen theoretischen Wissen hinsichtlich des methodischen Handwerkszeuges in die Praxis geschickt werden: „(...) überhaupt im Methodischen viel zu wenig Erfahrungen oder auch Anregungen aus der Schule; das meiste lernen sie eigentlich dann wirklich bei uns in der Praxis und ich denke das kann auch nicht sein (...)" (BF E5 k, Z 35-38). Des Weiteren werden auch noch Defizite in der Berücksichtigung des Bildungsplanes an den bestehenden Fachschulen gesehen: „(...) und ich denke, dass dieser Bildungsplan auch in dieser Ausbildung noch nicht ausreichend berücksichtigt wird (...)" (BF E5 k B, Z 41-43). Alle Erzieherinnen postulieren eine Ausbildungsstruktur, in der auch dem praktischen Anteil ausreichend Zeit eingeräumt wird.

6.2.5.3   Die Führungsmodi der Leiterin

Im Video-Konfrontationsinterview wurden der Einrichtungsleiterin (Frau Ki.) Szenen aus dem Krippenalltag in beiden Ausweichobjekten präsentiert, so dass sie auch über das Handeln der Erzieherinnen reflektieren konnte. Sie selbst war im Beobachtungszeitraum im Gruppendienst des Krippenbereiches nicht beobachtbar. Auch diesem Interview lag ein Leitfaden zugrunde, der sich an den neurobiologischen Erkenntnissen orientierte. Zusätzlich wurden Themen aufgegriffen, die zur Darstellung der Leitungsposition erforderlich waren.

Beim Betrachten der Videoszenen aus dem Krippenalltag in beiden Ausweichobjekten reflektiert Frau Ki. das Handeln ihrer Mitarbeiterinnen. Hierbei ist signifikant, dass sie sowohl eine stärkenorientierte als auch eine sehr kritische

Sichtweise an den Tag legt: „(…) gut, das Apfelstückchen hat die Erzieherin wieder zurückgegeben, das ist völlig in Ordnung, aber sie hätte sich ein bisschen sprachlich in dieser Situation zurück nehmen können (…) das war…einfach zu viel" (LFI Ki B, Z 22-24); „(…) das fand ich sehr wichtig und richtig, dass die Kollegen die Bewegung vorgeführt haben (…)" (Z 230-231).

In ihren Darstellungen dokumentiert sich ein Bild vom forschenden und experimentierenden, eigenständigen und ganzheitlich lernenden Kleinkind: „ (…) dass Kinder mit allen Sinnen, also mit Händen und mit Fingerchen essen und da einfach auch probieren (…)" (LFI Ki B, Z 155-156). Die Leiterin scheint sich der Dringlichkeit emotional positiv geladener Lernsituationen für die Kinder bewusst zu sein: „(…) hier ist mir aufgefallen, dass die Kinder (…) nicht gerade sehr glücklich mit dieser Position waren (…)" (Z 226-227). In diesem Kontext unterstellt die Leiterin ihren Kolleginnen aus dem Ausweichobjekt 2 eine über Jahrzehnte eingeschliffene Krippenpraxis: „(…) Den Hexentanz haben die Kollegen sicher schon viele Jahre gemacht und der gehört eben zum Fasching dazu … es kommt eben nicht von den Kindern (…)" (Z 239-241). Dass das Wohlbefinden der Kinder der Leiterin besonders am Herzen liegt, wird beim Betrachten anderer Szenen deutlich, in denen sie die Lernsituationen der Kinder als eindeutig emotional positiv gefärbt beurteilt (Z 294, 338, 367, 449). Dies macht sie vor allem an den interessenbezogenen eigenständigen Explorationsmöglichkeiten der Kinder fest. In ihren Beschreibungen zur Eingewöhnung der Kinder offenbart sich der Respekt sowohl vor der individuellen Persönlichkeit des Kindes als auch vor seinen Eltern (Z 460-477).

In weiteren Szenen erkennt Frau Ki., dass das Handeln von den Kolleginnen im Ausweichobjekt 2 durchaus noch ausbaufähig ist; so weist sie darauf hin, dass den Kindern unzureichende Gelegenheiten für ihre Selbstbildungsprozesse geschaffen werden. Bezüglich des Handelns ihrer Mitarbeiterinnen lässt sie die Argumentation mit den personellen Bedingungen nicht zu, sondern begründet es mit der persönlichen Haltung der Kolleginnen, die durch ein unausgereiftes Bild vom selbstbildenden Kind und auch von fehlender Sensibilität für das einzelne Kind geprägt zu sein scheint: „(…) es waren zwei Kolleginnen (…) so denk ich schon, das Kind versuchen hätte können, zu schneiden, „(…) wurde da eingegriffen aus Unüberlegtheit, nur weils vielleicht schneller gegangen ist oder aus Unachtsamkeit" (LFI Ki B, Z 114-115).

Auf die Frage, wie sie diese Problematik im Team bearbeitet, zeigt sich eine beharrliche und kontinuierliche engagierte Handlungsweise der Leiterin: „Und das war 'ne Entwicklung von mehreren Jahren (…) in denen ich immer wieder versucht habe Aha-Effekte zu schaffen" (LFI Ki B, Z 75-77). Sie differenziert zwischen den Pädagoginnen, die ursprünglich aus dem Krippenbereich stammen, und den Erzieherinnen im Kindergartenbereich, wobei erstere sich primär in einer behütenden und beschützenden Rolle sehen. Indem sie bescheinigt, dass die Erzieherinnen dennoch bereits eine umfassende Entwicklung genommen haben, offenbart sich ihre optimistische und anerkennende Grundhaltung den Mitarbeiterinnen gegenüber. Frau Ki. erkennt ihren Handlungsbedarf als Leiterin, um eine Weiterentwicklung zu initiieren: „Ich werde immer wieder durch Hospitationen mit den Kollegen reden und diskutieren, dass sie eben versuchen (...) den Kleinen mal was zutrauen können (...)" (LFI Ki B, 78-81). Die Auseinandersetzung mit älteren Kolleginnen, welche über Erfahrungen aus einer über Jahrzehnte betriebenen andersartigen Krippenpraxis verfügen, stellt für die Leiterin eine besondere Herausforderung dar. In ihrem Zugeständnis, dass dieser Prozess langwierig und zeitaufwendig ist, offenbart sich eine tolerante Haltung gegenüber der individuellen Persönlichkeit ihrer Kolleginnen. Andererseits offenbart sich eine lösungsorientierte und zielorientierte Handlungsweise: „(...) und ich muss da immer wieder dran bleiben (...)" (LFI Ki B, Z 88-89); „(...) es geht einfach nur, indem man immer wieder die Kollegen drauf aufmerksam macht (...) erst mal schauen, beobachten (...)" (LFI Ki B, Z 204-206); „...das sagt mir immer wieder, dass diese Beobachtung und ... diese Reflexion ganz ganz wichtig ist, dass die Kollegen noch viel sensibler gemacht werden müssen (...)" (Z 261-263).

In ihren selbstkritischen Anmerkungen zum Stand der Umsetzung zeigt sich eine offene und selbstreflektierende Handlungsweise, so besteht nach Ansicht der Leiterin im Hinblick auf die Beobachtungsdokumentation noch ein hoher Entwicklungsbedarf. Aufgrund ihrer vorhandenen Fachkompetenz kann sie die Fehlverhaltensweisen ihrer Mitarbeiterinnen erkennen und Vorschläge für entsprechende alternative Handlungsweisen unterbreiten.

Das Handeln der Mitarbeiterinnen erfährt durch Frau Ki. Wertschätzung und Anerkennung, gerade weil die Erzieherinnen unter den ungünstigen räumlichen Bedingungen es dennoch schafften, die Eingewöhnung „optimal" zu arrangieren (Z 472) und Bildungsräume zu gestalten. In diesem Zuge bescheinigt sie ihnen eine lösungsorientierte, kreative und engagierte Handlungsweise: „Ich merke immer wieder, dass die Kollegen versuchen...Erfahrungsräume für die Kinder zu organisieren, aber es ist eben kein Platz da (...), das ist manchmal nicht so einfach (...)" (Z 332-336).

In weiteren Ausführungen wird deutlich, dass Frau Ki. sich selbst ebenso als Lernende versteht wie ihre Mitarbeiterinnen auch; so werden in der Einrichtung „Schaukelpferd" die kindlichen Kompetenzen vermutlich auch noch in einigen Belangen unterschätzt: „Wir haben immer gedacht, die Kleinen sind einfach noch zu klein (...), aber wenn ich das hier sehe (...), dann sind sie nicht zu klein" (LFI Ki B, Z 132-134). Es zeigt sich, dass auch hier noch Bedarf an theoretischem und didaktischem Hintergrundwissen besteht. Das Betrachten der

Szenen und ihr Anspruch an eine flexible und situationsorientierte Handlungsweise verdeutlichen ihr den noch vorhandenen Entwicklungsbedarf des gesamten Krippenteams. Dabei stehen die individuellen Bedürfnisse des eigenständigen forschenden Kleinkindes im Vordergrund: „(…) könnte man so was nutzen (…) und die Kinder einfach selber machen lassen" (LFI KI B, Z 137-138).

In ihrem Führungsstil lässt sich eine kritikfähige und kooperative Haltung bzw. das Mitspracherecht der Mitarbeiterinnen zu organisatorischen Abläufen konstatieren: „(…) ich habe auch schon Situationen erlebt …, wo die Kollegen kamen und sagten: 'also … so geht's hier nicht' (…)" (Z 479-480). Die Tatsache, dass die Pädagoginnen ihre Interessen und Belange offen darlegen, weist auf ein ausgeprägtes Vertrauensverhältnis zwischen der Leiterin und ihren Kolleginnen hin.

Die Videoszenen machten Frau Ki. den dringenden Bedarf deutlich, das Handeln der Kolleginnen künftig intensiver zu reflektieren. In diesem Kontext begreift sie die gründliche Beobachtung des Kindes während des gesamten Alltages für die Grundlage des erzieherischen Handelns. Es kann davon ausgegangen werden, dass die Beobachtung sich in dieser Einrichtung noch zu sehr auf die Lernangebote beschränkt: „(…) dass ich die Kollegen (…) hinweisen muss und sensibler machen muss… zu beobachten …, nicht nur (…) in den Angeboten, sondern generell im Tagesablauf" (Z 271-274). Hierbei erkennt Frau Ki. ebenso, dass der Einsatz der Videokamera eine enorme Unterstützung für die Reflexionsarbeit im Team geben wird, wie dies bereits schon in der Vergangenheit praktiziert wurde: „(…) noch viel mehr mit Videokamera zu arbeiten, weil diese Rückkopplung über dieses Optische (…) sehr gut ist (…)" (Z 280-282). Der Leitungsstil von Frau Ki. ist u. a. charakterisiert durch Vertrauen in die Fähigkeiten aller Mitarbeiterinnen: „… und ich denke, die Kollegen kriegen das mit, welche Chancen sie den Kindern durch ihre bestimmten Verhaltensweisen genommen haben" (Z 282-284).

Während der Videobetrachtung entwickelt Frau Ki. weitere Ideen, um Bildungsgelegenheiten der Kinder zu optimieren. Allerdings respektiert sie die Tatsache, dass die Erzieherinnen den Turnraum nicht nutzen und argumentiert u. a. mit der Unfallgefahr beim Herabsteigen der Treppen. Es wird davon ausgegangen, dass es noch Reserven in der Ideenfindung zur Optimierung der Bildungsgelegenheiten im Objekt 1 gibt; Frau Ki. selbst ist dies vermutlich auch noch nicht völlig bewusst.

In ihrer Leitungstätigkeit dokumentiert sich eine präventive und engagierte Handlungsweise, wenn es um die personelle Absicherung der Krippengruppen geht. In der Betreuung der Kinder von null bis drei Jahren sieht die Leiterin einen besonderen Betreuungsbedarf und bemüht sich hier um zusätzliche Verstärkung: „(…) ich versuche, dass ich wieder eine ABM-Kraft bekommen kann. Ich bin jetzt schon mächtig am Arbeiten in der Geschäftsstelle ... in diesem Bereich, denk ich, ist es ganz wichtig, da noch jemanden zur Hilfe zu haben" (Z 381-384). Die Verwendung des Adjektivs „mächtig" lässt vermuten, dass diese Initiative vor allem persönliches Engagement und Durchsetzungsvermögen erfordert. In den weiteren Ausführungen beweist sie Kreativität in der Alternativfindung, die vermutlich aus der Einsicht in die Dringlichkeit der personellen Unterstützung erwächst: „Und wenn nicht, muss ich sehen, dass ich da vielleicht 'ne Praktikantin von der ... Fachoberschule (...) besorgen kann" (Z 388-391). Die Tatsache, dass die Mitarbeiterinnen aus dem Kindergartenbereich und die Leitung der Einrichtung bei Bedarf ebenfalls in den Krippengruppen tätig sind, lässt eine vernetzte bzw. gruppenübergreifende Arbeitsweise erkennen. Hierin spiegelt sich ein flexibles und kooperatives Teamgefüge wider (Z 397-398; Z 467-468). Durch das gemeinschaftliche Erstellen der konzeptionellen Inhalte entstand eine einheitliche Überzeugung von der Richtigkeit dieser Konzeption, die somit von allen getragen und umgesetzt werden kann: „...diese Standards haben wir wirklich gemeinsam erarbeitet und sind der festen Überzeugung, dass sie gut sind (...); die Kollegen (...) der Meinung sind, wenn wir Standards erarbeitet haben, dann müssen wir sie auch irgendwie durchführen und ... durchhalten" (Z 493-497).

Das Betrachten einer Szene veranlasst Frau Ki. zu einem Statement über die aktuelle Erzieherausbildung, wobei sie die Qualität stark kritisiert. Die Thematik der Kinderpfleger-Ausbildung stellt für Frau Ki. eine Belastung für den Ablauf in der Kindertagesstätte dar. Für die Ausbildung von Fachpersonal favorisiert sie Schulabsolventen mit höheren Schulabschlüssen als den Hauptschulabschluss: „(...) die Zugangsvoraussetzungen (...), wir haben ganz oft schon diskutiert (...), es müssten junge Leute sein, die gute Noten haben (...) und nicht (...) Hauptschüler zu Kinderpflegern machen ..., die selber Probleme haben mit der Sprache ..., mit ihrem sozialen Verhalten (...), die wollen unseren Kleinen Erfahrungsräume organisieren (...)" (Z 592-598). Dabei unterstellt sie den Schülern eine kognitive Überforderung, gerade wenn es darum geht, konzeptionelle Inhalte umzusetzen. Dabei bezieht sie sich auf ihr Erfahrungswissen: „... sehr oft erreichen wir da nicht viel" (Z 615). Ihre Argumentation offenbart dabei das Bewusstsein über die Vorbildrolle der Erzieherin. In erster Instanz sieht Frau Ki. die Änderung der Zugangsvoraussetzungen zum Erzieherberuf als bedeutsam. Die Ausbildung der Fachkräfte zeigt auch Wirkung in der Zusammenarbeit mit den Eltern; so sieht sich die Einrichtung mitunter in einer Rechtfertigungsposition: „(...) wir eben immer wieder auch Probleme mit den Eltern haben dann, was ist denn das für Eine (...)" (Z 610-611). Frau Ki. betont, dass sich die praktische Ausbildung auch für Erzieherpraktikantinnen problematisch gestaltet: „Das ist schon schwierig für nen Erzieher (...) wir festgestellt haben...dass sich einfach die Schüler ... hier in der Einrichtung überfordert fühlen" (Z 629-630); „(...) gehen viel lieber in 'ne Einrichtung, wo ich meine Gruppe habe, wo ich das Türchen zumachen kann (...), wo ich alte Verfahrensweisen habe, wo ich nicht flexibel sein muss" (ebd.). In der derzeitigen praktischen Ausbildung des Fachpersonals scheint eine generelle Überforderung zu bestehen. Es kann davon ausgegangen werden, dass die Auszubildenden selbst den bequemeren Weg wählen, solange sie diese Wahlmöglichkeit haben. Es ist anzunehmen, dass in der derzeitigen Erzieherausbildung in weiten Teilen noch traditionelles frühpädagogisches Wissen vermittelt wird. In dieser Einrichtung hat sich jedoch gezeigt, dass die Erzieherpraktikanten den Anforderung kognitiv schon gewachsen sind, jedoch mehr Zeit benötigen, um die neuere Arbeitsweise zu übernehmen: „(...) die Absolventen, die eben hier waren (...), haben eine gewisse Zeit gebraucht, um sich an die offene Struktur (...) zu gewöhnen" (Z 649-653). Aufgrund der veränderten Ausbildungsstruktur ist die erforderliche Zeit für die praktische Ausbildung nicht in ausreichendem Maß gegeben (Z 658-661).[55] In der Beschreibung zur Unvereinbarkeit von schulischen Aufträgen mit den alltäglichen pädagogischen Aufgaben im Krippenalltag kann eine unzureichende Vernetzung zwischen den Institutionen angenommen werden: „(...) so dass sie mehr für die Schule schreiben mussten, Situationsanalysen nehmen mussten (...), aber keine Zeit hatten für die eigentliche Organisation (...)" (Z 671-673).

Das Video-Konfrontationsinterview erzielte bei Frau Ki. eine motivierende Wirkung dahingehend, die Mitarbeiterinnen auch künftig stärker zur Reflexion im Team anzuregen. Hierbei sieht sie sich in ihrer Funktion als Leiterin als treibende Kraft, um Veränderungen auch herbeizuführen. Es lässt sich eine Stagnation in der Arbeit der Einrichtung mit der Videomethode konstatieren, deren Beweggründe nicht dargelegt werden. Es könnten jedoch personelle bzw. zeitliche Aspekte eine Rolle spielen. Es kann davon ausgegangen werden, dass die Wahrnehmung des Einzelnen durch die Videographie eine enorme Unterstützung erfährt. In ihrer positiven und realistischen Beschreibung zur Teamsituation dokumentiert sich eine optimistische Grundhaltung der Leiterin und ihr stärkenorientierter Blick auf die Mitarbeiterinnen sowie ein Teamgefüge, das stets die Bereitschaft zeigt, kontrovers zu diskutieren. Zur Weiterentwicklung hält es die Leiterin für primär bedeutsam, wenn die Kolleginnen ihr eigenes Handeln selbst reflektieren.

---

55 An die zweieinhalbjährige schulische Ausbildung schließt sich ein sechsmonatiges Jahrespraktikum an, nach dem dann auch die Prüfung abgelegt wird. Die Praktikumszeit wurde von 12 Monaten auf sechs Monate verkürzt; die Inhalte und Aufgaben sind vom Umfang her unverändert und müssen nun in der verringerten Zeit angeeignet werden.

In ihren Schilderungen zur konzeptionellen Umgestaltung bestätigt sie die Aussagen aus dem Interview mit der Erzieherin Frau H.. In der schwierigen Überzeugungsarbeit gegenüber ihren Mitarbeiterinnen war primär nicht das Alter der Erzieherinnen ausschlaggebend, sondern der Umstand, dass theoretische Hintergründe fehlten und dass es somit an der Einsicht zu Umdenkprozessen bei den Erzieherinnen mangelte. In den Ausführungen zum ausführlichen Besprechungswesen offenbart sich das Engagement und die Beharrlichkeit der Leiterin, die aus persönlicher Überzeugung und gewisser Fachkenntnis heraus diese Haltung entwickelte: „(…) ich war schon immer dafür, dass wir dieses Modellprojekt machen (…), ich dachte, das ist die Chance für unser Team" (Z 783-786). Frau Ki. bestätigt, dass das Thüringer Landesmodellprojekt den „Katalysator" (Z 772-773) für ihre Umstrukturierung darstellte. Sie betont, dass erst über die tägliche praktische Arbeit das Verständnis und die Akzeptanz der aktuellen wissenschaftlichen Erkenntnisse erreicht wurde: „Es ging immer über die Praxis und über die Praxis die Theorie. Und viele Kollegen haben dann über Aha-Effekte, so, aha, wir machen das und das, weil ja die Theorie das und das" (Z 764-766). Hauptschwerpunkt war im Modellprojekt neben der Raumgestaltung die Reflexion der kindlichen Bildungsprozesse mithilfe der Beobachtungsdokumentation. Es ist anzunehmen, dass durch den Perspektivwechsel der Erzieherinnen, sich also in die Lage des Kindes hineinzuversetzen, die Wahrnehmung geschärft und dadurch eine Sensibilität für die Bildungsprozesse erreicht werden konnte. Desweiteren wird deutlich, dass das Modellprojekt auch das Selbstbewusstsein der Erzieherinnen stärkte: „(…) dass wir offener geworden sind für viele Sachen, auch teilweise selbstbewusster" (Z 781-782). Hilfreich für das Gelingen des Umdenkens war offensichtlich auch der Austausch mit den anderen am Projekt beteiligten Einrichtungen.

Die im Projekt erreichten positiven Entwicklungstendenzen erfuhren aufgrund der Veränderung der personellen Rahmenbedingungen seit der Änderung des Thüringer Kindertageseinrichtungsgesetzes im Jahr 2005 (ThürKitaG 2006; § 14, Abs. 2) eine gewisse Stagnation. Es dokumentiert sich auf Seiten der Pädagoginnen auch eine frustrierte Haltung, wenn die gewonnenen Erkenntnisse in der Praxis nicht ausreichend umgesetzt werden können: „(…) die Kollegen sagen, wie wollen wir unser Modellprojekt realisieren, mit Beobachtung, mit Beobachtungsprotokoll, mit Fallbesprechung, wir haben eigentlich gar keine Zeit dafür (…) Analyse … von vorn bis hinten…, das sind drei Blätter gewesen, das macht keiner mehr in der Praxis …, weils einfach ein Zeitaufwand ist, den sie nicht realisieren können" (Z 801-812). Auch wenn sich in einigen Teilen eine gewisse Ohnmacht offenbart, so scheint das Modellprojekt im Kern jedoch seine Gültigkeit nicht verloren zu haben. Es scheint an der Entschlossenheit und der Leidenschaft des gesamten Teams zu liegen und an der anerkennenden und wertschätzenden Haltung der Leiterin, dass sie sich „(…) immer wieder zurückgeholt haben und haben gesagt (…) wir müssen sehen, wie wir mit den Rahmenbedingungen … das Beste aus dieser ganzen Sache machen können (…)" (Z 838-841); „(…) dass die Kollegen wirklich sich ganz toll entwickelt haben" (Z 874-875). In ihren Schilderungen zur freiwilligen und individuellen Einteilung zusätzlicher Arbeitszeiten (durch Verlängerung der Arbeitszeit per Mittagspause) dokumentiert sich eine flexible und äußerst engagierte Haltung der Pädagoginnen, genauso wie sich ein hohes Maß an Kollegialität und Teamgeist abzeichnet. In ihrer Rolle als Leiterin sieht sich Frau Ki. einerseits in der begleitenden und unterstützenden Rolle, andererseits vermag sie es auch gut, sich bei Bedarf in bestimmten Angelegenheiten zurückzuhalten: „(…) wenn eben die Kollegen das Gefühl haben es ändert sich nichts, dann werde ich dazugeholt" (Z 872-873).

Frau Ki. zeigt eine großzügige Akzeptanz für die individuellen Besonderheiten der Teammitglieder und ein besonderes Engagement, jene Mitarbeiterinnen mit höherem Bedarf im Sinne der konzeptionellen Arbeit zu unterstützen. Dies stellt mitunter eine besondere Herausforderung dar: „Aber wir müssen eben versuchen, die, die nicht so rein passen, ebenso halbwegs zu motivieren, dass sie wieder passen – ist aber schwierig" (Z 884-885).

Veränderungswünsche offenbart Frau Ki. hinsichtlich baulicher und materieller Umgestaltungen, die jedoch aus finanziellen Gründen nicht realisierbar sind. Die gezwungene Akzeptanz der vorhandenen Bedingungen offenbart ihre engagierte und ressourcenorientierte Haltung.

Kenntnisse zur Raumgestaltung sind zwar vorhanden, die optimale Umsetzung ist jedoch durch äußere Einflüsse (Finanzen) derzeit nicht möglich. Mit der Sanierung der ursprünglichen Einrichtung wird die Reglementierung künftig eine wesentliche Rolle spielen und die Umsetzung qualitativer Standards erschwert. Es offenbart sich eine Distanz zwischen der pädagogischen Praxis und den Gesetzesvorschriften: „Jetzt wo alles neu ist, gibt's eine riesen einschränkende Form von ner Feuerwehr, von Unfallschutz und so weiter" (Z 951-953). In diesem Kontext zeigt sich erneut ihre ressourcenorientierte und engagierte Handlungsweise bzw. dass sie über Problemlösungsstrategien verfügt. Es kann davon ausgegangen werden, dass sie die hierzu erforderliche Kraft und Unterstützung von ihrem Team erhält: „(…) es wird schwierig, denk ich, aber für unsere Kinder werde ich sicher kämpfen…ich mit meinen Kollegen und wir werden sehen, was aus diesem Haus dann wird" (Z 993-995).

6.2.6   Die Elternarbeit

Orientierungen der Erzieherinnen aus den Ad-hoc-Befragungen

In den Beschreibungen der Erzieherinnen dokumentiert sich eine durchgehend respektvolle Haltung den Eltern gegenüber. Es zeigt sich eine an den Bedürfnissen und Wünschen der Eltern orientierte Handlungsweise. Dabei ist den Erzieherinnen das emotionale Befinden der Eltern ebenso wichtig wie das ihrer Kinder: „Vor Beginn der Eingewöhnung führen wir mit den Eltern ein Gespräch und fragen erst mal die Eltern, wie sie sich überhaupt fühlen (…)" (BF E2 c B, Z 32-33).

Signifikant ist die Betonung des erforderlichen Vertrauensverhältnisses zwischen Eltern und Erziehern, welches durch das erste Gespräch vor der Eingewöhnung, die täglichen Tür- und Angelgespräche aber auch durch die Teilnahme der Eltern am Krippenalltag aufgebaut werden soll: „Die Eltern kommen auch rein (…), die müssen nicht draußen stehen bleiben, die können ruhig reinkommen" (BF E4 e B, Z 18, 22-23); „(…) dass die Eltern sich mit einbezogen fühlen in das Gruppenleben durch verschiedene gemeinsame Aktivitäten (…)" (BF E5 f B, Z 20-21). Die Erzieherinnen sehen sich in einer informierenden Rolle, der sie durch die Transparenz des Krippenalltages mittels informativer Aushänge in den Garderoben und täglich stattfindender Tür- und Angelgespräche gerecht werden wollen. Individuelle Elterngespräche wie im Rahmen der Eingewöhnung oder geplante bzw. kurzfristigere bedarfsorientierte Entwicklungsgespräche zielen darauf ab, eine Erziehungspartnerschaft anzuvisieren und die Mitbestimmung der Eltern zu gewährleisten. Die Mitbestimmung kommt auch dahingehend zum Tragen, dass sie bei der Gestaltung des Krippenalltages eigene Ideen einbringen können: „(…) es ist natürlich auch wichtig, dass die Eltern irgendwo auch einen Teil mitbestimmen können … vielleicht Ideen, Veränderungen, Vorschläge, was man besser oder was kann man anders machen kann und da sind wir eigentlich sehr offen und dankbar, wenn das auch kommt (…)" (BF E6 c B, Z 9-12). Dabei lässt sich konstatieren, dass sich die Pädagoginnen in der Elternarbeit auch selbst als Lernende verstehen. Die Einbeziehung der Eltern zu Höhepunkten wie Feierlichkeiten oder bei der Unterstützung von bestimmten Lernangeboten bzw. die Betrachtung der Portfolio-Mappen gehören ebenfalls zum Verständnis über die Erziehungspartnerschaft. Trotz eines zeitlichen Defizits im Rahmen der Elternarbeit zeigen die Erzieherinnen eine optimistische Grundhaltung, die zu einer gelingenden Erziehungspartnerschaft verhilft: „…einfach uns die Zeit nehmen für die Eltern auch und offen sein für ihre Gedanken, die sie haben und für ihre Vorstellungen, denk ich, ist ganz wichtig (…)" (BF E6 c B, Z 35-26).

Das Interesse der Einrichtung an den häuslichen Gewohnheiten ist begrenzt spürbar und wird vor allem während der Eingewöhnungszeit gezeigt. Hier geht es darum, spezifische Gewohnheiten des Kindes aufzugreifen und zunächst in die Krippenpraxis zu übertragen. Die Beachtung bzw. das Erkunden von Hintergrundinformationen über das Elternhaus in der anschließenden Krippenzeit wird in den Orientierungen nicht weiter thematisiert. Vordergründig dominiert das Interesse der Erzieherinnen an den Problemen und Ängsten der Eltern in Bezug auf den Aufenthalt ihres Kindes in der Einrichtung.

Zum professionellen Selbstverständnis von Erziehungspartnerschaft der Erzieherinnen gehört es u. a. auch, dass die Eltern regelmäßig beispielsweise an Elternabenden über fachspezifische Themen aufgeklärt werden. In den Ausführungen der Pädagoginnen offenbart sich ihre vermittelnde und aufklärende Rolle. Dabei besteht eine hohe Erwartungshaltung gegenüber den Eltern, was das Interesse für dieses Fachwissen anbelangt. In der zum Teil bemängelten Resonanz auf Elternveranstaltungen und in deren Zurückhaltung bei der Mitsprache zu bestimmten fachspezifische Angelegenheiten offenbart sich einerseits der Anspruch der Pädagoginnen, die Eltern in die fachliche Arbeit einzubeziehen; andererseits kann auch gemutmaßt werden, dass die Ebene der Eltern nicht erreicht wird. Die Tatsache, dass eine der Erzieherinnen das Gefühl hat, dass die Eltern nur „des Videos wegen" kommen und „(…) ihr Kind einfach nur glücklich im Kindergarten sehen wollen (…)", macht deutlich, dass dies nicht den Vorstellungen der Pädagoginnen entspricht: „(…) diese ganzen pädagogischen Hintergründe, die für uns wichtig sind, dass das für die Eltern eigentlich gar nicht so 'ne große Rolle spielt und dass sie teilweise auch gar nicht verstehen, was wir uns für einen Kopf machen (…)" (LFI He, Z 85-88). Der Anspruch der Erzieherinnen, die Eltern fachlich zu informieren, veranschaulicht das Streben nach Anerkennung und Aufwertung der eigenen Arbeit. Zu erwägen wäre, dass der Begriff der Erziehungspartnerschaft noch nicht hinreichend definiert ist bzw. andere Vorstellungen darüber existieren und dies in der Handlungspraxis noch nicht zum Tragen kommt.

Die uneingeschränkte Akzeptanz der Expertenrolle wird vermutlich durch unerwünschte Verhaltensweisen der Eltern, die sich höchstwahrscheinlich im Verhalten der Kinder widerspiegeln, behindert: „Also meiner Ansicht nach sollten Eltern schon als Experten in Erziehungsfragen … für ihre Kinder gesehen werden (…), wobei (…) man das dann doch schon mal als Erzieher in Frage stellt und teilweise eben dann auch versuchen muss, die Eltern ein Stück weit zu erziehen (…)" (BF E5 b B, Z 6-11). Grundsätzlich wird den Eltern zugestanden, dass sie ihre Kinder am besten kennen. Eine ähnliche Orientierung findet sich bei einer weiteren Erzieherin, die allerdings die Erziehungspartnerschaft so definiert, dass Einrichtung und Elternhaus im Sinne des Kindes „(…) gemeinsam an einem Strang ziehen (…)" (BF E3 c B, Z 9-11). Die Orientierungen der Leiterin heben sich hier eindeutig von den übrigen ab. Sie schreibt den Eltern uneingeschränkt diese primäre Expertenrolle zu. In ihrer Argumentation differenziert sie zwischen dem natürlicheren Verhalten des Kindes im Elternhaus und dem Handeln des Kindes in der Einrichtung. Obwohl sie ihren Mitarbeiterinnen und sich selbst aufgrund ihrer Beobachterrolle auch eine Expertenrolle beimisst, bleiben doch die Eltern vorbehaltlos die ersten Hauptpersonen. Die Leiterin sieht die Erzieherinnen in der Elternarbeit vordergründig in der begleitenden und unterstützenden Rolle: „Wir können Ratschläge geben, können Hinweise geben, wir können Hilfe anbieten, aber die Experten sind die Eltern für mich" (LFI Ki, Z 90-92). Dies lässt den Respekt vor dem Elternhaus erkennen.

Orientierungen der Eltern aus den Video-Konfrontationsinterviews

In der Einrichtung „Schaukelpferd" wurden die Gespräche mit jenen Eltern geführt, deren (Krippen)Kind ältere Geschwister hat. Dieser Aspekt ergab sich jedoch eher zufällig. Trotz der Tatsache, dass hier auch Kinder aus Familien mit bildungsfernem Hintergrund untergebracht sind, konnten diese Eltern für ein Gespräch nicht erreicht werden. Eine andere Mutter sagte aus Krankheitsgründen kurzfristig wieder ab. Die interviewten Eltern waren entweder in Teil- oder Vollzeit beschäftigt.

Das Betrachten der Videoszenen löste bei den Eltern emotional positive Reaktionen aus: „rührend" (EG Si B, Z 6; 10; 122), „hochinteressant" (EG Ju B, Z 8) oder „ernüchternd" (EG Mi B, Z 6), „Kann man eigentlich stolz sein" (EG Si B, Z 129; EG Ju B, Z 32), „Das kann man sich gar nicht vorstellen, dass so viele Kinder einfach am Tisch sitzen, ohne dass irgendwer aufsteht, und ihr Essen essen" (EG Mi B, Z 190-191). Die Szenen scheinen Aufschluss über das Wohlbefinden der Kinder zu geben, was vermutlich wiederum die Sicherheit und das Vertrauen der Eltern zur Einrichtung stärkt: „(…) aber das ist schon schön, ihn mal so zu sehen und es ist auch für mich beruhigend und erleichternd, wenn ich das so sehe, wie wohl er sich dort fühlt und wie angenehm das für ihn ist (…)" (EG Mi B, Z 310-312). Es kann davon ausgegangen werden, dass das Betrachten der Szenen auch zum emotionalen Wohlbefinden der Eltern beiträgt und die Eltern etwas entlastet. Die Tatsache, dass sie regelmäßig über die Vorgänge im Alltag informiert werden, scheint die Eltern jedoch nicht ausreichend zu überzeugen: „(…) man kriegt ja von den Erziehern gesagt, das und das wird gemacht, aber man weiß ja selber nicht, wie sich mein Kind im Kindergarten selber fühlt" (EG An B, Z 10-15).

Die Szenen veranschaulichten den Eltern auch die Leistungen der Kinder, worin sich auch ihre perfektionsorientierte Handlungsweise veranschaulicht: „Das Zunehmen der Mahlzeiten und das Ausziehen, ohne sich zu wehren (...) und dass er so lieb ist (...) ist halt schon ein krasser Unterschied zu zu Hause „ (EG Mi B, Z 9-13).

Das Betrachten der Szenen löste bei einigen Eltern auch selbstreflektierende Äußerungen aus: „(...) also zu Hause ist er das Nesthäkchen, wird von allen Seiten betuttelt, wird zugetextet von allen Seiten, ist wahrscheinlich schon n Fehler von uns (...) und da im Kindergarten hab ich festgestellt, muss er öfter mal nachdenken und Grenzen austesten und das find ich interessant (...)“ (EG Ju B, Z 8-15); „Er agiert und wir reagieren – das ist wirklich so“ (EG Ju B, Z 39). Dabei wird deutlich, dass das Betrachten der Szenen die Eltern dahin führen kann, sich selbst auch als Lernende zu begreifen: „Ich war richtig auf der einen Seite erschrocken, weil ich hätte schon lange eingegriffen (...), aber auf der anderen Seite fand ichs richtig was die Erzieherin gemacht hat. Sie hat ihn wirklich machen lassen bis nichts mehr ging (...)“ (EG Ju B, Z 21-24). Dies verdeutlicht den hohen Bedarf am Austausch mit dem pädagogischen Fachpersonal.

Deutlich wird auch das Interesse der Eltern am Umgang ihrer Kinder mit den Peers: „(...) weil man sieht ja mal seine Kinder in sozialen (?) von Kindern und nicht nur in der Familie (...)“ (EG Si B, Z 8-10; EG Ju B, Z 8-9). Die Gemeinschaft in der Einrichtung wird für die anpassende und unterordnende Verhaltensweise des Kindes verantwortlich gemacht: „(...) da muss es halt doch irgendwo lang laufen (...) und dann läuft das Kind im sozialen Gefüge mit und zu Hause ist es ja das Individuum“ (EG Si B, Z 32-34), „(...) wenn das jetzt mehrere Kinder mitmachen und sie ist nicht die Einzigste (...) und da fügt sie sich mit rein“ (EG An B, Z 80-83). Der Alltag in der Kinderkrippe „Schaukelpferd“ trägt dazu bei, die Entwicklung der sozialen Kompetenzen der Kinder zu begünstigen; so werden die Kinder seit dem Eintritt in die Einrichtung als kontaktfreudiger und zugänglicher beschrieben (EG An B, Z 38-39).

Eltern fühlen sich mit der ganztägigen Betreuung ihres Kindes mitunter auch überfordert und halten die Kinderkrippe für die geeignete Institution, um den Anforderungen ihres einjährigen Kindes gerecht zu werden. Die Eltern bescheinigten der Einrichtung die höhere Kompetenz in Bezug auf die optimale Förderung ihrer Kinder: „(...) weil er ja wirklich ein Kind ist, das beschäftigt werden muss, weil der gefördert und gefordert werden muss und will was ich in dem Maße zu Hause gar nicht mehr hingekriegt habe, das ging gar nicht (...)“ (EG Ju B, Z 139-141; hierzu auch EG Mi B, Z 97-101), „(...) also wenn ich ihn jetzt zu Hause lassen würde, so könnte ich ihn gar nicht bespaßen, weil (...) die Gemeinschaft kann ich ihm zu Hause auch nicht geben“ (EG Mi B, Z 96-101); „(...) und er muss unter Kinder (...)“ (EG Ju B, Z 143), „Da kann er sich wirk-

lich lange und intensiv allein beschäftigen .. was für mich ja auch mal schön ist
… dass ich ihn nicht immer bespielen muss" (EG Mi B, Z 112-116).

Der Drang der Kinder nach Eigenständigkeit lässt die Eltern hin und wieder
auch an ihre Grenzen stoßen; so wird es mitunter schon anstrengend, den Bedürfnissen im Elternhaus gerecht zu werden. Eine Mutter offenbart eine unzureichende nicht kind- bzw. bedürfnisorientierte Organisation der Abläufe im
Elternhaus: „(…) weil, ich kann ihn noch nicht seinen Teller rüber tragen lassen,
das geht nicht, weil's heiß ist, da müssen wir halt auch immer ein paar Grenzen
setzen (…) man muss Alternativen suchen (…) „ (EG Ju B, Z 91-96).

Dass die jüngeren Kinder von ihren älteren Geschwistern profitieren, wird
in den Orientierungen der Eltern ebenso deutlich: „(…) das kann sie ja auch
schon, weil, durch ihre große Schwester (…) (EG An B, Z 115-116); „…und er
lernt ja auch zu Hause sich durchzusetzen, muss er ja gegen seine Schwester halt,
ne" (EG Mi B, Z 152-153).

In ihren Beschreibungen differenzieren die Eltern zwischen dem Verhalten
des Kindes daheim und in der Einrichtung; so sind sie im Elternhaus teilweise
lebhafter. Die Zurückhaltung des Kindes in der Einrichtung wird damit begründet, dass das Vertrauensverhältnis zwischen Kind und Eltern am stärksten ist.
Dies veranlasst die Kinder zu einem natürlicheren und ausgelasseneren Umgang
im Elternhaus (EG Si B, Z 22-23; 25-26). Zu Hause werden die Kinder auch als
unselbstständiger beschrieben: „Sie macht viel weniger beim Anziehen und Ausziehen" (EG An B, Z 21; 23). Die Kinder machen die Lerninhalte aus der Kinderkrippe im Elternhaus transparent (EG An, B, Z 57).

Veränderungen seit dem Krippenbesuch lassen sich auch im Bereich der
Selbstbedienung konstatieren, was sich vorrangig auf die Aspekte der Sauberkeitserziehung und die Einnahme der Mahlzeiten bezieht. Das Wohlbefinden
wird am explorierenden Handeln des Kindes festgemacht.

Auf der Elternseite offenbart sich teilweise ein unausgereiftes Bild vom
forschenden Kleinkind und eine Erwartungshaltung dahingehend, dass die Kinder die Dinge ihrer Umwelt funktionsgerecht nutzen: „Ja, wir gucken viel an,
normalerweise auch interessierter, aber hier jetzt war's mehr so dieses Mechani-
sche, das Buch geht nicht auf" (EG Si B, Z 46-47). Andererseits zeichnet sich
jedoch auch das Bild vom ganzheitlich lernenden Kleinkind ab, indem das ganzheitliche Erkunden des Kindes zugelassen wird: „…sie müssen sich ja auch irgendwie weiterbilden und forschen, und wenn ich mein Kind laufend zurückzie-
hen würde, das wäre ja irgendwo, würde sie ja auch nicht die Bindung zu Matsch
finden oder zu Regen (…)" (EG An B, Z 75-77). In den Darstellungen über das
Handeln ihrer Kinder dokumentiert sich der Respekt vor der eigenständigen
Persönlichkeit (EG Mi B, Z 171-173). Auch die sauberkeits- und perfektionsorientierte Handlungsweise der Eltern kommt beim Betrachten der Szenen zum

Mittagessen zur Geltung: „Schön, wie die das machen" (EG Mi B, Z 217); „Isst schön, doch, freu ich mich" (EG Ju B, Z 366), „Warum nimmt er da die Finger" (EG Ju b, Z 374). Das Unverständnis über Essgewohnheiten belegt erneut die unzureichenden Kenntnisse über frühkindliche Bildungsprozesse. Zur Vermeidung unerwünschter Verhaltensweisen (z. B. schlechte Essgewohnheiten) wird im Elternhaus instruierend gehandelt und somit werden die Selbstbildungsprozesse des Kindes unterbunden: „(…) aber um das mit den Fingern zu Hause zu umgehen, hab ich auch einen Plastelöffel und wenn ich merke es geht nicht, dann (…) schieb ich ihm das drauf (…) soll ja nicht gang und gäbe sein und werden mit den Fingern" (EG Ju B, Z 388-392). Im Kontext der Sauberkeitserziehung offenbart sich eine bequeme und abschiebende Handlungsweise: „Die bringen ja unseren Kindern die Töpfchennummer bei, weil ich, hab ich denn die Zeit dazu? (…) Das machen die Erzieher für mich, dann überlasse ich ihnen auch, wie sie es machen…im Endeffekt kommts darauf an, dass mein Kind entspannt irgendwann mal aufs Töpfchen gehen kann, das ist wichtig" (EG Mi B, Z 358-363).

In den Vorstellungen der Eltern über Erziehungsstrategien zeigt sich mitunter ein autoritärer Erziehungsstil, der mit dem Handeln der Pädagoginnen nicht konform geht: „(…) ich sag aber, 'ne Konsequenz muss er tragen (…) wenn wir jetzt nicht drauf einwirken, irgendwann denkt er, es ist normal (…) was weiß ich, du setzt dich jetzt erst mal bitte zwei Minuten an den Tisch, dass du wieder runterkommst, ich mein, das mach ich zu Hause auch" (EG Ju B, Z 452-462). Beim Betrachten der Szenen zeigt sich auch die angstbetonte Haltung der Eltern hinsichtlich des Explorationsverhaltens ihres Kindes in der Krippe: „(…) wenn er da reingefallen wär (…) ich glaub, da wär ich leergedreht (…)" (EG Ju B, Z 273-274).

In den Schilderungen zur Eingewöhnung der Kinder offenbart sich ein reger Informationsfluss, welcher einen raschen Aufbau des Vertrauensverhältnisses begünstigte. Die interviewten Eltern sahen einen Zusammenhang zwischen einem frühzeitigen Besuch der Einrichtung und der Entwicklung ihrer Kinder, und zwar unabhängig vom Bildungshintergrund des Elternhauses: „(…) sie lernen schneller (…) zum Beispiel schneiden, alleine essen (…)" (EG An B, Z 55-58). Mit dem Eintritt in die Kinderkrippe wurden die Kinder dann als „ausgeglichener" charakterisiert und auch ein geregelter Schlafrhythmus stellte sich schon bald ein (EG Ju B, Z 302; 312-313).

Im Vergleich zwischen DDR-Krippenpraxis und der in der Einrichtung „Schaukelpferd" praktizierten Arbeitsweise kann festgestellt werden, dass die früheren „vorgegebenen" und „gezwungenen Strukturen" (EG Si B Z 148-149; EG 3 B, Z 256-257) aufgeweicht worden sind. Ebenso nehmen die Eltern die Berücksichtigung der individuellen Besonderheiten der Kinder war: „Das ist nicht mehr stur, in dem Alter dürfen sie nur das oder in dem Alter dürfen sie nur das (…)" (EG Ju B, Z 256). Aus den Erfahrungen mit ihrem ersten Kind, welches dieselbe Einrichtung besuchte, sehen Eltern einen Zusammenhang zwischen dem Besuch der Kindertageseinrichtung und dem späteren Schulerfolg, den sie u. a. auf die sehr günstige Übergangsgestaltung zurückführen (EG Si B, Z 167-168). In der Differenzierung zwischen DDR-Krippenpraxis und der hiesigen Einrichtungspraxis lassen sich Veränderungen auch bezüglich des Mitspracherechtes der Eltern konstatieren: „(…) damals wurde es einfach gemacht 'ne, egal was da die Eltern gesagt haben (…) das wurde knallhart durchgezogen" (EG Mi B, Z 388-393).

Dass die Pädagoginnen sich regelmäßig fortbilden, wird von den Eltern in diesem Zusammenhang sehr begrüßt (EG Ju B, Z 261-265). Daraus kann die Akzeptanz für eine veränderte pädagogische Praxis auf der Elternseite geschlussfolgert werden.

Eltern, die nach wie vor ein traditionelles Bild vom Kind haben und dementsprechend ein eher beschützendes Verhalten pflegen, favorisieren Einrichtungen mit altershomogenen Gruppen nicht zuletzt auch, weil die Kinder dort nach ihrer Auffassung besser (nach dem Alter des Kindes) gefördert werden können. In moderner orientierten Kitas sehen sie das Kind zu hohen (Verletzungs-) Gefahren ausgesetzt. Daraus ergibt sich der fachliche Aufklärungsbedarf über die frühkindlichen Bildungsprozesse auf der Elternseite. Die interviewten Eltern der Einrichtung „Schaukelpferd" sprechen sich für die hier praktizierte konzeptionelle Arbeit aus. Dabei offenbart sich auf der Elternseite das Bild vom autonomen und selbstbestimmenden Kleinkind und von einer an den Bedürfnissen der Kinder orientieren Handlungsweise.

In den Ausführungen einer Mutter über die „Nachteile" von altersgemischten Gruppen zeigt sich, dass die Erzieher der Einrichtung „Schaukelpferd" sich selbst auch als Lernende begreifen und offen für die Belange der Eltern sind: „(…) beim Pascal da wars damals gewesen, dass er einer der Großen war mit vier Jahren (…) und er hat sich dann zurückentwickelt, weil halt das Programm teilweise auf die Kleinen zugeschnitten war (…), da brauchte er Aufmerksamkeit, das wurde auch wunderbar geregelt dann hier" (EG Si B, Z 181-191).

Die Arbeit der Pädagogen wird von den Eltern wertgeschätzt und anerkannt und äußert sich in großer Zufriedenheit: „…die arbeiten ja auch ständig … sind sehr engagiert, muss ich immer wieder sagen und das merkt man auch" (EG Si B, Z 172-173); „(…) ich bin vollstens zufrieden" (EG Mi B, Z 94); „(…) ist das pädagogische Angebot im Kindergarten hier sehr gut, also dass sie jetzt schon so weit gehen, hätt ich gar nicht gedacht… mit heiß und kalt (…) das gabs bei meiner Tochter gar nicht (…)" (EG Ju B, Z 230-235). Im letzten Zitat wird die Unterschätzung der aktuellen pädagogischen Arbeit deutlich, was mit dem Bild vom inkompetenten Kleinkind einhergeht. Das Betrachten der Szenen gibt den Eltern Aufschluss über die Bildungsprozesse in der Kinderkrippe.

In den Darstellungen über die Gesprächsmöglichkeiten dokumentiert sich ein regelmäßiger und zeitnaher Informationsfluss und auf Seite der Pädagogen der stärkenorientierte und interessenbezogene Blick auf das Kind (EG An B, Z 27-28; EG An B, Z 242-244; EG Mi B, Z 273-277; 302-302). Dabei wissen die Eltern auch die flexible und offene Handlungsweise zu schätzen: „(…) dass ich das als positiv empfinde äh und nicht auf ein Elterngespräch warten muss und dass sich die Kindergärtnerinnen sich jedes Mal auch die Zeit nehmen und mich nicht dann halt abblocken (…)" (EG Mi B, Z 333-335). Auch die Transparenz der pädagogischen Inhalte durch die Aushänge in den Garderoben wird positiv bewertet. Auf Elternseite lässt sich ein defizitorientierter Blick auf das Kind konstatieren, nämlich wenn es darum geht, von den Erziehern zu erfahren, ob „irgendwas war (…) alles o. k. gewesen ist" (EG Mi B, Z 275-277). Die täglichen Kontakte schaffen ein Vertrauensverhältnis zwischen Eltern und Einrichtung: „(…) ich nutz das halt wirklich täglich gleich und verbleibe eigentlich auch immer noch mal so ein paar Minuten (…) und gucke, was er gerade spielt (…) und dann macht man halt einen kleinen Schwatz mit der Erzieherin (…)" (EG Mi B, Z 284-288). Das Vertrauensverhältnis scheint so ausgeprägt zu sein, dass sie sich getrauen, mit ihren Anliegen auf die Pädagoginnen zuzugehen: „Dann geh ich zu Frau H. und frage dann, wie so das Befinden ist und wie sie sich gemacht hat (…)" (EG An B, Z 95-96). In den beiderseitigen Gesprächen zeigt sich das Interesse der Pädagoginnen daran, ob die Inhalte aus dem Krippenalltag Einzug ins häusliche Umfeld gefunden haben (Transparenz). Allerdings bleibt offen, ob die Erzieher auch von Elternseite erfahren möchten, womit sich das Kind zu Hause beschäftigt.

In der Darstellung zur persönlichen Erwartungshaltung der Eltern vor dem Interview wird deutlich, dass Befürchtungen der Eltern dahingehend bestehen, dass sie mit negativen Verhaltensweisen ihres Kindes konfrontiert werden: „Ich hab schon mit meinem Lebensgefährten gesprochen gehabt, ich sag, wir werden bestimmt Antony sehen wie er peng peng macht … und andere, die total entsetzt sind (…) da dacht ich, oh Gott, jetzt werden wir hier doch noch-"(EG Si B, Z 270-275). Nach den Interviews war eine gewisse Erleichterung auf der Elternseite offensichtlich. Es kann davon ausgegangen werden, dass sich Eltern generell mit einer gewissen angespannten Haltung in die Gespräche mit den Erziehern begeben und hier im Besonderen mit einer Forscherin.

In allen vier Interviews zeigte sich das Interesse der Eltern für fachspezifisches Wissen im Bereich der Frühpädagogik. Dabei wurde dem Interviewer eine besondere Expertenrolle zuerkannt: „(…) wie hat er denn auf Sie gewirkt, ich mein, Sie sind ja jetzt neu und fremd; vom Fach" (EG Ju B, Z 511-514). Allerdings geschah dies nicht in der Intensität wie im Fall „Brummkreisel". Es kann davon ausgegangen werden, dass die Eltern der Einrichtung „Schaukelpferd" vermutlich umfangreicher über pädagogische Hintergründe aufgeklärt werden und auch die Arbeit der Einrichtung eine stärkere Transparenz erfährt.

6.2.7 Zusammenfassung

Zusammenfassend kann festgestellt werden, dass in der Kindertagesstätte „Schaukelpferd" eine durchaus positive Entwicklungstendenz zu erkennen ist. Typisch für die Arbeit ist die Gewährleistung der Entscheidungsfreiheit des einzelnen Kindes. Das Handeln der Pädagoginnen orientiert sich vordergründig an den Interessen und Bedürfnissen der Kinder.

Obwohl das entsprechende Bild vom eigenaktiven, sich selbst bildenden Kleinkind in weiten Teilen – zumindest theoretisch – verankert zu sein scheint, wird dennoch deutlich, dass sich die Rolle der Erzieherin im Praxisalltag noch recht unterschiedlich und auch entwicklungsbedürftig darstellt. Dies zeigt sich im unterschiedlichen Handeln der Pädagoginnen, welches mitunter durch eine führende Rolle gekennzeichnet ist. Die Tatsache, dass dieses Handeln vor allem bei den älteren Kolleginnen auftritt, lässt die Vermutung aufkommen, dass die über Jahrzehnte praktizierte Erzieherrolle nur schwer veränderbar ist.

Der Reformprozess gelang hauptsächlich durch die wissenschaftliche Begleitung mit einem adäquaten Theorie-Praxis-Bezug, aber auch durch die in besonderem Maße engagierte Haltung der Leiterin. Aus ihrer persönlichen Überzeugung und durch ein umfangreiches theoretisches frühpädagogisches Hintergrundwissen schöpft sie vermutlich die Kraft für ihre Kontinuität und Ausdauer. Ihr Teamgeist und ihr stärkenorientierter Blick auf alle Kolleginnen bescheinigt ihr eine hohe soziale Kompetenz. Obwohl sie die Arbeit der Pädagoginnen überprüft, kann nicht von einer Hierarchie gesprochen werden. Einerseits ist sie sich ihrer Leitungs- und Vorbildrolle voll bewusst, andererseits versteht sie sich selbst stets als Lernende.

In der Darstellung des umfangreichen Besprechungswesens offenbart sich ein hohes Engagement sowohl auf Seiten der Erzieherinnen als auch auf der Leitungsebene.

Die Einrichtung „Schaukelpferd hat bewiesen, dass unter den gleichen (personellen) Rahmenbedingungen wie im Fall „Brummkreisel" eine grundlegend bessere Arbeit im Bereich der Frühpädagogik möglich ist. Dennoch muss berücksichtig werden, dass auch diese Einrichtung an ihre persönlichen Grenzen stößt, wenn es darum geht, qualitative Standards zu erfüllen, beispielsweise die

Beobachtungsdokumentation adäquat durchzuführen oder anregende Bildungsgelegenheiten zu organisieren.

Im Bereich der Elternarbeit wird deutlich, dass Erziehungspartnerschaft bereits eine entscheidende Rolle spielt. Das Mitspracherecht der Eltern in Fragen der Gestaltung von Abläufen im Krippenalltag findet teilweise Berücksichtigung. Besonders in der Gestaltung der Eingewöhnung werden die Eltern von Anfang an involviert. Die Einrichtung hat sich auch dahingehend geöffnet, Eltern am Alltagsleben ihrer Kinder ansatzweise teilhaben zu lassen, indem sie beispielsweise am Nachmittag in die Gruppen gelassen werden und Beobachtungen des eigenen Kindes möglich sind. Reserven in der Elternarbeit gibt es im Hinblick auf die Erreichbarkeit von Eltern, wenn es um die Vermittlung von fachlichem Hintergrundwissen geht. Von Seiten der Einrichtung offenbart sich ein großes Engagement, die Eltern zu beteiligen, was jedoch nach den Vorstellungen der Pädagoginnen noch nicht ausreichend gelingt.

Der Videographie wurde in der Einrichtung „Schaukelpferd" eine besonders positive Rolle beigemessen; so war in den Interviews spürbar, wie stark sie die Selbstreflexion der Pädagoginnen aktivierte. Auch die Elterngespräche verdeutlichten, wie Eltern zunächst bezüglich ihres Kindes, doch dann letzten Endes auch für fachliches Hintergrundwissen erreicht werden konnten. Andererseits konnte eine Offenheit dahingehend erzielt werden, weitgehend ungehemmt über das Leben des Kindes nicht nur in der Einrichtung, sondern auch im Elternhaus zu reflektieren. Auch die Veranschaulichung von theoretischen Inhalten mittels der Videodarstellung im Rahmen des Landesmodellprojektes zeigt, dass der Videographie als Methode für Personalentwicklungsprozesse eine hohe Bedeutung zukommt.

6.3 Kindertagesstätte „Steckenpferd"

6.3.1 Vorstellung der Einrichtung

Die Kindertagesstätte „Steckenpferd" befindet sich in einer Kleinstadt in Sachsen-Anhalt im nördlichen Harzvorland. Der Ort mit einer Fläche von $32,61km^2$ hat ca. 2620 Einwohner (Stand Dezember 2009). Im betreffenden Landkreis lag die Arbeitslosigkeit im Jahr 2009 bei 13 % (Stand: Dezember 2009). 17 % der erwerbsfähigen arbeitslosen Bevölkerung sind hilfebedürftig nach SGB II.

Die übergeordnete Stelle ist das Ministerium für Gesundheit und Soziales des Landes Sachsen-Anhalt, als direkter Ansprechpartner gilt das zuständige Jugendamt. Die Kindertagesstätte befindet sich in kirchlicher Trägerschaft. Zum Zeitpunkt der Untersuchung wurden 41 Kinder halbtags und 63 Kinder ganztags betreut, was bedeutet, dass beinahe bei der Hälfte der Elternhäuser zumindest ein Elternteil von Arbeitslosigkeit betroffen war.[56]

Die Kindertagesstätte „Steckenpferd" ist Montag-Freitag in der Zeit von 06:00 Uhr bis 16:30 Uhr geöffnet. Während der zweiwöchigen Schließzeit im Sommer erfolgt eine bedarfsorientierte Belegung nach betrieblichem Nachweis beider Eltern.

Gruppenkonstellation der Gesamteinrichtung

Gruppe Krippenkinder:	16 Kinder, 11 Wochen-3 Jahre, 2 Erzieherinnen, (30/40 Stunden/Woche)
Gruppe Krippenkinder:	13 Kinder, 1 1/2-3 Jahre, 2 Erzieherinnen, (30/40 Stunden/Woche)
Gruppe Kindergarten:	17 Kinder, 3-6 Jahre, 1 Erzieherin (40 Stunden/ Woche)
Gruppe Kindergarten:	17 Kinder, 3-6 Jahre, 1 Erzieherin (40 Stunden/ Woche)
Gruppe Kindergarten:	17 Kinder, 3-6 Jahre, 1 Erzieherin (40 Stunden/Woche)
Gruppe Kindergarten:	17 Kinder, 3-6 Jahre, 1 Erzieherin (40 Stunden/Woche)
Gruppe Kindergarten:	11 Kinder, 2-3 Jahre, 2 Erzieherinnen (je 20 Stunden/ Woche)

Personalstruktur der Gesamteinrichtung

Leiterin der Einrichtung:	Erzieherin und Religionspädagogin (42 Jahre), (Frau M.)Vollzeit 40 Stunden/Woche, vormittags im Gruppendienst der Krippengruppe tätig
stellvertretende Leiterin:	Erzieherin (42 Jahre), Teilzeit 20 Stunden/ Woche, als „Springerin" tätig
Erzieherin Krippengruppe:	Krippenpädagogin (55 Jahre), 40 Stunden/ Woche
Erzieherin Krippengruppe:	Krippenpädagogin und Religionspädagogin (54 Jahre), 30 Stunden/Woche
Erzieherin Krippengruppe:	Erzieherin (47 Jahre), 30 Stunden/Woche
Erzieherin Kindergartengruppe:	Erzieherin (58 Jahre), 40 Stunden/Woche
Erzieherin Kindergartengruppe:	Erzieherin (61 Jahre), 40 Stunden/Woche

---

56 Anspruch auf einen ganztägigen Betreuungsplatz haben alle Kinder bis zum Schuleintritt, wenn „(…) aus Gründen der Erwerbstätigkeit, der Aus- und Fortbildung oder der Teilnahme der Eltern an einer Maßnahme der Arbeitsförderung (…) ein Bedarf (…) besteht" (vgl. KiFöG 2004, § 3). In allen anderen Fällen besteht ein grundsätzlicher Anspruch auf einen Halbtagsplatz von mindestens fünf Stunden täglich bzw. 25 Stunden wöchentlich (ebd.).

Erzieherin Kindergartengruppe:	Krippenpädagogin (43 Jahre), 40 Stunden/ Woche
Erzieherin Kindergartengruppe:	Erzieherin (58 Jahre), 40 Stunden/Woche
Erzieherin Kindergartengruppe:	Krippenpädagogin (42 Jahre), 20 Stunden/ Woche
Erzieherin Kindergartengruppe:	Erzieherin, Alter (42 Jahre), 20 Stunden/ Woche

Alle Erzieher haben die staatliche Anerkennung durch das 100-Stunden-Anpassungsprogramm nach der politischen Wende erworben.

Personal Hauswirtschaft

| Bereich Küche: | 2 Mitarbeiterinnen zu je 20 Stunden/Woche |
| Hausmeister. | Ein Hausmeister ist auf ehrenamtlicher Basis beschäftigt. Er arbeitet 56 Stunden im Monat (14 Stunden/Woche). Im Sommer sind aufgrund des erhöhten Bedarfs (z.B. durch Pflege des Außengeländes) 2 Hausmeister beschäftigt. |

Die Reinigung der Einrichtung erfolgt durch eine externe Firma.

Konzeption

Die Kindertagesstätte „Steckenpferd" hat sich für ihre konzeptionelle Arbeit den „Situationsorientierten Ansatz" zugrunde gelegt. Die Konzeption ist wie folgt gegliedert:

Vorwort mit Organigramm über die Gruppenkonstellationen
Auftrag der Einrichtung
- Das Kind im Fokus
  - Rolle des Spiels
  - Ausdrucksformen der Kinder
  - Kinderrechte
  - Zusammenleben und Lernen
  - Religionspädagogik
- Die Rolle der Erzieherin
- Teamarbeit
- Elternarbeit
- Zusammenarbeit mit dem Träger
- Fortbildung
- Arbeit mit Praktikanten
- Öffentlichkeitsarbeit

In ihrer Konzeption betont die Einrichtung die Berücksichtigung der Individualität des Kindes und schreibt dem Spiel des Kindes den „höchsten Stellenwert" zu, da es die „Grundlage des entdeckenden Lernens" darstellt (Konzeption, S. 2).

Räumlichkeiten

Das Haus der Einrichtung „Steckenpferd" ist dreigeschossig. Im Erdgeschoss befinden sich die zwei aneinandergrenzenden Gruppenräume der Krippenkinder, zwischen denen es keine Verbindungstür gibt. Im Gruppenraum der Jüngsten befinden sich neben dem Tisch- und Stuhlmobiliar außerdem eine Kuschelecke, eine Puppenecke und ein Laufgitter. In Letzterem werden die Kinder bei Bedarf aus Sicherheitsgründen untergebracht, vor allem dann, wenn eine Erzieherin mit mehreren Kleinkindern allein ist und sich beispielsweise im angrenzenden Bad aufhält. Die Dekoration durch Bastelarbeiten der Erzieherinnen erscheint in angemessem Umfang. Die Spielmaterialien sind auf Augenhöhe der Kleinen in diversen Schränken und Regalen angeordnet. Materialien wie Stecker, Knete, Stifte etc. für das kreative Gestalten sind so untergebracht, dass sie nur von den Erzieherinnen erreicht und zur Verfügung gestellt werden können. Dies geschieht aus Gründen der Absicherung, da hier vor allem Kleinstkinder betreut werden. Der angrenzende Gruppenraum der älteren Krippenkinder verfügt ebenfalls über eine Kuschelecke, die zusätzlich auch Rückzugsmöglichkeiten bietet, eine Puppenecke, eine kleine Bauecke, zwei Tische und die zugehörige Bestuhlung sowie einige größere Schaumkissen zum Klettern oder Bauen. Das Spielzeug ist auf Augenhöhe der Kinder angeordnet. Materialien zum kreativen Gestalten sind teilweise zugänglich, so z. B. Buntstifte und Blätter. Knete, Wasserfarben und dergleichen sind nur für die Pädagoginnen erreichbar.

Für beide Gruppen gibt es jeweils einen sanitären Bereich, der direkt vom Gruppenraum oder vom Flur erreichbar ist. Beide Räume sind mit Kleinkind-Toiletten, Waschbecken mit Spiegeln und einer Wickelkommode ausgestattet. In der jüngsten Krippengruppe wird auch auf die Benutzung der Töpfe zurückgegriffen, da gerade zur Mittagszeit viele Kinder vor dem Schlafengehen nochmals die Toilette benutzen und die vorhandenen Möglichkeiten dann nicht ausreichen.

Die Garderoben der Kinder befinden sich auf dem Flur, wo Aushänge zur Elterninformation angebracht sind, die die Aktivitäten der Kinder, Texte von Fingerspielen und Liedern, aktuelle Zeitungsartikel und Inhalte zu organisatorischen Angelegenheiten enthalten. Des Weiteren gibt es hier eine Fotodokumentation über Alltagssituationen. Für die ältere Krippengruppe findet sich ein Briefkasten, in welchem die Kinder ihre Basteleien und Malarbeiten ablegen und später mit nach Hause nehmen können. Im Flur stehen auch eine Kleinkindrutsche und einige Roller .

Am Gruppenraum der älteren Krippenkinder grenzt der Raum der 3-4-Jährigen an. Daneben befindet sich der Schlafraum für diese Kindergartenkinder und die älteren Krippenkinder. Dieser Raum wird tagsüber auch gelegentlich als Bewegungsraum genutzt (Schlechtwettervariante). Des Weiteren befinden sich im Erdgeschoss das Büro der Leiterin und ein kleiner Abstellraum.

Auf dem Flur im Erdgeschoss steht eine Bücherecke und an den Wänden sind Aushänge für die allgemeine Elterninformation. Im 1. Obergeschoss gibt es die Gruppenräume der übrigen Kindergartengruppen. Diese sind alle mit einer zweiten Ebene und diversen Experimentierecken ausgestattet. Im 2. Obergeschoss befindet sich ein großer Bewegungsraum, der als Schlafraum und für Elternveranstaltungen genutzt wird. Außerdem sind Räumlichkeiten vorhanden, die nach Vorstellungen der Leiterin als Schlafräume für die Kindergartenkinder ausgebaut werden könnten. Auf dem Flur steht eine große Rutsche mit diversen Klettermöglichkeiten.

Im Kellergeschoss liegt ein Besprechungsraum, der sowohl für die Teamberatungen als auch für Elterngespräche genutzt wird.

Die Einrichtung verfügt über ein weitläufiges Außengelände mit weichem Waldboden, Wiese und mehreren Sandecken. Es ist in zwei Bereiche geteilt: Die Kindergartenkinder nutzen den oberen Teil, welcher nach Angaben der Erzieherinnen anspruchsvollere Gegebenheiten zum Klettern und Erkunden bietet. Die Krippenkinder nutzen den unteren Abschnitt. Die Älteren von ihnen dürfen sich jedoch auch bei den Kindergartenkindern aufhalten, um z. B. Kontakt zu den Geschwistern zu ermöglichen.

Im Bereich der Krippenkinder stehen Baumstümpfe zum Klettern, eine Kleinkindrutsche und eine große Wippe. Darüber hinaus verfügt der Platz über eine Sandecke und diverse Kleinkindfahrzeuge. Eine überdachte Terrasse ist vorhanden und wird bei feuchtem Wetter vor allem von den Krippenkindern genutzt.

Besprechungswesen

Einmal im Monat findet eine Dienstberatung statt, an der das gesamte Personal teilnimmt. Sie hat folgende Schwerpunkte: Die *kollegiale Beratung* zur Abklärung organisatorischer Fragen und das *soziale Lernen* zur Reflexion der pädagogischen Arbeit sowie die Besprechung der Entwicklungsdokumentation und der Fallverläufe. Diese Veranstaltungen werden von einer im Vorfeld jeweils bestimmten Erzieherin moderiert.

Möglichst alle zwei Monate gibt es *Führungsgespräche zwischen der Leiterin und den einzelnen Erzieherinnen*, in denen es vor allem darum geht, inhaltlich situative Probleme der eigenen pädagogischen Arbeit zu reflektieren. Die Leiterin ist bestrebt, diese Gespräche monatlich durchzuführen. Da sie jedoch selbst die Hälfte ihrer Arbeitszeit im Gruppendienst beschäftigt ist, fehlt ihr die dafür erforderliche Arbeitszeit, so würde dies bei der Vielzahl der Mitarbeiterinnen einen zusätzlichen zeitlichen Aufwand von ca. 13 Stunden monatlich bedeuten.

Einmal im Jahr werden *Jahresgespräche* zwischen der Leiterin und jeder Erzieherin geführt, die der Entwicklung der eigenen beruflichen Persönlichkeit dienen sollen. Hier wird bezüglich der gesetzten Jahresziele Bilanz gezogen bzw. neue Jahresziele für den einzelnen Mitarbeiter werden gesteckt.

Die Leiterin selbst erhält über den Träger die Möglichkeit zu *Führungsgesprächen* (alle zwei Monate), die die Bereichsleitung mit ihr veranstaltet. *Bereichsgespräche* mit allen Leiterinnen der Einrichtungen des Trägers finden ebenfalls alle zwei Monate statt und erfolgen gemeinsam mit der Bereichsleitung. Einmal im Quartal werden mit allen Leiterinnen *Beratungen* durchgeführt, die als *Soziales Lernen* veranstaltet werden. Hier geht es um themenspezifische (inhaltlich-pädagogische) Aspekte.

Beobachtung und Dokumentation

Im Rahmen der Eingewöhnung werden im Eltern-Kind-Erziehergespräch alle Besonderheiten des Kindes schriftlich fixiert. Mit Beginn der Unterbringung werden sogenannte Kinderakten geführt, in denen die Arbeiten der Kinder (z. B. Bilder, Basteleien etc.) gesammelt werden. Ebenfalls befindet sich hier die Beobachtungsdokumentation in Tabellenform. Die Beobachtung des Kindes erfolgt zunächst in freier Form. Es werden Notizen gemacht und die daraus gewonnenen Erkenntnisse anschließend in Beobachtungsbögen erfasst. Nach ihren Aussagen orientieren sich die Pädagoginnen bei der Beobachtung des Kindes stark am situationsorientierten Ansatz. In den Beobachtungsbögen erfassen die Erzieherinnen das Handeln des Kindes, die Peerbeziehungen, Gesprächsinhalte und kreative Handlungen.

Daraus leiten sie die erforderlichen Bedingungen ab, die das Kind für seine weitere Entwicklung benötigt. Der Wunsch der Pädagogen ist es, monatliche Beobachtungen durchzuführen. Aus Zeitgründen sei dies nach ihren Angaben nicht realisierbar.

Bildung der Gruppen

Spätestens mit dem dritten Geburtstag wechseln die Kinder von der Krippengruppe in die Kindergartengruppe. Alle Kindergartengruppen im Obergeschoss waren zum Zeitpunkt der Untersuchung voll besetzt, so dass die Krippenkinder übergangsweise in eine zwischengeschaltete Gruppe wechseln mussten. Diese betreute die Kinder im Alter von drei bis vier Jahren.

6.3.2 Teilnehmende Beobachtung in der Kinderkrippe

Die Beobachtungen wurden hauptsächlich in der Zeit von 08:00 Uhr bis 12:00 Uhr, vereinzelt aber auch am Nachmittag durchgeführt. In den beiden Krippengruppen waren jeweils zwei Erzieher zu beobachten.

07:45 Uhr	Frühstück in den jeweiligen Gruppenräumen,
anschließend	Waschen und individuelles (bedarfsorientiertes) Benutzen von Kleinkind-WC oder Topf
ca. 08:15 – 09:15 Uhr	Spiel der Kinder
ca. 09:20 Uhr	Zwischenmahlzeit Obstfrühstück,
danach	Umkleiden für Aufenthalt im Freien
ca. 10:00 Uhr	Aufenthalt im Außengelände, danach Händewaschen
11:00 Uhr	Mittagessen,
danach	Waschen, WC bzw. Topf und Wickeln
ca. 11:45 – 14:00 Uhr	Mittagsruhe
ca. 14:30 Uhr	Vesper,
danach	Spiel der Kinder je nach Wetterlage im Haus oder auf dem Außengelände

In den Beobachtungen wurden zunächst sämtliche Abläufe erfasst. Im weiteren Verlauf wurde der Blickwinkel der Forscherin auf Basis des normativen Grundmusters der Neurobiologie konzentriert. Es wurde dahingehend geprüft, inwieweit die bereits weiter oben benannten Aspekte auftreten (Pkt. 6.2.5).

In der Einrichtung „Steckenpferd" wird der Entwicklung der Selbstständigkeit der Kinder große Bedeutung beigemessen. Dies bezieht sich vor allem auf den Bereich der Selbstbedienung, z. B. die Einnahme der Mahlzeiten, das An- und Auskleiden, Tischdecken, Schmieren der Frühstücksbrote etc. Während des Tages hatten die Kinder des Öfteren die Gelegenheit, zwischen verschiedenen Möglichkeiten zu wählen.

Besonders deutlich wurde dies bei der Einnahme der Mahlzeiten (Auswahl des Bestecks oder des Brotbelages), aber auch im Spiel. Dennoch könnte die Entscheidungsfreiheit der Kinder im Alltag künftig noch ausgedehnt werden.

Dem in der Kinderkrippe höheren personellen Bedarf wurde durch eine spezifische Organisation der Abläufe Rechnung getragen. Die Krippengruppen frühstückten beispielsweise zu unterschiedlichen Zeiten, damit in der Frühstückszeit in jeder Gruppe jeweils zwei von insgesamt drei Erziehern anwesend sind. Dabei pendelte eine der Erzieherin zwischen beiden Gruppen hin und her, um zu gegebenem Anlass die allein beschäftigte Kollegin zu unterstützen. Die vierte Erzieherin trat ihren Dienst dann erst um 09:00 Uhr an. Positiv auffällig waren die ständigen Absprachen und gegenseitigen Informationen zwischen den

Mitarbeiterinnen und ihr Anspruch an das einheitliche pädagogische Handeln. Eine emotional positiv geladene Teamatmosphäre war in einer der beiden Krippengruppen besonders signifikant.

In beiden Gruppen kam ein gewisses Spektrum an Fingerspielen, Liedern (teilweise mit Gitarrenbegleitung) und Tischsprüchen zum Einsatz, welches z. B. noch um Bewegungsspiele und Tänze erweitert werden könnte. Auch ein Einschlafritual in der jüngsten Krippengruppe wurde nicht festgestellt. Die individuellen Interessen und Bedürfnisse wurden ansatzweise wahrgenommen und zeitnah aufgegriffen.

Beide Krippengruppen verfügen zwar über separate Gruppenräume, öffnen diese jedoch nach dem Frühstück. In der darauffolgenden Spielphase können die Kinder über den Flur hinweg zwischen beiden Räumen hin und her pendeln. Geplante und zielgerichtete Lernangebote werden nicht unterbreitet; diese ergeben sich eher situativ. Die Bildungsgelegenheiten der Kinder beschränkten sich stark auf den Umgang mit Spielzeug, Naturmaterialien und Alltagsgegenstände konnten noch nicht erfasst werden. Die Materialien für das kreative Gestalten unterlagen der Kontrolle der Erzieherinnen und könnten im Alltag künftig verstärkter angeboten werden. Während der Untersuchung reflektierten die Erzieher jedoch bereits selbst, dass sie durch die Einrichtung von Funktionsräumen ihr Angebotsrepertoire erweitern könnten.

Prägnant war auch die sauberkeitsorientierte Haltung z. B. bei der Einnahme der Mahlzeiten. Dies zeigte sich vor allem in den häufigen Reinigungsaktivitäten der zwei Kolleginnen in der jüngsten Krippengruppe. Das Essen der Kleinkinder mit den Fingern fand in Ansätzen die erforderliche Toleranz, kann jedoch noch weiter ausgebaut werden. Die Verwendung des Latzes erfolgte bereits nach individuellem Bedarf und er wurde nicht mehr unter den Tellerboden geklemmt.

Das Fehlen der zweiten Ebene und anderer Bewegungsmöglichkeiten in den Gruppenräumen lässt die Angst vor der damit einhergehenden Verletzungsgefahr erahnen, was sich später noch in den Interviews bestätigen wird. Auch aufgrund bestehender Unfallgefahr musste das Explorationsverhalten der Kinder hin und wieder unterbrochen oder gar verhindert werden. Die fehlenden Bewegungsmöglichkeiten müssten künftig durch die Schaffung von Alternativen kompensiert werden. Dazu zählt auch der Einsatz von Regen- und Matschbekleidung für die Kleinkinder. Argumentiert wurde hier jedoch mit der kritischen Haltung der Eltern und auch mit der Unfallgefahr der Kleinkinder. In Ansätzen zeigten sich Bemühungen dahingehend, den Alltag durch zusätzliche Anregungen zu bereichern; so wurde bei Regenwetter beispielsweise ein Bällchen-Bad auf dem Flur aufgestellt. In den Feldbeobachtungen wurden auch unterschiedliche Orientierungen in der älteren Krippengruppe sichtbar, und zwar zwischen der Leiterin und einer Kollegin. Seitens der Leiterin bestand eine Offenheit, bestimmte Angelegenheiten zeitnah zur Diskussion zu stellen bzw. das (unangemessene) Handeln ihrer Kollegin zu reflektieren.

Im Bereich der Sauberkeitserziehung hat die Individualität des Kindes insofern Berücksichtigung gefunden, dass zumindest das einheitliche, zu festen Zeiten stattfindende Topfen der Kinder nicht mehr zu beobachten war. Eher bedarfsorientiert wurden die Kinder zum WC bzw. auf den Topf geschickt. Dieses Procedere ist jedoch noch weiter ausbaufähig; so wurde z. B. nicht beobachtet, dass die Kinder befragt wurden, ob sie ihrerseits das Bedürfnis des Toilettengangs überhaupt verspüren. Vielmehr entschieden die Erzieher über die Toilettenzeiten der Kinder und orientierten sich dabei an deren individueller Ankunftszeit in der Einrichtung am Morgen oder auch an bekannten Gewohnheiten der Kinder.

Die Berücksichtigung der Individualität der Kleinkinder zeigte sich u. a. in der Toleranz des Schlafbedarfs und des zeitlichen Rhythmus einzelner Kinder; so wurden sie gelegentlich später zu Bett gelegt bzw. frühzeitiger heraus geholt.

In den Kindergartengruppen waren die flexiblen Frühstückszeiten und die vorgesehene Schaffung einer „Aufbleib-Gruppe" über die MIttagszeit Anzeichen für die Berücksichtigung der individuellen Besonderheiten der Kinder.

Die Tatsache, dass die Räume immer wieder verändert werden, lässt eine an den Bedürfnissen und Interessen der Kinder orientierte Handlungsweise der Erzieher erkennen.

Die Gruppenatmosphäre war in weiten Teilen emotional positiv gestimmt. In den lobenden Rückmeldungen der Erzieherinnen über besondere Leistungen zeigten sich Anerkennung und Wertschätzung der kindlichen Persönlichkeit.

6.3.3   Videographie in der Kinderkrippe „Steckenpferd"

Im Folgenden werden fünf Videoszenen dargestellt, deren anschließende Auswertung auf der Grundlage der neurobiologischen Erkenntnisse erfolgte:

- Individualität – Jedes Kind (Gehirn) ist einzigartig!
- Selbstbildung des Kindes – Eigenaktivität (Aufgaben, an denen Kinder wachsen können)
- emotional positives Aufladen von Lernsituationen
- Das Gehirn ist ein soziales Organ, d. h. Lernen erfolgt durch Beziehungen (Potentialentfaltung durch Wohlbefinden in der Gemeinschaft und Vertrauen/Bindung zur Bezugsperson, Lernen durch gemeinschaftliche Werke)
- Sensorische Integration

Szene „Anziehen „ (Dauer: 00:01:47 h)

Ausgangssituation

Zentral im Bildvordergrund sitzt ein Junge auf einer mit einem grauen Spann-
bettlaken bezogenen Matte. Die entblößten Beine sind angewinkelt. Sein Kopf
ist von einem hellblauen Schlafanzugoberteil verdeckt. Den rechten Arm hat er
nach oben angewinkelt und erfasst auf Kopfhöhe mit der Hand den Stoff des
Oberteils. Die linke Hand ist auf Schulterhöhe verortet und erfasst das Oberteil
ebenfalls. Links von diesem Kind ist eine mit einem weißen Laken bezogene
Matte zu sehen. Im linken Bildhintergrund liegen zwei Kinder auf einer erhöhten
grünen Liegefläche. Das rechte Kind liegt in Bauchlage, hat den Oberkörper
jedoch etwas erhoben und sieht nach links. Es ist im Seitenprofil zu sehen und
trägt ein gelbes Oberteil. Das Kind ist – mit Ausnahme des Schulter- und Kopf-
bereiches – mit einer Bettdecke zugedeckt. Links von ihm liegt ein Kind, von
dem lediglich der linke Fuß zu sehen ist. Der restliche Körper ist mit einer Decke
überzogen. Im rechten Bildhintergrund stehen drei Kinderstühle. Über zwei der
Stuhllehnen hängen Kleidungsstücke. Ebenso steht hier ein Trampolin. Im rechten Bildmittelgrund befinden sich noch zwei Kinderstühle. Über der Lehne des
linken Stuhles hängen auch Kleidungsstücke. Auf dem rechten leeren Stuhl liegt
ein Buch.

Kind 1 – Junge mit hellblauem Schlafanzug
Kind 2 – Junge in weißer Unterwäsche
Erzieherin 1 – Erzieherin Frau S. (Krippenerzieherin ältere Krippengruppe)
Erzieherin 2 – Erzieherin Frau W. (stellvertretende Leiterin); nicht im Bild sicht-
bar

Formulierende Interpretation – vor-ikonografische Ebene (Szenenverlauf)

Das auf der Matte sitzende Kind 1 zieht mit beiden Händen an dem Schlafanzugoberteil. Im Hintergrund singt ein Kind ein Geburtstagslied. Im Bildhintergrund sind zwei liegende Kinder zu sehen. Kind 1 zieht mehrmals am Oberteil,
dabei postiert es seine Hände stets an einer anderen Stelle. Dann hebt es das
Oberteil kurz an und schlüpft mit den Händen von unten herein. Es bewegt die
Arme in der Innenseite des Oberteils hin und her und schlüpft anschließend wieder heraus. Erneut zieht es von außen am Oberteil. Im Hintergrund fragt Erzieherin 2, wer heute Geburtstag hat. Eines der nicht von der Kamera erfassten Kinder
äußert etwas Unverständliches. Erzieherin 2 sagt, dass sie am Vortag Geburtstag
hatte. Kind 1 dreht den Schlafanzug jetzt so, dass kurz das Gesicht durch den
Halsausschnitt zu sehen ist. Jetzt zieht es das Oberteil so stark nach oben, dass
unten das Gesicht kurz zum Vorschein kommt. Im Hintergrund bemerkt Erziehe-

rin 2, dass sie nicht weiß, wer Geburtstag hat. Das Kind zieht weiter am Oberteil und dreht den Kopf nun nach rechts. Nun erscheinen Mund, Nase und Kinn im Halsausschnitt. Es sagt etwas Unverständliches. Im Hintergrund hat sich das liegende Kind etwas aufgerichtet und spricht mit der gerade nicht sichtbaren Erzieherin 2. Von rechts kommt Kind 2 ins Bild gelaufen. Kind 1 hat den Kopf wieder zurückgedreht und wird von der Kamera frontal erfasst. Kind 2 tritt auf seine Matte, es hat eine Hose in der Hand. Es wird von Erzieherin 1 gerufen und gebeten, seinen Stuhl aufzusuchen. Danach dreht es sich um und läuft zurück zur Erzieherin, die ansatzweise rechts im Bild erscheint. An den Bewegungen ihrer Hände ist zu sehen, dass sie sich zu dem Kind herunterbeugt. Sie hält beide Hände nach vorn. Das Kind läuft ihr sozusagen in die Arme. Die linke Hand der Erzieherin berührt kurz die rechte Hand des Kindes. Erzieherin 1 richtet sich auf und streckt den linken Arm und den Zeigefinger aus. Sie zeigt Kind 1, wohin sie den Stuhl platziert hat. Sie ergreift mit ihrer rechten Hand die linke Hand von Kind 2. Während sie das Kind nun zum Stuhl begleitet, nimmt sie ihre linke Hand hinzu und postiert diese am linken Oberarm des Kindes. Das sitzende Kind 1 zieht noch einige Male an seinem Schlafanzugoberteil, dann rutscht der Kopf durch den Halsausschnitt. Es sieht nach rechts und lacht. Jetzt dreht es den Kopf zurück und sieht lächelnd in die Kamera und sagt etwas Unverständliches. Danach sagt es, dass es das alleine gemacht hat („Alleine malo!"). Währenddessen schiebt es die Arme von unten in das Oberteil hinein und blickt zur Kamera. Jetzt versucht Kind 1 weiter, die Ärmel zu erhaschen und wendet dabei den Blick nach rechts. Es lächelt. Eine Erzieherin im Hintergrund äußert, dass sie das Kind sieht. Mittlerweile ist der linke Arm im linken Ärmel verortet. Kind 2 kommt von links ins Bild gelaufen und verschwindet aus dem Fokus der Kamera. Erzieherin 1 kommentiert die Handlung von Kind 2 und lobt es. Kind 1 bewegt seinen rechten Arm im Schlafanzug hin und her. Es dreht den Kopf nach links. Erzieherin 1 sagt zu Kind 2, dass Erzieherin 2 den Schlafanzug bereits geholt hat. Kind 1 bewegt die Arme jetzt so, dass der rechte Arm in den rechten Ärmel gelangt. Kind 2 kommt von links nach rechts gelaufen. Es ist mit Unterwäsche bekleidet. Es begibt sich auf seine Matte. Kind 1 hat nun beide Arme durch die Ärmel gesteckt und sieht erneut lächelnd in die Kamera. Die Erzieherin lobt verbal Kind 1 und kommentiert, dass es das Anziehen geschafft hat. Es sieht nach rechts und hat den Mund geöffnet. Es zieht das Oberteil am Bauch etwas nach unten und äußert etwas lauter, dass es das alleine gemacht hat.
Während Kind 1 noch am Oberteil zieht, wird es von Erzieherin 1 gefragt, wo seine Hose sei. Es antwortet etwas Unverständliches. Die Erzieherin sagt zu ihm, dass sie sie auf der Matte sieht. Das Kind ergreift lachend die Hose.
Ende der Szene

Reflektierende Interpretation – ikonografische Ebene (Fallbeschreibung)

Bei der oben beschriebenen Szene handelt es sich um eine Umkleidesituation in Vorbereitung des Mittagsschlafes.

Fallentwickelnd wird auf drei Ebenen zusammengefasst:

- Ebene der Erzieherin,
- Ebene zwischen der Erzieherin und den anwesenden Kindern und
- Ebene der Kinder.

Die nicht im Bild erscheinende Erzieherin 2 kommuniziert während des Umziehens mit den Kindern. Dabei geht sie auf das singende Kind durch gezielte Fragestellungen intensiver ein. Sie greift das Singen des Kindes auf und löst damit eine Interaktion aus. Ihre Stimme ist freundlich und in angemessener Lautstärke. Auch die Handlungen der Erzieherin 1 wirken ausgeglichen und ruhig, die Tonlage ist freundlich und in angemessener Lautstärke.

In der Interaktion mit Kind 2 begibt sich Erzieherin 1 auf Augenhöhe, wodurch sie den Respekt vor der kindlichen Persönlichkeit ausdrückt. Erzieherin 1 beschleunigt die Suche des Kindes 2 nach seinem Bett, indem es die Hand des Kindes ergreift und es zum Stuhl begleitet. Hierin offenbart sich die Führungsrolle. Es ist zu vermuten, dass dies geschieht, um dem Kind zu helfen, sich besser und auch schneller zurechtzufinden bzw. an sein Ziel zu gelangen. Allerdings könnte sie dies auch aus Zeitgründen tun, damit alle Kinder rechtzeitig zum Schlafen kommen. Das Aushalten des eigenständigen (und zeitaufwendigen) Orientierens von Kind 2 bereitet der Erzieherin mit großer Wahrscheinlichkeit noch erhebliche Schwierigkeiten. Ihr wiederholtes Rufen nach Kind 2 lässt die Ungeduld der Erzieherin erahnen. Dennoch ist ihre Stimme dabei freundlich und von der Lautstärke her angemessen. Als sie das Kind am Oberarm erfasst, um es anschließend zum Stuhl zu begleiten, tut sie dies mit etwas Nachdruck, was eine gewisse dominante Haltung zeigt. Ansonsten stellen sich ihre Bewegungen sanft dar und strahlen eine gewisse Ruhe aus. Beide Erzieherinnen treten kaum in Interaktion zu Kind 1, welches unermüdlich darum ringt, das Oberteil allein anzuziehen. Ein Grund hierfür kann sein, dass sie mit anderen Kindern beschäftigt sind, was die Gespräche im Hintergrund erahnen lassen. Andererseits kann kamerareaktives Verhalten nicht ausgeschlossen werden. So ahnen sie vermutlich, dass das Kind den Prozess allein bewältigen soll. Es stellt sich die Frage, ob sie außerhalb der Videoaufzeichnung diese Situation ebenso geduldig aushalten würden. Den Erzieherinnen muss zugute gehalten werden, dass sie beide diesen Lernprozess des Kindes hier nicht unterbrechen. Selbst wenn es sich um kamerareaktives Verhalten handelt, so wäre damit belegt, dass die Pädagogen zumindest die Kenntnis davon haben, die Eigenständigkeit des Kindes ermöglichen zu müssen. In der späteren lobenden Äußerung von Erzieherin 1 gegenüber den erbrachten Leistungen der Kinder 1 und 2 dokumentiert sich die Anerkennung und Wertschätzung der Kinder. Sie könnte jedoch bei Kind 1 noch intensiver ausfallen. In den Beobachtungen konnte festgestellt werden, dass während des Lobes der direkte Blickkontakt zum Kind nicht erfolgte und vermutlich auch durch ihr geschäftiges Treiben ausblieb. Die Sensibilität dafür ist der Erzieherin vielleicht auf Grund ihrer anderen Aufgaben verloren gegangen. Auch der Interaktionsversuch von Kind 1 während des Anziehens bleibt von beiden Erzieherinnen unbeachtet. Dies lässt sich wohl ebenfalls mit der Ablenkung durch die Beschäftigung mit den anderen Kindern begründen. An dieser Stelle offenbart sich eine gewisse Insensibilität für die Wahrnehmung der Signale der Kleinkinder.

In den Handlungen von Kind 1 offenbaren sich Streben nach Eigenständigkeit, Forscherinteresse und eine enorme Ausdauer und Motivation, auch besonders komplizierte Herausforderungen zu bewältigen. Es fordert kein einziges Mal die Hilfe von außen an. Dabei verliert es auch nicht den Humor, so dass es noch einen spaßigen Interaktionsversuch mit einer der Erzieherinnen unternimmt. Dass dieser jedoch nicht aufgegriffen wird, berührt das Kind scheinbar nicht. Unbeirrt und zielorientiert vollzieht es den Selbstbildungsprozess des Anziehens. Es besteht auch die Möglichkeit, dass das Kind, welches ja direkt gefilmt wird, selbst kamerareaktives Verhalten an den Tag legt und deshalb verstärkt seine Eigenständigkeit betont. Diese Vermutung wird durch die verbale Äußerung des Kindes mit direktem Blick in die Kamera unterstützt, indem es auf seinen Erfolg hinweist. Andererseits muss auch berücksichtigt werden, dass das Kind mit dieser Betonung der Selbstständigkeit auch Zuwendung und Bestätigung durch Belobigung einfordert. Schon als das Kind den Kopf durch das Oberteil zu stecken schafft, scheint es, als erwarte es vom Forscher eine anerkennende Bemerkung. Dies lässt sein direkter Blick in die Kamera zumindest vermuten.   Kind 2 lässt sich ohne Kommentar von der Erzieherin zu seinem Stuhl führen. Es entsteht der Eindruck, dass es derartige Situationen durchaus kennt. Wie sich das Kind vom Bett zur Erzieherin und dann zum Stuhl bewegt, wirkt fremdbestimmt. Da es von allein sein Bett gefunden hatte, hätte es vermutlich auch seinen Stuhl finden können. Die Zeit wurde ihm jedoch nicht gelassen.

In der Äußerung von Kind 1, den Pullover allein angezogen zu haben, offenbaren sich Freude und Stolz, die sich in seinem Verhalten am Ende der Szene niederschlagen. Es kann davon ausgegangen werden, dass das Erfolgserlebnis in hohem Maße zum Wohlbefinden des Kindes beiträgt.

Die Erkenntnisse der Hirnforschung berücksichtigend kann festgestellt werden, dass Kind 1 die erforderliche Zeit gelassen wurde, um die gestellte Aufgabe des Anziehens eigenständig zu bewältigen. Das daraus resultierende Erfolgserlebnis wird die Bereitschaft des Kindes zur Problembewältigung in anderen Situationen erhöhen und seine intrinsische Neugierde und Motivation für neue Herausforderungen aktivieren. Dass Kind 2 im Raum geführt wird, könnte daran liegen, dass es jünger ist (2 Jahre, 3 Monate) als beispielsweise Kind 1 (2 Jahre, 11 Monate). So könnte sich die Erzieherin in einer helfenden und beschützenden Rolle sehen und dem Kind die Kompetenzen der Eigenständigkeit für das Auffinden von Bett und Stuhl bzw. das Anziehen noch nicht genügend zutrauen. Indem das Kind von vorneherein diese Hilfe erhält, verstellt sich die Erzieherin selbst die Chance, zunächst zu beobachten, was das Kind bereits selbst erledigen kann. Möglich ist auch, dass sie es bereits bisher beobachtet hat und aufgrund seiner Verhaltensweisen die Unterstützung als erforderlich ansieht. In letzterem Fall hätte sie jedoch ein unzureichendes Verständnis über ihre begleitende Rolle als Erzieherin und über die frühkindlichen Selbstbildungsprozesse. Kind 2 erfährt hier, dass es nur mit der führenden Hand seine Handlungen ausüben kann und wird womöglich in ähnlichen Situationen die Hilfe von außen suchen. Das Vertrauen in die eigenen Fähigkeiten wird durch die Führungsrolle der Erzieherin nicht gefördert, sondern eher beschränkt.

Was das emotionale Bedeutsamkeit dieser Situation anbelangt, so erhält Kind 2 nach erfolgreicher Erledigung eine positive Bestätigung durch Erzieherin 1, die jedoch von Erzieherin 2 ausbleibt. Die Atmosphäre in dieser Umziehsituation wirkt weitgehend ruhig, harmonisch und entspannt. Auch das etwas hektische Treiben von Erzieherin 2 im Umgang mit Kind 2 lenkt Kind 1 von seiner Aufgabe nicht ab. Wünschenswert wäre allerdings ein intensiveres Eingehen auf die Interaktionsversuche von Kind 1 während seines Lernprozesses. Ein anderes Kind mit einem geringeren Eigenmotivation hätte dieses Ziel ohne die motivierende Unterstützung der Erzieherin höchstwahrscheinlich nicht erreicht.

Das humorvolle Verhalten von Kind 1 lässt erahnen, dass es sich trotz der schwierigen Aufgabe in dieser Situation wohlfühlt. Dies ändert sich auch nicht, als es die eingeforderte Aufmerksamkeit während des Anziehversuches nicht erhält. Das kontinuierliche Experimentieren des Kindes zeugt von einem hohen Vertrauen in die eigenen Fähigkeiten sowie Anstrengungsbereitschaft. Die Gespräche zwischen den Kindern und Erzieherin 2 deuten auf eine emotional positiv gestimmte Gemeinschaft hin.

Im Umgang mit Kind 2 müsste mehr Eigenständigkeit von Seiten der Erzieherin 1 ermöglicht werden. Die Mimik des Kindes lässt eher vermuten, dass es den Umgang mit sich eher duldet, als dass er das Kind besonders positiv stimmt.

Das Erfolgserlebnis von Kind 1 kann Orientierung für das künftige Handeln der übrigen Kinder darstellen. Eine Verstärkung würde erreicht, wenn die Anerkennung durch beide Erzieherinnen erfolgen würde. Dennoch hatten die Kinder die Möglichkeit, Kind 1 bei seiner Handlung zu beobachten und dieses Verhalten in ähnlichen Situationen zu imitieren.

Szene „ Aufschöpfen" (Dauer 00:02:26 h)

Ausgangssituation – Standbild

Zentral im Bild steht ein Tisch, an dem vier Kinder sitzen. Im Bildvordergrund ist ein weiterer Tisch an diesem angestellt, an welchem rechts und links zwei weitere Kinder zu sehen sind. Alle Kinder tragen einen Latz. Im linken Bildhintergrund hinter der Tischkante steht Erzieherin 1. Sie hat den Oberkörper etwas nach vorn geneigt und die Knie leicht eingeknickt. Die Arme sind etwas angewinkelt. Sie steht an dem Tisch mit den vier Kindern. Links an der Stirnseite sitzt Kind 1. Vor ihm auf dem Tisch steht ein gelber Plastikteller. Es hat den Kopf nach rechts gedreht und die linke Handinnenfläche in dem leeren Tellerboden abgelegt und sieht direkt in die Kamera. Der rechte Unterarm stützt sich an der Tischkante ab und das Handgelenk ist leicht nach oben angewinkelt. Links von ihm sitzt Kind 2. Es blickt geradeaus direkt in die Kamera. Auch vor ihm steht ein gelber Plastikteller. Es hat beide Hände jeweils rechts und links am Tellerrand verortet. Zu seiner Linken sitzt Kind 3. Es hat den rechten Arm und den Zeigefinger ausgestreckt. Der Mund ist weit geöffnet. Es sieht auf die vor ihm stehende Soßenschüssel. Der linke Unterarm liegt auf der Tischplatte neben dem gelben Teller auf. Links von diesem Kind sitzt an der Kind 1 gegenüberliegenden Stirnseite Kind 4. Es sieht zu Kind 3 und hält mit beiden Händen seinen Teller fest. In der Tischmitte stehen eine Schüssel mit Nudeln und eine Schüssel mit Soße. Ebenso befindet sich auf dem Tisch ein hellblauer leerer Plastikkorb und ein Blumentopf mit gelbblühender Pflanze. Im rechten Bildvordergrund sitzt an einem angestellten Tisch Kind 6 und hält in der rechten Hand einen Löffel. Vor ihm steht ein Teller. Ihm gegenüber sitzt im linken Bildvordergrund Kind 5. Es hält mit Daumen und Zeigefinger der linken Hand den Rand des Tellers fest.

Erzieherin 1 – Frau Ku.; im rot-weiß-gestreiften Pullover
Erzieherin 2 – Frau L.; im grünen Pullover
Kind 1 – Mädchen im gelbfarbenen Pullover
Kind 2 – Mädchen im weißfarbenen Pullover
Kind 3 – Junge im hellgrünen T-Shirt
Kind 4 – Junge im grünfarbenen Pullover
Kind 5 – Junge im gestreiften Shirt
Kind 6 – Mädchen im weißen Shirt und blauem Band um den Hals (vom Latz)

Formulierende Interpretation – vor-ikonografische Ebene (Szenenverlauf)

Die Szene beginnt damit, dass Erzieherin 1 äußert, dass Kind 1 sich etwas Essen aufschöpfen darf. Kind 3 zeigt mit ausgestrecktem rechtem Arm auf den hellblauen Plastikkorb und ruft: „Bä bä!" Dabei geht ihr Blick zwischen Kind 3 und der gezeigten Richtung hin und her. Kind 3 nimmt die Hände zurück und legt sie im leeren Teller ab. Es sieht Erzieherin 1 an. Sie öffnet kurz den Mund, hebt den rechten Arm mit ausgestrecktem Zeigefinger nach oben und äußert, dass der Junge die fehlenden Löffel zu Recht bemerkt hat. Kind 1 sieht unentwegt in die Kamera, Kind 2 blickt geradeaus und hält seinen Teller fest. Kind 5 sieht zu Kind 3 und zur Erzieherin. Kind 4 sieht ebenfalls zu Kind 3. Kind 6 führt mit dem Löffel Essen zum Mund. Kind 4 wendet nun den Blick von der Erzieherin ab, sieht zur Kamera und anschließend wieder zur Erzieherin. Die Erzieherin beugt sich wieder etwas nach vorn und zieht mit der linken Hand die Nudel-schüssel zu Kind 1 heran. Dabei äußert sie, dass Kind 1 mit dem Aufschöpfen beginnen darf. Sie steht jetzt hinter dem sitzenden Kind 1 und zieht dessen rech-ten Ärmel zurück. Sie führt die rechte Hand des Kindes an den sich in der Schüs-sel befindenden Löffel heran. Kind 1 beginnt umgehend, sich Nudeln auf den Teller zu schöpfen. Dabei führt die Erzieherin ihre eigene Hand nochmals in Richtung der aufschöpfenden Hand des Kindes, zieht sie jedoch dann zurück. Die Kinder 2 und 3 beobachten Kind 1. Erzieherin 1 geht neben dem Kind in die Hocke und streckt den Kopf kurz etwas nach vorn. Kind 1 sieht zu ihr auf. Sie schaut nickend zu Kind 1 und lobt es. Kind 2 sieht zu Kind 1. Die Erzieherin beugt den Oberkörper etwas nach links und lacht mehrmals mit dem Kopf ni-ckend. Kind 2 sieht Kind 1 jetzt lächelnd an. Die Erzieherin tippt zwei Mal auf den Rücken von Kind 1 und zeigt mit der linken Hand auf dessen Teller. Sie äußert, dass die Menge des aufgeschöpften Essens zu wenig für Kind 1 sei und fordert es auf, einen weiteren Löffel mit Nudeln zu nehmen. Kind 1 wendet den Blick von der Erzieherin ab; es lächelt. Nun beginnt es erneut Nudeln zu neh-men. Kind 2 hebt seinen Teller an und sieht zu Erzieherin 1, wobei es fragend seinen Namen erwähnt. Die Erzieherin sieht zu Kind 2 und bestätigt, dass es auch etwas bekommt. Dennoch sei zunächst Kind 1 an der Reihe. Dabei erhebt die Erzieherin kurz den rechten Zeigefinger. Kind 1 schöpft nun Kind 2 Nudeln auf den Teller. Erzieherin 1 kommentiert dies, dass es in Ordnung sei und sieht dabei nickend zur Kamera. Kind 2 sieht auf seinen Teller und dann lächelnd zu Kind 1. Kind 1 fasst sich mit der linken Hand an den Kopf und hält den Löffel in der rechten Hand nach oben. Dabei lächelt es. Erzieherin 1 bestätigt verbal, dass das Kind sich sehr freut, tippt es dabei wieder auf den Rücken und regt an, dass es weiter aufschöpfen darf. Ihre rechte Hand hat sie an der Stuhllehne von Kind 1 verortet. Sie sieht nun zu Kind 2 und fordert es auf, sich bei Kind 1 zu bedan-ken. Kind 1 klopft mit dem leeren Löffel auf den Teller von Kind 2. Die Erziehe-rin erfasst den Arm von Kind 1 und führt ihn zurück zum Teller. Sie nimmt Kind 1 den Löffel aus der Hand und legt ihn in der Nudelschüssel ab. Dabei kommen-tiert sie ihr Handeln. Die Hand ihres hinter dem Rücken von Kind 1 ausgestreck-ten rechten Armes führt sie leicht an das Ellenbogengelenk des Kindes heran, nimmt ihn nach kurzer Berührung dann wieder zurück. Kind 1 schöpft die Nudeln auf den Teller. Die Erzieherin lobt nickend und mit Worten. Im Hintergrund äußert ein Kind, dass es auch etwas möchte. Kind 1 legt nun den Schöpflöffel auf seinem Teller ab. Die Erzieherin steht vom Stuhl auf und nimmt die Schüssel mit den Nudeln. Sie lobt Kind 1 nochmals verbal und stellt die Nudelschüssel vor Kind 2 ab. Jetzt nimmt sie den Löffel vom Teller von Kind 1 und legt ihn in der Nudelschüssel ab. Kind 1 nimmt mit den Fingern etwas vom Tisch und legt es auf dem Teller ab. Im Hintergrund kommt Erzieherin 2 zur Tür herein und fragt nach dem Elternabend. Ebenfalls ertönt nochmals die fordernde Kinderstimme aus dem Hintergrund. Erzieherin 1 nimmt die Schüssel mit Soße, stellt sie vor Kind 1 und kommentiert, dass es sich diese Soße jetzt nehmen darf. Kind 2 sieht zu Kind 1. Kind 6 streckt seinen linken Zeigefinger nach der Soßenschüssel aus. Kind 3 erscheint kurz im Bild. Es streckt den rechten Arm zur Nudelschüssel aus und fordert verbal, dass es auch etwas möchte. Erzieherin 1 postiert sich hinter Kind 2 und stellt den Teller bzw. die Nudelschüssel zurecht. Sie ergreift nun die rechte Hand des Kindes und führt diese zum Löffel in der Schüssel. Das Kind schöpft sich Nudeln auf. Währenddessen nimmt sich Kind 1 Soße aus der Soßenschüssel. Dabei wurde die Schüssel von Kind 6 weggezogen. Erzieherin 2 erfasst die Schüssel und kommentiert in gedämpfter Lautstärke, dass Kind 6 die Schüssel weggezogen hat. Sie sagt zu Kind 6, dass es vorsichtig sein soll. Kind 1 leert nun die Soßenkelle über seinem Teller aus und verfolgt mit seinen Blicken die Bewegungen von Kelle und Soße. Dabei neigt es den Kopf nach links und lächelt. Erzieherin 1 sagt zu Kind 3, dass es auch gleich an der Reihe ist und dass alle Kinder die Gelegenheit erhalten, sich aufzuschöpfen. Erzieherin 2 lobt das Handeln von Kind 1 und stellt sich im Hintergrund an die Wand. Kind 1 sieht lächelnd zur Erzieherin 1. Kind 2 schöpft Nudeln auf den Teller von Kind 3. Erzieherin 2 schiebt sich mit dem Fuß einen Hocker zurecht und registriert, dass Kind 6 seinen Teller erneut nach vorne ziehen will. Erzieherin 1 bemerkt, dass die Kinder hilfsbereit zueinander sind. Erzieherin 2 steht hinter Kind 6 und bittet es, zu warten, da es sich vollgeschmiert hat. Kind 2 schöpft lächelnd erneut Nudeln auf den Teller von Kind 3. Dieses Kind beobachtet den Vorgang. Kind 1 vollführt auf seinem Teller löffelnde Bewegungen mit der Soßenkelle und steckt diese nun in den Mund. Die rechts im Bildhintergrund stehende Erzieherin 1 macht Anstalten, sich zu Kind 2 zu bewegen, bleibt jedoch plötzlich stehen. Langsam nähert sie sich Kind 1. Sie geht neben Kind 1 in die Hocke, begibt sich jedoch gleich wieder in den Stand und läuft aus dem Bild. Sie grinst. Kind 2 löffelt weiter Nudeln auf den Teller von Kind 3. Erzieherin 2 äußert, dass Essen auf der Hose von Kind 6 ist. Kind 5 isst mit dem Löffel. Kind 1 löffelt sich weiterhin das Essen mit der Kelle in den Mund. Erzieherin 1 kommt zurück ins Bild und hat eine Schöpfkelle in der Hand. Sie spricht das Kind flüs-

ternd an und fragt dann in normaler Lautstärke, ob das Kind heute mit der Kelle isst. Kind 1 sieht die Erzieherin an. Diese fragt, ob die Kinder bemerkt haben, was noch fehlt. Sie antwortet selbst, dass noch keine Löffel vorhanden sind. Erzieherin 2 kommentiert lachend, dass Kind 1 mit der Kelle isst. Kind 2 löffelt sich die Nudeln mit dem Löffel der Nudelschüssel in den Mund. Erzieherin 1 sagt zu ihrer Kollegin, dass sie die Löffel noch nicht ausgeteilt haben. Sie ergreift den hellblauen Plastikkorb, in dem nun die Löffel sind und legt einen Löffel rechts neben dem Teller von Kind 1 ab. Kind 1 hält mit der linken Hand die Kelle zur Erzieherin 1 hin. Erzieherin 1 beugt sich etwas nach unten und fragt das Kind, ob es ihr die Kelle gibt. Das Kind gibt sie zurück und die Erzieherin bedankt sich. Kind 3 streckt den rechten Arm nach dem Plastikkorb aus und zeigt mit dem Zeigefinger darauf. Dabei ruft es: „Bä, bä"! Danach ruft es: „Ich auch!" und deutet mit beiden Zeigefingern auf den Teller. Kind 1 nimmt den Löffel mit der rechten Hand auf und wechselt ihn dann in die linke. Erzieherin 2 kommt zum Platz von Kind 1, schiebt den Teller etwas beiseite und entfernt mit einem Papiertuch Soßenkleckse. Erzieherin 1 stellt die Nudelschüssel nun vor Kind 3. Kind 3 ruft erneut: „Bä, bä, ich auch!" Erzieherin 1 imitiert die verbalen Äußerungen: „Ich auch, ich auch!" Dabei schiebt sie die Soßenschüssel vor Kind 2. Sie kommentiert, dass sich Kind 2 nun Soße auftun darf. Kind 1 isst mit dem Löffel in der linken Hand. Kind 4 steht auf und ergreift den Löffel für die Nudelschüssel. Dabei nimmt es auch die auf dem Tisch liegenden Nudeln auf seinen Teller. Erzieherin 1 legt einen Löffel neben den Teller von Kind 2. Kind 3 hebt erneut den rechten Arm und signalisiert verbal, dass es auch einen Löffel möchte. Kind 2 schöpft sich Soße auf den Teller. Kind 1 sieht zu Kind 2. Erzieherin 2 kommentiert das Verhalten von Kind 4. Erzieherin 1 legt nun einen Löffel neben dem Teller von Kind 3 ab. Sie bemerkt, dass Kind 4 die Nudeln vom Tisch auf den Teller legt. Dabei äußert sie flüsternd das Sortieren des Kindes und meint, dass dieser Ordnungssinn für dieses Kind typisch sei. Dabei geht sie zurück und macht Anstalten, aus dem Bild zu laufen.
Ende der Szene

Reflektierende Interpretation – ikonografische Ebene (Fallbeschreibung)

Bei der oben beschriebenen Szene handelt es sich um eine Situation beim Mittagessen. Die Erzieherinnen lassen die Kinder zum zweiten Mal das Mittagessen selbstständig aufschöpfen. Die Erzieherinnen haben die an dem Procedere teilnehmenden Kinder bestimmt. Dabei orientierten sie sich vordergründig am Alter der Kinder.
Fallentwickelnd wird auf drei Ebenen zusammengefasst:

- der Ebene der Erzieherinnen,
- der Ebene zwischen den Erzieherinnen und den anwesenden Kindern und
- der Ebene der Kinder.

Insgesamt betrachtet zeichnet sich das Handeln von *Erzieherin 1* durch eine große Geschäftigkeit und eine eilfertige Hektik aus. Es besteht der Eindruck, als wollte sie die Dinge zügig und umgehend verrichten. Ihre sprachlichen Äußerungen fallen in weiten Teilen üppig und lautstark aus und ihr Handeln drückt große Anspannung aus, die wohl auch auf die Präsenz der Kamera zurückzuführen ist. Die Bewegungen sind zügig. Mit ihrem Handeln strukturiert sie den Ablauf des Mittagessens bzw. die Lernprozesse des jeweiligen Kindes. Beim Aufschöpfen der Nudeln durch Kind 1 zeigt sie affektiertes und kamerareaktives Verhalten. Der Betrachter gewinnt den Eindruck einer Vorführung, die explizit für ihn vonstatten geht. Dies könnte daran liegen, dass es erst der zweite Tag ist, an welchem die Kinder das Aufschöpfen selbst praktizieren.

Das Verhalten der Erzieherin drückt eine gewisse Art Stolz über die gelungene Handlung von Kind 1 aus. Es kann durchaus auch möglich sein, dass sie nicht nur auf das Kind stolz ist, sondern auch auf ihre eigenen pädagogischen Fähigkeiten. Beide Erzieherinnen vergleichend kann festgestellt werden, dass Erzieherin 1 die dominantere von beiden ist und das Geschehen vordergründig gestaltet. In der Postierung von Geschirr und Besteck offenbart sich eine perfektionsorientierte Handlungsweise, mit welcher sie den Überblick über die Situation strukturieren will. Dabei stellen diese Korrekturarbeiten für sie eine Möglichkeit dar, das Aushalten der Selbsttätigkeit der Kinder zu überbrücken.

Erzieherin 2 wirkt ruhig und ausgeglichen. Sie bildet den Gegenpol zu Erzieherin 1 und nimmt eher eine zurückhaltende Rolle ein. Ihre Bewegungen wirken sanfter und ausgeglichener. Durch das Heranschieben eines Hockers mit dem Fuß kann der Eindruck entstehen, dass sie ihr Handeln auf eine bequemere Art und Weise gestaltet. Die sprachlichen Äußerungen der Pädagogin sind in Umgang und Lautstärke angemessen. In ihren Säuberungsaktionen und den Kommentaren zu dem vollgekleckerten Kind offenbaren sich ein Bemühen nach Ordnung und Sauberkeit bzw. die Nichttolerierung von kleinkindtypischem Essverhalten. Andererseits kann auch in Erwägung gezogen werden, dass sie das Aushalten der Selbsttätigkeit der Kinder mit diversen Säuberungsaktionen ebenso zu überbrücken versucht.

Die Wortmeldung von Kind 3 zum Szenenbeginn versteht Erzieherin 1 nicht sofort, ist aber daran interessiert und fragt nach. Als sie die Signale interpretiert, bestätigt sie dem Kind die Richtigkeit seiner Entdeckung. Dennoch lässt sie sich nicht animieren, die vergessenen Löffel umgehend auszuteilen. Andere zu erledigende Aufgaben scheinen sie so in Anspruch zu nehmen, dass sie dies zunächst aufschiebt. Ihre Gestik mit der erhobenen Hand und dem ausgestreckten Finger signalisiert eher, dass sie dies noch tun wird, aktuell jedoch andere Vorhaben in die Tat umgesetzt werden müssen. So scheint es ihr zunächst wichtiger zu sein, dass Kind 1 sich Nudeln aufschöpfen darf. Dass sie Prioritäten setzt, könnte in der Zeit liegen, die alle Kinder zum eigenständigen Aufschöpfen benötigen. Dies würde auch ihre eilfertige Hektik begründen. In der Postierung der Nudelschüssel und der an den Löffel geführten rechten Hand des Kindes 1 offenbart sich die führende Rolle der Erzieherin. Die einmalige flüchtige Handbewegung von Erzieherin 1 hinter dem Rücken des Kindes lässt vermuten, dass sie das Abwarten kaum aushalten kann bzw. dass ihr das Handeln des Kindes nicht schnell genug geht. Um mit dem Kind dann weiter zu interagieren, begibt sie sich auf dessen Augenhöhe. Ihr kurzer Blick zum Teller wirkt prüfend. Vielleicht will sie sich vergewissern, ob – ausreichend – Nudeln aufgeschöpft worden sind und nichts verkleckert wurde. Letzteres ist anscheinend nicht der Fall, da die Erzieherin die Handlungen des Kindes verbal lobt und auch die Körpersprache in etwas übertriebener Form einsetzt. Dabei geht sie auf den Interaktionsversuch von Kind 1 ein, welches sich lächelnd über sich selbst freuend zur Erzieherin wendet. Erzieherin 1 treibt das Kind förmlich an, mit dem Aufschöpfen weiterzumachen. Mit dem Tippen auf den Rücken des Kindes unterstreicht sie ihre Eile. Es entsteht der Eindruck, als wolle sie selbst gern nachhelfen, andererseits behält sie das Ziel des selbstständigen Aufschöpfens im Auge. Auf die Wortmeldung von Kind 2 reagiert die Erzieherin prompt. Mit beschwichtigender Gestik vertröstet sie Kind 2 und verweist auf das Einhalten der Reihenfolge. In der positiven Bewertung des Kindlichen Handelns (Kind 1) offenbaren sich die Anerkennung und Wertschätzung der kindlichen Persönlichkeit. Sie geht auf die Freude des Kindes ein und teilt die Gefühle mit ihm. Dies geschieht jedoch auf hektische Weise, da sie das Kind bereits erneut antreibt, aufzuschöpfen. Die Aufforderung an Kind 2 zum Danke-Sagen offenbart eine instruierende Handlungsweise der Erzieherin 1. Der resolute Tonfall in der darauffolgenden Interaktion mit Kind 1 lässt erahnen, dass es der Erzieherin nun doch zu langsam gehen könnte, bis das Kind fertig wird. In der Wegnahme des Löffels und dessen Ablegen in der Schüssel dokumentiert sich ein eingreifender und instruierender Habitus. Der hinter dem Kind postierte rechte Arm der Erzieherin signalisiert dem Betrachter ihre ständige (Handlungs-) Bereitschaft zum Eingreifen in seine Handlungen. Erzieherin 1 beendet für das Kind den Aufschöpfvorgang, in dem sie es lobt und die Schüssel vor das nächste Kind stellt. Während sie das Lob ausspricht, nimmt sie keinen Blickkontakt auf, sondern interagiert über den Kopf des Kindes hinweg. Das kann in der Eile begründet liegen, den Vorgang voranzutreiben. Schließlich entnimmt sie Kind 1 den Löffel, da es sich um den Löffel aus der Schüssel handelt. Hierin zeigt sich eine gewisse Insensibilität, da dem Kind nun das nötige Handwerkszeug fehlt. Scheinbar ist Erzieherin 1 aufgrund ihrer zahlreichen Aktivitäten nicht aufmerksam genug, diese Feinheiten wahrzunehmen. Auch beim Hinstellen der Soßenschüssel neben Kind 1 zeigt sich mit der Postierung der Hand an der Soßenkelle erneut die führende Rolle der Erzieherin. Auf die mehrfachen Signale von Kind 3 reagiert Erzieherin 1 zunächst nicht, vermutlich weil es noch nicht an der Reihe ist oder weil sie zu sehr beschäftigt und abgelenkt ist. Auch beim Postieren der Schüsseln vor Kind 2 agiert Erzieherin 1 über dem Kopf und hinter dem Rücken des Kindes. Erst nach dem vierten Ruf von Kind 3 reagiert die Erzieherin auf das Kind. Da jetzt die Kinder 1 und 2 mit Aufschöpfen beschäftigt sind, hat sie nun Hände und Kopf frei, um Kind 3 zu antworten. Die unruhig wirkenden Arm- und Beinbewegungen von Erzieherin 1 lassen erneut ihre Eile und ihr Problem mit dem Aushalten vermuten. In ihren Kommentaren offenbart sich die Wahrnehmung der kindlichen Aktivitäten und deren Anerkennung. Obwohl Kind 2 der Vorgang des Aufschöpfens ebenso gut gelingt wie Kind 1, bleibt dort eine Belobigung aus. Vermutlich liegt es daran, dass die Erzieherinnen wieder durch andere Tätigkeiten abgelenkt sind. Wenn auch nicht primär bedeutungsvoll, sollte dennoch in Erwägung gezogen werden, dass mittlerweile die Kamera nicht mehr in so starkem Maße wahrgenommen wird wie zum Szenenanfang. Als Erzieherin 1 registriert, dass Kind 1 mit der Kelle isst, wendet sie sich dem Kind zu, aber erst, nachdem sie eine saubere Kelle geholt hat. Die sich nun anschließende Interaktion mit Kind 1 gestaltet sie freundlich und respektvoll. Es stellt sich nun die Frage, ob es sich hier um kamerareaktives Verhalten handelt oder ob sie auch außerhalb der Videoaufzeichnung diese Toleranz an den Tag legen würde. Zumindest ist ihr bewusst, dass sie das Kind nicht zu maßregeln braucht. So macht sie sich und ihre Kollegin für das fehlende Besteck verantwortlich. Das direkte Ansprechen des Kindes erfolgt zunächst im Flüsterton, vermutlich um das vertiefte Kind nicht abrupt zu stören. Hier begibt sie sich jedoch nicht auf Augenhöhe des Kindes, wahrscheinlich weil sie umgehend die frische Kelle in der Schüssel ablegen will. Als sie die Kelle gegen einen Löffel austauscht, begibt sie sich jedoch auf Augenhöhe des Kindes und nimmt direkten Blickkontakt auf. Zwar wirkt ihr Dank an das Kind nach außen affektiert und übertrieben, es offenbart sich dennoch der Respekt vor der kindlichen Persönlichkeit. Als Kind 3 sich erneut meldet, wirkt Erzieherin 1 nun etwas genervt und reagiert weniger wohlwollend auf die Interaktionsversuche des Jungen. Diese Reaktion lässt auch die Vermutung zu geschlechtsdifferenziertem Handeln der Erzieherin aufkommen, kann jedoch nicht belegt werden. Möglich ist auch der ungewohnte bzw. unangenehme Umgang mit Kindern, die vehement ihre Bedürfnisse äußern und sich zum Missfallen der Erwachsenen in bestimmten Situationen nicht zurückhalten (möchten). Die Betonung der individuellen Besonderheiten von Kind 4 zeigt, dass die Erzieherin die Kinder auch beobachtet und hier einen stärkenorientierten Blick einnimmt. In ihrer anerkennenden Darstellung zum Ordnungssinn von Kind 4 offenbart sich ihre persönliche ordnungsliebende und sauberkeitsorientierte Handlungsweise.

Beim Eintreten von *Erzieherin 2* in den Gruppenraum unternimmt diese einen Gesprächsversuch mit ihrer Kollegin zum Thema „Elternabend". Dieser wird Erzieherin 1 zwar registriert, jedoch vermutlich aufgrund der notwendigen Aktivitäten im Rahmen des Mittagessens nicht weiter vertieft.

Indem die gerade erst in den Raum getretene Erzieherin 2 umgehend das Wegziehen der Soßenschüssel von Kind 5 bemerkt, kann ihr eine gewisse Sensibilität für die Handlungen der Kinder bescheinigt werden. Diese wird jedoch vermutlich gerade dann deutlich, wenn es um Vorgänge geht, die den sauberkeitsorientierten Normen nicht entsprechen. Im Umgang mit Kind 5 handelt sie respektvoll und verständnisvoll. Allerdings deutet sie die Signale von Kind 5 nicht weiter. Es kann davon ausgegangen werden, dass das Kind ebenfalls aus der Schüssel aufschöpfen wollte. Natürlich kann es auch möglich sein, dass sie die Signale des Kindes für sich richtig interpretiert. Allerdings spielt das dann wohl keine bedeutende Rolle, denn das Kind sitzt ja an dem Tisch, an welchem durch die Erzieherinnen aufgetan wird. Ebenso gut wäre es möglich, dass sie zwar die Bedürfnisse des Kindes erkennt und auch zugestehen würde, wäre da nicht ihre Kollegin, die die Situation anders eingeleitet hat.

Die lobenden Worte der Erzieherin 2 gegenüber Kind 1 offenbaren zwar Anerkennung der kindlichen Leistung, verlieren allerdings durch den fehlenden Blickkontakt ihre eigentliche Wirkung. Ihre Interaktion mit Kind 5 (Säubern) erfolgt auch von oben herab und hinter dem Rücken des Kindes. Hierin könnte sich erneut ihre bequemere Handlungsweise widerspiegeln, die auf ihre Prioritätensetzung zugunsten der sauberkeitsorientierten Handlungsweise zurückzuführen ist. Andererseits spielen vielleicht auch Zeitgründe eine Rolle, dass das Kind so rasch wie möglich gesäubert werden soll, damit es weiteressen kann. Vermutlich steht die Sauberkeit im Vordergrund und nicht die kindliche Persönlichkeit. Ihre leise aber panisch wirkende Äußerung, dass Kind 5 sich bekleckert hat verdeutlicht, dass das kleinkindtypische Essverhalten wenig Akzeptanz findet. Gründe für diese Haltung könnten in der eigenen ordnungsliebenden und sauberkeitsorientierten Handlungsweise liegen oder in der Tatsache, dass die frühere Krippenpädagogik den Schwerpunkt auf Pflege gesetzt und die Erzieherin dies so in ihrem Handeln verankert hat. Andererseits könnten auch Ängste vor den Reaktionen der Eltern wegen der beschmutzten Kleidung eine Rolle spielen. Ihr eigener Drang zu Ordnung und Sauberkeit wird jedoch erkennbar als sie den Platz von Kind 1 nach der Schadensbehebung bei Kind 5 gleich mit säubert. Ihre

Bemerkung über das fordernde Verhalten von Kind 3 offenbart zum Teil die Unkenntnis über die Eigenständigkeit von Kindern in Bezug auf das Äußern ihrer persönlichen Bedürfnisse. Sie scheint – mehr aus Unkenntnis – die Kinder mit einem defizitorientierten Blick zu beobachten.

Die Kinder sitzen diszipliniert am Tisch und äußern selbstbewusst ihre unterschiedlichen Bedürfnisse. Kind 1 greift umgehend zum Nudellöffel, als die Schüssel vor ihm hingestellt wird; Kind 3 meldet die fehlenden Löffel. Etwas später signalisiert Kind 2 auch den Wunsch des Aufschöpfens. Die Kinder beobachten sich gegenseitig und imitieren das Handeln ihrer Tischpartner. Sie helfen sich gegenseitig und freuen sich gemeinsam über ihre Ergebnisse. Besonders bei Kind 1 wird der Stolz über die eigene Tätigkeit sichtbar. Dies verstärkt sich noch durch die Anerkennung beider Erzieherinnen. Allerdings lässt sich konstatieren, dass das Maß an Aufmerksamkeit für die Kinder hoch ist. So wird vor allem mit Kind 1 intensiv interagiert. Die Bedürfnisse von Kind 3 werden zunächst völlig ignoriert. Es zeigt jedoch Beharrlichkeit, wenn es darum geht, seine Bedürfnisse zu äußern und einzufordern. Trotz der weitgehenden Nichtbeachtung bleibt es ruhig und geduldig. Es kann vermutet werden, dass es das Abwarten gewohnt ist. Auch Kind 5 am „kleinen Tisch" zeigt deutlich den Drang nach Eigenständigkeit. Auf eine selbstverständliche Weise zieht es die Schüssel mit der Soße zu sich heran. Den Instruktionen der Erzieherin 1 („Sag danke, Anna!") kommt Kind 2 nicht nach. Es scheint, als wolle es selbst entscheiden, wann es zu wem etwas sagt. Das Ausstrecken des Armes von Kind 4 nach der Nudelschüssel zeigt, wie sehr auch dieses Kind den Wunsch nach selbstständigem Handeln verspürt. Die Tatsache, dass es keine Löffel gibt, stört Kind 1 nicht im Geringsten. Es entwickelt neue Handlungsstrategien, was ihm kreative Fähigkeiten bescheinigt. Und es kann auch vermutet werden, dass das Kind keinen Grund zur Sorge hat, etwas Unangemessenes zu tun. Als Kind 1 lächelnd den Verlauf der Soße von der Kelle verfolgt, wird Forscherinteresse sichtbar. Das Sortieren von Kind 4 (Nudeln vom Tisch auf den Teller) zeugt entweder von einem intrinsischen Ordnungssinn oder aber das Kind hat bereits derartige Erfahrungen gemacht, dass das Essen auf den Teller gehört. Dies kann sowohl im Elternhaus als auch in der Einrichtung erlernt worden sein.

Nach der am normativen Grundmuster der Neurobiologie orientierten Prüfung lässt sich feststellen, dass auf die individuellen Bedürfnisse der Kinder unterschiedlich eingegangen wurde. So erfolgte eine durchaus intensivere Interaktion mit Kind 1, während Kind 3 erst nach mehrfachem Signalisieren Beachtung fand. Die Signale von Kind 5 wurden nicht beachtet. Der Umstand, dass es die Schüssel zu sich zog, wurde nicht hinterfragt. Es entsteht der Eindruck, dass den Erzieherinnen durch ihr geschäftiges Agieren die Sensibilität für die Belange des einzelnen Kindes verloren geht. Dies hat zur Folge, dass sie die individuellen Bedürfnissen und Interessen des jeweiligen Kindes nicht hinreichend wahrnehmen und aufgreifen können, um den Kindern ausreichende Bildungsgelegenheiten zu ermöglichen. Der Umstand, dass die Kinder für entsprechende Aufgaben im Bereich der Selbstständigkeit nach dem Alter und nicht nach dem Entwicklungsstand eingeteilt werden, zeigt das unzureichende Verständnis über die Bedeutung der Individualität. Andererseits stellt sich die Frage, warum Kind 5 nicht auch die Möglichkeit zum Aufschöpfen erhielt, ist es doch ebenso alt wie seine Peers. Es kann vermutet werden, dass die Pädagoginnen aus ihren Erfahrungen heraus nicht das erforderliche Vertrauen in die Fähigkeiten dieses Kindes setzen. In diesem Fall könnte ihnen erneut die unsensible Wahrnehmung der individuellen Besonderheiten unterstellt werden.

Die überzogene Reaktion von Erzieherin 2 auf das mit Essen bekleckerte Kind mit den einhergehenden Säuberungsarbeiten zeigt, dass im Bereich des ganzheitlichen Lernens Einschränkungen vorgenommen werden. Dies scheint in der vorliegenden Szene vor allem deshalb der Fall zu sein, weil die Sauberkeit des Kindes und seiner Umgebung hohe Priorität hat. Deshalb kann auch der Aspekt des ganzheitlichen Lernens gerade in Bezug auf die Einnahme der Mahlzeiten nicht toleriert bzw. berücksichtigt werden. Die Tatsache, dass Kind 4 die Nudeln mit seinen Fingern vom Tisch auf den Teller legen darf, lässt zumindest hier ansatzweise die Annäherung an vielsinnliche Wahrnehmungen erkennen. Allerdings kann wohl davon ausgegangen werden, dass dies nicht auf der Grundlage von Kenntnissen über ganzheitliche Lernprozesse basiert, sondern aus dem Grund, dass das Kind sich und den Tisch nicht beschmieren soll. Zugute halten sollte man den Erzieherinnen an dieser Stelle, dass den Kinder der umgebundene Latz nicht mehr unter den Teller geklemmt wird, wie es zu früheren Zeiten praktiziert wurde und auch heute noch häufig üblich ist. Dadurch erhalten sie deutlich mehr Bewegungsfreiheit.

Das positive Feedback beider Erzieherinnen gegenüber Kind 1 wird dieses Kind motivieren, auch künftige Aufgaben entsprechend meistern zu wollen. Der Umstand, dass Kind 3 mehrfach seine Bedürfnisse signalisieren musste, kann dazu führen, dass es für weitere Handlungen missmutig oder frustriert wird. So wäre es günstig, wenn die Pädagoginnen in der Reihenfolge der handelnden Kinder künftig variieren würden, so dass auch dieses Kind nicht immer seine Eigenständigkeit einfordern muss. Dann würde das Kind erfahren, dass es mal abwarten muss und ein andermal eher an der Reihe ist.

Die Tatsache, dass die Kinder sich eigenständig bedienen dürfen, löst bereits positive Emotionen wie Freude und Stolz aus. Dies steigert sich dadurch, dass die Selbstbedienung auch reibungslos funktioniert. Diese positiven Erfahrungen im Bereich der Selbstbedienung werden im Gehirn so verankert, dass sie bei weiteren ähnlichen Situationen abrufbar sind und die Kinder erneut zu ähnlichen Handlungen motiviert werden.

Was die Eigenaktivität der Kinder anbelangt, so haben die Erzieherinnen bereits erkannt, wozu auch Kleinkinder bereits fähig sein können. Es kann davon ausgegangen werden, dass diesbezüglich ein entsprechender Wissensbestand vorhanden ist. Im Prozess der Selbstbedienung beim Mittagessen werden die Kinder jedoch in ihrer Eigenständigkeit in gewissem Maße eingegrenzt; zum einen aufgrund der entstehenden Wartezeiten, zum anderen durch die eingreifenden und führenden Handlungen von Erzieherin 1 gegenüber Kind 1 und Kind 2. Auch Erzieherin 2 stört durch ihre Säuberungsaktion bei Kind 1 den aktuellen Lernprozess. Die Tatsache, dass Kind 2 der Forderung nicht nachkommt, sich bei Kind 1 zu bedanken, zeugt davon, dass das Mädchen eigene Vorstellungen über sein Handeln hat und diese auch umsetzt.

Die spontane Äußerung ihrer Bedürfnisse lässt den Schluss zu, dass die Kinder bereits ein Vertrauensverhältnis zu ihren Erzieherinnen aufgebaut haben, welches sich im Mut zur Offenbarung ausdrückt. In der Bewältigung der Aufgabe zeigen die Kinder Offenheit, Interesse und Selbstbewusstsein. Ihre Neugierde ist so stark, dass sie es kaum abwarten können, die Tätigkeit aufzunehmen und sie signalisieren diese Haltung mit Nachdruck. Indem Erzieherin 1 die Signale von Kind 3 am Szenenanfang ernst nimmt (Signalisierung der fehlenden Löffel) wird das Kind dazu ermuntert, auch künftig in ähnlichen Situationen entsprechend aktiv zu handeln bzw. es wird dahingehend motiviert, seine eigenen Interessen zu vertreten.

In der Szene kommt das gemeinschaftliche Lernen weitgehend zum Tragen. Die Kinder erfahren, dass sie aufgrund der Reihenfolge zunächst abwarten und sich also unterordnen müssen, jedoch nach geraumer Zeit ebenfalls Gelegenheit zu Selbstbildungsprozessen erhalten.

Der Einsatz mehrerer Schüsseln würde die Wartezeiten für einige Kinder verkürzen und das soziale Lernen in der Gemeinschaft begünstigen.

Durch die gegenseitige Beobachtung lernen sie, wie die Tätigkeit verrichtet wird. Die etwas überhöht vorgenommene Belobigung von Kind 1 stellt eine individuelle Leistungsbewertung dar, die den Ehrgeiz der anderen Kinder nach Selbstbedienung fördert, und zwar mit dem vordergründigen Ziel, ebenfalls eine positive Bewertung zu erhalten. Die jüngeren Kinder am Nachbartisch profitieren von den Handlungen der älteren. Interessant zu erfahren wäre, wie die Reaktionen der jüngeren Kinder (1-2 Jahre) ausfallen würden, wenn sie ebenfalls die Möglichkeit des Aufschöpfens erhielten. In der Szene werden erste soziale Kompetenzen sichtbar; so unterstützen sich die Kinder bereits durch das gegenseitige Aufschöpfen. Es wird schnell deutlich, mit wie viel Freude und Engagement sie dies tun. Es sollte jedoch auch berücksichtigt werden, dass die noch recht neue und demnach reizvolle Situation die Kinder dazu animiert, auch ihren Peers behilflich zu sein. Andererseits haben sie in der Vergangenheit auch das Verhalten ihrer Erzieherinnen beobachtet, die den Kindern ebenfalls nacheinander aufschöpften und imitieren eventuell deren Handlungsweisen. Insgesamt betrachtet kann in der vorliegenden Sequenz davon ausgegangen werden, dass hier erste Grundsteine für die im Laufe der Entwicklung immer bedeutsamer werdenden sozialen Kompetenzen gelegt werden. Die Erzieherinnen sorgen dafür, dass die Atmosphäre trotz ihre eigenen Eile insgesamt recht entspannt bleibt. Dies wird in dem Moment sichtbar, als Kind 1 die Kelle in den Mund nimmt und Erzieherin 1 entsprechend humorvoll reagiert. Es entsteht der Eindruck, dass die Kinder sich trotz der Wartezeiten, bis sie selber handeln dürfen, wohlfühlen und angeregt werden, auch künftig derartige Lernprozesse zu gestalten.

Szene „Brot schmieren „ (Dauer: 00:00:34 h)

Ausgangssituation
Im mittleren Bildvordergrund steht ein Tisch, auf welchem ein weißer Teller mit belegten Broten steht. Rechts davon steht eine beigefarbene Plastiktasse und ein leerer brauner Plastikteller. In der Tischmitte steht ein geöffnetes Glas mit Nuss-Nugat-Creme und eine beigefarbene Plastiktasse. Hinter dem Glas steht ein weißer Teller, der nur teilweise zu sehen ist. Es ist nicht zu erkennen, was sich darauf befindet. Im linken Bildvordergrund steht eine blaue Plastikschüssel mit Weintrauben. Im rechten Bildmittelgrund sitzt ein Mädchen im weißen Shirt am Tisch. Es hat den rechten Arm nach vorn ausgestreckt und ergreift ein mit Aufstrich beschmiertes Messer, welches ihm die rechts von ihm sitzende Erzieherin reicht. Der Blick des Kindes ist auf das Messer gerichtet. Vor ihm steht auf dem Tisch ein brauner Plastikteller, auf welchem ein Butterbrot liegt. Die linke Handfläche ist auf der Tischfläche verortet. Die rechts neben dem Kind sitzende Erzieherin ist im Bildmittelgrund zu sehen. Vom Gesicht ist lediglich das Kinn zu sehen. Der Oberkörper ist aus Sicht der Kamera nach links geneigt. Der rechte Oberschenkel befindet sich parallel zur Tischkante. In der rechten Hand hält die Erzieherin das beschmierte Messer. Den linken Arm hält sie im rechten Winkel, wobei ihre Finger auf Höhe des rechten Ellenbogens des Mädchens verortet sind. Etwas in den Hintergrund gerückt steht zwischen der Erzieherin und dem Mädchen ein leerer Stuhl. Im Bildhintergrund sind zwei an der Wand angebrachte Spielaccessoires zu sehen.

Kind 1 – Mädchen mit Zöpfen und weißer Bluse
Kind 2 – Junge im dunkelblauen T-Shirt
Erzieherin Frau S.

Formulierende Interpretation – vor-ikonografische Ebene (Szenenverlauf)

Kind 1 nimmt mit seiner rechten Hand ein mit Aufstrich beladenes Messer entgegen, welches ihm die Erzieherin mit der rechten Hand reicht. Während sie dem Kind das Messer reicht, schiebt sie mit der linken Hand den vor dem Kind liegenden braunen Plastikteller näher an Kind 1 heran. Als sie das Messer an das Kind abgegeben hat, ändert sie leicht die Position der in der Mitte des Tisches stehenden Plastiktasse. Sie fordert das Kind auf, das Brot „schön" mit Nugatcreme zu bestreichen. Das Mädchen hält mit der linken Hand das Brot fest und beginnt, mit dem Messer in der rechten Hand die Creme zu verteilen. Den Blick hat es dabei auf das Brot gerichtet. Die Erzieherin steht auf und geht um den Tisch herum zu Kind 2. Als sie fragt, ob es ebenfalls ein Brot möchte und ihm auch umgehend einen Teller mit Butterbroten und Weintrauben reicht, blickt Kind 1 von seinem Brot auf und sieht nach links zur Erzieherin und Kind 2. Danach richtet es den Blick zu seinem Brot und setzt das Bestreichen fort. Die Erzieherin steht hinter Kind 2 und beugt sich über es. Sie schiebt den vor ihm stehenden Teller weiter in die Tischmitte hinein. Kind 2 steht auf und streckt den rechten Arm und Zeigefinger aus. Dabei äußert es etwas Unverständliches. Worauf es zeigt, kann nicht gesehen werden. Es wiederholt drei Mal ein und dieselbe unverständliche Äußerung und die Erzieherin hält ihm den Teller mit den Broten vor den Oberkörper. Sie äußert dabei, dass es die Gurken gleich erhält. Daraufhin verneint Kind 2. Kind 1 sieht kurz von seinem Brot hoch zu dem Teller, den die Erzieherin hält. Dann senkt es den Blick und schmiert weiter. Die Erzieherin stellt den Teller auf dem Tisch ab. Kind 2 zeigt in die Richtung des Cremeglases. Die Erzieherin fragt Kind 2, ob es auch ein Schokoladenbrot möchte. Der Junge ist erneut aufgestanden und zeigt in dieselbe Richtung. Die Erzieherin äußert, dass er zu den Gurken sieht. Kind 1 steckt das Messer in das Cremeglas. Die Erzieherin geht um den Tisch herum und begibt sich rechts von Kind 1 in die Hocke. Dabei lobt sie das Handeln dieses Kindes. Kind 1 lässt gerade das Messer los und nimmt den Arm zurück, als die Erzieherin mit der rechten Hand danach greift. Mit der linken erfasst sie das auf dem Teller liegende Brot und kommentiert, dass sie die Schokolade noch etwas verteilen wolle und argumentiert, dass es besser sei, den Aufstrich gleichmäßig zu verteilen. Kind 1 greift mit der rechten Hand nach dem Messer. Die rechte Hand der Erzieherin umschließt die rechte Hand des Kindes. Ihr Oberkörper ist nach links geneigt und die Hand der Erzieherin bewegt sich mit der Kinderhand in Richtung Brot. Dabei liegt der Zeigefinger quer über dem gesamten Handrücken des Kindes auf. Sie bewegt das Messer drei Mal hin und her, zieht danach ihre und die Hand des Kindes nach oben und löst den Griff. Sie legt das Messer im Glas ab und sagt: „Bitte schön!, Lass es dir schmecken!" Kind 1 verfolgt das Messer und wendet sich dann dem Brot zu. Die Erzieherin geht von der Hocke in den Stand.

Ende der Szene

Reflektierende Interpretation – ikonografische Ebene (Fallbeschreibung)

Bei der oben beschriebenen Szene handelt es sich um eine Frühstückssituation. Fallentwickelnd wird auf drei Ebenen zusammengefasst:

- Ebene der Erzieherin,
- Ebene zwischen der Erzieherin und den anwesenden Kindern und
- Ebene der Kinder.

Das Anliegen der Erzieherin besteht darin, dass die Kinder eigenständig ihr Brot zubereiten, doch sie sieht auch Hilfestellungen als erforderlich an, vermutlich damit der ordnungsgemäße Gebrauch des Messers richtig erlernt wird. Sie möchte die Signale der Kinder verstehen. Dies wird in der Interaktion mit Kind 2 deutlich, das sich aufgrund seiner besonderen sprachlichen Situation (zu Hause Russisch) überwiegend über die Körpersprache verständlich zu machen versucht. Beim Anbieten der Brote wird sichtbar, dass die Erzieherin den Willen von Kind 2 zwar respektiert, zunächst aber ihre eigenen Vorstellungen verwirklichen möchte. So versucht sie, dem Kind 2 zunächst das Brot schmackhaft zu machen, bevor sie ihm die Gurken gibt. Durch die eigenständige Willenserklärung von Kind 2 zieht sie sich dann zurück. In ihrem Handeln offenbart sich zunächst eine dominante und führende Rolle, die durch das Selbstbewusstsein von Kind 2 jedoch in eine zurückhaltende Rolle gedrängt wird. Es kann vermutet werden, dass auch die Präsenz der Kamera für den Rückzug verantwortlich ist. Zumindest bescheinigt dieser Umstand der Erzieherin die Kenntnis über die Eigenaktivität und Selbstbestimmung des Kleinkindes.

In der Interaktion mit den Kindern wirkt sie ruhig und freundlich. In der vorliegenden Szene widmet sie sich besonders intensiv Kind 1. In der anfänglichen Hilfestellung beim Bestreichen des Brotes dokumentiert sich noch stark die lenkende Rolle der Erzieherin. Die Hilfestellung könnte einerseits auch deshalb erfolgen, da das eigenständige Ausprobieren zu viel Zeit in Anspruch nimmt. Ebenso ist nicht auszuschließen, dass dem Kind die ordnungsgemäße Handhabung gezeigt werden muss, damit der Brotaufstrich auch auf dem Brot landet und nicht den Essbereich verschmutzt. Dies könnte auch aus der Geste des Heranschiebens des Tellers vor Kind 1 geschlossen werden. In ihren korrigierenden Gesten wie z. B. Platzieren des Geschirrs bzw. gleichmäßiges Verteilen des Brotaufstriches dokumentieren sich eine ordnungsliebende und sauberkeits- und perfektionsorientierte Handlungsweise. Diese Handlungen bieten der Erzieherin die Möglichkeit, die eigenständigen Tätigkeiten der Kinder zu überbrücken und das Aushalten der Selbstbildungsprozesse sozusagen zu erleichtern.

Indem sie nach der anfänglichen Hilfestellung sofort aufsteht und zum nächsten Kind wechselt, zeigt sich ihre Orientierung, jedem Kind helfen bzw. bei Bedarf führen zu müssen. Im Umgang mit Kind 2 zeigt sie Tendenzen, auf dessen Wünsche einzugehen, allerdings erst, nachdem es eindeutig ihre Angebote abgelehnt hat. Das Verhalten von Kind 1 bringt die Erzieherin jedoch von ihrem Vorhaben ab. Zwar lobt sie Kind 1 für das Ergebnis, dennoch scheint es ihr nicht ausreichend zu sein. Die Tatsache, dass der Brotaufstrich nicht nach ihren Vorstellungen verteilt wurde, lässt die Erzieherin ihre Interaktion mit Kind 2 unterbrechen. Ihre perfektionsorientierte Handlungsweise verführt die Erzieherin zum Eingriff in die Handlungen von Kind 1. Der Griff um die Hand des Kindes lässt eine dominante Handlungsweise der Erzieherin erahnen. Die verbale Äußerung der Erzieherin zum gleichmäßigen Verteilen bestätigt deren perfektionsorientierte Handlungsweise, welche sie auf das Kind übertragen möchte. Es kann vermutet werden, dass sie selbst solch ein unansehnliches Brot nicht essen würde und überträgt diese Vorstellungen auf das Kind. So könnte sie glauben, zur Sicherung des Wohlbefindens an dieser Stelle intervenieren zu müssen, damit das Kind sein Brot auch genießen kann. Möglich ist auch, dass sie die Eigenständigkeit der Kinder nicht aushalten kann und sich deshalb Tätigkeiten sucht, die ihrer führenden Rolle entgegen kommen.

Die Belange von Kind 2 finden zu wenig Berücksichtigung. Es dokumentiert sich eine Ungleichbehandlung der Kleinkinder hinsichtlich ihrer Bedürfnisse. Eine geschlechtsdifferenzierte Handlungsweise kann nicht belegt werden. Vordergründig scheint die perfektionsorientierte Haltung das Handeln der Erzieherin zu bestimmen.

Kind 1 lässt die Handlungen der Erzieherin über sich ergehen. Vermutlich greift es auf derartige Vorerfahrungen zurück, da es selbstverständlich abwartet und dann das Messer entgegennimmt. Sein Tun unterbricht es mehrmals für kurze Zeit, sobald die Erzieherin mit dem Jungen kommuniziert. Es scheint, als würde Kind 1 in seiner konzentrierten Arbeitsweise regelrecht gestört. Dennoch lässt es sich nicht vollständig ablenken, sondern arbeitet konzentriert weiter. Kind 1 entscheidet selbst, wann es mit dem Bestreichen fertig ist. Auf den Korrekturversuch durch die Erzieherin lässt es sich sofort ein und lässt sich führen. Auch hier erscheint der Eindruck, dass derartige Erfahrungen vorhanden sind.

Kind 2 erscheint selbstbewusst, indem es konsequent eine bestimmte Sache einfordert. Die permanenten Angebote der Erzieherin, auch Brot zu essen, lehnt es kategorisch ab und verweist auf eigene Bedürfnisse. Am Szenenanfang sitzt Kind 2 ruhig am Tisch. Es wirkt abwartend. Auch scheint es den Frühstücksablauf schon verinnerlicht zu haben. Als die Erzieherin sich ihm zuwendet, geht Kind 2 die Interaktion sofort ein. Es wartet, bis es an der Reihe ist, setzt dann jedoch seine Wünsche zumindest teilweise durch. Kind 2 zeigt deutlich, dass es das angebotene Brot nicht mag. In seinen Forderungen nach etwas anderem dokumentiert sich Beharrlichkeit und lässt vermuten, dass Kind 2 auch sonst eigene Entscheidungen treffen darf.

Die Kinder untereinander beobachten sich und lernen voneinander. Indem Kind 2 die Hilfestellung durch die Erzieherin bei Kind 1 registriert, wird er vermutlich auch künftig diese Hilfe von vorneherein für sich einfordern. Die Kinder lernen, dass ein Erfolgserlebnis von der perfekten Vollendung abhängig ist.

Was die neurobiologischen Erkenntnisse anbelangt, ist seitens der Erzieherin ein Bemühen erkennbar, zumindest bei Kind 2 auf die individuellen Bedürfnisse einzugehen. Sie kennt seine Defizite im Bereich der sprachlichen Fähigkeiten und ist darauf bedacht, seine Äußerungen richtig zu deuten. Die Tatsache, dass die Kinder, vor allem das Mädchen, eine intensive Hilfestellung erfahren, zeigt, dass die Individualität unzureichend berücksichtigt wird. Die führende Rolle der Erzieherin beim Bestreichen des Brotes schränkt Kind 1 in seiner Eigenständigkeit stark ein. Die Tatsache, dass Kind 2 sich die Gurken nicht selber holt lässt vermuten, dass es auch sonst abwartet, bis ihm eine erwachsene Person behilflich ist.

Die Erzieherin schafft eine freundliche und angenehme Atmosphäre, in der sich die Kinder wohlfühlen. Indem sie Kind 1 lobt, trägt sie deutlich zur Erhöhung der Eigenmotivation des Kindes bei; die Korrekturbestrebungen jedoch laufen der positiven Entwicklung zuwider. Kind 2 macht die Erfahrung, dass seine Bedürfnisse nur teilweise berücksichtigt werden. Zwar darf es selbst entscheiden, ob es Brot essen möchte oder nicht; seiner Bitte nach den Gurken kommt die Erzieherin jedoch in der Szene nicht nach. Kind 2 erfährt, dass die Handlungen des Mädchens von der Erzieherin mehr beachtet werden. Die Tatsache, dass der Junge ruhig bleibt und geduldig abwartet, lässt darauf schließen, dass er derartige Situationen kennt und darauf vertraut, zu gegebenem Anlass die gewünschten Dinge zu erhalten.

Das gemeinsame Essen und die harmonische Atmosphäre am Tisch tragen zu einem positiven gemeinschaftlichen Erlebnis bei. Dies könnte noch verbessert werden, wenn die Erzieherin ihre agile Handlungsweise unterbinden und selbst am Tisch sitzen würde. Das hektische Treiben der Pädagogin nimmt den Kindern die für ihr Wohlbefinden erforderliche Ruhe.

Szene „Mädchen schneidet" (Dauer 00:00:41 h)

Ausgangssituation
Zentral im Bildmittelgrund sitzt ein Mädchen in hellblauem T-Shirt an einem Tisch. In seiner linken Hand hält es eine Schere, in der rechten Hand ein Stück

Papier. Ein Teil des Papiers ist zwischen der gespreizten Schere verortet. Der Blick des Kindes ist auf die Schere und das Papier gerichtet. Der Mund des Mädchens ist leicht geöffnet. Im linken Bildmittelgrund sitzt eine Erzieherin im bordeauxfarbenen T-Shirt. Es sind lediglich ihr linker Oberkörper mit Oberarm zu sehen. Ihre rechte Hand ist auf Bauchhöhe zu sehen. Wie die beiden Kinder sitzt auch sie am Tisch. Ihre linke Hand wird vom Oberkörper des Mädchens verdeckt. Vermutlich hat sie diese an der Stuhllehne des Kindes platziert. Auf dem Tisch stehen eine rote und eine weiße Plastikschale; in der weißen liegt grünes Papier. Direkt vor dem Kind steht ein roter Plastikbecher, in welchem sich ebenfalls grünes Papier befindet. Im linken Bildhintergrund steht ein buchefarbener Schrank; rechts im Hintergrund ist eine rot- und blaufarbene Aufhängung für Spielutensilien zu sehen.

Kind 1 – Mädchen im türkisfarbenen T-Shirt
Erzieherin Frau S.

Formulierende Interpretation – vor-ikonografische Ebene (Szenenverlauf)

Das Mädchen hat mit der linken Hand die Schere nicht am Griff, sondern an den Scherenblättern umschlossen. Das Papier gelangt beim Versuch des Schneidens nicht zwischen die Scherenblätter. Daraufhin verstärkt das Kind den Griff um das Papier in der rechten Hand. Es verzieht leicht den Mund und dreht sich nach rechts zur Erzieherin um. Dabei hebt es den rechten Arm mit dem Papier in der Hand. Die Erzieherin hat den linken Arm an der Stuhllehne des Kindes verortet und spricht gerade mit einem anderen Kind. Das Mädchen zieht die rechte Hand zurück und bewegt das Papier mit den Fingern der rechten Hand. Dabei sieht das Kind nach links, wo vermutlich jenes Kind sitzt, mit welchem sich die Erzieherin gerade unterhält. Die Erzieherin interagiert verbal mit einem Kind, wobei sie verschiedene Farben benennt. Das Mädchen zupft noch immer an dem grünen Papier, sieht jedoch unentwegt in die Richtung des nicht erfassten Kindes. Jetzt dreht es sich erneut nach rechts zur Erzieherin und streckt den rechten Arm mit dem Papier in der Hand aus. Auch den linken Arm mit der Schere in der Hand streckt es zur Erzieherin hin. Die Erzieherin dreht den Oberkörper nach links zum Mädchen hin und nimmt mit der rechten Hand das Papier entgegen. Sie löst ihren linken Arm von der Stuhllehne und hält das Papier nun mit beiden Händen fest. Dabei fragt sie das Kind, ob sie das Papier mal halten soll. Den Oberkörper neigt die Erzieherin etwas nach links in die Richtung des Mädchens. Dabei fordert sie das Kind auf, die Schere zu öffnen. Es ergreift die Schere mit beiden Händen am Griff. Die Erzieherin dreht das Papier etwas. Das Kind führt das Papier zwischen die gespreizten Scherenblätter. Die Erzieherin äußert, dass es zuschneiden soll („Mach mal schnapp!"). Das Mädchen drückt die Scherenblät-

ter zusammen und verzieht dabei den Mund. Dann greift es mit Daumen und Zeigefinger der rechten Hand nach dem Papier und die Erzieherin fordert das Kind auf, fest zuzudrücken. Das Kind lächelt leicht. Jetzt löst die Erzieherin ihre Hände vom Papier und ergreift Papier und Scherenblätter mit der linken Hand. Sie zieht beides nach oben und entnimmt mit ihrer rechten Hand die Schere aus den Händen des Kindes. Das Lächeln des Kindes verschwindet. Das Kind zieht die Schere zunächst noch mal zu sich heran, lässt beide Hände dann allerdings locker und zieht sie zurück an seinen Oberkörper. Der linke Arm bleibt angewinkelt. Die Erzieherin schneidet einmal in das Papier und kommentiert ihr Tun mit: „Schnapp!" Sie legt die Schere in die rote Plastikschale. Währenddessen streckt das Kind kurz beide Hände zur Schere aus, verschränkt dann die Hände ineinander und hält sie vor den Oberkörper. Das Kind sieht kurz zur Erzieherin und richtet dann lächelnd den Blick auf die Schere. Die Erzieherin fordert das Kind auf, das geschnittene Papier zu betrachten. Dabei lächelt sie. Das Kind sieht zu dem Papier auf, streckt die rechte Hand kurz nach dem Papier aus, zieht sie jedoch gleich wieder zurück. Es lehnt sich mit dem gesamten Oberkörper etwas nach hinten und neigt ihn dann nach links. Die Erzieherin lässt beide Arme mit dem Papier in ihren Händen etwas nach unten sinken. Die Augen des Kindes folgen den Bewegungen des Papiers und es streckt die rechte Hand nach dem Papier aus. Es berührt das Papier, bekommt es jedoch nicht zu fassen. Die Erzieherin hält es noch fest. Sie löst die linke Hand vom Papier und erfasst es gleich wieder an anderer Stelle. Nun fragt sie das Kind, ob es ein Stück abreißen möchte und fordert es gleichzeitig auf, dies zu tun. Das Kind ergreift erneut das Papier mit der rechten Hand und nimmt nun die linke Hand hinzu. Es reißt ein Stück des Papiers ab. Die Erzieherin hält das restliche Papier immer noch fest. Das Kind legt den Papierschnipsel in die rote Schale. Es nimmt der Erzieherin das restliche Papier aus der Hand. Diese deutet mit dem rechten Zeigefinger auf die weiße Schale und kommentiert, dass der Papierschnipsel dort hineingelegt werden kann. Das Kind nimmt mit der linken Hand die Schere aus dem roten Gefäß und hält nun das Papier in der rechten Hand.
Ende der Szene

Reflektierende Interpretation – ikonografische Ebene (Fallbeschreibung)

Bei der oben beschriebenen Szene handelt es sich um eine Situation im freien Spiel im Gruppenraum der älteren Krippengruppe. Einige Kinder sitzen am Tisch und beschäftigen sich mit Bastelarbeiten.

Fallentwickelnd wird auf drei Ebenen zusammengefasst:
- Ebene der Erzieherin,
- Ebene zwischen der Erzieherin und den anwesenden Kindern und

- Ebene der Kinder.

Die Erzieherin beobachtet die Handlungen der Kinder und kommentiert sie. Ihre Körperhaltung (Arm auf Stuhllehne von Kind 1) lässt eine beschützende, aber auch dominante Handlungsweise erahnen. Ihre Sprache ist freundlich und die Lautstärke angemessen.

Aufgrund ihrer anfänglichen Interaktion mit einem Jungen außerhalb des Bildes reagiert die Erzieherin zunächst nicht auf den Interaktionsversuch des Mädchens. Es könnte einerseits daran liegen, dass sie es nicht bemerkt, weil sie abgelenkt ist. Andererseits besteht die Möglichkeit, dass sie zunächst das Gespräch mit dem Jungen beenden möchte. Als die Erzieherin sich dem Mädchen zuwendet, unternimmt es einen weiteren Interaktionsversuch. Darauf geht die Erzieherin umgehend ein. Noch bevor sie die Frage ausgesprochen hat, ob sie das Papier mal halten soll, hat sie dem Kind dieses bereits entnommen. Vermutlich deutet sie die Geste des Kindes als einen Hilferuf. Sie wartet die Antwort des Kindes nicht ab. Das Hinhalten des Papiers lässt vermuten, dass sie sich in einer unterstützenden Rolle sieht. Mit ihren Aufforderungen zum Schneiden („Mach mal schnapp!") bestimmt sie die Handlungsweise des Kindes. Die aus Sicht der Erwachsenen unübliche Halteweise der Schere durch das Kind toleriert die Erzieherin nicht. Als das Ergebnis des Schneideversuches nicht ihren Vorstellungen entspricht, greift sie in die Handlung des Kindes ein und übt diese selber aus. Es kann davon ausgegangen werden, dass es ihr auf das ordnungsgemäße Ergebnis ankommt. Aufgrund ihrer eigenen perfektionsorientierten Handlungsweise sieht sie das Eingreifen als erforderlich, um dem Kind zu demonstrieren, wie das korrekte Ergebnis erreicht werden kann. Andererseits ist es möglich, dass sie glaubt, dem Kind damit einen Gefallen zu tun, wenn es das Ergebnis (gelungener Schnitt) sieht. Auf Letzteres deutet ihr lächelnder Gesichtsausdruck hin. In ihrer Präsentation des Schneidevorgangs dokumentieren sich Aspekte von Selbstdarstellung, Dominanz und positiver Selbstbewertung. Es offenbart sich, dass die Erzieherin sich als Lehrende versteht. Ihr präsentierendes Handeln könnte auch kamerareaktives Verhalten bedeuten. Nach der Demonstration des Schneidens bietet sie dem Kind eine weitere Handlung an („Willst du das abreißen?") und gibt auch gleich darauf erneut vor, was das Kind tun muss, um das Ziel zu erreichen („Mach mal hau ruck!"). Auch beim Ablegen des Papiers bestimmt sie, in welche Schale dies erfolgen soll. Es zeigt sich der Drang nach einer perfekten Ordnung und Überschaubarkeit. Das Kind experimentiert im Umgang mit Papier und Schere. Als ihm der erste Versuch nicht gelingt, wendet es sich umgehend hilfesuchend an die Erzieherin. Es kann vermutet werden, dass das Kind auch sonst sehr schnell Hilfestellung erhält. Da seine Signale zunächst unbeantwortet bleiben, nimmt es sich wieder zurück und beobachtet andere Kinder, mit denen die Erzieherin gerade beschäftigt ist. Es wartet ab, bis die Erzieherin sich ihm zuwendet und signalisiert dann erneut seinen Unterstützungsbedarf. Das Kind versucht, die Instruktionen der Erzieherin zu befolgen. Der angespannte Gesichtsausdruck lässt vermuten, dass ihm die Tätigkeit große Schwierigkeiten bereitet. Das sich anschließende kurzzeitige Lächeln verdeutlicht die Freude über das eigenständige Handeln mit der Schere. Möglich wäre jedoch auch, dass das Kind durch die Aufforderung der Erzieherin („Mach mal schnapp!") zum Handeln motiviert wird und deshalb dieser Gesichtsausdruck entsteht. Die Mimik verändert sich in eine Ausdruckslosigkeit, sobald dem Kind das Handwerkszeug aus der Hand genommen wird. Nach der Übernahme der Schere durch die Erzieherin nimmt sich das Kind sofort zurück. Nachdem die Erzieherin den Schnitt ausgeführt hat, nimmt das Kind eine aufschauende und leicht bewundernde Haltung ein. Die Anregung der Erzieherin, das Papier abzureißen, greift das Mädchen auf. Beim Ablegen des Papierschnipsels beweist das Kind Eigenständigkeit und korrigiert seine Handlung trotz der Lenkungsversuche der Erzieherin nicht.

Aus neurobiologischer Sicht ist zu verzeichnen, dass das Kind nur bedingt eigenständig tätig sein darf. Zu Szenenbeginn hat das Kind die Gelegenheit, allein mit Papier und Schere zu experimentieren. Das Maß der Eigenaktivität hängt jedoch von der Korrektheit des Ergebnisses ab. In dem Augenblick, in welchem ihm die Schere weggenommen wird, erfolgt eine Unterbrechung des frühkindlichen Selbstbildungsprozesses. Somit wird verhindert, dass das Kind sich der schwierigen Aufgabe stellen und zu einem eigenen Erfolgserlebnis gelangen kann. Von vornehrein wird ihm das Bewältigen dieser Herausforderung verwehrt. Auch wenn es am Szenenanfang die Unterstützung der Erzieherin einfordert, erscheint doch der Eindruck, dass das Kind mit der späteren Wegnahme der Schere nicht ganz einverstanden ist. Dies lässt zumindest der wechselnde Gesichtsausdruck und das kurzzeitige erneute Ausstrecken der Arme nach Schere und Papier vermuten. Das Kind wird dahingehend behindert, die neue Herausforderung des eigenständigen Umgangs mit der Schere zu meistern.

In der Unterstützung heischenden Gestik des Kindes dokumentiert sich, dass es soweit das Vertrauen bzw. Zutrauen zur Erzieherin hat, diese Hilfe auch zu erhalten. Es spürt jedoch auch, dass die Erzieherin durch die Interaktion mit anderen Kindern abgelenkt ist und akzeptiert dies. Das Kind lernt in dieser Gemeinschaft, seine Wünsche zwar zu äußern, jedoch auch die Bedürfnisse anderer Kinder zu tolerieren.

Beim zweiten Interaktionsversuch erhält das Kind die Bestätigung, dass auch seine Bedürfnisse ernst genommen werden, wodurch sich wiederum das Vertrauensverhältnis zwischen ihm und der Erzieherin stärken kann.

Indem die Erzieherin den Schneidevorgang verbal unterstützt („Mach mal schnapp!"), erweckt sie im Kind für kurze Zeit positive Emotionen (lächelnder Gesichtsausdruck beim Führen der Schere am Papier), die es zum weiteren Ausprobieren anregen könnten. Durch die Wegnahme von Papier und Schere wird diese Situation vehement abgebrochen. Durch die Demonstration der Erzieherin erfährt das Kind, dass sein Handeln falsch war und es könnte deshalb künftig auf weitere Hilfestellung angewiesen sein. Es kann dazu führen, dass das Kind beim erneuten Umgang mit diesem Handwerkszeug schneller resigniert und zu rasch fremde Hilfe einfordert.

Im Bereich der Individualität scheint die Erzieherin dahingehend bemüht zu sein, den Bedürfnissen der einzelnen Kinder gerecht zu werden. So interagiert sie zunächst mit dem Jungen außerhalb der Kamera und wendet sich anschließend auch dem Mädchen zu. Im Umgang mit dem Mädchen akzeptiert sie zwar die vorhandenen Erfahrungen des Kindes im Umgang mit der Schere. Es scheint ihr jedoch nicht bewusst zu sein, dass das Kind einen eigenen (individuellen) Weg in diesem Lernprozess finden sollte. Deshalb ist die lenkende Rolle nach wie vor verankert, auch wenn bereits Tendenzen in der Zurückhaltung bei kindlichen Lernprozessen zu verzeichnen sind.

Szene „Sand Außengelände" (Dauer: 00:00:59 h)

Ausgangssituation
Zentral im Bildvordergrund steht ein gelber Plastiktisch, der bis in den Bildmittelgrund hineinreicht. Auf ihm befindet sich Sand. Im rechten und linken Bildvordergrund ist jeweils ein Teil der Sitzfläche einer roten Plastikbank zu sehen. Der Boden im Bildvordergrund besteht aus Sand und reicht ebenfalls bis in den Bildmittelgrund hinein. Danach schließt sich ein kleiner Wiesenhang an, der den Bildhintergrund ausfüllt. Zentral im Bildmittelgrund steht eine rote Kleinkindrutsche, hinter welcher ein Kind in hellblauer Jacke zu sehen ist. Am Horizont ist eine bemalte Hausmauer zu sehen, an welcher eine Bank steht. Im linken Bildhintergrund befindet sich eine vierstufige Steintreppe, die zu einer Tür führt. Auf der linken roten Bank im Bildvordergrund kniet ein Mädchen in heller Jacke und gestreifter Mütze. Es hat beide Handinnenflächen auf der sandigen Tischfläche aufliegen. Die Finger der rechten Hand sind dabei leicht gespreizt. Das Kind blickt auf seine Hand bzw. den Tisch.

Kind 1 – Mädchen mit Kopftuch
Kind 2 – Junge in hellblauer Jacke

Formulierende Interpretation – vor-ikonografische Ebene (Szenenverlauf)

Das am Tisch kniende Kind 1 verwischt mit der linken Hand den auf der Tischplatte vorhandenen Sand. Dabei folgt es mit seinem Blick den Bewegungen von Hand und Sand, wobei ein Teil des Sandes zu Boden fällt. Im Hintergrund hält Kind 2 mit beiden Händen eine pinkfarbene Sandspielform fest. Diese hat es auf der Rutsche abgelegt. Es nimmt die Form nun von der Rutsche und entfernt sich von dort. Kind 1 beugt mittlerweile den Oberkörper unter die Bank und hat die rechte Hand an der Tischkante verortet. Es kommt aus der gebückten Haltung in den Stand und wirft Sand mit der linken Hand. Dabei hat es den Mund weit geöffnet und die Zunge herausgestreckt. Kind 2 kommt in den Bildvordergrund gelaufen und legt seine pinkfarbene Sandspielform auf der Tischplatte ab und verschwindet aus dem Fokus der Kamera. Aus den Feldbeobachtungen heraus kann belegt werden, dass es sich zu einer mit Sand gefüllten Kiste begeben hat. Kind 1 beugt sich weit über den Tisch und blickt in die Richtung, in welche Kind 2 gegangen ist. Die Hand des nicht einsehbaren Jungen legt ein Stückchen Holz auf der Tischplatte ab. Kind 1 ergreift mit der rechten Hand Sand von der Tischplatte und wirft ihn in die pinkfarbene Sandspielform. Mit der rechten Hand nimmt Kind 1 die Form auf, schüttelt sie kurz und betrachtet diese. Kind 2 legt etwas Sand auf der Tischplatte ab. An derselben Stelle nimmt Kind 1 selbst Sand auf und gibt ihn in die Sandform. Anschließend schüttet es sie auf der Tischplatte aus. Kind 2 erscheint mit einem Teil des Kopfes und Oberkörpers rechts im Bild und legt nochmals Sand auf dem Tisch ab. Kind 1 beugt sich erneut über den Tisch und verreibt den Sand auf der Tischplatte, indem es ihn zu sich bewegt. Jetzt nimmt es den Oberkörper zurück und sieht wieder nach unten auf den Boden. Es kniet auf der Bank und richtet sich jetzt wieder nach oben. Nun stellt es die Beine auf dem Boden auf und läuft – sich mit beiden Händen an der Tischkante festhaltend – nach rechts zu einer Sandkiste. Kind 1 löst die rechte Hand von der Tischkante und nimmt sich damit Sand aus der Kiste. Es steht nun mit dem Rücken zur Kamera und klatscht beide Hände zusammen. Mit der rechten Hand verreibt es nun den auf dem Tisch liegenden Sand. Es dreht sich nach rechts zur Sandkiste.
Ende der Szene

Reflektierende Interpretation – ikonografische Ebene (Fallbeschreibung)

Bei der oben beschriebenen Szene handelt es sich um eine Situation während des freien Spiels im Außengelände der Einrichtung. Fallentwickelnd wird auf zwei Ebenen zusammengefasst:

- Ebene der Kinder und
- Ebene der Erzieherinnen.

Die Anwesenheit von Kind 1 am Sandtisch könnte für Kind 2 der Grund dafür sein, dass es sich diesem Tisch und dadurch auch dem Kind 1 nähert. Es dokumentiert sich, dass die Selbstbildungsprozesse die Kleinkinder dahingehend animieren, Peer-Beziehungen aufzubauen bzw. zu intensivieren. Allerdings kann auch die Anwesenheit des filmenden Forschers diese Annäherung verursacht haben. Die beiden abgebildeten Kinder experimentieren mit Sand und erforschen ihr Umfeld. Dabei benutzen sie ihre Hände und die Sandform. Sie wirken in ihre Tätigkeit vertieft und engagiert. Durch das Herankommen von Kind 2 an den Tisch entstehen erste Interaktionen zwischen den Kindern, die sich nonverbal gestalten. Kind 1 beobachtet die Handlungen von Kind 2 (Aufheben von Sand und Wegwerfen, Herausnehmen von Sand aus der Kiste) und imitiert diese.

In der Szene ist keine Erzieherin zu sehen. Die Beobachtungen im Feld hinzuziehend kann sichergestellt werden, dass die Kinder eigenständig ihr Umfeld erkunden und die Pädagoginnen sich an einem etwas entfernteren Ort in der Nähe anderer Kinder aufhalten (FTB 14.5.09, Z 24-25). Sie greifen in die Handlung der Kinder in vorliegender Szene nicht ein. Auch die Besorgnis, dass die Kleinen (vor allem Kind 1) aufgrund ihres Alters den Sand in den Mund nehmen könnten, scheint nicht zu bestehen. Möglich ist jedoch auch, dass die Erzieherinnen aufgrund der Bedürfnisse anderer Kinde gerade nicht präsent sein können. Es offenbart sich eine gelassene und eher tolerante Haltung dem forschenden Kleinkind gegenüber. Dies könnte ein Beleg für ein entsprechend vorhandenes und verinnerlichtes Bild vom eigenaktiven Kleinkind als Forscher und Entdecker sein. Die Präsenz des filmenden Forschers könnte ebenso ein Grund für die Abwesenheit der Pädagoginnen sein. In diesem Fall könnte man ihnen zumindest das Wissen über die frühkindlichen Bildungsprozesse zugute halten.

Aus neurobiologischer Sicht kann den Erzieherinnen anerkannt werden, dass sie den beiden Kindern die Möglichkeit einräumen, ihr Umfeld eigenständig zu erkunden, ohne dabei einzugreifen. Es dokumentiert sich jedoch ein Wissens-Defizit im Hinblick auf das Lernen durch vielsinnliche Wahrnehmungen. So könnten die hier stattfindenden Selbstbildungsprozesse mittels der Bereitstellung von Wasser und anderen zum Experimentieren anregenden Utensilien (z. B. Trichter oder verschiedene Gefäße zum Füllen und Ausschütten) erweitert und intensiviert werden. Es ist durchaus möglich, dass dies den Kindern aus diversen Gründen wie Gesundheitsschutz (Wasser – Angst vor Erkältungsgefahr) oder Unsicherheit hinsichtlich der Reaktionen der Eltern (zu starke Beschmutzungsgefahr der Kleidung) vorenthalten wird. Informationen aus den Interviews konnten diese Hypothese bestätigen.

Von der Mimik der Kinder ausgehend kann von einem Wohlbefinden in der Szene ausgegangen werden. Das zwischenzeitlich zu einem kurzen Lächeln verzogene Gesicht von Kind 1 unterstreicht diese Annahme. Während ihrer Beschäftigung haben die Kinder die Gelegenheit, sich ungestört nach eigenen Bedürfnissen und Interessen die Umwelt zu erkunden und auch eigene Ideen umzusetzen. Dabei nutzen sie ihre bereits bestehenden Erfahrungen und erweitern diese selbstbestimmt. Diese Möglichkeiten erhalten jedoch ihre Eingrenzung durch die eingeschränkte vorbereitete Umwelt (fehlendes Wasser). Auch die vorherrschenden Wetterverhältnisse grenzen die Möglichkeiten im Bereich des ganzheitlichen Lernens (Experimentieren mit entblößtem Körper) ein.

Die Peers haben die Möglichkeit, ungestört Beziehungen zueinander zu gestalten. Im Umgang mit dem für alle zur Verfügung stehenden Sand lernen sie, sich diesen zu teilen. Sie beobachten gegenseitig ihre Handlungen und respektieren die Tätigkeiten des anderen. Obwohl aufgrund des jungen Alters keine verbale Kommunikation möglich ist, wird doch der Eindruck erweckt, dass sie einen harmonischen Umgang miteinander pflegen und sich auf eine für sie mögliche Art und Weise verständigen. Das Handeln von Kind 2 (1 Jahre, 6 Monate) regt das jüngere Kind 1 (1 Jahr, 4 Monate) an, seine Handlungen aufzugreifen und dann nach eigenen Vorstellungen weiterzugestalten. Dadurch kann Kind 1 seine Erfahrungswelt erweitern.

Vom normativen Grundmuster der Neurobiologie ausgehend wurde geprüft, welche der Szenen diesem Muster nicht gerecht werden. Von insgesamt 206 Szenen waren:

- 26 Szenen (12,6 %), die dem Muster durchgehend nicht gerecht wurden,
- 103 Szenen (50 %), die dem Muster teilweise gerecht wurden und
- 77 Szenen (37,4 %), die dem Muster weitgehend gerecht wurden.

6.3.4   Orientierungen einer Gruppenerzieherin des Krippenbereiches

Das Video-Konfrontationsinterview wurde in Absprache mit der Leiterin mit der Erzieherin Frau Kunert (Ku.) durchgeführt. Sie ist Erzieherin in der jüngsten Krippengruppe und gestaltete die bereits oben ausführlich dargestellte Szene „Aufschöpfen".

Für Frau Ku. scheint die Entwicklung der Selbstständigkeit im Kleinkindalter oberste Priorität zu besitzen. Nach der ersten Szenenbetrachtung reflektiert sie ihr persönliches, noch entwicklungsbedürftiges professionelles Handeln: „(…) ist vieles, das man anders machen kann" (LFI Ku V, Z 16-17); „Aber verbesserungsbedürftig ist da noch manches" (Z 52). Hierbei zeigt sich, dass sich Frau Ku. selbst in der Rolle der Lernenden sieht. Sie zeigt Einsicht, dass den Kindern für ihre eigenständigen Tätigkeiten ein bestimmter Zeitumfang zur Verfügung gestellt werden muss. Sie reflektiert ihre eigene ungeduldige Handlungsweise, da sie vorzeitig in die Bildungsprozesse der Kinder eingreift. Ihr Handeln orientiert sich dabei am Wohlbefinden der Kinder: „(…) dass nicht so eine lange Wartezeit für die Kinder entsteht" (LFI Ku C, Z 22); „Schwierig ist es auf der einen Art, das Zeitlimit, auf der anderen Art, dass die Speisen eben zu kalt werden (…)" (Z 73-74).

Für sie scheint es eine Herausforderung darzustellen, die Eigenständigkeit des Kindes über einen bestimmten Zeitraum auszuhalten. Ihr theoretisches Wissen über das Bild vom forschenden und experimentierenden Kleinkind kann sie auf ihre Handlungspraxis nur bedingt übertragen: „Beim letzten Kind fiel mir auf … hätte man mehr Zeit geben müssen … automatisch greift man dann ein und hilft … wo doch das Ausprobieren ganz wichtig ist (…)" (LFI Ku B, Z 31-33); „(…) dass ich dazu neige (…), dass man doch unruhig wird und dass man zufassen würde" (Z 109-110). Dies bezieht sie auch auf die Tätigkeiten im Bereich der Körperpflege (Z 368-370). Als Hauptmotiv für das vorzeitige Eingreifen in die kindlichen Handlungen sieht sie das Zeitproblem, aber auch den Aspekt der Gesunderhaltung der Kinder.

Was die Ausnutzung der zur Verfügung stehenden Zeit bei den Mahlzeiten anbelangt, so setzt sie die Prioritäten primär zugunsten der Vermittlung einer Tischkultur, woraus sich die Konsequenz ergibt, zwangsläufig in die frühkindlichen Bildungsprozesse einzugreifen. Obwohl sich Frau Ku. vor allem für die Selbstständigkeit der Kinder ausspricht, steht ihr selbst für das Aushalten der Eigenständigkeit vermutlich ihre sauberkeitsorientierte Haltung im Weg, die sie dann in ihre führende Rolle zurückdrängt: „(…) auch was zu vermitteln, so Tischsitten (…) und dadurch, dass … dann was auf der Strecke bleibt … neige ich dazu …, doch schneller einzugreifen" (Z 77-80). Insgesamt zeigt sie eine Handlungsweise, die sich an den Bedürfnissen und Interessen der Kinder orientiert. Obwohl sie Wert auf einen strukturierten Ablauf legt, zeigt sich doch auch die Berücksichtigung der Individualität: „(…) und nicht, dass man jetzt, dass alle Kinder zur gleichen Zeit zum Beispiel auf Kompott warten müssen (…)" (Z 90-91). Die Berücksichtigung der Individualität beschränkt sich auf die Elemente der Selbstbedienung und orientiert sich sowohl am Entwicklungsstand als auch am Alter der Kinder: „(..) wenn sie fertig sind, dass man ihnen auch die Möglichkeit gibt, einen Waschraum aufzusuchen, je nachdem, vom Alter abhängig und von der eigenen Selbstständigkeit (…)" (Z 92-96). Die Betonung, dass bestimmte Kinder auch „unbeobachtet hantieren" können (Z 97), lässt die starke Vermutung aufkommen, dass die führende Rolle noch stark zum Tragen kommt, vor allem, wenn die Handlungen der Kinder nicht den Vorstellungen der Erzieherin entsprechen. In ihrer Bewertung der kindlichen Leistungen, drückt sich einerseits die anerkennende und wertschätzende Haltung der Pädagogin dem

Kleinkind gegenüber aus: „(…) was das für ein Kraftaufwand (…) war" (Z 112-114). Andererseits ist anzunehmen, dass aufgrund eines nicht ausgereiften Bildes vom kompetenten Kleinkind die kindlichen Fähigkeiten teilweise noch stark unterschätzt werden.

Beim Betrachten einer Szene zum Spiel offenbaren sich bei Frau Ku. ein Bild vom eigenaktiven explorierenden Kleinkind und ihre an den Bedürfnissen und Interessen orientierte sowie weniger angstbetonte Handlungsweise: „(…) darauf eingehen, auf jedes einzelne Kind, auch wo die Interessen liegen, eins klettert mehr, eins spielt lieber mit dem Ball (…)" (Z 147-148). Auf provozierende Nachfrage des Interviewers entwickelt sie Ideen, die Erfahrungsräume der Kinder zu erweitern: „(…) dass ich dann noch mehr Freiraum lasse den großen Flur öffnen … oder oben in den Turnraum gehen (…), dass man (…) noch mehr Klettermöglichkeiten bietet (…) (Z 144-146). Zwar hält sie die Beobachtung für unerlässlich, die Interessen des Kindes leitet sie jedoch vordergründig von sich wiederholenden Handlungen der Kinder ab, spontane und kurzweilige Aktionen werden eher weniger berücksichtigt: „(…) ist das Interesse immer bei den Kindern und da würde ich auch ansetzen dann" (Z 150-151). Die Rolle als Beobachterin scheint hier noch ebenso unausgereift zu sein wie auch das verinnerlichte Bild vom experimentierenden und forschenden Kleinkind. In ihren Darstellungen über den Umgang mit den Gefahren für die Kinder während ihres Erkundungsverhaltens betont sie ihre Gelassenheit, verweist dennoch auf die Beobachtung, um echte Gefahren zu erkennen und gegebenenfalls abzuwenden. Ihre Gelassenheit begründet sie mit der Notwendigkeit des Erfahrungslernens des Kleinkindes. Ebenso betont sie die Bedeutung von emotional positiv geladenen Bildungssituationen: „(…) die Kinder hatten ihren Spaß dran (…) und warum sollen sie dann nicht ihre eigenen Erfahrungen machen, in dem Punkt bin ich belastbar" (Z 166-168). Es liegt der Schluss nahe, dass die begleitende Rolle im Handeln der Pädagogin durchaus zum Tragen kommt. Sie gesteht ein, dass gerade bei Kleinkindern die Gefahr des vorschnellen Eingreifens besteht, was in der Helferrolle der Erwachsenen begründet liegt. Es wird deutlich, dass sich Frau Ku. als Lernende versteht, aber ein Umdenken hauptsächlich durch persönliche Erfahrungen begünstigt wurde: „(…) das bringts die Jahre dann immer mehr mit sich, dass man sich immer ein bisschen mehr geöffnet hat (…), wir sind eine Großfamilie gewesen (…), dass man dann doch ganz anders damit umgeht"(Z 185-188). Weiter betont sie besonders die Bedeutung der Förderung der Peerbeziehungen, indem sie selbst Zurückhaltung wahrt und die Kinder eigenständig handeln lässt.

Des Weiteren kritisiert sie vorsichtig die passive und hauptsächlich beschützende Handlungsweise ihrer Kollegin, die durch eine begleitende Handlung erweitert werden müsste. Sie argumentiert damit, dass die Kleinkinder neben der emotionalen und körperlichen Zuwendung ebenso auch die Anregung von Seiten der Erzieherin benötigen, um ihre Welt zu erkunden: „(…) aber wenn so nach einer gewissen Zeit, so Kuschelzeit, würde ich vielleicht versuchen, so (…) das Kind zu irgendwas zu motivieren" (Z 203-205). Das Betrachten einer weiteren Szene löste bei Frau Ku. Aha-Effekte aus: „(…) das Kind hatte sichtlich Spaß, das Knistern, und da sieht man wieder, mit was für einfachen Mitteln man eigentlich auch Kinder begeistern kann" (Z 220-221). Es wird wiederholt erkennbar, dass die Konsequenzen für das eigene professionelle Handeln im Alltag noch nicht ausreichend vom aktuellen (theoretischen) Bild vom forschenden und experimentierenden Kleinkind ausgehend abgeleitet werden können. In ihrer positiven Bewertung über den bisherigen Verlauf der Umstrukturierung argumentiert sie mit der Begünstigung der Förderung der sozialen Kompetenzen in altersgemischten Gruppen (0-3 Jahre): „(…) und das sagt mir, dass man auf einem wirklich richtigen Weg ist, dass Kleine und Größere wirklich gut in einer Gruppe miteinander leben können (…)" (Z 223-225).

Das Betrachten der Szenen motiviert Frau Ku. insofern, die eigene Handlungspraxis zu überdenken und alternative Handlungsweisen abzuleiten bzw. die eigenen Wahrnehmungen zu sensibilisieren: „(…) was wir als Erwachsene wegschmeißen, unachtsam (…) und wenn man es nur in eine Ecke tut und abwartet was die Kinder damit machen" (Z 238-240). „(…) sogar ein kleines Kind (…), dass die auch schon die Karte gestalten kann (…) und dass man doch ein bisschen belastbar ist und aushalten kann (…)" (Z 287-289). Hierdurch wird offenkundig, dass ein theoretisches Defizit über die frühkindlichen Bildungsprozesse der unter Dreijährigen besteht. Sie reflektiert das eigene Handeln und das ihrer Kolleginnen und zeigt selbstkritisches Verhalten, indem sie die eigene dominante Arbeitsweise beanstandet. In diesem Zuge wird die führende Rolle deutlich: „(…) wichtiger wäre gewesen, wirklich, dass auch von den anderen Kolleginnen da mal mehr mit dann zufasst, eingreift (…)" (Z 392-393). Frau Ku. bemängelt das unzureichende Angebot an Materialien für den kreativen Bereich, zeigt sich doch, dass gerade da die Kinder Wohlbefinden äußern, wo ihnen kreatives Gestalten ermöglicht wird: „Zeigt mir, wie viel Spaß und Freude die Kinder daran eigentlich haben und sagt mir auch, wie wenig wir eigentlich Farbe und Pinsel nutzen" (Z 250-251). Obwohl das Personalproblem und die Altersmischung als Argumente erwähnt werden, offenbart sie eine lösungsorientierte Haltung: „(…) dass man da wirklich auch noch nach Möglichkeiten sucht (…)" (Z 258-259). Frau Ku. reflektiert ihre eigene und die Handlungsweise ihrer Kollegin; so erkennt sie den Entwicklungsbedarf in Bezug auf die Gestaltung einer anregenden Umwelt: „(…) da sieht man doch, wie man doch in die Persönlichkeit des Kindes eingreift und die Kinder eigentlich einschränkt; könnte man öfter anbieten (…)" (Z 263-266). Des Weiteren begreift sie die Bedeutung der Peerbeziehungen in altersgemischten Gruppen, werden doch auch die jüngsten Kinder durch die älteren zu bestimmten Lernprozessen angeregt. In den Kommentaren zu einer Szene des Ausziehens eines Kindes offenbart sich bei Frau Ku. zunächst die helfende und führende Rolle. Später gelangt sie jedoch von allein zu der Erkenntnis, dass das Kind die Gelegenheit hatte, zunächst eigenständig tätig zu sein. Obwohl sie ihre lenkende Rolle weiter ausübt, erkennt sie auch die Bedeutung der begleitenden Beobachtung.

Ihre Darstellungen zum Experimentieren des Kleinkindes bei feuchter Witterung bescheinigen Frau Ku. ein vages Bild vom experimentierenden Kleinkind. Die Einschränkung der anregenden Umwelt und damit der Bildungsprozesse erfolgt zum einen aus Gründen des Gesundheitsschutzes. Obwohl Vorstellungen über die Notwendigkeit der Erweiterung der Bildungsgelegenheiten vorhanden sind, scheint es an den erforderlichen äußeren Bedingungen (Regenbekleidung) zu scheitern. Hierfür wird primär die mangelnde Mitarbeit der Eltern verantwortlich gemacht, welche finanzielle Gründe nennen: „(...) es kostet alles sehr viel Geld, unsere Eltern neigen dann halt dazu, die wachsen zu schnell raus (...)" (Z 471). Die Erweiterung des Angebotes im Innenbereich wird von Frau Ku. erst nach direkter Nachfrage in Erwägung gezogen. Hierbei werden aber Einschränkungen gemacht: „(...), dass man auch einen kleinen Sandtisch und ich würde es sogar zulassen mit einem bisschen Wasser mehr matschen" (Z 460-461). Es zeigt sich, dass die erforderliche Überzeugung und die entsprechende Fachkompetenz noch nicht vorhanden sind und sich dies im Handeln niederschlägt.

Abschließend ist zu konstatieren, dass die Betrachtung der Videoszenen und auch die Anwesenheit des Forschers über den Beobachtungszeitraum Aha-Effekte erzeugten und das eigene Handeln intensiver reflektiert: „(...), dass man eben mit DVD arbeitet, dass man seine Arbeit so reflektiert kriegt, war super interessant (...), wie bei uns so der Alltag ist (...), wie wir uns auch geben (...) und ich hätte am liebsten schon loslegen können um wieder was zu verändern (...)" (Z 489-493). In diesem Zuge betont sie die Notwendigkeit, die Elternarbeit intensiver zu gestalten.

Frau Ku. verweist auf die unzureichend vernetzte Arbeit im gesamten Haus; so kristallisierte sich am Ende des Gespräches eine Lücke in der Teamarbeit und ein unzureichendes Engagement der Kolleginnen im Kindergartenbereich heraus: „(...) dass man noch übergreifender arbeiten kann (...), dass man sich öffnet, dass die Kinder einen besseren Übergang, so wenn sie jetzt (...) in die Mischgruppen gehen (...)" (Z 500-506). Des Weiteren werden Veränderungswünsche in Hinblick auf die Raumgestaltung und den Umgang mit den Kindern offenbart, was die für ihre Selbsttätigkeit erforderliche Zeit anbelangt. Frau Ku. lenkt ein, dass es letzten Endes eine Frage der Einstellung (Flexibilität, Kreativität) und der (lösungsorientierten) Handlungsweise der Pädagoginnen ist, inwieweit sich Veränderungen vollziehen. Dabei vergleicht sie die Teamentwicklungsprozesse mit den Bildungsprozessen der Kinder: „(…) so wie es bei den Kindern ist, sich ausprobieren (…)" (Z 528-529). Sie bezeichnet Teamentwicklung als eine Veränderung, die nur gemeinsam erfolgen kann, wo sich jeder als Lernender begreifen muss und wo jede Erfahrung – positiv wie negativ – das Team weiterbringt.

6.3.5 Kollektive Orientierungen

Die kollektiven Orientierungen wurden durch Ad-hoc-Befragungen im Feld Kinderkrippe eruiert, wobei auch hier das normative Grundmuster der Neurobiologie die Grundlage bildete.

6.3.5.1 Das Bild vom Kind und die Rolle der Erzieherinnen im frühkindlichen Bildungsprozess

Von den Pädagoginnen des Krippenbereiches wird das Kleinkind zum einen als ein eigenaktives und kompetentes Wesen verstanden, welches für seine vielsinnlichen Wahrnehmungen eine anregende Umgebung benötigt. Dabei sehen sich zwei der Befragten als diejenigen, die diesen Prozess der Kleinkinder begleiten. Dabei wird die Beobachtung als wesentliche Voraussetzung für die Begleitung herausgestellt. Zwei negative Gegenhorizonte zeigen sich bei den Erzieherinnen der jüngsten Krippenkinder, die das Kleinkind zwar als forschend und neugierig charakterisieren, ihren Fokus jedoch darauf richten, dass es zunächst doch im Bereich der Selbstbedienung auch unselbstständig, also inkompetent gilt: „das müssen sie erst mal lernen, wie man isst" (BF E2 a C, Z 27). Vermutlich aufgrund ihrer sauberkeitsorientierten Haltung favorisieren sie zunächst die Entwicklung von Selbstständigkeit im Bereich der Selbstbedienung zu den Mahlzeiten und beim Ankleiden: „alleine zu waschen, alleine zu essen"; „die Hose hoch und runter zu ziehen" (BF E2a C, Z 7-9; BF E3 a C, Z 6). Zur Entwicklung bestimmter Fähigkeiten sehen sich die beiden Erzieherinnen nach wie vor in der Führungsrolle: „die Kinder werden in dieser Zeit zur Selbstständigkeit angeleitet" (BF E2a C, Z 7). Ihr Anspruch über die korrekte Ausübung von bestimmten Tätigkeiten „richtige Löffelhaltung", „das Brot richtig halten", „ist die aufrechte Haltung ordentlich am Tisch" (BF E3 g C, Z 8) bescheinigt ihnen eine perfektionsorientierte Handlungsweise und verweist sie vermutlich somit in die Führungsrolle. Widersprüchlich erscheint dann die Betonung, dass die Individualität Berücksichtigung finden müsse.

Grundsätzlich wird von allen Befragten die Entwicklung des Kindes nicht vom Alter abhängig gemacht, sondern von seinem Entwicklungsstand. In diesem

Zuge betonen die zwei genannten Erzieherinnen wieder ihre lenkende und helfende Rolle, wenn es dann darum geht, die Kinder in ihrer Entwicklung voranzutreiben: „weil es eben noch nicht so weit ist, muss eben ein bisschen mithelfen" (BF 2d C, Z 17-18). Im Bereich der Sauberkeitserziehung offenbart sich eine schon tolerantere Haltung: „sie redet zwar viel, aber eben mit dem Sauberwerden ist die noch nicht ganz so, ja und das muss man akzeptieren" (BF E2 d C, Z 26-27); „ein Kind lernt das früher, eins später" (BF E2 a C, Z 35).

Von allen befragten Erzieherinnen wird der Beobachtung des Kindes eine besondere Bedeutung beigemessen, die vor allem bei der Leiterin und Frau Ku. weitgehend auf der Grundlage einer stärkenorientierten Sichtweise auf das Kind erfolgt: „dass jedes Kind dort abgeholt wird, wo es steht" (BF E1 i C, Z 6-7); „wir bieten an sich nur Angebote ..., die stammen aus den Beobachtungen" (BF E4 d C, Z 22-23); „was sind die Vorlieben, was spielt das Kind gerne" (BF E1 i C Z 9); „(...) gehen (...) davon aus, was kann das Kind schon (...)" (BF E 4 f C, Z 10-11). In anderen Orientierungen kommt auch die helfende (führende) Handlungsweise und ein defizitorientierter Blick zum Tragen: „(...) wie gebe ich ihm eine Hilfestellung für das, was ich bei ihm noch nicht so beobachtet habe (...)" (BF E 4 f C, Z 11-12). In diesem Zuge werden bei der Leiterin Wissenskompetenzen über neurobiologische Erkenntnisse deutlich: „(...) dieser Aufbau über Synapsen ... erfolgt nur ..., wo schon irgendwelche (...) Erlebnisse dagewesen sind, darauf kann eigentlich nur aufgebaut werden" (BF E1 d C, Z 9-12).

Die Ermöglichung der Eigenständigkeit der Kinder wird bei zwei der Befragten auf das vorhandene Spielmaterial beschränkt, wobei eine Beschneidung der frühkindlichen Bildungsprozesse durch die Unerreichbarkeit der „kleinen Sachen wie Stecker und so" (BF E2 f C, Z 12) vorgenommen wird.

Das Wohlbefinden der Kinder leiten die Pädagoginnen vordergründig von der positiven Mimik und dem Maß an körperlicher Zuwendung zur Bezugsperson in der Krippe ab: „sieht man, dass schon morgens wenn, die Kinder kommen, sie strahlen, sie lachen" (BF E 2 c C, Z 5-6; BF E1 c C, Z 6); „manchmal kommen die Kinder, wollen einen umarmen (...) kommen auch gerne zu uns, schmusen mal" (BF E2 c C, Z 7-10; BF E 1 c C, Z 17; BF E2 c C, Z 10; BF E3 b C, Z 10). Ferner spielt das aktive Explorationsverhalten bzw. die Gestaltung von Peerbeziehungen eine Rolle (BF E 3 b C, Z 14-17). Ein negativer Gegenhorizont findet sich in der unzureichenden Akzeptanz des Trennungsschmerzes: „dann kommen manchmal Kullertränchen, so dass wir dann eigentlich wieder Schwierigkeiten haben" (BF E1 c C, Z 10-11). In den Schilderungen zum Wohlbefinden offenbart sich immer noch eine primäre pflegerische und sauberkeitsorientierte Handlungsweise: „wenn das Kind uns schon mal Nahrung abnimmt (...), wenn der Po sauber ist, wenn es satt ist" (BF E3 b C, Z 9-12).

In den Beschreibungen zur Eingewöhnung der Kinder zeigt sich eine einheitliche Orientierung in Bezug auf die individuelle Gestaltung: „manche Kinder brauchen eine lange Zeit die Eltern zur Begleitung" (BF E1 f C, Z 11); „(…) wie ist das Kind bis jetzt aufgewachsen (…)" (BF E4 g C, Z 8). In den Darstellungen über die Gesprächsinhalte wird ein ausgewogenes Verhältnis bezüglich des Interesses der Erzieherinnen an den Abläufen im Elternhaus und gleichzeitig auch ihrer informierenden Rolle zu den Gegebenheiten in der Einrichtung deutlich. Hinsichtlich der Eingewöhnungsdauer (2 Wochen) wird mehrfach betont, dass primär die Eltern den Rhythmus bestimmen: „also wir lassen die Eltern entscheiden, wie sie es machen möchten" (BF E 2 g C, Z 12); „(…) dass wir die Mutti entscheiden lassen, kommt sie ein paar Tage oder möchte sie nur einen Tag mal das Kind hier erleben (…)" (BF E 4 g C, Z 19-20; hierzu auch BF E 3 i C, Z 32); „(…) aber immer abhängig wie die Eltern das auch sehen und empfinden" (BF E3 i C, Z 36). Erst zweitrangig wird von den meisten Erzieherinnen auch die Reaktion des Kindes auf die neue Situation als Anhaltspunkt berücksichtigt: „dass man dem Kind erst mal Zeit gibt, die neue Umgebung zu erfassen (…), Kontakte zu knüpfen" (BF E3 i C, Z 22-25); „(…) aber am wichtigsten ist immer, was möchte, wie geht es dem Kind dabei gut (…)" (BF E3 i C, Z 37-38). Die Überbetonung der hohen Entscheidungsfreiheit der Eltern könnte auf die Zurückhaltung und Unsicherheiten der Erzieherinnen gegenüber den Eltern zurückzuführen sein. Anderenfalls wäre es auch möglich, dass die Eltern zu einer rascheren Abwicklung gedrängt werden, was Aussagen in den Elterngesprächen teilweise bestätigen (siehe 7.3.6). Der Anspruch, dass „(…) das Kind sich wohlfühlt vom ersten Tag (…)" (BF E2 g C, Z 28) lässt befürchten, dass die Kinder hier einer nicht zu erfüllenden Erwartungshaltung ausgesetzt werden. Das für das Wohlbefinden erforderliche Vertrauensverhältnis des Kleinkindes zu seiner neuen Bezugsperson schaffen die Pädagoginnen hauptsächlich durch körperliche Zuwendung und ein schrittweises Bekanntmachen mit dem neuen Umfeld.

Veränderungswünsche der Erzieherinnen zeigen sich hinsichtlich der Verlängerung der Vor- und Nachbereitungszeit, vor allem um die Beobachtungsdokumentation und den erforderliche Austausch darüber adäquat zu gestalten: „(…) die Beobachtung … läuft sehr gut …, aber was dann die Auswertung ist, der Austausch (…) würde ich mir alles so intensiver wünschen (…)" (BF E3 n C, Z 16-19); „(…) diese ganze schriftliche Arbeit (…) mittags hat man dann mal Zeit und dann ist wieder ein Kind wach, man ist alleine (…) (BF E 2 1 C, Z 37-43; hierzu auch BF E 4 l C, Z 19-22). Desgleichen wünschen die Pädagoginnen eine stärkere gruppenübergreifende Arbeit im gesamten Haus und argumentieren mit der Sicherung des Wohlbefindens der Kinder beim Gruppenwechsel. In diesem Zuge postulieren sie die Gewährleistung des Erfahrungsaustausches innerhalb des gesamten Teams.

Die unzureichende Implementierung des Bildungsplanes wird von einer Erzieherin besonders kritisch herausgestellt: „(…) dass *bildung elementar* anders in die Einrichtungen herangetragen werden würde, dass wirklich kompetente Leute in die Einrichtung kommen (…)" (BF E 3 c C, Z 19-21). Obwohl die Erzieher sich selbst den Bildungsplan sehr gründlich erarbeiteten („Seite für Seite sind wir am Durcharbeiten"; BF E3 C, Z 49-50), scheinen sie die (fachgerechte) Unterstützung von außen für unerlässlich zu halten.

Darüber hinaus werden Wünsche zur besseren Raumgestaltung deutlich, um den Kindern weitere Erfahrungsräume anbieten zu können. In einer weiteren Orientierung dokumentiert sich die Kritik gegenüber der familienpolitischen Reglementierung.[57] Es wird betont, dass gerade Kinder aus benachteiligten Familien nicht die gleichen Bildungschancen erhalten: „(…) Kinder, die mittags gehen, Kinder, die den ganzen Tag Anspruch haben (…)" (BF E 21 C, Z 8-9).

6.3.5.2   Die professionelle Haltung der Erzieherinnen

Obwohl sich die Einrichtung „Steckenpferd" seit dem Jahr 2000 im Umbruch befindet, wird betont, dass es vor allem auch die Einführung des Bildungsplanes war, die die bereits vorhandene neue Konzeption abrundete und die Weiterentwicklung der Einrichtung forcierte. „*bildung elementar* ist eigentlich das, was bei uns in Sachsen-Anhalt greift" (BF E 1 e C, Z 8-9); „(…) haben wir festgestellt, dass … der situationsorientierte Ansatz sich sehr gut in *bildung elementar* einfügen kann" (BF E2 e C, Z 26-28); „(…) *bildung elementar,* das ist ganz wichtig für uns (:..)" (BF E2 i C, Z 10). Hauptschwerpunkt in der Umsetzung des Bildungsplanes ist die Berücksichtigung der Individualität des Kindes, die durch die Beobachtung erfasst wird.

Im Fokus der Beobachtung steht die Entwicklung der Selbstständigkeit und dass die Kinder Erfolgserlebnisse erhalten. Der Gemeinschaft wird dabei eine besonders positive Rolle zuerkannt: „(…) jedes Kind hat auch andere Voraussetzungen (…) und bringt vieles mit rein (…) und (…) die anderen Kinder wieder ganz viel zu Erlebnissen bringen (…)" (BF E 4 f C, Z 23-26). Die Schaffung von Bildungsgelegenheiten ist nicht mehr altersbezogen, sondern eher an den Interessen des Kindes orientiert. Allerdings wird aufgrund der angstbetonten Haltung eine beschützende Handlungsweise gegenüber den jüngsten Kindern spürbar, welche die Selbstbildungsprozesse teilweise eingrenzt: „(…) da setze ich auch

---

57 In Sachsen-Anhalt wird der Anspruch auf einen Ganztagsplatz von der Erwerbstätigkeit der Eltern abhängig gemacht (KiFöG, 2004, § 3 Abs. 1, Satz 1).

mal die Kleineren mit ran (…), da muss man eben aufpassen, die stecken schon mal die Stifte in den Mund" (BF E 2 e C, Z 14-16); „(…) die kleinen Steckbretter (…) die haben wir auch oben stehen, weil die Kinder dürfen ja nicht, weil so viele kleine dabei sind und die stecken die nur in den Mund (…)" (BF E 2 e C, Z 18-19).

Fortbildungsmöglichkeiten nutzen die Pädagogen der Einrichtung über Selbststudium der Fachliteratur und eine jährlich stattfindende Weiterbildungsveranstaltung, die direkt vom Begründer des situationsorientierten Ansatzes angeboten wird. Dabei betonen sie die positive Art der Vermittlung: „(…) er bringt das gut rüber (…), man kann nicht abschalten (…) weil, der gestaltet das so interessant und verständlich … bringt er das rüber (…)" (BF E 2 i C, Z 30-32). Andere Weiterbildungsveranstaltungen werden nach den persönlichen Interessen gewählt. Außerdem gibt es die verpflichtende Teilnahme an zwei bis drei „Mitarbeiterfortbildungen" (BF E 3 k C, Z 18). Des Weiteren werden auch die Dienstberatungen innerhalb des Hauses zur gegenseitigen Reflexion und zum Erfahrungsaustausch genutzt. Fortbildungsinhalte werden hier für alle Mitarbeiterinnen transparent gemacht. Im Fokus der vom Träger initiierten Weiterbildungen steht die Umsetzung des Bildungsprogrammes. Darüber hinaus werden Angebote der ver.di oder vom Landkreis wahrgenommen bzw. von anderen kirchlichen Trägern. Die Kosten für Fortbildungsveranstaltungen übernimmt der Träger, die Fahrtkosten tragen die Mitarbeiterinnen selbst. Veranstaltungen, die aufgrund ihrer Entfernung weite Anfahrtswege erfordern, werden weniger bevorzugt und hauptsächlich nur dann genutzt, wenn mehrere Kolleginnen gemeinsam fahren können.: „(…) haben meine Mitarbeiter immer so ein bisschen Problem, allein wohin zu fahren" (BF E 1 g C, Z 45-46). Es zeigt sich, dass hier eine gewisse Inflexibilität vorhanden ist, die aus einer angstbetonten Haltung heraus resultiert. Die Pädagoginnen werden von der Arbeitszeit freigestellt, da fünf Fortbildungstage im Jahr zur Verfügung stehen. Auch von Erzieher-Praktikanten würden die Erzieher sehr gern profitieren, was jedoch aufgrund der fachlichen Ausbildung nicht möglich ist: „(…) unsere Ausbildung war eine intensivere vom Fachlichen her" (BF E 3 k C, Z 14-15). Auf der Leitungsebene wird gemeinsam mit dem Träger vereinbart, welche Fortbildungsinhalte erforderlich sind: „(…) wir setzen uns immer als Leiter da zusammen (…) und überlegen (…), was sollte jetzt wieder dran sein" (BF E 1 g C, Z 8-11). Diese gezielten Veranstaltungen finden am Wochenende statt, damit alle Mitarbeiter die Chance zur Teilnahme haben.

In den Darstellungen zur Umstrukturierung der Einrichtung betonen alle Pädagogen den zeitintensiven Prozess von mehreren Jahren (mittlerweile neun Jahre). Erste Umgestaltungen vollzogen sich im Kindergartenbereich; es handelte sich zunächst um die Schaffung altersgemischter Gruppen und das „offene

Frühstück" (BF E1 b C, Z 61). Den Anstoß für die Umstrukturierung gab eine Erzieherin des Kindergartenbereiches, die erste Ideen aus einer Fortbildung zum situationsorientierten Ansatz in das Team transportierte. Diese Fortbildung wurde teilweise als wissenschaftliche Begleitung angesehen. „(…) von da aus, sag ich mal, war man nicht so alleine auf weiter Ebene und dann ging das eigentlich so sehr schnell" (BF E 3 m C, Z 41-42). Der Umgestaltungsprozess wurde auch durch die Möglichkeit des Austausches mit anderen Einrichtungen vorangetrieben (ebd., Z 49). Die aktive und ausführliche Auseinandersetzung mit dem Bildungsplan stellte einen zeitintensiven Prozess dar: „(…) dass wir wirklich Seite für Seite durchgegangen sind" (BF E 4 k C, Z 13-14). Diese Vorgehensweise verlieh den Mitarbeitern jedoch eine gewisse Sicherheit für die tägliche Arbeit: „(…) und dadurch fällt es mir persönlich jetzt nicht so schwer, das in die Praxis umzusetzen" (BF E 4 k C, Z 16-17). Dennoch stellte das Umdenken für die Pädagogen eine hohe Anforderung dar, wegen der jahrzehntelang anders gestalteten Krippenpraxis: „(…) weil ja viele Jahre doch diese andere Arbeit noch in jedem drin steckt (…)" (BF E 4 k C, Z 27-28).

In den Beschreibungen zur aktuellen Erzieherausbildung erfolgt eine Differenzierung im qualitativen Niveau zwischen den Ausbildungsstätten. Dabei wird insbesondere auf die Durchführung der Beobachtung eingegangen: „(…) sie sollte Beobachtungen durchführen und dass das sich eigentlich immer wiederholt hat (…)" (BF E 2 h C, Z 14-15). Es werden ebenso die zu gering vernetzte Zusammenarbeit zwischen Einrichtung und Ausbildungsstätten („Einblick kriegen, was ist der Lehrstoff", BF E 3 j C, Z 15-16) sowie der zu spärlich ausfallende Anteil der praktischen Ausbildung bemängelt. In diesem Zuge wünscht sich die Einrichtung selbst auch von den neuesten theoretischen Erkenntnissen der Erzieher-Praktikanten für die eigene Weiterentwicklung zu profitieren. Ebenso hält sie auch die sporadische Präsenz der Lehrer während der Praktika in den Einrichtungen für bedeutungsvoll. Desgleichen sollten die Ausbildungsstätten sich im Vorfeld mit der konzeptionellen Arbeit der Einrichtungen vertraut machen, welche sich die Auszubildenden wählen. Bei den derzeitigen Praktikanten offenbart sich eine Überforderung in der Reflexion der praktischen Arbeit. Unsicherheiten entstehen vordergründig aufgrund der unterschiedlichen Handlungsweise von Ausbildungsstätten und Einrichtungen. Es kann davon ausgegangen werden, dass die Lehrinhalte in den Schulen mit den Inhalten in der Praxis nicht konform gehen bzw. die Didaktik hierzu nicht adäquat vermittelt wird: „(…) selber merkt man, dass sie flexibel sind, junge Leute auch vom Lernen und Denken her, dass sie sich auf was einlassen können, aber dass es immer wieder eine Hemmschwelle ist, dass wirklich Angstzustände auch da sind, dass sie der Schule dann nicht gerecht werden (…)" (BF E j C, Z 32-35); „(…) dass sich das oft nicht vereinbart, was sie in den Schulen durchnehmen (…) und eben auch die Schwierigkeit haben, Praxisaufträge auszuführen und ... auszuwerten" (BF E 4 h C, Z 14-18). Es offenbart sich ein Widerspruch zwischen den Praxisaufträgen und der Arbeitsweise in der Einrichtung „Steckenpferd". Es wird angenommen, dass die Praxisaufgaben in weiten Teilen noch nach altem Ausbildungsmuster gestellt werden: „(...) die eben schon berichten müssen, wie habe ich die und die Aufgabe gemacht und wie bereite ich die vor und wie führe ich das Kind ran und wie erledige ich mit dem Kind die Aufgabe" (BF E 4 h C, Z 34-36). Auch die Zugangsvoraussetzung zum Erzieherberuf über die Kinderpfleger-Ausbildung kann von den Pädagoginnen aufgrund der fehlenden kognitiven Voraussetzungen nicht nachvollzogen werden: „(...) da sind ganz ganz große Unterschiede zu erleben" (BF E 4 h C, Z 55).

6.3.5.3 Die Führungsmodi der Leiterin

In ihren Ausführungen zur Weiterentwicklung der Einrichtung offenbart Frau Marbach (Frau M.) ihre Bereitschaft, sich selbst als Lernende zu begreifen, indem sie ihr bisheriges methodisches Instrumentarium durch den Einsatz der Videographie erweitern möchte: „(...) dass ich dann auch einfach mal sage, wir stellen heute die Videokamera hin (...), um dann mal wieder zu reflektieren und zu gucken" (Z 129-133). Einige Szenen sensibilisierten Frau M. für die Entwicklung von Personalentwicklungsprozessen: „(...) wenn mir das nächste Mal im Spiel das auffällt, dass ich sie einfach darauf anspreche und sage: 'Mensch probiers doch mal so aus' (...)" (Z 244-246). Mehrfach kommt zum Tragen, dass die Videoszenen für die Überzeugungsarbeit der Leiterin in der Auseinandersetzung mit den Mitarbeitern unterstützend wirken können. Während des Video-Konfrontationsinterviews zeigen sich bei Frau M. Tendenzen einer veränderten Sichtweise; sie selbst gelangt zu Aha-Effekten: „(...) von diesen vielen bunten vorgefertigten Spielsachen ein bisschen wegzukommen (...), es soll alles irgendwo ein Verhältnis bilden (...)" (Z 340-343). In den Ausführungen zur Wirkung der Videoszenen auf dem Elternabend offenbart sich ihre Kenntnis vom eigenaktiven, forschenden und sich selbst bildenden Kleinkind und der primäre Blick auf dessen Interessen: „(...) da nochmal ein Stück zu gucken, dass es eben wichtig ist, was möchte das Kind überhaupt tun (...), dass da eben eine spontane Entwicklung, dass eigentlich viel stärker gefördert wird, als wenn ich da irgendwas überstülpe" (LFI MA C, Z 35-38). Das Verständnis über die Bildungsprozesse der Jüngsten ist so weit gereift, dass Frau M. den gesamten Tagesablauf als Lernsituation anerkennt und sich nicht auf bestimmte Bestandteile beschränkt (Z 190-194).

Nach dem Betrachten einzelner Szenen wird deutlich, dass für die Leiterin die eigenständig herbeigeführten Erfolgserlebnisse der Kinder besonders wichtig sind. Dabei scheint ihr die emotional positive Beteiligung des Kleinkindes in Lernsituationen bewusst zu sein: „(...) haben wir ja die leuchtenden Augen gesehen und er wird es öfters mal probieren, es alleine auch zu schaffen (...)" (Z 80-81); „(...) denn an den lachenden Gesichtern hat man gesehen, dass sie es brauchen" (Z 303). In den Darlegungen der Leistungen des Kindes wird ihre wertschätzende Haltung deutlich (Z 169). Beim Betrachten einer Frühstücksszene offenbart sich einerseits das theoretische Bild vom forschenden und eigenständigen Kleinkind, andererseits bestätigt Frau M. aber auch die Führungsrolle: „(...) und so diese ersten Male, wo der Jimmy das durfte, dann gings gleich: 'das kann ich nicht (...)' und dann war da so eine führende Hand (...) und jetzt ist er eigentlich schon mit Freude dabei (...)" (Z 172-176). Es kann davon ausgegangen werden, dass die eigene Handlungspraxis aus dem theoretischen Hintergrundwissen noch nicht hinreichend abgeleitet wird. Im weiteren Gesprächsverlauf wurde der Entwicklungsbedarf im Bereich der Bewegungsmöglichkeiten reflektiert. Das Betrachten der Szenen führt dazu, weitere Ideen zum Ausbau der Bildungsgelegenheiten zu entwickeln. Hier zeigen sich Kenntnisse über das ganzheitlich lernende Kleinkind: „(...) man muss den Kindern noch viel mehr Möglichkeiten geben, gerade so mit Matschsachen, mit Farbsachen sich irgendwo ausprobieren (...)" (Z 256-258); „(...) wir haben so viele einfache Materialien in der ganzen Umgebung zur Verfügung, die wir einfach nur nutzen müssen" (Z 309-310). Erst auf eine provozierende Nachfrage des Interviewers eröffnet Frau M. alternative Handlungsweisen für die Erweiterung der ganzheitlichen Bildungsgelegenheiten in der kalten Jahreszeit. In ihrer Einschränkung auf einen festgelegten Zeitpunkt („Experimentierzeit") äußert sich noch Zurückhaltung, was vielleicht auf die unzureichende persönliche Überzeugung zurückgeführt werden könnte. Vermutlich werden diese Bedürfnisse der Kleinkinder noch nicht ausreichend ernstgenommen, was auf einen unzureichenden Wissensbestand hinsichtlich der Bedürfnisse der unter Dreijährigen hinweisen kann: „(...) so einmal die Woche so eine Experimentierzeit einbauen, dann dürfen sie eben mal (...)" (Z 279). Des Weiteren zeigt sich auch die sauberkeitsorientierte Haltung: „(...) da steht dann mal ein Eimer mit einem Wischlappen bereit, dass es hinterher dann wieder aufgewischt wird (...) (Z 279-280). Die Schaffung einer adäquaten Umwelt im Innenbereich erfährt hier ihre Grenzen, wobei auch mit den finanziellen Möglichkeiten argumentiert wird. Frau M. bemängelt die noch nicht optimal entwickelte offene Haltung der Erzieherinnen bezüglich der ganzheitlichen Sinneserfahrungen der Kleinkinder und argumentiert hier mit der sauberkeitsorientierten Haltung der Eltern: „(...) dann wieder die Ängste vor den Eltern, na wie siehst denn du heute aus (...) (Z 300). Hier entwickelt sie jedoch

Ideen, um auch die Bedingungen für die Kleinsten zu verbessern: „(…) unsere Großen haben wirklich Regensachen, Matschhosen und so was mit und vielleicht sollte man einfach als Überlegung da bei den Kleinen auch gucken (…)" (Z 300-302). Die direkte Betonung der sauberkeitsorientierten Haltung ihrer drei Kolleginnen zeigt, wie sehr doch im Grunde genommen es diese Einstellung ist, die der Erweiterung der Bildungsräume im Weg steht: „(…) wenn ich so an meine Kollegen denke … sind ganz stark ordnungsliebende (…) (Z 318-319). Die Darstellung zur Bereitstellung einer anregenden Umwelt zeigt, dass hier noch weiterer Entwicklungsbedarf besteht: „(…) liegen ständig Papier da, Stifte da, das müssen keine Massen sein, das Grundgerüst ist da, das reicht, aber sie können es sich ständig nehmen (…)" (Z 606-608). Es wird vermutet, dass die Bedeutung der frühkindlichen Bildungsprozesse nicht eindeutig bewusst ist bzw. deren Konsequenzen für die pädagogische Handlungspraxis nicht hinreichend abgeleitet werden können.

Die Beobachtung des Kindes hält Frau M. primär vor allem für die Aussagefähigkeit der Erzieher in den Entwicklungsgesprächen mit den Eltern für besonders wichtig. Die abzuleitenden Konsequenzen für die Bildungsprozesse der Kinder kommen insofern zum Tragen, als dass durch dieses Verfahren die Individualität der Kinder besser berücksichtigt werden kann. Hierbei offenbart sich bei Frau M. eine kindorientierte Sichtweise: „(…) zu erkennen, was das Kind so braucht, dass da eine Weiterentwicklung ist (…)" (Z 182-183). In diesem Zusammenhang betont sie – wenn auch noch etwas vage – die anregende Rolle der Erzieherin: „(…) dieses gute Verhältnis für die Kinder zu finden, das ist eben auch so ein Stück Arbeit der Erzieherin und ganz wichtig" (Z 194-195). Außerdem kritisiert sie den aktuellen (qualitativen) Stand der Beobachtung: „(…) mit diesen Beobachtungen (…) laufen die noch relativ drinne (…), da ist auch noch so eine Überzeugung von mir (…), im Park … haben wir noch gute Möglichkeiten Kinder zu beobachten (…), dieses Spontane was auffällt, da so sofort zu reagieren (…)" (Z 397-404); „(…) es ist immer so gezielt die Beobachtung … das Kind habe ich mir heute vorgenommen (…)" (Z 401-402). Frau M. schätzt ein, dass die Wahrnehmung für situative Beobachtungen ihrer Mitarbeiter noch zu wenig sensibilisiert ist, was vermutlich in der noch nicht klar definierten Rolle der Erzieherin begründet liegt: „(…) ich muss sie einfach runternehmen, um sie zu beschützen und ihnen zu helfen" (Z 384-385). Die teils noch unzulängliche Anwendung der Methode in der Einrichtung begründet Frau M. mit den personellen Bedingungen und bezieht sich hier eher auf die Kindergartengruppen: „(…) es ist ja oft schwierig, alleine in den Gruppen drin, da noch eine Beobachtung zu machen und den anderen Kindern gerecht zu werden (…), das eine kriegen die Erzieher immer noch ganz gut hin, aber hinterher auch die Beobachtungsprotokolle auszuwerten (…)" (Z 142-146). In diesem Zuge unterstellt sie

Politik und Wissenschaft einen unzureichenden Austausch: „(..) da müssten sich die Macher von *bildung elementar* und Regierung … an den Tisch setzen … um die Bedingungen … zu verbessern" (Z 152-153); „(…) kann man mit den Bedingungen (…) also mit Personalschlüssel *bildung elementar* nicht zur vollständigen Zufriedenheit umsetzen, auch, wenn wir es möchten" (Z 153-156), „(…) man sollte eben gucken, passen diese Kinderzahlen oder sollte wenigstens eine Krankheits-Urlaubsvertretung … für die Einrichtung (...) (Z 159-160).

In weiteren Ausführungen zeigt sich eine frustrierte Stimmungslage in Bezug auf die unzureichende Anerkennung des Erzieherberufes: „(…) und dass die Regierung (…) sich einfach mal klarmacht (…) dass die Grundsteine für das gesamte Leben … die Potenzen (…) im Alter von null bis sechs Jahren passieren (…)" (Z 653-656). Sie stellt heraus, dass die seitens der Politik gestellten Forderungen an die Kindertagesstätten aufgrund der Personalproblematik von diesen nicht adäquat erfüllt werden können: „(…) in den Grundschulen haben die Lehrer Zeit dafür bekommen, die Erzieher nicht, obwohl sie die gleiche Arbeit leisten (…)" (Z 647-648).

Im Umgang mit den Krippenkindern wird deutlich, dass sie die individuellen Bedürfnisse der Kinder berücksichtigen möchte: „(…), dass man sagt, die Kleineren lässt man oben … und ich gehe mal mit den drei vier (…) und wir klettern da einfach mal (…)" (Z 408-410). Beim Betrachten einer Szene zum eigenständigen Aufschöpfen des Mittagessens reflektiert Frau M. die emotional positive Beteiligung der Kinder. Sie realisiert jedoch erst bei einer weiteren Szene, dass die Kinder für erste neue Erfahrungen die entsprechende Zeit benötigen, damit deren Erfahrungen auch routinierter ablaufen können und dann auch weniger Zeit in Anspruch nehmen: „(…) Freude (…) die war ja eindeutig zu sehen, es sollte bloß (…), dass es nicht zu lange dauert, dass eben trotzdem noch ein warmes Essen da ist (…) „ (Z 422-424). Die Tatsache, dass sie das Wohlbefinden der Kinder primär an der Temperatur des Essens als an der Eigenaktivität des Kindes festmacht, lässt ein noch unzureichend ausgereiftes Bild vom eigenständig forschenden Kleinkind erahnen. Möglich ist jedoch auch, dass sie ihre eigenen Vorstellungen und Empfindungen auf die Kinder überträgt bzw. ihnen ähnliche Wahrnehmungen zuweist. In ihrer kritischen Äußerung über das zu umfangreiche verbale Begleiten ihrer Kollegin offenbart sich ihre Fähigkeit, Meinungsverschiedenheiten innerhalb des Teams kontrovers zu diskutieren: „(…) die Kinder dürfen nicht zerredet werden (…), die werden ja zugehämmert (…)" (Z 431-432). In der Beschreibung zum Handeln ihrer Kollegin beweist die Leiterin ihren respektvollen und partnerschaftlichen Umgang mit dem Kleinkind: „(…) diesen Teller (…) in dieser Höhe (…), das Kind konnte eigentlich gar nicht sehen, was ist auf dem Teller (…)" (Z 490-491). Sie reflektiert die Führungsrolle ihrer Kollegin und damit die Einschränkung der Eigenständigkeit des Kindes:

„(…) vielleicht trotzdem auch noch einen eigenen kleinen Löffel (…), um vielleicht selber schon mal zu probieren" (Z 494).

Frau M. stellt den Spagat zwischen dem ganzheitlichen Lernen und der Gesunderhaltung heraus:"(…) auch wenn es immer heißt, entdecken … mit allen Sinnen, aber was an dem Stock dann so, der da im Park war, dran sein kann (…)" (Z 460-462). Hier zeigt sie jedoch Alternativen auf, um den Interessen des Kindes gerecht zu werden: „(…) Stöcke sammeln und kann die schrubben (…)" (Z 467). Die Eingrenzung bestimmter eigenaktiver Erkundungen wird nicht zuletzt auch aus Unsicherheit vor den Orientierungen der Eltern vorgenommen: „(…) und ich muss das dann vor den Eltern dann verantworten (…)" (Z 481-482).

Die Forschungssituation nutzte Frau M., das Team bzw. die Einrichtung weiterzuentwickeln, was ihr Verantwortungsbewusstsein und Engagement als Leiterin belegt: „Also für mich war es einfach so eine Gelegenheit, mich selber zu reflektieren, zu gucken (…), mich selber noch mal in nem Foto oder Video zu sehen (…); es gibt bestimmt auch Szenen, wo ich dann denke, naja da kannste noch mal … dran arbeiten (…)" (LFI Ma C, Z 47-53).

Im Umgang mit ihren Mitarbeitern beweist Frau M. einen kooperativen Führungsstil, die Meinung ihrer Kollegen scheint ihr wichtig zu sein bzw. sie ist sich der Tatsache bewusst, dass Entscheidungen für deren adäquate Umsetzung gemeinsam im Team getroffen werden sollten (Z 337-340). Desgleichen ist es ihr wichtig, dass die Mitarbeiter vor allem durch positive Arbeitsatmosphäre motiviert werden und zeigt in ihrer Leitungstätigkeit auch Kompromissbereitschaft: „(…) und dann bin ich aber auch mal Kompromisse eingegangen, weil ein Mitarbeiter soll ja trotzdem freudig zur Arbeit kommen und nicht denken, was will sie jetzt schon wieder von mir (…)" (Z 618-621). In den Ausführungen zu den bisher erreichten Entwicklungen und den noch bestehenden Aufgaben zeigt sich eine optimistische Grundhaltung und ein professionelles Selbstverständnis, dass dieser Prozess sich eher langfristig gestaltet. Ebenso zeigt sie, dass sie das hierbei erforderliche Vertrauen in ihr Team setzt: „(…) das sind eben noch so Sachen, die doch noch in den Köpfen weiter wachsen müssen (…), aber wir sind auf dem Weg und diese Sensibilisierung (…), Bildungsprozesse bei Kindern anzuregen …, wäre so der nächste Schritt" (Z 627-633). In diesem Zuge lässt sich ihr Verständnis darüber erkennen, dass bestimmte Prozesse nur im Team gemeinsam vonstatten gehen können. Dabei gesteht sie zu, dass die Arbeit von zwei Erziehern in einer Gruppe beiden Pädagogen mehr Handlungssicherheit verleiht.

In ihrer positiven Bewertung über das Handeln ihrer Kollegen wird ihre wertschätzende und anerkennende Rolle deutlich: „Also, ich war eigentlich ein bisschen stolz auf die Erzieher den Moment, dass sie das beide wirklich ausgehalten haben und da nicht eingegriffen haben" (Z 73-74; hierzu auch Z 565-566). Allerdings bleibt sie auch kritisch und zieht eher personelle Hintergründe in Erwägung, die für bestimmtes Handeln verantwortlich sein könnten: „Vielleicht war es auch ein bisschen der Umstand, es waren noch viele Kinder drum rum, die auch Hilfe brauchten" (Z 74-76). Frau M. verdeutlicht, dass es einen besonderen Spagat darstellt, die eigenständigen Handlungen der Kinder „auszuhalten" und macht hierfür die frühere Ausbildung verantwortlich, in der die Helferrolle besonders signifikant war.

Die Tatsache, dass die Leiterin selbst im Gruppendienst des Krippenbereiches involviert ist, zeigt einerseits ihre vergleichbare Position innerhalb des Teams. Durch ihre direkte Präsenz im täglichen Ablauf kann sie auch ihrer kontrollierenden und reflektierenden Funktion zeitnah gerecht werden: „(…) gerade bei meiner Zweitkollegin in der Gruppe habe ich sehr stark zu tun gehabt" (Z 95); „(…), dass man reflektiert darüber und gucke mal, der schafft das schon, und nicht wieder dazwischen greifen oder eben auch ausgewertet (…)" (Z 103-105). Zur Unterstützung ihrer Kolleginnen sieht sich Frau M. auch in einer informierenden bzw. aufklärenden Rolle, wo erahnt werden kann, dass sie sich bereits mit aktuellen wissenschaftlichen Erkenntnisse vertraut gemacht zu haben scheint: „(…) also es sind auch viel so Themen, wo wir uns insgesamt … auseinandergesetzt haben, Neurobiologie, was passiert im kindlichen Gehirn (…)" (Z 109-111).

Beim Betrachten einer Szene zum Spiel verdeutlicht Frau M., dass die Umstrukturierungen im Krippenbereich ein besonderes Durchsetzungsvermögen erforderten, so stieß sie bei ihren Mitarbeitern teilweise auf Unverständnis und Gegenwehr. Überzeugende Argumente stellten vor allem die emotionalen Auswirkungen auf die Kinder dar. Sie verfügt über die Fähigkeit, auf die Bedürfnisse der Mitarbeiterinnen einzugehen und gegebenenfalls Kompromisse zu schließen: „(…) da konnte ich dann so mitgehen dass wir die hintere Garderobe zugelassen (…)" (Z 208-209). Frau M. betont, dass sich das Umdenken im Krippenbereich gerade bei einer (jüngeren) Mitarbeiterin besonders schwierig gestaltete, die in der DDR-Krippenpraxis als Mentorin für Studentinnen beschäftigt war: „(…) das ist noch immer mein Kampfproblem mit Claudia, die immer noch sehr gern die Kinder auch beim Fingertupfen führt (…)" (Z 235-237; hierzu auch Z 524-525). Die Benutzung des Begriffes „Kampfproblem" lässt erahnen, dass Umstrukturierungsprozesse sehr zeitintensiv und aufwendig sein können und von der Leiterin hohes Engagement, Überzeugungsarbeit und Durchsetzungsvermögen erfordern. In der Auseinandersetzung mit ihrer Kollegin kann vermutet werden, dass sie hier auch an ihre persönlichen Grenzen gelangt, was vermutlich in der Vielschichtigkeit ihres Aufgabengebietes begründet liegt: „(…) jetzt gehe ich erst mal in den Urlaub und dann werde ich das angehen" (Z 525-526). In diesem

Kontext betont Frau M., dass sie die Anwesenheit des Forschers als Chance sah, um weitere Impulse für die Weiterentwicklung zu erhalten und davon zu profitieren: „(…) und ich würde mir dann natürlich von der Reflexion das noch mal wünschen, dass es auch noch mal von der anderen Seite kommt, weil sie sich schwer überzeugen lässt (…)" (Z 246-248).

Die Umstrukturierung in der Einrichtung vollzog sich im Kindergartenbereich unproblematischer als in der Krippe. Die erschwerte Umgestaltung der Krippe kann neben der dort fest verankerten Beschützer- und Pflegerolle auch im persönlichen Wissensdefizit der Leiterin über den Bereich der unter Dreijährigen begründet liegen.[58] Durch ihre ständige Präsenz im Gruppendienst der Krippe scheint sie für bestimmte Vorgänge besonders sensibilisiert zu sein und kann mithilfe ihres persönlichen Engagements gezielt und zeitnah Einfluss nehmen. Die Tatsache, dass sie Leitungstätigkeit miteinander effektiv vereinbart, bescheinigt ihr die Fähigkeit zum Selbstmanagement und zur persönlichen Abgrenzung: „(…) ich war so ein bisschen Spielball geworden" (Z 547); „(…) ich gehe jetzt vier Stunden komplett in die Gruppe und mache dann ab Mittag mein Büro und lasse mich dann auch nicht mehr … einspannen" (Z554-555). Allerdings betont sie, dass sie diese Haltung letztendlich erst durch eine gezielte Fortbildung gewinnen konnte. Ihre Bemerkung, dass die Kolleginnen die Leitungstätigkeit mitunter auch bagatellisieren, lässt vermuten, dass Frau M. in Ansätzen auch in die Position einer Einzelkämpferin gedrängt wird. Es liegt die Schlussfolgerung nahe, dass die fachliche Unterstützung von außen ihre Leitungsposition stärken würde, wie es durch die Fortbildung zum Leitungsmanagement bereits erkennbar wurde.

In der Gesprächsführung mit den Mitarbeiterinnen lässt sich die Leiterin von ihrem an den Interessen und Bedürfnissen des Kindes orientierten Blick leiten: „(…) ihr müsst überlegen, was kommt allein vom Kind, was für Materialien brauchen sie (…)" (Z 575-576). Die Teamgespräche und auch ihre eigene Beobachtung in den Gruppen führten dazu, dass Frau M. die Vorgänge selbst auch wahrnehmen und gezielt daran ansetzen konnte. Veränderungen wie das Öffnen der Gruppen und das Weglassen der einheitlichen „Töpfchenbank" geschahen aus Sicht der Leiterin vor allem durch deren ständige Präsenz vor Ort: „(…) seitdem ich dann in der Gruppe mit drinne bin mit dem Öffnen im Flur für mich, war eben auch so ein ganz strittiger Punkt, eben auch diese Töpfchenbank (…) solche Sachen, die ich dann eben von Anfang an hier durchgekämpft habe (…)" (Z 579-587). Ihr Handeln begründet sie mit ihrer persönlichen Einstellung zu der Thematik: „(…) weil ich das nicht eingesehen habe, weil ich denke, dass

---

58 Frau M. ist ursprünglich gelernte Kindergärtnerin.

das einfach Zeit ist, die an der pädagogischen Arbeit … verloren geht" (Z 586-588). Dabei setzt sie die Handlungsprioritäten zugunsten der Interessen und nicht der Pflege und Sauberkeitserziehung des Kleinkindes. Durch fachliche Argumentationen konnte sie die Mitarbeiter überzeugen: „(…) durch handfeste Argumente … biologische Entwicklung des Kindes (…), dass das Gehirn das erst steuern muss (…)" (Z 590-593).

Am Ende des Interviews differenziert Frau M. zwischen der Arbeitsweise im Krippenbereich und der im Kindergartenbereich, wobei letzterer sich bislang zur Gruppenöffnung nicht entscheiden konnte. Innerhalb des Hauses scheint eine Trennung zwischen beiden Bereichen zu existieren. Frau M. macht hierfür vordergründig die Inflexibilität und jahrzehntelange Prägung der zumeist älteren Mitarbeiterinnen im Kindergartenbereich durch die DDR-Kindergartenpraxis verantwortlich: „(…) aber da habe ich eben noch ein bisschen das Handicap, dass da drei Erzieher sind, die nur noch kurze Zeit da sind (…), das ist schwer da (…) noch mal komplett die Wendung zu kriegen" (Z 787-791). Es offenbart sich eine resignierende und stagnierende bzw. konfliktvermeidende Handlungsweise der Leiterin, die auf ihre Einzelkämpferrolle zurückgeführt werden könnte. Es kann angenommen werden, dass durch ihre Präsenz in der Kinderkrippe die Abläufe im Kindergartenbereich eine gewisse Selbstläufigkeit erfahren.

Die gemeinsame Gestaltung konzeptioneller Inhalte und die Fähigkeit der Konfliktlösung weist auf eine relativ gefestigte Teamsituation hin. Dies stellt jedoch einen Widerspruch zu der oben aufgeführten Distanz zwischen Krippe und Kindergartenbereich dar. Auf provozierende Nachfrage bezüglich der Bereitschaft aller Erzieher zur gruppenübergreifenden Arbeit bescheinigt Frau M. gerade den älteren Kolleginnen aus dem Kindergartenbereich eine hohe Inflexibilität in der Arbeit mit Kleinkindern. Dabei verweist sie auf die Ängste dieser Pädagoginnen hinsichtlich des unzureichenden theoretischen und praktischen Hintergrundwissens und der Erfahrungen bezüglich der Bildungsprozesse der unter Dreijährigen. In der Betonung der Flexibilität der Krippenpädagogen zeigt sich, dass diese auch von der inneren Einstellung und vom eigenen Interesse und nicht vordergründig vom theoretischen Wissen abhängig ist: „(…) wobei ich mir vorstellen könnte …, die Krippenerzieherinnen … auch im Kindergartenbereich einsetzen zu können …, da ist eigentlich die Aufmerksamkeit da und die würden sich auch da bemühen (...)" (Z 820-822). Die Leiterin ist der Überzeugung, dass die theoretischen Kenntnisse jederzeit angeeignet werden können, primär jedoch die individuelle Haltung der Pädagogen ausschlaggebend ist.

Frau M. kritisiert sehr stark die Qualität der Kinderpfleger-Ausbildung. Sie beklagt das mangelhafte kognitive Potential des zukünftigen pädagogischen Fachpersonals: „(…) und wenn ich da in Deutsch eine Vier sehe und höre hinterher, es wird jetzt bei uns Sprachförderung gemacht, Sprachstandsfeststellung …, dann sollte man erst mal in die Erzieherausbildung reingucken (…)" (Z 666-669). Es besteht derzeit ein Widerspruch zwischen den bildungspolitischen Entwicklungen und dem qualitativen Niveau der Auszubildenden. Daher postuliert Frau M. "gezielte Eignungstests bei der Auswahl von künftigen Erziehern, die vor allem die Prüfung von kognitiven und kreativen Fähigkeiten beinhalten sollten. Besonders der praktischen Ausbildung wird große Bedeutung beigemessen: (…)" ein kleines Studium, aber mit … vielen integrierten Praktika (…) um einen Bogen schließen zu können, was ich in der Theorie habe, hinterher in der Praxis einfach erst mal durchlaufen zu können" (Z 685-688). Deshalb betont Frau M. die Erhöhung des qualitativen Anspruchs in Kindertageseinrichtungen und fordert die Notwendigkeit einer ebenso niveauvollen Ausbildung ein. Sie kritisiert auch die Qualität der Ausbildungsstätten: „(…) in der Ausbildung sind jetzt Lehrer, die halt vom Gymnasium oder so kommen (…), vielleicht sollte man da einfach noch mal gucken (…), auch erfahrene Pädagogen zu finden (…)" (Z 696-699). Aufgrund der qualitativ sehr verschieden ausgerichteten Einrichtungen haben Erzieher-Praktikanten nach wie vor die Möglichkeit, traditionelle Kindertagesstätten auszuwählen. Die dort verankerte Krippenpraxis scheint bequemer und einfacher zu sein und wird von Auszubildenden mit geringerem intellektuellen Niveau wohl eher bevorzugt. Deshalb besteht die Überzeugung, dass die Einrichtungen für die Praktika der Auszubildenden gezielt ausgewählt werden müssen: „(…) dass eben wirklich von den Ausbildungsstätten geguckt wird, mit welchen Kitas arbeiten wir zusammen, wo ist *bildung elementar* überhaupt vertreten (…)" (Z 722-724). Ihr Anspruch, selbst auch von Auszubildenden profitieren zu können zeigt erneut, dass sie sich selbst als Lernende versteht. Allerdings konnte sie diesem Anspruch bislang nicht gerecht werden, da es zunächst die Einrichtung sei, die der Ausbildungsstätte den Weg weisen musste: „(...) die Abschlussprüfung die sollte wirklich so sein, dass die Janine … sich fünf Kinder aussucht, mit denen sie dann zum Thema, was sie zieht, eine 50-Minuten-Beschäftigung macht (…)" (Z 731-734). Es kann stark vermutet werden, dass die Ausbildungsstätten den Bildungsplan noch nicht adäquat anwenden und die Prüfungen eher nach traditionellem Schema verlaufen. Um ein qualitativ hochwertiges Ausbildungsniveau zu erreichen, favorisiert Frau M. eine Ausbildungsdauer von vier Jahren und sie argumentiert mit den – bedingt durch den gesellschaftlichen Wandel – komplexer gewordenen Ausbildungsinhalten.

Die Umstrukturierung in der Einrichtung „Steckenpferd" vollzieht sich seit neun Jahren. Die Gespräche zu dieser Arbeit lösten bei Frau M. Ideen zu Raumgestaltung aus, um die Erfahrungsräume der Kinder zu erweitern. Für die Erweiterung der Erfahrungsräume im Innen- und Außenbereich bemängelt Frau M. die finanziellen Möglichkeiten. Es wird noch nicht gesehen, welche Möglichkeiten unter den gegebenen Bedingungen geschaffen werden könnten. Zum Ende der

Untersuchung konnte sich die Leiterin vorstellen, die Methode der Videographie selbst auch einzusetzen, sowohl für die Elternarbeit als auch zur Forcierung von Personalentwicklungsprozessen.

Abschließend sieht die Leiterin die Politik in der Pflicht, eine Verbesserung der personellen Rahmenbedingungen zu schaffen. Der aus den momentan bestehenden Bedingungen resultierende Zeitmangel wirkt sich aus ihrer Sicht vor allem ungünstig auf die Elternarbeit aus.

6.3.6 Die Elternarbeit

Orientierungen der Erzieherinnen aus den Befragungen

Den Erziehungsberechtigten wird die Expertenrolle für die Kinder zugeschrieben, wenn es um die Zuständigkeiten im Elternhaus geht. Die Erzieher sehen sich selbst ebenfalls als Experten und beziehen dies auf ihre Rolle in der Einrichtung. Grundsätzlich gehen sie davon aus, dass die Eltern in der Hauptverantwortung stehen und sind dahingehend orientiert, dass diese von den Eltern auch oft auf die Einrichtung abgeschoben wird, gerade wenn es darum geht, den Kindern etwas „beizubringen" (BF E1 h C, Z 14). Die Einrichtung selbst sieht sich als begleitende und beratende Institution, die die Verantwortung für die Kinder für den Zeitpunkt des Aufenthaltes in der Kindertagesstätte zu tragen hat: „(…) wollen ja nicht den Eltern irgendwas beibringen (…), aber wir geben eben gerne was weiter, was sie in der Familie auch nutzen können" (BF E4 j C, Z 30-33). Es zeigt sich das Bestreben, dass bestimmte Handlungsweisen von der Einrichtung ins Elternhaus transportiert werden sollen: „(…) aber eben versuchen den Eltern … mitzugeben, dass sie da auch den Kindern ein Stück dieses helfende Syndrom von sich abbauen und die Kinder ein Stück lassen" (LFI E1 C, Z 123-125). Das Verständnis von Erziehungspartnerschaft scheint auch darin zu bestehen, dass zwischen Elternhaus und Einrichtung „gemeinsame Regeln" erarbeitet und dann beiderseits umgesetzt werden bzw. dass Einrichtung und Elternhaus pädagogisch einheitlich handeln sollen: „(…) ist es ganz ganz wichtig, dass man auch einen ganz engen Kontakt zu den Eltern aufbaut und auch auf einer Schiene zu fahren" (BF E3 c C, Z 6-7). Hierin offenbart sich teilweise noch die belehrende Rolle der Erzieher gegenüber den Eltern.

In der Zusammenarbeit mit den Eltern sehen sich die Erzieher in der informierenden Funktion, die sie durch „tägliche Gespräche" (BF E 2 b C, Z 6) und Aushänge zu aktuellen Gegebenheiten im Krippenalltag erfüllen. Dabei wird der stärkenorientierte Blick auf das Kind deutlich: „ eine schöne Nachricht, was das Kind jetzt Besonderes gemacht hat" (BF E 2 b C, Z 8-9). Durch Tür- und Angelgespräche, Elternabende und Spielnachmittage sollen die Eltern in den Krippenalltag einbezogen werden. In den Elterngesprächen verstehen sich die Pädagogen in der (Fachwissen) vermittelnden bzw. aufklärenden Rolle. Durch Wissensvermittlung sollen Eltern über die Thematik der Frühpädagogik im Rahmen von Elternveranstaltungen aufgeklärt werden. Bei den Erziehern besteht eine Erwartungshaltung dahingehend, über bestimmte Vorgänge im Elternhaus informiert zu werden, um bestimmte Verhaltensweisen des Kindes besser nachvollziehen zu können. Die Elternabende seien dafür eine gute Möglichkeit: „(…) bei Elternabenden geben wir jedem Elternteil die Gelegenheit auch preiszugeben, wie ist das Leben zu Hause (…) (BG E 4 b C, Z 13-14). Auch in den Aufnahmegesprächen geht es in erster Linie darum, von den Gewohnheiten des Kindes zu erfahren: „(…) ganz gezielt im Hinblick auf Entwicklungsstand des Kindes, was umgibt das Kind und so weiter (…)" (BF E1 b C, Z 9-10). Desgleichen ist es auch der Anspruch der Einrichtung, dass die Eltern sich für die Arbeit der Erzieher interessieren: „(…) können die Eltern (…) sich informieren, was ist unser Anliegen, was ist zur Zeit … das Hauptthema, was wollen wir gerne mit den Kindern erleben (…)" (BF E 4 b C, Z 19-21).

In den Ausführungen der Leiterin wird deutlich, dass Orientierungen auf Seiten der Eltern daraufhin deuten, dass sie der heutigen Krippenpraxis kritisch gegenüber stehen. Aus ihrem eigenen Erfahrungsraum heraus favorisieren Eltern die traditionelle Krippenpraxis aus der ehemaligen DDR: „(…) möchten, dass das so weitergeht und (…) immer noch meinen, es sollten halt fünfzehn Kinder den gleichen Marienkäfer (…)" (BF E1 b C, Z 30-33). In der Elternarbeit dokumentiert sich die Überzeugungsarbeit als wesentliche Problematik: „(…) es ist ihnen ganz schwer zu verständigen, dass das Kind … durch seine eigenen Interessen lernt (…)" (BF E1 b C, Z 34-35). Den Umgestaltungsprozess erschweren zusätzlich die nach wie vor traditionell arbeitenden Kindertageseinrichtungen, weil die dort vorzufindende Krippenpraxis den Orientierungen vieler Eltern entgegenkommt. Bei den Eltern lässt sich hier ein fachliches Missverständnis über die frühkindlichen Bildungsprozesse konstatieren: „(…) und bei uns können ja die Kinder, ich sag in Anführungsstrichen 'machen was sie wollen' (…)" (BF E1 b C, Z 42-43); „(…) was Fortschritt in Kita ist, das den Eltern begreiflich zu machen, ist ganz schön schwierig" (BF E 1 b C, Z 103-104). In der Überzeugungsarbeit der Einrichtung wird die Transparenz des pädagogischen Alltages sichtbar: „(…) wo ich die Eltern grundsätzlich einlade, die können dabei sein, die könnens erleben bei uns, dass wir sagen, naja ich begleite mal so ein Frühstück und guck mir das an (…)" (BF E1 b C, Z 71-73).

Orientierungen der Eltern aus den Video-Konfrontationsinterviews

In der Einrichtung „Steckenpferd" wurden die Gespräche mit Eltern sowohl von Einzelkindern als auch von Geschwisterkindern geführt. Die interviewten Eltern von drei Kindern waren entweder in Teilzeit oder in Vollzeit berufstätig. Ein Elternpaar war ohne Beschäftigung (Mutter: Hauptschulabschluss, Vater: Schulabgang 7. Klasse) und beide erhielten Hilfe nach SGB II. Eine alleinerziehende Mutter (im Gespräch von der Großmutter des Kindes begleitet), befand sich in einer Maßnahme vom Arbeitsamt (keine Berufsausbildung).

Die Eltern erkennen das unterschiedliche Verhalten ihrer Kinder in der Einrichtung und im Elternhaus, was sie vor allem bei der Einnahme der Mahlzeiten feststellen: „...am Frühstückstisch nimmt er sein Brötchen und steht er wieder auf und läuft er lieber rum ..." (EG Ju C, Z 50-51); „(...) beim Essen dazusitzen bei uns ... nicht mal zwei Minuten" (EG Fe C, Z 10-11). Es zeigt sich, dass manche Eltern in gewöhnlichen Alltagssituationen einen hohen Unterstützungsbedarf haben. Dort zeigt sich ein Wissensdefizit zu Erziehungsfragen und die Dringlichkeit der Aufklärung („... keine fünf Minuten schaffst du es mit dem, Fernsehen zu gucken", EG Fe C, Z 107). Beispielsweise wird der Hochstuhl als Sanktionselement genutzt oder die morgendliche Flasche vor dem Fernseher verabreicht, was eine bequeme und autoritäre, aber auch ohnmächtige Handlungsweise verdeutlicht. Beim Betrachten einer Szene zum Anziehen kommentierte die interviewte Großmutter die Lautstärke: „Ist schon ganz schön Krach" (EG Fl C, Z 71). Das bezieht sie auf die Anwesenheit der jüngeren Kinder, was auf eine skeptische Einstellung zur Altersmischung hindeuten könnte. Diese Vermutung wird durch die Mimik der Mutter verstärkt (zog Augenbraue kurz nach oben).

Mehrfach wird dargestellt, dass das Explorationsverhalten der Kinder im Elternhaus vor allem aufgrund einer angstbetonten Haltung der Eltern (Verletzungsgefahr) eingegrenzt wird: „Nee, wegen umkippen" (EG Ju C, Z 197); „da hätte ich zum Beispiel wieder Angst, weil das wackeln tut" (ebd., Z 410); „Wenn das umkippt, Junge!" (ebd., Z 433). Die Kinder erhalten im Elternhaus mitunter weniger Bewegungsfreiraum als in der Kinderkrippe: „Das ist das, was er zu Hause nicht darf (...)" (EG Ju C, Z 516). Es dokumentiert sich eine überbehütende und aber auch teilweise autoritäre Handlungsweise der Eltern. Das sichtbare Erstaunen über das intensive Explorationsverhalten der Kinder belegt erneut, dass ein hohes Defizit über die Kenntnisse im Bereich der frühkindlichen Bildungsprozesse der unter Dreijährigen seitens der Eltern besteht. Aufgrund ihrer angstbetonten Haltung zum Explorationsverhalten stehen die Eltern der Altersmischung insofern ablehnend gegenüber, als dass ihr Kind die Verhaltensweisen der älteren Kinder imitieren könnte. Auch die Einschränkung der Kinder im Elternhaus bezüglich der Eigenständigkeit belegt diese These: „wir haben zwar so einen Tritt (...), aber er kommt trotzdem noch nicht an den Wasserhahn (die Mutter grinst, während sie dies sagt) und das ärgert ihn (...)" (EG Fe C, Z 82-83); „(...) ich sag dann immer, er soll langsam gehen" (EG Fl C, Z 28). Die Eltern erkennen die kindlichen Bedürfnisse, ignorieren diese jedoch, vermutlich wohl aufgrund von Bequemlichkeit. Die Darlegungen der Eltern machen deutlich, dass die Erfahrungsräume in der Einrichtung für die Kleinen reizvoller sind als die im Elternhaus. Dies bestätigt u. a. die durch den ablehnenden Gesichtsausdruck ironisch wirkende Äußerung einer Mutter, dass Sand „sowieso was Tolles" sei (EG Fe C, Z 103). Die persönliche ablehnende Haltung der Eltern zum Umgang der Kinder mit bestimmten Materialien kann durchaus in einer sauberkeitsorientierten Haltung oder auch im Wissensdefizit zur frühkindlichen Bildung begründet liegen. Es kann davon ausgegangen werden, dass sich die Eltern bei der Schaffung von Erfahrungsräumen nicht immer an den Bedürfnissen der Kinder orientieren, weil ihnen die Notwendigkeit darüber einfach nicht bewusst ist. Die Möglichkeiten der Kinder zum Explorieren überraschen die Eltern teilweise, manchmal nicht unbedingt im positiven Sinne: „Die rasen da aber ganz schön runter, muss ich staunen" (EG Fl C, Z 24). Mit dem Eintritt der Kinder in die Kinderkrippe vollziehen sich positive Entwicklungen vor allem im Bereich der Selbstständigkeit; sie werden von den Eltern als agiler und aufgeschlossener beschrieben. Dabei schreiben die Eltern dem Imitationsverhalten innerhalb der Peerbeziehungen eine besondere Rolle zu: „(...) ich denke mal, das hängt auch viel mit der Krippe zusammen, weil sie sehen es ja von anderen (...)" (EG Fl C, Z 100-101). Aufgrund der Unkenntnis über die frühkindliche Entwicklung kommt es auch zur Überbewertung der kindlichen Leistungen: „Er benimmt sich älter, als er ist, sag ich mal so" (EG Ju C, Z 537).

In der Phase der Eingewöhnung haben sich die Eltern noch an den Vorschlägen der Pädagogen orientiert, würden aus heutiger Sicht sich jedoch mehr Zeit dafür nehmen: „(...) die Eingewöhnung ging eigentlich ziemlich schnell; ersten Tag mit drinne und dann den zweiten Tag eine Stunde und da hat er dann ganz schön geschrien (...)" (EG Fe C, Z 239-241). Es ist anzunehmen, dass die Eingewöhnung nicht individuell sondern eher standardisiert gestaltet wird; manche Eltern hätten aus heutiger Sicht gern mehr Einfluss genommen und bewusst mehr Zeit für diese wichtige Phase investiert: „Ja, so im Nachhinein hätte ich vielleicht drauf bestehen müssen, dass er vielleicht noch zwei drei Tage länger mit irgendwie wäre" (EG Fe C, Z 243-245).

Die hohe Bereitschaft der Eltern zu den Gesprächen für die vorliegende Arbeit beweist das starke Interesse der Erziehungsberechtigten am Krippenalltag. Ihre Äußerungen belegten, dass sie zwar über die Vorgänge im Allgemeinen informiert sind, der Austausch zu Details aber verbessert werden muss: „(...) ich bin mal gespannt was sie so alles kann, was sie uns noch vorenthält" (EG La C,

Z 82). So zeigte sich, dass die Videoszenen als Mittel dienen, die Eltern über ihr Kind eindeutig zu informieren bzw. aufzuklären: „(…) also staune ich, also ich sag doch, unsere Kinder benehmen sich ganz anders" (EG Ju C, Z 36); „(…) stellenweise konnte ich es mir ja nicht vorstellen hier, weil ich denke, naja hier wird er ein bisschen kuscheln und zu Hause die Sau raus lassen (…) aber er ist ja hier auch im Gange" (EG Fe C, Z 191-194). Letzteres Zitat deutet auf eine geringschätzende Wertung der pädagogischen Arbeit hin, dass Krippe also vornehmlich noch als Aufbewahrungsort und nicht als Bildungseinrichtung verstanden wird. Die Präsentation der Videoszenen löste bei den Eltern eindeutige Aha-Effekte aus und regte die Eltern zu neuen Sichtweisen bzw. zu anderen Handlungsstrategien an: „(…) auf den Videos sehe ich aber auch, dass er selbstständig sein kann (…) zu Hause (…) sieht man es schon, aber nicht so richtig, hier kann er es so gut" (EG Ju C, Z 208-210); „Ja, vielleicht sollten wir sie ab und zu probieren lassen" (EG La C, Z 89). Die Betrachtung der Szenen löste hauptsächlich positive Reaktionen bei den Eltern aus: „Also wenn ich die Aufnahmen sehe, ist sagenhaft" (EG Ju C, Z 492); „Ist schon faszinierend wenn man das mal so sieht" (EG Fl C, Z 170). Hilfreich scheinen die Videoszenen auch in der Hinsicht zu sein, dass die Eltern die Ratschläge der Erzieher besser annehmen können: „Ja, das ist ja, was Hanna meinte, er geht über Tisch und Bänke ab und zu, er muss das haben (…) Wir müssen lernen, ihn jetzt loszulassen" (ebd., Z 424-432), „Sowas sieht man ja zu Hause nicht, man hörts immer nur (…)" (EG Ju C, Z 213-214).

Auch Eltern, die sich im Gesprächsverlauf zunächst kritischer und zurückhaltender verhielten, konnten mithilfe der Szenen von der Arbeit der Kinderkrippe überzeugt und zum Austausch mit der Interviewerin angeregt werden: „Schöne Szenen, also (…) heute hat man es mal gesehen" (EG Ju C, Z 641; Z 648; 651); „(…) man weiß ja wirklich nicht, wie er sich gibt „ (…) und dann sieht man mal wie er sich hier gibt" (EG Fe C, Z 269-271). Die anerkennende und wertschätzende Haltung der Eltern zeigte sich besonders bei positivem Verhalten, wenn das Handeln der Kleinen den Vorstellungen der Eltern entsprach, z. B. wenn das Kind „sich aber schön mit all den Sachen beschäftigt" (EG Ju C, Z 88). Maßgeblich die betrachteten Szenen überzeugen die Eltern vom Wohlbefinden ihres Kindes in der Einrichtung: „Es geht ihm ziemlich gut" (EG Ju C, Z 269).

In drei Gesprächen war die sauberkeits- und perfektionsorientierte Handlungsweise der Eltern besonders deutlich: „Er kaut schön aus, bis er trinken tut. Wie er soll." (EG Ju C, Z 147); „Ja, aber ich muss auch nicht hinterher den ganzen Tisch sauber machen (…), das muss ja nicht sein, dass man mit dem Löffel rumschmiert (…) „ (EG Fl C, Z 92-95); „Mit den Fingern…" (EG Ju C, Z 40); „Bei mir macht er das nicht … das Rumschmieren (…)" (EG Fl C, Z 80). Die Sauberkeitserziehung nimmt nach wie vor einen besonderen Stellenwert ein:

„(…) gut, er ist vielleicht noch nicht ganz trocken, aber da arbeiten wir gerade dran, das klappt ganz gut" (EG Fl C, Z 172-173).

Die Eltern stellen heraus, dass ihre Kinder bestimmte Verhaltensweisen aus der Einrichtung ins Elternhaus übertragen: „(…) was hier so passiert, bringt sie auch alles mit (…) sie zeigt uns, was sie Neues gelernt hat (…)" (EG La C, Z 14.15); „Er will immer schon viel alleine machen" (EG Fl C, Z 42); „(…) Hand aufs Blatt hat sie uns dann gesagt, also wenn wir gemalt haben (…)" (EG La C, Z 197). Letzteres Zitat zeigt, dass das Kind auch die führende Rolle der Erzieherin imitiert und ins Elternhaus transportiert.

In den Darstellungen zum Informationsfluss zwischen Einrichtung und Kind dokumentiert sich sowohl ein stärkenorientierter als auch ein defizitorientierter Blick auf das Kind: „(…) dass er lieb war, dass er schön mitgemacht hat" (EG Ju C, Z 214); „wenn er halt mal hingefallen ist" (EG Fe C, Z 226); „über neue Sachen, was nicht so schön war" (EG La C, Z 170); „auch wenn er über Tische und Bänke springt" (EG Ju C, Z 219). Die zeitnahen Informationen der Einrichtung geben den Eltern Sicherheit: „(…) wenn was ist oder so, sagt sie uns sofort Bescheid, die merkt ja auch, wenn Justus was fehlt, dann beruhigt sie uns auch (…)" (EG Ju C, Z 317-319). Einige Eltern fühlen sich bei Tür- und Angelgesprächen oftmals in einer abfertigenden Situation: „(…) wenn irgendwas Auffälliges war, dann kriegt man das an der Tür zu erfahren" (EG Fe C, Z 223-224). Die Eltern berichten aber auch von einer hohen Flexibilität: „Doch, die Erzieher helfen uns schon, wenn mal was ist, wenn wir mal länger in der Stadt sind, wenn ich da vorher mal anrufe (…), man sieht schon, dass Hilfe da ist" (EG Ju C, Z 374-377).

Bestimmte Vorfälle (z. B. körperliche Übergriffe unter den Kindern) werden von den Eltern teilweise noch deshalb toleriert, da sie eine loyale Haltung gegenüber den Erziehern einnehmen und mit dem ungünstigen Betreuungsschlüssel argumentieren: „(…) zehn Kinder und eine Erzieherin, die kann nicht überall sein (…), na gut, die haben es auch schwer" (EG Fe C, Z 132; Z 135).

Der Wechsel ihrer Kinder von der Krippengruppe in die Kindergartengruppe stellt für manche Eltern eine Veränderung dar, die mit Sorgen und Ängsten verbunden ist. Die Eltern sind eher dahingehend orientiert, dass ihre Kinder bis zum Schuleintritt in einer Gruppe verweilen sollten und argumentieren hier mit den bereits entstandenen Peerbeziehungen: „(…) jetzt sind sie so schön, spielen zusammen und oben werden sie auseinander gerissen (…)" (EG Ju C, Z 621). In diesem Zuge kritisieren sie auch veränderte Strukturen im Kindergartenbereich, z. B. beim offenen Frühstück: „(…) da sehen sie sich nicht immer zum Frühstück … hier sitzen sie alle zusammen am Tisch" (EG Ju C, Z 622-623).

Die Eltern mit mehreren Kindern differenzierten stark zwischen dem Entwicklungstempo der älteren und jüngeren Geschwister, wobei letztere wesentlich rascher reiften, vor allem wenn sie wesentlich früher in die Krippe eingetreten waren als die Erstgeborenen: „selbstständig gegessen das alles, er wollte das alles alleine machen"; „er ist schneller" (EG Ju C, Z 297-299). Auch die Orientierung der Kleineren an den Größeren wurde herausgestellt: „Was der Große hat, will er haben" (EG Ju C, Z 96).

Beim Betrachten der Szenen entwickelte ein Teil jener Eltern mit bildungsfernem Hintergrund Ideen zu neuen Handlungsstrategien: „Ja wenn er bei uns zu Hause, jetzt auch unser Waschbecken runter wäre, würde auch gehen, also ohne Probleme" (EG Ju C, Z 192-193); „(…) aber ich stell gerade fest, ich kann meinen Sohn anscheinend auch ohne Gitter jetzt schlafen lassen" (ebd., Z 454-456). In den Darstellungen werden Eigenanteile in der Erziehung der Kinder reflektiert: „(…) naja, man hat uns schon gesagt, wir haben 'eine tolle Angst" (EG Ju C, Z 199). Dem Wunsch, bereits Kinder unter einem Jahr in der Krippe aufzunehmen, konnte aus Kapazitätsgründen bislang nicht entsprochen werden: „Wir wollten ja eher, aber es war ja kein Platz frei" (EG Ju C, Z 313). Herbei zeigt sich eine Distanz zwischen den Bedürfnissen von sozial benachteiligten Familien und den bildungspolitischen Vorgaben.[59] Die Eltern selbst sehen den Bedarf ihres Kindes an einer ganztägigen Unterbringung bzw. erkennen die unterstützende Rolle der Einrichtung bei der Erziehung des Kindes an, stoßen jedoch durch äußere Bedingungen an ihre Grenzen. Aufgrund der finanziellen Lage der Eltern offenbart sich eine Einschränkung der Bildungsmöglichkeiten im Elternhaus: „(…) er hat doch hier Möglichkeiten zum Spielen, was ich zu Hause nicht so direkt bieten kann, wir haben kein Klettergerüst oder so, ich hab nicht, das ich sag mal, … das Geld dafür" (EG JU C, Z 399-401); „(…) auch keinen Spielplatz … Kindergarten ist der einzige Platz, wo er sich austoben kann" (ebd., Z 403-405). Allerdings wird hier auch die Überforderung der Eltern deutlich, wenn es darum geht, den Kindern alternative (kostenfreie) Bildungsräume beispielsweise in der Natur zu ermöglichen.

Die Eltern sahen sich zur adäquaten Förderung ihres Kindes nicht ausreichend befähigt: „(…) ich hatte auch immer das Gefühl, dass ich sie nicht mehr so beschäftigen kann zu Hause, wie sie es braucht, also man wusste schon gar nicht mehr, was man noch alles machen soll (…)" (EG La C, Z 52-54). Es liegt der Schluss nahe, dass Kinder solche Peerbeziehungen benötigen, wie sie nur eine Einrichtung bieten kann.

---

59 Die ganztägige Kinderbetreuung bei arbeitslosen Eltern ist von der Finanzierung des Jugendamtes abhängig (vgl. §3, Abs. 1, Satz 3 c, KiföG 2004).

Die Video-Konfrontationsinterviews führten dazu, dass auch die Erziehungsberechtigten andere Sichtweisen auf ihr Kind entwickelten. Sie wurden für die Fähigkeiten ihres Kindes und demzufolge auch für die Reflexion des eigenen Handelns sensibilisiert: „Man sieht, dass er älter …, also er ist nicht mehr klein (…), man kriegt das gar nicht mehr mit durch die anderen beiden" (EG Ju C, Z 485-487).

6.3.7 Zusammenfassung

Auch in der Einrichtung „Steckenpferd lässt sich eine positive Entwicklungstendenz konstatieren. Das Hauptaugenmerk wird in der täglichen Arbeit vordergründig auf die Entwicklung der Selbstständigkeit der Kleinkinder gerichtet, was sich vor allem auf die Tätigkeiten im Bereich der Selbstbedienung (z. B. Mahlzeiten, An- und Ausziehen) bezieht. Die Kinder werden teilweise schon in Entscheidungsfragen mit einbezogen, was jedoch noch ausbaufähig ist. Die Öffnung beider Krippengruppen während des Spiels zeigt, dass eine Umorientierung stattgefunden hat.

Während im Bereich der Kindergartengruppen die Erfahrungsräume durch Experimentierecken und zweite Ebenen im Raum erweitert wurden, so besteht in der Kinderkrippe noch ein erhebliches Defizit, was vermutlich auch aus fehlendem Wissen über die Bedürfnisse der unter Dreijährigen resultiert. Somit bestehen auf Seiten der Pädagoginnen nicht nur persönliche Unsicherheiten im Umgang mit dem experimentierenden Kleinkind, sondern gerade auch die Ängste vor den Orientierungen der Eltern scheinen hierbei handlungsleitend zu sein.

Bei allen Mitarbeitern des Krippenbereiches stellte sich heraus, dass die Rolle der Erzieherin nicht klar definiert ist. Wenn auch zwischen den Mitarbeiterinnen qualitative Unterschiede zu verzeichnen waren, so war die führende Rolle doch bei allen Pädagogen noch verankert. Ansätze für eine begleitende Handlungsorientierung waren vor allem bei der Leiterin und einer Kollegin sichtbar. Grundsätzlich war jedoch zu spüren, dass neueste wissenschaftliche Erkenntnisse in die Einrichtung Einzug gehalten haben, deren Umsetzung in der Handlungspraxis jedoch mitunter noch eine besondere Herausforderung darstellt. Dies bezieht sich auch auf das aktuelle Bild vom Kind und das an den Interessen und Bedürfnissen des Kindes orientierte Handeln der Erzieherinnen bzw. die Durchführung der Beobachtung.

In der Elternarbeit werden Anstrengungen sichtbar, die Erziehungsberechtigten am Krippenalltag zu beteiligen. Widersprüchlich stellte sich die Gestaltung der Eingewöhnung dar. Während die Eltern eine relativ kurze Eingewöhnungszeit erwähnten, betonten die Erzieher hierzu das Mitspracherecht der Eltern. Problembehaftet gestaltete sich in der Einrichtung „Steckenpferd" die Überzeugungsarbeit zur Umstrukturierung. Diese ist nach wie vor in besonderem Maße zu leisten. Die Elternabende dienen einerseits zur Information und Aufklärung der Eltern, andererseits sollen sie die Möglichkeit erhalten, persönliche Probleme zu benennen. Dies wird nicht in dem erhofften Umfang kommuniziert. An dieser Stelle sollten die Entwicklungsgespräche genutzt bzw. deren qualitativer Ausbau forciert werden. Auch im Fall „Steckenpferd" hat sich gezeigt, dass die Präsentation von Videoszenen eine nicht zu unterschätzende Methode in der Gestaltung von Erziehungspartnerschaft darstellt.

Die engagierte und innovative Haltung der Leiterin trug in erheblichem Maße zur Umstrukturierung der Einrichtung bei. Auch ihre Bereitschaft zur Teilnahme an dieser Untersuchung zeigte, wie groß der Bedarf an (wissenschaftlicher) Unterstützung ist. Die dazu erforderliche Überwindung der Kontroversen im Team bescheinigen ihr Durchsetzungsvermögen, welches sie auch durch ihre persönliche Überzeugung erlangte. Mit ihrer ständigen Präsenz im Krippenbereich kann sie zeitnah die Umsetzung von qualitativen Standards kontrollieren. Sie sieht sich aber mitunter in eine Einzelkämpferposition gedrängt. Sicherheit geben ihr vor allem gezielte externe Fortbildungen, die noch umfangreicher angeboten werden könnten. Die Tatsache, dass sie als Kindergärtnerin ausgebildet ist, scheint auch zu erklären, dass im Krippenbereich Defizite der Bildungsräume zu beklagen sind. Es kann davon ausgegangen werden, dass die frühkindliche Bildung der unter Dreijährigen in Fortbildungen noch zu wenig Berücksichtigung findet.

Die gespaltene Teamsituation zwischen Kindergarten- und Krippenbereich erschwert vor allem die Weiterentwicklung im Krippenbereich. Die Zusammenführung der Bereiche Krippe und Kindergarten zu einem System wird hierdurch behindert bzw. von vorneherein noch nicht in Erwägung gezogen. Positive Tendenzen zeigen sich jedoch in dem ausführlichen Besprechungswesen der gesamten Einrichtung.

Wie auch in der Einrichtung „Schaukelpferd" zeigte sich für die Weiterentwicklung von Teamentwicklungsprozessen die hohe Bedeutung der Videographie. In den Interviews wurde deutlich, wie dadurch die Reflexion des eigenen pädagogischen Handelns aktiviert wurde und Aha-Effekte entstanden. In den Elterngesprächen wurde erkennbar, dass Erziehungsberechtigte über die bewegten Bilder von ihrem Kind schließlich auch für fachliches Hintergrundwissen erreicht werden konnten. In beeindruckender Weise konnten Informationen über die häusliche Situation gewonnen werden. Das Interesse der Eltern an der Einrichtung wurde über die Teilhabe am Leben des Kindes in der Krippe geweckt. Die hohe Wirkung der Videoszenen löste bei der Leiterin weitere Entwicklungsschritte aus, indem sie bereits die Anwendung der Methode in der Einrichtung in

Erwägung zog.

Das Inkrafttreten des Bildungsplanes war ein nicht unwesentlicher Antriebs-faktor für die Weiterentwicklung der Einrichtung. Seine Implementierung scheint die bisherige Umgestaltung in erheblichem Maße zu forcieren, u. a. auch im Hinblick auf die Durchführung der Beobachtung. Die Interviews und Befra-gungen haben jedoch gezeigt, dass es in der Handlungspraxis noch erhebliche Defizite in der Anwendung des Beobachtungsverfahrens und der damit verbun-denen Auswertung gibt.

Insgesamt kann der Einrichtung „Steckenpferd" eine günstige Prognose bescheinigt werden, dass sich hier auch künftig weitere Entwicklungen vollzie-hen können, sowohl auf der inhaltlichen als auch auf der personellen Ebene. Dass dieser Prozess sehr langwierig und mit großen Anstrengungen verbunden ist, hat bereits die Erhebung zur Einrichtung „Schaukelpferd" gezeigt.

7. Fallübergreifende Maximalkontrastierung der Kinderkrippen:

Ein theoretisches Modell der Bedingungen für gelingende frühkindliche Bildungsprozesse aus neurobiologischer Perspektive

In den vorangegangenen Darstellungen der Fallstudien wurde die Krippenpraxis der drei untersuchten Einrichtungen rekonstruiert. Dabei galt es zunächst, die vorherrschenden Strukturen und Abläufe sowie die handlungsleitenden Orientierungen und deren Bedingungen darzulegen. So haben sich diese für die Gestaltung der frühkindlichen Bildungsprozesse als wegweisend herausgestellt. Im weiteren Verlauf der Arbeit geht es darum, aus einer Metaperspektive diese Erkenntnisse zu integrieren und zu einem spezifischen theoretischen Modell hinzuzuziehen. Dieses soll Aufschluss darüber geben, unter welchen Voraussetzungen es frühpädagogischen Fachkräften gelingen kann, aus neurobiologischer Sicht adäquate Bildungsqualität in Kinderkrippen zu leisten. Aufgrund der Kontrastierungen der Fallstudien kann ebenso aufgezeigt werden, unter welchen Bedingungen dies nur teilweise („Steckenpferd") und sogar eher unwahrscheinlich oder unmöglich wird („Brummkreisel"). Die fünf Dimensionen des neurobiologischen Grundmusters können in dieser Arbeit nicht voneinander losgelöst betrachtet und dargestellt werden. Somit lassen sich Redundanzen von vornherein nicht ganz vermeiden.

7.1 Die Rolle der kindlichen Persönlichkeit in der frühpädagogischen Handlungspraxis – Individualisierung versus Generalisierung

Dass der Aspekt der Individualisierung empirisch belegbar ist zeigt, dass es sich hierbei nicht um eine theoretische Erkenntnis der Neurobiologie oder ein Postulat der Erziehungswissenschaften handelt, sondern tatsächlich umsetzbar ist. Somit können wirksame Strategien für Umstrukturierungsprozesse in Kinderkrippen abgeleitet werden. Voraussetzung hierfür ist jedoch, dass die erforderlichen Bedingungen erkannt, verstanden und geschaffen werden. Dass es dabei noch Reserven in allen drei untersuchten Fällen gibt, wird weiter unten aufgezeigt. *Individualisierung* bedeutet hier, dass die Erfahrungswelt eines jeweiligen Kindes als Ausgangspunkt für gelingende Lern- und Entwicklungsprozesse gilt. Aus den empirischen Befunden geht hervor, dass der jeweilige Entwicklungsstand über die Beobachtung ermittelt wird (Kernfrage: Wo steht das Kind?) und mittels eines stärkenorientierten Blickes auf das Kind (Einrichtungen „Schaukelpferd" und „Steckenpferd") weitere Bedingungen von Seiten der Pädagogen geschaffen werden. Dadurch kann es an seine bisherige Erfahrungswelt bzw. an den eigenen Interessen anknüpfen und seine Erfahrungsräume erweitern. Desgleichen wird das Beobachtungsverfahren dazu genutzt, um mögliche Entwicklungsstörungen oder Beeinträchtigungen zu erfassen, um das Kind adäquat fördern zu können.

Vor allem im Fall „Schaukelpferd" wurde eine anregende Umwelt geboten, was sich nicht nur auf den Bereich des Spiels begrenzte. Trotz vorübergehend ungünstiger räumlicher Bedingungen wurden Gelegenheiten geschaffen, dass Kleinkinder auch mit den älteren Kindern in Kontakt treten konnten. Durch räumliche Einschränkungen erfolgte dies eher geplant und zielgerichtet als spontan und offen, jedoch den Kindern selbst wurde die eigene Entscheidungsfreiheit dabei gewährt. Diese Bedingungen ermöglichten den Krippenkindern, in Ansätzen an die bestehenden Erfahrungen anzuknüpfen und die Selbstbildungsprozesse zu gestalten, für welche sie nach ihrer aktuellen Entwicklung besonders empfänglich sind. Hierbei erwies sich die begleitende und anregende Rolle der Erzieherin als besonders hilfreich, wenn dies im speziellen Fall benötigt oder direkt eingefordert wurde.

Individualisierung impliziert einerseits, die Eigenheiten des Kleinkindes durch sensible Wahrnehmung zu erkennen und andererseits aber auch eine Balance zu finden, um jedem Kind angemessene Anregungen zuteil werden zu lassen. Zwar wird sich primär an den Bedürfnissen des einzelnen Kindes orientiert, die Prozessgestaltung im gemeinschaftlichen Zusammenleben bedarf jedoch auch der ständigen Kompensation und Abwägung. Die flexible Erzieherin begreift sich in diesem Prozess selbst stets als Lernende und Forschende und ist bereit, ihr Handeln anhand ihrer Beobachtungen nach den Aktivitäten der Kinder zu gestalten. Dabei gehört es zum professionellen Selbstverständnis der Akteure, dass sie gerade Erfahrungen nutzen, welche sich nicht bewährt haben und daraus Rückschlüsse für das weitere Handeln ziehen. Ebenso wurden die Räumlichkeiten der Kinder nach deren aktuellen Bedürfnissen umgestaltet (hauptsächlich Fall „Schaukelpferd, in Ansätzen jedoch auch „Steckenpferd").

Die Dokumentation der Beobachtungsergebnisse bzw. die Reflexion innerhalb des Teams stellte für alle drei Einrichtungen eine besondere Herausforderung dar. Zwar wurde von allen mit den ungünstigen personellen Rahmenbedingungen argumentiert, die Einrichtungen „Schaukelpferd" und „Steckenpferd" zeigten zumindest aber Ansätze in der Anwendung diverser Verfahren.

Die individuellen Schlafrhythmen der Babys und Kleinkinder wurden in eingeschränkter Form im Fall „Brummkreisel" berücksichtigt; in der Einrichtung „Steckenpferd" wurde der Tagesablauf den Schlafgewohnheiten der Babys bereits intensiver angepasst. Allerdings war hierdurch ein personeller Aufwand erforderlich, was sich auf andere Alltagssituationen ungünstig auswirkte.

Die Daten aus der Videographie belegen, dass die Kinder im Fall „Schaukelpferd" die Gelegenheit haben, ihre Grenzen auszutesten und bei Gelegenheit die Unterstützung von außen erhalten (Szene „Klettern"). Individualisierung bedeutet auch, die Belange der Kleinkinder zu respektieren und nach Möglichkeiten zu suchen, diesen auch nachzukommen (Szenen „Schaum", „Sand"). Die Chance für ein Kind, über den gesamten Tagesablauf hinweg in Entscheidungsfragen mit einbezogen zu werden (hauptsächlich im Fall „Schaukelpferd", jedoch teilweise auch in der Einrichtung „Steckenpferd"), kann in entscheidendem Maße zu seiner individuellen Entwicklung beitragen.

Neben der Beachtung der individuellen Besonderheiten des Einzelnen kann es Erzieherinnen gelingen, jedem Kind ein Gleichmaß an Respekt und Wertschätzung entgegenzubringen. Während beispielsweise im Fall „Brummkreisel" die besonderen Eigenheiten der Kinder wenig Legitimation erfahren, so können derartige Charaktereigenschaften durchaus auch tabulos toleriert und eine adäquate Beziehungskultur gepflegt werden (Einrichtung „Schaukelpferd").

Der Bildungsplan wird vor allem dann akzeptiert und stimmig umgesetzt, wenn er in seinem Kern verstanden wurde. Voraussetzung hierfür ist die hinreichende Auseinandersetzung mit der Beobachtungsmethode und dem Individualitätsbegriff. Um ein Verständnis über die neue Rolle der Erzieherin zu entwickeln, bedarf es gründlichster Konfrontation mit neuesten wissenschaftlichen Erkenntnissen, idealerweise schon vor dem Inkrafttreten des Planes. Im Fall „Schaukelpferd" gelang dies durch eine Vielzahl von gezielten Fortbildungen (Teilnahme am Landesmodellprojekt; Mitwirken in der Entstehungsphase des Bildungsplanes etc.). Mit ihrem Selbstverständnis über ihre an den individuellen Interessen der Kinder orientierte Handlungsweise kann es Pädagogen gelingen, die Themen der Kleinkinder aufzugreifen und anhand der Rahmenvorgaben des Bildungsplanes zu erweitern.

Individualisierung bedeutet für den Bereich der Elternarbeit, dass die Erzieherinnen sowohl die Bedürfnisse vom Kind als auch von seinen Eltern wahrnehmen und akzeptieren. Eine flexible und wertschätzende Haltung der Erzieherinnen den Eltern gegenüber verhilft dazu, auch in personell ungünstigen Zeiten, ein hohes Maß an Engagement zu offerieren und in der Eingewöhnungsphase zunächst eine zurückhaltende Rolle einzunehmen. Dadurch kann das Kind seinen Rhythmus per se bestimmen und erste Erfahrungen machen, um sich dem neuen Umfeld gemeinsam mit der primären Bezugsperson anzunähern.

Individualisierung kann dimensioniert werden und demnach stark oder gering sein. Eine geringe oder nicht bestehende Individualisierung soll in dieser Arbeit als *Generalisierung* bezeichnet werden. Auch diese ist aus den vorliegenden Daten heraus belegbar. Hauptsächlich in der Einrichtung „Brummkreisel" sind die Merkmale für die Individualisierung in entgegengesetzter Form zu finden, so dass an dieser Stelle auch eine konträre Beschreibung erfolgen kann.

Generalisierung bedeutet, wenn die Erfahrungswelt des Kindes stark auf die Nutzung von reinem Spielmaterial beschränkt ist und Möglichkeiten beispielsweise im kreativ-künstlerischen Bereich fehlen (Einrichtung „Steckenpferd" und „Brummkreisel") bzw. derartige Angebote eher geplant und zielgerichtet erfolgen („Brummkreisel").

Motive für diese Begrenzung sind in der angstbetonten Haltung und im Wissensdefizit der Erzieherinnen hinsichtlich der frühkindlichen Bildung zu suchen.

Die Beobachtung zur Erfassung der individuellen Besonderheiten erfolgt hauptsächlich gezielt und mittels eines defizitorientierten Blickes. Dabei hilft der Erzieherin die führende Rolle, die gleichzeitig einen autoritären Erziehungsstil impliziert. Dabei werden Möglichkeiten geschaffen, um an den Defiziten des Kindes anzusetzen, diese zu beseitigen bzw. andere Fähigkeiten zu entwickeln. Werden die spontanen Handlungen des Kindes aufgrund der fehlenden Sensibilität der Erzieherin nicht ausreichend wahrgenommen und aufgegriffen, kann an der Erfahrungswelt des Kindes auch nicht angesetzt bzw. diese erweitert werden. Derartige Tendenzen fanden sich in der Einrichtung „Brummkreisel", teilweise auch in der Einrichtung „Steckenpferd". Die perfektionistische Handlungsweise und die (autoritäre) Führungsrolle der Erzieherin verhindern ihre ständige Bereitschaft zur sensiblen Wahrnehmung.

Generalisierung findet sich auch dann, wenn Kinder im Alter von 1-3 Jahren in abgetrennten Räumlichkeiten untergebracht und von Kindergartenkindern abgeschirmt sind bzw. Kontakte zu ihnen in weiten Teilen oder sogar völlig verhindert werden. Obwohl Kleinstkinder einen Basisraum für ihren Rückzug benötigen, kann es ebenso gelingen, den Kindern auch Möglichkeiten des Explorierens zu geben. Die Einrichtung „Steckenpferd" hat hier zumindest die Öffnung beider Krippengruppen ins Leben gerufen, was die Erfahrungsräume der Kinder erweitert, aber noch ausbaufähig ist. Die Behinderung weiterer Maßnahmen liegt hier wahrscheinlich in der persönlichen Überzeugung begründet, so waren die räumlichen Bedingungen durch die benachbarte Kindergartengruppe (anders als im Fall „Schaukelpferd") weitaus günstiger und Kontakte zu anderen (älteren) Kindern wären durchaus möglich gewesen.

In der Videographie wurde deutlich, dass auch im Fall „Steckenpferd" Ideen entwickelt wurden, individuelle Erfahrungsräume zu bieten. Jedoch wurden die Bedürfnisse des Einzelnen – bedingt durch das rege, führende Treiben und die perfektionistische und sauberkeitsorientierte Handlungsweise der Pädagogen – noch nicht ausreichend wahrgenommen (Szene „Aufschöpfen"). Die Begrenzung der Bildungsräume erfolgte aufgrund von Handlungsunsicherheiten vor den Eltern, aus Gründen der Gesundheitsprophylaxe (beschützende Handlunsgorientierung) bzw. wegen fehlender persönlicher Überzeugung hinsichtlich der Dringlichkeit dieser breiten Erfahrungswelt.

Im Fall „Brummkreisel" wird die Entscheidungsfreiheit des Kindes stark auf das Spiel beschränkt. Doch durch die perfektionsorientierte Handlungsweise und den autoritären Führungsstil der Pädagogen ist es ihm auch hier nicht möglich, an seiner jeweiligen Erfahrungswelt anzuknüpfen, wenn es beispielsweise die zur Verfügung gestellten Materialien nur funktionsgerecht nutzen soll (z. B. Auto fährt nicht auf der Fensterbank; Szene „Salzteig", „Bankrücken"). Die Bereitstellung und Nutzung der anregenden Umwelt entspricht vorwiegend den Vorstellungen der Erzieherin und orientiert sich am Alter der Kinder. Angebote werden den Kindern sozusagen oktroyiert. Wenn beispielsweise die Teilnahme an Lernangeboten grundsätzlich als freiwillig bezeichnet wird, so wird eine Durchführung der angebotenen Tätigkeiten zumindest zu einem späteren Zeitpunkt anvisiert. Aufgrund der perfektionistischen Handlungsweise werden die individuellen Handlungen des Kindes in die Bahnen gelenkt, die den Vorstellungen der Erzieher am ehesten entsprechen.

Wenn von Generalisierung die Rede ist, dann findet sich eine routinierte Handlungspraxis vor, in der die individuellen Besonderheiten vorwiegend im negativen Sinne Berücksichtigung finden, und zwar durch Abtrainieren von unerwünschten Verhaltensweisen. Die Inflexibilität in der Organisation der Abläufe erschwert zusätzlich die Befriedigung der Bedürfnisse des einzelnen Kindes.

Aufgrund erheblicher Wissensdefizite wird das Lernen der Kleinkinder auf das Modelllernen beschränkt, was die führende und eingreifende Rolle der Erzieher legitimiert.

Generalisierung wird deutlich, wenn der aktuelle Bildungsplan dementiert und althergebrachte Verfahrensweisen regrediert werden. Zurückzuführen ist diese Handlungsweise auf die persönlich fehlende Auseinandersetzung und Identifikation mit neuesten wissenschaftlichen Erkenntnissen und den mangelnden Bemühungen, diese vielleicht doch, sofern sie in Ansätzen vorhanden sind, auch umzusetzen.

Im Bereich der Elternarbeit stellt sich Generalisierung durch eine unzureichende Übernahme der individuellen, im Elternhaus praktizierten Gewohnheiten des Kindes dar. Trotz der Tatsache, dass die Erzieherinnen über bestimmte Besonderheiten informiert sind, werden kaum Bemühungen angestrebt, die Bedürfnisse der Kinder in die Einrichtung („Brummkreisel") zu rezipieren (z. B. Benutzen der Toilette im Elternhaus versus Topf in der Einrichtung).

In allen drei Einrichtungen lässt sich im Bereich der Sauberkeitserziehung noch ein erhebliches Defizit in der Berücksichtigung der Individualität konstatieren. Im Fall „Brummkreisel" findet sich eine einheitliche DDR-typische Topfsituation mit Sitzzeiten bis zu 20 Minuten vor. In der Einrichtung „Schaukelpferd" konnte diese rigide Handlungsweise teilweise aufgeweicht werden, indem die Sitzzeiten erheblich reduziert und Kinder dahingehend respektiert werden, wenn der „gewünschte Erfolg" noch ausbleibt. Im Fall „Steckenpferd" wurden die Toilette oder der Topf bedarfsorientiert genutzt. Entwicklungsbedarf steht jedoch auch hier weiterhin, so wurde die Einbeziehung des kindlichen Willens gerade in der jüngsten Krippengruppe noch weitgehend außer Acht gelassen.

7.2 Frühkindliche Sinneswahrnehmungen in der Kinderkrippe: Multisensorik versus Monosensorik

Multisensorik bedeutet hier, dass die vielsinnlichen Wahrnehmungen der Kleinkinder innerhalb der Bildungsprozesse über den gesamten Krippenalltag hinweg möglich sind. Dass die Gewährleistung des multisensorischen Lernens empirisch belegbar ist zeigt erneut, dass auch diese Erkenntnis der Neurobiologie und langzeitige Forderung der Erziehungswissenschaften praktizierbar ist, wenn auch in allen drei Einrichtungen dennoch weiterer Entwicklungsbedarf in unterschiedlichem Ausmaß besteht. Aus den empirischen Daten stellt sich Multisensorik so dar, dass Kleinkinder im gesamten Krippenalltag Gelegenheiten erhalten, ihre Umwelt mittels aller vorhandener Sinne zu erkunden. Hierzu gehören zum einen mannigfaltige Bewegungsangebote über die Bereitstellung einer adäquaten Umwelt durch Bewegungslandschaften und Hochebenen im Raum (Einrichtung „Schaukelpferd"). Das breite Repertoire von musischen Komponenten (Tänze, Lieder, Fingerspiele, Reime etc.) rundet dieses Bild ab und führt dazu, dass die Kinder in allen Bereichen der Entwicklung angeregt und gefördert werden und gleichzeitig jedoch ihren eigenen Fähigkeiten entsprechend agieren können.

Desgleichen impliziert der Begriff der Multisensorik die Erkundungsmöglichkeiten im Bereich des kreativen Gestaltens, was in den Einrichtungen „Schaukelpferd" und „Steckenpferd" in den Szenen „Schaum", „Sand" und

„Sand Außengelände" sichtbar wird. Die Multisensorik könnte dadurch komplettiert werden, wenn der experimentelle Umgang der Kleinkinder mit den Materialien noch mehr Toleranz erfahren würde. So ließen sich trotz allem noch limitierte Möglichkeiten in diesem Bereich konstatieren, was durchaus auf die sauberkeitsorientierte und angstbetonte Handlungsweise der Erzieherinnen und auf die teilweise noch unausgereifte Vorbildrolle zurückgeführt werden kann.

Die überwiegend geplante und somit eingegrenzte Nutzung der Funktionsräume („Schaukelpferd": Kinderatelier, Werkstatt) kann durch eine spontanere Umgangsweise mit den Ressourcen noch erweitert werden. Die Gewährleistung von multisensorischem Explorationsverhalten bedeutet auch, dass die Pädagogen mittels ihrer kreativen, flexiblen und ressourcenorientierten Handlungsweise die Bereitschaft offerieren, auch unter ungünstigen (räumlichen) Voraussetzungen Möglichkeiten für entsprechende Bildungsprozesse zur vielsinnlichen Wahrnehmung zu schaffen („Schaukelpferd"). Die Erkenntnisse aus den Interviews haben gezeigt, dass diese Überzeugung und die Ableitung di- daktischer Prozesse in der Handlungspraxis vor allem auch über die Veranschaulichung (Videographie) in Fortbildungsveranstaltungen erreicht werden kann („Steckenpferd").

Multisensorik im Bereich der Mahlzeiten hat insofern Einzug gehalten, dass Kleinkinder in begrenztem Maße nach ihren Fähigkeiten und Fertigkeiten handeln können. Beispielsweise wurde die Zuhilfenahme der Finger („Schaukelpferd" und „Steckenpferd") ansatzweise gut toleriert und der Latz bedarfsorientiert weggelassen bzw. nicht mehr unter dem Tellerboden befestigt („Steckenpferd"). Dennoch bedarf dies einer ständigen Erweiterung durch die Herausbildung zunehmender persönlicher Gelassenheit auf Seiten der Pädagogen.

Multisensorik kann insofern dimensionalisiert werden, dass sie auch in limitierter Auflage vorhanden ist. In diesem Fall soll von Monosensorik die Rede sein. Überwiegend sind es Befunde aus der Einrichtung „Brummkreisel", in einigen Teilen jedoch auch aus „Steckenpferd", die die Merkmale für die Multisensorik in entgegengesetzter Form vorfinden lassen. In diesem Zuge kann ebenfalls eine konträre Beschreibung erfolgen.

Monosensorik liegt vor, wenn die Explorations- und Experimentiermöglichkeiten des Kleinkindes stark eingegrenzt werden. Dies kann sich einerseits in der mangelhaft vorbereiteten Umgebung („Brummkreisel", „Steckenpferd") niederschlagen – und zwar sind dies ebenerdige Räume ohne bewegungsanregende Elemente – bzw. die Unterbringung der Kinder in einem geschlossenen und von anderen Gruppen abgetrennten Raum. Andererseits wird Monosensorik verstärkt durch die fehlende Kompensation dieses Defizits bzw. durch weitere eingrenzende Maßnahmen wie beispielsweise das „Marschieren" und Festhalten am Wagen, was so in der Einrichtung „Brummkreisel" beim Spaziergang praktiziert wird. In diesem Zuge gehören Gelegenheiten zum eigenaktiven Bewegen im

Freien kaum oder sehr selten zum Angebot. Aufgrund dieser Situation suchen Kleinkinder andere Möglichkeiten, um ihr Explorationsdefizit zu kompensieren. Bei einem nicht funktionsgerechten Gebrauch der in der Umgebung des Kindes vorhandenen Materialen werden von den Erziehern diese Initiativen des Kindes reprimiert („Brummkreisel", Szene „Bankrücken").

Die Monosensorik kann nicht in Multisensorik reformiert werden, wenn die vorhandenen Ressourcen in der Einrichtung („Steckenpferd": Rutsche – fehlende Matschbekleidung; „Brummkreisel: großflächiges Wald und Wiesengelände – fehlende Matschbekleidung) auf Grund der mangelnden Fachkompetenz hinsichtlich der frühkindlichen Bildungsprozesse, der angstbetonten Haltung und wegen des teilweise inkompetenten Bildes über das Kleinkind nicht erkannt werden.

Monosensorik liegt vor, wenn das Erkundungsverhalten des Kindes auf eine begrenzte sinnliche Wahrnehmung gelenkt wird. Dabei orientiert sich das Handeln der Erwachsenen am eigenen Bild vom inkompetenten Kleinkind und wird von einer teilweise stark angstbetonten Haltung geprägt („Brummkreisel", Szene „Salzteig": „Nicht in den Mund nehmen!"; „Damit ihr gar nicht erst in Versuchung kommt!"). Monosensorik fand sich auch in etwas abgeschwächter Form in der Einrichtung „Schaukelpferd" (Szene „Schaum": „Das darf man nicht in den Mund nehmen!").

Dies kann sich jedoch weiter durch die reflektierende Wahrnehmung des eigenen Verhaltens bei der Szenenbetrachtung abbauen. Derartige Tendenzen finden sich bereits im Fall „Schaukelpferd". Monosensorik wird im Bereich der vorbereiteten Umgebung ebenfalls durch eine angstbetonte Haltung aufgrund der altersgemischten Gruppen und mangelnder räumlicher Voraussetzungen begünstigt. Die Verletzungsgefahr der jüngsten Kinder stellt für die Erzieherinnen ein beachtliches Hinderniss für die Bereitstellung von Materialien für die älteren Kinder (Perlen, Steinchen etc.) dar („Steckenpferd").

Von Monosensorik ist außerdem die Rede, wenn Kleinkinder bei unterbreiteten Angeboten eine stark bewegungsbeschränkte Position einnehmen („Brummkreisel": starre Sitzhaltung, Szene „Salzteig") und ohne eigenständige Bewegungsfreiheit den Instruktionen folgen sollen. Das fehlende Repertoire an Liedern, Gedichten, Fingerspielen und Reimen schränkt den kombinierten Einsatz der Sinne ebenfalls ein („Brummkreisel" und teilweise auch „Steckenpferd"). Monosensorik impliziert ebenso die ausgeprägte Intoleranz des kleinkindtypischen Essverhaltens; dies führt unter Umständen dazu, dass Kinder von Selbstbildungsprozessen regelrecht abgehalten werden („Brummkreisel", Szene „Mittagessen – Füttern der Kinder"). In solch einem Fall entwickelt sich Monosensorik zur Multisensorik, wenn aus personellen und zeitlichen Gründen („Brummkreisel": eine Erwachsene betreut allein) keine Gelegenheit zur Intervention beim einzelnen Kind besteht. Die teilweise noch in den anderen beiden Einrichtungen herrschende Monosensorik ist mittlerweile so aufgelockert, dass Kinder nach ihren Fähigkeiten und Fertigkeiten eigenständig agieren können. Aufgrund der auch hier – wenn auch nicht in so ausgeprägter Form – vorliegenden sauberkeitsorientierten und perfektionistischen Handlungsweise werden sie nach wie vor zu sauberem Essen (ohne Zuhilfenahme der Finger) angehalten, aber nicht in dieser gezwungen Form. In allen drei Einrichtungen zeigt sich, dass eine sauberkeitsorientierte und perfektionistische Handlungsweise nur schwer durch theoriegeprägte Fortbildungen zu verändern ist und es einen langwierigen Prozess erfordert, diese Multisensorik in allen Bereichen des Krippenalltages auch zuzulassen, auszuhalten bzw. zu fördern.[60]

Monosensorik kann durch äußere Einflüsse begünstigt werden, wobei finanzielle Aspekte eine nicht zu unterschätzende Rolle spielen. Die Interviews und Befragungen in der Einrichtung „Schaukelpferd" haben gezeigt, dass den fachlichen Erwartungen der Pädagoginnen in Umgestaltungsprozessen nicht immer entsprochen werden kann (z. B. Anschaffung von Wasserrinnen im Zuge der Sanierungsarbeiten). Die Daten zeigen jedoch auch, dass mit der entsprechenden Überzeugung (von der Notwendigkeit) alternative Möglichkeiten für die Kinder angeboten werden können, wenn diese auch nicht die hundertprozentige Zufriedenheit schaffen. Letzten Endes werden Einrichtungen aus finanziellen Gründen heraus gezwungen, das eigene fachspezifische Wissen höheren Zwecken (Finanzen) unterzuordnen. Dass bei allem Engagement einer Einrichtung damit auch Frustration und Resignation entsteht, ist natürlich nachzuvollziehen.

7.3 Die Gestaltung der Bildungsprozesse in der Kinderkrippe – Selbstbildung durch Eigenaktivität versus Funktionalisierung durch Instruktion

Selbstbildung durch Eigenaktivität bedeutet, dass das Kleinkind die Chance erhält, an der Gestaltung seines Krippenalltages aktiv und autonom mitzuwirken, ohne dass dabei das Wohlbefinden der Gemeinschaft außer Acht gelassen wird. Die empirischen Befunde konnten zeigen, dass dies in der frühpädagogischen Praxis durchaus möglich ist. Voraussetzung für das Gelingen der Postulate aus der Neurobiologie und den Erziehungswissenschaften ist die umfassende Kon-

---

60 Hohe Überzeugungsarbeit kann hier die Videographie-Methode leisten.

frontation mit neuen Handlungsstrategien bzw. das Erkennen, Verstehen und Durchführen der dazu erforderlichen Maßnahmen.

Die empirischen Daten zugrunde gelegt, stellt sich Selbstbildung durch Eigenaktivität so dar, dass Kleinkinder in Entscheidungsfragen einbezogen werden und in allen Abschnitten des Tagesablaufes Wahlmöglichkeiten erhalten. Die sensibel beobachtende Erzieherin orientiert sich an den Bedürfnissen und Interessen der Kinder und gestaltet mithilfe ihrer kreativen und empathischen Fähigkeiten eine entsprechende Umwelt, damit sich die Kinder ihre Aktivitäten eigenständig auswählen können. Es stehen Funktionsräume wie Bewegungslandschaften, Kinderatelier etc. zur Verfügung („Schaukelpferd"). Deren ständige spontane Nutzung erfährt noch Limitation und stellt eher ein Highlight als ein *eo ipso*-Angebot dar. Diese werden noch vordergründig im Rahmen zielgerichtet unterbreiteter Lernangebote genutzt.

Eigenaktivität ermöglicht es den Kleinkindern, besondere Herausforderungen selbstständig zu meistern und die Unterstützung auf selbstverständliche und selbstbewusste Art und Weise bei Bedarf einzufordern („Schaukelpferd", Szenen „Klettern", „Schaum", „Sand"). Die respektvoll handelnde Erzieherin toleriert und fördert die Eigeninitiative des Kindes und kann durch ihre persönliche Zurückhaltung seine Eigenständigkeit in vielen Bereichen des Krippenalltages aushalten („Steckenpferd", Szenen „Anziehen", „Aufschöpfen"). Dabei begreift sie sich stets als Lernende und Forschende und ist bereit, ihr eigenes Handeln zu hinterfragen bzw. zu überdenken und dem Handeln des Kindes anzupassen. Die Kinder zeigen keine Scheu, sich auch unbekannten Herausforderungen zu stellen. Sie wirken aufgeweckt, engagiert und interessiert und entwickeln eigene Ideen, welche sie auch umsetzen. Allerdings kommt es noch zu oft vor, dass die Pädagogen durch unnötige Kommentierungen („sprachliche Begleitung") die eigenaktiven Handlungen der Kinder stören („Schaukelpferd"; „Steckenpferd"). Selbstverständlich müssen die Interaktionen mit den Kleinkindern mittels Sprache erfolgen, doch um ihnen das vertiefte Forschen und Entdecken zu ermöglichen, sie hochkonzentriert in einer selbst gesuchten Situation verweilen zu lassen, bedarf es hier dennoch der (verbalen) Zurückhaltung.

Sowohl im Innen- als auch im Außenbereich der Kinderkrippe finden sich Bedingungen, die das Kind zum eigenaktiven Handeln motivieren und das Experimentierverhalten fördern. Dabei sind primär nicht die sachlich-materiellen Bedingungen entscheidend („Schaukelpferd": Möbel aus DDR-Zeiten), sondern das professionelle Selbstverständnis der Erzieherinnen hinsichtlich der frühkindlichen Bildungsprozesse. Ebenso ausschlaggebend für das Zulassen der Selbstbildung des Kindes ist die Beantwortung der Frage, wie sich die Pädagogen im Umgang mit dem Kind definieren.

Wird Eigenaktivität gefördert, beschränkt sich dies teilweise noch zu sehr auf den Bereich der Selbstbedienung ("Steckenpferd"). Die Befunde der Videographie ("Steckenpferd", Szenen „Aufschöpfen", „Brot schmieren") haben gezeigt, dass das Verständnis über die Begriffe Eigenaktivität und Selbstbildung zu sehr auf die reine Entwicklung von Selbstständigkeit bezogen wird. Allerdings ist die Tatsache, dass hier gerade im Bereich der Mahlzeiten diese Eigenaktivität gewollt ist und gefördert wird, durchaus als positiv zu bewerten, zumal dies der sonst so stark sauberkeitsorientierten und perfektionistischen Handlungsweise widerspricht. Die empirischen Befunde konnten belegen, dass auch in Zeiten ungünstiger personeller Bedingungen durch eine flexible Gestaltung der Abläufe derartige Bildungsgelegenheiten teilweise schon für die Kinder geschaffen werden können.

Die Ermöglichung der Eigenaktivität zeichnet sich durch erste Versuche aus, die geschlossene und abgeschottete Krippenwelt aufzubrechen, um Kontakte zu weiteren Peers zu ermöglichen und die Erfahrungsräume zu erweitern ("Schaukelpferd", „Steckenpferd"). Hier besteht jedoch noch zunehmender Vernetzungsbedarf mit dem Kindergartenbereich der untersuchten Einrichtungen. Besonders in den Einrichtungen „Brummkreisel" und „Steckenpferd" war die Isolierung vom Kindergartenbereich signifikant.

Die kontrastierenden Ergebnisse lassen es zu, eine Beschreibung der Vorgänge bezüglich der Eigenaktivität vorzunehmen, die in konträrer Form ebenso praktiziert werden kann. In vorliegender Arbeit wird als Antonym für die Selbstbildung durch Eigenaktivität der Begriff der Funktionalisierung durch Instruktion verwendet.

Funktionalisierung durch Instruktion zeigt sich dadurch, dass die Kleinkinder – bedingt durch eine monoton gestaltete Umwelt – überwiegend lediglich einseitige Erfahrungen machen können. Die kindlichen Versuche eigenaktiven Handelns in den Lernangeboten werden durch die führende, demonstrierende und dominante Handlungsweise unterbrochen bzw. korrigiert ("Steckenpferd": Szene „Mädchen schneidet", „Aufschöpfen"; „Brummkreisel": Szene „Instrumente", „Bankrücken", „Wegnahme des Buches") oder von vornherein gar nicht erst ermöglicht ("Brummkreisel", Szenen „Salzteig", „Mittagessen – Füttern der Kinder"). Dabei wird das Handeln der Erzieherin von deren sauberkeitsorientierten und perfektionistischen Orientierung und ihrem Misstrauen in die Fähigkeiten des Kleinkindes geprägt (Szene „Mittagessen – Füttern der Kinder", „Aufschöpfen"). Zudem werden eigenständige Unternehmungen des Kindes auch durch die jeweilige Prioritätensetzung der Pädagogen reprimiert oder unterbrochen (z. B. „Steckenpferd": Temperatur des Mittagessens ist aus Sicht der Erzieher bedeutsam für das Wohlbefinden des Kleinkindes). Ergebnisse aus den Interviews haben gezeigt, dass dieses Handeln nicht zuletzt auch im Defizit an fehlenden theoretischen und didaktischen Kompetenzen begründet liegt (hauptsächlich „Brummkreisel", teilweise auch „Steckenpferd").

Funktionalisierung durch Instruktion wird besonders intensiv deutlich, wenn die Pädagogen durch das Oktroyieren eigener Vorstellungen und Haltungen bei den Kindern schüchternes Verhalten generieren. Dies geschieht, wenn sie aufgrund häufiger Erfahrungen bereits verinnerlicht haben, auf die Anweisungen von außen zu warten und diese erst nach Aufforderung ausführen.

Die Unterbrechung von kindlichem Explorationsverhalten unter Zuhilfenahme der eigenen Körperkraft („Brummkreisel": Szenen „Wegnahme des Buches" und „Bankrücken") bescheinigt den Erziehern eine pädagogische Ohnmacht im Umgang mit den Selbstbildungsprozessen der Kleinkinder. Die Ignoranz kindlicher Signale und die Förderung pauschal geltender Verhaltensweisen runden das Bild über das bewusste Formen der kindlichen Persönlichkeiten ab.

Kinder werden instruiert, wenn sie nach den Regeln der Erwachsenen agieren müssen und wenn eigenaktive Unternehmungen abgebremst und durch die Erzieherin in andere Bahnen gelenkt werden („Brummkreisel": alle analysierten Szenen). Die damit einhergehende Abschwächung der Lernmotivation und der Entdeckerfreude kann bis zur Explorationsparese führen, d. h. das eigenständige Erkunden bzw. die Entdeckerfreude erfahren eine weitgehende Stagnation („Brummkreisel": Szenenende „Salzteig"). Aus neurobiologischer Sicht kann sich dies sehr ungünstig auf die Entwicklung der Kreativität auswirken. Wenn Verbote überwiegen und die Leistungen des Kindes nur dann Anerkennung und Wertschätzung erfahren, wenn das Verhalten des Kindes den Normen und Wertvorstellungen der Erwachsenen entspricht, findet Funktionalisierung ebenfalls statt („Brummkreisel").

In besonders dramatischer Ausprägung wird die Funktionalisierung durch Instruktion im Bereich der Sauberkeitserziehung deutlich, wenn ein gemeinsames Topftraining stattfindet und unter Umständen Sitzzeiten bis zu zwanzig Minuten ausgehalten werden müssen („Brummkreisel"). Die eigenständigen Versuche der Kinder, das Procedere abzubrechen werden ignoriert oder unterbunden. Auch dadurch werden die Kleinkinder zu gehorsamen und eingeschüchterten Persönlichkeiten „erzogen".

7.4 Emotionales Aufladen von Lernprozessen: enthusiastisches und triviales Flair

Dass Lernprozesse der Kleinkinder durchaus sowohl emotional positiv als auch negativ aufgeladen sein können, kann aus den empirischen Befunden heraus belegt werden. Im Falle positiver Aufladung soll im Folgenden von *enthusiastischem Flair* die Rede sein, während in entgegengesetzter Weise der Aspekt des *trivialen Flairs* beschrieben wird.

Enthusiastisches Flair bedeutet in diesem Kontext, dass sich der Alltag der Krippenkinder durch eine stark lust- und freudbetonte Atmosphäre auszeichnet. Diese wird durch eine wertschätzende und anerkennende Haltung gegenüber *jedem* Kind erzeugt („Schaukelpferd", „Steckenpferd"). In diesem Zuge spielen Regelwerke zum Verhalten des Kindes eine eher untergeordnete Rolle; im Fokus steht die Akzeptanz und Toleranz des Kindes, unter Berücksichtigung seiner individuellen Besonderheiten. Das ausgeglichene, freundliche, liebevolle und empathische Auftreten der Erzieherinnen trägt stark zum Wohlbefinden bei. Ein entspanntes und authentisches Auftreten der erwachsenen Bezugspersonen überträgt sich auf das Handeln der Kinder.

Das für die weitere Lernmotivation erforderliche positive Feedback an das Kind wird in angemessenem Umfang eingesetzt. Die Aktivierung des Belohnungssystems wird durch entsprechende mimische und körpersprachliche Signale der Kinder sichtbar und äußert sich durch Lachen, Staunen, Neugierde, Entzücken, Überraschung, Stolz und Forscherhaltung („Schaukelpferd": Szenen „Schaum", „Tanz", „Junge schneidet"; „Steckenpferd": Szenen „Aufschöpfen", „Anziehen", anfangs auch „Mädchen schneidet"). Im Fall „Steckenpferd" kann die positive Aufladung des Krippenalltages noch durch die Ausweitung des Angebotes im kreativ-künstlerischen Bereich (Musik, Tanz, künstlerisches Gestalten) begünstigt werden.

Durch eine respektvolle Haltung gegenüber der kindlichen Persönlichkeit werden die Signale des Einzelnen erkannt, aufgegriffen und zudem eine Gleichbehandlung aller Kinder gewährleistet („Schaukelpferd": Szenen „Tanz", „Schaum").

Die Erzieher sind bereit, sich der Ebene der Kinder anzunähern und werden hier sowohl ihrer Vorbild- als auch der Partnerrolle weitgehend gerecht („Schaukelpferd": Szenen „Tanz", „Schaum"). Das enthusiastische Flair des Krippenalltages wird begünstigt, wenn die Pädagogen als Bezugspersonen synchron auch Bindungspersonen sind, und zwar weil sie in erster Linie das Kind so akzeptieren wie es ist.

Ebenso ist es förderlich, wenn sie selbst von einer persönlichen Begeisterung von ihren pädagogischen Aufgaben erfasst werden, so dass diese sich auf die Kinder übertragen kann („Schaukelpferd": Szenen „Schaum", „Tanz"; „Steckenpferd": Szene „Aufschöpfen").

Die theoretischen Kenntnisse über frühkindliche Bildungsprozesse und eine adäquat definierte pädagogische Rolle verleihen die Fähigkeit, das Wohlbefinden des Kindes stimmig zu interpretieren (in weiten Teilen „Schaukelpferd") und Rückschlüsse für das eigene Handeln zu ziehen.

Triviales Flair (hauptsächlich „Brummkreisel") umgibt die Lernprozesse der Krippenkinder, wenn sich ihr Alltag als eher unscheinbar und weniger anregend präsentiert. Der Tagesablauf ist häufig von einer negativen Atmosphäre besetzt, die durch das führende, intervenierende und korrigierende Handeln der Erzieher produziert wird. Eine freudvolle Atmosphäre findet man vor allem dann, wenn die Kinder zumindest im Spiel ihren eigenen Interessen nachgehen können. Da deren Handlungen jedoch aufgrund der mangelnden Umgebung eher monoton ablaufen, hält sich diese positive Aufladung in Grenzen.

In den Interaktionen zwischen Erzieherin und Kind ist ein positives Feedback über die kindlichen Leistungen hauptsächlich dann zu verzeichnen, wenn die Kinder ihre Handlungen nach den Vorgaben verrichtet haben. Die Interaktionen werden von der Pädagogin so gestaltet, dass sie den Kindern gegenüber eine übergeordnete Stellung einnimmt.

Die nahezu über den gesamten Krippenalltag hinweg angespannte und überfordert wirkende Handlungsweise der Erzieherin führt dazu, dass sich deren Gefühlslage auf die Kleinkinder überträgt („Brummkreisel": Szene „Bankrücken"). Dies hat zur Folge, dass die Kinder ihren Explorationsdrang und die intrinsische Neugier von vornherein selbst stagnieren lassen. Aufgrund der ausgeprägten Führungsrolle, gepaart mit der perfektionistischen und sauberkeitsorientierten Handlungsweise legt die Erzieherin vor allem dann positive Umgangsformen mit dem Krippenkind an den Tag, wenn sie sehr wenige Kinder (ca. 3-4) zu betreuen hat. Allerdings handelt sie auch hier übergriffig, sobald die Aktionen der Kinder nicht ihren Erwartungen entsprechen. Das triviale Flair wird – wie das enthusiastische auch – in den mimischen und körpersprachlichen Äußerungen sichtbar, und zwar durch: Skepsis, Ernsthaftigkeit, Zurückhaltung, Erschrockenheit aufgrund von Überrumpelung, Resignation, Reglosigkeit, Bravheit („Brummkreisel": Szene „Salzteig", „Wegnahme des Buches", teilweise „Instrumente"). Die Trivialität verdichtet sich, wenn Kinder den umgehenden Rückzug aus ihren Aktivitäten antreten.

Das Wohlbefinden der Krippenkinder wird primär an den persönlichen Vorstellungen der Erzieherin festgemacht. Aufgrund der defizitären Fachkenntnis zu den frühkindlichen Bildungsprozessen definiert sie sich Erzieherin über eine Vorbildrolle, welche nach ihrem Dafürhalten eine extreme Demonstration und Führung des Kindes legitimiert („Brummkreisel"). Die Tatsache, dass das kindliche Wohlbefinden teilweise zu sehr auf die Befindlichkeiten im pflegerischen Bereich („Steckenpferd", z. B. satt und sauber) und auf die Eingewöhnung des Kindes („Steckenpferd", z. B. keinen Trennungsschmerz mehr zeigen) beschränkt wird, kann die Annahmen über defizitäre theoretische Fachkenntnis hinsichtlich der frühkindlichen Bildungsprozesse validieren.

7.5 Das Gehirn als soziales Organ: kooperierendes und rivalisierendes Lernen

Die empirischen Befunde können belegen, dass die Beziehungsgestaltung der Akteure mit den Kleinkindern sehr unterschiedlich praktiziert wird. Dabei kann das Lernen der Mitglieder dieser Gemeinschaft sowohl kooperierender als auch rivalisierender Prägung sein.

In den Untersuchungen zeichnete sich *kooperierendes Lernen* dadurch aus, dass der individuellen Persönlichkeit des Kleinkindes grundsätzlich ein hohes Maß an Anerkennung und Wertschätzung zuteil wurde, und zwar unabhängig von dem Leistungsvermögen bzw. Lernverhalten. Dabei half der Pädagogin ein stärkenorientierter Blick auf das Kind und eine insgesamt stark ausgeprägte kindorientierte Handlungsweise. Die Angebote während des gesamten Tagesablaufes galten vordergründig nicht der individuellen Leistungsbewertung, sondern wurden offeriert, um die bestehenden Erfahrungen der Kinder zu erweitern bzw. neue Herausforderungen zu ermöglichen. Das gemeinschaftliche Erleben und Lernen war insbesondere durch das rituelle Tanzen („Schaukelpferd": Szene „Tanz") und ein insgesamt multiples musisches und künstlerisches Instrumentarium („Schaukelpferd": Szene „Schaum", „Sand") gewährleistet. Im Zentrum des Geschehens stand nicht ein bestimmtes Ergebnis, sondern die Freude am Handlungsprozess selbst.

Durch das gemeinschaftliche Erleben emotional positiver Momente und die Akzeptanz der individuellen Beiträge wurde der Eindruck von Verbundenheit erweckt, was letzten Endes die Entwicklung kreativer Fähigkeiten erst möglich macht. Das Aushandeln und Agieren der Peers in diesen Arrangements förderte deren kooperatives Verhalten („Schaukelpferd": Szene „Schaum"; „Steckenpferd": Szene „Aufschöpfen").

Der Respekt vor dem kindlichen Willen („Schaukelpferd" und weitgehend auch „Steckenpferd": hohes Mitbestimmungsrecht und Entscheidungsfreiheit der Kinder) und das Vertrauen der Pädagoginnen in die Fähigkeiten des Kleinkindes fördern das Vertrauen des Kindes in die eigenen Kompetenzen und begünstigen die Entwicklung seiner Eigenmotivation („Schaukelpferd": Szene „Klettern"; „Steckenpferd": Szene „Aufschöpfen"). Die emotional positive Zuwendung zu jedem Kind bzw. der paritätische Umgang mit allen Kleinkindern trägt in entscheidendem Maße zur Herausbildung dieses Selbstvertrauens bei.

Die wechselseitige Anerkennung zwischen Erzieherin und Kind bildet die Grundlage für eine positive Beziehungsgestaltung. Wenn die Erwachsenen empathische, respektvolle und wertschätzende Vorbilder sind, können derartige Handlungsmuster vom Kleinkind schon frühzeitig übernommen werden („Schaukelpferd": Szene „Tanz").

Rivalisierendes Lernen wird begünstigt, wenn es in frühkindlichen Lernprozessen vor allem darum geht, dass diese nach den Vorstellungen und Erfahrungen der Erwachsenen vonstatten gehen sollen. Dabei steht das „richtige" Ergebnis („materialistisches Weltbild", Hüther 2008 b) und der nach Auffassung der Erzieher korrekte Umgang des Einzelnen mit dem Material im Fokus des Geschehens. Durch perfektionistische und dominante Handlungsweise werden die Handlungen der Kinder in bestimmte Bahnen gelenkt. Wertschätzung und Anerkennung erhalten diejenigen, welche die gestellten Auflagen erfüllen. Hier kann konkurrierendes Verhalten ausgelöst werden, da die Kinder ein positives Feedback seitens der Erwachsenen erhalten wollen. Die Begünstigung pauschalisierten Handelns führt letzten Endes dazu, die kindlichen Persönlichkeiten frühzeitig dahingehend zu formen, dass sie eigene Ideen kaum entwickeln und umsetzen können.

Die intervenierende und mitunter auch einschüchternde Handlungsweise der Erzieherin („Brummkreisel": Szenen „Bankrücken", „Salzteig", „Instrumente") behindert die Aktivierung des Belohnungssystems und somit die Lernmotivation und letzten Endes die Entwicklung kreativer Fähigkeiten. Durch die ständigen Vorgaben der Erwachsenen können die Kinder kaum ein stabiles Selbstvertrauen in die eigenen Kompetenzen entwickeln. Dabei entsteht eine Abhängigkeit nach Direktiven von außen. Auch durch die unausgewogene und demnach defizitär liebevolle Zuwendung der Erzieherin kann sich das Vertrauensverhältnis kaum intensivieren. Dies hat zur Folge, dass die Kinder hinsichtlich Versuchen, besondere Herausforderungen eigenständig zu meistern, gebremst werden und auch die Erzieherin kaum als Vorbild gesehen werden kann. Auf diese Weise wird Kleinkindern schon frühzeitig Gehorsam anerzogen; er kann sich nicht durch eine natürliche innere Bereitschaft des Kindes von selbst entwickeln, weil die Beziehung zur Erzieherin unecht ist.

Rivalität wird auch gefördert, wenn Kinder das Handeln von Erzieherin und Peers imitieren und dadurch Verhaltensweisen erlernen, die das Kooperieren in Gemeinschaften (später in Teams) erschweren. Soziale Kompetenzen wie Akzeptanz und Toleranz gegenüber den individuellen Besonderheiten ihrer Peers können sich nur schwer entwickeln. Vielmehr steht die Leistung des Einzelnen im Vordergrund. Akteure, die ein solches Handeln favorisieren, begünstigen die Entwicklung egoistischer Persönlichkeiten, die sich im Verlauf ihres Lebens nur sehr schwer an teamorientiertes Handeln gewöhnen können, weil der Konkurrenzkampf (Leistungsstreben des Einzelnen) im Vordergrund steht. Konsequenterweise gelingt es ihnen eher selten, schwierige Herausforderungen durch *gemeinsames* Suchen nach Lösungen zu meistern.

7.6 Kausale Bedingungen der Kontrastierung

Die Orientierungen und Handlungsweisen der Erzieherinnen sind in einem Kontext integriert, innerhalb dessen die sich darin verankerten Aspekte gegenseitig bedingen. Gerade auch dort, wo frühkindliche Bildungsprozesse aus neurobiologischer Sicht nicht adäquat ermöglicht werden können, besteht bei den Pädagogen dennoch das Anliegen und die Überzeugung, gute Bildungsqualität zu gewährleisten. Dies zieht eine Unzufriedenheit mit der Arbeitssituation nach sich, die sich bis hin zu Frustration und Resignation steigert („Brummkreisel": Leiterin). In diesem Zuge stellt sich die Frage, inwieweit die Verantwortung für die ungünstige Situation in den Händen der Akteure selbst liegt bzw. inwieweit sie es in der eigenen Hand haben, ihre Handlungspraxis aktiv so zu gestalten, dass sich die Bildungsprozesse günstiger vollziehen können. Deshalb sollen im Folgenden zunächst die Erzieherinnen als Akteure ihres Handlungsfeldes mit den persönlichen Aspekten und Kompetenzen ebenso betrachtet werden wie dann im Anschluss dann die gesamte Teamsituation. Aufgrund ihrer Vorbildfunktion wird die Stellung der Leiterin separat aufgezeigt. Diese Darstellungen werden anschließend durch die Explikation der strukturellen Bedingungen komplettiert.

7.6.1 Die Erzieherinnen als Akteure im frühpädagogischen Handlungsfeld

Die Gestaltung frühkindlicher Lernprozesse in der Kinderkrippe richtet sich vor allem auch nach dem Weltbild der einzelnen Akteure. Dabei kann es sich einerseits um eine altruistische Weltanschauung handeln, in der das Kind Mittelpunkt des Geschehens ist („Schaukelpferd", „Steckenpferd"). Ein partnerschaftlicher Umgang zwischen Pädagogen und Kindern wird gepflegt, die Erzieherinnen werden weitgehend in einer anregenden und begleitenden Rolle erlebt.

Ihre veränderten Sichtweisen und Überzeugungen über den Ablauf frühkindlicher Lernprozesse erhielten sie durch gezielte Fortbildungen, die vor allem in der Einrichtung „Schaukelpferd" sehr praxisbezogen vonstatten gingen. Das hier erworbene Wissen und seine Erprobung im Krippenalltag vermittelte den Akteuren Handlungssicherheit. Diese Sicherheit wird auch dadurch gefördert, dass die Erzieherinnen nicht allein, sondern mindestens zu zweit in einer Kindergemeinschaft agieren. Die bestehenden Reserven zeigen allerdings, dass die persönliche Haltung beispielsweise im Bereich der Mahlzeiten („Schaukelpferd": sauberkeitsorientiert) eine entscheidende Rolle bei der Erweiterung der Bildungsgelegenheiten spielt. Trotz umfangreicher Fortbildungsmaßnahmen kann also eine sauberkeitsorientierte und perfektionistische Handlungsweise die vorhandene Fachkompetenz überlagern und bestimmte Bildungsgelegenheiten verhindern. Eine zunehmende Veränderung der Haltung bzw. die Entwicklung von noch mehr Gelassenheit könnte durch visuelle Methoden (Videographie) und die Reflexion innerhalb des Teams erreicht werden. Die Interviews und Befragungen haben gezeigt, dass die beobachtete Videoszene den Betrachter letzten Endes zu neuen Handlungsweisen motivieren kann. Dies bezieht sich generell auf die Gestaltung aller Bildungsräume. Was die Fortbildungen anbelangt, sollte die Vermittlung wissenschaftlicher Erkenntnisse in die Sensibilisierung der Wahrnehmung eingebettet sein. Wahrnehmende Beobachtungen der Erzieherinnen bilden nach Schäfer et al. (2006, S. 13) den „(...) Ausgangspunkt des pädagogischen Handelns".

Entwicklung im Denken und Handeln findet vor allem dann statt, wenn die Erzieherinnen in der Lage sind, aufgrund ihrer bereits erworbenen Fachkompetenz gepaart mit dem entsprechenden Menschenbild das eigene Handeln zu reflektieren und zu hinterfragen bzw. zeitnah zu ändern („Schaukelpferd": Szene „Schaum"). Die erworbene Fachkompetenz jedoch allein reicht nicht aus, sondern es bedarf einer bestimmten Persönlichkeit der Erzieherin, die sie zu ihrem Handeln in der Kinderkrippe befähigt: Empathie, Feinfühligkeit, kindorientiertes Engagement, Respekt vor dem Kind und seinen Eltern und die Fähigkeit zur Selbstkritik sind ebenso Aspekte wie auch die Befähigung zum lösungs-und ressourcenorientierten Handeln. Es ist für die frühpädagogische Handlungspraxis entscheidend, dass Lernprozesse aus neurobiologischer Sicht angemessen gestaltet werden können.

Eine konträre Situation findet sich in der Einrichtung „Brummkreisel". Das Handeln der Akteure wird von einem egoistischen, defizitären und modellhaften Welt- und Kindbild geprägt. Die Erzieherin strebt nicht die Gleichrangigkeit der Beziehungspartner (Kind und Erwachsener) an, sondern das Kind steht in einem hierarchischen Abhängigkeitsverhältnis zu ihr. Die allein agierende Pädagogin erhält kaum Reflexion, Bestätigung und Anerkennung von Seiten ihrer Kollegen oder der Leitung. Sie definiert sich vordergründig über eine wissensvermittelnde Rolle, wodurch sie sich das Ansehen und die Bestätigung über die Kleinkinder einholt („... dass sie eben zu mir schauen, wenn ich anderen Kindern was erkläre"). Durch ihre Einzelkämpferrolle ist sie auf sich selbst gestellt und erhält dadurch kaum Handlungssicherheit. Erschwerend kommt hinzu, dass die Pädagogin nur spärlich auf Erfahrungen in der Arbeit mit Kleinkindern zurückgreifen kann und kaum über theoretisch zeitliche Fachkompetenz in Bezug auf die frühkindlichen Bildungsprozesse verfügt. Daraus resultiert eine hohe Handlungsunsicherheit, welche sie mithilfe ihres dominanten und kontrollierenden Führungsverhaltens zu kompensieren versucht. Aufgrund nicht vorhandener Fachkompetenz greift sie auf bekannte Handlungsmuster zurück und lässt sich eher von ihren Erkenntnissen aus der früheren Erzieher-Ausbildung leiten. Die Präsentationshaltung in der Szene „Salzteig" und auch ihre Reflexion über das Handeln im Interview zeigen, dass die Pädagogin von der Richtigkeit ihrer Ausführungen selbst überzeugt ist und Handlungsalternativen nicht in Erwägung zieht. Dabei ist ihr nicht bewusst, dass sie die Wissbegierde und Lernfähigkeit der Kleinkinder mitunter (unwillentlich) zerstört. Diese autoritäre Handlungsweise scheint mit ihrer nach Anerkennung strebenden und dominanten Persönlichkeit konform zu gehen.

Die Tatsache, dass das Handeln der Erzieher in der Einrichtung „Steckenpferd" zwischen der führenden und begleitenden Rolle fluktuiert, wirft die Frage auf, wie dies trotz umfangreicher Fortbildungsmöglichkeiten des Teams geschehen kann. Die unausgereift gestalteten Bildungsräume der Krippenkinder zeugen von einer defizitären Fachkompetenz im Bereich der Frühpädagogik. Es kann stark davon ausgegangen werden, dass der Bereich der unter Dreijährigen in Fortbildungen noch zu wenig Berücksichtigung findet, vor allem was die Vermittlung didaktischer Fähigkeiten anbelangt, gerade wenn sich diese Qualifizierungsmaßnahmen nicht gerade durch wissenschaftliche Begleitung vollziehen. In den Interviews wird deutlich, dass die persönliche Überzeugung zur frühkindlichen Selbstbildung nicht hinreichend verinnerlicht bzw. ausgereift ist. Dadurch wird Selbstbildung bzw. frühkindliche Bildung auf die Entwicklung von Selbstständigkeit beschränkt. Dies würde zumindest begründen, warum eine Kinderkrippe trotz sauberkeits- und perfektionistischer Handlungsorientierung die Selbstbildungsprozesse im Bereich der Mahlzeiten unterstützt („Steckenpferd": Szene „Aufschöpfen", „Brot schmieren"). Das Zulassen spezifischer Bildungsgelegenheiten erfordert jedoch ein entsprechend altruistisches Menschenbild, welches hier bereits den Hintergrund des pädagogischen Handelns darstellt.

Das Verständnis über die beobachtende Wahrnehmung ist trotz der Teilnahme an Fortbildungsmaßnahmen nicht hinreichend verinnerlicht; so ist die Sensibilität der Pädagogen für das situative Geschehen noch nicht ausgeprägt. Demnach können auch entsprechende Handlungsweisen daraus nicht abgeleitet werden. Die in weiten Teilen praktizierte kindzentrierte Sichtweise wird teilweise durch die perfektionistische und führende Handlungsorientierung beeinträchtigt. Die über Jahrzehnte betriebene DDR-Krippenpraxis hat allerdings Spuren hinterlassen, deren Überwindung individuell verschiedenartig vonstatten gehen kann. Auch hier ist maßgeblich, inwieweit die Persönlichkeit der einzelnen Pädagogen durch Dominanz, Egoismus, Großzügigkeit und Gelassenheit charakterisiert ist und inwiefern das persönliche Bestreben nach Anerkennung und Bestätigung überwiegt. Die offensichtlich hohe Reflexionsfähigkeit (sh. Interviews) beweist die lernende Haltung der Akteure und zeigt erneut, dass der visuellen Wahrnehmung (Videographie) in Fortbildungen ein besonderer Stellenwert beigemessen werden muss. Die unzureichende Ableitung alternativer Handlungsweisen zeugt jedoch von unzureichenden wissenschaftstheoretischen Kenntnissen. Die Tatsache, dass die Orientierungen der Eltern für die erschwerte Umsetzbarkeit von bestimmten Vorhaben als Argument benutzt werden, lässt vermuten, dass die Pädagogen aufgrund mangelnder persönlicher Überzeugungen Abschiebemechanismen generieren.

7.6.2   Teamsituation

Für die aus neurobiologischer Perspektive begünstigenden Bedingungen für das optimale Gestalten von frühkindlichen Bildungsprozessen ist eine stabile Teamsituation unerlässlich. Dies haben die kontrastierenden Befunde der drei Einrichtungen gezeigt. Die Lernprozesse der Jüngsten nach neuesten wissenschaftlichen Erkenntnissen zu ermöglichen bedurfte seit der politischen Wende vielfältiger Umstrukturierungsprozesse.[61] In den Einrichtungen „Schaukelpferd" und „Steckenpferd" konnten diese Veränderungen vonstatten gehen und setzen sich auch weiterhin fort. Die für die Bewältigung dieses Entwicklungsprozesses erforderliche Teamstabilität ist in besonderem Maße auch vom Leitungsmanagement abhängig. Dies wird jedoch weiter unten (Pkt. 8.6.3) ausführlicher thematisiert.

Ein umfangreiches Besprechungswesen und eine gemeinsam erarbeitete Dokumentation ermöglichen den regelmäßigen zeitnahen fachlichen Austausch zwischen den Mitarbeitern und verleiht ihnen damit eine hohe Handlungssicherheit („Schaukelpferd"). Dieser Transfer bezieht sich nicht nur auf den Krippenbereich, sondern die Vernetzung der Bereiche Kindergarten und Krippe ist von besonderer Relevanz. In Zeiten von personellen Engpässen gilt es als selbstverständlich, gruppen- bzw. bereichsübergreifend zu arbeiten. Das interne Besprechungswesen wird von den Erziehern auch als eine (interne) Fortbildungsmög-

---

61 Die DDR-Krippenpraxis war geprägt von einer vordergründig pflegerischen und gesunderhaltenden Erziehungsweise, innerhalb derer die Erzieherin eine starke Führungsrolle einnahm. Dabei war es ihre Aufgabe, die Kinder anhand ihres Alters zu bestimmten Handlungen zu befähigen (vgl. Ministerium f. Volksbildung 1986).

lichkeit betrachtet. Das sich in den Interviews und Befragungen besonders prägnant herauskristallisierte Teambewusstsein (Wir-Gefühl) zeugt davon, dass die Umstrukturierungsprozesse gemeinsam gestaltet werden und jeder sich mit diesen auch identifizieren kann. Vereinzelte Gegenhorizonte zeigen allerdings auch, dass das Handeln nach wie vor durch frühere Denkweisen beeinflusst wird. Deshalb stellt der regelmäßige Austausch innerhalb des Besprechungswesens eine Notwendigkeit für das Gelingen von Personalentwicklungsprozessen dar.

Das professionelle Selbstverständnis über die Umsetzung des Bildungsplanes resultiert aus der frühzeitigen gemeinschaftlichen Auseinandersetzung damit und kann dementsprechend günstig in das pädagogische Handlungsfeld implementiert werden (auch teilweise in Einrichtung „Steckenpferd"). Die Auswahl der Fortbildungen berücksichtigt sowohl die konzeptionellen Interessen der Einrichtung und kommen den Kindern zugute, andererseits werden aber auch die individuellen Bedürfnisse und Neigungen der Erzieher beachtet. Dass dieser Balanceakt gelingt, trägt zur Zufriedenheit auf allen Seiten bei. Somit profitiert sowohl die Einrichtung an sich und durch den gesicherten Transfer auch das gesamte Team bzw. die Kleinkinder.

Die explizit herausgestellte vorhandene (theoretische) Fachkompetenz über die frühpädagogische Praxis (0-3 Jahre) verleiht den Erziehern eine gewisse Handlungssicherheit. Diese spiegelt sich in den Haltungen, Einstellungen und im Handeln gegenüber den Kleinkindern wider.

Die Forcierung von Personalentwicklungsprozessen erfordert eine offene und kritische Auseinandersetzung innerhalb des gesamten Teams sowie eine Verankerung des Verantwortungsgefühl untereinander. Im Krippenalltag bedeutet dies auch, dass Absprachen gemeinsam getroffen werden und ein kooperatives Handeln zur Maxime wird. Die Verlässlichkeit und gegenseitige Unterstützung war auch für mich als Forscher in beiden Objekten der Einrichtung „Schaukelpferd" sehr deutlich zu spüren. Dies trug zur Gewährleistung einer harmonischen Atmosphäre bei und übertrug sich auf den Umgang mit den Kleinkindern. Auch die Kindergemeinschaft wirkte in beiden Objekten paritätisch, lustbetont und harmonisch. Prioritäten wurden im Team kindzentriert gesetzt, auch individuelle Besonderheiten von Mitarbeiterinnen fanden dabei Akzeptanz und Toleranz. Zielstellungen wurden gemeinsam erarbeitet und die dazu erforderlichen Handlungsweisen zur Erreichung der Ziele konnten somit weitgehend auch gelebt werden.

Demgegenüber ist eine weniger gefestigte bzw. kaum ausgeprägte Teamsituation im Fall „Brummkreisel" zu konstatieren. Das Besprechungswesen begrenzte sich vor allem auf die Klärung organisatorischer Angelegenheiten, inhaltliche Schwerpunkte wurden lediglich angesprochen, jedoch nicht weiter vertieft. Dieses Bild wurde gewonnen bei einer von mir hospitierten „pädagogischen Beratung". Auch in den Interviews wurde nichts Gegensätzliches angedeutet. Durch den fehlenden Austausch und die ausbleibende Reflexion der pädagogischen Handlungspraxis kann eine Weiterentwicklung des Teams nicht stattfinden. Ebenso wenig wird es dazu befähigt, offen und kontrovers zu diskutieren. Durch die fehlende Auseinandersetzung werden Begegnung und Kooperation von vorneherein ausgeblendet und die Entwicklung der Reflexionsfähigkeit ausgeschlossen.

Dass neueste wissenschaftliche Erkenntnisse kaum Einzug gehalten haben, zeigen die fast einheitlich eher traditionellen Orientierungen der Erzieher. Durch vereinzelt bestehende positive Gegenhorizonte kommt es durch den fehlenden Austausch dazu, dass die Pädagogen ihre Handlungsweisen so autonom gestalten, wie es innerhalb der (geschlossenen) Kindergruppe möglich ist (z. B. Spielnachmittage im Bereich der Elternarbeit). Pädagogen mit moderneren Orientierungen verfallen in ihre althergebrachten Handlungsstrategien, wenn sie durch die internen Bedingungen (z. B. Räumlichkeiten) keine Möglichkeit erhalten, ihre neuen Ideen auch umzusetzen. Das fehlende Management durch die Leitung trägt dazu bei, dass die Erzieher in ihrem Handlungsfeld jeweils eine isolierte Handlungsrolle einnehmen und die Krippenpraxis nach eigenem Ermessen autonom gestalten. Dies wird durch die geschlossene Gruppenarbeit und die starre Tagesstruktur begünstigt.

Die nahezu einheitliche Meinung über die nicht durchführbare Implementierung des Bildungsplanes bescheinigt dem Team ein erhebliches Wissensdefizit hinsichtlich der frühkindlichen Bildungsprozesse. Die hierbei spürbare Ohnmacht und Unsicherheit führt automatisch dazu, dass auf althergebrachte Handlungsmuster zurückgegriffen wird. Die Befragungen haben gezeigt, dass aufgrund vereinzelt vorhandener Neuorientierungen eine gespannte Teamsituation vorherrscht und Konflikte – wenn auch unterschwellig – die Unzufriedenheit bzw. die Stagnation fördern. Auch die Tatsache, dass eine Erzieherin ein (einmaliges) Hilfsangebot (Unterstützung bei den Mahlzeiten) ablehnte, lässt den Eindruck entstehen, dass der Alltag der Einrichtung kaum durch Kooperation geprägt wird. Diesen Eindruck erhielt ich auch während meiner vierwöchigen Beobachtungszeit. Dadurch, dass jeder Pädagoge für sich handelt und kaum Bestätigung durch andere erfährt, wird er für innovative Handlungsweisen wenig motiviert. Durch fehlendes Feedback von der Leitung oder von Dritten bleiben die Akteure unsicher und inaktiv bzw. resignieren von vorneherein und halten deshalb an der althergebrachten Krippenpraxis fest. Deshalb kann es dazu kommen, dass Pädagogen die mangelnde Anerkennung durch körperliche Zuwendung zum Kind bzw. durch eine wissensvermittelnde Rolle – hier auch den Eltern gegenüber – kompensieren. Dies wurde in den Befragungen zum Wohlbefinden der

Kinder und der Gestaltung der Eingewöhnung bzw. in den videographierten Lernprozessen deutlich („Salzteig", „Instrumente").

Teamentwicklungsprozesse können ebenso wenig vonstatten gehen, wenn Fortbildungsinhalte ausschließlich nach den individuellen Interessen der Pädagogen ausgewählt werden und das (konzeptionelle) Ziel der Einrichtung außer Acht gelassen wird, sofern ein einheitliches Ziel bzw. ein gemeinsam erarbeitetes Konzept überhaupt besteht. Auch die fehlende Transparenz der Inhalte behindert die Akquise neuer Ideen und die Umsetzung innovativer Handlungskonzepte.

Eine besondere Situation existiert im Fall „Steckenpferd". Obwohl es ein umfangreiches Besprechungswesen zu Austausch und Reflexion innerhalb der gesamten Einrichtung gibt, findet sich eine Distanz zwischen dem Krippen- und Kindergartenbereich. Die Befragungen und Interviews haben gezeigt, dass die Vernetzung beider Bereiche von Seiten der Krippe und Leitung erwünscht ist, sich in der Handlungspraxis jedoch als problematisch erweist. Somit ist auch die für die Gestaltung der frühkindlichen Lernprozesse bedeutsame Reflexionsarbeit teilweise behindert und kann sich vermutlich zunächst nur auf der Ebene der Mitarbeiter der Krippe begünstigend vollziehen. Die fehlende Akzeptanz und Wertschätzung der Krippenerzieher durch die Erzieher des Kindergartens scheint noch stark verankert zu sein. So werden die Krippenerzieher nach wie vor hauptsächlich als diejenigen betrachtet, die für die Lernprozesse der Kinder nicht die erforderliche Fachkompetenz besitzen und eher für pflegerische Aufgaben verantwortlich sind. Andererseits stehen die Mitarbeiter des Kindergartens einer weiteren Öffnung und Vernetzung des Hauses im Wege, weil sie selbst Unsicherheiten aufgrund fehlender Fachkompetenz aufweisen. Aus diesem Grund ist es für diese Pädagogen sinnvoller, die althergebrachten Strukturen (Trennung Krippe und Kindergarten) beizubehalten. Viele Indizien weisen darauf hin, dass wissenschaftliche Erkenntnisse gerade im Bereich der Frühpädagogik in noch nicht ausreichendem Maße Einzug gehalten haben. Trotz diverser Fortbildungen und gesicherter Transparenz ist dieses Defizit offensichtlich. Es kann davon ausgegangen werden, dass vor allem in dieser Einrichtung die Fortbildungsveranstaltungen die Altersspanne der Kleinstkinder (0-3 Jahre) nicht hinreichend berücksichtigen. Die Tatsache, dass Teamfortbildungen in besonderem Maße zum *situationsorientierten Ansatz* erfolgen, zeigt, dass sich hier vermutlich vorrangig mit der Altersgruppe ab drei Jahren auseinandergesetzt wird. Durch die vermutlich unzureichende Beschäftigung mit der Altersgruppe der unter Dreijährigen kann das inadäquate Verhalten der Erzieherin (Szenen „Mädchen schneidet", „Aufschöpfen") in gewissem Maße nachvollzogen werden. Wenn auch theoretisch in den Orientierungen das Bild vom sich selbst bildenden Kleinkind und eine adäquat definierte Rolle vorzufinden ist, zeigt doch die Praxis, dass didaktische Kompetenzen bei weitem noch nicht ausreichend vorhanden sind.

Die hier bestehende Unsicherheit könnte die Pädagogen deshalb automatisch in althergebrachte Handlungsmuster verfallen lassen. Dass im Krippenbereich dennoch Entwicklung stattgefunden hat, wurde nicht zuletzt durch die hier bestehende Teamsituation begünstigt. Ein sich reflektierendes und kooperierendes Team, welches gemeinsame Absprachen trifft, wird in seinen Handlungen so weit gefestigt, dass es auch Selbstbildungsprozesse gerade im Bereich der Mahlzeiten („Aufschöpfen") initiieren kann. Die freudbetonte und von Optimismus geprägte Atmosphäre des Krippenteams kann sich dann entsprechend positiv auf die Kindergemeinschaft übertragen.

7.6.3   Leitungsmanagement im frühpädagogischen Handlungsfeld

Die empirischen Daten konnten belegen, dass das Gelingen von Umstrukturierungsprozessen in der Kinderkrippe in erheblichem Maße vom Führungsmanagement der Leiterin abhängig ist. Demnach kann dieser Prozess zum einen sehr intensiv vonstatten gehen; zum anderen findet sich aber auch heute noch überwiegend die traditionelle Krippenpraxis vor. Welche Aspekte auf der Leitungsebene eine Rolle spielen, um Teamentwicklungsprozesse zu forcieren und Bildungsprozesse aus der Sicht aktueller wissenschaftlicher Erkenntnisse adäquat zu etablieren, soll im Folgenden dargelegt werden.

Die besondere Einstellung der Leiterin („Schaukelpferd"), permanent nach neuen Herausforderungen zu suchen, um das Team und damit die Kinder voranzubringen, trägt zunächst maßgeblich zur Fortbildung ihrer eigenen Persönlichkeit bei. Durch ihre ständige Bereitschaft, Angebote von außen zu nutzen, erweitert sie kontinuierlich ihre eigene Fachkompetenz und erhält somit auch Kontakte bzw. Gelegenheiten des Austausches mit anderen Institutionen. Dabei versteht sie sich stets selbst als Lernende und zeigt eine Offenheit bezüglich des Aneignens von Fachwissen. Durch die Erweiterung der Fachkompetenz gelangt sie zu der Überzeugung, dass Teamentwicklung primär zum Wohle der Kinder stattfinden muss. Diese Überzeugung kann sie in weiten Teilen auf ihr Team übertragen.

Die Interviews haben jedoch auch gezeigt, dass das Umdenken der Mitarbeiter vor allem erst durch die wissenschaftliche Begleitung (Landesmodellprojekt) erfolgte. Die Fachkompetenz einer Leiterin reicht also alleine nicht aus, um eine Kita zu reformieren, sondern es bedarf einer fachspezifischen Unterstützung von außen, welche in primärer Instanz zunächst die Sensibilisierung der Wahrnehmung der Pädagogen fokussiert. Dabei scheint der Theorie-Praxis-Bezug von besonderer Relevanz zu sein. Die hierbei entstehenden Aha-Effekte und der Erfahrungsaustausch können die Akteure dazu befähigen, neue Wege zu beschreiten. Mit Unterstützung von Dritten kann die Handlungssicherheit der Leiterin gestärkt werden. Aufgrund ihrer optimistischen und resoluten Grundhaltung und durch ihren wertschätzenden, anerkennenden und kooperativen Führungsstil gelingt es ihr, das Team zu motivieren und dass sich die Einrichtung auch nach dem Ablauf des Modellprojektes weiterentwickelt. Dabei setzt sie auf einen lösungs- und ressourcenorientierten Handlungsansatz und lässt vordergründig Argumente hinsichtlich der personellen Rahmenbedingungen nicht zu. Auch wenn personelle Engpässe bestehen, für die Optimierung der Bildungsprozesse ist vornehmlich die persönliche Einstellung ausschlaggebend.

Obwohl sie für die Belange der Erzieherinnen stets erreichbar ist, unterstützt sie gerade durch Zurückhaltung die Selbstbildungsprozesse der Mitarbeiterinnen. Die Gewissheit, bei Bedarf Unterstützung zu erhalten, verleiht den Pädagoginnen eine Handlungssicherheit und fördert die Eigenverantwortung des Teams. Den Kollegen gegenüber offenbart die Leiterin eine kritikfähige Handlungsweise und räumt auch das Mitspracherecht bei der Gestaltung organisatorischer Abläufe und pädagogisch konzeptioneller Angelegenheiten ein. Dadurch kann sich das Vertrauensverhältnis zwischen Leiterin und Team vertiefen. Es wird eine Offenheit erreicht, die eine ehrliche und kritische Konfrontation im Team erst möglich macht. Den im pädagogischen Alltag entstehenden Spannungen kann dadurch zeitnah entgegengewirkt werden.

Dennoch kann nicht außer Acht gelassen werden, dass Leiterinnen in Kindertageseinrichtungen einem ständigen Druck von Seiten der Belegschaft ausgesetzt sind. Dabei fällt es leichter, diesem standzuhalten oder entgegenzuwirken, wenn Unterstützung von außen (Fortbildungen, Träger) gewährleistet ist. Ist dies nicht gegeben, kann sie auch in einer noch so gestärkten Teamsituation die Leiterin immer wieder in eine Einzelposition gedrängt werden („Schaukelpferd" und „Steckenpferd").

Durch die erworbene Fachkompetenz wird die Leiterin in die Lage versetzt, das unter Umständen noch defizitäre Handeln ihrer Kolleginnen zu reflektieren. Gerade bei Pädagogen, die eine jahrzehntelange andersartige Krippenpraxis verinnerlicht haben, ist dieses ständige Feedback erforderlich, weil hier die Möglichkeit besteht, in alte Verhaltensweisen zurückzufallen. Dazu bedarf es einer besonders engagierten und überzeugten Haltung der Leiterin. Obwohl sie lediglich zu personell unterbesetzten Zeiten im Gruppendienst tätig ist, hat sie aktuelle Kenntnis über die Abläufe in den einzelnen Gruppen. Einblick erhält sie durch das umfangreiche und regelmäßig stattfindende Besprechungswesen und ihr grundsätzlich bestehendes Interesse an den Abläufen im Alltag. Durch die Interviews und Befragungen ließ sich ein sehr stark ausgeprägtes Wir-Gefühl konstatieren, welches belegt, dass die Leiterin ihrem Team partnerschaftlich auf einer Ebene begegnet und sich selbst als Lernende versteht. Gleichwohl gelingt ihr der

Balanceakt, sowohl vermittelnde als auch managende Aufgaben zu erfüllen. Der Umstand, dass sie selbst meist nicht im Gruppenalltag involviert ist, scheint eine gewisse Distanz zum Krippenalltag zu ermöglichen. Dadurch ist es vermutlich besser möglich, den täglichen Herausforderungen objektiv, kritisch und realistisch entgegenzutreten.

Durch ihre Fachkompetenz (auch bezüglich der Kinder von 0-3 Jahren) erkennt sie den besonderen personellen Bedarf in der Kinderkrippe und schafft es durch eine engagierte und präventive Handlungsweise, Engpässe in diesem Bereich möglichst zu umgehen. Zumindest konnte das im Forschungszeitraum beobachtet werden.

Auch Mitarbeiter mit negativen Gegenhorizonten werden als Teammitglieder anerkannt und mithilfe einer optimistischen und ressourcenorientierten Sichtweise integriert ("supportive Leadership", Hüther 2008 c). Das professionelle Selbstverständnis der Leiterin, dass schwierige Situationen als besondere Herausforderung gesehen werden und letzten Endes gemeistert werden müssen, trägt maßgeblich zur Weiterentwicklung bei. Die kompromissbereite und innovative Vorbildrolle der Leiterin kann sich auf das Team übertragen, so dass auch unter erschwerten Bedingungen und bei unbeeinflussbaren Störfaktoren von außen (Reglementierung, finanzielle Bedingungen) entwicklungsfördernd kooperiert werden kann.

Ganz anders verhält sich das Leitungsmanagement in Einrichtungen, in denen traditionelle Krippenpraxis vorherrscht ("Brummkreisel"). Hier gibt es kaum Fortbildungsinitiativen der Leiterin und diese beschränken sich mitunter lediglich auf das Studium von Fachliteratur. Externen Fortbildungsveranstaltungen gegenüber wird sich nur gering geöffnet und sie werden nur begrenzt wahrgenommen. Das offen eingestandene Wissensdefizit im Bereich der Frühpädagogik führt zur persönlichen Handlungsunsicherheit. Diese verstärkt sich durch die nach der politischen Wende entstandene neue Bildungsdebatte. Wegen der fehlenden Fachkompetenz wird an der althergebrachten Handlungspraxis festgehalten und an den dort gemachten Erfahrungen angesetzt bzw. auf diese vertraut. Aufgrund des defizitären Hintergrundwissens greift die Leiterin auf persönliche Erfahrungen im DDR-Kindergartenbereich zurück und wendet in ihrer Handlungspraxis diese Kenntnisse an. Da dies jedoch nicht auszureichen scheint, verlässt sie sich gezwungenermaßen mitunter auf ihre persönliche Intuition.

Die unzureichend vorhandene Fachkompetenz führt zu einem traditionellen Bild vom lernenden Kleinkind (inkompetent und auf Hilfe angewiesen) und veranlasst sie zur Ausübung ihrer gewohnten Führungsrolle. Dabei wird das eigene Handeln als besonders positiv reflektiert, weil andere Handlungsweisen gar nicht in Erwägung gezogen werden können. Die Interviews und Befragungen der Leiterin haben gezeigt, dass neueste theoretische wissenschaftliche Erkenntnisse in Ansätzen vorhanden sind. Deren fehlende Umsetzung kann auf zwei wesentliche Aspekte zurückgeführt werden: Zum einen fehlt es an didaktischen Fähigkeiten, zum anderen an der persönlichen Überzeugung der Leiterin. Die Daten aus den Interviews und Befragungen können belegen, dass die persönlichen Orientierungen mit den Entwicklungen durch die politische Wende nicht konform gehen („Neuzeit"). Durch bildungspolitische Veränderungen entstand ein hohes Maß an Frustration und Resignation und führte zur persönlichen Unzufriedenheit der Leiterin. Das Ausbleiben von Erfolgserlebnissen vermindert ihr Selbstwertgefühl und ihre Handlungskompetenz. Von daher wird sich auf der Leitungsebene gegen jegliche Art von Veränderung gesperrt und die Stagnation von Teamentwicklungsprozessen dadurch begünstigt. Dabei werden bedeutsame Fortbildungsveranstaltungen (z. B. zum Bildungsplan) entweder ignoriert oder die durch Fortbildung vermittelten Kenntnisse werden nicht aufgenommen und auch nicht ins Team transportiert. Darüber hinaus wird mit ungünstigen personellen Rahmenbedingungen argumentiert, um vermutlich auch Fortbildung und mögliche Weiterentwicklung zu umgehen. Der Umstand, dass die Einrichtung im ländlichen Raum angesiedelt ist und damit auch für Gelegenheiten zum Erfahrungsaustausch kaum Möglichkeiten bestehen, erschwert den Zugang zu diversen Fortbildungsmöglichkeiten in unmittelbarer Nähe. Die Leiterin selbst versteht sich kaum selbst als Lernende, sondern überlässt diese Rolle eher der jüngeren Erzieher-Generation.

Die des gesamten Teams nach kostenlosen Weiterbildungsveranstaltungen bescheinigt ein geringes persönliches Engagement und fehlende Investitionsbereitschaft. Fortbildung wird nicht als Weiterentwicklung der Persönlichkeit gesehen, sondern verfolgt ausschließlich berufliche Zwecke. Der Wunsch nach Handlungsdiktatur bzw. nach Patentrezepten von außen („besser für die Hand der Erzieherin vorgearbeitet sein") lässt eine bequeme und unflexible Handlungsweise erkennen, innerhalb derer Eigeninitiative kaum möglich sein wird.

Die resignierende und pessimistische Haltung der Leiterin schlägt sich auf das Team nieder, das ebenfalls nur geringe Eigeninitiative entwickelt. Die dennoch spürbaren positiven Gegenhorizonte werden durch die starre Handlungsweise der Leiterin beeinträchtigt. Dadurch entstehen Spannungen, die zu Frustration und Resignation führen. Infolgedessen verselbstständigen sich die Abläufe innerhalb der Einrichtung, wodurch sich kein Teamgefüge ausprägen kann und jeder nach eigenem Ermessen handelt.

Die Leiterin ist weniger am Handeln der Kolleginnen interessiert, sondern strebt vor allem nach persönlicher Bestätigung und Anerkennung. Da diese Anerkennung sowohl seitens des Teams als auch durch die fehlende Vernetzung nach außen ausbleibt, wird diese auf der Großelternebene kompensiert. Aufgrund der miteinander konform gehenden Orientierungen von Großeltern und Leiterin findet sie sich in ihrem Handeln bestätigt. Andererseits wird das Anerkennungs-defizit über die (körperliche) Zuwendung zum Kind kompensiert („...ich sag, wolln wir uns auch mal umarmen?"). Die Tatsache, dass keine gefestigte Team-situation vorliegt, führt dazu, dass die Leiterin eine von ihr selbst initiierte Ein-zelposition einnimmt. Der fehlende Rückhalt im Team und von außen verstärkt den Drang nach persönlicher Anerkennung und Wertschätzung.

Somit konzentriert sich die Leiterin nicht vornehmlich auf die Belange der Einrichtung, sondern primär auf ihr eigenes Wohlbefinden. Ihre ausgeprägte Erzählweise in der Ich-Form verdichtet diese These.

Trotz sichtbarem Fortbildungsengagement und offensichtlichem Interesse an der Umstrukturierung in der Kinderkrippe gibt es auch Faktoren, die diesen Prozess erschweren oder hemmen („Steckenpferd"). Das Interview und die Be-fragungen im Feld mit der Leiterin haben gezeigt, dass sie über neueste wissen-schaftliche Fachkompetenzen verfügt. Auch beim Betrachten der Videoszenen wird der weitere Entwicklungsbedarf in weiten Teilen (z. B. Erweiterung der Bildungsräume) schon erkannt. Allerdings stellt sich hier die Frage, warum trotz der Fortbildungsinitiativen in Ansätzen die Führungsrolle bei der Leiterin noch vorhanden ist („... und dann war da so 'ne führende Hand und dann merkte er ..., dass das gar nicht so schwer ist...") und sie diese selbst nicht reflektiert. Des-gleichen scheint sie nicht vollständig davon überzeugt zu sein, wie frühkindliche Selbstbildungsprozesse vonstatten gehen sollten („so einmal die Woche 'ne Ex-perimentierzeit"). Im Bereich entwicklungspsychologischer Erkenntnisse offen-bart sich ihre Fachkompetenz schon fundierter („weil ich das nicht eingesehen habe"). Hierdurch gelingt es ihr besser, Umstrukturierungen durchzusetzen (z. B. Weglassen der gemeinschaftlichen Töpfchenbank).

Es kann erneut davon ausgegangen werden, dass die Thematik der Selbst-bildungsprozesse der unter Dreijährigen in den Fortbildungen, welche die Ein-richtung „Steckenpferd" besucht, zu wenig Berücksichtigung findet. Zumindest wurde dies in Gesprächen mit der Leiterin so deutlich. Es liegt nahe, dass Kom-petenzen im Bereich der Didaktik gerade für die Bildungsprozesse der Kleinsten fehlen. Die Entwicklungen im Kindergartenbereich dieser Einrichtung zeigen, dass diese Kompetenzen für die über Dreijährigen durchaus vorhanden sind (z. B. Experimentierecken, offenes Frühstück). An dieser Stelle könnte auch in Betracht gezogen werden, dass die Kolleginnen der Krippe gegen bestimmte Umstrukturierungen obstruieren; die Daten aus den Interviews, Befragungen und aus der Videographie belegen jedoch eher das Gegenteil (Szenen „Aufschöpfen", „Anziehen"). Das Defizit im Bereich der unter Dreijährigen verleiht der Leiterin selbst teilweise noch Handlungsunsicherheit, gerade was die Gestaltung der Bildungsräume anbelangt. Aufgrund dessen kann sie auch bestimmte Anregun-gen an ihre Mitarbeiterinnen nicht transportieren bzw. durchsetzen.

Der Umstand, dass sie die Argumentationen ihrer Kolleginnen aufgreift (z. B. Unsicherheiten vor den Eltern), verdeutlicht ihre Einzelposition. Aufgrund der nicht ausgereiften Fachkompetenz scheint ihr die Sicherheit zu fehlen, um in der Teamarbeit mit evidenten Argumentationen kontern zu können.

Ihre Ausführungen zur Durchführung des Beobachtungsverfahrens zeugen von einem aktuellen Wissensbestand, den sie bislang auf ihre Kolleginnen noch nicht ausreichend übertragen konnte („ist immer noch so relativ gezielt, die Beobachtung"). Vermutlich mangelt es auch hier an didaktischen Fähigkeiten, gerade was die Umsetzung des Verfahrens im Bereich der Frühpädagogik anbelangt. Die begrenzten zeitlichen Reserven innerhalb des Besprechungswesens spielen dabei womöglich eine nicht unerhebliche Rolle.

Ihre eigene ständige Präsenz im Gruppengeschehen führt zwar dazu, die Handlungspraxis der Kollegen ständig beobachten und überprüfen zu können, dennoch kann die erforderliche Distanz für ihre managenden Aufgaben zur objektiven Einschätzung der Vorgänge vermutlich nicht hinreichend gewahrt werden.

In der Gestaltung der Bildungsprozesse von Kleinkindern werden auch von der Leiterin noch die Prioritäten zugunsten eigener Vorstellungen gesetzt (z. B. Einschränkung der Eigenständigkeit aufgrund der Sicherstellung der Mahlzeitentemperatur), was wiederholt ein noch unausgereiftes Verständnis zur frühkindlichen Bildung bestätigt.

In ihrer Rolle als Leiterin begreift sie sich selbst als Lernende, wenn es darum geht, die Entwicklung der Einrichtung und des Teams zu forcieren. Dabei ist sie offen für externe Gelegenheiten und greift diese auf. Im Umgang mit den unterschiedlichen Orientierungen und Handlungsweisen ihrer Kolleginnen ist sie vor allem im Krippenbereich resolut und ausdauernd und scheint erkannt zu haben, dass auch eine entsprechende Motivation für das Team nötig ist. Hier nimmt sie jedoch eine teils unterweisende Rolle ein („Mensch, probiers doch mal so aus!"). Bestimmte Handlungsweisen versucht sie zu oktroyieren. Andererseits entsteht der Eindruck, dass sie in der Auseinandersetzung mit den Kolleginnen des Kindergartenbereiches eine Einzelkämpferrolle einnimmt und hier gelegentlich auch selbst resigniert, wenn es darum geht, bestimmte Veränderungen zu erwirken. In diesem Zuge argumentiert sie mit dem fortgeschrittenen Alter der Kolleginnen. Es kann davon ausgegangen werden, dass sie sich gegen die (dominante) Front im Kindergartenbereich nicht ausreichend behaupten kann, was auch in der unausgereiften Fachkompetenz und der dadurch fehlenden Handlungssicherheit begründet liegt. Unterstützung von außen (Träger, regelmäßige Fortbildung zum Thema Leitungsmanagement etc.) wäre hier hilfreich für die Konfrontationsprozesse im Team.

Die Wahrnehmung von Fortbildungsmöglichkeiten, aber auch die Teilnahme an dieser Studie sind Gelegenheiten, einerseits weitere Inputs für den künftigen Umstrukturierungsprozess zu erhalten; andererseits wurde die Chance genutzt, auch eine persönliche Bestätigung zu der bisherig geleisteten Arbeit zu erhalten. Besonders signifikant ist der Mangel an Anerkennung des Erzieherberufes bzw. seine Stellung in der Gesellschaft. In diesem Kontext stellt sich die Frage, inwieweit die Leiterin Unterstützung und Bestätigung von Seiten des Trägers erhält. So könnte ihre unausgereifte Handlungssicherheit auch auf eine mangelnde Rückendeckung von dieser Seite zurückzuführen sein. Diese Frage bleibt jedoch aufgrund fehlender Indizien unbeantwortet.

7.6.4   Erziehungspartnerschaft in der Kinderkrippe

Die Erhebungen verdeutlichen, dass verschiedene Vorstellungen darüber existieren, wie Erziehungspartnerschaft in Kinderkrippen gestaltet werden sollte. Dabei wird sowohl das aus neurobiologischer Sicht bedeutsame Vertrauensverhältnis zwischen Eltern und Einrichtung als auch das gezeigte Engagement zur Sicherung des Wohlbefindens des Kleinkindes in unterschiedlicher Intensität und Ausrichtung berücksichtigt.

Die durch die Einrichtung „Brummkreisel" nur sehr eingeschränkt zugestandene primäre Expertenrolle der Eltern (Vorbildrolle und primäre Bezugspersonen) zeigt, dass sich die Einrichtung selbst von den Elternhäusern distanziert. Diese Distanz entsteht durch die persönliche Zuordnung höherer fachlicher Kompetenzen bezüglich der Bildung und Erziehung der Kinder. Der Anspruch der Erzieher, Eltern über Erziehungsfragen aufzuklären, belegt ihre belehrende Rolle und zeigt, dass sie sich selbst nicht als (auch von und mit den Eltern) Lernende sehen.

Erziehungspartnerschaft wird aus eigennützigen Gründen heraus definiert, insbesondere wenn die Eltern sich für die Belange der Einrichtung interessieren und sich zur Erreichung von deren Ziele engagieren. Die Bedürfnisse der Erzieher hinsichtlich der Zusammenarbeit mit den Eltern resultieren aus der traditionellen DDR-Kindergartenpraxis, wo die Vorstellungen der Pädagogen handlungsleitend waren und den Eltern teilweise aufgedrängt wurden. Erziehungspartnerschaft wird in einer hierarchischen Konstellation so verstanden, dass eine einheitliche Erziehungsfront beider Parteien (Erzieher und Eltern) gegenüber dem Kind aufgebaut wird. In die Erziehungspartnerschaft ist das Kind kaum integriert.

Durch die fehlende Anerkennung der Kompetenzen der Eltern kann deren Selbstbewusstsein für Erziehungsfragen kaum gestärkt werden. Vielmehr entstehen auf Elternseite Abschiebemechanismen, so dass sie sich auf das Handeln der Einrichtung nicht nur verlassen sondern es auch gutheißen (teilweise in Einrichtungen „Steckenpferd" und „Schaukelpferd"). So können auch die bestehenden moderneren Orientierungen und Bedürfnisse der Eltern in die Krippenpraxis nicht eingebracht werden („Brummkreisel"). Individuelle positive Gegenhorizonte begünstigen vielleicht die Elternarbeit in einzelnen Gruppen, jedoch können sich diese aufgrund der ungefestigten Teamsituation nicht allumfassend durchsetzen.

Die Beziehungsgestaltung bzw. die Herausbildung des Vertrauensverhältnisses resultiert in der Einrichtung „Brummkreisel" nicht vordergründig aus der aktuellen Zusammenarbeit, sondern aus der Beziehungsgestaltung in der Vergangenheit, nämlich als die Eltern selbst noch Kinder dieser Einrichtung waren. Der Umstand, dass die persönlichen Beziehungen in ländlichen Gegenden ausgeprägter sind, verstärkt ein Harmoniebedürfnis, welches Kritik und Eigeninitiative heute kaum ermöglicht; die routinierte traditionelle Handlungspraxis wird also nicht unterbrochen.

So erklärt sich selbst, dass Eltern eine Erwartungshaltung dahingehend zeigen, dass ihre Kinder die in der Einrichtung bestehenden Regeln und Normen auch einhalten. Dass sich Eltern Veränderungen gegenüber resignativ verhalten, kann damit begründet werden, dass sie aufgrund der personellen Situation sowieso keine Besserung erwarten.

Das in den Interviews gezeigte Interesse der Eltern am Krippenalltag zeugt einerseits davon, dass sie offen gegenüber aktueller Fachkompetenz sind; andererseits spiegelt sich auch der defizitäre Stand der aktuellen Fachkompetenz der Einrichtung hier stark wider: Wo kein aktueller Wissensbestand vorliegt, kann sozusagen auch keiner auf die Ebene der Eltern transportiert werden.

Erziehungspartnerschaft stellt sich im Beispiel der Einrichtung „Schaukelpferd" positiver dar. Besonders vorbildhaft ist das Interesse der Einrichtung, den Bedürfnissen und dem (emotionalen) Wohlbefinden der Eltern und der Kinder gleichrangig zu begegnen. Dies konnten die Darstellungen zur Gestaltung der Eingewöhnung und zur Elternarbeit insgesamt belegen. Dementsprechend ist für die Akteure das beiderseitige Vertrauensverhältnis von primärer Bedeutung, um darauf aufbauend auch das Vertrauen zwischen Kindern und Erzieherinnen entwickeln zu können. Dies gelingt durch Gespräche, in denen von Anfang an die Belange der Eltern ernstgenommen und die Besonderheiten der Kinder erfasst werden. Ergänzend hierzu ist der zeitnahe Informationsfluss durch regelmäßige Tür- und Angelgespräche gesichert. Gewährleistet wird dies hier auch in personeller Unterbesetzung, da die optimistische Grundhaltung der Pädagogen eine kontinuierliche Arbeit ermöglicht.

Die Transparenz des Krippenalltages wird durch die erlaubte und gewünschte Zutrittsmöglichkeit der Eltern zu den Räumlichkeiten (bei der Abholung oder am Morgen), durch Informationsveranstaltungen (Elternabende) und diverse Aushänge (Fotodokumentation etc.) gewährleistet. Dies bestätigte sich auch bei den Beobachtungen zu dieser Studie. Die Eltern werden und sind so über die Vorgänge und Themen laufend informiert. Unter Mitbestimmung der Eltern wird verstanden, dass sie ihre eigenen Ideen und Verbesserungswünsche einbringen. Das betonte Interesse der Einrichtung zeigt, dass sie sich auch den Eltern gegenüber als Lernende versteht.

In der Phase der Eingewöhnung ist das Interesse am familiären Hintergrund noch besonders groß, um in dieser Zeit die Besonderheiten des Kindes berücksichtigen zu können, es ist aber noch auf die spätere Zeit erweiterbar. Die Tatsache, dass sich Kleinkinder aufgrund des engeren Vertrauensverhältnisses im Elternhaus natürlicher verhalten als in der Einrichtung, wird bislang nur von der Leiterin der Einrichtung „Schaukelpferd" betont. Die Tatsache, dass die Erzieher von den Berichten der Eltern zum Verhalten ihrer Kinder zu Hause für die Arbeit in der Krippe profitieren, wird derzeit noch nicht erkannt und nur indirekt durch die Leiterin erwähnt.

Die Anerkennung der elterlichen Expertenrolle beschränkt sich lediglich auf jene Eltern, die aus Sicht der Erzieher in Erziehungsfragen kompetent sind. Indem eine uneingeschränkte Expertenrolle der Eltern noch nicht hinreichend anerkannt wird, kann die Erziehungspartnerschaft auch nicht in ausreichendem Maße gestaltet werden. Der Umstand, dass die Eltern von Seiten der Einrichtung über aktuelle wissenschaftliche Erkenntnisse aufgeklärt werden, belegt die lehrende und informierende Rolle der Erzieherin. Die hier bemängelte Resonanz der Eltern könnte daraus resultieren, dass sie nicht auf der emotionalen Ebene angesprochen werden oder dass es noch keine gemeinsame (verständliche) Sprache zwischen pädagogischem Personal und Familien gibt (vgl. Karkow et al. 2008). Die Elterninterviews haben gezeigt, dass dies vor allem durch die individuelle Zuwendung in Elterngesprächen unter der Verwendung von Videoszenen über das jeweilige Kind erreicht werden kann. Zur Gewährleistung von Erziehungspartnerschaft erscheint zunächst relevant zu sein, den Egoismus der Eltern (ihr Kind glücklich und zufrieden in der Einrichtung zu sehen) grundsätzlich zu akzeptieren und auch zu nutzen, um anschließend darauf aufzubauen (a. a. O.).

Der Umstrukturierungsprozess kann selbst in einer so fortgeschrittenen Einrichtung wie der untersuchten behindert werden. Dabei spielt die Orientierung in den Elternhäusern eine markante Rolle. Dort ist ein sauberkeitsorientierter und autoritärer Erziehungsstil präsent und wird auch von der Einrichtung so erwartet. Die Kontroversen können jedoch durch den zeitnahen Informationsaustausch und das bestehende Vertrauensverhältnis mittelfristig beseitigt werden.

Für Eltern der Einrichtung „Schaukelpferd" ist es selbstverständlich, ihre Anliegen mit den Erzieherinnen besprechen zu können und nicht im Vorfeld schon zu resignieren. Auch werden modernere Orientierungen auf Elternseite offenbart, die mehr Eigenständigkeit der Kinder wünschen und auch die Arbeit der Erzieher wertschätzen.

Die dennoch vorliegenden Defizite der Eltern im Bereich pädagogischer Fachkompetenz (Ohnmacht in Erziehungsfragen im Elternhaus) erfordern deren weitere Aufklärung. Dabei scheinen die Möglichkeiten der rein verbalen Kommunikation nicht ausreichend zu überzeugen. Welche Bedeutung dabei der Videographie in Kinderkrippen zukommen könnte, soll weiter unten herausgestellt werden.

Im Fall „Steckenpferd" wird deutlich, dass Erziehungspartnerschaft zwar in der Entwicklung ist, dennoch in weiten Teilen durch bestimmte Umstände erschwert wird. Durch die Trennung der Zuständigkeiten von Krippe und Elternhaus („zu Hause sind die Eltern die Experten... und hier ... sind wir die Experten") kann ein kooperatives Handeln nur in Ansätzen möglich werden. Es erscheint somit nachvollziehbar, dass Eltern in Erziehungsfragen, nicht zuletzt aus Bequemlichkeit und mangelnden Kompetenzen, die Verantwortung auf die Einrichtung abschieben. Der Anspruch der Kinderkrippe nach einheitlichem pädagogischem Handeln von Krippe und Elternhaus kann nicht erfüllt werden, da durch die primäre Trennung der Verantwortungsbereiche eine Distanz entsteht. Das für eine erfolgreiche Kooperation erforderliche Vertrauensverhältnis kann nicht entstehen, nur von den Eltern Interesse an den Vorgängen in der Einrichtung erwartet wird; es ist eben gerade auch nötig, dass sich die Einrichtung für das häusliche Umfeld interessiert. Die sich herauskristallisierten (unterschwelligen) Unsicherheiten der Eltern offenbaren ein unausgereiftes Vertrauensverhältnis zu den Erzieherinnen (z. B. Ängste vor Gruppenwechsel). Vertrauen entsteht vor allem dann, wenn auch die Einrichtung sich für die Abläufe im Elternhaus interessiert. Dass solche Tendenzen in Ansätzen vorhanden sind, wurde in den Interviews und Befragungen mit den Pädagoginnen deutlich. Die eingesetzten Mittel und Methoden (Elterninformationsabende, Transparenz durch Aushänge) zeigen jedoch, wie im Fall „Schaukelpferd" auch, nur eine eher begrenzte Wirkung. Das Bestreben, Eltern für die Arbeit der Kinderkrippe zu erreichen, liegt nicht zuletzt auch in der mangelnden gesellschaftlichen Stellung des Erzieherberufes begründet. Die Befragungen und Interviews haben in allen drei untersuchten Einrichtungen ergeben, dass die – bedingt durch den derzeitigen (minderwertig besetzten) Status des Erzieherberufes – mangelnde persönliche Bestätigung der Pädagogen vor allem auch über die Elternarbeit kompensiert wird.

Die kritische Haltung der Eltern gegenüber Umstrukturierungsprozessen wurde vor allem in der Einrichtung „Steckenpferd" deutlich. Besonders signifikant sind die Orientierungen der Eltern, dass Krippe primär als Betreuungsinstitution betrachtet wird und die beschützende Aufbewahrung des Kindes bzw. die Entwicklung der Selbstständigkeit die Hauptaufgaben darstellen. Die noch erforderliche Überzeugungsarbeit gestaltet sich vor allem deshalb sehr problematisch, da die erforderliche Fachkenntnis (0-3 Jahre) und damit die persönliche Überzeugung der Pädagogen nicht ausreichend vorhanden ist. Die Teilnahme der Eltern am Alltag ihrer Kinder ist bislang auf den Kindergartenbereich beschränkt. Der direkte Zugang der Eltern zum Krippenalltag wurde weder in den Interviews noch in den Beobachtungen benannt. Eine noch weitgehend starr verlaufende Eingewöhnungszeit behindert für den Aufbau eines Vertrauensverhältnisses zwischen Eltern und Einrichtung. Die in weiten Teilen bestehenden (traditionellen) Orientierungen der Eltern zu Erziehungsfragen erschweren die Umstrukturierungsprozesse in Kinderkrippen und belegen den Bedarf nach kontinuierlichem Austausch und individueller Begegnung zwischen Einrichtung und Elternhaus.

7.6.5   Personelle und sachlich-materielle Bedingungen

Personelle Bedingungen

Die empirischen Daten haben gezeigt, dass trotz gleicher („Brummkreisel" und „Schaukelpferd") bzw. ähnlicher personeller Voraussetzungen („Steckenpferd") frühkindliche Bildungsprozesse aus neurobiologischer Sicht sowohl begünstigend als auch benachteiligend gestaltet werden können.[62] Die vorzufindenden personellen Rahmenbedingungen behindern in weiten Teilen die Forcierung von Umstrukturierungsprozessen.

Die Daten der Einrichtung „Brummkreisel" belegen, dass aufgrund der Einrichtungsgröße (57 Kinder/6 Erzieherinnen) und der Gestaltung der Arbeitszeiten (zwei Drittel der Mitarbeiter in Vollzeit beschäftigt) zu wenig Personal und demnach zu wenig Handlungsspielraum für die personelle Absicherung im Krippenbereich vorhanden ist. Durch die Vollzeitbeschäftigung der Mitarbeiter wird der flexible Einsatz des Personals behindert; so fehlen hier zusätzliche Kräfte, die vor allem in Stoßzeiten oder bei Ausfall von Erziehern unterstützen

---

62 Mindestpersonalschlüssel Thüringen (zum Zeitpunkt der Untersuchung: 0-2 Jahre 1:7; 2-3 Jahre 1:10 (ThürKitaG 2006, § 14), Mindestpersonalschlüssel Sachsen-Anhalt: 0-3 Jahre 1:6 (KiFöG 2003, § 21)

können. Erschwerend kommt hinzu, dass die für die Personalberechnung im Gesetz zugrunde gelegte Betreuungszeit von neun Stunden nicht den realen Öffnungszeiten der Einrichtung entspricht. Hierdurch entsteht eine Differenz, die sich in der personellen Situation allenfalls niederschlägt. Durch krankheits- und urlaubsbedingte Ausfälle wird die Situation weiter zugespitzt.

Die Ergebnisse der Videographie konnten belegen, dass sich z. B. im Fall „Brummkreisel" eine Aufstockung des Personal aus neurobiologischer Sicht gerade sehr ungünstig auf die Lernprozesse der Kleinkinder auswirken würde. Aufgrund der hier stark ausgeprägten Führungsmentalität und der autoritären Handlungsweise würden die Kleinkinder durch mehr Personal vermutlich einer noch akuteren Kontrolle und defizitorientierten Beobachtung unterzogen werden. Dies hätte eine noch intensivere Einschränkung der (Selbst-) Bildungsprozesse zur Folge und die Lernprozesse würden noch stärker in – aus neurobiologischer Sicht nachteilige- andere Bahnen gelenkt werden.

Aufgrund der Größe der Einrichtung „Schaukelpferd" (151 Kinder/18 Erzieherinnen, davon nur zwei in Vollzeit beschäftigt) und dem verhältnismäßig großen Anteil der zu betreuenden Kleinkinder (20 %) kann die Einrichtung mit dem zur Verfügung stehenden Personal auch in krankheits- und urlaubsbedingten Ausfällen flexibel reagieren. Es wird der Eindruck vermittelt, dass damit zumindest der reguläre Betrieb in der Einrichtung abgesichert ist. Die Realität ist jedoch, dass die Mitarbeiter aus persönlichem Engagement heraus ihre tägliche Arbeitszeit durch eine eingeschobene Mittagspause unterbrechen, um die verbleibende Arbeitszeit am Nachmittag zur Unterstützung ihrer Kollegen anzuhängen. Die Befragungen und Interviews haben ergeben, dass ein erheblicher Bedarf an zeitlichen Reserven für die Vor- und Nachbereitungszeit (z. B. Beobachtungsdokumentation; Vorbereitung von Entwicklungsgesprächen etc.) besteht.

Auch das umfangreich konzipierte Besprechungswesen wird teilweise in der persönlichen Freizeit (Mittagspause) durchgeführt. Trotz dieses bereits (reichlich) vorhandenen Engagements werden Aufgaben der Dokumentation in der Freizeit erledigt, da die vorhandenen personellen Ressourcen für den regulären Ablauf genutzt werden. Im Fall „Schaukelpferd" wurde die Dringlichkeit des erhöhten Personalbedarfs erkannt und für die Kleinkinder eine zusätzliche Ein-Euro-Kraft eingesetzt. Diese stand zwar ursprünglich für die gesamte Einrichtung zur Verfügung, ihre Beschäftigung wurde jedoch hauptsächlich im Krippenbereich beobachtet, was wesentlich zur Entlastung der beiden Erzieherinnen beitrug. Die Erhebungen in der Einrichtung „Schaukelpferd" belegen, dass adäquate Bildungsqualität in der Kinderkrippe unter den gegebenen personellen Voraussetzungen nur mit einem besonderen persönlichen, zusätzlichen Engagement erreicht werden kann, und selbst dann auch nicht in wünschenswertem Maße.[63] Aufgrund des hohen Anspruches an die qualitative Arbeit stoßen die Mitarbeiterinnen dabei oftmals an ihre persönlichen Grenzen. Die Ausführungen zur Beobachtungsdokumentation zeigen, dass sich im Anschluss an das Modellprojekt die personellen Voraussetzungen durch die Änderung des ThürKitaG verschlechterten. Die im Rahmen des Modellprojektes erworbenen Qualitätsstandards können – wenn überhaupt – nur mit enormem Kraftaufwand aufrechterhalten werden.

Die Einrichtung „Steckenpferd" ist aufgrund ihrer Größe mit deutlich mehr Personal ausgestattet als die Einrichtung „Brummkreisel", hat aber in der Betreuung im Alltag letzten Endes nicht automatisch auch mehr Personal zur Verfügung. Obwohl im Krippenbereich jeweils zwei Pädagogen beschäftigt waren, wurde die optimale Versorgung der Kinder erschwert, da auch Babys unter einem Jahr betreut wurden. Für den höheren Betreuungsaufwand ergab sich hier zwischenzeitlich ein realistischer Betreuungsschlüssel von 1:11. Aus neurobiologischer (Eigenaktivität) und auch entwicklungspsychologischer Sicht (Bindungstheorie) können Bildungsprozesse der Kleinkinder unter derartigen Voraussetzungen keinesfalls optimal gestaltet werden. Dass Kinder beispielsweise zum eigenen Schutz in Laufgittern untergebracht werden müssen, kann hier nachvollzogen werden, wenn dies auch an dieser Stelle keine Legitimation erhalten soll. In ungünstigen personellen Situationen kann die sensible Wahrnehmung der Akteure im Alltag unter Umständen zu kurz kommen. Die Befunde aus der Videographie haben jedoch auch gezeigt, dass die Wahrnehmung der Details nicht nur von den personellen Rahmenbedingungen abhängig ist (Szene: „Aufschöpfen", „Mädchen schneidet").

Auch die bestehende Diskrepanz zwischen den Bereichen Kindergarten und Krippe erschwert den flexibleren und gruppenübergreifenden Einsatz des vorhandenen Personals. Durch die Flexibilität der Erzieher des Krippenbereiches gelang es, personelle Engpässe zu überbrücken, wie z. B. bei der Gestaltung des Frühstücks beobachtet werden konnte.

Materielle Bedingungen

Die Untersuchung hat gezeigt, dass die Gestaltung der Bildungsprozesse auch von den materiellen Bedingungen (räumlich, sächlich) abhängig ist. Die in der Einrichtung „Schaukelpferd" an den Bedürfnissen der Kleinkinder angepassten

---

63 Mittlerweile haben sich die personellen Voraussetzungen geändert. Seit 01.08.2010 gilt für Thüringen folgender Betreuungsschlüssel: für Kinder im ersten Lebensjahr 1:4, für Kinder von 1-2 Jahren 1:6 und im Alter von 2-3 Jahren 1:8 (ThürKitaG 2010, § 14).

räumlichen Gegebenheiten wurden im Rahmen des Landesmodellprojektes geschaffen. Dabei erhielten die Akteure lediglich die erforderliche Fachkompetenz; die Beschaffung der Materialien wie Hochebenen, Funktionsräume etc. unterlag dem Engagement und der Kreativität der Pädagogen (z. B. Einbeziehung der Eltern). Es hat sich gezeigt, dass die noch mit DDR-Mobiliar ausgestatte Kita die Bildungsräume durchaus erweitern und verändern konnte. Die Flexibilität der Akteure und die vorhandene aktuelle Fachkompetenz des Teams (Kenntnisse 0-3Jahre) ermöglichen regelmäßige, an den sich ständig verändernden Bedürfnissen und Interessen orientierende Umgestaltungen der Räume (ansatzweise auch „Steckenpferd"). Das angebotene Material lädt zum Erkunden und Entdecken ein, und dem Forscherdrang kann Rechnung getragen werden. Dies wird nicht durch den Umgang mit reinem (Plastik-) Spielzeug erreicht, sondern bezieht sich vor allem auch auf (Alltags-) Gegenstände und Naturmaterialien, welche die Entwicklung der Kreativität der Kinder anregen und das Forscherinteresse wecken (z. B. Papprollen, Pappkartons, Folien etc.). Die Darlegungen zu den Umbauarbeiten belegen jedoch auch, dass externe (finanzielle und reglementarische) Einflüsse die Umsetzung qualitativer Standards erschweren oder teilweise auch behindern. Aufgrund der persönlichen Überzeugung der Erzieher/Eltern von der Notwendigkeit der Schaffung bestimmter Voraussetzungen und einer lösungs- und ressourcenorientierte Handlungsweise kann es gelingen, diese Hürden mehr und mehr zu überwinden. Dass dies nicht immer befriedigend gelingt und auch mit erheblichen Anstrengungen verbunden ist, ist normal. Die dadurch auch entstehenden Frustrationen – ausgelöst durch negative Emotionen – können Weiterentwicklungsprozesse durchaus hemmen. Dass sie nicht zur Stagnation führen, liegt letzten Endes an der Überzeugung und Kooperation des *gesamten* Pädagogenteams.

Das Bildungsangebot gestaltet sich eher monoton, wenn die ebenerdigen Räumlichkeiten wenig Abwechslung bieten und sich das angebotene Erkundungsmaterial weitgehend auf reines Spielzeug beschränkt („Brummkreisel", „Steckenpferd"). Vorhandene Ressourcen wie das Außengelände („Brummkreisel") oder andere zum Erkunden und Entdecken einladende Gegebenheiten werden weder erkannt noch genutzt.

Die Kinder erforschen dort tagtäglich eine starr gestaltete Umwelt, die sich erst mit dem Gruppenwechsel nach Ablauf des Kindergartenjahres ändert (Wechsel in anderen Gruppenraum). Die Veränderung der Umwelt beschränkt sich lediglich auf die an den Jahreszeiten und Höhepunkten des Jahres orientierte Raumdekoration oder Neuanschaffungen von Spielzeug.

In der Einrichtung „Steckenpferd" wurde die Nutzung von Ressourcen (Riesenrutsche) oder das Schaffen von Funktionsräumen zumindest in Gesprächen mit dem Forscher in Erwägung gezogen. Die hierbei gezeigte Einsicht belegt, dass es sich in diesem Fall wahrlich um ein Defizit in der Fachkompetenz der unter Dreijährigen handelt und der Schutzaspekt der Kleinkinder noch eine besondere Rolle spielt. Aufgrund des fachlichen Defizits fehlt es auch an der persönlichen Überzeugung, bestimmte materielle und räumliche Voraussetzungen schaffen zu müssen. Dies behindert auch das kreative und engagierte Handeln der Akteure. Die gespaltene Teamsituation behindert zusätzlich den Ausbau der Möglichkeiten für den Krippenbereich.

7.7 Die Videographie als Methode zur Qualifizierung von Frühpädagogischem Fachpersonal und zur Entwicklung von Erziehungspartnerschaft

Videographie zur Qualifizierung von Fachpersonal in der Frühpädagogik

Die empirischen Daten aus den Interviews haben gezeigt, dass der Einsatz der Videographie die Selbstreflexion des pädagogischen Handelns (Aha-Effekte) vor allem da aktiviert, wo bereits aktuelle wissenschaftliche Hintergründe vorhanden sind („Schaukelpferd", „Steckenpferd"). In der Einrichtung „Brummkreisel" wurden zwar von der Leiterin als auch von einer Gruppenerzieherin einige Aspekte wahrgenommen; aufgrund fehlender Fachkompetenz konnten sie jedoch keine alternativen Handlungsweisen ableiten bzw. sie argumentierten hier auch mit dem sich aus den personellen Bedingungen ergebenden Zeitfaktor. Der Einsatz der Videographie in der Aus- und Fortbildung von Fachkräften der Frühpädagogik könnte sozusagen die Vermittlung theoretischer Hintergründe veranschaulichen und das Verständnis für die Theorie vertiefen.

Das Betrachten der Szenen regte das kreative, innovative und selbstkritische Denken der Pädagogen an, wenn es darum ging, alternative Handlungsweisen und Ideen zu entwickeln. Von den theoretischen Erkenntnissen ableitend unterstützte die Videobetrachtung die Vermittlung didaktischer Fähigkeiten hinsichtlich der Gestaltung frühkindlicher Bildungsprozesse. Theoretisches Fachwissen könnte durch die Veranschaulichung somit in praktisches Handlungswissen übersetzt werden.

Für den Einsatz in der Einrichtung selbst stellt die Videographie ein bedeutungsvolles Instrument für die Forcierung der Personal- und Teamentwicklungsprozesse dar. Es ist möglich, die Praxisrealität zu erfassen und Schwachstellen zu erkennen, die zur weiteren Professionalisierung aufgegriffen werden. Voraussetzung für das Gelingen ist jedoch eine Teamsituation, die die offene kritische Auseinandersetzung pflegt, wobei sich jeder Einzelne selbst als Lernender begreift. Die Tatsache, dass das Video das eigene Handeln ungeniert vor Augen führt, erfordert von jedem Akteur, dass er die Bereitschaft und Gelassenheit entwickelt, auch von nicht bewährten Erfahrungen („Fehlern") zu profitieren. Es konnte gezeigt werden, dass durch diese Methode die persönliche Wahrnehmung stark sensibilisiert und die eigene Handlungspraxis kritisch hinterfragt und überprüft wurde. Die Betrachtung der Szenen wirkte auf die Mehrzahl der Interviewten dahingehend motivierend, dass sie bereit waren, an aktuelle Erkenntnisse anzuknüpfen und die entstandenen neuen Ideen zeitnah umzusetzen. Dabei war es von besonderer Relevanz, inwieweit die Gefühlsebene der Betrachter erreicht wurde. Die emotional positiv gefärbten Lernsituationen, welche sich im Handeln und der Mimik der Kleinkinder widerspiegelten, übertrugen sich auf den Betrachter der Szenen und löste das Bedürfnis aus, die Handlungspraxis zu modifizieren.

Videographie zur Entwicklung von Erziehungspartnerschaft

Die Idee der Nutzung von Videoszenen zur Entwicklung der Erziehungspartnerschaft ist in der Praxis der Frühpädagogik zwar noch nicht weit verbreitet, wird jedoch beispielsweise im Early Excellence Ansatz (Whalley 2008; Mohn/Hebenstreit-Müller 2008) umgesetzt. Hier werden Gespräche mit den Familien der Kinder auf diese Art und Weise gestaltet. Dass diese Methodik künftig auch in anderen Einrichtungen zur Anwendung kommen sollte, zeigen die Ergebnisse dieser Untersuchung.

Die erhobenen Befunde konnten belegen, dass das Video-Konfrontationsinterview eine validierende Funktion erfüllt, wenn es darum geht, Eltern einerseits vom Wohlbefinden der Kinder in der Einrichtung und andererseits von der Güte der pädagogischen Arbeit zu überzeugen. Positive wie negative Erfahrungen der Eltern hinsichtlich ihrer Krippen- und Kindergartenzeit können das Vertrauensverhältnis zur heutigen frühpädagogischen Praxis beeinflussen. So ist es verständlich, dass die heutigen Eltern den Kitas durchaus mit gemischten Gefühlen begegnen und ein Vertrauensverhältnis erst durch eine intensive Zusammenarbeit entstehen kann. Der Videographie kommt dabei eine Schlüsselfunktion zu: Das Betrachten der Szenen erreicht die Gefühlsebene der Eltern – aus neurobiologischer Sicht ist es *emotional bedeutsam* – und fördert die Gesprächsbereitschaft über ihr Kind bzw. über die Abläufe in Elternhaus und Einrichtung. Der Umstand, dass ich als Forscher großes Interesse an den Kenntnissen und Erfahrungen der Eltern über das Leben ihrer Kinder vor allem auch in den Elternhäusern signalisierte, schaffte innerhalb kürzester Zeit eine offene Gesprächsatmosphäre. Das begünstigte die lernende Haltung der Erziehungsberechtigten. In den mittels Video-Konfrontation geführten Elterninterviews konnten Eltern schon neue Ideen und Erziehungsstrategien in Ansätzen generieren.

Die Daten belegen, dass Eltern durchaus aktiv in die Gestaltung der Bildungsarbeit in Kinderkrippen einbezogen werden können, vorausgesetzt der Pädagoge versteht sich mit ihnen paritätisch auf einer Ebene und begegnet ihnen mit Respekt bzw. akzeptiert ihre primäre Expertenrolle. Dabei sollte der Egoismus der Eltern, die grundsätzlich *nur* erst einmal alles über *ihr* Kind erfahren (sehen) möchten, von Pädagogen akzeptiert und dann auch sinnvoll genutzt werden. Daran anknüpfend kann es gelingen, auch fachliches Hintergrundwissen in die Elternhäuser zu transportieren. Die Einrichtung „Schaukelpferd" (in Ansätzen auch „Steckenpferd") zeigt eine günstige Prognose, um den Bereich der Erziehungspartnerschaft in diese Richtung zu forcieren. Grundsätzlich scheint die Bereitschaft, die Eltern in die Bildungsarbeit der Einrichtung zu integrieren, weichenstellend für eine gelingende Erziehungspartnerschaft zu sein. Letztlich liegt es vermutlich noch an den unausgereiften didaktischen Fähigkeiten und Kenntnissen der Frühpädagogik und an der Weiterentwicklung der persönlichen Einstellung, den Zugang der Eltern zur Einrichtung zu erweitern. Das Betrachten der Szenen überzeugte Eltern auch von der Funktion der Kinderkrippe als Bildungseinrichtung. Die Interviews zeigten, dass hier oftmals ein noch traditionelles Bild von der Krippe als Betreuungs- und Aufbewahrungsinstitution besteht („Steckenpferd").

7.8   Zusammenfassung

Die Ausgangsfrage, wie frühkindliche Lernprozesse aus neurobiologischer Perspektive optimal gestaltet werden können, kann wie folgt zusammengefasst werden: In der qualitativ hochwertigen Bildungsarbeit steht das Kind im Mittelpunkt der Betrachtung. Dabei gilt das Wohlbefinden als oberstes Ziel des pädagogischen Handelns. Die Berücksichtigung neurobiologischer Erkenntnisse kann erst dort erfolgen, wo die Erzieherinnen ihre zeitlich aktuelle Fachkompetenz mit den Bedürfnissen und Interessen der Kinder verknüpfen und dementsprechend qualitätsrelevante Bildungsarbeit daraus ableiten. Eine positive unterstützende und anerkennende bzw. wertschätzende Rolle durch Dritte (Team, Leitung, Fortbildungen, Träger) begünstigen den Umstrukturierungs- bzw. Umdenkprozess, vor allem wenn die Handlungsweisen und die Erfahrungen der Pädagogen reflektiert werden können. Die persönliche Haltung des Einzelnen und das dieser Haltung zugrunde liegende Menschenbild stellen die Grundlage für die Fähigkeit der Perspektivübernahme dar, um eine kindorientierte Denk- und Handlungsweise zu ermöglichen. Die Struktur und die Kultur in der Kita sind relevante intervenierende Bedingungen, die einerseits die Bildungsqualität begünstigen und andererseits auch beeinträchtigen können. Durch diese Bedingungen können fehlende

Fachkompetenz und unangemessene Handlungskonzepte jedoch nicht kompensiert werden. Die Befunde in allen drei Einrichtungen belegen die Dringlichkeit der gezielten Fortbildung im Bereich der unter Dreijährigen. Dabei reicht eine theoretisch fundierte Ausbildung allein nicht aus, sondern der direkte Theorie-Praxis-Bezug ist hier unerlässlich.

Der Einsatz der Videographie als Auswertungsmethode zeigt sich prognostisch gesehen besonders erfolgversprechend.

8. Schlussfolgerungen und Ausblick

Der maximalkontrastierende Vergleich hat ergeben, dass es derzeit bedingt möglich ist, Bildungsprozesse in der Kinderkrippe aus neurobiologischer Perspektive adäquat zu gestalten. Die für eine angemessene Bildungsqualität in der Kinderkrippe erforderlichen Bedingungen sind jedenfalls noch entwicklungsbedürftig, wenn auch – im Vergleich zur traditionellen (DDR)-Krippenpraxis – schon erhebliche Umstrukturierungsprozesse erfolgen konnten. Aus den Befunden der durchgeführten Untersuchung lassen sich Konsequenzen für den künftigen qualitativen Ausbau der Kinderkrippen ableiten, die im Folgenden skizziert werden sollen.

Die Professionalisierung der frühpädagogischen Fachkräfte

„Wir reden von Diskurs (…) nicht von Schulung, nicht von Fortbildung und auch nicht von Implementation (…). Stattdessen muss der schwierigere und längere Weg gegangen werden, den des *professionellen Dialogs* zwischen Praktikerinnen und Wissenschaftlern" (Ursula Rabe-Kleberg 2005, S. 1).

In den Fallanalysen der Einrichtungen „Schaukelpferd" und „Steckenpferd" wurde deutlich, dass die derzeitige Ausbildung von pädagogischen Fachkräften, die hauptsächlich an Fachschulen und Fachakademien stattfindet, dem erforderlichen aktuellen wissenschaftlichen Stand nicht gerecht wird. Auch die Grundvoraussetzungen für den Zugang zum Erzieherberuf sind bislang zu niedrig angesetzt.[64] Die Erkenntnisse aus Neurobiologie, Psychologie und Erziehungswissenschaft haben u. a. gezeigt, dass das Anforderungsprofil des Erzieherberufes immer komplexer und anspruchsvoller wird und eine Reform in der Ausbildungsstruktur daher dringend notwendig ist. Dabei sollte dem Theorie-Praxis-Bezug ein besonderer Stellenwert in der Ausbildung zukommen, was sich wiederum in einer längeren Ausbildungsdauer niederschlagen muss. Aktuell scheinen sich die Erzieherpraktikanten die Praxiseinrichtungen selbst auswählen zu können. Aus

---

64 Derzeit haben Schüler mit niedrigem Schulabschluss (Hauptschule) und dementsprechend unzureichenden kognitiven Voraussetzungen die Möglichkeit, über eine primäre Kinderpfleger-Ausbildung den Zugang zur Erzieherausbildung zu erhalten.

Sicht der Ausbildungsstätten ist es sinnvoller, eine Auswahl der Kitas gezielt zu treffen und mit diesen im Sinne des bestehenden Bildungsplanes zusammenzuarbeiten. Demnach müsste geprüft werden, welche Kindertagesstätten für eine adäquate berufspraktische Ausbildung in Frage kommen. Aktuell sind Tendenzen hinsichtlich einer Akademisierung dieses Berufsfeldes bundesweit erkennbar; allerdings gibt es Unterschiede in der Umsetzung. Anhand der hier gewonnenen Erkenntnisse ist zumindest für Sachsen-Anhalt und Thüringen erheblicher Handlungsbedarf zu konstatieren.

Im Rahmen der Ausbildung von frühpädagogischen Fachkräften kann auch die Videographie als Methode zum Ausbau von Personalentwicklungsprozessen besonders empfohlen werden. Dadurch lernen künftige Erzieher nicht nur den Umgang mit diesem Medium, sondern auch die erforderlichen Auswertungsverfahren, die für eine sorgfältige Analyse erforderlich sind.

Die Befunde haben gezeigt, dass es zwar zunächst wichtig ist, die Leitungen der Einrichtungen adäquat zu schulen, allerdings dürfen diese mit ihren neuen Erkenntnissen nicht allein gelassen werden, wenn es darum geht, das Einrichtungsprofil nach den neuesten Erkenntnissen auszurichten. Sie benötigen die Unterstützung von außen, was durch wissenschaftlich qualifizierte prozessbegleitende Fachberatung vor Ort möglich wäre. In diesem Zuge ist jedoch nicht nur die Fortbildungsbereitschaft von Leiterinnen und Erzieherinnen gefordert, sondern auch die der Träger. Erkenntnisse in der Einrichtung „Brummkreisel" ergaben, dass vor allem auch kommunale Träger hier in die Verantwortung genommen werden müssen, in verstärktem Maße Fortbildungen anzubieten, zu genehmigen und zu finanzieren. In diesem Zuge postuliert Wehrmann (2008), die Kindertagesstätten nicht weiterhin an kommunale Kassen zu binden, sondern die Kita-Finanzierung in das Grundgesetz aufzunehmen.

Damit Kinderkrippen kontinuierlich zu Bildungseinrichtungen ausgebaut werden können, bedarf es der Herausbildung „(…) didaktischer Fähigkeiten, die auf dem Prinzip des Dialogs basieren" (Rabe-Kleberg 2005, S. 3). Die Bildungsprozesse der unter Dreijährigen bedürfen einer stärkeren und umfangreicheren Berücksichtigung in der Aus- und Fortbildung von Fachpersonal. Die Entwicklung der Kleinkinder in den ersten drei Jahren wird außerhalb der Krippe noch zu oft als Pflege ohne pädagogischen Anspruch gesehen. Die Bedeutung der frühkindlichen Bildung von null bis drei Jahren hat in der frühpädagogischen Praxis zwar (theoretisch) Einzug gehalten, doch in der praktischen Umsetzung gibt es noch erhebliche Defizite, was in der Gestaltung der Aus- und Fortbildung begründet zu liegen scheint. Es reicht nicht allein aus, neueste wissenschaftliche Erkenntnisse oder didaktische Fähigkeiten zu vermitteln, damit diese Erkenntnisse in die Handlungspraxis übertragen und umgesetzt werden können. Vielmehr geht es darum, künftige Pädagogen direkt vor Ort zu begleiten, sie zu Selbstbildungsprozessen anzuregen, ihre Wahrnehmung hinsichtlich der Bildungsprozesse zu sensibilisieren und dadurch deren Interessen, Neigungen, Themen sowie ihre Probleme und Behinderungen zu erfassen (ebd.). Dazu wird die sorgfältige Dokumentation des Beobachteten und die theoretische Reflexion erforderlich, anhand derer das eigene Handeln weiter bestimmt wird. Dabei geht es nicht in erster Linie darum, die Pädagogen anzuleiten oder ihnen bestimmte Handlungsweisen zu oktroyieren. Die Erkenntnisse in den Einrichtungen „Schaukelpferd" und „Steckenpferd" haben gezeigt, dass es sich hierbei um langfristige und auch schwierige Entwicklungsprozesse handelt. Auch neurobiologisch lässt sich dies bestätigen; so ist bekannt, dass Umdenken und Hinzulernen aufgrund der Neuroplastizität lebenslang möglich sind. Bei Persönlichkeiten, die über Jahrzehnte einen ganz anderen Erfahrungsschatz sammelten, handelt es sich jedoch mitunter um einen „(…) biographisch-schmerzlichen Prozess des Umdenkens und Neudenkens (…)" (ebd., S. 4). Zur Beschleunigung dieser Umdenkprozesse bieten sich veranschaulichende Lehrmethoden an, wie z. B. der Einsatz von geeignetem Videomaterial, aber auch die Begleitung direkt in der Praxis. Lehrfilme über die Bildungsprozesse bzw. die Bildungsarbeit in Kinderkrippen sind nur vereinzelt vorhanden, würden allerdings für die Überzeugungsarbeit sowohl bei Pädagogen als auch bei Eltern besonders unterstützend wirken. Die Ansprüche an unsere künftigen Erzieher sind sehr komplex – aber berechtigt. Aus neurobiologischer Sicht ist es empfehlenswert, wenn die in den Einrichtungen beschäftigten Pädagogen mit den Kindern lernen, weil *sie* die anerkannten Bezugspersonen der Kinder sind. Frühförderprogramme wie z. B. musikalische Früherziehung, wo externe Lehrer einmal wöchentlich mit den Kindern künstlerisch tätig sind, sind aus wissenschaftlicher Sicht nicht so effektiv, als wenn die Erzieher selbst diese Aufgaben wahrnehmen. Wichtig ist, dass die Pädagogen selbst Freude am künstlerischen Gestalten haben und dies durch ihr authentisches Handeln auf die Kinder übertragen. Dabei ist nicht das perfekte Ergebnis entscheidend, sondern das gemeinschaftliche und emotional positiv gestimmte Erlebnis ist hier von höherem Nutzen.

Die professionelle Haltung der frühpädagogischen Fachkräfte

Die Untersuchung hat ergeben, dass eine fachlich hochwertige Ausbildung allein nicht ausreicht, um Bildungsprozesse in der Kinderkrippe optimal zu gestalten. Die Persönlichkeitsmerkmale der Fachkräfte, ihre Grundhaltung den Kindern gegenüber und das entsprechende Menschenbild gelten als wesentliche Voraussetzungen. Vor allem in der Arbeit mit den Kleinsten braucht es Erzieher, die über eine hohe soziale Kompetenz verfügen: Sie benötigen Fähigkeiten zur Empathie und zur differenzierten Wahrnehmung sowie konkrete Kenntnisse über die Lebenswelt des Kleinkindes. Gezielte Fortbildungen können bei bereits ausgebildeten Erziehern dazu beitragen, dass sie ihre Sichtweisen und Haltungen überprüfen; im Kern muss hierzu jedoch grundsätzlich erst einmal die innere Bereitschaft in der Persönlichkeit verankert sein. Für die Ausbildung von künftigen frühpädagogischen Fachkräften hat dies die Konsequenz, Bewerber an Fach- oder Hochschulen zunächst vor allem auf ihre Haltung bzw. auf ihre Werte- und Normenstruktur zu prüfen. Dies kann in Aufnahmegesprächen oder durch Kompetenztests erfolgen. Dabei geht es nicht vordergründig darum, dass alle künftigen Erzieher beispielsweise ein Musikinstrument beherrschen müssen, sondern dass sie den *pädagogischen Eros* für diesen Beruf grundsätzlich mitbringen sollen, der auch die erforderliche Gelassenheit für den Umgang mit Kleinkindern verleiht. Wenn darüber hinaus besondere Neigungen und Interessen bestehen, bereichert das die Erzieherpersönlichkeit zusätzlich. So verfügen auch die späteren Kita-Teams über Fachkräfte mit den unterschiedlichsten Fähigkeiten und Fertigkeiten. Der Anspruch wäre verfehlt, dass jede Erzieherin über dieselben kreativen Fähigkeiten (z. B. musikalisches Talent oder besondere Begabungen beim kreativen Gestalten) verfügen muss. Vielmehr sollte das Fachpersonal dahingehend ausgewählt werden, was der Einzelne an geeigneten Kompetenzen mitbringt; ein stärken- und interessenbezogener Blick auf den künftigen Erzieher ist dabei erforderlich, so wie es im Umgang mit den Kindern ebenfalls praktiziert werden soll. Im Umkehrschluss würde dies bedeuten, dass für eine künftige akademische Ausbildung nicht vordergründig Abiturienten der Zugang ermöglicht werden sollte, sondern vielmehr kommt es darauf an, die Zugangsvoraussetzungen zur Hochschulausbildung zu flexibilisieren, um mehreren Seiten gerecht zu werden: Unsere Gesellschaft benötigt Erzieherpersönlichkeiten mit adäquaten kognitiven, sozialen und kreativen Kompetenzen.

Erziehungspartnerschaft

Die Befragungen haben gezeigt, dass viele Eltern große Unsicherheiten in Erziehungsproblemen haben und oftmals noch über traditionelle Vorstellungen hinsichtlich des Krippenalltages verfügen. Das betrifft nicht nur Eltern mit so genanntem bildungsfernen Hintergrund, sondern auch Eltern aus allen sozialen Schichten. Junge Eltern müssen ihre familiären oder beruflichen Probleme heute oft alleine bewältigen und benötigen deshalb einerseits Räume zum kontroversen Erfahrungsaustausch, andererseits aber auch Gelegenheiten zu professionellen Beratungs- und Bildungsangeboten in Erziehungsfragen. Nur so können sie auch für die Bedürfnisse ihrer Kinder sensibilisiert werden. Wenn auch erfreulicherweise in Deutschland der Trend zur Entstehung von Kinder- und Familienzentren zu verzeichnen ist, so sollte aber auch in kleineren Kitas Erziehungspartnerschaft und Elternbildung durchführbar sein, indem Eltern stärker in den Alltag der Einrichtungen einbezogen werden. Die Kita kann hier zumindest eine Plattform bieten; die Erreichbarkeit der Eltern erfordert jedoch weit mehr als beispielsweise die Durchführung von Elterninformationsabenden oder Spielnachmittagen. Das Vertrauen der Eltern zur Einrichtung Kinderkrippe wächst durch die Einbeziehung in die Arbeit der Institution und das Interesse der Pädagogen an den Vorgängen in den Elternhäusern. Die Eltern sollen im Umgang mit ihren Kindern gestärkt werden. Grundsätzlich sollte gelten, dass die Erzieher eine innere Haltung dahingehend entwickeln, Eltern paritätisch zu begegnen und mit ihnen zu kooperieren, und zwar unabhängig von deren Erziehungsansichten und -praktiken. Im Rahmen der Entwicklungsgespräche kann die Verwendung von Videomaterial (Szenen über das jeweilige Kind) die Überzeugungsarbeit der Eltern in Erziehungsfragen unterstützen. Erziehungspartnerschaft sollte deshalb ausführlich in der Aus- und Fortbildung thematisiert werden, vor allem auch hinsichtlich der Methoden zur Gesprächsführung und des Konfliktmanagements möglichst praxisbezogen, z. B. durch die Nutzung von Videomaterial und die Durchführung von Rollenspielen.

Dokumentarische Videointerpretation und die Erforschung frühkindlicher Bildungspraxis

Bildungsprozesse vollziehen sich im gesamten Alltag des Handlungsfeldes Kinderkrippe. Die empirische Forschung hält sich in diesem Bereich bislang in Grenzen. Die vorliegende Studie ist als ein Beitrag zu einem praxeologisch fundierten Verständnis von Bildungsprozessen aus neurowissenschaftlicher Perspektive zu verstehen. Bildungsprozesse sind eingebunden in ein szenisch-räumliches Arrangement und eine jeweils spezifische Dramaturgie, die durch Expressivität und Spontaneität forciert werden kann. Um den Zugang zu den in Lernprozessen auch stattfindenden (flüchtigen) Interaktionen zu finden, wurde neben anderen Methoden vor allem aber die Videographie eingesetzt, welche die Reproduzierbarkeit der Daten ermöglicht; so konnten die Handlungen und Interaktionen jederzeit betrachtet und analysiert werden. Die Videographie als Methode hat sich in vorliegender Arbeit bewährt, weil sie der „Verschränkung von Sequenzialität und Simultanität" sozialer Situationen gerecht werden kann (vgl. Wagner-Willi 2004, S. 51). Die Dokumentarische Methode kann durch ihren systematisch kontextuierenden und mehrdimensionalen Zugang zu den Daten methodisch angelegt werden und ihr gesamtes Potential zur Auswertung von Bildungssituationen entfalten (vgl. Klambeck 2007). In videografierten Bildungsprozessen findet sich sowohl eine durch „...Simultaneität strukturierte ikonische Szenerie..." als auch einen „...durch die Verschränkung von Simultaneität und Sequenzialität" (ebd., s. 52) charakterisierten Prozess; hierbei wird zwischen verschiedenen Ebenen unterschieden: 1) die soziale Situation, 2) die soziale Interaktion, 3) das individuelle Handeln (ebd., S. 51; vgl. Knoblauch

2004, S. 134). Videomaterialien stellen nur einen Ausschnitt dar; so sind bei-spielsweise Motivationen und Interessen ebenso wenig zu sehen wie in anderen Verfahren, vielmehr müssen sie aus „bildlichen Körperäußerungen" (Huhn 2005, S. 431) heraus interpretiert werden. Um die Beschränkung der Videoaufnahmen zu überwinden, wurde durch komplementäre Verfahren das Hintergrundwissen (der „individuelle und kollektive Erfahrungsraum", Bohnsack 2003 b) rekonstru-iert (vgl. Huhn 2004). Letzten Endes war es hauptsächlich das Ziel der Erhe-bung, Daten der Realität zu erzeugen, die für eine Auswertung von besonderem Interesse sein könnten; es wurden Bilder erzeugt, um zu Sichtbarem zu gelangen, zu „(…) einem visuell statischen Muster, das Verhalten repräsentiert" (Huhn, 2005, S. 421).

Sobald eine Videokamera aktiviert wird, wird Video zum „Protokoll einer subjektiven Wahrnehmung" (Heinzel 2000, S. 187). In der durchgeführten Un-tersuchung wurde anfangs sehr umfangreich und weniger selektiv videografiert. Aufgrund einer längeren Beobachtungszeit (Teilnehmende Beobachtung von 4 Wochen), wurden letzten Endes auch Kategorien entwickelt, die die inhaltliche Beliebigkeit des Materials einschränkten; richtungsweisend war hier vor allem durch das der Arbeit zugrunde gelegte normative Muster der neurobiologischen Erkenntnisse. Das Filmmaterial konnte zunehmend eingeschränkt werden und die Videotechnik wurde immer zielgerichteter eingesetzt, je länger die Beobach-tung dauerte. Selbstverständlich fließt stets bewusst das Interesse und die Sicht-weise des Forschers als Haltung in die Technik der Aufnahme ein und ist demzu-folge sichtbar und entschlüsselbar. Deshalb gilt das erzeugte Videomaterial nicht als „neutrales Dokument" (Heinzel 2000, S. 187), sondern als Dokument für die Sichtweise des Forscher zu sehen, die natürlich hinterfragt werden kann. Um dem objektivistischen Anspruch auf einen privilegierten Zugang zur Realität zu bekommen, bedarf es einer spezifischen Beobachterhaltung, die sich durch die Fähigkeit auszeichnet; zum einen zwischen dem reflexiven und theoretischen Wissen der Akteure, zum anderen zwischen dem handlungsleitenden und dem inkorpierten Wissen (theoretisches Wissen) zu differenzieren (vgl. Bohnsack 2003 a). Der Einfluss des videoethnografischen Forschers lässt sich nicht ver-meiden, deshalb muss die Beziehung zwischen Beobachter und Beobachteten stets reflektiert werden (vgl. Scholz 2005). Entscheidend dabei war in dieser Untersuchung auch das mit dem eigenen Forschungsansatz verbundene Men-schenbild, genauer genommen das vorhandene Bild vom Kind.

Bildungs- und sozialpolitische Aufgaben und weitere Forschungsschwerpunkte im Bereich der Frühpädagogik

Diese Untersuchung hat gezeigt, dass der Betreuungsschlüssel und die Gruppen-größen im Bereich der Kinderkrippe in allen drei Einrichtungen nicht den Empfehlungen der EU entsprachen. Nur durch besonderes Engagement der Pädagogen (zusätzliche unbezahlte Arbeitszeit, Einsatz einer Ein-Euro-Kraft) gelang es, die qualitativen Standards weitgehend zu halten. Allerdings reicht dieses Engagement allein nicht aus, denn Defizite zeigten sich auch hier vor allem in der eingeschränkten konsequenten Durchführung der Beobachtung, gerade was die damit verbundene Dokumentation und Reflexion der Ergebnisse anbelangt. Dass dienstliche Angelegenheiten in der Freizeit verrichtet werden, damit qualitative Standards umgesetzt werden können, darf nicht der Regelfall sein. Immer wieder gibt es Debatten zur Gesunderhaltung von Erzieherinnen in Kitas. Wenn die persönliche Freizeit nicht mehr für Erholung genutzt wird, sondern der Aufarbeitung von pädagogischen Aufgaben dient, dann kann die Leistungsfähigkeit leiden. Es ist eine Frage der Zeit, wann gut ausgebildetes und motiviertes Fachpersonal aus gesundheitlichen Gründen versagt bzw. auch Kraft, Ausdauer und Motivation verliert, sich fortzubilden und zu engagieren sowie die Bildungsarbeit qualitativ anspruchsvoll zu gestalten.

Die Untersuchung hat bestätigt, dass äußere Bedingungen (fehlende finanzielle Möglichkeiten, Reglementierung, z. B. Vorschriften zum Unfallschutz oder Brandschutz) die Gewährleistung qualitativer Standards – z. B. im Bereich der Raumgestaltung – behindern oder erschweren. Es offenbarte sich ein Zwiespalt zwischen den pädagogischen Ansprüchen für angemessene Bildungsqualität und den von gesetzlicher Seite durchführbaren Maßnahmen. Durch Kooperation, Vernetzung und Synergie aller an der Gestaltung von Bildungsräumen Beteiligten gilt es künftig, diese Kluft zu überwinden. Dabei wird angeregt, die pädagogischen Fachkräfte beispielsweise in bauliche Planungsarbeiten mit einzubeziehen, um einen von allen getragenen Konsens zu erzielen.

Die Tatsache, dass mitunter Kinder aus sozial benachteiligten Familien die Einrichtung unregelmäßig besuchen, erinnert an die Idee von Wehrmann (2008), welche die Einführung einer „Kindergartenpflicht" postuliert. Dies könnte dazu dienen, Kitas künftig wirklich auch als Bildungseinrichtungen zu etablieren, gerade wenn es darum geht, Kinder aus Risiko- oder bildungsfernen Familien zu erreichen. Voraussetzung hierfür ist jedoch eine qualitativ angemessene Bildungsarbeit in den Einrichtungen. Wenn die Kinderkrippe zur „Community" (vgl. Kahl 2008) für alle Kinder werden soll, dann reicht es nicht allein aus, den Rechtsanspruch auf einen Kinderkrippenplatz für Kinder ab einem Jahr herabzusetzen[65]. Auch die Zahlung des Betreuungsgeldes für Eltern, die ihr Kind zu Hause betreuen kann zur Folge haben, dass gerade Kinder aus sozial schwachen

---

65 Seit August 2010 haben alle Kinder ab einem Jahr in Thüringen einen Rechtsanspruch auf einen Kindergartenplatz (ThürKitaG 2010, § 2 Abs. 1)

Familien die Einrichtung dann nicht besuchen. Andererseits haben die Befunde auch gezeigt, dass es durchaus sozial benachteiligte Familien gibt, die eine ganztägige Betreuung ihrer Kinder in der Krippe anstreben; jedoch erhält wegen bestehender Gesetze nicht jedes Kind selbstverständlich auch den frühzeitigen Zugang zur Krippe.[66]

Für die Finanzierung des Ausbaus der Kindertagesbetreuung steht die Politik in der Pflicht. In der Beantwortung der Frage nach Finanzierungsmodellen für die frühkindliche Bildung offenbaren sich die Nachteile des föderalen Systems. Eine Reform des Kinderbetreuungssystems erfordert jedoch, dieses Problem zu bewältigen; so ist es in Deutschland noch nicht selbstverständlich, dass Kindertageseinrichtungen auch als Bildungseinrichtungen definiert werden, sondern unterliegen teilweise noch den Sozialministerien. Erste Anfänge sind gemacht, doch eine Höherqualifizierung der Fachkräfte erfordert beispielsweise auch eine bessere Bezahlung. In Verbindung mit der akademischen Ausbildung würde dies eine Aufwertung des Erzieherberufes bedeuten. Aus den Untersuchungen geht hervor, dass bezüglich der gesellschaftlichen Stellung dieses Berufsfeldes eine hohe Unzufriedenheit seitens der Pädagogen herrscht, was Auswirkungen auf die Leistungsmotivation eindämmen hat.

Die vorliegende Arbeit ist zwar nicht repräsentativ, doch hat sie gezeigt, dass Bildungsprozesse in Kinderkrippen aus interdisziplinärer – vor allem aber aus neurobiologischer – Perspektive sehr unterschiedlich verlaufen können. Für die Eruierung der qualitativen Standards in diesem Bereich lassen sich weitere Forschungsschwerpunkte ableiten. Interessant wäre u. a. zu erfahren, wie sich die Implementierung der Bildungspläne in den Einrichtungen beispielsweise durch Fachberater gestaltet. Desgleichen zeigt sich Forschungsbedarf im Bereich der Erzieherausbildung an Berufsbildenden Schulen, Fachschulen und Fachakademien. Es sollte geprüft werden, inwieweit aktuelle wissenschaftstheoretische Erkenntnisse zur Bildung der Kinder von 0 bis 3 Jahren (bzw. 0 bis 6 Jahren) vermittelt werden (z. B. auch Erkenntnisse der Neurobiologie) und wie diese in der praktischen Ausbildung zur Anwendung kommen bzw. wer die Lehrkräfte an den Ausbildungsstätten sind und inwiefern diese selbst für den Bereich der Frühpädagogik – vor allem im Bereich der Null- bis Dreijährigen – qualifiziert sind. Auch wie sich an den derzeitigen Ausbildungsstätten die Implementierung der Bildungspläne vollzieht, ist interessant zu eruieren. Da die alten Bundesländer eine ganz andere Tradition der Krippenerziehung praktizieren, wäre im Ver-

---

[66] In Sachsen-Anhalt haben Kinder von 0-7 Jahren nur dann Rechtsanspruch auf einen Ganztagsplatz, wenn auf Seiten der Eltern ein Bedarf wegen Erwerbstätigkeit, Aus- und Fortbildung etc. besteht. Anderenfalls besteht nur ein Anspruch auf einen Halbtagsplatz oder 25 Wochenstunden (vgl. KiFöG 2003, § 3).

gleich von Interesse, wie sich der qualitative Ausbau hier momentan vollzieht bzw. was die Schwierigkeiten dabei sind.

Die Erhebungen haben gezeigt, dass sich die Frühpädagogen an den bestehenden Bildungs- und Erziehungsplänen orientieren möchten; allerdings bestehen hier noch große Unsicherheiten. Zwar berücksichtigen die Pläne das Alter der Kinder von Geburt an, doch sollte künftig überlegt werden, den Bereich der unter Dreijährigen separat – beispielsweise in Form von Krippenplänen – aufzuführen. Dabei könnten einerseits die besonderen Bedürfnisse dieser Altersgruppe aufgegriffen werden, andererseits wäre es aber auch sinnvoll, diejenigen Aspekte aus der Altersgruppe der über Dreijährigen aufzugreifen, die auf die unter Dreijährigen Anwendung finden können.

Die Tatsache, dass alle interviewten Geschwister-Eltern die raschere Entwicklung der jüngeren Geschwisterkinder bestätigten, gibt Anlass zur weiteren Forschung hinsichtlich der frühen Anfänge der Peer-Beziehungen in altersgemischten Gruppen und deren Bedeutung für das frühkindliche Lernen. Nach Ahnert (2003) wurden die Peer-Beziehungen als zentraler Forschungsschwerpunkt bislang vornehmlich auf das Vorschul- und Schulalter begrenzt, Untersuchungen hinsichtlich des Kleinkindalters blieben eher sporadisch. Im Zuge der Krippendebatte sollten für den qualitativen Ausbau derartige Forschungsarbeiten ins Leben gerufen werden.

Die vorliegende Untersuchung hat gezeigt, dass der Bereich der Kinderkrippe weiterhin auf den Prüfstand gehört. Auch wenn diese Arbeit nur mit drei Einrichtungen befassen konnte, so kann doch stark davon ausgegangen werden, dass eine Vielzahl von Kindertagesstätten existiert, in denen die traditionelle Krippenpraxis überwiegt und die qualitativen Ansprüche der Neurowissenschaften, Erziehungswissenschaften, von Psychologie, der Lernforschung etc. bei weitem noch nicht erfüllt werden. Wenn die Studie sich auch lediglich zwei Bundesländer bezog, so wird davon ausgegangen, dass in der Krippenpraxis des gesamten Bundesgebietes noch Erhebliches zu leisten ist. Erste Anzeichen sind deutlich erkennbar, aber die Zeit muss genutzt werden, um die Fachkräfte von morgen auf die hohen gesellschaftlichen Anforderungen umfassend vorzubereiten – von Anfang an.

Literatur

Ahnert, L. (1998): Theorien und Tatsachen bei der Erforschung außerfamiliärer Kleinkindbetreuung. Schlussbetrachtung. In: Ahnert, L. (Hrsg.): Tagesbetreuung für Kinder unter drei Jahren. Theorien und Tatsachen. Bern 1998

Ahnert, L. (2003) : Die Bedeutung von Peers für die frühe Sozialentwicklung des Kin-des. In: Keller, H. (Hrsg.): Handbuch der Kleinkindforschung. Bern 3/2003

Andres, B. (2002): Beobachtung und fachlicher Diskurs. In: Laewen, H. J./Andres, B. (Hrsg.): Forscher, Künstler, Konstrukteure. Ein Werkstattbuch zum Bildungsauftrag von Kindertageseinrichtungen. Weinheim/Basel/Berlin 2002

Andres, B. (2007): Und woran würde ich merken, dass...? In: Laewen, H. J./Andres, B. (Hrsg.): Bildung und Erziehung in der frühen Kindheit. Bausteine zum Bildungsauftrag von Kindertagesstätten. Berlin/Düsseldorf/Mannheim 2007

Antonovsky, A. (1997): Salutogenese. Zur Entmystifizierung der Gesundheit. Tübingen 1997

Arnold, R. (1993): Lebendiges Lernen. Frankfurt/Main 1993

Ayres, A. J. (1992): Bausteine der kindlichen Entwicklung. Die Bedeutung der Integration der Sinne für die Entwicklung des Kindes. Berlin/Heidelberg/New York 1992

Ballhaus, E./Engelbrecht, B. (1995): Der ethnographische Film. Einführung in Methoden und Praxis. Berlin 1995

Balzert, H./Schäfer, C./ Schröder, M./ Kern, U. (2008): Wissenschaftliches Arbeiten. Wissenschaft, Quellen, Artefakte, Organisation, Präsentation. Herdecke und Witten 2008

Bauer, Joachim (2006 a): Warum ich fühle, was du fühlst: Intuitive Kommunikation und das Geheimnis der Spiegelneuronen. Hamburg 8/2006

Bauer, J. (2006 b): Spiegelneurone. Nervenzellen für das intuitive Verstehen sowie für Lehren und Lernen. In: Caspary, R. (Hrsg.): Lernen und Gehirn. Der Weg zu einer neuen Pädagogik. Freiburg im Breisgau 3/2006

Bauer, J. (2007): Prinzip Menschlichkeit. Warum wir von Natur aus kopieren. Hamburg 5/2007

Bauer, J. (2008): Das System der Spiegelneurone: Neurobiologisches Korrelat für intuitives Verstehen und Empathie. In: Brisch, K.H./Hellbrügge, T. (Hrsg.): der Säugling – Bindung, Neurobiologie und Gene. Grundlagen für Prävention, Beratung und Therapie. Stuttgart 2008

Becker-Textor, I. (2000): Maria Montessori. In: Fthenakis, W. E./Textor, M. R. (Hrsg.): Pädagogische Ansätze im Kindergarten. Weinheim/Basel 2000

Beek, A. von der (2007): Bildungsräume für Kinder von Null bis Drei. Weimar/Berlin 2/2007

Beek, A. von der/Fuchs, R./Schäfer, G. E./Strätz, R. (2005): Schlussfolgerungen für die Gestaltung von Bildungsprozessen. In: Schäfer, G. E. (Hrsg.): Bildung beginnt mit der Geburt. Ein offener Bildungsplan für Kindertagesstätten in Nordrhein-Westfalen. Weinheim/Basel 2/2005

Beller, E. K. (1998): Die Krippe. In: Oerter, R./Montada, L. (Hrsg.): Entwicklungspsychologie. Ein Lehrbuch Weinheim 4/1998

Beller, E. K. (2008 a): Eingewöhnung in die Krippe. Ein Modell zur Unterstützung der aktiven Auseinandersetzung aller Beteiligten mit Veränderungsstress. (http://www.liga-kind.de/fruehe/202_beller.php, S. 1-8, Zugriff am 06.06.2008)

Beller, E. K. (2008 b): Entwicklungsaufbau. Fipp Verlag Berlin 2008

Beller, E. K./Beller, S. (2000): Kuno Bellers Entwicklungstabelle. Freie Universität Berlin, 2/2000

Berger, M. (2000): Friedrich Fröbels Konzeption einer Pädagogik der frühen Kindheit. In: Fthenakis, W. E./Textor, M. R.(Hrsg.): Pädagogische Ansätze im Kindergarten. Weinheim/Basel 2000

Bertelsmann-Stiftung (2008 a): Qualität für Kinder unter DREI. Empfehlungen an Politik, Träger und Einrichtungen in Kindertagesstätten. (http://www.bertelsmann-stiftung.de/bst/de/media/xcms_bst_dms_16338__2.pdf, Zugriff am 13.08.2008)

Bertelsmann-Stiftung (2008 b): Besuch einer Kinderkrippe führt zu größeren Bildungschancen und erhöht das Lebenseinkommen. Gütersloh, Pressemeldung vom 03.03.2008 (http://www.bertelsmann-stiftung.de/cps/rde/xchg/bst/hs.xsl/nachrichten_85558.htm, Zugriff am 08.03.2008)

Bertelsmann-Stiftung (2009): Länderreport Frühkindliche Bildungssysteme, Gütersloh 2009

Bertelsmann-Stiftung (2010): Frühkindliche Bildung gewinnt in Deutschland an Stellenwert. Pressemeldung zum „Ländermonitor Frühkindliche Bildungssysteme". Gütersloh, 28.06.2010 (http://www.bertelsmann-stiftung.de/cps/rde/xchg/SID-A841EC1B-FDE72874/bst/hs.xsl/nachrichten_101831.htm, Zugriff am 01.09.2010)

Bertram, H. (2008): Mittelmaß für Kinder. Der UNICEF-Bericht zur Lage der Kinder in Deutschland. München 2008.

BETA-Diakonie (2009): Bundesvereinigung Evangelischer Tageseinrichtungen für Kinder e.V. (BETA) und Diakonisches Werk der Evangelischen Kirche in Deutschland e.V. (Hrsg.): Bildung und Betreuung – von Anfang an! Ein Plädoyer für qualitativ hochwertige Bildungs- und Betreuungsangebote für Kinder bis drei Jahre. Berlin 2009, (http://www.beta-diakonie.de/cms/0210_Bildung_und_Betreuung.pdf, Zugriff am 19.07 2010)

Blakemore, S. J./Frith, U. (2006): Wie wir lernen. Was die Hirnforschung darüber weiß. München 2006

BMFSFJ 2003 (Hrsg.): Auf den Anfang kommt es an! Perspektiven zur Weiterentwicklung des Systems der Tageseinrichtungen für Kinder in Deutschland. Weinheim/Basel/Berlin 2003

BMFSFJ (2004): Das Tagesbetreuungsausbaugesetz (TAG). Gesetz zum qualitätsorientierten und bedarfsgerechten Ausbau der Tagesbetreuung und zur Weiterentwicklung der Kinder- und Jugendhilfe. Bonn 2004

BMFSFJ (2008): Einigung zum Thema Betreuungsgeld erzielt. Pressemitteilung vom 27.2.2008. In: frühe Kindheit Berlin 01/2008, S. 62 f.

BMFSFJ (2009 a): Das Elterngeld. (http://www.bmfsfj.de/Politikbereiche/familie,did=76746.html, Zugriff am 12.10.2009)

BMFSFJ (2009 b): Kinderförderungsgesetz. (http://www.bmfsfj.de/BMFSFJ/kinder-und-jugend,did=133282.html, Zugriff am 22.12.2009)

BMFSFJ/Jacobs Foundation/Robert-Bosch-Stiftung (2010): Nationale Untersuchung zur Bildung, Betreuung und Erziehung in der frühen Kindheit (NUBBEK). http://www.nubbek.de/

Bodenburg, I./Grimm, G. (1993): Zusammenleben mit Kleinstkindern. Anregungen für die Arbeit in Krippen und Krabbelstuben. Weinheim/München 3/1993

Bohnsack. R. (1989): Generation, Milieu und Geschlecht. Ergebnisse aus Gruppendiskussionen mit Jugendlichen. Opladen 1989

Bohnsack, R. (1992): Dokumentarische Interpretation von Orientierungsmustern – Verstehen-Interpretieren-Typenbildung in wissenssoziologischer Analyse. In: Meuser, M./Sackmann, R. (Hrsg.): Analyse sozialer Deutungsmuster – Beiträge zur empirischen Wissenssoziologie. Pfaffenweiler 1992

Bohnsack, R. (2003 a): Rekonstruktive Sozialforschung. Einführung in qualitative Methoden. Opladen 5/2003

Bohnsack, R. (2003 b): Dokumentarische Methode. In: Bohnsack, R./Marotzki, W./Meuser, M. (Hrsg.): Hauptbegriffe Qualitative Sozialforschung. Weinheim und Basel 2003

Bohnsack, R. (2009): Qualitative Bild- und Videointerpretation. Opladen/ Farmington Hills 2009

Bohnsack, R./Nentwig-Gesemann, I./Nohl, A. M. (2007): Einleitung: Die dokumentarische Methode und ihre Forschungspraxis. In: Dies. (Hrsg.): Die dokumentarische Methode und ihre Forschungspraxis. Wiesbaden 2007

Bowlby, J. (1951): Mütterliche Zuwendung und geistige Gesundheit. München 1951

Braun, K. (2005): Die Narben der Kindheit. In: Gehirn und Geist, Dossier 2/2005, S.12-15

Braun, K./Bogerts, B. (2000): Einfluss frühkindlicher Erfahrungs- und Lernprozesse auf die funktionelle Reifung des Gehirns: Relevanz für die Entstehung und Therapie psychischer Erkrankungen. In: Psychotherapie – Psychosomatik – Medizinische Psychologie 50, S. 1-8

Braun, K./Meier, M. (2004): Wie die Gehirne laufen lernen oder: „Früh übt sich, wer ein Meister werden will!" Überlegungen zu einer interdisziplinären Forschungsrichtung „Neuropädagogik". In: Zeitschrift für Pädagogik, 50. Jahrgang 2004, Heft 4, S. 507 519)

Braun, K./ Helmeke, C./ Bock, J. (2009): Bindung und der Einfluss der Eltern-Kind-Interaktion auf die neuronale Entwicklung präfrontaler und limbischer Regionen : tierexperimentelle Befunde. In: Brisch, K. H./Hellbrügge, T. (Hrsg): Wege zu sicheren Bindungen in Familie und Gesellschaft : Prävention, Begleitung, Beratung und Psychotherapie. Stuttgart 2009

Brazelton, B. T. /Greenspan, S. I. (2002): Die sieben Grundbedürfnisse von Kindern. Weinheim/Basel 2002

Brisch, K. H./Hellbrügge, T. (2008): der Säugling – Bindung, Neurobiologie und Gene. Grundlagen für Prävention, Beratung und Therapie. Stuttgart 2008

Bruer, J. T. (2003): Der Mythos der ersten drei Jahre. Warum wir lebenslang lernen. Weinheim/Basel/Berlin 2003

Cantzler, A. (2008): Gemeinsam für das Kind. Erziehungspartnerschaft mit den Eltern. In: kindergarten heute 11-12/2008, S. 46-48

Caspary, R. (2006): Lernen und Gehirn. Der Weg zu einer neuen Pädagogik. Freiburg im Breisgau 3/2006

Denzin, N. K. (2005): Reading Film und Videos als sozialwissenschaftliches Erfahrungsmaterial. In: Flick, U./ Kardorff, E. von/Steinke (Hrsg.): Qualitative Forschung. Ein Handbuch. Reinbek bei Hamburg 4/2005

Dieken, C. van (2008): Was Krippenkinder brauchen. Bildung, Erziehung und Betreuung von unter Dreijährigen. Freiburg im Breisgau 2008

Dolto, F. (2000): Kinder stark machen. Die ersten Lebensjahre. Weinheim/Basel 2000.

Dornes, M. (1994): Der kompetente Säugling. Die präverbale Entwicklung des Menschen. Frankfurt a. M.1994

Dreier, A. (2006): Was tut der Wind, wenn er nicht weht? Begegnung mit der Kleinkindpädagogik in Reggio Emilia. Weinheim/Basel, 5/2006

Early Excellence (2010): Early Excellence – Zentrum für Kinder und ihre Familien e.V. (2010): Konzept. (http://www.early-excellence.de/content.php?nav_id=13, Zugriff am 15.11 Juli 2010)

Ehrenspeck, Y./Schäffer, B. (2003.): Film- und Fotoanalyse in der Erziehungswissen-schaft. Ein Handbuch. Opladen 2003

Eliot, L. (2003): Was geht da drinnen vor? Die Gehirnentwicklung in den ersten fünf Lebensjahren. Berlin 4/2003

Emerson, R., Fretz, R. & Shaw, L. (1995): Writing Ethnographic Fieldnotes. Chicago, London, Chicago University Press 1995

Engelbrecht, B. (1995): Film als Methode in der Ethnologie. In: Ballhaus, E./Engelbrecht, B.(Hrsg.): Der ethnographische Film. Einführung in Methoden und Praxis. Berlin 1995

Erziehungsdirektion des Kantons Bern (2008):. Bildungsbrief 2/2008. Mittelschul- und Berufs-bildungsamt. Bern 2008

Fischer-Rosenthal, W./Rosenthal, G. (1997): Warum Biographieanalyse und wie man sie macht. In: Zeitschrift für Sozialisationsforschung und Erziehungssoziologie 17/1997, S. 405-427

Flick, U. (2002): Qualitative Sozialforschung. Eine Einführung. Reinbeck bei Hamburg 6/2002

Flick, U. (2004): Triangulation. Eine Einführung. Qualitative Sozialforschung. Wiesbaden

Friedrichs, J. & Lüdtke, H. (1973): Teilnehmende Beobachtung. Einführung in die sozialwissen-schaftliche Feldforschung. Weinheim, Basel 1973

Fthenakis, W. (2003 a): Elementarpädagogik nach PISA. Wie aus Kindertagesstätten Bildungsein-richtungen werden können. Freiburg im Breisgau 2/2003

Fthenakis, W. (2003 b): Zur Neukonzeptualisierung von Bildung in der frühen Kindheit. In: Fthena-kis, W. (Hrsg.): Elementarpädagogik nach PISA. Wie aus Kindertagesstätten Bildungseinrich-tungen werden können. Freiburg im Breisgau 2/2003

Gartner, B. (2006): Das mitfühlende Gehirn. In: Die Zeit – Wissen (http://www.zeit.de/2004/18 MHirnforschung?page=all 2006-05-24, S.1-2, Zugriff am 24.05.2006)

Geertz, C. (1983): Dichte Beschreibung. Beiträge zum Verstehen kultureller Systeme. Frankfurt a. Main 1983

Girtler, R. (2001): Methoden der Feldforschung. Wien, Köln, Weimar 2001

Gisbert, K. (2004): Lernen lernen. Lernmethodische Kompetenzen von Tageseinrichtungen fördern. Beiträge zur Bildungsqualität. Herausgegeben von Prof. Dr. Wassilios E. Fthenakis. Wein-heim/Basel 1/2004

Goffman, E. (1999): Interaktionsrituale. Über Verhalten in direkter Kommunikation. Frankfurt a.M. 1999 (Orig. 1967)

Goleman, Daniel (1997): Emotionale Intelligenz. München 1997

Gopnik, A./Kuhl, P./Meltzoff, A. (2001): Forschergeist in Windeln. Wie Ihr Kind die Welt begreift. Kreuzlingen/München 2001

Greenspan, S. I./Shanker, S. G. (2007): Der erste Gedanke. Frühkindliche Kommunikation und die Evolution des menschlichen Denkens. Weinheim/Basel 2007

Grossmann, K./Grossmann, K. E. (1998): Bindungstheoretische Überlegungen zur Krippenbetreu-ung. In: Ahnert, L.(Hrsg.): Kinderbetreuung für Kinder unter drei. Theorien und Tatsachen. Bern/Göttingen/Toronto/Seattle 1998

Grossmann, K./Grossmann, K. E. (2004): Bindungen – das Gefüge psychischer Sicherheit. Stuttgart 2004

Hannaford, C. (2001): Bewegung – das Tor zum Lernen. Kirchzarten 4/2001

Hannaford, C. (2008): Bewegung – das Tor zum Lernen. Kirchzarten 7/2008

Haug-Schnabel, G./Bensel, J. (2005): Vom Säugling zum Kleinkind: entwicklungspsychologische Grundlagen. Freiburg im Breisgau 2005

Heinzel, F. (2000): Methoden und Zugänge der Kindheitsforschung im Überblick. In: Heinzel, F. (Hrsg.): Methoden der Kleinkindforschung. Ein Überblick über Forschungszugänge zur kindlichen Perspektive. Weinheim und München 2000.

Hellbrügge, T. (2008): Vom Dauerschlafwesen zum kompetenten Menschen. In: Hell-brügge, T./Brisch, K.-H. (Hrsg.): Der Säugling – Bindung, Neurobiologie und Gene: Grundlagen für Prävention, Beratung und Therapie. Stuttgart 2008

Hensgen, M. (2008): Vorschulische Erziehung und Betreuung in England und Wales. In: Textor, R. M. (Hrsg.): Kindergartenpädagogik. Online Handbuch. (http://www.kindergartenpaedagogik.de/1551.html, Zugriff am 23.08.2008)

Hentig von, H. (2004): Bildung. Ein Essay. Weinheim und Basel 2004

Hentig von, H. (2008): In: Kahl, R.: Kinder. Ein Film von Reinhard Kahl über das Lerngenie der Kinder. DVD Video. Beltz Verlag Weinheim

Herrmann, Ulrich (2006): Lernen findet im Gehirn statt. Die Herausforderungen der Pädagogik durch die Gehirnforschung. In: Caspary, R.(Hrsg.): Lernen und Gehirn. Der Weg zu einer neuen Pädagogik. Freiburg im Breisgau 3/2006

Hi.bi.kus (2008): Hirngerechte Bildung in Kindergarten und Schule. Ein Entwick- lungsprogramm des Thüringer Kultusministeriums. Konzept. Hinweise und Empfeh- lungen. Erfurt 2008. (www.hibikus.de, Zugriff am 12.06.2008)

Hildenbrand, B. (1994): Methodik der Einzelfallstudie. Kurseinheit 1: Theoretische Grundlagen, Erhebungs- und Auswertungsverfahren, vorgeführt an Fallbeispielen. Fernuniversität Hagen, 2/Auflage 1994

Hoffmann-Riem, C. (1980): Die Sozialforschung einer interpretativen Soziologie. Der Datengewinn. In: Kölner Zeitschrift für Soziologie und Sozialpsychologie, 32. Jg., S. 343-346)

Hopf, C. (2005): Qualitative Interviews – ein Überblick. In: Flick, U. et al.: Qualitative Forschung. Ein Handbuch. Reinbeck bei Hamburg 4/2005

Hüther, G. (2001): Bedienungsanleitung für ein menschliches Gehirn. Göttingen 2001

Hüther, G. (2003): Die Evolution der Liebe. Was Darwin bereits ahnte und die Darwinisten nicht wahrhaben wollten. Göttingen 2/2003

Hüther, G. (2004 a): Die Macht der inneren Bilder. Wie Visionen das Gehirn eines Menschen und die Welt verändern. Göttingen 2004

Hüther, G. (2004 b): Die Bedeutung sozialer Erfahrungen für die Strukturierung des menschlichen Gehirns. In: Zeitschrift für Pädagogik. 50. Jahrgang 2004, Heft 4, S. 487-494

Hüther, G. (2004 c): Die Bedeutung innerer und äußerer Bilder für die Strukturierung des kindlichen Gehirns. In: Neider, A.(Hrsg.): Lernen aus neurobiologischer, pädagogischer, entwicklungspsychologischer und geisteswissenschaftlicher Sicht. Stuttgart 2004

Hüther, G. (2006): Wie lernen Kinder? Voraussetzungen für gelingende Bildungsprozesse aus neurobiologischer Sicht. In: Caspary, R.(Hrsg.): Lernen und Gehirn. Der Weg zu einer neuen Pädagogik. Freiburg im Breisgau 3/2006

Hüther, G. (2008 a): Expedition ins Gehirn. Bedingungen und Voraussetzungen für glückliches Lernen. Zum Vortrag von Prof. Dr. G. Hüther, gehalten am 10.07.2008

Hüther, G. (2008 b): Die vergebliche Suche der Hirnforscher nach dem Ort, an dem die Seele wohnt. Vortrag und Seminar auf dem ZIST-Kongress „Jahreszeiten der Seele". DVD Auditorium Netzwerk Müllheim/Baden 2008

Hüther, G. (2008 c): Supportive Leadership. Neurobiologie und die Führungskunst. Offenes Seminar, gehalten am 10. November 2008 in Frankfurt a. M. (www.grow.ag, Zugriff am 10.12.2009)

Hüther G. (2009): „Gelassenheit wäre das richtige Rezept". (http://www.staufenbiel.de/publikationen/karrieremagazin/ausgabe-42009/interview-mit-gerald-h uether.html, Zugriff am 20.08.2010))

Hüther, G./Nitsch, C. (2004): Kinder gezielt fördern: So entwickeln sich Kinder spielend. München 5/2004

Hüther, G./Nitsch, C. (2008): Wie aus Kindern glückliche Erwachsene werden. München 2008

Huhn, N./Dittricht, G./Dörfler, M./Schneider, K. (2000): Videografieren als Beobachtungsmethode in der Sozialforschung am Beispiel eines Feldforschungsprojektes zum Konfliktverhalten von Kindern. In: Heinzel, F. (Hrsg.): Methoden der Kleinkindforschung. Ein Überblick über Forschungszugänge zur kindlichen Perspektive. Weinheim/München 2000.

Huhn, N. (2005): Mit Video einen Blick auf Verhaltensmuster konstruieren. Überlegungen für eine visuelle Interpretation von Videografien In: Mey, G. (Hrsg.): Handbuch Qualitative Entwicklungspsychologie. Köln 2005

Hurrelmann, K. /Andresen, S.: Kinder in Deutschland 2007: 1. World Vision Kinderstudie. Bonn 2007

Imdahl, M. (1996): Giotto – Arenafresken. Ikonographie – Ikonologie – Ikonik. München 1996

Insel, T./Fernald, R. (2004): How the brain processes social information: Searching for the social brain. Annual Review of Neuroscience 27: 697, 2004

Internationale Vereinigung der Waldorfkindergärten e. V. (2000): Rudolf Steiner. In: Fthenakis, W. E./Textor, M.R.(Hrsg.): Pädagogische Ansätze im Kindergarten. Weinheim und Basel 2000

Jäncke, L. (2005): Methoden der Bildgebung in der Psychologie und den kognitiven Neurowissenschaften. Stuttgart. 1/2005

Kahl, R. (2008): Kinder. Ein Film von Reinhard Kahl über das Lerngenie der Kinder. DVD Video. Weinheim 2008

Karkow, C./Kühnel, B./ Hebenstreit-Müller, S. (2008): Das Berliner Modell. Qualitätskriterien im Early-Eczellence-Ansatz. PFH Beiträge zur pädagogischen Arbeit 13. Berlin 2008

Kasten, H. (2005): 0-3 Jahre. Entwicklungspsychologische Grundlagen. Weinheim/Basel 2005

Keller, H. (2003): Handbuch der Kleinkindforschung. Bern 3/2003

Kempf, J. (2007): Rahmenbedingungen für die Betreuung und Erziehung. In: Weber, C. (Hrsg.): Spielen und Lernen mit 0-3-Jährigen. Der entwicklungszentrierte Ansatz in der Krippe. Berlin/Düsseldorf/Mannheim 2/2007

Key, E. (1904): Das Jahrhundert des Kindes. Berlin 6/1904

KiFöG (2003): Gesetz zur Förderung und Betreuung von Kindern in Tageseinrichtungen und in Tagespflege des Landes Sachsen-Anhalt. Stand März 2003

Kiphard. E. J. (2002): „Wie weit ist ein Kind entwickelt – eine Anleitung zur Entwicklungsüberprüfung". Dortmund, 11/2002

Klambeck, A. (2007): „Das hysterische Theater unter der Lupe". Klinische Zeichen psychogener Gangstörungen. Wege der dokumentarischen Rekonstruktion von Körperbewegungen auf der Grundlage von Videografien. Göttingen 2007

Knauf, T. (1998): Wir erziehen Kinder nicht, wir assistieren ihnen. Die Rolle der Erzieherin in der Reggio-Pädagogik. In: Welt des Kindes 7/8 1998, S. 14 ff.

Knauf, T. (2000): Reggio-Pädagogik. Ein italienischer Beitrag zur konsequenten Kindorientierung in der Elementarerziehung. In: Fthenakis, W.E./Textor, M.R.(Hrsg.): Pädagogische Ansätze im Kindergarten. Weinheim/Basel 2000

Knoblauch, H. (2004: Die Video-Interaktions-Analyse. In: Sozialer Sinn, 1/2004, S. 124-135

Knoblauch, H. (2005): Video-Interaktions-Sequenzanalyse. In: Wulf, C./Zirfas, J.(Hrsg.): Ikonologie des Performativen. München 2005

Krappmann, L./Oswald, H. (1995): Alltag der Schulkinder. Beobachtungen und Analysen von Interaktionen und Sozialbeziehungen. Weinheim und München 1995

Krenz, A. (2008): Der „Situationsorientierte Ansatz" in der Kita. Grundlagen und Praxishilfen zur kindorientierten Arbeit. Troisdorf 2008

Krummheuer, G./Naujok, N. (1999): Grundlagen und Beispiele interpretativer Unterrichtsforschung. Opladen 1999

Laevers, F. (1997): Die Leuvener Engagiertheits-Skala für Kinder LES-K. Deutsche Fassung der Leuven Involvement Scale for young Children. Handbuch zum Videoband. Erkelenz 1997

Laewen, H. J. (1989): Nichtlineare Effekte einer Beteiligung von Eltern am Eingewöhnungsprozeß von Krippenkindern: Die Qualität der Mutter-Kind-Bindung als vermittelnder Faktor. Psychologie in Erziehung und Unterricht, 2, 102-108.

Laewen, H. J.(2002): Was Bildung und Erziehung in Kindertageseinrichtungen bedeuten können. In: Laewen, H.J./Andres, B.(Hrsg.): Forscher, Künstler, Konstrukteure. Werkstattbuch zum Bildungsauftrag von Kindertagesstätten. Weinheim/Basel/Berlin 2002

Laewen, H. J. (2007): Bildung und Erziehung in Kindertageseinrichtungen, In: Laewen, H. J/Andres, B. (Hrsg.): Bildung und Erziehung in der frühen Kindheit. Bausteine zum Bildungsauftrag von Kindertagesstätten. Berlin/Düsseldorf/Mannheim 2007

Laewen, H.-J. (2008): Grenzraum der Entwicklung als Grundlage eines Frühwarnsystems für Risikolage Kindertageseinrichtungen. In: Diskowski, D./Pesch, L. (Hrsg.): Familien stützen – Kinder schützen. Was Kitas beitragen können. Weimar/Berlin, S. 190-198.

Laewen, H. J., Andres, B., Hedervari, E. (1990): Ein Modell für die Gestaltung der Eingewöhnungssituation von Kindern in Krippen. INFANS (Hrsg.): Kleine Fachreihe zur Frühsozialisation. Bd. 1, Berlin 1990.

Laewen, H. J/Andres, B. (2002 a): Bildung und Erziehung in der frühen Kindheit. Bausteine zum Bildungsauftrag von Kindertagesstätten. Berlin/Basel 2002

Laewen, H. J./Andres, B. (2002 b): Forscher, Künstler, Konstrukteure. Werkstattbuch zum Bildungsauftrag von Kindertagesstätten. Weinheim, Basel, Berlin 2002

La Gasse, L. (1989): The day-care dilemma: Distress, withdrawal, insecurity? Brown University Child Behavior and Development Letter, 4 (8), S. 1-3

Lally, R. (1996): Die Auswirkungen von Regelungen und Praktiken in der Kleinkindbetreuung auf die frühkindliche Identitätsentwicklung. In: Tietze, W. (Hrsg.): Früherziehung. Trends, internationale Forschungsergebnisse, Praxisorientierung. Neuwied/Kriftel/ Berlin 1996

Lamb, M. E./ Ahnert, L. (1998): Institutionelle Betreuungskontexte und ihre entwicklungspsychologische Relevanz für Kleinkinder. In: Ahnert, L.(Hrsg.):Tagesbetreuung für Kinder unter drei Jahren. Theorien und Tatsachen. Bern 1998

Lang, D. (2008): Sensorische Integration. Die Verbindung der Sinne als Basis für eine gesunde Entwicklung. Ein Interview mit der SI-Pädagogin Daniela Lang. In: klein & groß 09/2008. S. 38-41

Largo, R. H. (2008): In: Kahl, R. (Hrsg.): Kinder. Ein Film von Reinhard Kahl über das Lerngenie der Kinder. DVD Video. Weinheim 2008

Largo, R. H. (2009): Babyjahre. Entwicklung und Erziehung in den ersten vier Jahren. München 2/2008

Largo, R. H./Benz, C. (2008): Was verstehen wir unter Sozialverhalten. Vom Dauerschlafwesen zum kompetenten Menschen. In: Brisch, K. H./Hellbrügge, T. (Hrsg.): Der Säugling – Bindung, Neurobiologie und Gene : Grundlagen für Prävention, Beratung und Therapie. Stuttgart 2008

Lamnek, S. (2005): Qualitative Sozialforschung. Lehrbuch. Weinheim und Basel 4/2005

Lederbogen, J. (2003): Fotografie. In: Beer, B.: Methoden und Techniken der Feldforschung. Berlin 2003

Lepenies, A. (2006): Die Partnerschaft von Eltern und ErzieherInnen im Early Excellence-Konzept. In: klein & groß 12/2006

Lingenauber, S. (2007): Einführung in die Reggio-Pädagogik. Kinder, Erzieherinnen und Eltern als konstitutives Sozialaggregat. Dortmund 4/2007

Lorenz, K. (1955): Über das Töten von Artgenossen. In: Jahrbuch der Max-Planck-Gesellschaft. Göttingen 1955

Lüders, C. (2005): Beobachten im Feld und Ethnographie. In: Flick, U./von Kardorff, E./Steinke, I. (Hrsg.): Qualitative Forschung. Ein Handbuch. Reinbek bei Hamburg 4/2005

Malaguzzi, L. (1997): Pädagogik als Projekt. In: Göhlich, M. (Hrsg.): Offener Unterricht, Community Education, Alternativschulpädagogik, Reggiopädagogik. Die neuen Reformpädagogiken. Geschichte, Konzeption, Praxis. Weinheim/Basel 1997

Mannheim, K. (1964): Wissenssoziologie. Berlin und Neuwied 1964

Mannheim, K. (1980): Strukturen des Denkens. Frankfurt am Main 1980

Meltzoff, A. N. & Moore, M. K. (1977): Imitation of facial and manual gestures by human neonates. *Science, 198,* 75-78.

Menon, V./Levitin, D.J. (2005): The rewards of music listening: Response and physiological connectivity of the mesolimbic system. Neuro-Image 28: 175, 2005

Merker, H. (1998): Kleinkinder in altersheterogenen Gruppen. In: Ahnert, L.(Hrsg.): Tagesbetreuung für Kinder unter drei Jahren. Theorien und Tatsachen. Bern 1998

Messmer, R.: Mit kleinen Kindern lernen. So fördern Sie Ihr Kind fürs Leben. Weinheim/Basel/Berlin 2005

Meuser, M./Nagel, U. (2002): ExpertInneninterviews – vielfach erprobt, wenig bedacht. Ein Beitrag zur qualitativen Methodendiskussion. In: Bogner, A./Littig, B./Menz, W.: (Hrsg.): Das Experteninterview. Opladen 2002 (ursprünglich: 1991)

Mey, G. (2003): Qualitative Forschung: Überlegungen zur Forschungsprogrammatik und Vorschläge zur Forschungspraxis im Themenfeld der Frühen Kindheit. In: Keller, H. (Hrsg.): Handbuch der Kleinkindforschung. Bern 3/2003

Mey, G. (2005): Forschung mit Kindern – zur Relativität kindangemessener Methoden. In: Mey, G. (Hrsg.): Handbuch Qualitative Entwicklungspsychologie. Köln 2005

Mienert, M./Vorholz, H. (2009): Kleinkindbetreuung in Kindertagesstätten. In: Wehrmann, I. (Hrsg.): Kleine Kinder – große Schritte. Grundlagen der pädagogischen Arbeit mit Krippenkindern. Troisdorf 2009

Ministerium für Gesundheit und Soziales des Landes Sachsen-Anhalt (2009): Bildungsprogramm für Kindertageseinrichtungen in Sachsen-Anhalt. Bildung: elementar – Bildung von Anfang an. Halberstadt 2009

Ministerium für Volksbildung (1986): Programm für die Erziehungsarbeit in Kinderkrippen. Berlin 2/1986

Mogel, H. (1994): Psychologie des Kinderspiels. Berlin und Heidelberg 1994

Mohn, E. (2002): Filming Culture. Spielarten des Dokumentierens nach der Repräsentationskrise. Stuttgart 2002

Mohn, B./Hebenstreit-Müller, S. (2008): Wie lernt mein Kind? Erziehungspartnerschaft im Early Excellence Zentrum. Kamera-Ethnographische Studien des Pestalozzi-Fröbel-Hauses Berlin. DVD 3. Göttingen 2008

Moll, G./Dawirs, R./Niescken, S. (2006): Hallo – hier spricht mein Gehirn. Eine Entdeckungsreise von der Zeugung bis zum Schulanfang. Weinheim/Basel 2006

Montessori, M. (2005): Grundlagen meiner Pädagogik und weitere Aufsätze zur Anthropologie und Didaktik. Wiebelsheim 9/2005

Monyer et al. (2004): Das Manifest. Elf führende Neurowissenschaftler über Gegenwart und Zukunft der Hirnforschung. In: Gehirn und Geist Heft 6, Jahrgang 2004, S. 30-34

Müller, T. (2005): Pädagogische Implikationen der Hirnforschung. Neurowissenschaftliche Erkenntnisse und ihre Diskussion in der Erziehungswissenschaft. Berlin 2005

Neider, A. (2004): Lernen aus neurobiologischer, pädagogischer, entwicklungspsycho-logischer und geisteswissenschaftlicher Sicht. Stuttgart 2004

Nentwig-Gesemann, I. (1999): Krippenerziehung in der DDR. Alltagspraxis und Orientierungen von Erzieherinnen im Wandel. Opladen 1999

Nentwig-Gesemann, I. (2006): Regelgeleitete, habituelle und interaktionistische Spielpraxis. Die Analyse von Kinderspielkultur mit Hilfe videogestützter Gruppendiskussionen. In: Bohnsack, R./Przyborski, A./Schäffer, B.(Hrsg.): Das Gruppendiskussionsverfahren in der Praxis. Opladen 2006, S. 25-44

NICHD Early Child Care Research Network (1998): „Early Child care and self-control, compliance, and problem behavior at twenty-four and thirthy-six months". Child Development 69. 1998, S. 1145-1170

Nohl, A. M. (2006): Interview und dokumentarische Methode. Anleitungen für die Forschungspraxis. Wiesbaden 2006

OECD (2005): Wie funktioniert das Gehirn? Auf dem Weg zu einer neuen Lernwissenschaft. Stuttgart 2005

Oerter, R./Montada, L.(1998): Entwicklungspsychologie. Ein Lehrbuch Weinheim 4/1998

Olson, E. (1994): „Fit Kids, Smart Kids – New Research Confirms that Exercise Boots Brain power" In: Parents Magazine

Papousek, M. (2006): Spiel und Kreativität in der frühen Kindheit. In: Caspary, R. (Hrsg.): Lernen und Gehirn. Der Weg zu einer neuen Pädagogik. Freiburg im Breisgau 3/2006

Pauen, S. (2004): Zeitfenster der Gehirn- und Verhaltensentwicklung: Modethema oder Klassiker? In: Zeitschrift für Pädagogik, 50. Jahrgang 2004, Heft 4, S. 521-530

Pauen, S. (2005): Entwicklungspsychologie im Kindes- und Jugendalter. München 2005

Pauen, S. (2006): Was Babys denken. Eine Geschichte des ersten Lebensjahres. München 2006

Petersen, G. (1991): Kinder unter drei Jahren in Tageseinrichtungen. Band 1. Grundfragen der pädagogischen Arbeit in altersgemischten Gruppen. Köln, Stuttgart, Berlin 2/1991

Piaget, J.: (1969): Nachahmung, Spiel und Traum. Stuttgart 1969

Pikler, E. (1971): Friedliche Babys – zufriedene Mütter. Ratschläge einer Kinderärztin. Freiburg 1971 Kap.20

Pikler, E. (1997): Laßt mir Zeit. Die selbstständige Bewegungsentwicklung des Kindes bis zum freien Gehen. Untersuchungsergebnisse, Aufsätze und Vorträge aus dem Nachlass zusammengestellt und überarbeitet von Anna Tardos. München u. a. 2/1997

Pikler-Gesellschaft e. V. Berlin (2008): Pädagogisches Konzept von Emmi Pikler (http://www. pikler.de/data/konzept.html, S. 1, Zugriff am 30.06.2008)

Pramling, S./Carlsson, M. A. (2007): In: Fthenakis, W. E./Oberhuemer, P. (Hrsg.): Grundlagen frühkindliche Bildung. Spielend lernen. Stärkung lernmethodischer Kompetenzen. Troisdorf 2007

Prekop, J./Hüther, G. (2006): Auf Schatzsuche bei unseren Kindern. Ein Entdeckungsbuch für neugierige Eltern und Erzieher. München 2006

Przyborski, A./Wohlrab-Sahr, M. (2009): Qualitative Sozialforschung. Ein Arbeitsbuch. München 2/2009

Rabe-Kleberg, U. (2005): Frühkindliche Bildung und Professionalisierung. Fachtagung zur Einführung des Sächsischen Bildungsplanes am 26.2.05. (http://www.erzwiss.uni-halle.de/gliederung/paed/soziol/basic/ad_vortraege.pdf, Zugriff am 15.08.2010)

Rabe-Kleberg, U. (2006): Kompetenz und Wissen auf allen Ebenen. Handlungsbedarf im Kita-Bereich. E & W 4/2006, S. 16

Raschke, I. (2007): Erzieherinnen als Partner. In: Weber, C.(Hrsg.): Spielen und Lernen mit 0-3-Jährigen. Der entwicklungszentrierte Ansatz in der Krippe. Berlin/Düsseldorf/Mannheim 2/2007

Rau, H. (1998): Frühe Kindheit. In: Oerter, R. & Montada,L. (Hrsg.): Entwicklungspsychologie. Weinheim 4/1998

Rau, H./ Ziegenhain, U. (1992). Anpassungsleistungen von Kleinkindern an neue Settings im ersten Lebensjahr. Vorläufiger Ergebnisbericht. Freie Universität Berlin.

Reich, E. (2005): Denken und Lernen. Hirnforschung und pädagogische Praxis. Darmstadt 2005

Roth, G. (2003 a): Fühlen, Denken, Handeln. Wie das Gehirn unser Verhalten steuert. Frankfurt 2003.

Roth, G. (2003 b): Aus Sicht des Gehirns. Frankfurt 2003

Scarr, S. (1997): Why child care has little impact on most children's development. Current Directions in Psychological Science, 6, 143-148

Schäfer, G. E. (2001): Frühkindliche Bildung. In: klein & groß. Neuwied 9/2001

Schäfer, G. E. (2005): Bildung beginnt mit der Geburt. Ein offener Bildungsplan für Kindertageseinrichtungen in Nordrhein-Westfalen. Weinheim/Basel 2/2005

Schäfer, G. E./von der Beek, A./Steudel, A. (2006): Bildung im Elementarbereich – Wirklichkeit und Phantasie. Berlin 2006

Schaffer, H. (2002): Empirische Sozialforschung für die Soziale Arbeit. Eine Einführung. Freiburg im Breisgau 2002

Schiffer, E. (2004): Salutogenetisches Lernen – dem Lernen nicht die Freude austreiben. In: Neider, A.(Hrsg.): Lernen aus neurobiologischer, pädagogischer, entwicklungspsychologischer und geisteswissenschaftlicher Sicht. Stuttgart 2004

Schneider, K. (1989): Krippenbilder. Gruppen-Erfahrungs-Spielräume für Säuglinge und Kleinkinder. Berlin 1989

Scholz, G. (2005): Teilnehmende Beobachtung: Eine Methodologie oder eine Methode? In: Mey, G. (Hrsg.): Handbuch Qualitative Entwicklungspsychologie. Köln 2005

Schütz, A. (1974): Der sinnhafte Aufbau der sozialen Welt. Eine Einleitung in die verstehende Soziologie. Frankfurt a. M. 1974 (zuerst Wien 1932)

Schütze, F. (1976): Zur Hervorlockung und Analyse von Erzählungen thematisch relevanter Geschichten im Rahmen soziologischer Feldforschung. In: Arbeitsgruppe Bielefelder Soziologen (Hrsg.): Kommunikative Sozialforschung, S. 159-260. München 1976

Schütze, F. (1977): Die Technik des narrativen Interviews in Interaktionsfeldstudien – dargestellt an einem Projekt zur Erforschung von kommunalen Machtstrukturen. Bielefeld Universität, Fakultät für Soziologie 1977

Schütze, Y. (2005): Elternhaus und Kindergarten: Auf dem Wege zur Partnerschaft – neue Chancen und alte Hindernisse. Hauptvortrag gehalten am 16.11.2005 (http://www.gemeinsam-fuer-das-kind.de/vortraege/downloads/Hauptvortragschuetze.pdf, Zugriff am 12.08.2008)

Siebert, H. (1999): Pädagogischer Konstruktivismus. Neuwied/Kriftel 1999

Siegler, R./DeLoache, J./Eisenberg, N. (2005): Die Entwicklung von Kindern. Eine Einführung. In: Pauen, S. (Hrsg.): Entwicklungspsychologie im Kindes- und Jugendalter. München 2005

Sigel, I. E. (2000): Kommentar: Was Wygotski der Frühpädagogik (nicht) bietet. In: Fthenakis, W. E./Textor, M. R. (Hrsg.): Pädagogische Ansätze im Kindergarten. Weinheim/Basel 2000

Singer (2002): Der Beobachter im Gehirn. Essays zur Hirnforschung. Frankfurt a. M. 2002

Singer, W. (2003 a): Ein neues Menschenbild? Gespräche über Hirnforschung. Baden-Baden 2003

Singer, W. (2003 b): Was kann ein Mensch wann lernen? Ein Beitrag aus Sicht der Hirnforschung. In: Fthenakis, W.: Elementarpädagogik nach PISA. Wie aus Kindertagesstätten Bildungseinrichtungen werden können. Freiburg im Breisgau 2/2003

Singer, Wolf (2008): In Kahl, R.: Kinder. Ein Film von Reinhard Kahl über das Lerngenie der Kinder. DVD Video. Weinheim 2008

Sodian, B. (1998): Entwicklung bereichsspezifischen Wissens. In: Oerter, R./Montada, L. (Hrsg.): Entwicklungspsychologie. Ein Lehrbuch Weinheim 4/1998

Speck, Otto (2008): Hirnforschung und Erziehung. Eine pädagogische Auseinandersetzung mit neurobiologischen Erkenntnissen. München 2008

Spitzer, M. (2002): Lernen. Gehirnforschung und die Schule des Lebens. Heidelberg, Berlin 2002

Spitzer, M. (2004): Selbstbestimmen. Gehirnforschung und die Frage: Was sollen wir tun? Heidelberg 2004

Spitzer, M. (2005 a): Gehirnforschung für lebenslanges Lernen. In: OECD (Hrsg.): Wie funktioniert das Gehirn? Auf dem Weg zu einer neuen Lernwissenschaft, Stuttgart 2005

Spitzer, M.(2005 b): Geist & Gehirn 2. 2 DVD. tv-Verlag München 2005

Stern, E. (2004 a): Entwicklung und Lernen in der frühen Kindheit. In: Diskowski, D./Hammes-Di Bernando, E. (Hrsg.): Lernkulturen und Bildungsstandards. Kindergarten und Schule zwischen Vielfalt und Verbindlichkeit. Jahrbuch 9. In Fortführung der Sozialpädagogischen Blätter im Auftrag des Pestalozzi-Fröbel-Verbandes. Baltmannsweiler 2004

Stern, E. (2004 b): Wie viel Hirn braucht die Schule? Chancen und Grenzen einer neuropsychologischen Lehr-Lern-Forschung. In: Zeitschrift für Pädagogik 4, Z. 531-538

Textor, M. R. (2000): Lew Wygotski. In: Fthenakis, W. E./Textor, M. R.(Hrsg.): Pädagogische Ansätze im Kindergarten. Weinheim/Basel 2000

Textor, M. R. (2008): Die „NICHD Study of Early Child Care" – ein Überblick. In: Textor, M. R. (Hrsg.): Kindergartenpädagogik. Online Handbuch. (http://www.kindergartenpaedagogik.de/1602.html, Zugriff am 10.08.2008)

Thiel, T. (2003): Film- und Videotechnik in der Psychologie. Eine erkenntnistheoretische Analyse mit Jean Piaget, Anwendungsbeispiele aus der Kleinkindforschung und ein historischer Rückblick auf Kurt Lewin und Arnold Gesell, S. 649-706. In: Keller, H. (Hrsg.): Handbuch der Kleinkindforschung. 3/2003

Thüringer Ministerium für Bildung, Wissenschaft und Kultur (2008): Thüringer Kindertageseinrichtungsgesetz (ThürKitaG) vom 16. Dezember 2005, zuletzt geändert durch Artikel 3 des Gesetzes vom 16. Dezember 2008

Thüringer Ministerium für Bildung, Wissenschaft und Kultur (2010): Thüringer Kindertageseinrichtungsgesetz (ThürKitaG) vom 16. Dezember 2005, zuletzt geändert durch Art. 1 vom 4. 5. 2010

Thüringer Ministerium für Bildung, Wissenschaft und Kultur (2010): Thüringer Bildungsplan für Kinder bis 10 Jahre. Weimar/Berlin 2010

Tietze, W. (1998): Wie gut sind unsere Kindergärten? Eine Untersuchung zur pädagogischen Qualität in deutschen Kindergärten. Berlin 1998

Tietze, W./Roßbach, H. G./Grenner, K. (2005): Kinder von 4 bis 8 Jahren. Zur Qualität der Erziehung und Bildung in Kindergarten, Grundschule und Familie. Weinheim/Basel 2005

UNICEF (2005): Kinderarmut in reichen Ländern steigt. Internationale UNICEF-Vergleichsstudie: Zunahme in Deutschland höher als in den meisten OECD-Staaten (http://www.unicef.de/kinderarmut.html, Zugriff am 01.03.2005)

Viernickel, S. (2008): Themen und Trends in der Frühpädagogik. In: Deutsche Liga für das Kind (Hrsg.): Frühe Kindheit. Die ersten sechs Jahre. 01/2008, 10. Jahrgang, S. 27-34

Völk, P. (2002): Kindliche Entwicklung aus konstruktivistischer Perspektive. In: Laewen, H. J./Andres, B. (Hrsg.): Bildung und Erziehung in der frühen Kindheit. Bausteine zum Bildungsauftrag von Kindertagesstätten. Berlin/Basel 2002

Wagner, L. (1997): Lernen durch Gefühle. In: Stern 10/1997, S. 36-42

Wagner-Willi, M. (2004): Videointerpretation als mehrdimensionale Mikroanalyse am Beispiel schulischer Alltagsszenen. In: ZBBS, Heft 1/2004, S. 49-55

Wagner-Willi, M. (2005): Kinderrituale zwischen Vorder- und Hinterbühne. Der Übergang von der Pause zum Unterricht. Wiesbaden 2005

Weber, C. (2007): Spielen und Lernen mit 0-3-Jährigen. Der entwicklungszentrierte Ansatz in der Krippe. Berlin/Düsseldorf/Mannheim 2/2007

Wehrmann, I. (2008): Deutschlands Zukunft: Bildung von Anfang an. Weimar/Berlin 2008

Wernstedt, R. (2008): Vorwort. In: Wernstedt, R./John-Ohnesorg, M. (Hrsg.): Soziale Herkunft entscheidet über Bildungserfolg. Konsequenzen aus IGLU 2006 und PISA III. Dokumentation der Sitzung des Netzwerk Bildung. Berlin 2008, S.10. (http://library.fes.de/pdf-files/stabsabteilung/05314.pdf, Zugriff am 12.08.2010)

Whalley, M. (1997): Working with parents. London: Hodder & Stoughton 1997.

Whalley, M. und das Pen Green Centre Team (2008): Eltern als Experten ihrer Kinder. Das „Early Excellence"-Modell in Kinder- und Familienzentren. Berlin 2008

World Vision Deutschland e. V. (Hrsg.): Kinder in Deutschland 2007. 1 World Vision Kinderstudie. Bonn 2007

Ziegenhain, U./Rau, H./ Müller, B. (1998): Emotionale Anpassung von Kleinkindern an die Krippenbetreuung. In: Ahnert, L.(Hrsg.): Tagesbetreuung für Kinder unter drei Jahren. Theorien und Tatsachen. Bern 1998

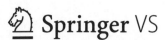